记录涟水

解读涟水

涟水县地方志编纂委员会

《涟水年鉴(2023)》编辑人员

城市荣誉

- ◇ 全国营商环境百强县
- ◇ 国家卫生县城
- ◇ 中国曲艺之乡
- ◇ 中华诗词之乡
- ◇ 中国矿泉水之乡
- ◇ 国家级生态家园富民工程示范县
- ◇ 全国生态旅游示范县
- ◇ 全国平原绿化先进县
- ◇ 中国低碳旅游示范县
- ◇ 全国农业科技现代化先行县
- ◇ 全国自然资源节约集约示范县
- ◇ 省级农村电子商务示范县
- ◇ 省级文明城市
- ◇ 省级园林城市
- ◇ 省级生态县
- ◇ 省双拥模范县
- ◇ 省级全域旅游示范区

2022 数字涟水

◇ 建县史	2139年
◇ 区位（北纬）	33° 39′ — 34° 07′
◇ 区位（东经）	118° 59′ — 119° 46′
◇ 总面积	1678平方千米
◇ 下辖镇（街道）	16个
◇ 年末总人口	108.29万人
◇ 城镇人口	46.68万人
◇ 城市化率	57.06%
◇ 平均气温	16.1℃
◇ 年降水量	712.7毫米
◇ 日照时数	2200.7小时
◇ 空气质量良好天数	302天
◇ 森林覆盖率	24.23%
◇ 地区生产总值	700.37亿元
◇ 一般公共预算收入	30.02亿元
◇ 规上工业应税开票销售收入	327.88亿元
◇ 工业入库税金	22.5亿元

2023年2月8日，中国巨石淮安涟水玻璃纤维零碳智能制造基地奠基暨一期项目开工现场

（县融媒体中心　供稿）

中国巨石淮安涟水玻璃纤维零碳智能制造基地在建实景图　（巨石集团淮安有限公司　供稿）

2022年11月28日，总投资约130亿元的捷泰新能源高效太阳能电池片项目开工奠基　（县融媒体中心　供稿）

2023年4月28日，淮安捷泰新能源一期项目首条线出片　（县融媒体中心　供稿）

2023年5月19日，市委书记史志军到涟水县调研县中振兴工作 （管伟法　供稿）

2023年8月13日，涟水县领导调研教育领域政府投资项目

（县融媒体中心　供稿）

张弛有度细耕耘　慧心慧语润心田

2023年9月7日，涟水县教育高质量发展大会在涟水大剧院召开　　（县融媒体中心　供稿）

（徐晓清　摄）

2023年5月26日，涟水县高中教育发展基金设立暨今世缘酒业捐赠仪式举行

（县融媒体中心　供稿）

涟水中学　　（许军　摄）

涟水县淮文外国语学校滨河校区　　（桑爱华　摄）

滨河学校　　　　（许军　摄）

郑梁梅学校清枫路校区　　　　（县教体局　供稿）

繁忙的涟水机场　　（许军　摄）

高铁驶进新农村

龙腾盐河　　（黄培喜　摄）

（丁成兰 摄）

一桥飞架变通途

（贾茗 摄）

碧水蓝天盐河美

（庞桂玲 摄）

今世缘酒业荣获省长质量奖　　（县融媒体中心 供稿）

今世有缘 相伴永远 （周立异 摄）

亮丽今世缘 （朱亚东 摄）

临水而居　　（贺敬华 摄）

锦绣田园　　（费荻　摄）

涟城晨瞰　　（石浩　摄）

一湖开宝镜　　（费荻 摄）

大美涟城 （李宇舟 摄）

美丽乡村 （刘萍 摄）

一城水韵 （赵苏 摄）

涟水欢迎您 （梁树华 摄）

编 辑 说 明

一、《涟水年鉴》出版宗旨是为国内外各界人士及时提供全面、准确的涟水县情资料，为全县各级领导提供科学决策的依据，为广大读者提供全面的地情信息，也为地方史志保存真实的历史资料。

二、《涟水年鉴(2023)》为第二十四卷，以马克思列宁主义、毛泽东思想、邓小平理论、"三个代表"重要思想、科学发展观、习近平新时代中国特色社会主义思想为指导，坚持辩证唯物主义和历史唯物主义的立场、观点和方法。主要记载2022年1月1日至12月31日全县各行各业的新情况、新成就、大事、要事、新事、特事。组织机构与负责人名录收录时间截至2023年10月。

三、本年鉴结构为类目、分目(有色块方框)、条目(方括号)三个层次，类目按大类设置，分目按门类或行业部门设置，条目为基本记述单位。

四、本年鉴图文并茂，文前彩图及随文刊插彩色照片132幅，另有表格18个。

五、本年鉴中所涉及的数据，凡县统计局有统计的，以其公布的为准；县统计局未作统计的，以各组稿单位提供的为准。量和单位的使用，执行国家标准。

六、本年鉴稿件由本县各部门、各镇(街道、园区)撰写(亦有少数为编者自撰)，单位负责人审稿，在条目后署撰稿人姓名(一个分目内同一作者的连续几个条目，署名在最后一个条目)。所有稿件经过县地方志办公室编辑加工，并经过县地方志编委会审定。

七、本年鉴使用阿拉伯数字，凡不具有统计意义且超过四位数的，一律以万为单位，有小数的一般保留两位小数，百分数一般保留两位小数。党政社团组织机构名称用作标题时用全称，其余一般用简称。

八、本年鉴检索系统：卷首设总目、详细目录与英文要目，卷末置按汉语拼音字母顺序排列的主题分析索引，书眉有类目标题，在目录前设有总目。

涟水县部分单位全称、简称对照表

全　　称	简　　称	全　　称	简　　称
中共涟水县委员会	县委	涟水县总工会	县总工会
涟水县人民代表大会常务委员会	县人大常委会	中国共产主义青年团涟水县委员会	团县委
涟水县人民政府	县政府	涟水县妇女联合会	县妇联
中国人民政治协商会议涟水县委员会	县政协	涟水县工商业联合会	县工商联
中共涟水县纪律检查委员会	县纪委	涟水县科学技术协会	县科协
涟水县监察委员会	县监委	涟水县残疾人联合会	县残联
涟水县人民武装部	县人武部	涟水县归国华侨联合会	县侨联
涟水县人民法院	县法院	涟水县关心下一代工作委员会	县关工委
涟水县人民检察院	县检察院	涟水县文学艺术界联合会	县文联
中共涟水县委组织部	县委组织部	涟水县哲学社会科学界联合会	县社科联
中共涟水县委宣传部	县委宣传部	涟水县红十字会	县红十字会
中共涟水县委办公室	县委办	涟水县公安局	县公安局
中共涟水县委统一战线工作部	县委统战部	涟水县司法局	县司法局
中共涟水县委政法委员会	县委政法委	涟水县工业和信息化局	县工信局
中共涟水县委老干部局	县委老干部局	江苏涟水经济开发区管理委员会	县经济开发区
中共涟水县委党史工作委员会	县委党史委	江苏今世缘酒业股份有限公司	今世缘酒业
中共涟水县委党校	县委党校	涟水县商务局	县商务局
中共涟水县委台湾工作办公室 涟水县人民政府台湾事务办公室	县台办	涟水县行政审批局	县行政审批局
涟水县国家保密局	县保密局	涟水县农业农村局	县农业农村局
涟水县人民政府办公室	县政府办	涟水县自然资源和规划局	县资规局
涟水县人民防空办公室	县人防办	涟水县卫生健康委员会	县卫健委

涟水县部分单位全称、简称对照表

全　　称	简　　称	全　　称	简　　称
涟水县爱国卫生运动委员会办公室	县爱卫办	涟水县地方志办公室	县地方志办
涟水县医疗保障局	县医保局	涟水县档案馆	县档案馆
涟水县水利局	县水利局	涟水县住房和城乡建设局	县住建局
涟水县扶贫工作办公室	县扶贫办	涟水县城市管理局	县城管局
涟水县供销合作总社	县供销社	涟水县住房公积金管理中心	县公积金中心
涟水县盐业有限公司	县盐业公司	涟水县交通运输局	县交通运输局
涟水县烟草专卖局（分公司）	县烟草局（分公司）	国网涟水县供电公司	县供电公司
涟水县财政局	县财政局	中国邮政集团公司江苏涟水县邮政分公司	县邮政分公司
国家税务总局涟水县税务局	县税务局	涟水县民政局	县民政局
涟水县发展和改革委员会	县发改委	涟水县退役军人事务局	县退役军人事务局
涟水县统计局	县统计局	涟水县信访局	县信访局
国家统计局涟水调查队	县国调队	涟水县人力资源和社会保障局	县人社局
涟水县审计局	县审计局	中共涟水县委机构编制委员会办公室	县委编办
涟水县市场监督管理局	县市场监管局	涟水县慈善总会	县慈善总会
涟水县地方金融监督管理局	县地方金融监管局	涟水县应急管理局	县应急管理局
中国人民银行涟水县支行	县人行	涟水县民族宗教事务局	县民宗局
涟水县教育体育局	县教体局	涟水县生态环境局	县生态环境局
涟水县文化广电和旅游局	县文广旅游局	涟水县科学技术局	县科技局
涟水县融媒体中心	县融媒体中心	涟水县气象局	县气象局

总　目

特　　载

县 情 概 览

大　事　记

中共涟水县委员会

涟水县人民代表大会

涟水县人民政府

政协涟水县委员会

纪 委 监 委

群 众 团 体

法 治

军　事

交通运输

城乡建设

乡村振兴

农　业

工业·建筑业

今世缘酒业

服 务 业

旅　游　业

开放型经济

经 济 管 理

数 字 涟 水

科 学 技 术

教　育

文　化

卫 生

体　育

社 会 生 活

公 共 安 全

生态环境

镇 街

人物·荣誉

附 录

索 引

CONTENTS

特　载

SPECIAL RECORDS

- 涟水：朝着全国百强县目标奋力奔跑
- 弘扬“四敢”抓落实　冲刺“百强”当先锋
- 激活内生动力 让百姓更享“红利”
- 文旅融合书写“诗和远方”新篇章
- 招大引强，涟水全力冲刺全国百强

编辑：彭亚君

涟水:朝着全国百强县目标奋力奔跑

2014年,今世缘酒业成为全市首家境内主板上市企业;2018年,被授予江苏唯一、全国第十三个"中国矿泉水之乡"称号;2020年,创成国家卫生县城;2021年,跻身全国营商环境百强榜;2022年,成功招引总投资130亿元的钧达股份高效太阳能电池片项目,实现百亿级招商项目新突破;十年来,地区生产总值平均增长9.8%……

时光无痕,奋斗有迹。翻看涟水县十年成绩单,有经济高质量发展的捷报频传,有全面深化改革的大胆尝试,有生态环境优势的日益彰显,有城乡面貌的焕然一新,也有民生福祉的持续增进。十年来,涟水县委、县政府团结带领全县百万人民在挑战中奋进、在发展中蝶变,绘就了一幅高质量跨越发展的崭新画卷,朝着全国百强县目标奋力奔跑。

强产业 谋发展 县域经济综合实力不断攀升

2021年,今世缘酒业实现营收64.08亿元,较2012年总营收增长约181%、净利润增长约256%,连续5年入选中国主板上市公司价值百强,荣膺2022年江苏省省长质量奖。总投资约120亿元的今世缘南厂区技改扩能项目正有序推进,全力冲刺营收超百亿元目标。

这十年,是涟水争先进位、跨越赶超的十年。十年来,涟水县牢牢把握稳中求进总基调,大力实施工业强县战略,大抓实抓招商引资"一号工程",形成产业链式布局、专业化配套、集群化发展,县域产业版图百花齐放、"新花"怒放,助推县域经济综合竞争力大幅提升、上升至全国第132位,涟水经济开发区在省级开发区综合排名上升至第18位,位居苏北第四、淮安第一。

一组组数据、一个个案例、一项项成就,折射出涟水县域经济高质量发展的强劲势头和昂扬干劲。2021年,全县地区生产总值迈上600亿元台阶,达650.48亿元,是2012年的2.84倍;人均GDP首次突破1万美元、达1.22万美元;三次产业结构比重调整为11.4:42.8:45.7,实现由"二三一"到"三二一"的历史性转变;绿色食品、新一代电子信息、高端装备制造、纺织服装四大主导产业同步发力、蓬勃发展,规上工业总产值首次突破300亿元,中信华科技等一批重大产业项目投产达效,今世缘南厂区技改扩能项目开工建设,实现百亿级项目零的突破。2022年,项目建设创历史最高水平,全县新签约、新开工、新竣工亿元以上项目分别为66个、42个和22个。

亮丽酒都 (朱亚东 摄)

发展动能不断增强离不开改革创新这个巨大引擎。十年来,涟水县持续深化"放管服"改革,在全省首创"红色代办"全流程闭环服务新模式,打造"企速立"等政务服务品牌30余个,创新推出重大产业项目快落地"涟7条",在全市首家成立产业招商公司并实体化运作,成为国家级"互联网+政务服务"平台建设试点县、江苏省"开办企业"评价先进地区,首次进入全国投资潜力百强县榜单。

壮筋骨 圆小康 满怀信心走好乡村振兴之路

这十年,是涟水砥砺奋进、扬帆逐梦的十年。十年来,涟水县以"不破楼兰终不还"的信心决心打好打赢脱贫攻坚战,先后实施村级光伏电站、土地股份合作、农业特色产业化等项目400余个,建成百花园、百药园、百菇园、百果园等农业示范园区30余个,打造食用菌、中药材、青芦笋等一批特色产业名片,在全省率先引导农户实施精准到户项目,走出一条具有涟水特色的精准脱贫之路。全县53个省市定经济薄弱村全部出列,3.74万户、11.07万名建档立卡低收入人口全部脱贫,减贫成效全省领先,成集镇条河村获评全国脱贫攻坚先进集体。

"脱贫摘帽不是终点,而是新生活、新奋斗的起点。"近年来,涟水县着力推动脱贫攻坚成果同乡村振兴有效衔接,积极探索富民增收新路径新模式，创新打造乡村振兴“富民超市”，近1600户农户实施创业项目增收、3159名低收入劳动力成功就业。2021年，全县354个涉农村居民平均收入达37.8万元，先后创成国家芦笋设施栽培标准化示范区、中央农作物秸秆综合利用重点县，进入全国农业科技现代化先行县共建名单，红窑镇、南集镇获评国家级农业产业强镇，高沟镇胡窑村获评全国“一村一品”示范村。

绘蓝图　展新姿　匠心演绎城乡建设破茧成蝶

教育中心、公共卫生服务中心、应急备用水源地等投入使用，新城控股等全国地产前20强企业相继入驻，涟水路、清涟大道、龙腾大道等道路宽阔笔直、车流涌动……历经7年，滨河新城这座朝气蓬勃、活力四射的现代化魅力新城已经悄然崛起在安东大地。

2019年12月16日8点44分，设计时速250千米的“和谐号”D5684次列车，首次停靠连淮扬镇铁路涟水站，标志着涟水县正式迈进高铁时代，全县百万人民尽情分享着“坐上高铁走四方”的喜悦。

这十年，是涟水栉风沐雨、沧桑巨变的十年。十年来，涟水县按照淮安中心城市“副中心”定位，以大气魄、大格局、大手笔、大胸怀推进城乡建设，完成了新型城镇化国家级改革试点工作，“一主一副四中心”发展总体布局初步形成。城市建成区面积扩大到39.4平方千米，常住人口城镇化率提升到56.1%，铺设城市主次干道近30条，建成城市小客厅18处。融生产、生活、生态“三位一体”的滨河新城构筑起“一核一带五心三片”整体空间结构，成为展现涟水新气象新发展的亮丽名片。淮安涟水机场正式更名为淮安涟水国际机场、连淮扬镇铁路涟水站开通运营、完成盐河航道“五改三”。涟水县成为全国少有的“空铁水公”皆具的县级城市、江苏重点建设的航空货运枢纽和苏北物流金三角之一。

守初心　办实事　持续改善民生传递幸福温度

走进涟水县人民医院，宽敞明亮的病房、精良先进的医疗设备、医术精湛的医生、热情周到的服务给广大患者及家属带来全新的就医体验。

这十年，是涟水攻坚克难、民生民享的十年。十年来，涟水县始终坚持以人民为中心的发展思想，把“民”字写大写实。国家紧密型县域医共体试点建设如火如荼，启动“乡贤名医工作室”惠及百万群众，县人民医院异地新建并正式投入运行，县中医院新院、县第三人民医院新院相继启用。创新打造“尚学涟水”特色教育品牌，滨河系列学校、县图书馆等一批教育设施投入使用，仅2022年政府就投资教育项目17个、8.78亿元，新增优质学位1.2万个。县文化馆、博物馆等对外开放，五岛湖公园完成综合改造，现代淮剧“村官三部曲”获10项省级以上大奖，县淮剧团获评全国文化和旅游系统先进集体。实施农房改善项目45个、惠及农户1.3万余户，顺达小区等88个老旧小区旧貌换新颜，古淮河风光带、漪河风光带、盐河风光带三条风光带风景秀美、游人如织，创成国家AAAA级旅游景区2个、国家级卫生镇5个、省级特色田园乡村8个，全县空气质量优良天数上升至306天。一项项民生实事，一张张民生清单，给广大人民群众带来了实实在在的获得感和幸福感，极大地满足了人民对美好生活的向往。

“骐骥一跃，不能十步；驽马十驾，功在不舍。”十年的不懈拼搏，在涟水发展史上留下了浓墨重彩的一页。如今，站在新的历史起点上，涟水将抢抓机遇，乘势而上，以“翻篇归零再出发”的豪情，奋力爬坡过坎，全力冲刺百强，努力书写新时代的“诗与远方”，让诗意更有温情、让远方更加灿烂。

弘扬“四敢”抓落实　冲刺“百强”当先锋

2022年以来，涟水县始终紧扣高质量发展这个“首要任务”，坚决扛牢冲锋冲刺全国百强“光荣使命”，把真抓实干作为重要法宝，建立“领导示范、干部带头、基层响应”抓落实三级联动机制，一级带着一级干、一级做给一级看，全县上下担当干事、创先争优的劲头更足、氛围更浓、成效更显。首获全省高质量发展先进县，连续2年获评全市“重特大项目攻坚年度优秀县区”，百强县排行名攀升至108位，不断刷新最好成绩。

建立县级党政班子月度交流机制，抓出冲刺百强“高效率”

2022年，涟水县党政班子成员矢志笃行“领导带头做表率、工作落实在一线、勇挑大梁当先锋”三种实干导向，持续打造涟水跨越赶超的竞争优势和后发态势。

建立任务清单让“带头”更有方向。建立县委常委真抓实干作表率工作机制，明确抓招商攻项目、办实事惠民生、保安全守底线、强党建树品牌、谋争先促赶超等5个方面重点任务；建立县政府高效闭环抓落实工作机制，明确攻项目促发展、办实事惠民生、保安全守底线、创亮点树品牌等4个方面重点任务。

推行月度交流让“带头”更有效率。推行“周安排、月交流”机制，每周制定工作计划，具体到每一个重点工作、工作举措、时间节点、问题短板;每月召开交流会,围绕干了什么、干成了什么、干不了什么、接下来怎么干,形成了重要工作一起干、重大项目一起推、重点问题一起议的工作机制。建立交办事项定期反馈机制,当天研究部署,3日内反馈情况,一般性问题7日内落实解决,复杂问题1个月内落实解决,一时难以解决的,制订具体推进计划,按月反馈进展情况,确保工作闭环。在巨石项目建设中,对企业提出的16个方面投资政策和要素保障需求,48小时内给予正式盖章复函,实现"弯道超车"。

领办重点工作让"带头"更有力度。带头招商引资,发挥"一号招商员"作用,组建3个县级招商专班、6个专业招商协作组,全部由县领导牵头,并与其他人员同考核同评比;带头服务项目,成立项目建设服务专班,按照"一个项目、一位县领导、一套专班、一个方案、一抓到底"的要求,全时段、全方位跟进项目建设,在捷泰新能源项目中创造了涟水县重特大项目21天签约、51天开工的最快速度;带头上台授课,举办领导干部大讲坛,县领导率先上台讲课,围绕重大政策、重要理论、重点工作谈体会、作辅导、教方法,既提高全县干部发展本领,又倒逼县领导研究工作、总结经验、真抓实干。

建立党政正职双月晒实绩机制,干出县域发展"高质量"

党政正职是一个地方、一个单位"抓落实"的"牛鼻子"。通过开展党政正职双月交流,把擂台搭起来、承诺亮出来、实绩晒出来、干部评出来,实现压力传导到位、责任压实到位、过程管控到位、实绩考核到位。

搭建平台让正职更有压力。开展"大力弘扬'四敢'精神,全力冲刺全国百强,涟水县高质量跨越发展双月工作交流会"活动,通过干部选题报名、组织择优筛选、领导按需点选等方式,安排党政正职上台交流,突出讲目标、讲问题、讲措施、讲成效,县四套班子领导、各镇街各部门主要负责同志参会,媒体全程报道,接受全县干部群众"检阅""监督",倒逼"一把手"真抓实干。

聚焦破题让发展更有质效。活动前,党政正职围绕基层党建、产业发展、乡村振兴、基层治理等重点领域,结合镇街发展定位、部门承担职责,立足重点、难点、堵点"选好题"。活动中,不打招呼、不事先通知,增加现场问答环节,分管县领导现场提问,并作针对性点评,同时开展民主测评,帮助党政正职"解好题"。活动后,建立测评评议结果及时反馈、媒体专栏承诺公开、组织部门跟踪评价、县委强化结果使用"四项机制",督促党政正职"答好题"。与以往相比,双月交流活动呈现"三个不一样",交流内容由面上汇报变为交流某项重点工作或专项工作,交流方式由单独汇报变为互动交流,结果运用由"一搞了之"变为建立跟踪评价机制,确保活动能取得实效。

关心关爱让干部更有动力。牢固树立重实干重实绩用人导向,注重在一线考察识别干部,对于敢担当、能负责、有实绩的干部,择优晋升职级、向上级推荐使用。2021年以来为23名党政正职晋升职级,其中13名晋升为三、四级调研员。深化干部"暖心计划",常态化开展谈心谈话,召开党政正职专题座谈会,及时释疑解惑。推进表彰奖励、困难慰问、健康休养、带薪年休假等制度落地落实,让党政正职充分体会组织温暖。强化撑腰鼓劲,严肃查处诬告陷害行为,旗帜鲜明地为敢于担当、踏实做事、不谋私利的干部撑腰鼓劲,形成"上级为下级担当、组织为个人担当、干部为事业担当"的良性循环。

建立村"两委"干部争做"三种人"大讨论机制,跑出乡村振兴"加速度"

乡村振兴进度快不快、成色足不足,关键在村。涟水县聚焦"两个作用"发挥,在村级"两委"干部中开展"争做群众知心人、贴心人、领路人"大讨论系列活动,全力构建"头雁领跑、骨干竞跑、人才助跑"的良好格局。

2023年1月18日,涟水县召开2022年度基层党(工)委书记述职评议会(吴 燮 摄)

开展大讨论让头雁"领跑"。结合支部"三会一课""固定学习日""党群议事会",每月开展"争做群众知心人、贴心人、领路人"大讨论活动,围绕联系走访群众,问需于民、问计于民、问政于民,做群众知心人;围绕回应群众诉求、化解基层矛盾、为民兴办实事,做群众贴心人;围绕发展壮大村集体经济、增加群众收入、深化城乡基层治理,做群众领路人。深化村级党组织书记"乡村振兴领跑者"培育计划,分别遴选领跑者及其培育对象各30名,建立月度交流、双月拉练、季度培训、年度述职机制,每年定期调整,推动能进能出,增能力、强作风、展风采,让"领跑者"名副其实。东门社区顾金凤事迹在江苏卫视"领航新时代"栏目展播,以老支书李德明为原型创作的淮剧《芝麻官钻笆斗》

获省“五星工程奖”。

开展大走访让骨干“竞跑”。常态化开展“知民情、帮民困、解民忧”大走访活动，建立常态化走访机制，“两委”干部每年走访所有户不少于一次、每季度走访特殊困难户不少于一次、每月走访种植养殖大户和驻村企业等不少于一次，了解群众生产生活情况，收集问题和意见建议，记录“民情日记”，建立“为民办实事”“帮你忙”“活动早知道”三张清单，深化“组千队帮万家心涟心”行动和“涟心1+N”活动，不断增强群众的获得感、幸福感、安全感。2021年以来，4800余名基层骨干党员访遍372个村（社区），帮助解决问题4306个，为民兴办实事5584件。

开展大比武让人才“助跑”。在乡村振兴人才中开展“比项目、比发展、比贡献”活动，通过评比表彰奖励，激发更多人才向乡村振兴一线集聚。实体化运作乡村振兴人才党支部，发挥好“孵化器”作用，推动68名党员人才到村任职，南集镇人才党支部书记徐勤洲获全国农牧渔业丰收奖。构建“镇办农业公司+村办集体合作社+种植大户”特色产业发展模式，支部指导村集体领办土地合作社21个，人才带动群众成立专业合作社、家庭农场等农村经济组织241个，“新农人”乔林忠、“芦笋大王”郑标等党员大户带动14.2万名农民增收致富。

激活内生动力 让百姓更享“红利”

——涟水县全面深化改革工作综述

持续深化“放管服”改革，成立县经济开发区政务服务中心，一次性承接涉及12个县级部门的75项赋权事项；出台《涟水县优化营商环境十条服务承诺》等系列政策措施，推进营商环境体制机制改革；稳步推进开发区去行政化和赋权制度改革，在全市首家成立产业招商公司并实体化运作。

2022年，涟水县紧密结合实际，蹄疾步稳、扎实推进全面深化改革，以改革破解难题，以创新集聚优势，以开放激发活力，发展动能加速释放。

涟水县始终坚持把全面深化改革作为政治责任扛在肩上，强化组织领导，加强统筹协调，创新推进机制，有效调动了各方面改革积极性，有力推动改革部署落实落地。县委主要领导联系试点改革任务、主持召开会议、多次实地调研推进改革工作；其他四套班子领导围绕挂钩联系改革任务及各自分管条线的改革工作，不定期到联系点会商会办存在的问题，协调出台配套举措，形成协同推进的工作局面，如期完成阶段性改革任务。

总投资2.2亿元的淮安嘉硕木业有限公司年产12万立方米生态家具板项目2月份签约落户，3月份进场施工，1、2号厂房的主体部分已全部完成，正在进行室内装修，计划2022年9月份竣工投产，实现了项目建设“加速度”。这正是涟水县一以贯之推进“放管服”改革、着力营造优良营商环境的缩影。

打造良好营商环境，是增强发展动力的重要保障。涟水县牢固树立“项目为王、环境是金”理念，持续深化“放管服”改革，以重特大项目攻坚集成改革为突破口，制定优化营商环境考核办法，出台《涟水县持续深化“放管服”改革打造一流营商环境任务清单》《涟水县优化营商环境十条服务承诺》《关于进一步帮助市场主体纾困解难稳定经济增长的二十条措施》《重大工程建设项目中推行并联审批和容缺审批的指导意见》等系列优化营商环境政策措施，开展县直部门“一把手体验”活动，推动政务服务、行政审批、执法监管等事项“减时间、减材料、减环节、减跑动”，打造一流营商环境，让好项目、大项目引得进、落得快、留得住、办得好、带得多。

“真的太方便了，孩子出生后通过咱‘高沟政务服务平台’就能把出生医学证明、出生户口登记等手续一次办齐，真是省心又省力！”村民李凤说。按照省、市“最多跑一次”改革向公共服务领域延伸扩面的工作要求，以群众需求为导向，涟水县深化新型城镇化综合试点改革成果，系统推进高沟镇集成改革试验区建设，打造“高沟政务服务平台”，设立“新生儿出生一件事业务专窗”，实现镇域范围内的中心之外无审批，最大程度方便群众和企业就近办理业务，为全市提供可复制、可推广的改革经验。

向改革要活力，向改革要生产力。一系列重点环节领域改革举措的稳步实施，持续推动涟水县全面深化改革走深走实，为经济社会高质量发展赢得主动和优势。

在党的建设制度改革方面，涟水县围绕市基层党建强基提质三年行动计划，建立健全考核报酬、岗位定级与村集体经济增收、集体资产增值相挂钩的“双挂双增”利益联结机制，全市首家发放村集体经济增收奖59.3万元，进一步激发村干部干事创业热情。

在文化教育卫生体制改革方面，涟水县深化义务教育公办民办教育供给改革，出台《涟水县规范民办义务教育发展实施方案》，规范教育教学行为。持续优化分级诊疗，提升紧密型县域医共体建设运行质效，做细做实家庭医生签约服务，将农村低收入人口全面纳入家庭医生签约服务范围，全县常住人口签约34.92万人、签约率41.16%，重点人群签约18.73万人、签约率67.09%，共签约持证残疾人1119人，建档立卡贫困人口和计划生育特殊家庭等特殊人群签约实现全覆盖。

在生态文明体制改革方面，涟水县

健全生态环境综合治理机制，开展生态环境损害赔偿案例实践工作，支持引导市场主体参与生态环境治理，努力实现生态环境保护与经济发展相得益彰。

改革为民，改革便民，改革利民。近年来，涟水县各项改革向广大群众“急难愁盼”民生问题聚焦，用改革的思路、创新的举措，破解民生难题，让老百姓既感受到改革发展的速度，又感受到改革发展的温度。

文旅融合书写“诗和远方”新篇章

——涟水县创建省级全域旅游示范区侧记

“我们童话森林是苏北地区首创的以童话为创意题材的乡村旅游项目，有攀爬乐园、萌宠乐园、丛林魔网、彩虹滑道，更有苏北最长的丛林穿越廊道……”近日，走进保滩街道周集村，“童话森林王国”吸引不少市民前来打卡游玩。近年来，涟水县大力实施生态优先，绿色发展，文化兴县，旅游强县战略，全域联动，多措并举，把“全景打造、全域覆盖、全业融合、全民共享”的愿景变为现实。2021年，旅游接待总人次达258.35万人次，实现旅游收入19.41亿元。

全域联动　多管齐下　画好最大同心圆

“坐上坦克充当小小驾驶员，拿起‘武器’瞄准目标射击。”走进成集镇苏北小延安军事主题乐园，战场还原让人身临其境。该项目从开工到开放，仅用半年时间，跑出全域旅游示范区创建的“涟水速度”。

涟水县加强顶层设计，将全域旅游创建工作作为“一把手”工程，成立以主要领导任组长的创建领导小组，新建旅游协会，建立联席会议和行业自律机制，把旅游工作纳入年度考核体系，定期督查通报。坚持把旅游业作为“433”主导产业之一，纳入全县“十四五”经济社会发展规划，出台《全域旅游发展扶持奖励办法》，设立5000万元旅游发展基金。编制《全域旅游发展总体规划》《古淮河生态旅游风光带专项规划》《全域旅游公共服务体系专项规划》《涟水县旅游市场营销策划专题》等多项规划，促进《国土空间规划》《生态环境保护规划》等专项规划“多规合一”，3年累计优先安排储备旅游项目用地约60公顷。建立旅游发展咨询委员会，旅游专家智库，举办旅游大讲坛、全域旅游高质量发展研修班，探索建立旅游“1+3+N”综合监管体制，组建综合执法大队、市场监管分局、旅游派出所、巡回法庭，全员发动下好一盘棋，全民参与同唱一首歌。

全域配套　多元共建　编织服务保障网

随着全域旅游的持续纵深推进，全县旅游基础设施不断完善，旅游品质进一步提升。一级公路通达全县所有镇街，景区连接线全线贯通，开通2条旅游专线和4条精品线路旅游公交。因地制宜，注重特色，科学规划，合理布局，建成267座美观实用A级标准旅游厕所，物业化管理，全天候服务。建成高铁客运站游客集散中心、汽车客运站、涟城、朱码、高沟、红窑、成集等咨询服务点8个，景区景点游客接待中心13个，建设生态停车场9处。在交通要道、重点部位建设标牌标识、交通导览牌、全域全景图120余处。建成县级智慧旅游平台、全域旅游3D导游系统、景区电子触摸屏导览，开通网上支付业务，景区WiFi全覆盖，“一码游涟水”小程序已成为来涟游客的好助手。全域配套的旅游设施，承载着憧憬和向往，让你品味这里的美酒、美食、美景、美趣，领略“一地一港一区一城”的美好风光。

全域向景　多维融合　绘就锦绣大观园

涟水县充分利用自然资源和历史

五岛胜境　　（许　军　摄）

文化禀赋，围绕“一区四带六片”的全域旅游发展布局，注重自然美，保持生态美，侧重个性美，构建整体美，着力打造“4+8+18”的旅游立体景观，实现“过境地”向“目的地”的跨越，每年接待游客、旅游综合收入比率呈两位数增长。

建成五岛湖旅游区、今世缘旅游景区2个国家AAAA级景区，金鸡坨生态农庄等5个省星级乡村旅游示范区，今世缘综合旅游度假区、苏北小延安军旅小镇、科技文化产业园、云锦产业园等项目闪亮登场，形成乡村生态之旅、文化体验之旅、健康养生之旅、特色美食之旅的亮丽风景。探索建立城市依托型、产业依托型、历史文化依托型、民宿依托型、创意主导依托型、科技依托型等7大乡村旅游发展模式，建成高沟扁担、红窑夏楼、黄营朱桥等8个省市特色田园乡村，苏淮生态园等18个乡村旅游点。突出“旅游+”“+旅游”，推动三次产业深度融合，培育百药园、百花园、百菇园、百果园、百蔬园等乡村旅游“五朵金花”基地30个，提升创新链，延长产业链，增加供应链，拓展富民链。牢固树立“城市即旅游，旅游即生活”的理念，加速推进城市旅游综合服务区的打造，建成涟中闸北等6个城市小游园，吾悦广场、百悦广场、中央城、同乐坊、红窑古街、高沟古街等5个特色街区，上海路、深圳路等2个美食街区。发挥现代淮剧“村官三部曲”示范引领效应，打造沉浸式旅游体验产品，深度挖掘规划馆、图书馆、文化馆、博物馆、文化活动中心等主客共享的文化价值功能，实现顾客和游客的双客转换，让旅游更有诗意，让文化走向远方。

全域营销　多方优化　广结善缘客天下

走进五岛湖景区的“集市”，云锦织造、虎头鞋、剪纸等非遗项目店铺常态化开设，各项非遗传承人在店内进行非遗技艺展示，路过的游客驻足欣赏。

涟水县不断加强与全国知名旅游企业、旅游部门之间的联合营销，强化与浙江、上海旅游企业对接，重点突破上海、南京、杭州等客源市场。做优农民丰收节，创新打造“涟水鲜味”美食节、“畅游涟水”乡村文旅节，举办八大碗美食大赛、美食摄影大赛、旅游商品设计大赛以及全民健身、马拉松、自行车赛等赛事。开发“涟水游礼”旅游商品和文创产品，推动非遗代表性项目进景区景点，为游客提供互动性文化场景和旅游体验。运用传统媒体、自媒体、融媒体开展品牌营销，在展会、报纸、微博、微信、抖音上宣传推介，提升美誉度，扩大朋友圈，抢占新领地。制定旅游综合执法方案，定期召开旅游环境综合整治会议，联合应急、消防、市监、公安、交通等部门开展检查，建立旅游领域社会信用体系，制定旅游市场主体“红黑榜”制度，公布投诉电话，及时处理“12345”政府服务热线、手机App、微信公众号、热线电话等投诉举报。制定旅游服务标准和规范，组建旅游志愿者服务队，常态化开展文明旅游宣传、游客咨询服务、劝阻不文明旅游行为，以更好的风貌吸引游客的眼，以更优的服务赢得游客的心。

擦亮营商金名片　激活产业新动能

招大引强，涟水全力冲刺全国百强

2022年11月28日，总投资130亿元的捷泰新能源高效太阳能电池片项目在涟水空港产业园正式开工，标志着当地即将成为全球单体最大、智能化程度最高的N型太阳能电池制造基地。这是继总投资116亿元的全球首个高性能玻纤零碳智能制造基地项目成功签约后，涟水在重特大产业项目上取得的又一重大突破。

“党的二十大报告提出，高质量发展是全面建设社会主义现代化国家的首要任务，而项目正是我们‘勇挑大梁’的关键和根本。”涟水县委书记洪然说，涟水正积极扩大有效投资，奋力爬坡过坎，全力冲刺全国百强。

招大引强，要素“磁吸力”愈发强劲

“紧盯绿色食品、新一代电子信息、高端装备制造、纺织服装等四大工业主导产业，建链、补链、强链，‘点对点’上门攻坚项目。”2022年初，涟水召开专题会议，聚焦项目招引，全面吹响项目建设“集结号”。

涟水坚持“链式思维”抓项目招引，围绕“433”现代产业体系，依托“一区三园”平台要素，瞄准“国字头”“中字号”龙头型、基地型、链主型大项目主攻方向，形成了项目招引的“葡萄串”效应。全年新签约、新开工、新竣工亿元以上项目114个、69个、45个，其中超百亿元项目2个。

一号招商员、县委书记洪然率队赴深圳、嘉兴、无锡等地招商，深入部分企业、上市公司，推进在谈项目早签约。县委副书记、代县长朱永兴率队赴苏州、无锡和嘉兴等地招商，并推进已签约项目早落地。2月上旬，涟水(苏州)招商局5位招商“虎将”就地“变身”抗疫志愿者，让当地客商深受感动。

涟水县商务局局长、招商办主任王飞说，除“一号招商员”机制，涟水还整合招商队伍资源，成立6个区域招商局进行驻点式招商、专业性招商、精准化招商，尤其是创新开展的市场化招商，已成为破思想之冰、实现重大项目突破

成势的“尖刀利器”。

项目提速，产业新动能愈发澎湃

“签约后仅8天就完成225户搬迁，仅48天就办成全部用地挂牌手续，项目每一天都在快速推进。”捷泰科技总裁张满良对在涟水投资信心满满。“47个工作日就拿到了用地规划许可证、工程规划许可证、图审合格证和施工许可证，这在过去至少要3个月时间。”拿着热乎乎的“四证”，戴欧德电子(淮安)有限公司负责人难掩激动。

项目既要招得来，还要落得下、发展好。涟水实行重大项目“模拟审”“容缺办”改革，极大降低了项目评估成本，为重大项目落地按下“快进键”。5年前，从事电路板设计、研发、生产的特创科技项目落户涟水，如今特创持续布局PCB项目，二期项目“数证连发”“拿地即开工”。公司负责人说，在涟水全方位支持下，公司已成长为国家级高新技术企业。

走进业丰精密科技有限公司，6条生产线高速运转，工人们佩戴口罩紧张忙碌着。“我们主营智能手机、医疗设备、北汽新能源等(FPC)柔性线路电路板生产，今年7月投产后发展迅速，产品供不应求！”公司行政经理孙勇意气风发：涟水是全国为数不多的拥有“空铁水公”综合交通体系的枢纽县之一，空间大、后劲足、前景好，我们对企业未来发展信心十足！

2023年4月28日捷泰新能源一期项目首线出片暨二期项目开工仪式

（县融媒体中心　供稿）

2022年以来，涟水牢牢扭住项目建设“牛鼻子”，全力聚焦签约、开工、投产、达效四个关键环节，推动项目建设高质量、快速度、上水平。截至年底，全县省重大项目开工1个；市重大产业项目开工38个，竣工26个。11项主要经济指标中，涟水10项增幅稳居全市第一方阵，其中规上工业增加值等4项增幅位列全市第一。

筑巢引凤，营商金名片愈发靓丽

“多亏有了‘健康驿站’，替我们企业解决了因疫情影响原材料运不进来、订单送不出去的难题，挽回了几千万美元的损失。”江苏弘晟包装有限公司总经理柳建飞口中的“健康驿站”，正是涟水以“经济网格”服务优化营商环境、为企业纾困解难的一次成功探索。

涟水出台《涟水县经济服务网格化工作方案》，将全县1388家重点企业包括600多家规上企业全部纳入经济网格平台统一管理。“除了网格帮办员，我们还为企业逐一配备了法律顾问、金融管家。”涟水县营商办企业服务科负责人袁育云说，2022年涟水累计发放财政奖补资金6.85亿元，净留抵退税4.19亿元，新增减税降费2.63亿元，发放富民创业扶持贷款1.83亿元、稳岗补贴1200万元。近年来，涟水持续擦亮营商环境全国百强的金字招牌，因时因势出台助企纾困“涟20条”“涟8条”、稳就业“涟16条”、优化营商环境“10条承诺”等政策措施，打造“企速立”等政务服务品牌30余个。如今“常来涟水、顺风顺水，投资涟水、如鱼得水”，成为在涟投资客商的发展“金句”。

县情概览

OVERVIEW OF COUNTY SITUATION

- 自然环境
- 历史人文
- 经济社会发展

编辑：彭亚君

自然环境

【区域面积】 涟水县地处江苏省域北部，黄淮平原东部，淮河下游，位于北纬33°39′—34°07′、东经118°59′—119°46′之间，东与盐城市阜宁、滨海、响水三县为邻，西与淮安市淮阴区、宿迁市沭阳县接壤，南与淮安经济技术开发区、淮安市淮安区隔古淮河相望，北与连云港市灌南县毗连。东西长60千米、南北宽51.5千米，县域面积1678平方千米。下辖12个镇、4个街道、1个省级经济开发区。

【地质地貌】 涟水县境内地层为第四系覆盖。隐伏基岩以淮阴—响水断裂为界，东西部有较大差别。西部广泛隐伏中元古界海州群，仅在靠近断裂线的陈师一带，有部分上元古界震旦系地层分布，其他地层全部缺失。东部广泛分布新生界第三系地层，厚度自西向东迅速增大，从几十米到几千米。中生界侏罗系下中统和白垩系浦口组也有零星分布。地质构造属扬子准地台苏北凹陷的北部边缘区，在漫长的地质历史中，又发育一系列低序次的隆起和凹陷，有高沟—梁岔古隆起，涟北凹陷，涟水—大东凸起，涟南凹陷。断裂构造以北东向为主，常被北西向断裂错断。涟水县境内属黄泛冲积平原，地势为西南高东北低，地貌由西南向东北依次分为沿河高滩地、平原坡地、湖荡洼地。受新构造运动控制，在中新生代不断凹陷的基底上，沉积大量河湖相及海陆交互碎屑沉积物。后期又受黄泛影响，地表普遍覆盖一层厚1—5米微碱性、冲积相的土黄色粉沙和亚黏土，构成典型的平原地貌类型。由于长期的沉积和黄泛冲击淤垫，形成西南高、东北低的地势，其中以流经县境南部和东部边缘的古淮河堤内滩地地势最高，真高一般都在10—15米，最高点位于涟城街道谷嘴附近，最高20.7米，比堤外平原相对高出15—18米。堤外平原由西南向东北渐低，至石湖境内降至10米左右。县境东北和西北各有1个盆状洼地，真高一般在5米以下，最低点位于石湖镇十七堡村松林唐松河口附近，真高只有2.7米。境内无湖泊，自然河流多发源于古淮河滩地北侧，自西南流向东北，最后汇入灌河流入黄海。

城市绿肺　　（陈治如　摄）

【气候】 涟水县属暖温带季风气候，四季分明，光照充足，雨水充沛，无霜期长，气候条件较为优越，但年际间降水、温度变化较大。全年平均气温16.1℃，日照时数2200.7小时，风速每秒1.9米，降水量712.7毫米，相对湿度72%。

【自然资源】 土地资源　涟水县行政区域面积167849.65公顷，其中耕地面积103233.98公顷，园地面积430.97公顷，林地面积1652.69公顷，草地23.59公顷，城镇村及工矿用地29074.11公顷，交通运输用地面积5866.46公顷，水域及水利设施用地面积25019.05公顷，其他土地2548.80公顷。

水资源　涟水县境内水资源主要来源于大气降水，其余为盐河，古淮河，南、北六塘河过境水及地下水。多年降水平均径流深250毫米，产径流量4.19亿立方米。由于受季风影响，降水量的季节分配差别显著，一半左右的降水量集中于6—9月，新产径流排泄多，利用少。其他月份则水量不足。过境水与县内降水同步，量大而集中。境内地下水储量丰富。第一含水层（浅层地下水）地表水补给量约4.5亿立方米，第二含水岩组（中层地下水）每年可采水量约0.5亿立方米，第三含水岩组（深层地下水）每年可采水量0.3亿立方米。盐河以东浅层地下水矿化度较高，不宜直接灌溉，盐河以西为淡水，可以直接灌溉和饮用。梁岔、涟城一带深层地下水含水层为一古河道，水质好，储量丰富，可作大型供水水源。

林业资源　涟水县林业用地面积29990公顷，其中林地面积28220公顷，灌木林地面积100公顷，未成林地面积630公顷，苗圃地面积920公顷，其他林地面积120公顷。全县活立木蓄积406万立方米，其中乔木林蓄积298万立方米，散生木蓄积34万立方米，“四旁”树蓄积74万立方米；全县活立木总株4380万株，年可采伐量25万立方米，林木覆盖率24.23%。　（彭亚君）

历史人文

【建置沿革】 涟水县境在夏、商、西周时期，为淮夷聚居之地。东周春秋时属吴；战国时，公元前473年，越灭吴，属越；公元前306年，楚灭越，属楚。

秦时，县境属东海郡。

西汉元狩六年（前117），置淮浦县，属临淮郡，此为涟水建县之始。新莽时，改淮浦县为淮敬县。东汉时，复称淮浦县，属东海郡。

三国时，淮浦属魏，划归广陵郡，西晋因之；东晋初元帝时侨置江南。

南北朝时，南朝齐建元二年(480)，以东海郡属冀州，称北东海郡，侨治连口(现涟城街道)，并于北境置襄贲县，此为襄贲侨置涟水之始。建武二年(495)，省淮浦县，自此淮浦之名不存。梁时，襄贲仍隶北东海郡。东魏武定七年(549)，改北东海郡为海安郡，襄贲属海安郡。

隋开皇三年(583)，罢郡为州，以襄贲县属海州；开皇五年(585)，改襄贲县为涟水县，因境内有涟河而得名，涟水之名始见。大业三年(607)，改州为郡，涟水属东海郡。

唐初，改郡为州，武德四年(621)，置涟州，在县境北15千米分置金城县(城址在现红窑金城村)，州治涟水城，辖涟水、金城二县。贞观元年(627)废涟州，并省金城县，以涟水县属泗州。总章元年(668)改属楚州，咸亨五年(674)还属泗州。乾宁二年(895)，杨行密袭取滨淮诸州，涟水属杨吴，后属南唐。后周显德四年(957)，涟水属后周。

北宋初，涟水县属泗州，太平兴国三年(978)，置涟水军，属淮南东路；熙宁五年(1072)废，仍为涟水县，隶淮南东路楚州；元祐二年(1087)，复为军。南宋时，涟水成为宋、金相争要地，时而属宋，时而属金。景定三年(1262)，涟水军改为安东州。

元至元十二年(1275)，安东州归附元，改立涟州，旋复称安东州，至元二十七年(1290)归山东路，至元二十九年(1292)改隶淮安路。

明洪武二年(1369)，降安东州为安东县，属淮安府。

清因明制，仍称安东县，属淮安府。

民国3年(1914)1月，废府存道，因与奉天省安东县同名，复称涟水县，属淮扬道。民国16年废道，由省直接管辖。民国22年，江苏实行行政督察专员制，全省分13个区，涟水属十一区(淮阴区)，此后，全省行政督察区多次变更调整，涟水先后属第八区、第七区、第六区、第七区，除第八区为东海区外，余属伪江苏省公署徐州办事处、伪苏北行政专员公署、伪淮海省淮阴督察区。

民国29年8月，中国共产党领导下的涟水县抗日民主政府成立。是年10月，成立河东办事处(亦称河东行署、涟东行署)，辖原涟水县盐河以东的四区、六区和七区。民国30年1月，河东办事处与涟灌阜办事处合并成立涟东县，划归盐阜区。是年5月撤淮阴、涟水两县建制，成立淮涟办事处，12月撤销，恢复涟水县建制，属淮海区。

1950年6月，涟水、涟东两县合并为涟水县，属淮阴专区。1970年，淮阴专区改为淮阴地区，涟水隶属淮阴地区。1983年1月，江苏省实行市管县体制，涟水县隶属淮阴市。2001年1月，淮阴市更名为淮安市，涟水县隶属淮安市。

【人口民族】 人口　2022年末，全县总户数为31.7万户，户籍总人口为108.29万人；全年人口出生率为4.99‰，人口死亡率为9.86‰，人口自然增长率为-4.87‰。常住人口81.82万人，其中城镇人口46.68万人、乡村人口35.14万人，城市化率为57.05%，比上年上升0.56个百分点。

民族　涟水县属少数民族散杂居地区，有汉族、回族、藏族、蒙古族、满族、维吾尔族、朝鲜族、哈尼族、苗族、彝族拉祜族、白族、傈僳族、侗族、土家族、壮族、布依族、畲族、瑶族、黎族、佤族、纳西族、土族、傣族、德昂族、哈萨克族、水族、东乡族、仫佬族、羌族、布朗族、撒拉族、毛南族、仡佬族、怒族、鄂温克族等36个民族，2022年，汉族人口108.76万人，少数民族3090人。全县各镇(街道)都有少数民族居住，回族是全县人数较多的少数民族，相对集中居住在黄营镇朱桥村和唐集镇丰河村，人口1502人，约占少数民族总人口的48.61%。

【历史名人】 涟水人杰地灵，英才辈出。东汉、三国时期，有"陈氏三杰"：永乐少府陈球、沛相陈珪(陈球侄)、伏波将军陈登(陈珪子)。南朝著名诗人鲍照，与颜延之、谢灵运合称"元嘉三大家"，其七言歌行对后世李白、岑参、高适、杜甫有较大影响，杜甫曾以"俊逸鲍参军"来赞誉李白。唐代侍御史王义方，不畏权贵，犯颜直谏上书弹劾当朝宰相，被贬海南吉安后，开堂讲学，开当地文明之先，被尊为海南的文化先师。司仆少卿徐有功，刚正不阿，秉公执法，深得民众敬佩。北宋时，有备受三朝皇帝礼遇的能仁寺高僧证因大师。南宋时，涟水地处宋、金分界处，战事不绝，兵匪为患，嵇安挺身而出，聚集义兵，筑寨防匪，保卫乡里，官封沿海巡检使。明代，迁居山阳的小说名家吴承恩留有不朽巨著《西游记》。清代，医学名家石寿棠(字芾南)著有《医源》(上、下卷)、《温病合编》，其医学思想对后世医学有很大影响。清末民国初，书画名家程西池、程小池父子的"程氏兰花"和陆海岑的芦雁、茹宗陵的白菜、徐六泉的大字被时人称为"涟水四绝"。鲁一同(字兰岑)著有《通甫类稿》《清河县志》等，其次子鲁子賁(字仲实)总纂《安东县志》，著有《仲实类稿》等。

陈球(118—179)　字伯真，东汉淮浦(今涟水)人。少涉儒学，善律令。东汉阳嘉年间(132—135)被举为孝廉，不久任魏郡繁阳县令，后升任侍御史。桂阳义军李研率部进袭湖广一带，地方官兵抵挡不住，陈球被任命为零陵太守，前往镇压，义军不战而走。而官兵朱盖等却反戈举兵转攻零陵。陈球集中城内吏民，不分老弱，共同守城。朱盖等久攻不下，用水灌城，陈球则利用地势决水反淹叛军。后中郎将度尚领兵来援，和陈球里应外合，共同击败叛军，擒斩朱盖。朝廷赏赐陈球五十万钱，封他一子为郎，改任他为魏郡太守。后又改任南阳太守，因抑制豪强而遭诽谤获罪，不久遇赦回家。后又被任为廷尉，灵帝熹平六年(177)被任为司空，因地震免，拜为光禄大夫，光和元年(178)迁升太尉，因日食免，仍为光禄大夫。光和二年(179)陈球被任为永乐少府，暗和司徒刘郃、卫尉阳球等人谋诛中常侍曹节、王甫、赵忠等宦官，不料事泄被捕，死于狱中。陈球是涟水历史上第一个被"二十四史"之一《后汉书》列传记载的人。

陈登(约164—201)　字元龙，东汉淮浦(今涟水)人。汉灵帝名臣陈球侄孙，沛相陈珪子，陈登受祖、父辈熏陶，"少有扶世济民之志"，年二十五，举孝廉，州牧陶谦表登为典农校尉，兴平元年(194)陶谦死，陈登力劝刘备代徐州牧，刘备以陈登为幕官。建安二年(197)曹操表封陈登为广陵郡(郡治射阳，今扬州市宝应县)太守，后曹、刘联合攻打吕布，陈登相助，破徐州，陷吕布于绝境,陈登被加封为伏波将军。陈登在广陵太守任上"明审赏罚,威信宣布",开邗沟西道(今苏北里运河前身),缩短江淮间水路,灌溉两岸数百里农田;筑高家堰,为后世永赖;两次打败孙策北上军队,整顿治安,"海贼万余户,皆束手归命"。建安五年(200)调任东城太守,"广陵吏民,佩其恩德,共拔郡随登,老弱襁褓负而追之"。不久卒,年仅38岁,陈登离广陵后,广陵很快为孙权所有。后来曹操征吴,"每临大江而叹,恨不早用陈元龙计,而令封豕养其爪牙!"

鲍照(414—466) 字明远,南朝宋北东海郡(治今涟水县境)人,出身寒庶,曾从事农耕,自称"负锸下农"。自小便有文学才情,因献诗给临川王刘义庆,得到赏识,擢为国侍郎。以后曾做过秣陵令、永嘉令,宋孝武帝大明六年(462)被任为临海王刘子顼前军行参军,又迁前军刑狱参军,因称"鲍参军"。明帝泰始二年(466)刘子顼谋反被赐死,鲍照在荆州被乱军所杀。鲍照工于诗,尤长于乐府,为"元嘉三大家"之一。但在那"上品无寒门,下品无世族"的门阀特权时代,他却因"才秀人微,故取湮当代"。他的诗歌独具特点,感情奔放,语言质朴,但又讲究炼字炼句,音节抑扬顿挫,形成自己的艺术风格。《拟行路难》十八首是他诗歌的代表作。沈德潜在《古诗源》中称赞他的诗"开世人之未有,后太白往往效之"。杜甫曾有"俊逸鲍参军"的诗句,透出他对鲍照诗歌的推崇。特别是七言歌行,经鲍照的革新改造和艺术实践,发展到了成熟的阶段,对后来七言体诗歌的日益繁荣产生了很大影响。他所作的文、赋,如《芜城赋》《登大雷岸与妹书》等皆为名篇。有《鲍参军集》十卷传世。鲍照的妹妹鲍令晖,善歌舞,诗文俱佳。鲍照的《登大雷岸与妹书》就是写给令晖的。钟嵘《诗品》谓其诗"崭绝清巧,拟古尤胜"。有《香茗赋集》,作品多失传。

王义方(615—669) 唐涟水县人。自小孤贫,但侍母勤谨,博通"五经",且为人正直,不随波逐流,很受乡人所推崇,20岁时被地方官荐为"明经",曾被任命为晋王李治府参军,宰相魏征十分器重他的品德与才学,请人做媒,欲将内侄女许给他为妻,他婉言辞谢,不两年魏征病故,他甚为悲痛,且请人说媒,娶了魏征的内侄女。时人多不解其故,他说:"过去不娶,是我不愿依附宰相的权势。现在娶了,是为了报答宰相生前对我的看重。"唐太宗贞观二十年(646),王义方因受刑部尚书张亮案件牵连,被贬为海南吉安县丞。当时,吉安县文化落后,民风野蛮。他到任后,召集地方首领和读书人,亲自讲解儒家经典和中原礼仪,很受尊敬。二十二年(648)调任河北洹水县丞,不久又先后调任陕西云阳县丞、朝廷著作佐郎。唐高宗显庆元年(656),王义方升任侍御史。当时中书侍郎李义府倚仗皇帝宠信,专权枉法,朝廷内外敢怒不敢言。王义方因弹劾李义府,激怒了唐高宗。高宗认为他毁辱大臣,言词不逊,将他降为山东莱州司户参军。任满后,王义方不再做官,奉母安家于昌乐,以教授生徒为生。唐高宗总章二年(669)逝世,终年55岁。著有《笔诲》10卷、《文集》10卷。

徐有功(635—702) 唐涟水县人,国子博士徐文远孙。曾举为明经,后转任蒲州司法参军,封东莞男。永昌元年(689),徐有功升任司刑丞。时武则天任用酷吏,屡兴大狱,唐宗室、朝臣被株连冤杀者千余家。朝野震恐,莫敢正言,独徐有功刚直不阿,秉公执法。凡皇帝下诏让他审理的案件,多被他审议开脱了,前后救活数百家。徐有功办案执法护法,持平守正,受武则天赏识。不久,被升为秋官员外郎,又转为郎中。后历任左肃政台侍御史、左司郎中、司刑少卿、司仆少卿。他的主张和做法同酷吏周兴、来俊臣、张知默等人产生尖锐的对立,与武则天以刑杀镇压李唐宗室和其他反对势力的政治目的也格格不入。因此,在任期间,曾因替冤屈者请命,三次被判死罪,但他执法之志不移。武周长安二年(702),徐有功病逝,终年68岁,死后赠司刑卿。中宗即位后赠越州都督,武宗会昌年间追谥"忠正"。

娄道者(960—1022) 名守坚,自号道者。宋建隆元年(960)生于涟水军丁湖口。幼随父兄业渔,后被送城西承天寺为僧,通医。祥符三年(1010)五月皇太子生,昼夜啼,诏天下能止啼者进宫诊治,娄道者应诏,治好太子夜啼,真宗帝大喜,赐号"证因大师",住持承天寺。乾兴元年(1022)涅槃,乡人将其衣物葬于淮河赤岸,因他是"侧卧而化",名"卧佛冈"。又在寺内建小塔,将舍利藏于塔下。天圣八年(1030)仁宗帝赐塔名"妙通",改承天寺为"能仁教寺"。娄道者死后,有关他的神话传说很多,一直在县内流传。

米芾(1051—1107) 字元章,襄阳人,宋代著名书画家。绍圣年间知涟水军。博学好古,工诗文,尤精翰墨,自成一家。酷爱石,遇奇石即拜,人称"米颠"。宋哲宗绍圣四年(1097)丁丑,任职涟水军使。米芾作为北宋著名书画家,曾被宋徽宗召为书画学博士,与蔡襄、苏轼、黄庭坚合称"宋四家"。守涟二年,米芾每天勤奋苦练,从不间断习书作画,常常涤墨于池。离任时仍不忘将笔端余墨洗于池中,以示清白,不拿涟水一针一线,不惜涟水一水一墨。并吟诗一首《去涟水》:"长日开闲境,春风美鼻雷。黄紬依旧暖,牙鼓莫相催。"深表其对涟水的依恋之情,后人称此池为"米公洗墨池",在池畔建"米公亭",以志怀念。米芾书画自成一家,枯木竹石,山水画独具风格特点。其书法也颇有造诣,擅篆、隶、楷、行、草等书体,长于临摹古人书法,达到乱真程度。主要作品有《张季明帖》《李太师帖》《紫金研帖》《淡墨秋山诗帖》等。米芾所书《蜀素帖》,亦称《拟古诗帖》,是天下第八行书,被后人誉为中华第一美帖。

嵇安(1188—1262) 字宽济。其祖父嵇大成,北海人,宋代进士,历任监察御史、同知镇南军节度使事、龙虎卫上将军。大成退任后经涟水,爱其乡土风俗,遂定居。嵇安自幼勇敢尚武,喜弓箭。长成后,善骑射,愈益英勇。当时涟水地处宋、金分界处,朝属宋、暮属金,地方颇不安宁。嵇安挺身而出,聚集义兵,建立堡栅,保卫乡里。宋淮东制置使奉诏授他为沿海巡检使。在任时,他宣布防守公约,令互相守望,禁止抢掠,数百里得以安全。他又增筑堤堰64处,创"疏决法",兴修水利,劝励农耕,赈济灾民,乡人赖以活命者无数。宋景定三年(1262)病逝,终年75岁,后人感其恩德,请元奉训大夫国子司业商虎撰、集贤侍讲学士奉政大夫宋渤书墓志，立碑纪念。该墓碑现仍存于涟水县南集镇。

鲁一同（1805—1863） 字兰岑，一字通甫，山阳（今淮安市淮安区）籍，世居安东（今涟水），成年时曾移居清河（今淮安市）。其父鲁长泰，字特山，郡庠生，以书画有名于世。擅画鸟，尤以画鸡见长，世称"鲁鸡"。鲁一同于清道光十五年（1835）中举，此后屡次参加会试不第，便潜心研究学问，田赋、兵戎诸大政及河道变迁、地形演化等无不精研有所得。他少年时就很会写文章，"为文务切世情，古茂峻厉，有杜牧、尹洙之风"，颇能纠时文内容贫乏的毛病，后来成为桐城派后期古文大师。著有《通甫类稿》《通甫诗存》《白耷山人年谱》《邳州志》《清河县志》等10余种书籍及《鸡》《梅》等画传世。清同治二年（1863），鲁一同病逝于安东故宅。鲁一同的三姐兰仙（1802—1839），字灵香，善吹笛，工射击，以诗文著称淮上，著有《瘦春仙馆诗剩》。道光十九年（1839）病故，一同撰《适黄氏姐年三十八行略》以悼。鲁一同次子蕡（1832—约1880），字仲实，诸生，候选训导，文有家法，名显于世。曾为淮安府清理清河赋税，佐修安东水道，总纂《安东县志》，著有《仲实类稿》等。

吴昌硕（1844—1927） 初名俊，又名俊卿，字昌硕，又署仓石、苍石，多别号，常见者有仓硕、老苍、老缶、苦铁、大聋、缶道人、石尊者等。浙江省孝丰县（今湖州市安吉县）人。同治四年（1865），中秀才。同治八年（1869），赴杭州，就学于诂经精舍，从名儒俞樾习小学及辞章。编成《朴巢印存》。光绪二十五年（1899）十一月，得丁葆元保举，任安东县令，一月即辞去，曾刻有"一月安东令""弃官先彭泽令五十日"印章，常钤于书画作品上。民国16年（1927）11月29日，逝于上海寓所。民国22年（1933）11月，迁葬于浙江余杭县塘栖附近超山报慈寺西侧山麓宋梅亭畔。吴昌硕是晚清民国时期著名国画家、书法家、篆刻家，"后海派"代表，杭州西泠印社首任社长，与厉良玉、赵之谦并称"新浙派"的三位代表人物，与任伯年、蒲华、虚谷合称为"清末海派四大家"。他集"诗、书、画、印"于一身，融金石书画为一炉，被誉为"石鼓篆书第一人""文人画最后的高峰"。

阿累（1909—1987） 原名朱宗仁，又名朱凡榕、朱一苇、朱凡，涟水朱码人。当代哲学家、小说家、散文家。在南京金陵大学附中、上海立达学园、同文书院学习过，最后毕业于上海艺术大学。1931年参加反帝大同盟。1932年参加"左翼剧联"，1932年8月考进上海英商公共汽车公司当售票员，不久加入中国共产党。1933年因参加工人罢工被捕判刑，1935年经人保释出狱，到马来西亚，参加马来西亚共产党活动，被迫令出境。解放后，历任湖南革命大学副校长、省文教厅厅长、省委宣传部部长、湖南大学校长等职。1987年1月8日，在长沙病逝。

吴强（1910—1990） 原名汪大同，曾用名汪藻香，涟水高沟人。1933年在上海参加左翼作家联盟，抗日战争全面爆发后投笔从戎，1938年参加新四军，1939年参加中国共产党。1949年后，任华东军区政治部文化部副部长。1952年起，历任上海市文联副主席、中国作协上海分会副主席、上海小说家联谊会会长等职。1990年逝世，代表作《红日》。

陈登科（1919—1998） 涟水涟城人，中共党员。民国29年（1940）参加革命，历任游击队侦察员、通讯员、警卫员等职。民国34年（1945）7月，调任盐阜大众报工农记者，11月加入中国共产党。民国37年（1948）12月赴淮海前线，任新华社支前社记者，是年出版第一部长篇小说《杜大嫂》。1952年春，加入中国作家协会。1953年春，任安徽省文联筹委会副主任。1954年夏，当选为安徽省文联副主席。1956年秋，当选为安徽省作家协会主席。"文化大革命"开始后，被江青反革命集团诬陷为"国民党特务"。1979年2月，正式恢复名誉，并恢复省文联副主席、省作协主席职务。1979年6月，在全国五届人大第二次会议期间，向大会提出恢复国歌《义勇军进行曲》歌词的议案，未获通过。此后，一直坚持提出这一议案，直到五届五次会议终获通过。1998年10月11日逝世。一生留下500余万字的著作。新华社为此发出通稿，全国各大报刊相继报道他不幸病逝的消息。

李连庆（1925—2012） 涟水五港人，中共党员。民国29年（1940）参加革命，民国30年（1941）5月加入中国共产党，历任八路军团部文书，区委书记，《盐阜大众报》主编，泰州市委组织部部长，中共中央华东局组织部干部科科长，驻德大使馆一等秘书，外交部苏联东欧司副司长、代司长，中国驻日本大使馆政务参赞，中央广播事业局党组副书记、第一副局长兼中央电台台长（副部级），世界知识出版社社长兼总编辑，中国驻印度特命全权大使，中国美术家协会党组副书记，中国电视艺术家协会党组书记，中国徐福会会长，中国战略研究基金会常务副会长等职。著有长、中、短篇小说和外交著作多部。辑有《李连庆文选》二部及《李连庆文集》《李连庆、潘一凤摄影选集》《尼赫鲁家族左右印度政坛》等。同日本合拍电视剧《丝绸之路》《话说长江》，同英国合拍《中国》。创办《世界知识画报》《世界博览》杂志及世界知识印刷厂。2012年3月24日逝世。

【文化遗存】 涟水历史悠久、文脉厚重，拥有2100多年的建县史，留下了蔚为丰富、弥足珍贵的历史文化遗产。新中国成立后，全县境内共发现和发掘出土包括石器、陶器、瓷器、青铜器、字画、革命文物等10个门类近400件文物。南京博物院收藏的涟水县三里墩西汉墓出土的战国错金银立鸟几何纹铜壶、嵌绿松石铜鹿、西汉错金银铜牺尊、裸体铜舞俑等11件国家一级文物，均具有极高的文化、艺术、历史价值，在国内外享有盛誉，亦是南博镇院之宝。淮安博物馆收藏涟水县境内出土的各时期等级文物30余件，如，玉石器有镞、斧、璧，陶瓷器有鬲、罐、鼎、瓶，铜器有鼎等，均具有较高的历史艺术价值。涟水县博物馆现有各类藏品296件，其中等级文物43件（组），尤以1998年5月宋妙通塔地宫出土的石函、金棺、银椁、青白瓷舍利瓶、六角口玻璃瓶银质骨灰盒、凤首龙身金簪、佛牙、舍利、水晶等16件佛门圣物最为珍贵。

涟水境内已发掘新石器时代、战国时代、南北朝、唐、宋、元、明、清时等38处遗址，集中分布在涟城、陈师、朱码、东胡集、高沟、红窑境内，沿盐河一线排列。已发现斗墩战国墓群、凤凰墩汉墓群、嵇安墓等古墓葬27处，主要是战国时期、汉代、宋代、元代、明代、清代的墓葬。

涟水县共有全国重点文物保护单位月塔1处，市级文物保护单位11处、县级文物保护单位12处。据光绪本《安东县志》记载，历史上涟水县遗存的文物古迹多处，其中古城址3处，即涟城、金城、古月城；古塔3座，即妙通塔、月塔、小塔；亭、寺、庵多处；井、泉5眼，即琉璃井、州井、龙潭泉等；墩2座，即凤凰墩、状元墩；古墓5座，即贤母墓（王义方母墓）、张万户墓、蛮王墓、尚太尉墓、杨珊墓；其他9处。

涟水是革命老区，境内发生过大小战斗数百次，其中著名的战斗有鲁渡战斗、洪码战斗、高杨战斗、郑潭口战斗、佃湖战斗等。在长期的革命斗争中，先后有2590多名优秀的涟水儿女，献出他们宝贵的生命。以张大卓、贾伯谊、吴长来、潘洪烈、王道明、朱启勋、朱启杰、王秉同、朱洪滨等烈士最为著名。这些烈士们在可歌可泣的革命历程中，留下众多的遗迹遗物。为了纪念从抗日民主政府建立以来的烈士，涟水人民在全县范围内先后建立涟水战役烈士纪念碑（馆）（原为涟水烈士陵园）、成集烈士陵园、灰墩烈士陵园、五港烈士公墓、杨口烈士陵园等20多处烈士陵园（公墓）、碑亭等革命纪念建筑，这些革命纪念建筑以及革命旧址（纪念地），真实地记录了革命战争的历史，是进行革命传统教育和爱国主义教育的重要基地。

【地方特产】 涟水大米　涟水处于中国南北地理分界线，属暖温带季风气候区，年均气温14℃，无霜期长，光照充足，雨水丰沛且雨热同期，境内属黄泛冲积平原，地势平坦，河流纵横，河网密布，水资源丰富，水质优良，达国家三类地表水，富含锌、铁、镁、钙等微量元素，良好的灌溉条件能充分满足涟水水稻不同生长阶段对水分的旺盛需求。同时涟水县境内受新构造运动控制，在中新生代不断凹陷的基底上，沉积大量河湖相及海陆交互碎屑沉积物，形成土层深厚，土壤肥沃，质地中壤至轻黏，以缠脚土、红砂土等他高度发育的优质水稻土为主的土壤环境，具有营保肥、易耕种、有效肥力高等特点，因此涟水水稻根系非常发达，植株生长旺盛，非常有助于钙元素的吸收与积累，促进淀粉、蛋白质等的合成，保证涟水大米产量高、米香浓郁的特质。近年来，涟水在南集、黄营、大东、唐集、石湖等镇，与省农科院合作种植9308号、9108号、5718号等大米，相较于其他大米，生产周期更长，全生长期为150天至155天，口感润滑柔软、富有弹性，有淡淡的清香，成为苏北地区优质稻米的代表。特殊的地理人文环境使得“涟水大米”具有不同于其他地区大米的特定品质。涟水大米呈椭圆形，米粒饱满，色泽透明，手感滑润，腹白少而小，平均长度5.5毫米，平均宽度2.4毫米。煮熟后软硬适中有光泽，米香浓郁，咀嚼香甜，口感柔韧，米粥粘稠，入口爽滑。大米质量达到国家大米三级优质米以上标准，胶稠度大于70毫米，直链淀粉含量15.0%—18.0%，每百克含蛋白质大于7克，含钙大于10毫克，涟水大米具有香、甜、软、糯的特性，其营养价值丰富。

金　棺

银质骨灰盒

银　椁

装舍利的青瓷瓶

舍利子

佛　牙

地宫顶上的铜镜

凤首龙身金簪

贴金单环耳箍形器

涟水鸡糕　又名“素鸡”“酥鸡”，是淮扬菜十大名菜之一，发源、主产于涟水。清朝中期开始在涟水民间出现，相传清乾隆年间，乾隆皇帝南巡时路过安东（涟水），用膳前对县令说：“朕之饮食素饥即可。”皇帝的本意是素食充饥，未料县令把“素饥”误解为“素鸡”，即令当地名厨姚师傅奉旨办理。姚师傅也不知道“素鸡”是什么，但又不敢相问，便灵机一动，弄些鸡、鱼、肉、虾、蟹、蛋等原料，取其精华，按照自己的想象进行加工，没想到乾隆食后赞不绝口。从此，“素鸡”便在涟水民间逐渐流行开来，成为民间婚丧嫁娶、逢年过节时的必备菜肴。因其烹制时需先像蒸糕一样蒸制出笼，且状如蒸糕，入口酥滑，民间又称“鸡糕”“酥鸡”，又以称“鸡糕”最为普遍。制作鸡糕的主料采用当地特有的草鸡鸡脯肉，辅料有肥膘肉、桂鱼肉、豌豆粉、蛋清、葱姜汁、精盐、绍酒等。制作工艺是将鸡脯肉、肥膘肉、桂鱼肉洗净，分别斩成细茸，同放盆内，加辅料搅拌成糊，取瓷盆1只，内抹熟猪油，将糊倒入盆中抹平，上面抹上一层

1.5毫米厚的鸡蛋黄，入笼蒸15分钟至熟取出。鸡糕一般都制作成长方形，其规格大致为长25—30厘米、宽5—10厘米、厚3—4厘米，分上、中、下三层，上层为蛋黄色表层，中层为乳白色实质层，底层为灰白色油质层。色泽黄白相间，晶莹透明，入口嫩滑韧香。既可当主菜，又可当配料，烧、烤、炒、扣均可。鸡糕粉嫩如酥，细腻上口，口味清雅、色泽鲜明，营养丰富，作为涟水独创的传统名菜，已有200多年历史。逢年过节，各地朋友到涟水，必然要尝一尝涟水鸡糕。特别是涟水的海外游子们，不惜迢迢千里，或返乡，或捎信，以"食之为幸"，大有"鲈鱼堪脍"之奇情。20世纪80年代中期，客居台湾的涟水籍名人顾祝同曾托人回家乡捎两样特产，其中之一就是涟水鸡糕。1998年，涟水鸡糕被评为淮阴市（今淮安市）十大名菜之一。2019年，涟水鸡糕省级地方标准出台，并成为中国地标美食，江苏名菜，第二届中国（淮安）国际食品博览会指定产品。

涟水捆蹄　主要产于高沟、前进、梁岔等镇。清末开始在涟水民间出现（相传由清代道光年间高沟镇做熏烧肉的师傅郑云福兄弟首创），并逐渐成为涟水特有菜肴。制作捆蹄的主料采用当地所产黑猪猪肉（猪重90—100千克的猪后腿瘦肉和猪小肠衣），配料有桂皮、丁香、八角、花椒、茴香、肉果、甘草、橙皮、豆蔻、豆仁、火硝、黄酒、冰糖、精盐、味精、葱姜、麻油、酱油等18种。其中，茴香选用涟水特有的中茴香。制作工艺是将配料捣碎，撒在切好的肉片上，再用当地特有的"柳草"捆紧，经过酱油浸泡和老汤蒸煮。捆蹄的制作要经过吊卤的程序，而用于吊卤的老卤是从北宋时期一脉相传下来的。抗日战争时期，日军侵犯涟水，高沟、杨口一带的百姓逃荒时仍随身携带祖上传下来的吊捆蹄的老卤。捆蹄一般制作成直径5—8厘米、长10—15厘米的圆柱体，食用时切片作为冷菜，色泽酱红，纹路清晰，风味独特。1988年，获全国优质保健产品"金鹤奖"和中国首届食品博览会银牌奖。2001年，获第二届中国江苏农业博览会"名特优产品奖"。

涟水芦笋　主要分布在红窑镇。芦笋享有"蔬菜之王"美誉，含有丰富的维生素B、维生素A以及叶酸、硒、铁、锰、锌等微量元素，尤其是含硒量高于一般蔬菜，与含硒丰富的蘑菇接近，甚至可与海鱼、海虾等的含硒量媲美，具有"一抗三降"功效。此外，芦笋具有人体所必需的各种氨基酸。芦笋属直立草本，高可达1米。根粗2—3毫米。茎平滑，上部在后期常俯垂，分枝较柔弱。叶状枝每3—6株成簇，近扁的圆柱形，略有钝棱，纤细，常稍弧曲，长5—30毫米，粗0.3—0.5毫米；鳞片状叶基部有刺状短距或近无距。花每1—4朵腋生，绿黄色；花梗长8—14毫米，关节位于上部或近中部；雄花花被长5—6毫米；花丝中部以下贴生于花被片上；雌花较小，花被长约3毫米。浆果直径7—8毫米，熟时红色，有2—3颗种子。花期5—6月，果期9—10月。芦笋的茎分为地下根状茎、鳞芽和地上茎三部分。地下根状茎是短缩的变态茎，多水平生长。当分枝密集后，新生分枝向上生长，使根盘上升。肉质贮藏根着生在根状茎上。根状茎有许多节，节上的芽被鳞片包着，故称鳞芽。根状茎的先端鳞芽多聚生，形成鳞芽群，鳞芽萌发形成鳞茎产品器官或地上植株。地上茎是肉质茎，其嫩茎就是产品。芦笋可凉拌、清炒、白灼，或与虾仁、牛肉等爆炒食用，口味鲜香，爽口、开胃。

涟水云锦　是用长5.6米、宽1.4米、高4米的传统大花楼木织机，由拽花工和织手两人相互配合手工操作织造出来的。织机由1924个机件组成，"拽花工"坐在织机上层，负责提升经线，"织手"坐在机下，负责织纬，妆金敷彩，每天产量约5厘米。涟水云锦图案丰富多彩，花形硕大，造型优美，设色浓艳大胆，尤以用金为其特色，配色自由，色彩变化多样。涟水云锦的文化和艺术风格可以归纳为：整体艺术造型设计的靓美，彰显晕色和谐的艳美，织造技术创新原理的精美，吉祥寓意纹样图案的奇美。《真金孔雀羽正龙方补》《金丝团龙》《富贵牡丹》等高档云锦礼品已为外国元首和许多知名人士珍藏。（彭亚君）

涟水捆蹄

经济社会发展

【经济发展】 2022年，涟水综合实力再上新高，实现地区生产总值700.37亿元，首次突破700亿大关，按可比价格计算增长4.1%。其中，第一产业增加值78.33亿元，比上年增长4.3%；第二产业增加值314.15亿元，增长6.5%；第三产业增加值307.89亿元，增长1.9%。全县人均实现地区生产总值85260元（按常住人口计算），按可比价计算增长4.9%。当年新办私营企业2768户，城镇新增就业5500人，城镇失业人员再就业3500人。粮食总产97万吨，较上年增加1747吨；油料总产2.9万吨，增加145吨；亩产238.27公斤，与上年持平；蔬菜总产111.8万吨，增加6.34万吨。全年新增规模以上工业企业61户，规模企业总数达到263户。规模以上工业企业实现总产值464.4亿元，增长14.8%；规模以上工业增加值增长13.2%；规模以上工业实现应税开票销售327.88亿元，增长10.7%；工业入库税金22.5亿元，增长3.6%；全部工业用电量12.97亿千瓦时，增长2.1%。全年产值超亿元企业91户，比上年增加9户；开票销售超亿元企业65户，入库税金超千万元企业15户。建筑业总产值292.03亿元，比上年增长8.1%；全县建筑业企业实现利润总额20.76亿元，增长27.9%。全年商品房销售面积148.67万平方米。全县实施规模以上固定资产投资项目423个，完成固定资产投资额246.89亿元，增长21.9%，完成工业投资167.48亿元，增长45.1%。民间投资占投资总额比重达到84.1%；高技术产业投资比重为15%。全年新增规模以上服务业企业38户，年末规模以上服务业企业总数达到141户。全县规模以上服务业企业实现营业收入62亿元，增长14.2%。其中其他营利性服务业营业收入51.98亿元，同比增长30.2%。全县实现社会消费品零售总额224.45亿元，下降0.1%。限额以上贸易企业及大个体销售收入291.17亿元，增长16%。其中，限额以上批发业、零售业、住宿业和餐饮业同比分别增长15.3%、19%、1.4%和15.1%。全年注册外资实际到账1.61亿美元，比上年增长4.9%。完成进出口总额4.58亿美元，增长23.0%；其中出口4.09亿美元，增长29.0%。全县实现一般公共预算收入30.02亿元，增长18.2%。其中税收收入20.84亿元，下降5.2%；税收收入占一般公共预算收入的比重为69.4%。全年一般公共预算支出78.99亿元，增长6.4%。年末金融机构本外币存款余额625.26亿元，比年初增加81.23亿元，增长16.6%；金融机构本外币贷款余额515.37亿元，比年初增加64.07亿元，增长14.2%。

【社会发展】 2022年，全县拥有普通中等专业学校2所，普通中学45所，小学57所；在校学生分别为1.06万人、5.48万人和6.57万人。年末拥有幼儿园77所，在园幼儿6.52万人。全县拥有普通中等专业学校专任教师494人，普通中学专任教师5203人，普通小学专任教师4425人。全市率先实现学校食堂食材统一配送，全市知名品牌新星幼儿园开园招生。投资7亿元建成使用红日小学等8个教育基建项目，新增市学科带头人35人，获评市优秀教师96人，中高考保优率、提优率全市领先，涟水中专获评省级优秀中职学校。县人民医院晋升全市县区唯一三级乙等综合医院，高沟中心卫生院跻身“中国乡镇卫生院100强”、苏北唯一。持续打造区域医疗高地，国家级“心肺复苏中心”落户县医院，完成6个急救点建设，累计建成乡贤名医工作室20个、中医馆16个。年末拥有卫生机构数472个。其中，医院10个，卫生院16个，疾病预防控制中心(防疫站)1个，妇幼保健院1个。卫生机构年末拥有床位4816张。全县拥有卫生技术人员5114人，其中执业(助理)医师2104人，注册护士2297人。县图书馆、文化馆入选全省最美公共文化空间打造名单，图书馆拥有藏书12.77万种，共计28.50万册。《村里来了花喜鹊》《芝麻官钻笆斗》等优秀作品共获得市级及以上表彰15项，其中国家级表彰4项，省级表彰9项，市级表彰2项。县淮剧团荣获“全国文旅系统先进集体”称号。高分创成省级全域旅游示范区，五岛湖创成省级幸福河湖。新建体育公园2个，拥有各类运动员共计166人，其中自行车运动员37人，羽毛球运动员8人，武术运动员14人，田径运动员12人，跆拳道运动员41人，少儿体适能运动员44人，乒乓球运动员10人。全年举办各类比赛105次，参加市以上比赛202人次。获得省级奖牌13枚，其中金牌5枚，银牌3枚，铜牌5枚。为市级以上输送运动员10名。全年实现专利授权1305件，新增注册商标企业486户，新培育国家高新技术企业35家。创成省级知识产权建设示范县，经济开发区获评省级知识产权建设示范区，今世缘酒业荣膺省长质量奖、江苏制造突出贡献奖。创成国家芦笋设施栽培标准化示范区。发放困难群众保障资金2.4亿元、抚恤补助8000万元，资助家庭经济困难学生3.96万人次、2742万元。全县居民人均可支配收入为30145元，比上年增加1674元，增长5.9%，其中城镇居民人均可支配收入38273元，增加1753元，增长4.8%；农村居民人均可支配收入21848元，增加1429元，增长7.0%。居民人均消费性支出18116元，增加898元，增长5.2%。城镇居民人均消费性支出22677元，增加800元，增长3.7%；农村居民人均消费性支出13461元，增加903元，增长7.2%。 (彭亚君)

涟城新貌 (贺敬华 摄)

大事记

CHRONICLE OF MAJOR EVENTS

编辑：王梦真

1月

1日　县委副书记、县长洪然带队检查元旦期间安全生产工作,看望慰问坚守岗位的一线工作者,向大家致以节日问候。县政府办、应急管理局、商务局、卫健委、消防大队等部门负责人参加调研活动。

2日　市委副书记、代市长史志军深入基层党建联系点涟城街道东门社区、大东镇瓦滩村、源通制帽,调研基层党建、疫情防控等工作。县委书记时勇,县委副书记、县长洪然,县领导王伟、孙以东参加调研。

4日　省委召开全省领导干部警示教育大会。省委书记吴政隆出席会议并讲话。省委副书记、代省长许昆林主持会议。会议采取视频会议形式召开。县委书记时勇,县委副书记、县长洪然,县人大常委会主任张超,县政协主席姜杰等县四套班子领导在涟水分会场收听收看。

5日　全县招商引资暨重大项目建设动员会召开。县委书记时勇在会上强调,全县上下要以超常干劲、超常举措、超常力度,吹响"招商先行"的出征号角,为冲刺全国百强县、加快推动涟水高质量跨越发展注入新动能。县委副书记、县长洪然主持会议,县人大常委会主任张超,县政协主席姜杰等县四套班子领导参加会议。

△　全县2022年第一次重大产业项目集中开工活动举行。县委书记时勇致辞并宣布项目开工,县委副书记、县长洪然主持活动,县人大常委会主任张超、县政协主席姜杰等县四套班子领导出席活动。

△　县委副书记、县长洪然主持召开县政府十六届第91次常务会议。县政府领导李金平、刘腾、马荣、姜井旭、马仁慧、徐勇出席会议。县人大常委会副主任周宏昌、县政协副主席朱金文应邀出席会议,部分县人大代表、县政协委员列席会议。

6日　县委常委会召开会议,听取2022年"两会"筹备工作情况汇报,听取2022年为民办实事项目编排情况汇报,听取省环境保护督察相关情况汇报,听取讨论《关于完善审计查出问题整改长效机制的意见(讨论稿)》起草情况,听取讨论《关于改革完善社会救助制度的若干措施(讨论稿)》起草情况,听取讨论《涟水县关于进一步减轻义务教育阶段学生作业负担和校外培训负担实施方案(讨论稿)》《涟水县规范民办义务教育发展的实施方案(讨论稿)》起草情况,讨论研究县委常委会党史学习教育专题民主生活会建议方案。县委书记时勇主持会议。

7日　2021年度镇(街道、开发区)党(工)委和县委相关工委书记抓基层党建工作述职评议会召开。县委书记时勇主持会议。市委农办副主任、市农业农村局党委委员徐礼球,市委组织部党员教育中心主任、四级调研员胡明东到会指导。县委副书记、县长洪然出席会议,县人大常委会主任张超、县政协主席姜杰列席会议。

△　省教育厅一级巡视员林伟带领省教育厅督导室党支部相关人员,到涟水开展走访慰问活动。现场向石湖中心小学捐赠20万元,专项用于添置电脑和科学实验室装备,同时还向该校部分优秀教师发放慰问金。市教育局副局长朱士东、副县长马荣等参加活动。

10日　政协涟水县第十一届委员会第一次会议在县大剧院隆重开幕。县委书记时勇,县委副书记、县长洪然,大会主席团执行主席姜杰、姚兵、杨春燕、朱金文、左健、周建华、庞峰和县委常委、县政协党组副书记、县委统战部部长刘双喜出席会议。张超等县委、县人大常委会、县政府全体领导和曾担任县级领导职务的老干部,县法院、县检察院、县人武部主要负责人,住涟市八届政协委员,县委各部委、县各直属机构、各镇(街、园区)主要负责人,省、市委驻涟帮促工作队代表,市委指导督导组成员出席会议。

11日　涟水县第十七届人民代表大会第一次会议在涟水大剧院隆重开幕。大会主席团执行主席时勇、张超、刘泽年、吴建峰、孙辉、周宏昌在主席台前排就座。张超主持大会。县委副书记、县长洪然代表县政府向大会作《政府工作报告》。

12日　政协涟水县第十一届委员会第一次会议圆满完成了各项议程,在涟水大剧院胜利闭幕。县委、县人大常委会、县政府领导时勇、洪然、张超、李义翠、刘双喜、孙以东出席闭幕大会并和大会主席团常务主席姜杰、姚兵、杨春燕、朱金文、左健、周建华、庞峰在主席台前排就座。姜杰主持大会。

13日　涟水县第十七届人民代表大会第一次会议圆满完成各项议程,在涟水大剧院胜利闭幕。

14日　市委召开全市领导干部警示教育大会。市委书记陈之常出席会议并讲话。市委副书记、代市长史志军主持会议。市领导戚寿余、赵正兰、吴晓丹、顾坤、孙虎、王道霄、周青、张立军、唐道伦等出席。会议采用视频会议形式召开。县委书记时勇在市主会场出席会议,县委副书记、县长洪然,县人大常委会主任张超,县政协主席姜杰等县四套班子领导在涟水分会场收听收看。

△　江苏省精神文明建设指导委员会下发《关于命名表彰2019—2021年度江苏省文明村镇、文明单位、文明校园(中小学)和江苏省文明行业的决定》文件,县交通运输局被授予"江苏省文明单位"称号。

15日　县委书记时勇主持召开县委书记专题会议,听取十二届县委第一轮巡察情况汇报,研究巡察成果运用,安排部署下阶段巡察工作。县领导李义翠、刘永军、孙以东参加会议。

17日　全市党史学习教育总结会议召开。市委书记陈之常出席会议并讲话。省委党史学习教育第四巡回指导组组长方标军、副组长万来存到会指导。市委副书记、代市长史志军主持。会议采用电视电话会议形式召开,县委书记时勇,县委副书记、县长洪然,县领导李义翠、郎跃明、孙以东、周建华在涟水分会场收听收看。

△　县委常委会召开党史学习教育专题民主生活会。县委书记时勇主持会议并讲话。市委第一巡回指导组副组长张安雷到会指导,市委组织部、市纪委监委有关人员参加会议。

18日　全县党史学习教育总结会议召开。县委书记时勇出席会议并讲话。市委第一巡回指导组副组长张安雷到会指导。县委副书记、县长洪然主持会议。县委副书记李义翠传达习近平总书记重要指示和中央、省市委党史学习教育总结会议精神。县领导郎跃明、孙以东出席会议。

20日　县台商联谊会开展“寒冬送温暖　涟台一家亲”2022年新春慰问活动，慰问县一线疫情防控隔离点、核酸采样点和大数据中心工作人员，为他们送上价值3万元的物资，展现在涟水台胞的社会担当与责任。

21日　县召开2022年度食安委全体（扩大）会议。县委副书记、县长洪然出席会议。县领导李金平、姜井旭、朱金文、周建华参加会议。县委常委、常务副县长李金平主持会议。

22日　市安东文化研究会“今世缘”迎春纳福书画提名展开幕。市人大常委会原副主任、市老年大学校长刘希平，市政协原副主席、诗人、辞赋家荀德麟，市书法家协会名誉主席姜华，市技师学院党委副书记、院长朱延华，市委原副秘书长、洪泽县委原书记薛成文，市委宣传部原常务副部长、市大运河文化研究会会长金厚勋，市文联党组书记、主席王维国，市安东文化研究会名誉主席、炎黄职业技术学院党委书记季军，县委常委、宣传部部长郎跃明，以及市县相关单位领导、市文化界代表、涟水籍书画家代表等参加开幕式。

23日　县委副书记、县长洪然主持召开县政府十七届第1次常务会议。县政府领导李金平、马荣、姜井旭、马仁慧、吴勇、吉海出席会议。县人大常委会副主任周宏昌，县政协副主席朱金文、周建华应邀出席会议，部分县人大代表、县政协委员列席会议。

24日　县委副书记、县长洪然带队专题调研老旧小区改造推进工作，先后深入桃园小区、县设计院东侧片区、老体育场、机关修理厂、军民中心村等地，实地察看老旧小区改造提升项目进展情况，听取相关负责人关于老旧小区环境卫生治理、基础设施完善、违章搭建整治、绿化工作推进等情况汇报。副县长吴勇参加调研活动。

25日　2022年度县土地储备与经营管理委员会第一次会议召开。县委副书记、县长洪然出席会议并讲话。县领导李金平、吴勇、周建华出席会议。县委常委、常务副县长李金平主持会议。

26日　县委副书记、县长洪然到涟城街道开展春节前走访慰问活动，看望慰问“淮安好人”、百岁老人、优抚对象、困难群众等，给他们送去慰问品和慰问金，向他们致以节日的美好祝福。县领导刘永军、刘泽年参加慰问活动。

27日　市委副书记、代市长史志军深入县内部分低保户、困难党员、退役军人等群众家中走访慰问，为他们送去党和政府的温暖，向他们致以节日的问候和美好的祝福。市领导张立军、赵洪权、吉子俊，县委书记时勇，县委常委、组织部部长孙以东参加活动。

△　2022年涟水县台胞新春联谊会举行。市台办主任周海滨、县委书记时勇出席活动并向台商代表赠送新春大礼包。市台办副主任王睿，市台商协会会长、展阳商用道具（淮安）有限公司董事长孙佳钧，县委常委、统战部部长、县政协党组副书记刘双喜出席活动。刘双喜主持活动。

28日　县委书记时勇走访慰问县武警中队和人武部官兵，向他们致以节日问候和美好祝福，对他们为涟水经济社会发展作出的积极贡献表示衷心感谢。县委副书记、县长洪然，县人大常委会主任张超，县领导李义翠、滕金霞、吉海参加慰问活动。

29日　县委书记时勇主持召开县委常委会（扩大）会议，传达学习省“两会”精神；传达学习全国、全省宣传部长会议、全省文明办主任会议以及全市基层党员冬训工作部署暨骨干培训会议精神；传达学习省、市“信访突出问题化解年”行动暨防范化解社会矛盾风险工作部署会议精神；传达学习全市法治宣传教育工作会议精神；传达学习市委人才工作会议精神；传达学习全国、全省食品安全办主任视频会议精神，听取全县食品安全工作情况汇报；听取全县新冠疫情防控工作情况汇报；听取全县安全生产工作情况汇报；传达学习《中国共产党纪律检查委员会工作条例》精神、市纪委《关于十起违规收受礼品礼金典型案例的通报》精神。

30日　县委书记时勇带队，深入大润发超市、淮浦路变电所、天达燃气、中顺环保和涟水高铁站，专题督查春节前安全生产和疫情防控工作。县领导李金平、王伟、马荣参加活动。

31日　县委书记时勇以“四不两直”方式深入部分镇（街），检查春节期间值班值守、疫情防控、安全稳定等工作。副县长、红窑镇党委书记吉海参加督查活动。

2月

1日　县委书记时勇带领相关部门负责人，看望慰问坚守在岗的一线工作人员，代表县委、县政府向他们致以美好的新春祝福和诚挚的节日问候。县领导李金平、郎跃明、马仁慧、朱金文参加活动。

2日　高沟镇2022年新春企业家座谈会召开。县委书记时勇、副县长姜井旭和20余名乡贤、企业家齐聚一堂，同庆佳节，畅叙乡情，共谋发展。

3日　县委副书记、县长洪然深入县疫情防控指挥部、淮浦路派出所、县气象局等地，看望慰问春节期间坚守岗位的值班人员，向他们致以新春的祝福和节日的问候，对他们的无私奉献和辛勤劳动表示高度赞扬和衷心感谢。

4日　县委副书记、县长洪然深入大东镇和黄营镇，走访慰问一线值班人员，实地查看超市疫情防控、企业安全生产等工作，并分别召开座谈会，听取相关情况汇报，对下一阶段工作提出明确要求。

6日　县委副书记、县长洪然深入南集镇全稳循环农业示范园和财绿米业，专题调研南集镇农业园区建设工作。县领导李义翠、吉海参加活动。

7日　县委副书记、县长洪然主持召开县政府十七届第2次常务会议。县政府领导李金平、马荣、姜井旭、吴勇、吉海出席会议。县人大常委会副主任周宏昌，县政协副主席朱金文、周建华应邀出席会议，部分县人大代表、县政协委员列席会议。

8日　县召开实体经济发展大会。县委书记时勇在会上对实体经济工作提出明确要求。县委副书记、县长洪然主持会议，县人大常委会主任张超、县政协主席姜杰等县四套班子领导出席会议。

9日　县委副书记、县长洪然主持召开全县环境基础设施项目建设汇报会，听取2022年环境基础设施总体情况汇报，对下一阶段工作提出明确要求。县领导李金平、姜井旭、吴勇、吉海、朱金文出席会议。

10日　县委常委会召开会议，传达学习习近平总书记考察山西、同党外人士共迎新春和在2022年春节团拜会上的重要讲话精神，听取全县2021年度高质量跨越发展考核情况汇报，听取全县2021年度高质量跨越发展考核总结表彰大会建议方案汇报，听取全市党管武装工作述职点评“5+2”问题整改情况汇报。县委书记时勇主持会议。

10—12日　县委副书记、县长洪然率队赴无锡、桐乡和扬中等地就高科技新材料项目、电子项目等开展招引活动，拜访新老客商，宣传推介涟水，强化合作共识，诚邀客商到涟水考察、投资兴业。县领导王伟、吴建峰、周建华参加相关活动。

12日　县委书记时勇带队深入县经济开发区和梁岔、高沟、岔庙、大东等镇，专题调研农业产业项目建设。县领导李义翠、吉海参加调研。

13日　全县2021年度高质量跨越发展考核总结表彰大会在县大剧院召开。县委书记时勇强调，全县上下要深入贯彻中央和省市决策部署，坚决扛起“申创国家级经开区，加快建成全国百强县”光荣使命，力夺涟水高质量跨越发展新胜利。县委副书记、县长洪然主持会议，县人大常委会主任张超、县政协主席姜杰等县四套班子领导出席会议。

15日　县开展2月份重点项目建设调度推进活动。县委书记时勇，县委副书记、县长洪然率队，对全县重点项目建设进行集中考察调研，县人大常委会主任张超、县政协主席姜杰等县领导参加考察。

16日　南京经济技术开发区管委会副主任沈吟龙率队到涟水调研共建园区建设工作。县委副书记、县长洪然，县委常委、县政府党组成员刘腾参加活动。

17日　县委书记时勇调研督导疫情防控工作。县领导王伟、郎跃明、马荣、马仁慧、朱金文参加活动。

18日　县委副书记、县长洪然主持召开2022年第2次县长办公会。县领导李金平、马荣、姜井旭、吴勇、吉海出席会议。

19日　县开展重特大项目视频连线“云推进”活动。县委书记时勇先后与浙江某新材料集团、裕维电子、中信华集团等企业负责人进行视频连线互动，共谋合作发展，推动项目建设。县领导李金平、王伟、朱金文、周建华参加活动。

△　县举行招商引资培训会，邀请宿迁市商务局副局长孟献国和华南理工大学教授、博士生导师祁明进行授课。县委书记时勇出席培训会并作开班动员讲话，县委副书记、县长洪然作培训总结。县人大常委会主任张超、县政协主席姜杰等县四套班子全体领导参加培训活动。

21日　县委副书记、县长洪然带领相关部门负责人，深入城区部分小区调研物业管理工作。副县长吴勇参加调研。

22日　县召开高标准农田建设工作汇报会。县委副书记、县长洪然在会上强调，高标准农田建设工作是“十四五”期间“三农”工作的重点，是富民增收的重要抓手。县领导李义翠、吉海参加活动。

24日　省卫健委体改处处长、二级巡视员赵淮跃率队到涟水调研指导公立医院综合改革示范建设工作。县委副书记、县长洪然，市卫健委副主任赵国强，县委常委、宣传部部长郎跃明参加调研。

25日　县委书记时勇主持召开县委常委会（扩大）会议，传达学习市九届人大一次会议、市政协九届一次会议精神；传达学习江苏交通运输现代化示范区建设推进会议精神；听取《全市县区委书记抓基层党建工作、落实党风廉政建设主体责任、意识形态工作责任制和安全生产责任制述职会议点评意见整改方案》起草情况汇报；听取《关于建立党史学习教育常态化长效化制度机制的实施意见》起草情况汇报；传达学习中央相关文件和省相关会议精神，听取县关工委工作情况汇报；讨论研究县四套班子领导挂钩联系镇（街道）工作。

26日　2022年涟水县委人民武装委员会暨县国防动员委员会会议召开。县委书记时勇出席会议并讲话。县委副书记、县长洪然，县委常委、常务副县长李金平，县委常委、县人武部政委滕金霞出席会议。滕金霞主持会议。

27日　县委副书记、县长洪然专题调研2022年度财政衔接推进乡村振兴补助资金项目编排工作，深入大东镇、红窑镇和高沟镇，现场听取项目情况汇报，并在项目推进会上对下一步工作提出明确要求。县委副书记李义翠、副县长吉海参加活动。吉海主持项目推进会。

28日　全县安全生产工作会议召开。县委书记时勇对安全生产工作提出明确要求，县委副书记、县长洪然主持会议，县领导李义翠、李金平、刘永军、马荣、马仁慧、吴勇、吉海、朱金文、周建华出席会议。

3月

1—4日　县委书记时勇率队赴浙江衢州、嘉兴、湖州、杭州、宁波5市开展招商引资活动，先后拜访考察10余家企业，深入宣传推介涟水，扩大和深化各领域务实合作，力争更多大项目、好项目落户涟水，为冲刺百强县积蓄强劲动能。县领导王伟、孙以东、姜井旭、朱金文参加活动。

2日　省政府研究室主任郑焱一行深入今世缘酒业，通过现场参观和听取汇报等方式，开展专题调研活动。省工信厅二级巡视员常如平，市政府副秘书长、研究室主任郝道君，市发改委主任蒋继贵，县委副书记、县长洪然，县政协副主席、县发改委主任周建华，今世缘酒业总经理顾祥悦等参加活动。

△　市文联组织在淮音协、舞协、美协、摄协、作协等协会艺术家，到涟水开展主题为“传承安东文化　助创百强县”的采风活动。市文联主席王维国，副主席沈军、闫振国，秘书长戴书昌参加活动。

3日　省市安全生产联合督导涟水工作汇报会暨市督导组进驻动员会召开。省安全生产第八督导组第三小组组长、江苏煤监局安全监察处四级调研员孙忠永出席会议并讲话，市第三巡察督导组组长、市人大常委会机关二级巡视员陈步公主持会议，县委副书记、县长洪然作发言，县委常委、常务副县长李金平汇报全县安全生产工作，县政协副主席周建华参加会议。

4日　县委副书记、县长洪然主持召开红日大道和中山路部分路段改造工程方案汇报会，听取设计单位改造方案汇报，对下一步工作提出明确要求。副县长吴勇出席会议。

5日　水利部淮河水利委员会会同省河长办、省水利厅组成联合验收工作组，对五岛湖建设淮河流域幸福河湖暨江苏省级幸福河湖进行验收。水利部淮河水利委员会河湖管理处处长、二级巡视员苗建中，省水利厅二级巡视员、省河长办副主任张春松等参加验收，市水利局局长、市河长办副主任沈启涛，县委副书记、县长洪然，副县长吉海参加活动。

6日　全市疫情防控电视电话会议召开。市长史志军在会上对当前疫情防控工作提出明确要求。副市长王向红主持会议。会议采用视频会议方式召开。县委副书记、县长洪然在涟水分会场参加会议并汇报涟水疫情防控情况，县领导李金平、马荣、朱金文、周建华在涟水分会场参加会议。

7日　县委书记时勇，县委副书记、县长洪然深入部分学校、交通卡口等重点场所和区域督查疫情防控工作。县领导郎跃明、吴勇参加督查。

8—10日　县委副书记、县长洪然率队赴镇江、南京、常州开展招商攻坚行动。

9日　市委副书记、市长史志军到涟水县人民来访接待中心开展“一线三包”活动。接待信访群众，会办省交办相关信访事项，随机抽查县领导包案落实情况，并就推进工作提出要求。县委书记时勇，县领导李义翠、姜井旭、马仁慧参加活动。

10日　市人大常委会常务副主任、党组副书记赵洪权一行到涟水开展接待代表日活动，先后看望五位基层市人大代表，并和部分市、县人大代表进行座谈交流。县委书记时勇，县人大常委会主任张超、副主任刘泽年，副县长吉海，今世缘酒业总经理顾祥悦等参加活动。

11日　县委书记时勇先后深入涟城街道、五港镇和红窑镇，实地调研核酸集中采样、交通卡口管控等工作。县领导马仁慧、吉海参加活动。

12日　县委书记、古淮河沿岸县级林长时勇，县委副书记、县长、盐河沿岸县级林长洪然，县人大常委会主任张超，县政协主席姜杰等县四套班子领导带领县直机关干部职工，到清涟大道与涟水路交界处东侧地块开展义务植树活动。

14日　县委书记时勇主持召开全县疫情防控工作调度会。县委副书记、县长洪然，县人大常委会主任张超，县政协主席姜杰等县四套班子领导出席会议。

15日　市委疫情防控督导组到涟水督导疫情防控工作，市政协副主席王苏君带队。县委书记时勇、县政协主席姜杰、副县长马荣参加活动。

16日　县委书记时勇带队深入麦特新材料、欣乐康日化、稼穑化工、戴欧德电子、哈林教育装备、新芳杰服装、思慕纺织、双凯电子、特创二期等项目或企业现场，督导调研企业疫情防控和项目建设工作。县领导王伟、朱金文参加活动。

17日　副市长、市公安局党委书记、局长赵立宏到涟水督导检查疫情防控工作。县委书记时勇，县委常委、政法委书记吴芳剑，副县长、县公安局局长马仁慧参加活动。

18日　省疫情防控工作领导小组召开会议，听取疫情防控最新情况汇报。省委书记吴政隆，省委副书记、省长许昆林对当前全省疫情防控工作提出明确要求。会议采取视频会议方式召开。县领导时勇、洪然、李义翠、李金平、刘永军、滕金霞、王伟、刘双喜、郎跃明、吴芳剑、马荣、姜井旭、马仁慧、吴勇、朱金文、周建华在涟水分会场参加会议。

19日　县委副书记、县长洪然调研督导重要公共场所疫情防控工作，先后深入县城区广济大药房、好想来超市、金碧华府、吾悦广场、缪庄卫生室核酸采样点和新世纪菜场，看望慰问值守岗位的干部职工、一线防控人员和部分志愿者，与相关负责人交流，详细了解公共场所疫情防控工作落实情况，对督导中发现的存在问题要求立即整改。

20日　县委书记时勇“四不两直”深入部分镇街调研基层党建和疫情防控工作。县委常委、组织部部长孙以东参加活动。

22日　县开展重大项目视频连线“云推进”活动。县委副书记、县长洪然与无锡某新能源企业负责人进行视频连线互动，改“面对面”交流为“屏对屏”沟通，共谋合作发展，推动项目建设。县领导姜井旭、朱金文参加活动。

23日　市委常委、常务副市长顾坤采取“四不两直”方式，带队到涟水督导检查疫情防控、经济运行、安全生产工作。县委书记时勇，县委副书记、县长洪然，县领导李金平、王伟参加督导检查或参加座谈。

24日　副市长邱华康一行到涟水，先后深入高沟镇和红窑镇，通过听汇报、看现场等形式，专题调研农业产业集群和春耕生产工作。县委副书记、县长洪然，副县长吉海参加活动。

25日　县委副书记、县长洪然带队，深入G25高速涟水收费站卡口、机场高速收费站卡口、中欧路接驳点等地，督查疫情防控工作，并慰问防疫一线工作人员。副县长吴勇参加督查。

26日　县委书记时勇采取“四不两直”方式，深入部分镇村调研疫情防控、基层党建、村集体经济增收等工作。

27日　县委副书记、县长洪然主持召开县政府党组理论学习中心组（扩大）学习会。县领导李金平、刘腾、马荣、姜井旭、马仁慧、吴勇、吉海、徐勇、朱金文参加会议。

28日　县委副书记、县长洪然深入物华运输、快吉运输两家物流企业和源通制帽、苏杭科技，调研企业物流疫情防控工作，详细了解企业日常管理、核酸检测、人员防护等情况。县领导王伟、马荣、姜井旭、吴勇、朱金文参加活动。

29日　县委副书记、县长洪然采取“四不两直”方式深入机场高速收费站，督查交通卡口疫情防控工作，要求从严从紧从细从实落实好各项防控措施，坚决筑牢疫情防控屏障。副县长马仁慧、吴勇参加督查。

30日　省疫情联防联控指挥部视频会议召开。县委副书记、县长洪然，县领导李义翠、李金平、刘永军、王伟、郎跃明、孙以东、马荣、姜井旭、马仁慧、吴勇、吉海、朱金文在涟水分会场参加会议。

31日　全国安全生产电视电话会议召开。全国安全生产电视电话会议后，省政府召开全省安全生产电视电话会议暨省安委会全体(扩大)会议。随后，市政府召开全市安全生产电视电话会议，并提出相关要求。县委副书记、县长洪然，县领导李金平、姜井旭、吉海在涟水分会场收听收看。

4月

1日　县委副书记、县长洪然带队，就全县生态环境保护工作开展调研督查。县领导孙以东、姜井旭、吉海、朱金文参加调研督查。

3日　县召开全县经济形势分析暨一季度"市对县"考核工作推进会，总结一季度工作成果，动员全县上下进一步采取务实举措，奋力攻坚二季度，全力推动各项工作提速提效提质。县委副书记、县长洪然，县领导李义翠、李金平、王伟、郎跃明、孙以东、吴芳剑、姜井旭、吉海、朱金文参加会议。县委常委、常务副县长李金平主持会议。

△　县委副书记、县长洪然主持召开县委审计委员会第四次会议，深入学习领会习近平总书记关于审计工作的系列重要指示精神，贯彻落实中央、省市委审计工作有关会议要求，听取2021年全县审计工作开展情况汇报，研究部署2022年审计工作，审议研究相关事项。县领导李金平、孙以东参加会议。

4日　市委常委、常务副市长顾坤一行到涟水督导清明期间疫情防控、项目建设和安全生产工作。县委副书记、县长洪然，县领导李金平、孙以东、马荣、吉海等分别参加调研。

5日　市委副书记、市长史志军，副市长王向红到涟水，实地检查炎黄职业技术学院疫情防控工作，听取学校疫情防控工作汇报，了解存在的困难和问题，并对做好下一步疫情防控工作提出具体要求。县委副书记、县长洪然，副县长马荣参加检查。

6日　县委常委会召开会议，贯彻落实省委、市委常委会会议部署要求，研究部署当前疫情防控工作；传达学习习近平总书记关于安全生产重要论述以及全国和省市安全生产工作会议精神，听取全县安全生产工作情况汇报；听取中央生态环保督察交办问题整改落实情况汇报；传达学习习近平总书记关于统计工作重要论述和相关文件精神，听取《涟水县贯彻落实省统计督察反馈意见整改方案》起草情况汇报；传达学习中共中央办公厅《关于加强巡视整改和成果运用的意见》文件精神；讨论研究县委常委会、县人大常委会、政协涟水县委员会2022年工作要点。洪然主持会议。

7日　县委理论学习中心组(扩大)学习会召开，县委副书记、县长洪然主持会议。会议邀请全国人大代表、今世缘酒业股份有限公司名誉董事长周素明作学习贯彻全国"两会"精神专题辅导。

8日　市委副书记、市长史志军，副市长张笑到涟水调研督导中央生态环境保护督察组交办问题整改工作。县委副书记、县长洪然，县领导吉海、朱金文参加调研。

9日　县委副书记、县长洪然主持召开全县人大代表建议和政协委员提案交办会，部署落实2022年的建议、提案办理工作，确保高质高效完成办理任务。县人大常委会主任张超、县政协主席姜杰出席会议并就做好2022年人大代表建议和政协委员提案办理工作提出具体要求。

10日　县委副书记、县长洪然主持召开县政府十七届第4次常务会议，县政府领导李金平、刘腾、马荣、姜井旭、马仁慧、吴勇、吉海、徐勇出席会议。县人大常委会副主任周宏昌、县政协副主席朱金文应邀出席会议，部分县人大代表、县政协委员列席会议。

11日　县政府全体(扩大)会议召开。县委副书记、县长洪然在会上强调，要进一步明确目标、细化措施、压实责任，迅速紧起来、快速动起来、加速跑起来，高质高效推进经济发展、重特大项目攻坚等工作，确保疫情防控和经济发展双战双胜，为新一届政府履职尽责开好头、起好步。县领导李金平、刘永军、刘腾、马荣、姜井旭、马仁慧、吴勇、吉海、徐勇、朱金文参加会议。

12日　县委副书记、县长洪然主持召开2022年一季度"市对县"考核工作推进会，强调要采取切实有效的措施，抢抓进度，确保一季度"市对县"考核进入全市第一方阵。县领导李义翠、李金平、刘永军、郎跃明、孙以东、吴芳剑、吴勇、朱金文参加会议。

13日　市政协副主席王苏君带队到涟水调研托育服务工作并举行市政协"优化托育服务　解决家庭之忧"主席会议专题协商调研座谈会。县政协主席姜杰、副县长马荣、县政协副主席左健等参加活动。

14日　县委副书记、县长洪然主持召开2022年第3次县长办公会，强调要围绕工作主线开展重点工作，在全面做好疫情防控工作的基础上，用项目支撑发展，创新思路打造亮点，务实抓好安全工作，确保二季度高质量"双过半"。县领导李金平、刘腾、马荣、姜井旭、吴勇、吉海出席会议。

15日　全省疫情联防联控指挥部视频会议召开。县委副书记、县长洪然，县领导李义翠、李金平、刘永军、王伟、郎跃明、孙以东、马荣、马仁慧、吉海、朱金文在涟水分会场参加会议。

16日　县委农村工作会议召开。县委副书记、县长洪然出席会议并讲话。县人大常委会主任张超，县政协主席姜杰，县领导李义翠、李金平、郎跃明、孙以东、吴芳剑、吉海参加会议。

17日　县委副书记、县长洪然深入集中隔离点和大东镇，实地督查疫情防控工作。县领导孙以东、马荣参加督查。

18日　县委常委会召开会议，学习贯彻省市关于疫情防控相关会议精神，研究部署涟水疫情防控工作；传达学习习近平总书记在中共中央政治局第三十七次集体学习会上的重要讲话精神；传达学习习近平总书记在2022年春季学期中央党校（国家行政学院）中青年干部培训班开班仪式上的重要讲话精神；传达学习习近平总书记在参加首都义务植树活动时的重要讲话精神；传达学习习近平总书记在北京冬奥会冬残奥会总结表彰大会上的重要讲话精神；传达学习中央层面整治形式主义为基层减负专项工作机制会议精神，听取《县级层面整治形式主义为基层减负专项工作机制2022年工作要点（讨论稿）》起草情况汇报；听取涉粮问题专项巡察整改工作进展情况汇报。县委副书记、县长洪然主持会议。

19日　县委副书记、县长洪然主持召开全县签约项目暨拟签约项目汇报会，围绕“站稳第一方阵 争取第一位置”的工作目标，对项目建设情况进行再盘点、再加压、再推进、再落实，为涟水实现“百强县”目标提供强有力的支撑。县领导王伟、郎跃明、孙以东、姜井旭、朱金文参加会议。

20日　全市重特大工业项目攻坚拉练活动举行，市政协主席戚寿余率队到涟水，深入淮安特创科技智慧工厂项目，现场观摩涟水县重特大产业项目建设。市领导赵正兰、顾坤、孙虎、王逍霄、徐子佳、赵洪权、赵立宏、邱华康、张笑参加活动。县委副书记、县长洪然汇报涟水县重特大工业项目建设情况，县领导李金平、王伟、孙以东参加活动。

22日　县召开空港产业园新建标准化厂房推进会。县委副书记、县长洪然在会上强调，要进一步加快推进空港产业园标准化厂房建设，为全县经济高质量发展、冲刺全国百强县和产业转型升级积蓄强大动能。县领导王伟、孙以东、姜井旭、吴勇参加会议。

23日　全县防汛抗旱暨河长制工作会议召开。县委副书记、县长洪然出席会议。县领导李义翠、李金平、吴勇、吉海参加会议。县委副书记、唐集镇党委书记李义翠主持会议。

24日　中央电视台《朝闻天下》栏目聚焦涟水县紧紧围绕“申创国家级经开区，加快建成全国百强县”光荣使命，树牢“项目为王、环境是金”工作理念，紧盯重大项目，进一步优化办事流程，以优异的营商环境助力项目建设发展。

25日　国务院第五次廉政工作会议及省政府、市政府廉政工作会议相继召开。涟水县设立分会场收听收看，并随后召开2022年度县政府廉政工作会议，部署全县政府系统党风廉政建设工作。县委副书记、县长洪然，县领导刘腾、马荣、姜井旭、吴勇、吉海、徐勇、朱金文在涟水分会场参加会议。

26日　县委常委会召开会议，贯彻落实市委常委会会议精神，专题研究部署涟水县中央生态环境保护督察通报问题整改工作。县委副书记、县长洪然主持会议并传达了市委常委会会议精神。

27日　县委副书记、县长洪然深入327省道石湖市际交通卡口并和石湖镇领导班子成员座谈交流，督查疫情防控和经济社会发展工作。副县长吴勇参加督查。

28日　县委副书记、县长洪然主持召开县招商引资领导小组会议，听取相关文件起草情况汇报，要求全县上下进一步解放思想、统一认识、转变思路、凝聚力量，全力做好项目招引和服务保障工作，推动更多项目签约开工、在建项目快速建成达效。县领导李义翠、李金平、刘双喜、孙以东、姜井旭、吉海、朱金文参加会议。

29日　省委常委会召开会议并视频连线到各市县，深入学习贯彻习近平总书记重要指示精神，研究部署“五一”假期以及近期疫情防控、安全生产、社会稳定等工作。省委书记吴政隆主持会议并讲话。县委副书记、县长洪然，张超、姜杰、李义翠、李金平、刘永军、王伟、刘双喜、郎跃明、孙以东、吴芳剑等县四套班子领导在涟水分会场收听收看。

30日　县举行庆祝“五一”国际劳动节座谈会。县委副书记、县长洪然在会上强调，全县上下要大力弘扬劳模精神、劳动精神、工匠精神，坚持“干就干一流，走就走前列”的工作导向，为担负“申创国家级经开区，加快建成全国百强县”光荣使命、谱写“强富美高”新涟水现代化建设新篇章汇聚强大力量。县领导郎跃明、孙以东、马荣参加会议。

5月

1日　县委副书记、县长洪然带队深入县内部分特种设备企业、建筑工地、大型商超和人员密集场所，检查“五一”期间安全生产和疫情防控工作。县领导刘永军、姜井旭参加检查。

2日　县委常委会召开会议，传达学习习近平总书记在海南考察时的重要讲话精神和在博鳌亚洲论坛2022年年会开幕式上发表的主旨演讲精神、习近平总书记在中央财经委员会第十一次会议上的重要讲话精神、习近平总书记致首届全民阅读大会的贺信精神、习近平总书记致首届大国工匠创新交流大会的重要贺信精神，听取《党委（党组）意识形态工作责任制实施细则》和《2022年县委理论学习中心组专题学习计划》起草情况、《中共涟水县委2022年度全面从严治党主体责任清单》起草情况汇报。县委副书记、县长洪然主持会议。

3日　县委副书记、县长洪然主持召开全县重特大产业项目推进会。县领导张超、姜杰、李义翠、李金平、刘永军、王伟、刘双喜、郎跃明、孙以东、姜井旭、吉海、朱金文参加推进会。

5日　县召开招商引资工作推进会。县领导李义翠、李金平、王伟、刘双喜、郎跃明、孙以东、姜井旭、朱金文参加会议。

6日　省委常委会会议暨省疫情防控工作领导小组会议召开。省委常委会会议暨省疫情防控工作领导小组会议结束后，市委常委会会议暨市疫情防控工作领导小组会议召开。会议采取视频会议形式召开。县委副书记、县长洪然，县人大常委会主任张超，县政协主席姜杰等县四套班子领导在涟水分会场参加会议。

7日　县收听收看全国自建房安全专项整治电视电话会议。县委副书记、县长洪然，县领导李金平、吴勇、朱金文在涟水分会场参加会议。

8日　县召开文明城市创建工作专题分析会，对照测评标准，查找问题、分析原因、补齐短板，研究部署下阶段创建工作。县委副书记、县长洪然出席会议并讲话,县领导李义翠、刘永军、郎跃明、孙以东参加会议。县委副书记、唐集镇党委书记李义翠主持会议。

9日　在收听收看全国、全省、全市新冠疫情防控工作电视电话会议后,县委副书记、县长洪然主持召开续会,对全县疫情防控工作进行再部署再强调。县领导李义翠、李金平、刘永军、郎跃明、孙以东、马仁慧、吴勇、吉海、朱金文出席会议。

10日　县委副书记、县长洪然主持召开十二届县委党的建设工作领导小组第二次会议,学习贯彻习近平新时代中国特色社会主义思想,全面落实省市委党建工作领导小组会议安排部署,进一步压紧压实各级党组织书记“党建第一责任”,推动全县党的建设高质量发展。县领导李义翠、刘永军、郎跃明、孙以东参加会议。

△　县委副书记、县长洪然采取先观摩、后座谈的方式调研企业生产运营情况,了解企业在当前发展过程中遇到的困难。县政协副主席、工信局局长朱金文参加活动。

11日　县2022年度全国文明城市创建工作推进会在县大剧院召开。县委副书记、县长洪然在会上强调,全县上下要迅速行动起来,以攻坚姿态、务实作风、“绣花”功夫,全力以赴打好打赢全国文明城市创建这场硬仗。县政协主席姜杰等县四套班子领导出席会议,县委副书记李义翠主持会议。

12日　市委副书记赵正兰率队到涟水调研乡村振兴重点工作,听取涟水县2022年农业重大项目和乡村公共空间治理推进情况。县委副书记、县长洪然,县委副书记李义翠参加调研。

△　县委副书记、县长洪然到循环经济产业园调研,先后深入华源化工、永安化工和在建的麦特新材料,详细了解企业安全生产、环保及建设进度等情况,了解企业生产和项目建设过程中存在的困难、问题并现场会办解决。县领导朱金文参加调研。

13日　市委常委、秘书长、宣传部部长李森带领市河长办、水利局、文旅局、交通运输局等部门负责人,到涟水开展古淮河巡河工作。县委副书记李义翠参加活动。

15日　县委副书记、县长洪然率队调研县食品产业园工作,详细了解园区建设进度,专题会办解决相关问题。市生态环境局副局长戚善功,县领导吴建峰、吉海、朱金文参加调研。

18日　县召开“三区三线”划定工作推进会,传达贯彻上级对“三区三线”划定工作的决策部署要求,对全县“三区三线”划定工作进行再部署、再推进。县委副书记、县长洪然出席会议并对下一步工作提出明确要求,县委常委、常务副县长李金平主持会议,县领导姜井旭、吉海、朱金文参加会议。

△　淮阴工学院、淮安生物工程高等职业学校到涟水开展“访企拓岗”暨应届毕业生供需对接交流活动。县委副书记、县长洪然,县委常委、组织部部长孙以东,副县长、科技镇长团团长徐勇参加活动,孙以东主持活动。

19日　县举行学习贯彻习近平总书记在庆祝中国共产主义青年团成立100周年大会上的重要讲话精神座谈会。县委副书记、县长洪然出席会议并讲话。县领导李义翠、孙以东、刘泽年、周建华出席座谈会,县委常委、组织部部长孙以东主持会议。

△　县委副书记、县长洪然主持召开会议,专题研究推进优化营商环境工作。县领导李金平、姜井旭、吴勇出席会议。

20日　全县城市长效综合管理工作座谈会召开。县委副书记、县长洪然出席会议并讲话。副县长吴勇主持会议。

△　由县文广旅局、文联、全民阅读促进会主办,县图书馆承办的“五月,与涟水诗歌相遇——《涟水文化丛书》首发式”举行。县文联名誉主席、县作协、县诗协主席李亚夫,县作协、诗协等部分会员,以及相关单位代表参加首发式。

21日　全县农房改善工作推进会召开。县委副书记、县长洪然,县领导李义翠、郎跃明、孙以东、吉海出席会议。县委副书记李义翠主持会议。

23日　涟水县招商引资(南京)恳谈会在宁举行,县委副书记、县长洪然,副县长姜井旭,南京市涟水商会会长、江苏中郡建设有限公司董事长孙立坤等领导和乡贤出席恳谈会。

25日　县召开专题会议,听取“三区三线”划定情况汇报。县委副书记、县长洪然出席会议并对下一步工作提出明确要求,县委常委、常务副县长李金平主持会议,县领导朱金文参加会议。

26日　县委副书记、县长洪然主持召开疫情防控视频调度会。县领导李金平、郎跃明、吴勇、朱金文出席会议。

27日　县委常委会召开会议,传达学习习近平总书记在庆祝中国共产主义青年团成立100周年大会上的重要讲话精神和给南京大学留学归国青年学者回信精神;传达学习习近平总书记在中央政治局第三十八次集体学习时重要讲话精神;传达学习全国稳住经济大盘电视电话会议及省续会精神;传达学习省委人大工作会议精神;听取中央环保督察信访及下沉交办问题整改落实工作情况汇报;听取全县闲置低效存量资产摸排清理盘活工作情况汇报;传达学习全市党的二十大维稳安保工作部署会议暨更高水平的平安淮安建设工作会议精神,听取信访突出问题攻坚化解年行动和市域社会治理现代化试点建设工作开展情况汇报;通报一季度“市对县”考核情况。县委副书记、县长洪然主持会议。

28日　市委副书记、市长史志军率队到涟水调研水环境治理工作。副市长张笑,县委副书记、县长洪然,副县长吉海参加活动。

29日　县举行强国复兴有我——“赓续红色血脉 传承红色基因”全民国防教育启动仪式。县委常委、宣传部部长郎跃明,县人武部部长李广栋等参加活动。

31日　县委副书记、县长洪然主持召开县招商引资工作领导小组会议,讨论研究产业招商攻坚月行动方案,安排部署下一阶段招商重点任务,进一步动员全县上下共同联动,迅速掀起新一轮招商引资热潮,打一场项目攻坚硬仗。县领导李金平、王伟、刘双喜、孙以东、姜井旭、朱金文出席会议。

△　县举办主题为“好戏涟台粽关情 此心安处是吾乡”2022年台胞端午

联谊活动。市台办副主任王睿，县委常委、县委统战部部长、县政协党组副书记刘双喜出席活动，县台属联谊会和在涟台胞参加活动。

6月

1日　省政协副秘书长、省工商联副主席周洁到涟水开展“民企淮安行”活动。市政协副主席、市工商联主席张惠扬，县委副书记李义翠，县委常委、统战部部长刘双喜，县政协副主席、县工商联主席杨春燕，江苏今世缘酒业股份有限公司党委书记、董事长、总经理顾祥悦参加活动。

△　县委副书记、县长洪然，县人大常委会主任张超，县政协主席姜杰，县委常委、常务副县长李金平走进校园，看望慰问少年儿童，向少年儿童送去节日祝福，向辛勤付出的广大教育工作者表示衷心感谢。

2日　县食品安全委员会全体(扩大)会议暨全县食品安全工作会议召开，县委副书记、县长洪然在会上对食品安全和当前重点工作提出明确要求。县委常委、常务副县长李金平主持会议，副县长姜井旭、吉海出席会议。

3日　全县城市长效综合管理工作会议召开。县委副书记、县长洪然出席会议并讲话。县领导李义翠、郎跃明、孙以东、马仁慧、吴勇参加会议。

4日　县采取先调研后座谈的方式召开会议，专题部署高考中考工作，县委副书记、县长洪然在会上强调，要时刻保持清醒认识，以更加务实的作风、更加扎实的举措，确保考生安全、考试顺利、成绩满意。县领导李金平、郎跃明、孙辉参加活动。

5日　县委常委会召开会议，传达学习全国巡视工作会议暨十九届中央第九轮巡视动员部署会、十四届省委第一轮巡视动员部署会领导讲话精神，传达学习全省宗教工作会议精神，研究推进文明城市创建工作，听取《涟水县贯彻落实淮安市国家创新型城市创建任务实施方案(2022—2023)》起草情况汇报。县委副书记、县长洪然主持会议。

7日　全县领导干部会议召开，宣布省市委决定：洪然任中共涟水县委书记，不再担任涟水县县长职务；提名朱永兴为涟水县县长候选人。

△　市委常委、淮安经济技术开发区党工委书记徐子佳一行到涟水，先后深入保滩街道、涟城街道和南集镇开展巡林督查黄河故道生态廊道工作，代县长朱永兴参加活动。

7—8日　县委书记洪然率队赴浙江、苏州等地开展招商引资活动。县委常委、县经济开发区党工委书记王伟，县委常委、组织部部长孙以东参加。

8日　由省委财经办副主任丁荣余率领的省稳定经济增长措施落实情况专项督查组到涟水，深入江苏源通制帽有限公司，通过现场参观和座谈的方式调研涟水县稳定经济增长措施落实情况。市政府副秘书长、办公室主任黄克清，市委研究室主任谢善智，市政府督查室主任叶红，代县长朱永兴，县委常委、常务副县长李金平参加调研。

9日　县委书记洪然，县委副书记、代县长朱永兴走访看望部分退休老干部，与他们聊家常、谈过往、话发展，为他们送去党和政府的关怀与温暖。县委常委、组织部部长孙以东参加走访看望。

10日　市委常委、常务副市长顾坤一行到涟水，实地调研推动稳定经济增长政策措施落实、镇街工业集中区和经营性自建房整治工作。县委书记洪然，县委副书记、代县长朱永兴，县委常委、常务副县长李金平，县委常委、组织部部长、陈师街道党工委书记孙以东参加调研。

△　县委副书记、代县长朱永兴带领县直有关部门负责人，调研指导疫情防控和“三夏”生产工作。县委常委、常务副县长李金平，副县长吉海参加调研活动。

△　县在深圳南山区举行大湾区产业招商攻坚行动专题业务培训会，邀请深企投产业发展(深圳)股份有限公司董事长聂仰禄，高级合伙人、副总经理林和坤，副总经理游双，策划咨询部经理李星光作专题授课。县委常委、县经济开发区党工委书记王伟，副县长姜井旭出席培训会，各镇街党委书记、区域招商局招商人员、县经济开发区招商部招商人员共120余人参加培训会。

11日　2022年淮安(深圳)投资环境说明会在深圳举行。市委副书记、市长史志军作主旨推介。县委书记洪然代表涟水县签约项目7个，总投资43.8亿元，涉及新一代电子信息、高端装备制造等产业。

△　县在深圳召开大湾区产业招商攻坚行动推进会。县委书记洪然在会上代表县委、县政府向坚守奋战在一线的招商同志致以亲切的问候，对大家取得的招商成果予以充分肯定。县领导孙以东、姜井旭、朱金文出席会议。

△　县委副书记、代县长朱永兴带领相关部门负责人赴南京开展项目招引和对接活动，先后拜访某模具企业和某科技集团，与企业负责人和集团董事长分别进行座谈交流，详细介绍涟水的优越营商环境，诚邀企业到涟水实地考察。

12—13日　副市长王向红、县委书记洪然在深圳开展招商考察活动，拜访部分重点企业和客商，宣传推介淮安和涟水投资环境，寻求合作共赢契合点。市政府副秘书长朱鹏程，市商务局局长、市口岸办主任龚晓琴，市商务局副局长施爱军，县领导孙以东、姜井旭、朱金文参加相关考察活动。

13日　县委副书记、代县长朱永兴带领相关部门负责人，先后深入县城区、高沟镇和五港镇，专题调研大气和水环境工作。

14日　来自深圳、徐州等地的三批客商考察团到涟水考察洽谈。县委书记洪然，县委副书记、代县长朱永兴参加考察座谈会，县委常委、宣传部部长郎跃明，县委常委、政法委书记吴芳剑，副县长姜井旭及相关部门负责人参加考察。

15日　县法治建设工作汇报会召开。省公安厅法制总队副总队长陆有勇，省委宣传部政策法规研究室四级调研员汤海泳，市司法局副局长、农工民主党淮安主委郑劲松，县委书记洪然，县领导吴芳剑、马仁慧，县法院院长刘洋、县检察院检察长龚怀军出席会议。

16日　县人武部党委第一书记宣布任职大会召开。市委常委、淮安军分区政委张立军出席会议,宣布淮安军分区党委关于洪然任涟水县人武部党委第一书记的决定,并颁发任职通知书。县委书记洪然,淮安军分区政治工作处主任朱立军,淮安军分区保障处处长徐礼明,县领导滕金霞、孙以东参加会议。

17日　由市市场监管局和县政府主办的“市监护航·助力发展”——助力涟水县创建全国百强县专场服务活动在涟水举行。副市长王向红,市政府副秘书长朱鹏程,市市场监管局党委书记、局长王锐,中国银行淮安分行行长孙伟,县委书记洪然,县委副书记、代县长朱永兴,副县长姜井旭,南京艺术学院研究员、教授孙智强等出席活动。

18日　县委书记洪然深入涟城街道涟州路社区、城南社区和红日社区等地,专题调研社区基层党建工作。县领导孙以东、吴芳剑参加调研。

△　县委副书记、代县长朱永兴主持召开全县主要经济指标暨高质量考核指标分析会。县领导李义翠、李金平、姜井旭、吴勇、吉海出席会议。

19日　县委常委会召开会议,传达学习《中国共产党地方委员会工作条例》、中央八项规定精神及其实施细则、习近平总书记在中共中央政治局第三十九次集体学习时的重要讲话精神和省委书记吴政隆在淮安调研时的讲话精神。县委书记洪然主持会议。

20日　市政协副主席、党组副书记周毅,市政协副秘书长王守祥,市政协文化文史委副主任黄少基一行到涟水参加“委委道来”读书分享会。县政协党组书记、主席姜杰,县政协党组成员、副主席左健,县政协党组成员、秘书长庞峰参加活动。

△　县在深圳举行大湾区产业招商攻坚行动推进会,县委副书记、代县长朱永兴在会上希望大家充分发挥“见第一就争、见奖杯就夺、见红旗就扛、见红榜就上”的“四见”精神,全力以赴实现项目招引新突破,主动为“申创国家级经开区,加快建成全国百强县”添砖加瓦。县领导姜井旭、朱金文参加会议。

21日　县委书记洪然专题调研人大工作,与县人大常委会机关和镇街人大干部座谈交流。县人大常委会主任张超,县人大常委会副主任刘泽年、孙辉、周宏昌参加调研或座谈。

△　县委副书记、代县长朱永兴在广州市拜访两家食品包装和汽车配件企业,和企业负责人就在涟水投资项目推进情况进行沟通交流,表示将全力加快项目前期各项准备工作,确保在涟水项目早日开工建设、投产达效。下午,朱永兴和广东涟水商会部分乡贤进行座谈。县领导姜井旭、朱金文参加活动。

22日　县委理论学习中心组(扩大)学习会召开,传达学习《总体国家安全观学习纲要》和全市做好网络安全保障工作推进会精神。县委书记洪然主持会议。

△　县委副书记、代县长朱永兴在深圳市开展项目招引活动,先后拜访智能科技、电子产品等行业的多家企业,与企业负责人进行交流沟通,详细介绍涟水的交通区位优势、产业优势、生态环境、发展平台、营商服务等方面情况。副县长姜井旭,县政协副主席、县工信局局长朱金文参加活动。

23日　县委书记洪然专题调研政协工作,与县政协机关干部座谈交流。县政协主席姜杰,县政协副主席杨春燕、左健参加活动。

△　县委副书记、代县长朱永兴带队在广东东莞等地开展招商考察活动,先后拜访精工科技、金属制造、电子信息等多家知名企业,详细了解企业经营状况、产业布局、发展规划等情况,诚挚邀请企业家们到涟水参观考察、投资兴业、共赢发展。县政协副主席、县工信局局长朱金文参加活动。

23—24日　江苏省财贸轻纺系统产业工人队伍建设改革经验交流暨工作推进会在今世缘酒业股份有限公司举行。省总工会党组书记、副主席徐大勇,市委常委、市委组织部部长孙虎,市政协副主席、市总工会主席张志勇,县委书记洪然,县委常委、县委组织部部长孙以东,今世缘酒业董事长、总经理顾祥悦等出席会议。

24日　县委副书记、代县长朱永兴带队在深圳市开展招商考察活动,先后拜访某投资集团、自动化设备和新一代电子信息等3家企业,详细了解企业生产和发展情况,与企业负责人面对面交流洽谈,一对一精准招商,实打实推进项目。县领导姜井旭、朱金文参加活动。

△　省市安全生产联合督导涟水县工作汇报会召开。省安全生产第八督导组第四小组组长、省农业农村厅渔业执法监督中心四级调研员顾美华,市第三巡察督导组组长、市人大常委会机关二级巡视员陈步公,县委常委、常务副县长李金平等领导出席会议。

25日　市委副书记、市长史志军实地调研推进涟水重大产业项目建设。县委书记洪然,县委常委、县经济开发区党工委书记王伟参加调研。

△　县委副书记、代县长朱永兴在广东惠州市开展招商考察活动,先后拜访两家电子科技企业,与企业负责人座谈交流,诚挚邀请企业家到涟水参观考察、投资兴业。县领导姜井旭、朱金文参加活动。

26日　涟水县召开2021年度高质量跨越发展考核专题民主生活会。副市长张笑到会指导。县委书记洪然主持会议。市政府副秘书长马雪、市生态环境局局长杨凯以及市纪委监委、市委组织部、市生态环境局相关人员出席会议。

27日　在泰州举办的江苏省第二十届运动会青少年部自行车(山地)决赛中,涟水自行车队代表淮安市参赛,为淮安市代表团夺取4金1银3铜,金牌数居全省首位。市体育代表团团长、副市长王向红,县委常委、宣传部部长郎跃明赴比赛现场看望运动员,并为获奖运动员颁发奖牌。

28日　国务院联防联控机制召开全国疫情防控工作电视电话会议。会后,省、市相继召开续会,对抓好当前疫情防控工作提出具体要求。会议采用视频会议形式召开,县委书记洪然,县委副书记、代县长朱永兴,县领导李金平、郎跃明在涟水分会场参加会议。

29日　县委书记洪然专题调研宣传思想文化工作,与宣传部干部座谈交流。县委常委、宣传部部长郎跃明参加活动。

△　投资额为5000万美元的新型合金材料项目和投资额为1700万美元

的模具标准件塑料制品项目签约仪式在县经济开发区举行。市检察院检察长薛国骏，市台办主任周海滨，县委副书记、代县长朱永兴，淮昆台资合作产业园指挥部指挥长石颖，县委常委、县经济开发区党工委书记王伟，新型合金材料董事长、塑料制品董事长等领导和客商出席活动。王伟主持签约活动。

30日　市委副书记、市长史志军到涟水开展安全生产专题宣讲，以“严守法律法规 强化责任落实 夯实安全基础”为题作了一堂深刻而又生动的安全生产辅导课。市政府秘书长刘爱国，市应急管理局局长、市安委办主任崔步银等参加活动。县委书记洪然主持活动。县委副书记、代县长朱永兴等参加听讲。

7月

1日　县召开庆祝中国共产党成立101周年座谈会。县委书记洪然出席会议并讲话。县委副书记、代县长朱永兴主持会议，县政协主席姜杰，县委副书记李义翠，县委常委、宣传部部长郎跃明，县委常委、组织部部长孙以东出席。

△　全县干部大讲坛暨首期经济工作能力提升培训班举办。县委书记洪然出席并作动员讲话，县委常委、常务副县长李金平主持。

2日　县委常委会集体调研江苏今世缘酒业股份有限公司，并召开专题会议听取情况汇报。县委书记洪然主持会议。县委副书记、代县长朱永兴，县人大常委会主任张超，县政协主席姜杰等县领导参加调研。

△　县举办新业态新就业群体专场招聘会，顺丰、圆通、极兔、美团、饿了么以及物流运输、电子商务等34家新业态企业到场招聘，提供就业岗位600余个。

5日　市政协副主席王苏君、市政协教卫体和人资环委主任冯长尧等一行到涟水，围绕“加快县中振兴促进教育均衡”主题，调研县域高中建设发展总体情况，并召开座谈会。县政协主席姜杰，副县长马荣，县政协副主席左健等参加调研。

6日　县委书记洪然率队赴浙江开展招商考察活动，大力宣传推介涟水，点对点洽谈项目合作事宜。县领导孙以东、朱金文参加活动。

6—7日　辽宁省昌图县委副书记、县长苗宇一行到涟水考察。县委副书记、代县长朱永兴，县委常委、常务副县长李金平参加考察。

7日　县召开2022年度“市对县”考核工作推进会。县委书记洪然出席会议，要求坚决完成上半年各项既定目标任务，确保取得优异的成绩、交出满意的答卷。县委副书记、代县长朱永兴主持会议。县人大常委会主任张超、县委副书记李义翠等县四套班子领导参加会议。

△　县委副书记、代县长朱永兴现场调研推进全县市级重大产业项目，持续营造项目招引和推进项目建设氛围。

7—8日　省委统战部副部长李卫华一行到涟水走访调研台资企业。市委统战部副部长陶忠，市委台办主任周海滨，县委常委、统战部部长、县政协党组副书记刘双喜等领导参加活动。

8日　县召开金融助力全国百强县建设暨政银企信贷支持会。县委副书记、代县长朱永兴，县领导李金平、姜井旭、朱金文出席会议。县委常委、常务副县长李金平主持会议。

△　全县“喜迎二十大 逐梦向未来——冲刺吧涟水”主题宣讲大赛暨“百姓名嘴”选拔决赛在县文化馆小剧场举行。县委常委、宣传部部长郎跃明，县人大常委会副主任孙辉，县政协副主席左健出席活动并为获奖者颁发证书及“理”响安东“百姓名嘴”宣讲团宣讲员聘书。

9日　县政府党组书记、代县长朱永兴主持召开县政府党组会议，集中学习了《党委会的工作方法》、中央八项规定及其实施细则、《力戒形式主义和官僚主义》、《领导干部要做尊法学法守法用法的模范》、省委吴政隆书记在淮调研时的讲话精神以及《涟水县人民政府工作规则（修订稿）》。县领导李金平、马荣、姜井旭、马仁慧、吴勇、吉海参加会议。

10日　浙江某企业负责人一行到涟水考察对接投资项目。县委书记洪然，县委常委、县经济开发区党工委书记王伟，副县长姜井旭，县政协副主席、县工信局局长朱金文参加座谈会。

11日　县委常委会召开会议，传达学习习近平总书记近期重要讲话精神，传达学习市委人大工作会议精神，研究部署有关工作。县委书记洪然主持会议。

△　省生态环境厅官方网站发布《关于命名江苏省核与辐射安全监督管理中心等6家单位为“江苏省生态文明教育实践基地”的通知》。江苏省涟水中学光荣上榜，荣获“江苏省生态文明教育实践基地”称号。

12日　全县乡科级年轻干部座谈会召开。县委书记洪然出席会议，围绕“抓落实中让我最满意和最不满意的一项工作”这一主题，与来自全县各条战线的“90后”乡科级年轻干部面对面畅谈工作中的所思所想所感。县委常委、组织部部长孙以东主持座谈会。

△　副市长张笑带队到涟水开展建设领域安全生产专项整治督导，先后深入康馨学府、时代文具、天达燃气等地，听取相关情况介绍，对安全生产工作进行现场督导。市政府副秘书长马雪，市住建局局长秦浩，县委副书记、代县长朱永兴，副县长吴勇等领导参加督导和座谈。

13日　总投资3000万美元的新型石晶复合材料项目签约仪式在镇江举行。市市场监管局局长王锐、副局长吴林昌，县委书记洪然，副县长姜井旭，新型石晶复合材料项目董事长等领导和客商出席签约仪式。姜井旭主持签约仪式。

△　县人大常委会组织代表视察全县重大项目。县委副书记、代县长朱永兴，县人大常委会主任张超，县委常委、县经济开发区党工委书记王伟，县人大常委会副主任周宏昌，副县长吴勇，县政协副主席、县工信局局长朱金文参加活动。

14日　县委书记洪然主持召开县委书记专题会议，听取近期全国文明城市创建工作情况汇报，研究解决重点难点问题，对创建工作进行再动员、再部署、再强调，推进落实迎接全国文明城市测评各项工作任务。县委副书记、代县长朱永兴,县领导李义翠、郎跃明、孙以东、姜井旭、马仁慧、吴勇出席会议。

△ 县委副书记、代县长朱永兴带领相关部门负责人,深入背街小巷、农贸市场、建材市场、居民小区等地,专题调研城市长效综合管理工作。县委副书记李义翠,县委常委、宣传部部长郎跃明,副县长吴勇参加调研。

15日 县委书记洪然专题调研政法委工作,强调要坚定贯彻中央和省市县委决策部署,按照"干就干一流、走就走前列"工作要求,攻坚克难、狠抓落实,奋力实现"站稳第一方阵,争取第一位次"工作目标,以实际行动迎接党的二十大胜利召开。县委常委、政法委书记吴芳剑参加调研。

△ 县委副书记、代县长朱永兴先后深入涟城街道、朱码街道和陈师街道,调研全县2023年拟申报老旧小区改造项目,听取相关情况汇报,对下一步工作提出明确要求。县领导孙以东、吴勇参加调研活动。

16日 县委书记洪然主持召开全县第9次招商引资工作领导小组会议,研究分析当前招商引资工作存在问题,安排部署下阶段工作任务。县委副书记、代县长朱永兴等县领导参加会议。

△ 县委副书记、代县长、县级总河长、县级总林长、盐河河长朱永兴率队,先后深入盐河涟水全流段和朱码街道华昌大道盐河生态公益林,开展专题巡河巡林活动,通过听取汇报、实地查看、查看图纸等方式,详细了解盐河河道治理保护、"河长制"工作落实、全县生态公益林建设等有关情况。县领导吴勇、吉海参加活动。

△ "'凝心聚力 冲刺百强'名企齐聚 '职'引未来 2022年全县'直播带岗'招聘会"在吾悦广场举行,本场招聘会共有50多家用人企业带来600余个就业岗位,其中达成初步就业意向近300人。

18日 县创建全国文明城市"夏日大会战"启动仪式在红日广场举行。县委书记洪然出席活动并为"夏日大会战"突击队授旗。县委副书记、代县长朱永兴主持活动并发出出征动员令。县人大常委会主任张超为创建一线代表发放"清凉礼包"。县政协主席姜杰为社会监督员代表颁发聘书。

19日 市委、市政府举行2022年第二次重特大项目攻坚拉练,市委书记陈之常出席会议并讲话。市领导史志军、戚寿余、李森、吴晓丹、顾坤、孙虎、王道霄、周青、徐子佳、赵洪权,县领导洪然、李金平等参加活动。

20日 县委书记洪然专题调研纪检监察工作,强调要围绕全县发展大局,聚焦"站稳第一方阵,争取第一位次"目标,立足岗位、履职尽责,敢于监督、善于监督,久久为功正风肃纪反腐,全力营造风清气正的政治生态。县委常委、县纪委书记、县监委主任刘永军参加调研。

20—21日 大湾区客商到涟水考察。副县长姜井旭,县政协副主席、县工信局局长朱金文参加座谈。

21日 县委常委会召开会议,传达学习习近平总书记近期重要讲话、重要回信精神,传达学习全国安全生产电视电话会议精神,研究部署有关工作。县委书记洪然主持会议。

22日 县委人大工作会议召开。县委书记洪然出席会议并讲话。县委副书记、代县长朱永兴主持会议。县人大常委会主任张超、县政协主席姜杰等出席会议。

23日 县委常委会召开议军会议,总结回顾上半年党管武装工作,研究部署下一阶段重点任务,全力推动党管武装工作取得新成效、迈上新台阶。县委书记、县人武部党委第一书记洪然主持会议。

24日 县委书记洪然专题调研组织工作,强调要坚定"站稳第一方阵、争取第一位次"的信心决心,勇于担当、主动作为,更好地发挥"中流砥柱""关键少数"作用,为涟水高质量跨越发展、冲刺全国百强县提供坚强组织保证。县委常委、组织部部长孙以东参加调研。

25日 县委书记洪然,县委副书记、代县长朱永兴分别率队开展高温慰问"送清凉"活动,看望慰问高温下坚守岗位的公安、消防、城管、环卫、供电等部门和行业的户外劳动者和企业职工、建筑工人、疫情防控人员等一线劳动者,为他们送去"清凉礼包",并向他们致以亲切问候和崇高敬意。县领导张超、姜杰、刘泽年、吴勇、周建华参加活动。

26日 县委农村工作领导小组会议暨全县乡村振兴重点工作推进会召开。县委书记洪然出席会议并讲话。县委副书记李义翠主持会议,副县长吉海参加会议。

△ 市政协副主席王苏君等到涟水召开"推行'拿地即开工'促进环境更优化"专题调研座谈会。县政协主席姜杰,县委常委、常务副县长李金平,县政协副主席左健等出席会议,县经济开发区、行政审批局、发改委、住建局、自然资源和规划局、水利局、文旅局、生态环境局、应急管理局负责人和部分企业负责人参加会议。

27日 县委常委会召开会议,传达学习习近平总书记近期重要文章精神,研究当前重点工作。县委书记洪然主持会议。

△ 省委驻涟帮促工作队、淮阴师范学院、陈师街道党工委、县妇联、县女企业家协会联合举办"凝聚她力量 冲刺百强县——涟水县巾帼新农人电商直播培训班"。副县长马荣参加活动,并为巾帼新农人电商直播基地授牌。

28日 诚意满淮 共创未来——2022淮安投资环境说明会在苏州举行。市委副书记、市长史志军,省台办副主任孙继兵,省商务厅副厅长倪海清出席说明会并致辞。市委常委、常务副市长顾坤主持说明会。市委常委、淮安经济技术开发区党工委书记徐子佳参加活动,副市长王向红作产业推介。说明会上,朱永兴代表涟水县签约8个项目,总投资21.6亿元,其中台资项目3个,总投资9700万美元。

28—29日 县委副书记、代县长朱永兴赴苏州参加2022年淮安(苏州)投资说明会并在苏州、常州、镇江开展招商考察活动。县领导王伟、孙以东、姜井旭、朱金文分别参加相关活动。

29日 市政协副主席、民盟淮安市委主委毕丰书,民盟淮安市委副主委、市政协常委朱春霞等一行赴黄营镇朱桥村开展帮促活动。县政协主席姜杰,县委常委、宣传部部长郎跃明,县政协副主席杨春燕参加活动。

31日　县委书记洪然带队开展八一建军节慰问活动，向人武官兵、武警战士和消防救援人员致以节日的祝福和诚挚的慰问。县委副书记、代县长朱永兴，县人大常委会主任张超，县政协主席姜杰，县领导李义翠、滕金霞、吴芳剑、吉海参加活动。

8月

1日　淮安市纪检监察专项监督工作现场推进会在涟水召开，盘点总结上半年专项监督工作，安排部署下半年专项监督任务。市纪委常务副书记、市监委副主任潘昌锋出席会议并讲话，县委书记洪然等领导参加会议。

2日　县委书记洪然主持召开县委半年工作务虚会，全面盘点今年以来工作，谋划研究下半年发展思路、重点举措、具体抓手，强调要进一步统一思想、坚定信心，全力以赴抓经济、谋发展，确保圆满完成全年各项目标任务，以高质量跨越发展的实际行动迎接党的二十大胜利召开。

△　市人大常委会“三级人大联动、五级代表问政，助推高沟镇现代小城市建设”活动在高沟镇举行。市人大常委会副主任赵权出席活动并为“问政专业代表小组”成员佩戴视察证。县委副书记、代县长朱永兴在活动现场致辞，县人大常委会主任张超解读了活动实施方案。今世缘酒业董事长、总经理顾祥悦，县人大常委会副主任吴建峰、周宏昌等出席活动。

3日　县委书记洪然主持召开全县城建重点项目推进会，听取重点项目规划设计方案、推进情况汇报，协调会办解决存在的各类问题，进一步压实责任、细化举措，切实推动重点项目快建设、快投用、快达效。县委副书记、代县长朱永兴出席会议。

△　县采取先观摩、后座谈的方式召开全县农贸市场规范化管理工作会议。县领导分别深入县城区锦宏、东城、中恒3家农贸市场调研，听取相关情况汇报，对存在问题现场提出整改意见。县委副书记、代县长朱永兴出席会议并讲话。副县长姜井旭参加会议。

4—5日　共青团江苏省委、省科协、省少工委联合主办第十届江苏省少年科学院院士展示评聘活动。县外国语学校侍浩宇、滨河外国语学校葛欣研2名同学被聘为“第十届江苏省少年科学院院士”。

5日　省委工作会议在南京召开。省委书记吴政隆出席会议并讲话。省委副书记、省长许昆林作总结讲话，省政协主席张义珍，省委副书记、省委政法委书记邓修明出席会议。县委书记洪然，县委副书记、代县长朱永兴等县领导在涟水分会场参加会议，并学习讨论习近平总书记在省部级主要领导干部专题研讨班上的重要讲话精神，学习讨论中央政治局会议精神和讨论省委书记吴政隆在省委工作会议上的讲话。

6日　全县关心下一代工作会议召开。县委书记洪然出席会议并讲话，县委常委、常务副县长李金平主持会议，县关工委主任张学明作工作报告，县关工委副主任鲁家宁参加会议。

△　全县重大产业项目推进会召开，县委书记洪然出席会议并讲话。县委副书记、代县长朱永兴主持会议，县领导张超、李义翠等参加推进会。

7日　县委副书记、代县长朱永兴深入滨河新城龙腾大道、缘分大道等地，现场调研推进滨河新城核心区整治工作。县领导郎跃明、孙以东、吴勇参加调研。

8日　中国共产党淮安市第八届委员会第四次全体会议召开。全会由市委常委会主持。市委书记陈之常代表市委常委会作报告。史志军、赵正兰、李森、吴晓丹、顾坤、孙虎、王道霄、周青、徐子佳、张立军等市委领导出席会议并在主席台就座。县委书记洪然，县委副书记、代县长朱永兴在市主会场参加会议。县人大常委会主任张超，县委副书记李义翠等县领导在涟水分会场参加会议，并讨论市委书记陈之常代表市委常委会所作的工作报告。

9日　县委书记洪然主持召开全县拟开工项目推进会，对拟开工项目进行逐一过堂，研究项目推进中遇到的堵点、难点问题，对下一步工作进行再推进、再安排、再部署。县委副书记、代县长朱永兴，县领导王伟、孙以东、姜井旭、朱金文参加会议。

10日　县委书记洪然主持召开专题会议，听取全县教育工作情况汇报，研究部署相关重点任务。县领导李义翠、刘永军、郎跃明、孙以东、马荣参加会议。

△　县委副书记、代县长朱永兴带领相关部门负责人，深入县经济开发区、陈师街道、梁岔镇、高沟镇、岔庙镇、红窑镇、五港镇、黄营镇、大东镇、朱码街道和涟城街道，对50余个2021年竣工项目和2022年市重大项目进行现场推进。县领导孙以东、姜井旭、朱金文参加活动。

11日　县委常委会召开会议，学习贯彻省委工作会议、市委八届四次全会精神，研究当前重点工作。县委书记洪然主持会议。

12日　中国共产党涟水县第十二届委员会第四次全体会议召开。全会坚持以习近平新时代中国特色社会主义思想为指导，深入贯彻党的十九大、十九届历次全会精神，深刻领会习近平总书记在省部级主要领导干部“学习习近平总书记重要讲话精神，迎接党的二十大”专题研讨班上的重要讲话精神，全面落实省委工作会议、市委八届四次全会要求，回顾总结2022年以来工作，研究部署下一阶段任务，动员全县上下以“干就干一流，走就走前列”的昂扬姿态，奋力爬坡过坎，全力冲刺百强，以实际行动迎接党的二十大胜利召开。全会由县委常委会主持。县委书记洪然代表县委常委会作报告。朱永兴、李义翠、王道峰、李金平、刘永军、滕金霞、王伟、刘双喜、郎跃明、吴芳剑、张锦辉等县委领导出席会议并在主席台就座。

13日　县委常委会集体调研县经济开发区，并召开专题会议听取工作情况汇报。县委书记洪然主持会议。县委副书记、代县长朱永兴，县人大常委会主任张超，县政协主席姜杰等县领导参加调研。

△　由市新星幼儿园、江苏安东控股集团有限公司以及县教育体育局三方联合打造的县新星幼儿园合作办学签约仪式举行。市妇联党组书记、主席

王娟,县委副书记、代县长朱永兴,副县长马荣出席签约仪式。

15日　县城建重点项目推进会召开。县委副书记、代县长朱永兴出席会议,并对下一步工作提出明确要求。县委常委、宣传部部长郎跃明,副县长吴勇、吉海参加会议。

15—17日　县委书记洪然先后深入南京市、苏州市、浙江省衢州市和江西省上饶市开展项目推介对接活动,走访相关企业,宣传涟水优越的区位优势和良好的投资环境,并与企业负责人就投资合作事宜进行深入洽谈。县委常委、县经济开发区党工委书记王伟,县委常委、组织部部长孙以东参加相关活动。

16日　市九届人大代表涟水团一组围绕"以重特大项目攻坚推动高质量发展"主题开展年中专题调研,先后深入弘晟包装、中信华电子、特创科技、立创商城、业丰精密科技等企业进行实地观摩。市人大常委会常务副主任、党组副书记赵洪权,市中院党组书记、院长章润,县委副书记、代县长朱永兴,县人大常委会主任张超,县委常委、县经济开发区党工委书记王伟,县人大常委会副主任刘泽年参加调研。

△　华夏银行涟水支行开业暨政银企战略合作协议签约仪式举行。县委副书记、代县长朱永兴,县委常委、常务副县长李金平,县委常委、宣传部部长郎跃明,华夏银行南京分行副行长浦杰,华夏银行淮安分行行长孙燕宁,华夏银行涟水支行行长王青等领导和嘉宾出席仪式。

△　全市首个民族团结广场——涟水县民族团结主题广场揭牌,省委统战部民族工作处处长侯加友,市委统战部副部长、市民宗局局长张峰一行出席揭牌仪式并实地参观。县委常委、统战部部长刘双喜参加活动。

17日　县委副书记、代县长朱永兴带队,就全县县属国有企业运营情况进行专题调研指导。县委常委、常务副县长李金平,副县长吴勇参加活动。

18日　市委副书记、市长史志军率队到涟水,实地调研会办产业项目建设。副市长王向红,市政府秘书长刘爱国,县委书记洪然,县委副书记、代县长朱永兴,县领导李金平、朱金文参加调研。

△　县委副书记、代县长朱永兴和李金平、马荣、吴勇、吉海等县政府领导班子成员,走进"12345"市政府便民热线服务中心接听群众电话,解答市民关于城市管理、社会事业、民生保障等方面的诉求。

19日　县委书记洪然,县委副书记、代县长朱永兴分别到县人民医院、县疾控中心、县中医院和县第三人民医院,看望慰问优秀医师代表,送上鲜花,并通过他们向辛勤工作在临床一线的广大医务工作者送上诚挚祝福,表达崇高敬意。县领导郎跃明、马荣参加慰问。

20日　县委书记洪然主持召开全县招商引资工作领导小组会议。县委副书记、代县长朱永兴,县领导李义翠、李金平、王伟、刘双喜、孙以东、姜井旭、吉海、朱金文参加会议。

20—21日　县委书记洪然,县委副书记、代县长朱永兴分别带队走访慰问困难群众,强调要牢固树立以人民为中心的发展思想,时刻将困难群众的冷暖挂在心上,不断加大帮扶救助力度,认真落实各项惠民政策,将党委、政府的温暖关怀送到每一位困难群众的心坎中。

21日　县组织收听收看全省道路交通安全工作视频会议。会议深入学习贯彻习近平总书记关于安全生产重要论述和重要指示批示精神,分析当前全省道路交通安全形势,进一步压紧压实工作责任。副县长吴勇在涟水分会场收听收看。

22日　县委副书记、代县长朱永兴采取先参观、后座谈的方式深入红窑镇开展调研活动,先后参观春竺芦笋产业园、金城村葡萄采摘园、乡村振兴产业园、嘉硕木业、汇丰木业、裕淮菇业和苗戴村特色田园乡村,并就贯彻落实省委工作会议、市县委全会情况以及今后工作进行座谈交流。副县长吉海参加活动。

23日　中国·淮安第二届淮河华商大会涟水投资环境推介会召开。来自全省商会代表、各地联谊会代表、500强企业代表等20余名嘉宾齐聚涟水、共话发展。市政协副主席韩文军,县委常委、统战部部长刘双喜,县政协副主席、工信局局长朱金文出席活动。

△　中央电视台《朝闻天下》栏目播放《"冰箱"立田头 芦笋"抢鲜"出》,报道涟水县高温天气下,如何让新鲜的芦笋"抢鲜"上市的做法。

24日　副市长、市公安局局长赵立宏带队到涟水开展道路交通安全专项督查活动,听取涟水道路交通安全工作情况汇报,查看相关台账资料,并深入淮浦路交通劝导站、县客运总公司、华发危险品运输公司进行实地检查,对涟水下一阶段工作提出明确要求。县委副书记、代县长朱永兴在督查汇报会上汇报涟水道路交通安全工作情况,副县长马仁慧、吴勇参加活动。

△　市政协"送医疗下乡"义诊活动在五港中心卫生院举行。市政协副主席王苏君,县政协主席姜杰,市卫健委副主任俞伟男,县政协副主席左健参加活动。

25日　市委副书记、市长史志军到涟水,为全县党员干部讲授纪法宣讲"千百万"行动专题党课。市政府秘书长刘爱国参加活动。县委副书记、代县长朱永兴主持党课,县政协主席姜杰等县四套班子领导聆听党课。

26日　县委书记洪然带队,赴北京开展招商引资考察对接活动,走访企业、洽谈合作、共谋发展。县委常委、组织部部长孙以东,县经济开发区党工委副书记、管委会主任张溧翔参加考察。

27日　县委副书记、代县长朱永兴深入淮安新港建设有限公司,专题调研国有企业经营发展情况,听取公司工作情况汇报,对下一阶段工作提出明确要求。县委常委、县经济开发区党工委书记王伟参加调研。

28日　县委副书记、代县长朱永兴带领相关部门负责人采取先观摩、后座谈的方式,深入保滩街道调研指导工作,先后观摩通威饲料有限公司、东鹏建设有限公司、周集村、乐享果玩生态农场、裕同科技有限公司、颖益机械有限公司和周集工业集中区。副县长吉海参加调研。

29日　国务院召开全国深化"放管服"改革持续优化营商环境工作电视电

话会议。会议结束后，省长许昆林就抓好全省贯彻落实会议精神进行相关工作部署。会议以视频会议形式召开。县委副书记、代县长朱永兴，副县长姜井旭、吴勇、吉海在涟水分会场参加会议。

30日　南京农业大学校长陈发棣一行到涟水，先后深入红窑镇春竺芦笋产业园和金城村葡萄采摘园，专题调研涟水农业特色产业。县委副书记、代县长朱永兴介绍了涟水农业特色产业发展情况，副县长吉海参加调研。

31日　2022年涟水县“五方挂钩”帮促协调工作会议在南京举行。省交通运输厅厅长、党组书记兼省铁路办主任吴永宏，省乡村振兴局副局长刘文俊，副市长许明等出席会议并讲话。省交通运输厅副厅长丁峰主持会议。县委书记洪然简要介绍涟水经济社会发展及实施乡村振兴战略进展情况。

△　全国文化和旅游系统先进集体、先进工作者和劳动模范表彰会在北京举行。江苏省共有11个全国文化和旅游系统先进集体，19名全国文化和旅游系统先进工作者，4名全国文化和旅游系统劳动模范受表彰。其中，县淮剧团被评为“全国文旅系统先进集体”。

9月

1日　2022年淮安市企业思想政治工作成果展示暨涟水县“奋力爬坡过坎　全力冲刺百强”主题宣传活动(发展篇)在涟水举行。市委宣传部常务副部长、市文明办主任杨恒忠，市总工会党组书记、市总工会副主席、市产改办主任王立华，县委书记洪然，县人大常委会主任张超，县政协主席姜杰，县委常委、宣传部部长郎跃明，副县长马荣等领导出席活动。部分劳模、工匠、先锋人物代表、工人代表、一线奋斗者代表参加活动。

2日　市人大常委会常务副主任、党组副书记赵洪权，副市长王向红，市中级人民法院院长、党组书记章润分别到涟水县高沟镇、涟城街道和朱码街道开展“惠民生、助发展”人大代表进村入户履职活动。县委书记洪然，县人大常委会主任张超，县委常委、常务副县长李金平，县人大常委会副主任刘泽年、周宏昌参加调研。

△　县委党校2022年主体班“三班联训”开班仪式举行。县委书记洪然出席开班仪式并作动员讲话，县委常委、县委组织部部长、县委党校校长孙以东主持开班仪式。

4日　南京市涟水商会第三届一次会员大会在宁举行。省工商联二级巡视员徐洪军，南京市工商联党组成员郑德巍，淮安市政府驻宁办事处主任唐广，南京市涟水商会名誉会长、中江国际原总经理薛乐群，县委副书记、代县长朱永兴，县领导张锦辉、姜井旭、吉海、杨春燕等出席会议。

5日　市委书记陈之常到涟水开展专题调研，推动深入贯彻落实省委工作会议和市委八届四次全会精神。市委常委、宣传部部长、秘书长李森参加调研。县委书记洪然，县委副书记、代县长朱永兴参加调研，县领导李金平、王伟、吴芳剑、马荣、姜井旭、吉海分别在调研点介绍情况。

△　由县慈善总会、红十字会联合开展的涟水县2022年“博爱在涟水　慈善一日捐”启动仪式在县政府一楼大厅举行。县委书记洪然，县委副书记、代县长朱永兴，县人大常委会主任张超，县政协主席姜杰等县四套班子领导出席仪式，并参加现场捐赠。

6日　县委常委会召开会议，传达学习习近平总书记近期重要讲话精神，传达学习全国、省、市有关会议精神和市委、市政府主要领导到涟水调研讲话精神，研究涟水相关贯彻落实举措，部署当前重点工作。县委书记洪然主持会议。

7日　省政府副秘书长、办公厅主任谢润盛一行到涟水调研。市委常委、常务副市长顾坤，县委副书记、代县长朱永兴，县委副书记、省委驻涟帮促工作队队长王道峰，副县长吉海参加调研。

△　涟水县第八届“金秋涟水缘　两岸共明月”台胞中秋联谊活动举行。市台办副主任王睿、副县长姜井旭出席活动。台胞台属代表欢聚一堂，庆佳节、话友谊、谋发展。涟水县台商联谊会副会长、淮安仲益电机有限公司董事长郭健胜代表台商发言。与会领导和嘉宾共同观看文艺演出。

7—8日　由中国农科院农经所乡村发展研究室主任赵一夫、省农科院农经所副书记江蛟带领的调研组到涟水，开展乡村治理专题调研。县委副书记、代县长朱永兴，县委副书记、省委驻涟帮促工作队队长王道峰，副县长吉海参加调研。

8日　全县教育振兴大会召开。淮阴师范学院副院长毛广雄，市委组织部副部长、市人才办主任姜洪洋，部分在外乡贤智库专家，洪然、朱永兴、张超、姜杰等县四套班子领导出席会议。

9日　在收听收看全国新冠疫情防控工作电视电话会议和全省疫情防控工作电视电话会议后，淮安市召开全市疫情防控工作电视电话会议。市委书记陈之常出席会议并讲话。市长史志军主持会议。市领导赵正兰、顾坤、王向红、赵立宏、邱华康、张笑参加会议。会议以视频方式举行，县委书记洪然在淮安分会场参加会议。县委副书记、代县长朱永兴，县领导郎跃明、孙以东、马荣、朱金文在涟水分会场参加会议。

10日　县委书记洪然先后深入世纪华联超市、滨河吾悦广场、涟水高铁站和新星旺燃气公司，开展中秋期间安全生产大检查活动。县委常委、政法委书记吴芳剑参加活动。

11日　县委副书记、代县长朱永兴先后深入金鸡坨生态农庄、县图书馆、县淮剧团和百姓大舞台，专题调研文化和旅游工作。副县长马荣参加调研。

14日　全县“锚定百强目标　主攻重大项目”百日攻坚行动动员部署会召开。县委书记洪然出席会议并讲话。县委副书记、代县长朱永兴主持会议。县人大常委会主任张超，县政协主席姜杰等县四套班子领导出席会议。会议以视频会议形式召开。各镇街、县经济开发区设分会场。

△　县委书记洪然深入高沟镇开展“惠民生、助发展”人大代表进村入户履职活动，通过调研、走访、座谈等方式，围绕乡村振兴要求，以富民增收为抓手，聚焦群众热点问题，引导人大代

表主动履职、为民发声、帮民解难、助企发展。县人大常委会主任张超参加活动。

15日　省地方志办公室通报2022年度全省史志作品质量评定结果，涟水县报送的《江苏名镇志·高沟镇志》被评为优秀成果，全市唯一。

17日　县委副书记、代县长朱永兴带领相关部门负责人深入石湖镇调研指导工作，先后观摩瓦房村人居环境示范点、新327省道与滨海交界节点、老327省道与响水交界处北大桥节点、徐马村社会治理点位和方圩村方圩社区。副县长吴勇参加调研。

△　省政府印发《省政府关于授予2022年江苏省省长质量奖的决定》，江苏今世缘酒业股份有限公司榜上有名，荣膺"江苏省省长质量奖"。

19日　国家卫健委职业健康司副司长王建冬一行到涟水调研康复站运行管理工作，深入涟城街道尘肺病康复站的康复门诊、氧疗室、宣教室、运动治疗区等区域，与正在治疗的尘肺病患者亲切交谈。省卫健委职业健康处处长袁家牛，市卫健委主任郑东辉，县委副书记、代县长朱永兴，县委常委、宣传部部长郎跃明参加调研。

△　县召开农业重大项目建设招引推进会，县委副书记、代县长朱永兴在会上强调要进一步提振信心、锚定目标、勇挑大梁，全力以赴高质量高效率完成项目建设招引年度任务。副县长吉海主持会议。

20日　省政协副主席姚晓东带队到涟水参加民生专题协商议事月活动，指导民生专题协商议事工作。市政协主席戚寿余，省政协学习委主任俞军、副主任倪明卉，市政协副主席张志勇，市政协秘书长徐效文，县委书记洪然，县政协主席姜杰、副主席左健等参加活动。

20—24日　县委书记洪然率队赴深圳、嘉兴、无锡等地开展招商考察活动，深入部分企业、上市公司拜访交流，推进前期重点在谈项目早签约、早落地、早开工。县领导王伟、孙以东、朱金文参加相关活动。

21日　市医保局局长印亚琴一行到涟水县五港镇、高沟镇、成集镇开展调研走访活动。县委副书记、代县长朱永兴，县委常委、宣传部部长郎跃明参加调研。

23—24日　广东省惠州市台商协会会长吕正一率领部分客商到涟水考察，观看涟水县宣传资料片，参观县经济开发区规划展示馆、源通制帽、特创科技和今世缘酒业，听取相关情况介绍并进行座谈。副县长姜井旭参加活动。

25日　县委常委会召开会议，传达学习近期中央相关会议精神、习近平总书记重要回信贺信精神，传达学习全国、省、市安全生产电视电话会议精神，传达市纪委《关于七起违反中央八项规定精神典型案例的通报》精神，听取相关情况汇报，部署当前重点工作。县委书记洪然主持会议。

26日　县委副书记、代县长朱永兴走访调研大量科技、源通制帽、宏保体育用品、仲益电机等多家台资企业，深入车间详细了解产品生产销售情况，感谢台商台企多年来为全县经济社会发展作出的重要贡献，勉励台资企业牢牢把握发展新机遇，坚持稳字当头、稳中求进，增强发展信心，不断走好走稳高质量跨越发展之路。县委常委、统战部部长刘双喜，副县长姜井旭参加活动。

27日　全市法院"优+"全域诉服工作推进会在涟水召开。市中院党组书记、院长章润和省高院立案庭庭长刘振出席会议并讲话，县委书记洪然出席会议并致辞。

△　淮安·南京养老服务南北结对帮扶（涟水项目）合作签约仪式在涟水举行。南京市民政局党委书记曹海连，省民政厅办公室主任林辰，淮安市民政局党组书记沈在宏，县委副书记、代县长朱永兴，县委副书记、省委驻涟帮促工作队队长王道峰，副县长吉海等参加签约仪式。

29日　淮安市全国文明城市建设联动过堂巡查督查（涟水）反馈会召开。市文明城市建设指挥部办公室副主任、巡察督查组组长朱锦，市巡察督查组副组长钟建、漆海涛，县委书记洪然出席会议。县委常委、宣传部部长郎跃明主持会议。

△　县召开三季度经济指标分析研判会。县委副书记、代县长朱永兴在会上对当前工作提出明确要求，县委常委、常务副县长李金平主持会议，副县长吴勇、吉海出席会议。

30日　省委常委会召开会议并视频连线到各市县，深入认真学习贯彻习近平总书记为《复兴文库》作题为《在复兴之路上坚定前行》的重要序言、在参观"奋进新时代"主题成就展时的重要讲话精神；全面落实党中央"疫情要防住、经济要稳住、发展要安全"重大要求，进一步部署国庆假期和今后一段时期的疫情防控、安全稳定、民生保障、经济发展等工作。省委书记吴政隆主持会议并讲话。县委书记洪然，县委副书记、代县长朱永兴，县人大常委会主任张超，县政协主席姜杰等县四套班子领导在涟水分会场收听收看会议。

△　县在县烈士陵园纪念碑前纪念广场举行烈士纪念日公祭活动。县委书记洪然，县人大常委会主任张超，县政协主席姜杰等县四套班子领导和烈属代表、抗战老兵、优秀退役军人代表及社会各界代表出席公祭活动。县委副书记、唐集镇党委书记李义翠主持公祭活动。

10月

1日　县委书记洪然带队，专题调研指导全县公安工作。县委副书记、代县长朱永兴，县委常委、政法委书记吴芳剑，副县长、县公安局局长马仁慧参加调研。

△　县委副书记、代县长朱永兴先后深入吾悦广场和宏源、洋闸等9家液化气企业，开展节日安全生产大检查活动。县委副书记、唐集镇党委书记李义翠参加活动。

2日　全县开放型经济工作推进会召开。县委副书记、代县长朱永兴出席会议，强调要更好地树立开放发展的理念，保持清醒头脑，加快提升发展质量，持续推动开放型经济工作取得新突破，为冲刺全国百强县注入新动能。县领导姜井旭、朱金文参加会议。

3日　县委副书记、代县长朱永兴深入新材料产业园22家企业调研生产运营和安全生产情况。县领导姜井旭、朱金文参加调研活动。

4日　县委书记洪然深入滨河新城龙腾大道、海西路、清水路、邻里中心、进场路等地，专题调研滨河新城环境整治工作。县委副书记、代县长朱永兴，县领导王伟、吴勇参加调研。

5日　县委书记洪然带队，采取“四不两直”方式专题督导检查文明城市创建工作。县委副书记、代县长朱永兴，县领导李义翠、郎跃明、孙以东、吴勇参加相关活动。

6日　县召开2022年度“市对县”考核短板指标调度推进会。县委书记洪然出席会议并讲话，县委副书记、代县长朱永兴主持会议，县领导李义翠、李金平、刘永军、刘双喜、郎跃明、孙以东、吴芳剑、姜井旭、吴勇、吉海、朱金文等参加会议。

7日　县委常委会召开会议，传达学习习近平总书记近期重要讲话、重要文章精神，传达学习中央有关文件和省有关会议精神，部署当前重点工作。县委书记洪然主持会议。

8日　海南钧达新能源科技股份有限公司高效太阳能电池片项目成功签约。签约前，市委书记陈之常、市长史志军会见钧达股份董事、总裁、捷泰新能源科技有限公司董事长张满良一行。市委常委、常务副市长顾坤，副市长王向红，县委书记洪然，县委副书记、代县长朱永兴，县委常委、县经济开发区党工委书记王伟参加会见。史志军和张满良出席签约仪式并致辞。顾坤，钧达股份董事、副总裁郑洪伟，捷泰新能源科技有限公司副总裁周小辉出席活动。王向红主持签约仪式。洪然、朱永兴、王伟参加活动。

9日　县委副书记、代县长朱永兴带领相关部门负责人深入涟城街道牌坊社区卫生服务中心、县人民医院、朱码街道社区卫生服务中心、黄营镇卫生院、东胡集镇时码卫生院、梁岔中心卫生院、保滩街道社区卫生服务中心和县中医院，调研卫生项目建设工作。县委常委、宣传部部长郎跃明，副县长吴勇参加调研。

10日　市人大常委会副主任徐利华一行深入南集镇、唐集镇，开展乡村振兴专业代表组成员帮促工作调研。县人大常委会主任张超，县委副书记、唐集镇党委书记李义翠，县人大常委会副主任周宏昌参加调研。

10—12日　县委副书记、代县长朱永兴带领相关部门负责人赴安徽滁州，江苏无锡、苏州，以及浙江桐乡等地开展项目对接和招商考察活动，走访多家企业，精准对接项目合作，并就已签约项目开工事宜进行深入沟通交流，竭尽全力推动项目尽快落地，实现合作共赢。县委常委、县经济开发区党工委书记王伟，副县长姜井旭、吉海参加相关考察活动。

12日　市政协主席戚寿余、市委副书记赵正兰一行到高沟镇开展乡村振兴“三级先导”工程建设专题调研工作。市政协副主席张志勇、韩文军参加调研，县领导洪然、姜杰、李义翠、周建华参加调研。

△　江苏省数字乡村试点示范调研暨供需对接座谈会在涟水召开。省委网信办副主任王万军，省农业农村厅副厅长曹丽虹，省委网信办二级巡视员周萍，市委宣传部副部长、网信办主任曾业桃，县委常委、宣传部部长郎跃明参加活动。

13日　《涟水红色印记》首发仪式举行，省“三会”（老促会、扶贫协会、老区扶贫基金会）会长丁解民、副会长严宏生，市老促会副会长严继林，县委副书记、代县长朱永兴，县委副书记李义翠等出席首发仪式。

14日　县委常委会集体调研高沟镇，并召开专题会议听取相关情况汇报，县委书记洪然主持会议。县委副书记、代县长朱永兴，县人大常委会主任张超，县政协主席姜杰等县领导参加调研。

15日　县委书记洪然主持召开十二届县委党的建设工作领导小组第三次会议，深入贯彻落实“五聚焦五落实”深化提升行动，按照省市委相关工作会议最新要求，进一步推动全县基层党建工作再上新台阶，以实际行动迎接党的二十大胜利召开。县领导李义翠、刘永军、王伟、郎跃明、孙以东参加会议。

16日　中国共产党第二十次全国代表大会在北京人民大会堂开幕。习近平代表第十九届中央委员会向大会作报告。大会以视频形式同步直播。上午10点，在县政府三楼会议室，县委书记洪然，县委副书记、代县长朱永兴，县人大常委会主任张超，县政协主席姜杰等县四套班子领导集中收看了中国共产党第二十次全国代表大会开幕盛况，共同聆听习近平代表第十九届中央委员会向大会所作的报告。

17日　县委书记洪然先后深入涟城街道和朱码街道，专题调研疫情防控工作。县委常委、宣传部部长郎跃明，副县长吴勇参加调研。

18日　县委书记洪然主持召开县委巡察整改工作约谈会，进一步严明巡察整改要求，压实主体责任，确保高标准高质量完成各项整改任务。县委常委、县纪委书记、县监委主任刘永军出席会议。

△　县委副书记、代县长朱永兴深入县经济开发区、高沟镇，实地调研重点项目建设工作。县委常委、组织部部长孙以东，副县长姜井旭参加调研。

19日　县委常委会召开会议，传达学习习近平总书记重要贺信回信和重要文章精神，听取相关工作情况汇报，部署当前相关重点工作。县委书记洪然主持会议。

21日　县委副书记、代县长朱永兴带领相关部门负责人，利用一天时间专题调研城建项目建设和进展情况。县委常委、常务副县长李金平，副县长吴勇参加调研。

22日　全县招商引资工作领导小组会议召开。县委书记洪然在会上强调，要全力以赴抓招商、上项目、谋发展，为涟水加快建成全国百强县作出新的更大贡献。县委副书记、代县长朱永兴主持会议。县领导李义翠、李金平、王伟、孙以东、姜井旭、吉海、朱金文参加会议。

24日　市委副书记、市长史志军到涟水调研工业企业运行和重大项目建设。市委常委、常务副市长顾坤，市政府秘书长刘爱国，县委书记洪然，县委副书记、代县长朱永兴，县领导王伟、孙以东参加调研活动。

△　省民政厅发布《关于2022年省级地名文化遗产评定结果的公示》，高

沟作为古镇地名入选省级地名文化遗产。

26日　县委常委会(扩大)会议召开,学习贯彻党的二十大和二十届一中全会精神,学习贯彻习近平总书记参加代表团讨论时的重要讲话精神和在新一届中共中央政治局常委中外记者见面会上的重要讲话精神,安排部署党的二十大精神学习宣传贯彻工作。县委书记洪然主持会议。

△　全市乡村公益医疗互助试点工作现场推进会在涟水召开。省乡村振兴局开发指导处负责人赵海峰出席会议并讲话,市乡村振兴局副局长王文为主持会议,县委副书记、唐集镇党委书记李义翠,县委副书记、省委驻涟帮促工作队队长王道峰参加会议。

27日　全市人社系统社会保障专题工作会议在涟水召开,深入学习贯彻落实党的二十大精神,总结分析2022年全市社会保险工作开展情况,并就下一步重点工作进行部署安排。市人社局党委书记、局长曹曙春出席会议并讲话,县委副书记、代县长朱永兴,县委常委、常务副县长李金平参加相关活动。

28日　县残疾人联合会召开第七次代表大会,总结五年来全县残疾人工作卓有成效的经验,共商今后五年残疾人事业高质量发展大计。市残联党组书记、理事长江迈,县委书记洪然出席会议并讲话,县委常委、统战部部长刘双喜,副县长吴勇出席会议。

29日　共青团涟水县第十三次代表大会开幕。县委书记洪然、团市委副书记朱莎莎出席会议并讲话。县委副书记、代县长朱永兴,县人大常委会主任张超,县政协主席姜杰,县委常委、组织部部长、陈师街道党工委书记孙以东,副县长吴勇出席会议。

30日　由市科技局和县政府共同主办的淮安·涟水(上海)科技投资说明会在上海举行。市科技局局长胡长青,县委副书记、代县长朱永兴,副县长姜井旭、徐勇,上海市山东济宁商会会长张玉杨,上海市涟水商会会长张兆国,上海旭虹精密模具制造有限公司董事长李士林等领导和嘉宾出席会议。姜井旭主持会议。

△　"情牵今世缘 助飞百强梦"王买成师生主题书画展演启动仪式在县文化馆举行。中共涟水县委原书记戴宗宝,县委常委、宣传部部长郎跃明出席启动仪式。

31—11月1日　县委副书记、代县长朱永兴先后深入上海和苏州开展项目推进活动,与企业负责人亲切交谈,精准推动已签约项目早落地、早开工,精心宣传推介涟水的区位优势和营商环境,邀请客商到涟水参观考察、投资兴业,尽快达成合作项目,努力实现互利共赢、共同发展。副县长姜井旭参加活动。

11月

2—3日　副市长王向红、县委书记洪然率队赴浙江省,拜访重点企业,与企业负责人就在涟投资有关项目推进工作进行深入沟通对接,力促项目早日落地见效,为涟水高质量跨越发展蓄势赋能。县领导王伟参加活动。

4日　县委书记洪然带队深入红窑镇,就秋季农业生产、秸秆综合利用工作进行专题调研。县委副书记、唐集镇党委书记李义翠,副县长吉海参加调研活动。

5日　县召开全国文明城市创建工作推进会。县委书记洪然,县委副书记、代县长朱永兴,县人大常委会主任张超,县政协主席姜杰等县四套班子领导出席会议。

6日　县委书记洪然采取"四不两直"方式,深入高沟镇督导全国文明城市创建工作。他强调,要切实提高政治站位,认清形势、找准问题,统一思想、端正态度,把文明城市创建与日常工作深度融合,坚持问题导向,做足绣花功夫,补齐短板弱项,坚决打赢全国文明城市创建攻坚战。县委常委、宣传部部长郎跃明参加活动。

7日　全县食品产业招商专班出征仪式在县政府三楼第三会议室举行。县委书记洪然在会上强调,要集中精力、全力以赴、攻坚克难,力争在食品产业项目招引和建设上迅速取得重大突破,确保年底取得丰收成果和亮丽成绩。县委副书记、代县长朱永兴主持会议,县领导李义翠、孙以东、吉海出席会议。

8日　县委副书记、代县长朱永兴深入弘晟包装和中信华电子,对县政协第117号"推进'智改数转'步伐 提升智能制造水平"重点提案进行现场督办。县政协主席姜杰参加活动。

9日　市委常委、市纪委书记、市监委代主任岳岭一行到涟水调研经济社会发展和纪检监察工作。县委书记洪然,县委常委、县纪委书记、县监委主任刘永军,县委常委、县经济开发区党工委书记王伟参加调研。

10日　第五届中国(淮安)国际食品博览会暨首届金秋经贸洽谈会在淮安国际食品博览中心开幕。食博会期间,方伟、陈之常、史志军、洪然、朱永兴等省市县领导先后到涟水馆展区巡视企业布展和参展情况,并对涟水县参展的今世缘美酒、涟水大米、涟水芦笋、草鸡鸡糕等涟农优品给予充分肯定。

11日　县委书记督办县政协重点提案座谈会召开,对县政协第119号重点提案《关于走好产镇融合路建好淮安北大门的建议》进行现场督办。县委书记洪然出席会议并讲话,县政协主席姜杰、副主席左健、秘书长庞峰出席会议。

△　由市人大常委会主办的"三级人大联动 五级代表问政 助推高沟镇现代小城市建设"活动在今世缘酒业企业文化广场举行。市人大常委会常务副主任、党组副书记赵洪权,市人大常委会副主任赵权,县委副书记、代县长朱永兴,县人大常委会主任张超出席活动。部分五级人大代表和市县相关职能部门参加活动。

12日　县委副书记、代县长朱永兴专题调研红窑工业集中区,通过实地查看、听取介绍、交流询问等方式,详细了解企业科技研发、工艺流程、产品种类、市场营销等情况。副县长姜井旭参加调研。

14日　全县经济形势分析暨百日攻坚推进会召开。县委书记洪然出席会议并讲话。县委副书记、代县长朱永兴,县人大常委会主任张超,县政协主席姜杰等县四套班子领导出席会议。

15日　县委常委会召开会议,传达

学习习近平总书记重要讲话精神和重要指示精神，听取相关工作情况汇报，研究部署当前重点工作。县委书记洪然主持会议。

16日　全市食品安全事故（四级）应急处置演练活动在涟水举行。市食安办主任，市市场监督管理局党委书记、局长王锐到会指导；县委书记洪然在会上致辞；市应急管理局副局长黄欧，市食安办副主任、市市场监督管理局副局长杨兆权，副县长姜井旭参加演练活动。

17日　民建江苏省委会助力涟水百强县建设战略合作启动仪式在涟举行。省政协副主席、民建江苏省委主委洪慧民，省政协副秘书长、民建江苏省委专职副主委常本春，市委常委、统战部部长吴晓丹，市政协副主席、民建淮安市委主委韩文军，民建江苏省委秘书长洪继东，县委书记洪然，县委副书记、代县长朱永兴，县政协主席姜杰，今世缘酒业党委书记、董事长、总经理顾祥悦共同按键启动战略合作，县领导刘双喜、马荣、徐勇参加启动仪式，洪然主持启动仪式。

18日　县人武部党委第一书记现场办公会召开，听取县人武部提请办公会研究解决事项汇报，并现场进行会办解决。县委书记、县人武部党委第一书记洪然主持会议。县委副书记、代县长朱永兴，县委常委、常务副县长李金平，县委常委、县人武部政委滕金霞，县人武部部长李广栋参加会议。

19日　县召开城市长效综合管理三季度点评会暨物业管理工作会议。县委副书记、代县长朱永兴在会上强调，要正视不足和短板，进一步坚定信心决心恒心，再加力度、再上措施，切实解决好群众身边急难愁盼问题，不断增强群众的满意度、幸福感。县领导郎跃明、马仁慧、吴勇参加会议。副县长吴勇主持会议。

20日　县委书记洪然带队深入县内部分镇街，就疫情防控和全国文明城市创建工作进行专题督导。县领导郎跃明、孙以东参加督导。

22日　江苏涟水（泉州）食品产业招商说明会在泉州举行。县委常委、县政府党组成员张锦辉，泉州食品行业协会常务副会长许金锁，泉州食品行业协会秘书长余志聪等领导和嘉宾出席会议。

23日　县委副书记、代县长朱永兴带领相关部门负责人实地调研疫情防控和安全生产工作，强调要深化思想认识，始终把疫情防控和安全生产摆在突出位置，慎终如始，以最严要求、最高标准，不折不扣做好疫情防控和安全生产各项工作，确保各项工作取得扎实成效。副县长吴勇参加调研。

24日　县委副书记、代县长朱永兴深入保滩街道、涟城街道、朱码街道、红窑镇和五港镇，调研2023年环境基础设施重点项目建设工作。副县长吴勇参加调研。

26日　学习贯彻党的二十大精神市委宣讲团宣讲报告会在涟水召开。市委宣讲团成员、市委副书记、市长史志军作宣讲报告。县委书记洪然主持报告会。县委副书记、代县长朱永兴，县人大常委会主任张超，县政协主席姜杰等县四套班子领导参加会议。

27日　县委书记洪然到东胡集镇调研后进党委整顿转化工作。县委常委、组织部部长、陈师街道党工委书记孙以东，副县长姜井旭参加调研。

28日　捷泰新能源高效太阳能电池片项目开工奠基。市委书记陈之常出席讲话并宣布项目开工。钧达股份董事、总经理，捷泰新能源科技有限公司总裁张满良致辞。副市长王向红发放项目建设证照。县委书记洪然介绍项目推进情况。县委副书记、代县长朱永兴主持活动。捷泰新能源科技有限公司副总经理郭兴刚、周小辉、魏兆旺，钧达股份财务总监黄发连，县领导张超、姜杰等出席活动。

29日　县委副书记、代县长朱永兴深入涟城街道石庄村工业集中区和二塘工业集中区调研指导工作，通过实地察看、听取汇报、交流询问等方式，详细了解企业生产经营、安全生产、疫情防控及环保措施落实等情况。县领导姜井旭、朱金文参加调研。

30日　县委书记洪然主持召开全国文明城市创建工作推进会，对创建工作进行再动员、再部署。县委副书记、代县长朱永兴，县人大常委会主任张超，县政协主席姜杰等县四套班子领导参加会议。

12月

3日　县委书记洪然主持召开十二届县委党的建设工作领导小组第四次会议，深入学习贯彻党的二十大和省委十四届三次全会精神，全面落实中央和省市委部署要求，动员全县上下紧盯年度党建考核目标，查漏补缺、抢抓进度、精准发力，努力以高质量党建引领推动涟水高质量跨越发展。县领导李义翠、刘永军、王伟、郎跃明、孙以东参加会议。

4日　县召开食品产业招商工作推进会，县委副书记、代县长朱永兴在会上要求全县上下抢抓当前项目招引的黄金时机，再聚共识、再鼓干劲，心无旁骛抓招商，全力以赴攻项目，迅速掀起食品产业招商新热潮。县委副书记李义翠主持会议，副县长吉海参加会议。

5日　县召开会议，就全县经济社会发展情况向老干部进行通报，听取相关意见和建议。县委书记洪然出席会议并讲话。县委副书记、代县长朱永兴通报2022年以来全县经济社会发展情况，县委副书记李义翠，县委常委、组织部部长孙以东参加会议。

6日　围绕“推动‘无废城市’建设加快绿色转型发展”主题，市政协副主席张惠扬、市政协教卫体和人资环委主任冯长尧等一行到涟水调研，并召开座谈会。县政协主席姜杰、副县长吉海参加调研。

7日　学习贯彻党的二十大精神市委宣讲团宣讲报告会在涟城街道召开。市委宣讲团成员、县委书记洪然作宣讲报告。

8日　县国土空间规划委员会2022年度第二次会议召开，讨论审议县国土空间规划、县人防工程专项规划、县城市综合管网规划、县综合管廊专项规划、县城区控制性详细规划局部调整等规划编制和部分重点项目建设工程设计方案。县委书记洪然，县委副书记、代县长朱永兴，县领导王伟、吴勇出席会议。

9日　“新时代江苏民营企业家培养计划”代表人士班走进涟水。省工商联党组成员、副主席郭东升,市委统战部副部长、市工商联党组书记施勇,县委副书记、代县长朱永兴,县领导刘双喜、徐勇参加活动。

△　由中国戏剧文学学会和中国文化馆协会联合主办的“戏剧中国”首届全国小戏小品优秀作品展演举行终评会,市文化馆、县淮剧团戏曲作品《芝麻官钻笆斗》成功入选。

10日　县委书记洪然,县委副书记、代县长朱永兴率队调研城市重要节点形象提升工作。县领导李金平、吴勇参加调研。

△　淮安市第八届中小学体育艺术文化节暨“康强杯”2022年淮安市青少年体育冬(夏)令营篮球比赛在涟水中学体育馆举行。淮文外国语学校、淮阴区果林小学分别获得小学男子组、女子组第一名,滨河外国语学校、田森篮球俱乐部分别获得初中男子组、女子组第一名。

12日　县委书记洪然主持召开全县招商引资工作领导小组会议,研究2023年全县招商引资工作有关机制,动员全县上下进一步统一思想、凝聚共识,扛起责任、奋力攻坚,推动全县项目引建取得全年最好结果、圆满收官,为明年招商引资工作实现“开门红”打下坚实基础。县委副书记、代县长朱永兴,县领导李义翠、李金平、王伟、刘双喜、孙以东、姜井旭、吉海、朱金文参加会议。

△　“低碳城市”“零碳园区”项目合作框架协议签约仪式在涟水举行。光大绿色环保集团总裁钱晓东,县委副书记、代县长朱永兴,县领导李金平、姜井旭、朱金文出席签约仪式。

13日　县召开专题听取开发区工作情况汇报会,研究会办相关事项。县委书记洪然,县委副书记、代县长朱永兴,县领导王伟、孙以东、姜井旭出席会议。

△　县委副书记、代县长朱永兴深入涟城街道,以《牢记初心使命 勇于自我革命 以勇挑大梁的政治担当为涟水高质量发展保驾护航》为题,为街道全体党员干部讲授纪法宣讲“千百万”行动专题党课。

15日　县召开房地产工作恳谈会,听取房地产市场运行情况汇报,帮助企业解决实际困难。县委书记洪然出席会议并讲话。县委副书记、代县长朱永兴,县领导李金平、吴勇出席会议。

16日　省军区动员局局长韩涛率领省党管武装工作考评组一行检查指导涟水基层党管武装工作。省委组织部组织二处二级调研员余祥明,省退役军人事务厅二级调研员陈燕,市军分区政治工作处主任吴双喜,市政府副秘书长张伟,县委书记、县人武部党委第一书记洪然,县委常委、县人武部政委滕金霞,县委常委、组织部部长孙以东等参加活动。

17日　2022年度县政协履职成果发布活动举行。市政协副主席周毅,市政协副秘书长邱金义,市政协副秘书长、研究室主任刘一红,县委书记洪然,县委副书记、代县长朱永兴,县人大常委会主任张超,县政协主席姜杰等领导出席发布活动并为获得表彰的政协委员颁奖。

20日　县委书记洪然主持召开全县深入学习贯彻党的二十大精神加快建成全国百强县专题研讨会,听取各方建议意见,进一步创新方法路径、谋划重点工作,推动明年各项工作再上新台阶。县委副书记、代县长朱永兴,县人大常委会主任张超,县政协主席姜杰等领导出席会议。

21日　县委常委会召开会议,传达学习习近平总书记在中共中央政治局会议、党外人士座谈会、中央经济工作会议上的重要讲话精神,听取相关工作情况汇报,研究部署当前重点工作。县委书记洪然主持会议。

22日　县国土空间规划委员会2022年度第三次会议召开,听取了2023年度规划编制工作计划,讨论审议了县医院滨河分院规划、县综合矛盾调处化解中心项目和南集、大东、保滩、石湖、梁岔、成集等派出所项目建设工程设计方案。县委书记洪然,县委副书记、代县长朱永兴,县领导李金平、马仁慧、吴勇出席会议。

24日　县委书记洪然主持召开2022年度县领导班子、领导干部年度考核和“一报告两评议”述职会。市考核办单冬雷、余海峰到会指导。朱永兴、张超、姜杰等县四套班子领导,县法院院长、检察院检察长和其他在职县处级干部,各镇(街道)党政主要负责人,县直单位主要负责人,部分“两代表一委员”参加会议。

27日　县委常委会召开会议,传达学习中央农村工作会议、省委经济工作会议精神,听取相关工作情况汇报,研究部署当前重点工作。县委书记洪然主持会议。

29日　中国共产党涟水县第十二届委员会第五次全体会议胜利召开。全会高举习近平新时代中国特色社会主义思想伟大旗帜,全面学习把握落实党的二十大精神,按照中央经济工作会议、省委十四届三次全会、省委经济工作会议和市第八次党代会第二次会议部署要求,回顾总结2022年工作,进一步明晰加快建成全国百强县总体目标思路,研究部署明年重点任务,动员全县上下砥砺奋进、勇毅前行,在新征程上全面推进中国式现代化涟水新实践。全会由县委常委会主持。在上午举行的第一次全体会议上,县委书记洪然代表县委常委会作了题为《全面学习把握落实党的二十大精神 向着加快建成全国百强县目标勇毅前行》的工作报告。县委委员、候补委员出席会议。

30日　县委常委会召开会议,传达学习近期中央和省市相关会议精神、通知精神和通报精神,研究部署当前重点工作。县委书记洪然主持会议。会议传达学习中共中央政治局民主生活会会议精神。

31日　县委书记洪然,县委副书记、代县长朱永兴看望慰问财税金融审计系统干部职工,并召开座谈会,对2022年全县财税金融工作进行总结盘点,对新一年工作提出要求。县委常委、常务副县长李金平参加活动。

中共涟水县委员会

LIANSHUI COUNTY COMMITTEE OF THE COMMUNIST PARTY OF CHINA

编辑：彭亚君

重要会议

【全县招商引资大会】 2022年1月5日在涟水大剧院召开。县委书记时勇出席会议并讲话。县委副书记、县长洪然主持会议。县人大常委会主任张超,县政协主席姜杰等县四套班子领导参加会议。县人民法院院长、检察院检察长;县委各部委办、县各委办局,县各企事业单位、县各人民团体主要负责人;县经济开发区、各镇(街道)外出驻点招商人员以及相关单位受表彰人员;各镇(街道)党(工)委书记、镇长(主任)、县经济开发区管委会主要负责人;在涟金融机构主要负责人在主会场参会。县经济开发区、各镇(街道)中层以上干部以及各村(居)、社区党组织书记在各镇街分会场听会。时勇强调,全县上下要以超常干劲、超常举措、超常力度,吹响"招商先行"的出征号角,擂响"项目奋进"的时代鼓点,全面掀起招商引资的新热潮,奋力构建你追我赶抓招商、攻项目的新格局,为冲刺全国百强县、加快推动涟水高质量跨越发展注入新动能。进一步整合现有招商资源,加大招商人员脱产招商、驻点招商力度,强化对区域招商局抽调人员的日常管理、督查考核;各镇街、园区和主要经济部门主要负责人要拿出钉钉子的"韧劲"和"拼劲"带头外出招商,真正以多批次的宣传推介、高频率的上门拜访、高密度的洽谈对接,推动项目签约落户。围绕既定目标,把牢招商引资主攻方向,突出重点、精准发力,主攻重特大项目、产业链项目和科技型项目,始终把招大引强作为重中之重,紧紧盯住央企、500强和上市企业、独角兽企业,努力在50亿元、100亿元以上重特大项目上取得更大突破。坚持"待批项目抓前期、已批项目抓开工、在建项目抓推进、竣工项目抓投产"的转化思路,不断强化时间意识、效率意识、拼抢意识、攻坚意识,继续坚持重大项目"月拉练、季评比"等机制,按月设立黄牌区,按季评选"红旗单位""红旗项目"和"蜗牛单位""蜗牛项目",做到清单式攻坚、倒逼式推进。县经济开发区围绕"项目超百个、总量翻两番、全省争进位、创成国家级"发展目标,重点做好"破"与"立"的文章,加快去行政化和赋权制度改革,努力打造高效园区。镇街工业集中区秉持"差异化定位、专业化发展"理念,完善转型升级、腾笼换鸟政策措施,稳妥开展低效用地整治,积极招引"小而精"企业,大力培育"小升规"企业,不断提高综合开发效益。把优化营商环境作为一项"永不竣工的工程",擦亮"百强"品牌,拿出最硬措施,综合施策、全面创优,打造安心的法治环境、优良的政策环境、高效的政务环境。会上,时勇、洪然、张超、姜杰、李义翠、李金平、刘永军等县领导分别向县经济开发区和6个区域招商局授旗。会议通报2021年项目招引建设情况,宣读县委、县政府表彰决定,项目招引建设先进单位和突出贡献个人代表分别作交流发言。

2022年1月5日,全县招商引资暨重大项目建设动员会召开　　(嵇永新　摄)

【全县实体经济发展会议】 2022年2月8日在涟水大剧院召开。县委书记时勇出席会议并讲话。县委副书记、县长洪然主持会议。县人大常委会主任张超、县政协主席姜杰等县四套班子领导出席会议。县人民法院院长、检察院检察长;县各镇(街道)党政主要负责人、分管负责人以及工业办负责人;县经济开发区管委会主要负责人、分管负责人以及经发局负责人;循环经济产业园发展服务中心主要负责人、分管负责人以及工业办负责人;县有关部门(单位)主要负责人;在涟金融机构主要负责人;受表彰企业负责人、服务实体经济发展先进个人代表在主会场参会。县经济开发区、各镇(街道)中层以上干部以及各村(居)、社区党组织书记在各镇街分会场听会。时勇要求,要在项目引建上攻坚突破,用好四大工业主导产业产业链招商图谱,健全完善项目全链条全过程跟踪服务体系,确保项目招引建设取得新的更大突破。要在产业集聚上攻坚突破,重点突出四大工业主导产业,持续强链补链扩链,以工业为引领和突破,带农业促服务业,不断提升产业能级。加快推动"5G+工业互联网"、大数据、人工智能与实体经济深度融合,加速培育一批智能化改造标杆企业、数字化升级引领企业。要在企业培育上攻坚突破,深入开展百亿级、50亿级、十亿级企业培育,支持企业通过技改扩能、资本运作、兼并重组等方式做大做强。要紧抓市委、市政府支持今世缘酒业政策窗口期,促其尽快实现"营收过百亿、利税八十亿、市值超千亿"目标。要在载体建设上攻坚突破,县经济开发区要围绕创建国家级经开区目标,加大去行政化和赋权制度改革,做大经济总量、做强实体经济、做优项目载体。要在科技创新上攻坚突破,加大高新技术企业培育力度,争取更多科技计划项目支持。充分发挥市"人才8条"政策集成效应,将人才集聚的"势能"转化为高质量发展的"动能"。会上,县委常委、常务副县长李金平宣读《县政府关于表彰

2021年度突出贡献企业暨服务实体经济发展先进单位和先进个人的决定》，副县长姜井旭通报全县工业经济发展情况。会议对获得表彰的优秀企业、先进单位和先进个人进行颁奖，县经济开发区、县工信局、县商务局、县生态环境局、今世缘酒业和从一家居作交流发言。

2022年2月8日，全县实体经济发展大会召开　（刘锦国　嵇永新　吴　燮　摄）

【全县2021年度高质量跨越发展考核总结表彰大会】 2022年2月13日在涟水大剧院召开。县委书记时勇出席会议并讲话。县委副书记、县长洪然主持会议。县人大常委会主任张超、县政协主席姜杰等县四套班子领导出席会议。时勇指出，再争先、续精彩，必须加压奋进、争创一流，以更强的定力提升发展境界。要始终坚持跨越发展不动摇、争先发展不懈怠、高质发展不偏向、特色发展不松劲，继续发扬“四见”精神，聚焦“一地一港一区一城”发展定位，充分发挥区位、交通、生态等后发优势，用更多的“涟水特色”“涟水品牌”助力涟水高质量跨越发展“换道冲刺”“弯道超车”。必须精准发力、靶向施策，以更实的举措抓牢工作重点。在重大项目攻坚上再创佳绩，在工业经济提质上再求突破，在营商环境优化上再攀高峰，在城乡融合发展上再塑亮点，在民生福祉增进上再升温度，高举“工业立县、产业强县”大旗，加快推动四大工业主导产业集群成链发展，积极培育新兴产业。以“颜值气质”设计涟水，以“工匠精神”建设涟水，以“绣花功夫”管理涟水，以人民为中心的发展思想，倾心倾力办好民生实事，持续增强群众幸福感获得感。必须压实责任、担当作为，以更强的作风书写奋斗华章。进一步释放干事创业的激情，强化克难奋进的担当，提升善作善成的本领，突出严督实考的导向，全体党员干部要对照新时代好干部标准，明确目标“盯着干”，上紧发条“抢着干”，撸起袖子“加油干”，勤学习、善思考、勇攻坚，切实增强素质、提高本领，取得制胜未来的主动权。会议宣读2021年度全县高质量跨越发展考核工作表彰决定；对镇（街道）高质量跨越发展考核一等奖单位、县直机关服务高质量跨越发展分组考核第一名单位、特别贡献奖单位代表、先进个人代表进行颁奖；县经济开发区、县工信局、涟城街道作交流发言，东胡集镇、岔庙镇作表态发言。

【全县党建工作会议】 2022年3月9日召开。县委书记时勇出席会议并讲话，县委副书记李义翠主持会议。县人大常委会主任张超、县政协主席姜杰等县四套班子领导出席会议。会上，县领导刘永军、刘双喜、郎跃明、孙以东分别围绕各自分管的工作作工作报告。时勇强调，要提高政治站位，以最清醒的认识把牢党建工作正确方向；要坚持靶向发力，以最扎实的举措提升党建工作实际成效；要强化使命担当，以最坚决的态度扛起党建工作第一责任。李义翠在会上要求，要在贯彻落实会议精神上下功夫，积极调动基层党组织和党员干部抓党建工作的积极性、主动性、创造性；要在创新谋划工作举措上下功夫，细化“任务分解表”，制定“落实路线图”，聚精会神抓党建，一心一意谋发展，全力以赴取得各项指标任务“开门红”；要在压紧压实领导责任上下功夫，各级党组织主要负责人要履行好第一责任人职责，把党要管党、从严治党方针落实到工作的各方面、全过程，形成一级严抓一级、层层狠抓落实的工作格局，为加快冲刺百强县提供强大政治保障。

【2022年度涟水县全国文明城市创建工作推进会】 2022年5月11日在涟水大剧院召开。县委副书记、县长洪然出席会议并讲话。县政协主席姜杰等县四套班子领导出席会议，县委副书记、唐集镇党委书记李义翠主持会议。洪然指出，要聚焦短板、聚力攻坚，牢牢把握创建全国文明城市突破口、着力点。要对标测评体系统筹推进，注重网上申报争取高分，突出精致精美优化环境，紧盯公共秩序加强管理，坚持全域联创补齐短板，压实责任、凝聚合力，全力保障创建全国文明城市见成效、出成绩。会上播放文明城市创建专题片，县委常委、县纪委书记、县监委主任刘永军通报全县文明城市创建工作开展情况，县委常委、县委宣传部部长、黄营镇党委书记郎跃明作具体工作部署，相关单位作会议发言。

【涟水县领导干部会议】 2022年6月7日召开，会议宣布省市委决定：洪然任中共涟水县委书记，不再担任涟水县县长职务。提名朱永兴为涟水县县长候选人。受市委书记陈之常委托，市委常委、组织部部长孙虎出席会议并讲话。市委组织部副部长罗高阳主持会议并宣读省市委决定。洪然、朱永兴分别发言。县委委员、候补委员，县人大、政府、政协领导班子成员，县法院院长、检察院检察长，其他副处级以上在职干部，县各有关单位和部门主要负责人，县经济开发区管委会主任，各镇（街道）党政主要负责人参加会议。

【中共涟水县委十二届四次全会】 2022年8月12日在县交通运输局三楼

会议室召开。全会由县委常委会主持。县委书记洪然代表县委常委会作题为《奋力爬坡过坎 全力冲刺百强 以实际行动迎接党的二十大胜利召开》的工作报告。朱永兴、李义翠、王道峰、李金平、刘永军、滕金霞、王伟、刘双喜、郎跃明、吴芳剑、张锦辉等县委领导出席会议并在主席台就座。县委委员、候补委员出席会议。县纪委委员和有关方面负责人列席会议。洪然强调,全县上下要坚决贯彻习近平总书记重要指示精神,认真落实中央和省委、市委决策部署,坚持稳中求进工作总基调,全面落实"疫情要防住、经济要稳住、发展要安全"重大要求,扎实有效做好各项工作,着力保持平稳健康的经济环境、国泰民安的社会环境、风清气正的政治环境,以实际行动迎接党的二十大胜利召开。要构建现代产业体系,跑出项目建设"加速度",打好企业培育"组合拳",强化科技创新"驱动力",夯实实体经济基本盘。要推动全方位改革开放,深化重点改革,扩大对外开放,优化营商环境,激发跨越赶超动力源。要坚持系统化治理理念,加快城市功能优化,强化城市精细化管理,塑造城市文明风尚,打好文明创建攻坚战。要做实新时代"三农"工作,增强农业产业竞争力,展示乡村建设新魅力,激发集体经济内生力,绘就乡村振兴美图景。要实行最严格环境保护,打造"集约高效"空间格局,保护"天蓝水清"生态根基,发展"低碳循环"绿色经济,厚植绿色生态新优势。要答好高品质民生答卷,扩大公共服务供给,兜牢基本民生底线,提升社会治理水平,增强人民群众幸福感。要构建大安全工作格局,科学精准做好疫情防控,毫不松懈抓好安全生产,全力以赴维护社会稳定,持之以恒防范化解风险,唱响和谐稳定主旋律。洪然指出,事业发展,关键在党。要全面落实新时代党的建设总要求,坚决扛起管党治党首要之责,坚定"举旗帜、把方向"的政治自觉,筑牢"最坚强、最硬核"的战斗堡垒,锻造"敢担当、善作为"的过硬队伍,营造"风气正、作风实"的干事环境,以高质量党建引领保障涟水高质量跨越发展。全会审议通过《中国共产党涟水县第十二届委员会第四次全体会议决议》。

2022年8月12日,中国共产党涟水县第十二届委员会第四次全体会议召开

(刘锦国　吴　燮　摄)

【涟水县"五方挂钩"帮促协调工作会议】 2022年8月31日在南京举行。省交通运输厅厅长、党组书记兼省铁路办主任吴永宏,省乡村振兴局副局长刘文俊,副市长许明等出席会议并讲话。省交通运输厅副厅长丁峰主持会议。16家后方单位分管领导和联络员,市有关部门领导,涟水县委、县政府主要领导和分管领导,省委驻涟帮促工作队全体队员参加会议。吴永宏、刘文俊、许明分别讲话,县委书记洪然简要介绍涟水县经济社会发展及实施乡村振兴战略进展情况。会上,省纪委监委、省委政法委、南京市溧水区政府、江苏开放大学、淮阴师范学院、中国石化江苏油田、中国电信江苏公司、航空工业金城集团、江苏铁路集团等9家"五方挂钩"帮促协调小组成员单位有关负责人分别作交流发言。涟水县委副书记、省委驻涟帮促工作队队长王道峰汇报新一届省委驻涟帮促工作队工作开展情况和下一步帮促工作打算。

【全县"锚定百强目标 主攻重大项目"百日攻坚行动动员部署会】 2022年9月14日在县政府三楼第三会议室召开。县委书记洪然出席会议并讲话。县委副书记、代县长朱永兴主持会议。县人大常委会主任张超、县政协主席姜杰等县四套班子领导出席会议。洪然指出,项目是经济发展的"主引擎",要毫不松懈抓招商,紧盯不放建项目,解决问题优环境,加快招引落地一批产业链项目、先进制造业项目、现代农业项目和台资项目等,聚焦项目签约、开工、建设、竣工、投产达效等重要环节,提高项目签约率、开工率、竣工率、达效率、投入率,多措并举、提速提质,打赢打好百日攻坚大会战,为冲刺全国百强县增动能、添活力。洪然强调,安全是经济发展的"生命线",全县上下要一切围绕二十大、一切服从二十大、一切保障二十大,认真落实"疫情要防住、经济要稳住、发展要安全"重大要求,严格落实好疫情防控"落地检"等防控措施,切实守牢外防输入关口,坚决打好安全生产专项整治"三年大灶"收官战。会议就百日攻坚行动方案作详细解读。会上,与会人员集中观看上半年"市对县"考核指标及重特大项目建设情况通报专题片;县发改委、县农业农村局、县商务局、县台办、县行政审批局及高沟镇等单位分别作交流发言。会议以视频会议形式召开。各镇街、县经济开发区设分会场。

【市委宣讲团宣讲党的二十大精神报告会】 2022年11月26日在涟水农商行二楼报告厅召开。市委宣讲团成员、市委副书记、市长史志军作宣讲报告。史志军紧扣党的二十大报告原文，从准确把握党的二十大的主题和主要成果，过去5年的工作和新时代10年的伟大变革等方面，结合自身实践和学习体会，密切联系淮安实际，对党的二十大精神进行系统阐释和深入解读。史志军强调，要紧紧围绕习近平总书记提出的“五个牢牢把握”“三个全面”重要指示，按照中央和省委、市委统一部署，持续掀起学习宣传贯彻热潮，切实把思想和行动统一到党的二十大精神上。就深入学习贯彻党的二十大精神，推动涟水经济社会发展，史志军指出，要更加坚定捍卫“两个确立”，坚决做到“两个维护”；要奋力冲刺全国百强县，加快推动高质量跨越发展；要持续保障和改善民生，不断提升群众幸福指数；要发扬自我革命精神，深入推进全面从严治党。县委书记洪然主持报告会。县委副书记、代县长朱永兴，县人大常委会主任张超，县政协主席姜杰等县四套班子领导参加会议。

2022年11月26日，学习贯彻党的二十大精神市委宣讲团宣讲报告会在涟水召开

（县融媒体中心 供稿）

【中共涟水县委十二届五次全会】 2022年12月29日在涟水大剧院召开。全会由县委常委会主持。县委书记洪然代表县委常委会作题为《全面学习把握落实党的二十大精神 向着加快建成全国百强县目标勇毅前行》的工作报告。县委委员、候补委员出席会议。洪然指出，要自觉把涟水发展融入全市、全省、全国发展全局来审视与考量，大力实施“2233”发展战略，牢牢锚定“申创国家级经开区，加快建成全国百强县”两大奋斗目标，突出抓好“工业强县、教育强县”两项重点任务，始终保持“全市走前列、全省多出彩、全国争进位”三个争先追求，矢志笃行“领导带头作表率、工作落实在一线、勇挑大梁当先锋”三种实干导向，全面推进中国式现代化涟水新实践。紧扣“2233”发展战略总抓手，朝着既定目标勇毅前行过程中，要努力擦亮教育之乡、美酒产区、生态水城、枢纽高地“四张名片”，全面提升涟水的标识度、美誉度。洪然强调，要更加精准开展招商，把做强工业经济作为头版头条，加快构建具有涟水特色的制造业产业体系，坚定不移推进工业强县。要更加重视立德树人，扛起涟水教育振兴的使命担当，努力办好人民满意教育，坚定不移推进教育强县。要更加聚焦以人为本，立足淮安中心城市“副城”定位，积极策应“淮涟”一体化发展，坚定不移推进城乡融合。要更加注重富民强村，坚持乡村发展、乡村建设、乡村治理一体推进，坚定不移推进乡村振兴。要更加凸显绿色低碳，牢固树立和践行绿水青山就是金山银山理念，坚定不移推进生态文明。要更加关注急难愁盼，深入践行以人民为中心的发展思想，坚定不移推进民生改善。要更加强化底线思维，全面贯彻总体国家安全观，着力维护社会和谐稳定，有效防范化解各类风险，坚定不移推进安全发展。洪然指出，事业兴衰，关键在党。要对标对表党的二十大提出的“健全全面从严治党体系”要求，强化政治担当，深化“四责”协同，以提升党的向心力为引领、持续加强思想政治建设，以提升基层组织力为核心、构筑坚强有力战斗堡垒，以提升整体战斗力为目标、锻造堪当重任干部队伍，以提升纪律约束力为抓手、巩固风清气正政治生态，以提升干群凝聚力为重点、营造团结奋斗浓厚氛围，全面推动党的建设迈上新台阶。与会人员认真讨论、审议县委工作报告和《县委常委会2022年工作情况的报告》、《县委常委会2022年度落实全面从严治党主体责任情况的报告》、《中共涟水县委关于深入学习贯彻党的二十大精神在新征程上全面推进中国式现代化涟水新实践的决定（草案）》、《中国共产党涟水县第十二届委员会第五次全体会议决议（草案）》。会议审议通过《中共涟水县委关于深入学习贯彻党的二十大精神在新征程上全面推进中国式现代化涟水新实践的决定》《中国共产党涟水县第十二届委员会第五次全体会议决议》。会议采用“县主会场+镇街（园区）分会场”形式召开。县主会场列席会议的有：县纪委委员；不是县委委员、候补委员的县人大、县政府、县政协领导；其他在职县处级领导；县经济开发区管委会主要负责人，各镇（街道）党政主要负责人，新材料产业园主要负责人；县委各部委办、县各委办局党组（党委）、县各有关单位党委（总支）、县各人民团体主要负责人；省委、市委驻涟帮促工作队队员；县委巡察组组长，县人大常委会各委、县政协各专委党员主要负责人。镇街（园区）分会场参会人员有县经济开发区其他领导班子成员，中层以上干部；各镇（街道）其他领导班子成员，各村（社区）党组织书记。（陈佳东）

重大决策

【经济发展】 2022年，县委在经济发展

方面的主要决策有：以加快建成全国百强县总体目标思路，锚定“站稳第一方阵、争取第一位次”工作目标，县域经济综合竞争力保持大幅度进位，全国排名第108位，前进24名。全年实现地区生产总值700.37亿元，比上年增长4.1%，一般公共预算收入30.02亿元，增长18.2%，规上固定资产投资246.89亿元，增长21.9%，社会消费品零售总额224.45亿元，下降0.1%，城乡居民人均可支配收入分别达38273元、21848元，分别增长4.8%、7.0%。规模以上工业企业实现总产值464.4亿元，增长14.8%，规模以上工业增加值增长13.2%，规模以上工业实现应税开票销售327.88亿元，增长10.7%，工业入库税金22.5亿元，增长3.6%。高分创成省级全域旅游示范区，今世缘酒业荣膺省长质量奖、江苏制造突出贡献奖。开展大湾区产业招商、食品产业招商攻坚月等系列活动，深化“月拉练、季评比”督查考核，精准解决项目落户慢、落地难、转化弱等突出问题。全年新签约、新开工、新竣工亿元以上项目114个、69个、45个。总投资116亿元的巨石高性能玻纤智能制造基地项目成功签约，总投资130亿元的捷泰新能源从签约到开工仅用51天，跑出项目建设“涟水速度”，重特大项目建设实现历史性突破。发展壮大“两主两优”农业产业，水稻种植面积达6.13万公顷、其中优质稻米3.47万公顷。芦笋亮相中央电视台《新闻联播》，创成国家芦笋设施栽培标准化示范区，“涟水芦笋”成功注册国家地理标志证明商标。获评省级耕地保护激励县、全国农业科技现代化先行县综合考评优秀等次，扩种大豆和推广大豆玉米带状复合种植获省农业农村厅通报表扬。

【改革开放】 2022年，县委在改革开放方面的主要决策有：深化“放管服”改革，拓展“互联网+政务服务”改革成果，全省率先成立施工图审查分中心。承接省级以上改革试点任务10项，推出重点领域改革举措28项，打造5个省级精品“一件事”、8个省定标准“一件事”政务品牌，创新推出“营商环境10条”服务承诺等系列文件，企业开办全流程免费、平均用时0.5个工作日。全面完成国企改革三年行动任务，交通控股集团重组为涟投控股集团，县粮食集团挂牌运营。实施经济开发区人事体制机制和薪酬制度改革，发展活力有效增强。推进财政奖补集成服务改革，发放奖补资金6.23亿元。在全市率先出台清理盘活闲置低效资产“1+6”工作方案，完成低效用地再开发106.67公顷、处置批而未供土地86.67公顷。积极承接省级以上改革试点，创成省级知识产权建设示范县，经济开发区获评省级知识产权建设示范区。不断深化对外开放，外资外贸稳步扩张，全年注册外资实际到账1.61亿美元，增长4.9%。完成进出口总额4.58亿美元，增长23%，其中出口4.09亿美元，增长29.0%。实现外贸进出口总额30.8亿元、增长16.7%。全面推进“智改数转”三年行动，实施智改数转企业132户，建成5G基站560个，推动“5G+工业互联”技术应用。获批国家高新技术企业35户，科技型中小企业入库195户，省级星级上云企业17家、省级企业技术中心2家。总投资120亿元的今世缘酒业南厂区技改项目部分投产，全县完成技改投入50亿元，增长15%。

中国芦笋之乡——涟水红窑 （孙迎祥 摄）

【城乡建设】 2022年，县委在城乡建设方面的主要决策有：立足“一主一副四中心”功能布局，加快城市更新，完善城市功能。投资13.75亿元实施重点城建交通项目45个，启用科技文化中心，建成滨河大厦，启动淮浦路北延工程，清水路大桥成功合龙，涟水机场三期开工建设，京沪高速涟水段改造加快实施。新改建道路27.3千米、实施道路安全生命防护工程800余千米。完成9个老旧小区改造、1246套棚户区改造，新改建排水管网16千米。坚持一楼一策，推动翰林苑等“问题楼盘”主要矛盾化解。滨河新城新增公共绿地9.6万平方米，环境面貌显著提升。围绕城市长效综合管理，统筹推进全国文明城市创建，打造红日大道、安东路2条示范路以及吾悦广场等4个示范点。持续推动高沟镇现代小城市建设、乡村振兴先导镇村建设，15个先导村集体经济村均收入达47.51万元，全县58.5%的重点帮促村集体经济收入超30万元。实施亿元以上农业项目19个，实现粮食播种面积14.15万公顷。深化农村人居环境整治提升，完成老旧农房改善3158户，新增省级绿美村庄8个、省级特色田园乡村3个。积极打好污染防治攻坚战，全年空气优良天数比率、$PM_{2.5}$年均浓度实现“双达标”，6个国省考断面超额完成优Ⅲ比例考核目标、古淮河幸福大桥断面连续两年达到Ⅱ类水标准，五岛湖创成省级幸福河湖。

【社会保障】 2022年，县委在社会保障方面的主要决策有：坚持以百姓心为心、为百姓事谋事，民生支出占一般公共预算支出比重达75.3%。扎实推进共同富裕，切实兜牢民生底线，发放困难群众保障资金2.4亿元。积极做好稳岗就业，出台稳就业"涟16条"，城镇新增就业5500人，城镇失业人员再就业3500人。兜牢民生保障底线，发放困难群众保障资金2.4亿元、抚恤补助8000万元，资助家庭经济困难学生3.96万人次、2742万元。深入开展三项排查专项整治，切实做好严重精神障碍患者服务管理，累计发放补助3643人次、596万元。高质量推进"15分钟医保服务圈建设"，医保服务站实现镇村全覆盖。深入开展全国文明城市创建，积极推进问题楼盘化解处置，整治背街小巷10条。围绕"再创涟水教育辉煌"，召开全县首届教育振兴大会，打造"尚学涟水"教育品牌，投资7亿元建成使用红日小学等8个教育基建项目，新增市学科带头人35人，获评市优秀教师96人，中高考保优率、提优率全市领先，涟水中专获评省级优秀中职学校。"双随机"教育督导工作案例入选《国家教育督导蓝皮书》，在全市率先实现学校食堂食材统一配送。积极打造区域医疗高地，县人民医院晋升三级乙等综合医院、全市县区唯一，高沟中心卫生院跻身"中国乡镇卫生院100强"、苏北唯一。关心关爱"一老一幼"，新建区域性养老服务中心1个，创成省级普惠托育机构1个，引进淮安知名品牌新星幼儿园合作办学，4个全国示范性老年友好社区通过市级评审。繁荣发展文化事业，图书馆、文化馆入围全省最美公共文化空间打造名单，新建体育公园2个，新增体育面积85.1万平方米，县自行车队在省第二十届运动会上获5金3银5铜。《村里来了花喜鹊》获省"五个一工程"奖，《芝麻官钻笆斗》获首届全国小戏小品优秀作品展演优秀剧目奖、省"五星工程奖"，县淮剧团获评"全国文旅系统先进集体"。

【党的建设】 2022年，县委在党的建设方面的主要决策有：坚持把迎接党的二十大、学习宣传贯彻党的二十大精神作为全年工作的主题主线，第一时间谋划部署、传达学习、开展研讨、组织宣讲，持续推动党的二十大精神深入人心。严格落实意识形态工作责任制，推进新时代文明实践中心建设，加强宗教、新媒体等重点阵地管理，"网络'涟'心"工程被中宣部《宣传工作》推介。深入开展换届后领导班子运行情况一线调研，实施基层党组织高质量发展"五大行动"，出台书记项目质量标准，精准整顿转化后进镇党委、软弱涣散村（社区）党组织，"支部联赛"获全市机关党建调研课题一等奖。坚持抓党建促乡村振兴，实施村集体经济攻坚"双过百"党建项目，推动16个乡村振兴人才党支部实体化运行，组织145名第一书记、"金融村官"结对重点帮促村，相关做法被《新华日报》头版报道。在全市首家常态化开展县处级领导干部上讲台活动，精心打造"红日涟心 锋行百强"基层党建工作"1+8+N"典型示范矩阵，相关做法被中组部部刊刊登。聚焦基层队伍提质赋能，开展村干部"争当群众知心人、贴心人、领路人"大讨论活动，实施发展党员"培源"工程，东门社区书记顾金凤事迹、党员积分储蓄所做法被上级媒体密集关注。聚力探索新兴领域党建，成立4个行业党委，组建电子信息产业链党建联盟，出台关心关爱新就业群体23条措施，建设温馨驿站61个，源通制帽、龙源国际小区分获党建带工建、红色物业省级示范单位。建立健全县委常委真抓实干作表率工作机制，全体县委常委带头到一线抓发展、攻项目、守安全，为全县干群放出了样子、作出了表率。严格执行中央八项规定精神，持续深入正风肃纪反腐，车驾管系统案例获评全省信息技术实战应用十佳精品案例，"整改好不好，群众说了算"巡察整改评价机制入选全国《市县巡察工作》教材，优化营商环境保障重点项目登上中央电视台《朝闻天下》。圆满完成人大、政府、政协换届，召开县委人大工作会议。全面加强党管武装、国防动员和后备力量建设，高质量推进统一战线、工青妇、工商联、老干部、党校、史志、双拥等工作，形成同频共振的整体效应。

（陈佳东）

涟水县人民医院 （县卫健委 供稿）

组织工作

【概况】 2022年，县委组织部紧扣迎接学习宣传贯彻党的二十大精神这条主线，贯彻落实全国、全省、全市组织部长会议精神，锚定"站稳第一方阵，争取第一位次"目标，坚定"干就干一流，走就走前列"追求，坚持高点定位、高标推进、高效落实，各项工作取得新进展、新成效，以高质量组织工作服务保障冲刺百强县新征程。县委组织部被中共中央组织部办公厅表彰为组织系统2022年度信息报送先进单位。截至年底，全县共有基层党组织2446个，其中，党委53个，党总支402个，党支部1991个。党员43592人，其中，女党员7891人，占18.1%。"两新"组织中，非公企业党组织166个，党员1476人，社会组织党组织30个，党员689人。全县科级干部674

人,其中:党外干部13人,占1.9%;女干部88人,占13.1%;大学及以上学历干部550人,占82.2%。

【干部选拔任用】 2022年,县委组织部紧扣换届后领导班子建设,不断增强班子整体功能、提高干部专业能力。注重日常调研,通过谈心谈话、实地走访等方式,摸清镇街班子功能发挥、党政正职融合等第一手情况。突出优化调整,坚持好干部标准,优中选强,补齐年轻干部配备短板,班子功能进一步增强。强调实绩导向,组建专项考察组,深入一线开展考察,对干部政治表现、具体事例记录在案,作为研判、调整的重要依据。全县共提拔干部49人,进一步使用12人,交流66人,兼免职等68人。另有换届重新任命、试用期满正式任职、挂职干部等87人。

【年轻干部培养】 2022年,县委组织部坚持把培养优秀年轻干部作为重大政治任务,围绕选、育、管、用各个环节,集成发力,加强干部队伍建设。强化政治历练,首次举办为期1个月的青干班,通过课堂讲授、实境教学、研讨交流、素质拓展等相结合的方式,强化党性修养、提升能力素质。制定出台《培养选拔优秀年轻干部"百强尖兵"三年行动计划》,选派80名年轻干部到上级机关、发达地区、镇街(园区)一线、企事业单位挂职锻炼,开阔眼界、丰富经验、增强本领。实施年轻干部抓落实、挂职干部工作月报机制,召开优秀年轻干部座谈会,县委主要领导面对面为年轻干部指方向、明思路、教方法,推动年轻干部真抓实干。截至年底,提拔35岁以下年轻干部18人,占提拔总人数的36.7%。

【干部教育培训】 2022年,县委组织部坚持以习近平新时代中国特色社会主义思想为指引,把学习宣传贯彻党的二十大精神作为首要政治任务,及时向县四套班子发放《党的二十大报告》《中国共产党章程》等学习教材,在全县范围内开展县处级以下领导干部政治理论水平测试,推动广大干部入脑入心学深悟透。实施领导干部综合能力提升"1350"(紧扣"冲刺百强县"这1个目标,紧抓党政正职干部、新任职副科职干部、年轻干部3类重点对象,分层分类开展50个左右重点班次培训,不断增强广大干部的"八大本领""七种能力")工程和专业能力提升"1+3+N"(围绕涟水县高质量发展要求,以提升领导干部经济工作能力为中心,把领导干部政策研究能力、项目攻坚能力、营商服务能力作为培训重点,围绕招商引资、乡村振兴、城乡建设、生态文明、社会治理、应急处突、风险防范等内容,上下联动开展专业能力培训)计划,举办党校主体班"三班联训"、组工干部素质拓展班等重点培训近50期,提升广大干部能力素质,相关做法在《中国组织人事报》《组织人事报》《交汇点》等媒体刊载。推行领导干部"上讲台",定期举办县处级干部大讲坛、乡科级正职干部大讲坛,采取"线下集训"与"云端直播"同步进行的方式,推动广大干部"培训即攻坚,上阵就能干"。全年共举办干部大讲坛8期,培训6万余人次。

【干部监督管理】 2022年,县委组织部对照上级部门的工作要求,坚持抓早抓小抓经常,加强对干部的监督管理。全方位监督日常,通过干部监督联席会议情况通报、信访举报、领导干部经济责任审计等日常工作,多方收集监督信息,了解干部动态;配合县委巡察开展选人用人专项检查工作,对20家单位就选任程序、日常管理等方面进行监督,针对发现的问题及时反馈跟踪,做好整改工作;充分运用"第一种形态",常态化"咬耳扯袖",对有苗头性、倾向性问题的,采取提醒、函询、诫勉等措施,并强化结果运用;围绕中心工作,坚持典型示范正向引导作用,深入挖掘担当作为典型案例,编发5期县级"三项机制"典型案例的通报,并做好案例选树上报工作,省、市组工信息共计刊载8篇涟水"三项机制"相关案例做法,"市对县"考核指标等次走在前列。

【公务员管理】 2022年,县委组织部紧扣高素质专业化目标,优化公务员队伍结构,完善公务员激励机制,为涟水加快冲刺全国百强县提供坚强组织保证。聚焦精准科学选人,紧扣全县四大主导产业发展需要和干部队伍建设需要,在产业发展、城乡规划、乡村振兴等领域加大招录力度,全年招录公务员(参公管理人员)68人。持续深化鼓励激励,为连续三年年度考核优秀等次的125人记三等功,按规定颁发证书、奖章;深入落实带薪年休假、关爱困难公务员等政策,及时向上级部门推荐优秀典型;稳步推进职务职级并行制度,注重向在疫情防控、项目招引等重点工作中作出贡献的干部倾斜,先后为98名干部晋升职级。

【机关党组织建设】 2022年,县委组织部深入宣传贯彻落实党的二十大精神,举办"喜迎二十大 奋力跻百强"微党课视频竞赛活动,征集各机关单位作品51部,评选一等奖3个、二等奖6个、三等奖10个,向全县各机关单位党组织和党员发放《党的二十大报告辅导读本》《中国共产党章程》等2万余册。"七一"期间,举办集中宣誓、党性实践教育、联系点上过党日等活动130余场,颁发"光荣在党50年"纪念章86枚。开展"党员干部做先锋 疫情防控我先上"活动,组织机关党员参与疫情防控,选派机关副科级干部担任核酸采样副点位长,成立临时党支部、党员突击队。依托招商分局成立6个行动党支部,85名党员干部在招商一线亮身份、践初心、比贡献。开展县直机关走基层送服务"涟心1+N"活动,推广"帮你忙""活动早知道"两张清单,经验做法被《中国组织人事报》《乡村干部报》刊载。创新开展"支部联赛"活动,搭建"互学互鉴、互评互比"的交流竞赛平台,综合年度考评结果,评选12个示范党支部,相关做法被《中国组织人事报》等媒体推介。

【党员教育管理】 2022年,县委组织部严把发展党员入口关,连续四年修订《发展党员工作规范性材料参考》,创新实施农村发展党员"培源工程"、发展党员诚信管理,严格执行"三级"联审、重要群体和重点人员发展党员工作六项制度,常态化开展党员档案"回头看",全年发展党员480名。深化党员中心户(楼栋长),开展农村无职党员设岗定责工作，用好用活全县372个村（社区）党员积分“储蓄所”，评选出“星级党员中心户（楼栋长）”50名、“积分之星”100名，激发党员投身乡村振兴、招商引资、社会治理等工作的积极性和主动性。建立党内即时关爱机制，常态化开展党内关爱工作，在“七一”和春节开展集中慰问，共向896名党员发放党内关爱资金101.88万元，颁发“光荣在党50年”纪念章521枚。

【“两新”组织党组织建设】 2022年，县委组织部开展新业态新就业群体“百人万里行”体验式调研，成立交通运输、外卖配送、网络直播、互联网4个新业态行业党委，建立新就业群体党支部23个，选派党建指导员、助企联络员14名。举办“两新”组织党组织书记示范培训班，开设优秀党组织书记“红领讲坛”，新发展“两新”组织党员81名。组织开展2022年度“两新”组织党务工作者资格认证，完成认证初级15名，中级3名，对全县50名已持证“两新”组织党务工作者开展述职、年检工作。开展“大走访、解难题、促发展”“千名党员进千企”等活动，组织1014名机关、镇街党员干部深入1388家“四上”企业走访调研，协调解决项目审批、企业用工、物资保障等问题384条。联合县农商行党委推出“红企专贷”信贷产品，向非公企业党组织集中授信3500万元。制定出台《关于建立健全新业态新就业群体组织关爱机制的若干措施（试行）》，整合宣传、交通、市场等15个部门资源，推出23条具体措施，建设“温馨驿站”61个。积极探索产业链党建，28家新一代电子信息企业链上共建、抱团作战，从县级部门选派7名党建指导员，建立书记轮值、联席议事制度，推动电子信息产业高质量发展。源通制帽有限公司获评非公企业党建带工建“三创争两提升”活动省级示范单位，3名新业态从业人员获市级行业党委表彰。

【创新创优项目督考】 2022年，县委组织部调整县创新创优工作领导小组成员，实行“双组长”领导机制，指导各机关单位围绕“申创国家级经开区，加快建成全国百强县”奋斗目标，按照经济建设、公共管理、党建和精神文明分类指导立项62个，按季度调研、推进、考核项目实施情况。推荐县市场监管局“质量强县助力‘百强’创建”、县行政审批局“‘容缺办、并联审、模拟批’促进工业项目审批再提速”、县委组织部“党员积分‘储蓄所’激发细胞‘新活力’”三个项目参加市级评选，24个县级项目在人民法院报、检察日报、中国组织人事报、新华日报等省级以上媒体宣传推介。

【党员积分“储蓄所”设立】 2021年4月起，涟水县按照有组织、有场所、有制度、有簿册、有物品、有公示“六有”标准，在全县372个村（社区）创新建立党员积分“储蓄所”，各村（社区）结合自身实际，围绕组织活动、志愿服务、示范引领、作用发挥等方面细化积分细则，党员的日常表现以分值的形式按月计入积分“存折”，积分达到相应分值，即可获得健康体检等关爱服务。积分“储蓄所”日常管理由村党组织书记、支部委员、普通党员等组成的理事会负责，积分主要通过党员自报、群众帮报相结合方式采集，并按月在党务公开栏张榜公示，接受各方监督。县委组织部每年评选表彰“十佳党员积分‘储蓄所’”和“百名党员积分先锋”。2022年，涟水县创造性地为无职党员设岗定责，各村（社区）结合实际设立民情收集岗、长效管护岗、民事协调岗、招商引资岗等多种岗位，推动农村无职党员有岗有位、有职有责，有力增强基层党组织的凝聚力、影响力、战斗力，激发基层党组织的生机活力。到年底，共通过农村无职党员收集民情信息2.3万余条，处理邻里矛盾6000余件，开展志愿服务1.1万余次，提供招商信息78条，参与疫情防控1.2万余人次。（县委组织部）

2022年6月30日，淮安市委副书记、市长史志军（左3）到涟城街道东门社区开展“庆七一联系点上过党日”活动 （县委组织部 供稿）

人 才 工 作

【概况】 2022年，涟水县全面贯彻落实《“淮安市333产业人才”集聚行动方案》和《关于进一步做好“名校优生”引进工作的意见》等市县人才政策，受理、审核今世缘酒业、全稳康源、中顺环保、县医院等县内重点企事业单位新引进高校毕业生就业、购房、薪酬、生活和探亲交通补贴申请325人次，涉补金额540余万元。全县共引进本科学历人才585人，研究生学历及副高职称以上人才79人，新增海外留学回国人员4人。全县有“江苏工匠”1人，“江苏省企业首席技师”技能人才1人。县人社局核发职业资格证书4302人次，新增高技能人才1000人，培养企业新型学徒241人。

【人才引进】 2022年，县人社局开展人才情况调研和人才需求征集工作，共征集县内121家单位819个岗位需求。根据人才需求情况开展人才招引工作,组织今世缘酒业、永安化工、永创医创、宏保运动等单位参加淮阴工学院、淮安生物工程高等职业学校应届毕业生供需对接会及“百校千企”云端招聘等活动。组织今世缘酒业、中顺环保、特创电子等重点企业赴南京、西安等地参加校园招聘和人才集中推介活动。同时,积极联络、对接江苏技师学院、炎黄职业学院等市内大中专院校,协助捷泰科技开展校企人才合作培养,助力涟水县重大项目招才引才。全年发布17个事业单位“名校优生”岗位,引进“名校优生”15人。 (袁国丽)

【人才引育】 2022年,涟水县坚持以省市重点人才工程为抓手,统筹推进各类人才队伍建设,人才工作考核位列全市第一。申报国家海外人才项目28个,全年入选省“双创人才”2人、“双创博士”1人,市“淮上英才计划”创新创业团队2个、创业人才1人;获批省第六期“333”工程培养对象14人,市第三期“533英才工程”领军人才2人、拔尖人才15人、骨干人才195人,“533英才”入选总数全市最多。新招录“名校优生”15人,牵线重点骨干企业新引进本科以上学历人才300余人。扎实开展乡贤人才信息摸排工作,累计收集各类乡贤信息7800余条。

【人才合作】 2022年,涟水县围绕第十五批科技镇长团选派工作,紧扣全县工业主导产业发展需要,对接兰州大学、福州大学、江南大学、南京工业大学等高校院所7名专家教授到涟水挂职。深入开展科技镇长团“十个一”活动,不断强化校地、校企科技人才交流合作,与江南大学、省农科院签订全面战略合作协议。加强与驻淮高校交流互动,邀请淮阴工学院、淮安生物工程高等学校到涟水开展“访企拓岗”暨毕业生供需对接活动。围绕今世缘酒业、中顺环保、永创医药等重点企业创新发展,牵线对接江南大学、哈尔滨工业大学、西北工业大学等高校与涟水企业开展共建合作。

【人才服务】 2022年,涟水县建立县委人才办主任会运行机制,进一步凝聚人才工作职能部门工作合力。围绕巨石、捷泰2个百亿级项目建设需要,成立人才工作专班,建立重特大项目人才服务清单,全流程做好项目引才服务。成立“留凤建淮”高校青年人才涟水联络站,新建“青年人才驿站”2个,新筹集人才公寓房源173套。开展青年人才交友联谊、大学生返乡社会实践等活动。深入开展企业“微调研”活动,“一企一表”建立300余户企业人才数据档案。做好人才科技政策推介,发放政策汇编230余册,推动企业知政策、用政策。落实产业人才举荐制,今世缘酒业、永创医药、中顺环保等6家企业获批举荐制企业,5名优秀产业人才获得举荐。做好省、市项目资金配套,及时兑现各类人才资金300余万元。 (县委组织部)

宣传工作

【概况】 2022年,全县宣传思想文化条线紧扣“申创国家级经开区,加快建成全国百强县”奋斗目标和县委确定的“133”工作思路,坚持对标对表抓推进、紧贴需求抓创新、锚定重点抓突破,各项工作干在实处、取得实效。开展线上冬训,以视频直播形式举办电商技能培训和技术讲座,赢得流动党员和广大群众好评。5部“冬训优秀主讲人”视频被省委宣传部采用,数量位居全市前列。持续开展意识形态专项检查和维护意识形态安全专项行动,加强阵地管控,意识形态领域整体平稳可控,相关工作得到省、市委维护意识形态安全督导督查组肯定。逐步提升党的二十大宣传热度,精心组织知识问答、电影放映、音乐舞蹈快闪等“庆国庆、迎盛会”主题系列活动110余场次,开展网络主题宣传12次,制作各类新媒体作品180余篇。其中,“我和国旗合个影”征集活动、“我是国庆升旗手”网络接力等活动得到网友热捧,参与超20万人次。统筹助力经济社会发展,邀请新华日报、扬子晚报等近20家主流媒体出席“涟水县优化营商环境十条服务承诺”新闻发布会。线上线下同步举办“奋力爬坡过坎,全力冲刺百强”专题活动,全面展示涟水发展成就。小戏《芝麻官三钻笆斗》获省“五星工程奖”,入围文旅部“群星奖”评比;《哎呦我的憨哥哥》入选省舞台艺术精品创作扶持工程扶持剧目;《村里来了花喜鹊》泰州展演线上点击率超百万。成功启用“文化雅集”惠民文化阵地。开设“公益大讲堂”25期,覆盖近20万名师生。精心举办全民阅读春风行动、农民读书节、新时代乡村阅读季等品牌活动,建成16家镇街“淮安书房”,居民阅读指数跃居全市第三位。

【思想理论建设】 2022年,县委中心组集中学习12次,邀请专家授课6次。开

淮剧《村里来了花喜鹊》剧照 (县融媒体中心 供稿)

设“理论在线”“党史学习教育”等专题专栏，创新开展“习语润心”活动，组织基层党员干部先后制作“总书记金句”、党的二十大精神等微视频324部，《习语润心》栏目获全市十佳阅读推广平台称号和2022年度全市宣传思想工作创新奖。项目化推进党员冬训，获评全省基层党员冬训示范县。深化通俗理论作品创作传播，创作《呱大姐话二十大》《颂歌喜迎“二十大”》等通俗化理论作品46部。组织新思想“六进”活动280余场。“理”响安东百姓名嘴宣讲团获市第十届学雷锋志愿服务先进典型“优秀志愿服务项目”。“学习强国”学习平台党员覆盖率90%以上，活跃度90%以上。

【意识形态工作】 2022年，县委常委会专题研究意识形态工作3次，县委中心组专题学习意识形态内容2次，并相继召开全面从严治党主体责任述职评议会、意识形态领域分析研判联席会议。制定下发《党委(党组)意识形态工作责任制实施细则》《县委常委意识形态工作责任清单》《全县意识形态工作联席会议工作规则》《2022年度落实意识形态工作责任制考评实施细则》《2022年全县意识形态工作任务清单》《维护意识形态安全专项督导实施方案》等文件。开展意识形态专项检查3轮，涉及单位19家和村(社区)6个。深化阵地建设管理，对讲座、论坛、报告会等审批19次，组织“扫黄打非”集中检查，立案查处违法违规行为21起，查缴非法出版物500余本。规范宗教场所活动，强化网上违法违规信息监管，先后约谈传播疫情谣言1人，关停违法违规网站5个，清理涉历史虚无主义内容7条、不规范表述内容200余条。

【舆论引导】 2022年，县委宣传部根据上级有关重点网络宣传报道的要求，结合县委中心工作，利用涟水新闻网、醉美五岛湖、涟水声音等网站平台推出“学习宣传贯彻党的二十大精神”“凝心聚力·冲刺百强”“奋进新征程 建功新时代”等主题网上宣传20余次。《走好新赶考路，“挥毫泼墨”崭新篇章》《发扬“三股劲”做新时代合格年轻干部》等25篇稿件被省委网信办采用；《向世界展现“冰”醇中国范儿》等3篇稿件被中央网信办采用全网推送。网络“涟”心工程被中宣部《宣传工作》专题推介。

【新闻宣传报道】 2022年，县委宣传部组织开展“聚焦亮点 放大典型”“主播看项目”等活动，创作系列短视频18部，生动讲好涟水故事。精心制作《算一算疫情账》等疫情防控宣传产品60余条，开设“疫”线惠民直播22期，点击量超200万，凝聚“众志成城战疫情”的强大力量。坚持移动优先战略，推动“‘涟’天下”App实际注册用户数突破40万、用户覆盖率49%。县融媒体中心二季度移动传播矩阵五大核心指标全部进入全省前30名，全市唯一。《“冰箱”立田头 芦笋“抢鲜”出》在中央电视台《新闻联播》《焦点访谈》《东方时空》等栏目作为单条新闻播出，时长超3分钟，社会反响强烈。“95岁涟水老兵寻找大檐帽”视频消息在人民日报视频号播报后登上“热搜”，总阅读量超2亿人次。围绕“涟水五位招商员变身志愿者”，策划60余篇深度报道在省级及以上主流媒体刊登，不断擦亮“涟音嘹亮”外宣品牌。

【文明城市创建】 2022年，涟水县认真贯彻文明城市创建工作座谈会(苏北片区)精神，坚持“全域、全时、全员”创建理念，发动一切力量，整合一切资源，全力以赴做好全国文明城市创建工作。组织开展“夏日大会战”活动，实施“863”(早上8点前、晚上6点后、每周不少于3次，深入创建一线，指导督促帮助做好各项创建工作)领导带头行动。研究制定出台《责任追究办法》和《“黄牌”约谈制度》等责任追究制度，先后问责23人，建立出台小区、市场、社区、集镇等点位考评标准和评价办法，定期组织专项测评，编发“红三黑三”通报22期，以考核评比倒逼责任落实。组织实地考察、网上申报、小区测评、巡查督查等各类专题培训活动27场，增强各类创建人员业务能力。

【文明单位评选】 2022年，县委宣传部持续深化文明系列创建，将56个市级以上文明单位与省级以上文明村居、新型农村社区结对，设立文明创建指导员。成立专班，精准督导全国文明镇村创建，推动文明镇村创建任务有效落实。推荐4个村、1个社区、1个乡镇、12个单位(含两新组织)、2所校园预申报2022—2024年度省级文明村(社区)、文明乡镇、文明单位、文明校园。强化对文明单位的动态管理，组织文明单位积极履行责任，开展关爱困难群体、无偿献血等志愿服务活动。下发《关于进一步加强全县文明系列创建的通知》，开展县级系列评选，表彰9个文明单位、3个镇、101个村、17所校园为县级文明单位、村镇、校园，以评促创，推动群众性精神文明创建工作。

【道德模范选树宣传】 2022年，涟水县评选“涟水好人”26人，向市推荐省、市好人候选人17人，其中高峰、潘永兵当选“江苏好人”；潘爽、杨明、程玉兰等6人当选“淮安好人”。在县检察院、县税务局等文明单位打造道德讲堂示范活动5场。组织供电公司、涟城街道等单位开展道德模范、“身边好人”等先进模范宣讲12场，在文化馆、图书馆组织先进模范展览2场。《淮安涟水：学习道德模范 传递榜样力量》被文明江苏转载。召开学习习近平总书记给中国好人回信精神暨身边好人迎中秋座谈会，21名“身边好人”共同学习回信精神。

【未成年人思想道德建设】 2022年，县委宣传部深化“扣好人生第一粒扣子”主题教育实践活动，开展“红领巾”寻访、“劳动美”等活动42场，开展“喜迎二十大 筑梦向未来”主题教育实践七大类活动64场。推选发布“新时代好少年”，其中石芷涵、殷桃、张嘉萱入选“市新时代好少年”。组织开展“童心里的诗篇”“童话里的世界”“梦想与担当”作品征集活动，115篇作品分别获市级一、二、三等奖，县文明办获优秀组织奖。组织开展“未成年人心理健康教育宣传月”活动，通过宣传周、展播周、体验周、交流周等系列活动覆盖全县未成年人10余万人。组织开展“八礼四仪”教育实践活动，在淮文学校组织“青春仪式”教育示范观摩活动1场，在幸福里实验小学等学校组织“成长仪式”“入学仪式”“成人仪式”“青春仪式”6场。

【社会志愿服务】 2022年，县委宣传部开展文明旅游、文明交通、助学支教等志愿服务活动60余场，服务好“一老一小”。积极开展优秀志愿者、志愿服务组织、志愿服务项目、志愿服务社区推选活动，向市推报各类先进典型4个，“理”响安东百姓名嘴宣讲志愿服务项目在省志交会展示。

【全市企业思想政治工作成果展示活动】 2022年9月1日，淮安市企业思想政治工作成果展示暨涟水县“奋力爬坡过坎，全力冲刺百强”主题宣传活动（发展篇）在涟水举行。活动由市委宣传部和市总工会主办，县委宣传部、县总工会、县产改办、县文旅局和县融媒体中心承办，国网涟水县供电公司协办。市委宣传部常务副部长、市文明办主任杨恒忠，市总工会党组书记、市总工会副主席、市产改办主任王立华，县委书记洪然，县人大常委会主任张超，县政协主席姜杰，县委常委、宣传部部长郎跃明，副县长马荣等领导出席活动。部分劳模、工匠、先锋人物代表、工人代表、一线奋斗者代表参加活动。活动在原创歌舞《永远不忘是初心》中拉开帷幕，共分为“领航发展”和“逐梦百强”两个篇章，通过诗朗诵《干就干一流 走就走前列》、情景小品《幸福助销员》、成果展示《“数”说发展》、微访谈、情景歌舞《撸起袖子加油干》、微视频《梦想》、音乐情景剧《红色代办》、宣讲《为了一个共同的梦想》、现场连线、组诗朗诵《致敬，奋斗者》、歌舞《领航》等节目，以不同方式、从不同角度展示涟水县经济社会发展和精神文明建设取得的累累硕果，展现激流勇进的安东大地到处呈现时不我待、只争朝夕的奋斗景象。

（县委宣传部）

【涟水县哲学社会科学界联合会】 涟水县社科联，成立于2008年。2022年，县社科联指导、联络和协调全县社会科学类学会、研究会、协会的工作，组织开展各学术理论研究活动、社会科学的宣传普及活动、社会科学成果的评奖活动等，承办县委、县政府交办的其他事项等。直接管理社科类协会为涟水县安东文化研究会。定期出版会刊《安东文化研究》，打造涟水历史文化研究名片。2022年，县社科联围绕党的二十大精神、疫情防控、法治思想、防范非法集资、打击养老诈骗、“6·26”国际禁毒日、安全生产等主题，联合相关单位和部门，开展形式多样的社科普及活动30余场次。围绕学习贯彻党的二十大精神，成立县委宣讲团，组织开展党的二十大精神宣讲活动110余场。围绕普法宣传，组织开展检察听证进社区、普法宣讲进校园等系列活动，组织19名法治副校长、28名小雨滴志愿者开展法治教育活动11场、覆盖学校109个，听众达3000余人。加强社科理论研究和宣传阐释，“关于实施网络‘涟’心工程的探索与实践”获2021年度全省社科联系统工作创新案例，“‘小雨滴’守护最美芳华”获2022年度社科联系统工作创新案例，“发挥乡贤商会在淮安融入长三角中的作用”等项目在2022年度淮安市社科研究课题中获资助立项，“构筑连心桥 画好同心圆——涟水县实施网络‘涟’心工程的实践与启示”获评2021年度“江苏省社科应用研究精品工程”市县专项课题。

【安东文化研究会】 涟水县安东文化研究会于2011年由涟水热心于涟水历史文化、有志于弘扬涟水文化的社会各界人士组成，属于民间社会团体，由涟水县社会科学哲学联合会主管，现任会长王双华。以主办刊物《安东文化研究》为平台，团结县内外有关人员搜集、整理和挖掘涟水历史文化，出版期刊20余期，文字190余万字，多篇文章被市省刊物选用，成为涟水历史文化研究的名片。该会积极参与地方文化建设，打造涟水红色文化产业，出版《硝烟飘过盐河》《盐河两岸战旗扬——纪念涟水抗日战争胜利70周年征文集》《涟水地名志》《涟水图像志》《涟水要览》等书籍。

（县社科联）

统战工作

【概况】 2022年，县委统战部积极参政议政、切实履职尽责，参政议政提案15条，全国“两会”期间向市委统战部报送建议类信息与反映类信息共21条。坚持把学习贯彻党的二十大精神、习近平总书记关于做好新时代党的统一战线工作的重要思想和《中国共产党统一战线工作条例》（简称《条例》）作为加强统一战线思想建设的主线，开展集中宣讲、专题培训班、知识竞赛12场次，在全县范围内开展《条例》学习宣传月活动，印发《条例》手册和宣传海报1000余份，切实做好《条例》的学习宣传和贯彻落实工作。成立县委统战部招商引资工作领导小组，构建整体作战、协同配合

2022年6月2日，涟水县统战系统“建功百强县 献礼二十大”演讲比赛决赛在县文化馆小剧场举行

（县委统战部 供稿）

的招商引资工作格局。根据全县党外干部实际，制定《2022—2024年涟水县培养选拔党外干部工作规划》，做好党外干部的发现、培养、使用和管理工作。全县党外干部调整1名，全县政府部门副科级以上党外干部6名。

【党外知识分子】 2022年，县党外知识分子会员之家揭牌投入使用，为党外知识分子学习交流、建言献策、参政议政提供重要桥梁和纽带，提升党外知识分子队伍的向心力和凝聚力。积极引导全县党外知识分子参与社会管理，深入基层、深入一线，开展疫情防控、送医送药、送文化、普法宣传等服务，投身乡村振兴工作。组织知联会会员召开"喜迎二十大 同心跟党走"座谈会，开展"喜迎二十大 同心跟党走"涟水县知联会红色基地行活动，召开涟水县知联会学习党的二十大精神专题会议，加强党外知识分子的政治引领，广泛凝聚人心、汇聚力量。邀请新时代无党派代表人士、党外知识分子自述在党的关怀下成长进步的奋斗故事，精心录制访谈视频《党恩助我成长》，获全省"榜样引领前行 同心共向未来"主题访谈暨无党派人士风采展活动三等奖。

【党外代表人士队伍建设】 2022年，县委统战部聚焦提升党外代表人士理论素养和实践能力，坚持"线上+线下"双培训模式，举办党外代表人士培训班3次，组织党外代表人士赴市内外考察学习，深入农村、企业、社区开展专题调研活动12次。推荐党外代表人士参加省市统战部门组织的各类培训班，提高党外代表人士的综合素质。做好党外干部摸底统计，全县共有党外干部171人，其中处级干部4人，科级干部13人。与县委组织部协调联系，定期分析研判党外干部培养选拔情况，完善培养、选拔、使用和管理党外干部的具体措施。建立健全县委常委结对联系党外干部工作机制，通过联系走访、谈心谈话等形式，帮助党外干部成长。

【新的社会阶层人士统战活动】 2022年，涟水县新的阶层基地建设取得实效，示范引领作用发挥显著，"新涟盟""新锐行"2个新阶层基地获市级四星级称号。"新涟盟"基地是由县委统战部牵头，涟水县新联会参与建设的统战工作实践创新基地，也是县新的社会阶层人士联合会会址。基地依托电子产业园重点发展众创空间、电商、农产品上行、大数据研究、社区O2O体系、电子商务人才培训、跨境电子商务等业务领域，推动新联会会员企业、会员创业与主导产业深度融合，形成电子商务产业集聚区。"新锐行"实践基地是县委统战部重点打造的"四新"基地之一，具备教育培训、联络联谊、服务社会、聚贤汇智、解难纾困五大功能，是具有统战性、互动性、服务性的社会组织从业人员集聚地。县委统战部举行"喜迎二十大、同心庆七一"感党恩文艺汇演、举办名人名曲歌友会文艺汇演暨"寻美·淮安"之艺炫大涟水活动，组织新联会会员专题学习党的二十大精神，开展"寻美淮安、寻美涟水"系列活动之"寻红色印记 访家乡红址"主题活动，加强对新阶层人士的思想政治引领。

【非公经济领域统战工作】 2022年，县委统战部制定《涟水县民营经济协调机制实施方案》，加强统战部门与党政有关部门的协调和联系，共同推进全县民营经济统战工作。组织开展"民营企业服务月"活动，深入民营企业和商会组织调研走访，及时回应企业需求，全力以赴解决企业面临的困难。开展"疫往无前，护航有我"助力台资企业疫情防控、"'涟'心护航，情暖台胞"慰问、"同心抗疫'疫'路有我"慰问、核酸检测"送上门"、司法服务进台企、环保服务进台企、台企安全生产服务月、涟台企业融合发展座谈会等专题服务活动10余场，为企业提供专业化、精准化服务，全力以赴当好企业发展"护航人"。承办省工商联民企淮安行、民建江苏省委企业委员会成立大会和新时代江苏民营企业家培训班等活动，举办涟水县民营经济代表人士理想信念教育培训班，促进民营经济健康发展和民营经济人士健康成长。

【香港同胞及海外统战工作】 2022年，涟城街道城南社区获评2022年度全市侨务"三区"工作示范单位，涟水经济开发区被省委统战部列为淮安华创苑，侨务工作质效不断提升。香港涟水联谊会注册成功，成为全市第二家香港乡亲联谊组织，会员包含21名涟水籍旅港乡亲、1名香港同胞，为两地乡亲深化交流、互动合作提供新平台。县委统战部组织开展香港涟水联谊会筹备暨端午联谊活动、涟港同心庆回归、惠侨中医养生知识讲座等活动。推荐朱码外国语学校副校长刘冠中入选江苏省首批华文教育专家人才库专家，助力华文教育。 （杨 帅）

巡察监督

【概况】 2022年，县委共开展3轮巡察，对涟城街道、黄营镇等6个信访矛盾突出、党组织软弱涣散的村(社区)开展靶向巡察，对大东镇、石湖镇、南集镇3个镇40个村(社区)开展巡镇带村常规巡察，对县档案馆、县行政审批局等15个县直单位党组织开展常规巡察，对全县农村饮水安全开展专项巡察。市县联动对城管、住建领域突出问题开展专项巡察，对安东控股开展交叉巡察。发现各类问题917个，交办立行立改问题72个、移交立查立处问题线索39个，巡中成案20件，累计向县纪委监委移交问题线索260个，立案103件，其中科级干部5人，留置2人，党纪政务处分71人。建立巡察"双反馈"机制，巡察意见同步向被巡察单位及分管县领导反馈，从更高层面压实责任。围绕集体资产监管、防渗渠工程质量、公墓等方面形成《巡察工作专报》10期报县委主要领导，印发通报3期，《防渗渠整修记》在中纪报宣传推介。开展专项整治，为群众解决急难愁盼问题36个。开展"清零行动"，对书记专题会议点人点事、约谈和专题报告指出的突出问题、巡察村(社区)交办的立行立改问题整改情况进行督查，定期向县委常委会汇报整改情况，发现虚假整改、应付整改、不整改的移交县纪委监委严肃查处。比上年立行立改问题数提高26.32%、移交问题线索数提高157.4%。

【蹲点驻村巡察】 2022年,县委巡察机构利用第三轮和第四轮巡察间歇期1个月时间,对15个村(社区)开展驻村(社区)巡察。驻点巡察期间,坚持"两进两出"(住进村部、走进群众,刨出真相、巡出心齐)工作方法,紧盯弱势群体生活保障、集体"三资"管理、民生工程质量等涉及群众切身利益的热点问题,开展"蹲点式"驻村、"拉网式"走访、"刨根式"追查、"一站式"整改,持续深化对村(社区)巡察工作。与以往"巡镇带村"时巡察村(社区)相比,巡察的时间更长,接触的群众更多,了解的问题更深,让村(社区)干部感受到贴身监督的压力。驻村(社区)巡察期间,开展"巡百村、进千户、访万人、察民情"走遍涟水活动,做到基层群众"四必谈四必到","涟水巡察足迹"App实时掌握每组走村入户、访谈问需人数、发现问题个数等工作动态,全程压实巡察责任,提高对村(社区)巡察群众的参与度,真正把好事实事做到群众心坎上。推动解决弱势群体低保、民生工程质量等问题112个,移交侵占土地补偿款、低保核查不细致等立查立处线索43件,挽回经济损失1350余万元,相关做法获省委巡视办和市委巡察办主要领导批示肯定。 (殷 春)

机构编制

【概况】 2022年,县委编办严格落实党管机构编制原则,将加强党的领导贯彻到机构编制工作的各方面和全过程,推进机构编制法定化,提升机构编制工作水平。持续做好基层放权赋能,积极推进经济发达镇改革,纵深推进综合执法改革,调整完善部门权责清单,不断推动涟水县基层治理体系和治理能力现代化。创新异常名录管理试点,开展事业单位信用等级评价,进一步提高事业单位规范管理水平。围绕保障民生服务,优化机构编制资源配置。动态调整教育系统编制总数,增核教师编制263名,将县第一中学升格为副科级,县中等专业学校升格为正科级。设立县红日小学,解决高沟镇规范民办教育后学生分流问题;核增县人民医院差额拨款编制76名,根据核定床位和编制数重新备案公立医院人员控制数2591名;设立县人大代表履职服务中心和政协涟水县委员会委员履职服务中心;核增县防震减灾服务中心7名全额拨款事业编制,解决应急管理服务力量不足问题。

【基层行政管理体制改革】 2022年,县委编办持续推进基层"三整合"改革,配合县司法局对第一批赋予镇街权力运行情况开展评估。赋予镇街两项社会救助类权限,进一步明晰镇街主体责任、部门配合责任和监管责任。会同县委组织部、县司法局等部门,实施基层力量优化工程,并形成自查报告。按照相关赋权文件改革要求,参照省定清单标准化编制规范,指导涟水经济开发区编制行政权力事项清单69项。

【综合行政执法体制改革】 2022年,县委编办集中调研全县7支执法队伍和社会治理指挥中心,详细了解当前人员使用、职责履行和存在问题等情况,统筹谋划推进改革工作。将镇(街道)综合执法局挂牌的"安全生产监督管理办公室"更名为"应急管理局",对应急管理执法、城市管理执法队伍进行更名升格,县级基本实现"一个领域一支队伍管执法"。印发《涟水县基层综合执法指导手册》,统一执法文书格式、执法流程,细化自由裁量权基准。

【事业单位法人异常名录管理】 2022年,县委编办下发《涟水县事业单位法人异常名录管理办法(试行)》通知,通过数据分析、实地走访、单位上报等方式,摸排出存在异常情形单位,分析梳理并建立异常名录库。致函异常单位及其举办单位,帮助涉改单位按时优质完成整改任务。截至年底,完成撤销单位106家,其中各镇(街道)共92家单位全部撤销完成,完成变更单位12家。 (刘婧雯)

老干部工作

【概况】 2022年,涟水县有离休干部70人,其中,行政机关17人,事业单位26人,企业单位27人;抗战时期参加革命工作的15人,解放战争时期参加工作的55人。县委老干部局组织引导各离退休干部党支部结合"迎接二十大,学习二十大,当好新征程银发先锋"主题党日,开展座谈讨论、实践实干等各类活动100余次,参与1600余人次。县委老干部局获全省老干部工作"先进集体"荣誉称号。

【离退休干部思想政治建设】 2022年,县委老干部局坚持以习近平新时代中国特色社会主义思想为引领,深入学习宣传贯彻党的二十大精神。组织15名老干部成立"银领"讲师团,开设"学习二十大 党课开讲啦"大讲堂,走进学校、机关、社区开展宣讲,累计宣讲45场次,听讲人数达8500余人。县芳鸣艺术团、春之韵艺术团、县淮剧团等离退休干部通过编排快板、淮剧等多种艺术形式宣传党的二十大精神,开展"送文艺"演出26场次,观看人数达4000余人。举办"建言二十大"调研活动,指导各离退休干部党支部以主题党日、书面调研、个别访谈等方式听取老干部心声感言、意见建议,收到125条1.5万余字的建言,取得良好成效。

【离退休干部党组织建设】 2022年,县委老干部局巩固深化"六有一提升"达标创优成果,深入实施离退休干部党组织建设质量提升行动,以典型引领带动离退休干部基层党组织实现全面提升。深化支部"标准+示范"建设,打造政协秘书处、保滩街道等离退休党组织示范基地12个。其中,县中医院、唐集镇、涟城街道东门社区等离退休干部党组织获评全市"六好"离退休干部示范党支部,陈师街道离退休干部党组织获评全省"六好"离退休干部示范党支部。开展离退休干部党支部达标创优"评星评比"活动,通过实地走访、查阅台账、党员访谈等方式进行星级评比,推动全县66个离退休干部党支部建设向"六好"标准对标。推动建立老科协、老促会等5个非建制功能型党组织,提升社团建设组织力,引领社团老党员更好地服务发展、服务社会、服务群众。

2022年1月16日，县委书记洪然（左1），县委副书记、县长朱永兴（右1）看望慰问退休老干部 （县融媒体中心 供稿）

【离休干部服务保障】 2022年，县委老干部局始终把“三有一落实”工程放在突出位置，从细节入手，把暖心服务做到老干部的心坎上。春节前夕，成立慰问小组，对全县94名离休干部逐户上门慰问，听取老干部意见和建议，将县委、县政府的关爱传达给每位老干部，发放慰问金40余万元。开展“医养关爱”服务项目，遴选县31名医疗专家组建老干部医疗保健专家库，完善老干部“一人一档”数据库，精准掌握离休干部需求信息，持续在提供精准化个性化服务上下功夫。开展“家庭医生”上门巡诊780余人次，累计送医送药超1万元，发放考核补助6.7万余元。实施党员干部结对联系离休干部制度，每周家访20余名离休干部，陪读报、聊家常，用心用情做好离休干部精神慰藉服务。联合县民间网红拍摄的《喜迎二十大 永远跟党走》离休干部视频10集，在抖音等新媒体上点击量超300万次，受到社会各界一致好评。

【离退休干部作用发挥】 2022年，县委老干部局紧扣省市项目品牌化建设要求，以实施“银发生辉”工程为载体，推动老干部作用发挥提质增效。深化“离退休干部‘党员中心户’+”党建品牌。健全离退休干部“党员中心户”动态管理机制，推动“离退休干部”党员中心户“进”“退”有序、长效常态。全县共有离退休干部“党员中心户”527户，联系党员2986名，党员联系群众1.89万余户。离退休干部“党员中心户”化解矛盾纠纷310余起，帮扶困难群众450余人，解决历史遗留问题21件。以离退休干部“党员中心户”为题材撰写的《新形势下组织引导离退休干部发挥独特优势作用的实践与思考》调研报告获评2022年度全省老干部工作优秀调研成果三等奖。推动实施“银龄互助”特色助老项目，组建“银龄互助”总队、支队、小组，引导低龄老党员结对帮扶高龄老人，定期开展“五送服务”，常态化为老年群体提供生活照料、精神慰藉等关爱服务。截至年底，共成立“银龄互助”服务支队43个、志愿者205人，开展助老服务689次，获得社会广泛好评。该项目获评2022年度全省老干部工作“十佳创新提名项目”。 （茹志坚）

党史研究

【概况】 2022年，县委党史委深入学习宣传贯彻党的二十大精神，坚持围绕中心、服务大局，争先创优，凝心聚力、团结奋斗，统筹推进党史征编研究、宣传教育等各项工作。及时更新“学习强国”涟水融媒号红色涟水专栏内容和“涟水掌上方志馆”网上党史馆资料，并通过微信、微视频等媒体宣传推介《中共涟水特支》《找党》《抗日大饭店》《高杨战役》等党史专题片，满足广大干部群众对党史学习的新需求、新期待。积极建言献策，《关于发展涟水历史文化、红色文化旅游业的建议》获县委主要领导批示，意见建议类信息《建议我市打造“红日”文旅品牌》被推送至市党委信息系统。

【党史征集研究】 2022年，县委党史委聚焦主责主业，广征严鉴，全力推进《中共涟水地方史》第三卷（1978—2002年）编纂工作，成立三卷本写作专班，原政协、党史委和县地方志办4名退休老干部牵头，党史委青年精干参与，按计划有序开展初稿修改完善工作。至12月底，形成4编16章书稿，共计31.2万字。

【党史宣传教育】 2022年，县委党史委深入农村、社区、机关、企业、学校等单位，开展“红动涟水”党史图片展、“党史故事我来讲”“党的二十大精神宣讲”等活动20余场，针对机关干部、农村党员、企业团体、军队官兵，开展对象化、互动化、分众化宣讲活动50余场，扩大党史宣传教育的覆盖范围，打通党史宣讲“最后一公里”。积极配合组织部门，将党史内容纳入干部培训主体班次的主要内容，纳入各级党组织开展党员主题党日活动等日常学习的重要内容。利用“五四”“六一”“七一”“八一”等特殊节日和重大纪念日，组织开展党史知识普及活动。广泛扩大党史宣讲队伍，搭载县委组织部“涟心1+N”活动平台，组建基层党史宣讲员队伍，以小小红色课堂、党史主题班会课、党组织专题党史课、社区红色党史课堂等灵活多样的形式，推动党史知识深入人心，产生广泛影响。 （戴梦璇）

党校教育

【概况】 2022年，县委党校围绕党的最新理论、习近平新时代中国特色社会主义思想、党的二十大等专题，开展系列专题培训，加大对外宣讲力度。开展

"强国复兴有我"主题教育,营造追赶比拼工作氛围。坚持"质量立校"、注重品牌创建、拓展办学模式,精心打造"1+3"(以涟水革命史为主阵,以苏北小延安、高杨战役、涟水保卫战为支点)特色党性精品课程,连续2年在"市对县"高质量发展考核中排名第一位。全年举办主体班、专题班21个,组织宣讲、送讲30余场次,覆盖党员干部群众3500余人次。

【干部培训】 2022年,县委党校贯彻落实习近平总书记关于党校办学治校系列重要指示精神,提升涟水县党员干部"八项本领"(学习本领、政治领导本领、改革创新本领、科学发展本领、依法执政本领、群众工作本领、狠抓落实本领、驾驭风险本领)、"七种能力"(政治能力、调查研究能力、科学决策能力、改革攻坚能力、应急处突能力、群众工作能力、抓落实能力),持续打造在冲刺百强中堪当重任、勇于解题、精于破题、善于答题的高素质、专业化干部队伍,创新开展主体班"三班联训"(乡科级干部班、新任职干部班、青干班)新模式,围绕政治能力、县域经济发展、招商引资、党性教育4个专题,组织"冲刺百强县·我要怎么干"学员论坛,学员每次讨论时长均在两个小时以上。培训期间,共编发学习简报14期,提交心得体会112份、调研报告112份和"三带来"成果76份,进一步深化学习培训成果,相关经验做法被淮安党建等市级以上媒体刊载,经验做法得到市委组织部、市委党校相关领导的充分肯定。

【理论研究】 2022年,县委党校推行"实践出题目、科研做文章、成果进课堂、进决策"教研咨"三位一体"运行机制,制定专兼职教师"四个一"(一个主课、一篇调研报告、一篇决策咨询、一篇征文)工作清单,组织春冬两季"调研月"活动,邀请市委党校二级调研员、原副校长石平洋作专题讲座,为教师面对面"把脉问诊"。全年累计完成理论调研类文章26篇,其中7篇在省市相关刊物公开发表,结项1个省级调研课题、3个市级调研课题,2篇征文入选市"喜迎二十大·党建促发展"理论研讨会,2篇获得全省党校(行政学院)系统"学习贯彻党的二十大精神"专项课题立项,立项数占全市县区党校三分之二,4篇征文在全市征文评选活动中获奖。

2022年9月2日,县委党校2022年主体班"三班联训"开班仪式举行(县融媒体中心 供稿)

【课件开发】 2022年,县委党校以学习贯彻习近平新时代中国特色社会主义思想为中心内容和首要任务,围绕党的二十大精神主题主线,开发完成《苏北小延安》《高扬战役》《高杨·永不褪色的精神旗帜》微党课视频,打造《走进党章、品读党章、践行党章》《"三个务必"的理论内涵和实践要求》《深刻理解全面依法治国是国家治理的一场革命》《举旗定向的政治宣言 引领复兴的行动纲领——学习贯彻党的二十大精神》等9个精品课件,通过集体研讨、"校园讲堂"等形式,请专家点评改进,不断促进青年教师快速成长,进一步突出主业主课、提升干部教育培训质量,为推动新时代干部教育培训高质量发展彰显党校新担当、新作为。

【宣讲活动】 2022年,县委党校聚焦主题主线,研究制定《中共涟水县委党校学习宣传贯彻党的二十大精神六项行动方案》,成立"党的二十大精神"集体备课小组,由分管教研工作的领导为组长,专兼职教师全部参加,围绕二十大精神,动员和组织专兼职教师深入企业、农村、机关、校园、社区等,广泛开展党的二十大精神宣传宣讲、公益送教。结合基层实践中热点难点问题,联系基层干部群众关注的思想困惑,回应基层所想、群众所惑、百姓所盼,讲出"百姓味道""时代味道"。截至年底,开展理论宣讲活动30余场次,受众3500余人。

(严 宣)

对台事务

【概况】 2022年,县台办策应全市"台资集聚示范区"建设,共克疫情影响,狠抓项目招引,深化交流交往,不断优化服务,各领域对台工作亮点纷呈。全县新设及增资台资项目9个,通过市盘新开工考核台资项目1个,通过市盘竣工验收台资项目3个。全年中央级宣传媒体用稿2篇,省级用稿61篇,市级用稿10篇,精心承办省委统战部调研基层对台工作座谈会等7场省级专题活动,接待省政协副主席、民建江苏省委主委洪慧民,省委统战部副部长李卫华、徐东海,省台办副主任芮经忠等领导及民营经济等代表人士280名到涟水指导考察工作,接待市台办各分管主任到涟水专题调研对台工作10余次,各项工作得到上级领导充分肯定。

【涟台交流】 2022年,县台办加强台资密集区台商联系,赴厦门、泉州、苏州等地开展招商活动27次,拜访50余家企

2022年9月7日,涟水县第八届“金秋涟水缘 两岸共明月”台胞中秋联谊活动举行

（县台办 供稿）

业,主要负责人累计在外招商150余天。先后邀请厦门台协、惠州台协等28批次200余名客商到涟水考察投资环境。牵头成立苏州招商局,成立3个招商分队轮流在苏州驻点招商,聚焦长三角、珠三角、闽三角等台资密集区对口招商。打造特色品牌活动促交流,充分释放台商服务中心“涟台一家亲”的品牌效应,先后举办春节“团圆如故、留‘涟’大吉”、端午“好戏‘涟’台‘粽’关情、此心安处是吾乡”、中秋“金秋涟水缘 两岸共明月”等特色联谊活动,不断深化“两岸一家亲”理念,促进涟台交流。积极发挥台商联谊会作用,9月23日,县台商联谊会与惠州市博罗县台商联谊会缔结友好联谊会,围绕招商引资、产业建设、交流交往、人才培养等领域深化共建合作。县台商联谊会开展“寒冬送温暖 涟台一家亲”活动,为县疫情防控一线人员捐赠价值3万元的物资。炎黄职业技术学院开展“同心抗疫‘疫’路有我”慰问活动,为县医务人员捐赠价值5万元防疫物资。

【台商服务】 2022年,县台办全力打造“‘涟心’护台企”服务品牌,组织开展核酸检测“送上门”、司法服务进台企,环保服务进台企、台企安全生产服务月等涉台专题服务活动10余场。开展“心心向涟 季季协商”活动,召开涟台企业融合发展座谈会,其中《搭平台 强保障 加快涟台农企融合发展》专题调研得到县主要领导批示。会同县工信局、县科技局等部门实施精准政策宣讲助力企业转型升级。源通制帽荣获党建带工建“三创争两提升”活动省级示范单位称号,仲益电机获认“省级工程技术研究中心”,大量科技、仲益电机获评“市专精特新小巨人”,茂京机电获认江苏省2022年度高新技术企业,实全科技入选市2022年度高新技术企业培育入库企业名单。在企业办理相关证照、供电保障等方面为台商台胞提供一条龙服务,在台胞接种疫苗、换考驾照等方面提供绿色通道。在汉门电子、源通制帽等台企设立核酸采样点,协助采集台企员工核酸样本,高效完成多轮核酸检测任务。协助台胞办理到涟水隔离相关事宜,并组织开展隔离慰问活动。

【台资项目招引】 2022年,全县新设及增资台资项目9个,到账台资3765万美元,通过市盘新开工考核台资项目1个,通过市盘竣工验收台资项目3个。县台办牵头组织举办产业专题招商说明会6场,配合开展2022淮安投资环境说明会、2022淮安(上海)台资产业合作对接会等涉台经贸活动。 （姚佳慧）

保密工作

【概况】 2022年,县保密局全面学习贯彻省市委关于保密工作的决策部署,认真把握新常态下保密工作的重要性,加强安全保密能力建设,突出工作重点,强化保密管理。根据保密工作规定和要求认真开展全县81家单位的保密自查自评工作,着重检查法定涉密人员89人、涉密载体、防范措施的管理情况,确保保密工作万无一失;配合县委机要局做好上级涉密文件收取、传递和清退工作,对密码电报按规定做好核对、移交和销毁工作,对涉密文件按要求做好立卷、归档等工作;各单位共计71份涉密文件制作由县保密局统一登记管理,实行专人负责,对秘密级以上文件资料实行起草单位全流程负责制。

【保密宣传教育】 2022年,县保密局有针对性地开展新形势下的保密宣传教育,不断提高保密观念,增强保密意识和保密工作的责任感、使命感。4月,组织全县各机关单位参加保密宣传教育月活动,在全县各级党政机关、车站、大型商超、医院、银行等公共场所,以及重要交通路口、交通站台、菜场、沿街商铺等人流密集区域使用户外大屏播放保密宣传片,悬挂宣传标语和海报,布置保密、密码以及国家安全等主题展牌。活动期间,共制作宣传标语、横幅约200条,制作宣传展板300余块。组织拍摄《人人都是安全员》《牢筑保密墙 有你国更强》主题宣传教育片,并在醉美五岛湖、涟水声音、涟水气象、涟水政法、涟水法院、涟水公安徽信公众号上进行推广,点击量达1.3万余人次;在县政府大厅、县行政审批中心及其他行政服务场所利用电子屏滚动播放宣传片。

（陈佳东）

涟水县人民代表大会

THE PEOPLE´S CONGRESS OF LIANSHUI COUNTY

- 重要会议
- 重要活动
- 人大监督
- 代表工作

编辑：彭亚君

重要会议

【县十七届人大一次会议】 2022年1月11日至13日在涟水大剧院举行。大会应到代表325名，实到代表320名，符合法定人数。列席大会的有出席县政协十一届一次会议的全体委员，不是县人大代表的县四套班子领导和原县四套班子领导，县人武部部长，不是县人大代表的县各部、委、办、局和条管单位主要负责人，原市管企业负责人，市委督导组有关人员。会议听取并审议涟水县人民政府县长洪然代表县政府向大会作的《政府工作报告》、县人大常委会主任张超作的《涟水县人大常委会工作报告》、县人民法院院长刘洋作的《涟水县人民法院工作报告》、县检察院检察长龚怀军作的《涟水县人民检察院工作报告》。会议通报各项报告满意度测评情况；通过涟水县第十七届人民代表大会专门委员会组成人员名单、关于《涟水县人民政府工作报告》的决议、关于《涟水县2021年国民经济和社会发展计划执行情况与2022年国民经济和社会发展计划（草案）的报告》的决议、关于《涟水县2021年财政预算执行情况和2022年财政预算（草案）的报告》的决议、关于《涟水县人大常委会工作报告》的决议、关于《涟水县人民法院工作报告》的决议、关于《涟水县人民检察院工作报告》的决议和关于《进一步培育壮大工业四大主导产业的议案》的决议。大会选举张超为县人大常委会主任，刘泽年、吴建峰、孙辉、周宏昌为县人大常委会副主任，丁天霄等34人为涟水县第十七届人民代表大会常务委员会委员；洪然为县人民政府县长，李金平、马荣、姜井旭、马仁慧、吴勇、吉海为县人民政府副县长；刘永军为县监察委员会主任；刘洋为县法院院长；龚怀军为县检察院检察长。县委书记时勇在大会闭幕前发表题为《勠力同心担使命 接续奋斗冲百强》的讲话。

2022年1月11日，涟水县第十七届人民代表大会第一次会议在涟水大剧院开幕

（县人大办 供稿）

【县人大常委会会议】 2022年，共召开县十六届人大常委会会议1次，县十七届人大常委会会议8次。

县十六届人大常委会第三十八次会议 1月7日在县人大常委会会议室召开。县人大常委会主任张超主持会议，副主任刘泽年、吴建峰、孙辉、朱太伟、周宏昌参加会议。会议作出关于召开县第十七届人民代表大会第一次会议的决定，初审县人大常委会工作报告。会议通过县第十七届人民代表大会第一次会议相关事项、人事任免及其他事项。

县十七届人大常委会第一次会议 2月28日在县人大常委会会议室召开。县人大常委会主任张超主持会议，副主任刘泽年、吴建峰、孙辉、周宏昌出席会议，县委常委、常务副县长李金平到会宣读提请任免人员名单，县法院院长刘洋列席会议。会议传达省、市人代会精神，传达学习《贯彻落实中央人大工作会议重点任务分工方案》相关精神，讨论通过县人大常委会议事规则（草案）。会议通过人事任免有关事项，被任命人员进行供职发言及宪法宣誓。

县十七届人大常委会第二次会议 3月23日在县人大常委会会议室召开。县人大常委会主任张超主持会议，县委副书记、县长洪然到会提请任免人员名单，副主任刘泽年、吴建峰、孙辉、周宏昌出席会议，副县长、县公安局局长马仁慧，县政协副主席、县工信局局长朱金文列席会议。会议传达学习习近平总书记在全国“两会”期间的重要讲话和十三届全国人大五次会议的精神。会议通过人事任免有关事项，并举行颁发任命书仪式和宪法宣誓仪式。

县十七届人大常委会第三次会议 4月28日在县人大常委会会议室召开。县人大常委会主任张超主持会议，副主任刘泽年、吴建峰、孙辉、周宏昌出席会议，副县长吉海、县法院院长刘洋、县检察院检察长龚怀军列席会议。会议讨论通过县人大常委会2022年工作要点和《涟水县人大常委会人事任免实施细则（试行）》，听取县政府关于全县科技创新情况的报告，听取和审议县检察院关于职务犯罪检察工作的报告，听取和审议县政府关于2021年度环境状况和环境保护目标完成情况的报告，并就环保督察相关问题整改情况进行专题询问。会议通过人事任免有关事项，并举行颁发任命书仪式和宪法宣誓仪式。

县十七届人大常委会第四次会议 6月7日在县人大常委会会议室召开。县人大常委会主任张超主持会议，县人大常委会副主任刘泽年、吴建峰、孙辉、周宏昌出席会议。会议进行人事任免事项，通过《涟水县人民代表大会常务委员会关于接受洪然辞去涟水县人民政府县长职务的请求的决定》，任命朱永兴为涟水县人民政府副县长职务，通过《涟水县人民代表大会常务委员会关于朱永兴代理涟水县人民政府县长职务的决定》。朱永兴到会作供职发言并进行宪法宣誓,张超向朱永兴颁发任命书。

县十七届人大常委会第五次会议 6月30日在县人大常委会会议室召开。县人大常委会主任张超主持会议,副主任刘泽年、吴建峰、孙辉、周宏昌出席会议。县委常委、县纪委书记、县监委主任刘永军,副县长马荣,县法院院长刘洋,县检察院检察长龚怀军列席会议。会议听取和审议县政府关于国有资产管理综合情况的报告,听取县监委关于整治群众反映强烈的问题工作情况的报告。会议通过人事任免有关事项。

县十七届人大常委会第六次会议 8月29日在县人大常委会会议室召开。县人大常委会主任张超主持会议,副主任刘泽年、孙辉、周宏昌出席会议。副县长马荣、县法院院长刘洋、县检察院检察长龚怀军列席会议。会议听取和审议县政府关于全县乡村产业振兴情况的报告,听取和审议县政府关于进一步减轻义务教育阶段学生作业负担和校外培训负担情况的报告,听取和审议县发改委受县政府委托所作的关于涟水县2022年上半年国民经济和社会发展计划执行情况的报告,听取和审议县财政局、县审计局受县政府委托所作的关于涟水县2021年财政决算草案和2022年上半年预算执行情况的报告、关于2021年县级预算执行和其他财政收支审计工作情况的报告。会议通过人事任免有关事项,并举行颁发任命书仪式和宪法宣誓仪式。

县十七届人大常委会第七次会议 10月31日在县人大常委会会议室召开。县人大常委会主任张超主持会议,副主任吴建峰、周宏昌出席会议。县委常委、常务副县长李金平,县法院院长刘洋,县检察院检察长龚怀军列席会议。会议集中学习党的二十大精神,听取和审议县政府关于代表议案决议执行情况、建议办理情况的相关报告,听取县政府关于冲刺“全国百强县”工作情况的汇报,听取和审议县政府关于2022年度县本级地方政府新增债务限额及县本级预算调整方案(草案)的报告。会议完成对“一府两院”国家机关工作人员的履职评价,通过人事任免有关事项,并举行颁发任命书仪式和宪法宣誓仪式。

县十七届人大常委会第八次会议 12月30日在县人大常委会会议室召开。县人大常委会主任张超主持会议,副主任刘泽年、吴建峰、孙辉、周宏昌出席会议。县委常委、常务副县长李金平,县法院院长刘洋,县检察院检察长龚怀军列席会议。会议讨论并作出召开县十七届人大二次会议的决定,通过县十七届人大二次会议相关事项,讨论县人大常委会工作报告(讨论稿),听取县政府关于审计查出问题整改情况的报告,听取县法院特色法庭建设工作的报告,听取和审议《涟水县国土空间总体规划(2021—2035年)(草案)》编制情况的报告,并作出相关决议,听取县人大常委会内司委规范性文件审查备案情况的报告,听取县政府、县检察院关于对2022年上半年县人大常委会审议意见落实情况的反馈报告。会议通过人事任免有关事项,并举行颁发任命书仪式和宪法宣誓仪式。

【全县镇街人大工作座谈会】 2022年4月12日,县人大常委会召开全县镇街人大工作座谈会,县人大常委会主任张超出席会议并讲话。副主任刘泽年、吴建峰、孙辉、周宏昌参加会议。全县各镇街人大(工委)主席(主任)参加。县人大常委会党组成员、办公室主任席隆之传达全市县区人大常委会主任座谈会精神,宣读先进集体和先进个人名单。红窑镇、涟城街道、陈师街道等六家单位作交流发言。

【县委人大工作会议】 2022年7月22日上午,县委人大工作会议召开。县委书记洪然出席会议并讲话。洪然强调要全面落实中央和省委、市委人大工作会议精神,进一步加强和改进涟水人大工作,更好地把人民代表大会制度优势转化为治理效能,为加快建成全国百强县、奋力谱写“强富美高”新涟水现代化建设新篇章凝聚更为广泛的智慧和力量,以实际行动迎接党的二十大胜利召开。县委副书记、代县长朱永兴主持会议。县人大常委会主任张超、县政协主席姜杰等县领导出席会议。涟城街道党工委、红窑镇党委、县住建局党委和县交通运输局党委分别作交流发言。会议印发《中共涟水县委关于加强和改进新时代人大工作的实施意见》。

2022年7月22日,县委人大工作会议召开　　(县人大办　供稿)

【全市人大代表主题活动座谈会】 2022年8月4日在涟水召开。市人大常委会副主任周茂萱、市人大常委会副秘书长施恩佩、市人大常委会人代联委主任徐鹏等市领导出席座谈。各县区人大常委会、经济技术开发区人大工委分管主任,人代联委主要负责人参加会议。各县区人大常委会、经济技术开发区人大工委交流“惠民生、助发展”代表履职建功主题活动动员会议精神贯彻落实情况,进一步征求《关于加强新时代人大代表履职担当的意见(讨论稿)》《淮安市人民代表大会代表新时代履职担当积分管理实施细则(讨论稿)》的修改意见。周茂萱对各县区代表履职建功主题活动落实情况给予充分肯定,县人大常委会主任张超在会上致辞。

(杨 耀)

重要活动

【县领导专题调研人大工作】 2022年6月21日,县委书记洪然专题调研人大工作,与县人大常委会机关和镇街人大的人员座谈交流。县人大常委会主任张超,县人大常委会副主任刘泽年、孙辉、周宏昌参加调研或座谈。会前,洪然一行深入陈师街道人大代表之家、人大企业代表小组联络站调研指导工作。会上,张超汇报县人大工作情况,红窑镇人大、陈师街道人大工委分别发言。洪然对全县人大工作给予充分肯定,从服务发展要更有"深度"、联系群众要更有"温度"、监督视察要更有"力度"、法治建设要更有"厚度"等方面对人大工作提出要求。

【人大代表问政活动】 2022年11月11日,"三级人大联动 五级代表问政 助推高沟镇现代小城市建设"活动在今世缘酒业企业文化广场举行。活动由淮安市人大常委会主办,市人大常委会常务副主任、党组副书记赵洪权,市人大常委会副主任赵权,县委副书记、代县长朱永兴,县人大常委会主任张超出席活动。部分五级人大代表和市县相关职能部门参加活动。活动现场,人大代表们在前期深入调研、广泛征求群众意见的基础上,围绕"城建规划——两极分化如何破解""产城融合——融合带动着力点在哪里""公共空间治理——沉睡资产怎样尽快活起来"三个主题展开问询。面对人大代表的现场提问,市县相关部门负责人一一作答,对大众关切的问题作出回应,对落实时间作出承诺。

【省人大法制委到涟水调研】 2022年11月17日,省人大法制委主任委员王腊生、省住建厅副厅长宋如亚率领的调研组一行到涟水,围绕《江苏省城市市容和环境卫生管理条例(修订草案)》开展专题立法调研活动。市人大常委会常务副主任、党组副书记赵洪权,市人大常委会副主任徐利华,县委副书记、代县长朱永兴,县人大常委会主任张超、副主任刘泽年陪同调研。座谈会上,朱永兴汇报涟水城市市容和环境卫生管理工作情况。调研组充分肯定涟水在城市市容和环境卫生管理方面所采取的工作举措和取得的明显成效。在涟水期间,调研组深入红窑镇金鸡坨生态农庄等地详细了解人居环境整治和环境卫生长效管理工作。 (杨 耀)

2022年11月11日,由市人大常委会主办的"三级人大联动 五级代表问政 助推高沟镇现代小城市建设"活动在今世缘酒业企业文化广场举行 (县人大办 供稿)

人大监督

【经济领域监督】 2022年,县人大常委会聚焦项目为王工作导向,延续常委会优良传统,连续五年视察全县工业重大项目建设,提出优化营商环境、盘活闲置资源、主攻重大项目、壮大主导产业等方面的意见建议13条。专题听取县政府关于冲刺"全国百强县"的报告,审议《关于"进一步培育壮大工业四大主导产业的议案"的决议》执行情况,开展创新驱动、项目建设、实体经济等专题调研。听取和审议国民经济计划、县政府关于审计查出问题整改情况等报告,综合运用询问约谈、监督审议等多种方式对全县国有资产情况、政府债务管理情况进行靶向监督,精准分析问题、务实提出建议,形成高质量调研报告,推动政府管好用好人民"共同财富"。开展《人大代表来问政》问题建议办理情况回头看,对承诺办理的28条问题建议跟踪问效。设立25个优化营商环境人大代表监测点,收集汇总交办人民群众、项目业主对招商引资、项目推进的意见建议和企业发展建设中遇到的难点、堵点。

【民生事业监督】 2022年,县人大常委会聚焦人民群众所思所盼所愿持续发力,听取全县科技创新工作的报告,有效激发全社会的创新活力。调研全县"双减"政策贯彻落实情况,推动教育改革红利充分释放。组织开展"人民满意学校"评议工作回头看,督促评议意见整改落实。深入县镇村三级妇儿维权阵地,调研全县妇女儿童权益保护工作,对"小雨滴"未成年人普法关爱计划执行情况进行监督检查,促进全县妇女社会政治地位不断提升,留守儿童得到多方关爱。组织部分市县人大代表摸排调研全县小型泵站运行管理情况,推动解决管理措施不到位等问题。专题调研农村生活垃圾治理工作,研究分析农村生活垃圾基础设施建设、奖补资金使用等情况，剖析垃圾发电厂“吃不饱”、农村垃圾“随处堆”现象，受到县委主要领导高度肯定。将《加大改造升级老旧小区力度》的建议列为重点办理建议，推动相关部门精准施策、靶向发力，解决城镇老旧小区改造突出问题，真正把好事办好、实事办实。专题调研群众反映强烈的住宅小区物业管理问题，对存在的体制机制不够完善、服务支撑不够有力、监管责任不够到位等问题建言献策。专题视察县城区市容管理工作，促进市容管理水平有力提升，城市整体环境有效改善。结合疫情防控、民生改善等工作，开展以“十条建议重点交办、百名代表现场测评、千份问卷全面调研”为主要形式的“人民满意卫健事业”评议活动，评议满意率97.91%。

【法律监督】 2022年，县人大常委会依法开展法律监督，首次听取县监委专项工作报告，听取审议县法院特色法庭建设、县检察院职务犯罪检察工作报告，视察县镇村三级公共法律服务体系建设。优化代表旁听评议法院庭审工作机制，组织120名人大代表旁听评议庭审6场，变“法院邀请、代表参与”为“人大组织、代表选案”。助推依法履职行权，采取“两看两查两听”做法，对《中华人民共和国慈善法》《畜禽规模养殖污染防治条例》《淮安市市容管理条例》等法律法规开展执法检查。完成《关于进一步推进工业用地提质增效的若干措施》《涟水县建筑垃圾资源化利用管理办法》两份规范性文件的备案审查。

（杨　耀）

代 表 工 作

【代表联系】 2022年，县人大常委会深化拓展“双联”工作机制，开展县人大常委会组成人员联系基层县人大代表、人大代表接待选民日、人大代表进网格等活动，结合全市人大代表“惠民生、助发展”履职建功主题活动，围绕“进乡村，助增收促振兴；进企业，助纾困促发展；进网格，助解难促和谐”的“三进三助”工作主线，在10个帮促村挂牌设立乡村振兴专业代表联系点，抓好代表结对、项目帮扶、纾困解难等工作。围绕县委工作重点，组织开展“三个模范”主题活动，动员全县各条战线人大代表“双岗建功”，全县人大代表共助推招引项目59个，开展优化营商环境政策宣传活动200余次、法治宣传活动100余次，常态化走访3000余人次，反馈群众意见1700余条。

【代表议案建议办理】 2022年，县人大常委会坚持问题导向，及时召开建议办理工作推进会，专题听取代表建议办理情况汇报，首次将建议办理纳入承办部门年度党建工作考核内容。县十七届人大一次会议以来的242件代表建议全部办结，代表满意率和建议办成率均得到大幅度提升。首创《人大代表之声》，将各级人大代表收集到的社情民意梳理汇总后，定期以“人大代表之声”信息专报形式报送县委，围绕企业用气成本偏高、群众自建房截污等问题编印信息专报7期。制定常委会审议意见办理督办办法，定期听取审议意见办理情况汇报，开展满意度测评，促进“一府一委两院”依法行政、依法监察、公正司法。

【代表履职平台建设】 2022年，县人大常委会把加强平台建设作为夯实基层人大工作的有效抓手，主动争取在东门社区、今世缘酒业设立市人大立法联系点，先后征集意见建议120余条，传递群众真实声音，受到省市好评；分类打造企业代表联络站、法院代表联络站、社区代表联络站，建设“水燕平代表工作室”“郑标代表工作室”，在保滩街道周集村探索建设集学习宣传、联系群众、成果展示于一体的全过程人民民主基层实践点，构建以“家站点”为支撑、融合“立法联系点+代表联络站+代表工作室+全过程人民民主基层实践点”的多元化代表履职阵地。深化“双联”机制，坚持代表接待群众日制度，各级代表接待群众1500余人次，收集意见建议1200余条，帮助解决实际难题300余条。根据代表职业特点、工作经历，成立县级专业代表小组8个，进一步丰富闭会期间代表活动，提升代表履职监督的专业水平和工作实效。

【代表述职评议】 2022年，县人大常委会将履职评价活动作为县人大常委会任命人员任后监督的主抓手，通过“听看评测”的模式，采取“提前调研、现场测评、会后反馈、约谈整改”的闭环监督形式，促进“一府两院”依法行政、改进工作，推动人大代表主动履职、积极作为。对员额制法官检察官围绕办案绩效精准画像，对照《法官行为规范》《检察官行为规范》，抽调部分法律专家，对“员额制法官检察官”“办案效率、办案质量、工作作风”等进行量化评价，将案件的“发改率、延期率、上诉率、重大案件办案数”作为重点评价指标，进行多角度评价。对政府副县长及组成部门负责人，从“服务发展、服务人民、支持和参加人大工作”等方面进行量化评价，将“目标考核完成情况、上级主管部门及县委交办的重大事项、信访情况”等作为重点评价指标，结合社会各界对相关工作的反映，进行立体评价。全年共对县政府副县长等20名“一府两院”国家机关工作人员开展履职评价。

（杨　耀）

涟水县人民政府

THE PEOPLE'S GOVERNMENT OF LIANSHUI COUNTY

- 重要会议
- 人事管理
- 重要活动
- 信访工作
- 政务服务
- 机关事务

编辑：彭亚君

重要会议

【2022年度县安委会暨消委会第一次全体(扩大)会议】 2022年1月21日召开。县委副书记、县长洪然出席会议。县委常委、常务副县长李金平,副县长姜井旭,县政协副主席、县工信局局长朱金文,县政协副主席周建华参加会议。县委常委、常务副县长李金平主持会议。洪然强调,要深化思想认识,充分认清食品安全重要意义。要聚焦关键重点,有效提升食品安全治理效能。监督管理要全过程,全面推进“双随机、一公开”监督检查,切实抓好生产、流通、餐饮三个环节,着力构建全过程监管体系。要严格粮食收储质量安全,从源头上提升食品安全水平。要以校园及周边食品安全、养老机构食堂、食品小作坊、食品摊贩、农村帮办、网络销售等为重点领域,落实工作措施,消除监管盲区。执法查处要强震慑,市场监管、公安等部门要以“零容忍”态度加大对食品违法犯罪行为的打击力度,真正起到“查处一起、警醒一片、促进一方”的震慑作用。要强化组织保障,坚决守牢食品安全工作底线。要落实工作责任。县食安办要发挥统筹协调职能,完善县级食安委工作机制和议事规则,对各成员单位职责进行再明确。各成员单位要按照“管行业必须管食品安全”的要求,履行好行业管理责任。各镇街要坚持“党政同责、一岗双责”,进一步压实企业主体责任,督促企业规范生产行为。要注重社会引导。积极引导群众科学理性看待风险,增强公众食品安全意识。要加强诚信体系建设,促进企业诚信经营,积极构建诚信社会秩序。要加强应急处置。各镇街、各部门要完善本地、本系统应急预案,熟练掌握相关流程和应对措施;要坚持领导带班,做好24小时值班值守;要加强舆情监测,以对党和人民高度负责的态度,扎实开展食品安全监管和风险隐患排查,确保全县人民饮食安全,为加快建成百强县营造良好社会环境。会议传达全国、全省食品安全工作会议精神,通报2021年全县食品安全工作情况,并对下阶段工作提出要求。

2022年1月21日,2022年度县安委会暨消委会第一次全体(扩大)会议召开

(县融媒体中心 供稿)

【全县疫情防控工作会议】 2022年3月5日召开。县委副书记、县长洪然出席会议。县委常委、常务副县长李金平,副县长马荣,副县长姜井旭,副县长、县公安局党委书记、局长马仁慧,副县长吴勇,县政协副主席、县工信局局长朱金文,县政协副主席周建华参加会议。洪然强调,要严格落实好已启动“平战”转换的一级预警各项措施,坚持早发现、早处置的要求,根据风险等级变化,及时、全面、动态开展人员排查管控,确保查无遗漏、管控到位。各镇街、园区、部门主要负责人要亲自部署、亲自抓好工作的落实,加强协调联动,强化数据研判、快速核查、快速反馈,切实以早防控、早应对的工作模式,推动形成疫情防控的“闭环”。县疫情防控指挥部要切实发挥牵头抓总的作用,每天定时及时报告相关工作进展情况,确保信息掌握。要强化重点人群核酸检测,紧盯重点人员,坚持“人物同防”“人物同检”,全面拉网筛查,有序组织核酸检测工作,确保核酸检测高效有序、科学精准。要压实企业防控主体责任,督促企业加强重点人员排查登记。要加强组织领导,各镇街、重点部门要严格执行领导干部在岗带班、24小时专人值班制度;防控办、专项工作组要牵头组织各自领域的督导检查,建立问题清单,确保各项防控措施落到实处;新闻宣传组要通过报纸、电视、网络、微信公众号等多种方式,开展疫情防控知识宣传,引导公众养成不集聚、戴口罩、勤洗手等健康习惯,进一步织密疫情防控网络。

【全县人大代表建议、政协委员提案交办会】 2022年4月9日召开。县委副书记、县长洪然主持会议并讲话。县人大常委会主任张超,县政协主席姜杰出席会议。2022年,共收到人大代表建议248条、政协提案155件。洪然指出,要高度重视,进一步增强办理工作责任感。各承办单位要进一步增强办理工作责任感、使命感,用心用情解决好代表和委员提出的问题。要狠抓落实,进一步提升办理工作满意度。县政府办要加强与县人大人代联委和政协提案委的联系沟通,及时协调解决办理工作中遇到的困难和问题。对多个部门承办的建议提案,要加强协作配合,共商办理事宜,形成工作合力,增强办理实效,努力让建议提案件件有落实、事事有回音。洪然强调,要完善机制,进一步凝聚办理工作合力,做到办理速度“快”、办理质量“高”、办理效果“好”。要明确职责抓落实,承办单位要进一步充实优化办理工作队伍,确保建议、提案“件件有人办、事事有人管”。会上,县交通运输局、县教体局和涟城街道作交流发言。

【县政府全体(扩大)会议】 2022年4月11日召开。县委副书记、县长洪然出席会议并讲话。县委常委、常务副县长李金平,县委常委、县纪委书记、县监委主任刘永军,县委常委、县政府党组成员刘腾,副县长马荣,副县长姜井旭,副县长、县公安局党委书记、局长马仁慧,副县长吴勇,副县长吉海,副县长徐勇,县政协副主席、县工信局局长朱金文参加会议。洪然强调,要精准对接、有效突破,全力推动专业化市场化招商。要进一步加强招商力量、优选招商方法、优化招商环境,更大力度推进"一把手"招商,以更实举措谋划驻点招商,推行以商引商、委托招商、基金招商,有的放矢优化服务,不断丰富涟水营商环境品牌内涵,增强招商引资工作的实际成效。要坚持系统思维,提升城市功能品质,强化城市精细化管理,加大镇村建设规划力度,统筹城乡融合协调发展。要守稳守牢安全发展底线,继续抓好疫情防控,扎实开展专项整治,系统推进污染防治,积极稳妥防范风险,深入化解信访矛盾,确保全县社会大局和谐稳定。要高效履职、提升效能,切实增强抓落实能力水平。围绕2022年度"促发展、抓安全、树亮点"重点工作任务清单,坚持"务实规范高效",持续提升政府运转效能。聚焦市委市政府赋予的"申创国家级经开区,加快建成全国百强县"使命任务,提高工作标杆,全力争先进位,主动锤炼履职能力本领。认真履行"一岗双责",严格落实中央八项规定及其实施细则精神,坚持过紧日子思想,扎实推进党风廉政建设。会上,县委常委、县纪委书记、县监委主任刘永军作廉政工作辅导报告,各位副县长总结一季度工作,对二季度工作进行部署。

【全县签约项目暨拟签约项目汇报会】 2022年4月19日召开。县委副书记、县长洪然主持会议并讲话。县委常委、县经开区党工委书记王伟,县委常委、宣传部部长郎跃明,县委常委、组织部部长孙以东,副县长姜井旭,县政协副主席、县工信局局长朱金文参加会议。洪然强调,要坚持以更高效率快推进,各镇街、各部门主要负责人要亲自谈、亲自跑,对项目洽谈过程中遇到的问题及时请示报告,争取洽谈项目快落地、快开工、快达效。要坚持以更大力度抓招商,各镇街、各部门在做好疫情防控的基础上,主动寻找项目信息,注重"大"招商、招"大"商、招"对"商,争取突破一批投资规模大、科技含量高、市场潜力好的大项目。要坚持以更优环境强保障,持续推进"放管服"改革,有效提升报批速度,把客商的所急、所需变为部门的所想、所行,全面优化政务服务。要坚持以更强合力抓落实,全县上下要牢固树立"一盘棋"思想,各部门主要负责人要自觉承担起第一责任人的职责,亲自研究部署、亲自外出招商、亲自推进项目,以上率下、做好表率,层层分解任务、层层传导压力、层层抓好落实,各镇街、各部门要全程跟踪做好项目推进协调服务,县招商办、考核办要加大跟踪督查力度,对照目标任务,严格奖惩兑现,确保招商引资和项目建设责任落实到位、部门协作到位、督查考核到位。会上,县商务局通报全县签约项目和拟签约项目推进情况,各项目帮办单位、要素保障部门汇报相关工作情况。

2022年4月19日,全县签约项目暨拟签约项目汇报会召开　(县融媒体中心　供稿)

【全县机关单位干部参与"敲门"行动部署会议】 2022年4月21日召开。县委副书记、县长洪然出席会议并讲话。县委常委、组织部部长孙以东主持会议。洪然指出,各地各部门要提高思想认识,强化政治站位,积极落实本次"敲门"行动工作责任,确保核酸检测"不漏一户,不漏一人"。要明确责任分工、细化工作任务,把本单位机关干部的"敲门"任务数细化到小区、楼栋、单元,确保不留死角。要迅速开展工作,强化协同配合,通过"敲门"行动,进一步摸清人员底数,建立好人员台账,并及时反馈存在问题。要强化安全教育,做好自身防护措施,提醒参与"敲门"行动人员全程佩戴口罩,与人交谈保持一定距离,确保自身安全。要进一步排查漏洞,补齐短板,同时完善人口数据信息,为下一步精准开展工作提供支撑。要强化督查检查,县委办、县政府办要组织精干力量,加强一线督查,压实工作责任,确保"敲门"行动取得实效。

【庆祝"五一"国际劳动节座谈会】 2022年4月30日召开。县委副书记、县长洪然出席会议并讲话。县委常委、宣传部部长郎跃明,县委常委、组织部部长孙以东,副县长马荣参加会议。洪然指出,全县上下要大力弘扬劳模精神、劳动精神、工匠精神,坚持"干就干一流,走就走前列"的工作导向,为扛起"申创国家级经开区,加快建成全国百强县"光荣使命、谱写"强富美高"新涟水现代化建设新篇章汇聚强大力量。洪然强调,要在坚守理想信念中彰显本色,在推动跨越发展中勇挑重担,在深耕行业领域中锤炼本领,在提升服务保障中建强阵地。全县广大劳动者要立足岗位实际,不断焕发劳动热情、释放创造潜能、激发创业活力,争当技术能手,争做“大国工匠”,为涟水跨越赶超、冲刺百强献计出力。会议宣读《县政府关于表彰“涟水工匠”获得者的决定》;省劳模顾金凤、“淮安工匠”金绍武、第三届“涟水工匠”姜辉等分别作交流发言。

【全县重特大产业项目推进会】 2022年5月3日召开。县委副书记、县长洪然主持会议。县人大常委会主任张超,县政协主席姜杰,县委副书记李义翠,县委常委、常务副县长李金平,县委常委、县纪委书记、县监委主任刘永军,县委常委、县经开区党工委书记王伟,县委常委、县委统战部部长刘双喜,县委常委、宣传部部长郎跃明,县委常委、组织部部长孙以东,副县长姜井旭,副县长吉海,县政协副主席、县工信局局长朱金文参加推进会或陪同拉练活动。洪然强调,要始终坚持把项目建设作为“头版头条”,举全县之力、集全县之智,迅速掀起新一轮项目建设热潮,确保高质量完成全年目标任务,以实际行动迎接党的二十大胜利召开。洪然指出,要进一步增强责任感、紧迫感和危机感,把更多时间和精力用在大抓招商、狠抓项目、重抓服务上,全力推动项目建设各项工作落细落实,做到项目建设各项指标“确保第一方阵、争取第一位次”。会前,洪然率队对戴欧德电子、苏钢钢结构、新憬源纺织、海普智联、雷华科技等重点项目进行集中拉练检查。会议通报全县重点项目建设情况,重特大产业项目建设、重大项目服务专班工作情况及一季度项目建设“红旗单位”“红旗项目”“蜗牛单位”名单。会上,“蜗牛单位”主要负责人作表态发言。

【2022年度全国文明城市创建工作推进会】 2022年5月11日召开。县委副书记、县长洪然出席会议并讲话。县政协主席姜杰等县四套班子领导出席会议,县委副书记李义翠主持会议。洪然强调,全县上下要迅速行动起来,以攻坚姿态、务实作风、“绣花”功夫,全力以赴打好打赢全国文明城市创建这场硬仗,向市委、市政府和全县人民交上一份满意答卷。洪然指出,要提高站位、深化认识,切实增强创建全国文明城市责任感、使命感。要深刻认识到开展全国文明城市创建是大局所在、责任所在,是发展所需、民心所向,是破难攻坚、背水一战,必须坚定信心不动摇、久久为功不懈怠、迎难而上不退缩,以“慢不起”的危机感、“坐不住”的责任感和“输不起”的荣辱感,铆足干劲,奋力打赢全国文明城市创建翻身仗。洪然要求,要聚焦短板、聚力攻坚,牢牢把握创建全国文明城市突破口、着力点。要对标测评体系统筹推进,注重网上申报争取高分,突出精致精美优化环境。要压实责任,把督查问责运用到位。县创建办要加大暗访测评、跟踪督办、问题曝光、排名通报力度,健全全周期闭环管理机制;县纪委监委要坚持问题导向,严肃追责问责;县委组织部、县考核办要用好考核“指挥棒”,以赏罚分明的鲜明态度促进全县创建水平稳步提升、长效巩固,保障创建全国文明城市见成效、出成绩。会上播放创建专题片,县委常委、县纪委书记、县监委主任刘永军通报全县情况,县委常委、宣传部部长郎跃明作具体工作部署,相关单位作会议发言。

【全县“三区三线”划定工作推进会】 2022年5月18日召开。会议传达贯彻上级对“三区三线”(“三区”:生态、农业、城镇三类空间;“三线”:根据生态空间、农业空间、城镇空间划定的生态保护红线、永久基本农田和城镇开发边界三条控制线)划定工作的决策部署要求,对全县“三区三线”划定工作进行再部署、再推进。县委副书记、县长洪然出席会议并对下一步工作提出明确要求,县委常委、常务副县长李金平主持会议,副县长姜井旭,副县长吉海,县政协副主席、县工信局局长朱金文参加会议。洪然强调,科学划定“三区三线”是编制国土空间规划的关键,事关涟水经济社会长远发展大局,要进一步提高思想认识,充分认识“三区三线”划定工作的重要意义,研究分析最新政策要求,严格落实上级决策部署要求,科学精准开展好“三区三线”划定工作。要结合涟水现状和未来发展规划,统筹布局功能空间,严守生态保护红线,做到应保尽保、应划尽划,确保高质高效完成“三区三线”划定任务,为涟水经济社会建设争取更多更大发展空间。要加强向上沟通汇报,积极争取政策支持,全力保障重大项目、道路交通、水利设施等基础项目建设,构建绿色科学的保护、利用和开发的新模式、新格局。各相关部门要牢固树立“一盘棋”思想,压实工作责任,加强沟通对接,形成工作合力,科学精准高效完成划定举证工作,为全县经济社会高质量跨越发展提供充足的空间保障。会上,与会县领导对“三区三线”划定工作提出具体要求,县自然资源和规划局汇报全市“三区三线”划定工作会议精神并通报全县工作开

2022年5月18日,全县“三区三线”划定工作推进会召开 (县融媒体中心 供稿)

展情况，设计单位汇报全县国土空间规划“三区三线”初步划定情况，县经济开发区、各镇街和相关职能部门分别作发言。

【学习贯彻习近平总书记在庆祝中国共产主义青年团成立100周年大会上的重要讲话精神座谈会】 2022年5月19日召开。县委副书记、县长洪然出席座谈会并讲话。县委副书记李义翠，县委常委、组织部部长孙以东，县人大常委会副主任，县政协副主席周建华出席座谈会，县委常委、组织部部长孙以东主持会议。洪然强调，全县上下特别是广大团员青年要深入学习贯彻习近平总书记重要讲话精神，重温共青团百年历史，弘扬共青团光荣传统，要坚定理想信念，用初心使命笃定青春航向；要坚持勤学笃行，用过硬本领担当青春重任；要矢志拼搏奉献，用创新实干贡献青春力量；弘扬新风正气，用高尚情操展现青春风貌。各级团组织要牢牢把握“建设什么样的青年组织、怎样建设青年组织”这个事关根本的重大问题，把“为党育人”摆在更加突出的位置，履行好“全团带队”政治责任，坚定不移听党话、跟党走，始终沿着习近平总书记指引的方向继往开来、砥砺奋进，在全县勇担光荣使命、奋力跨越赶超中释放青春激情、点燃青春梦想。会议传达习近平总书记在庆祝中国共产主义青年团成立100周年大会上的重要讲话精神，胡建飞、胡慧慧、王玮、王梦、汪浩等5名优秀青年代表作交流发言。与会人员观看青春逐梦言志视频《新时代新青年向梦想出发》。

【全县农房改善工作推进会】 2022年5月21日召开。县委副书记、县长洪然出席会议并讲话。县委副书记李义翠，县委常委、宣传部部长郎跃明，县委常委、组织部部长孙以东，副县长吉海出席会议。李义翠主持会议。洪然指出，交付社区要严格管控。要用好村规民约，积极开展文明户、示范户等评比活动，帮助群众培养良好生活习惯，推动居住条件和精神面貌双提升。在建项目要快速推进。要充分整合资源、统筹调拨资金，按照施工进度及时拨付到位，相关镇街也要主动对接，做好施工方工作，推动项目有力有序建设。示范项目要精心谋划。要围绕文明村镇创建工作，按照出精品、树亮点的要求，高标准打造省级示范项目，彰显涟水特色，展示涟水风貌。会议听取农房改善工作存在问题及下一步工作建议，代建项目施工及有关资金拨付，农房项目监管、质量验收排查等相关情况汇报，观看农房改善现场督查视频，相关镇街作表态发言。会前，洪然一行深入红窑镇浅集社区，听取相关工作汇报，深入了解农房改善过程中的问题、困难，并现场会办解决。

【涟水县安委会全体（扩大）会议暨百日攻坚专项行动推进会】 2022年8月24日召开。县委副书记、代县长朱永兴出席会议并讲话。县委常委、常务副县长李金平，副县长马荣，副县长、县公安局党委书记、局长马仁慧，副县长吴勇，县政协副主席、县工信局局长朱金文出席会议。朱永兴指出，要提高站位、高度警醒，时刻绷紧安全生产之弦；要突出重点、细化举措，坚决筑牢安全生产防线；要知责思危、强化担当，确保全县大局和谐稳定。要拧紧责任链条，坚决贯彻“党政同责、一岗双责、齐抓共管、失职追责”和“管行业必须管安全、管业务必须管安全、管生产必须管安全”要求，确保将企业主体责任、属地管理责任、部门监管责任落实到位。要加强应急值守，完善应急处置预案，抓好应急救援装备和物资储备，加强应急救援演练，严格落实24小时值班值守、领导在岗带班和事故信息报送制度。要严格督查巡察，巡察督导组要采取“四不两直”方式加大督查检查力度，对督查中发现的问题要及时通报，责令相关单位限期整改，推动全县安全生产形势持续稳定向好，以实际行动迎接党的二十大胜利召开。会上，县领导对分管领域安全工作提出具体要求，县安委办通报2022年全县安全生产工作开展情况、存在问题和下一阶段工作建议。县经济开发区、县住建局、五港镇作交流发言，其他镇街、县安委办成员单位作书面交流。

【全县制造业高质量发展实施意见企业家座谈会】 2022年11月15日召开。县委副书记、代县长朱永兴，副县长姜井旭，县政协副主席、县工信局局长朱金文出席会议。朱永兴指出，企业家们要坚定信心，迎难而上，抢抓机遇勇向前。不断提高站位，准确把握大政方针，充分研判产业发展，正确认识涟水发展，在更高视野、更大格局中树牢发展信心。要保持恒心、聚焦主业，心无旁骛谋发展。要坚守实体、做精主业，矢志创新、加快升级，利用好各类鼓励创新的政策措施，发挥好企业在创新中的主体作用，加快产业转型升级，把企业打造成强大的创新主体。要不忘初心、塑优形象，勇于担当强责任。要守牢安全底线，坚决落实安全生产主体责任，全面提高企业本质安全水平。要推动绿色发展，坚持走生态保护与企业发展并重的路子，努力为涟水留住青山绿水、留住宝贵资源。要真诚回报社会，坚持与员工共成长的理念，为企业长远发展奠定坚实基础，为推动全县高质量发展、加快建成全国百强县做出新的贡献。会议解读《关于推动制造业高质量发展的实施意见（讨论稿）》。参会企业家代表从宏观形势、企业发展、行业发展等方面对实施意见进行交流。

【县政府常务会议】 2022年，县十七届人民政府举行常务会议17次。

县政府十七届第1次常务会 1月23日召开，会议分别就2022年《政府工作报告》主要目标任务分解、生态文明建设规划、省生态环境保护督察问题整改、2022年生态环境工作安排、2022年县政府为民办实事、招商引资、春节期间相关重点工作、拨付相关资金等议题进行研究讨论。县委副书记、县长洪然主持会议。县政府领导李金平、马荣、姜井旭、马仁慧、吴勇、吉海出席会议。县人大常委会副主任周宏昌，县政协副主席朱金文、周建华应邀出席会议，部分县人大代表、县政协委员列席会议。

县政府十七届第2次常务会 2月7日召开，会议分别就《县政府关于推进气象事业高质量发展的实施方案（讨论稿）》《关于我县创建国家气候标志品牌“中国天然氧吧”工作计划和相关建议》

等11个议题进行讨论研究。县委副书记、县长洪然主持会议。县政府领导李金平、马荣、姜井旭、吴勇、吉海出席会议。县人大常委会副主任周宏昌,县政协副主席朱金文、周建华应邀出席会议,部分县人大代表、县政协委员列席会议。

县政府十七届第3次常务会　3月12日召开,会议传达学习贯彻市"两会"精神,安全生产相关文件和县农业农村局、县发改委相关工作,传达贯彻特殊群体权益保障工作,并分别就《关于加快推进工业经济高质量发展的十条意见》《涟水县贯彻落实江苏省统计局第4统计督察组督察反馈意见整改方案》制订、招商引资、省生态环境保护督察反馈问题整改等议题进行讨论研究。县委副书记、县长洪然主持会议。县政府领导李金平、马荣、姜井旭、吴勇、吉海、徐勇出席会议。县人大常委会副主任周宏昌,县政协副主席朱金文、周建华应邀出席会议,部分县人大代表、县政协委员列席会议。

县政府十七届第4次常务会　4月10日召开,会议传达学习贯彻习近平总书记关于安全生产重要指示精神、国家和省市安全生产电视电话会议精神,并就涟水县一季度安全生产、全县疫情防控工作、《关于进一步帮助市场主体纾困解难稳定经济增长的二十条政策意见》和《全国农业科技现代化先行县(涟水)共建实施方案(2021—2025年)》制定、政府投资项目、民生实事项目、2021年度全县质量工作、县长质量奖评审等议题进行研究讨论。县委副书记、县长洪然主持会议,县政府领导李金平、刘腾、马荣、姜井旭、马仁慧、吴勇、吉海、徐勇出席会议。县人大常委会副主任周宏昌、县政协副主席朱金文应邀出席会议,部分县人大代表、县政协委员列席会议。

县政府十七届第5次常务会　5月14日召开,会议传达学习省委书记、省人大常委会主任吴政隆在省委常委会会议上的讲话,市委副书记、市长史志军在市委财经委第五次会议暨经济形势分析会上的讲话精神,并分别就《关于进一步支持市场主体应对疫情促进经济持续健康发展的若干措施》《涟水县建筑垃圾资源化利用管理办法》《关于加强农村宅基地和住宅建设管理的实施意见》《加强帮扶项目资产后续管理实施意见》制定及2021年行政复议和行政应诉、"12345"政府热线一季度运行等议题进行研究讨论。县委副书记、县长洪然主持会议,县政府领导李金平、马仁慧、吴勇、吉海出席会议。县人大常委会副主任吴建峰、县政协副主席朱金文应邀出席会议,部分县人大代表、县政协委员列席会议。

县政府十七届第6次常务会　5月29日召开,会议传达学习国家和省市"三夏"生产工作推进电视电话会议精神,并分别就全县夏粮收购工作准备、招商引资、安全生产、中高考准备工作、《涟水县2022年法治政府建设工作要点》制订等议题进行研究讨论。县委副书记、县长洪然主持会议,县政府领导李金平、姜井旭、马仁慧、吴勇、吉海出席会议。县人大常委会副主任周宏昌、县政协副主席朱金文应邀出席会议,部分县人大代表、县政协委员列席会议。

县政府十七届第7次常务会　6月4日召开,会议传达学习省委副书记、省长许昆林在全国稳住经济大盘电视电话会议结束时的讲话、在全省稳定经济增长视频会议上的讲话精神,并分别就政府投资项目、2022年度县政府规范性文件制发计划及《县政府关于进一步完善涟水县城市长效综合管理考评工作的实施意见》《关于进一步推进工业用地提质增效的若干措施》《涟水县优化营商环境十条服务承诺(2022版)》起草等议题进行研究讨论。县委副书记、县长洪然主持会议。县政府领导李金平、马仁慧、吴勇、吉海参加会议。县人大常委会副主任周宏昌、县政协副主席朱金文应邀出席会议,部分县人大代表、县政协委员列席会议。

县政府十七届第8次常务会议　6月18日召开,会议就巨石项目相关情况进行研究讨论。县委副书记、代县长朱永兴主持会议。县政府领导李金平、姜井旭、吴勇、吉海参加会议。

县政府十七届第9次常务会议　7月4日召开,会议传达学习国家卫健委党组书记、主任马晓伟在全国新冠疫情防控工作电视电话会议上的讲话精神、《江苏省生态文明教育促进办法》文件精神,并分别就大湾区招商、《涟水县法治政府建设实施方案(2021—2025年)》和《涟水县深化医疗保障制度改革实施方案》制定、城镇燃气安全排查整治、《涟水县促进房地产商品房销售扶持政策(试行)》措施落实情况等议题进行研究讨论。县委副书记、代县长朱永兴主持会议。县政府领导李金平、马荣、吉海、徐勇参加会议。县人大常委会副主任孙辉、县政协副主席朱金文应邀出席会议,部分县人大代表、县政协委员列席会议。

县政府十七届第10次常务会议　7月25日召开,会议传达学习国务院和省市安全生产电视电话会议、全市2022年第二次重特大项目攻坚拉练、市委财经委第六次会议暨经济形势分析会议精神,并分别就全县安全生产工作、全县上半年招商引资工作、《涟水县持续深化"放管服"改革打造一流营商环境若干措施》制定等议题进行研究讨论。县委副书记、代县长朱永兴主持会议。县政府领导李金平、马荣、吴勇、吉海参加会议。县人大常委会副主任刘泽年、县政协副主席杨春燕应邀出席会议,部分县人大代表、县政协委员列席会议。

县政府十七届第11次常务会议　8月13日召开,会议传达学习省委工作会议、市委八届四次全会、县委十二届四次全会精神,并分别就全县重点行业领域安全生产百日攻坚行动进展、《涟水县突发事件信息报告工作制度(讨论稿)》和《涟水县国家电子商务进农村综合示范工作实施方案(讨论稿)》制定、全县乡村产业振兴实施情况等议题进行研究讨论。县委副书记、代县长朱永兴主持会议。县政府领导李金平、张锦辉、马荣、姜井旭、马仁慧、吴勇参加会议。县人大常委会副主任孙辉、县政协副主席朱金文应邀出席会议,部分县人大代表、县政协委员列席会议。

县政府十七届第12次常务会议　9月3日召开,会议传达学习贯彻市委副书记、市长史志军在涟水调研会办产业项目建设时的讲话精神,并分别就开展中秋节期间安全生产大检查等议题进行研究讨论。县委副书记、代县长朱永兴主持会议。县政府领导李金平、马荣、姜井旭、马仁慧、吴勇、吉海参加会议。县人大常委会副主任周宏昌、县政协副主席周建华应邀出席会议，部分县人大代表、县政协委员列席会议。

县政府十七届第13次常务会议 9月25日召开，会议传达学习全国、全省、全市安全生产电话会议精神，并就开展国庆及二十大期间安全生产大检查、国庆期间新冠疫情防控、政府投资项目及民生实事项目进展、省级食品安全示范城市跟踪评价、省知识产权建设示范工作创建、《涟水县制造业智能化改造和数字化转型实施方案(2022—2024年)(讨论稿)》制订、全县成品油市场非法经营行为专项整治等议题进行研究讨论。县委副书记、代县长朱永兴主持会议。县政府领导李金平、姜井旭、马仁慧、吴勇、吉海、徐勇参加会议。县人大常委会副主任周宏昌、县政协副主席周建华应邀出席会议。

县政府十七届第14次常务会议 9月30日召开，会议分别就钧达股份高效太阳能电池片项目、新材料产业园片区基础设施提升及码头物流项目、开发区核心区及空港产业园道路景观提升项目等议题进行研究讨论。县委副书记、代县长朱永兴主持会议。县政府领导李金平、张锦辉、姜井旭、马仁慧、吴勇、徐勇参加会议。县人大常委会副主任周宏昌、县政协副主席周建华应邀出席会议。

县政府十七届第15次常务会议 10月28日召开，会议传达学习省中央生态环保督察整改工作调度会精神，并分别就中央生态环保督察反馈问题及交办信访件办理工作、政府"过紧日子"相关工作、《2022年各镇街(园区)和县安委会成员单位履行安全生产工作责任考核评价指标(讨论稿)》制定、前三季度暨百日攻坚期间招商引资、《涟水县党建引领"涟心万家"推动住宅小区物业管理高质量发展实施方案(讨论稿)》制定、城市长效综合管理、《涟水县农村住房条件改善专项行动方案(讨论稿)》制定、争取督查激励等15项议题进行研究讨论。县委副书记、代县长朱永兴主持会议。县政府领导李金平、姜井旭、马仁慧、吴勇、吉海参加会议。县人大常委会副主任孙辉、县政协副主席周建华应邀出席会议。

县政府十七届第16次常务会议 12月16日召开，会议传达学习贯彻省委十四届三次全会精神，解读《持续巩固百日攻坚成效 深化提升安全防范工作专项行动的实施方案》并就全县安全生产工作、《县政府关于推进政务服务标准化规范化便利化提速优化政务服务营商环境的实施意见(讨论稿)》3份文件制订、全县未成年人保护、2023年相关项目编排、《涟水县农民收入十年倍增计划实施方案(讨论稿)》制订等议题进行研究讨论。县委副书记、代县长朱永兴主持会议。县政府领导李金平、马仁慧、吴勇、吉海、张云哲、徐勇参加会议。县人大常委会副主任周宏昌、县政协副主席朱金文应邀出席会议。部分县人大代表、县政协委员列席会议。

县政府十七届第17次常务会议 12月25日召开，会议传达学习贯彻中央经济工作会议精神，并就全县消防工作、《2023年政府工作报告(讨论稿)》和《关于涟水县2022年国民经济和社会发展计划执行情况与2023年国民经济和社会发展计划(草案)的报告(讨论稿)》制订、2023年全县经济社会发展主要指标安排、2022年全县招商引资、《2023年招商引资工作方案(讨论稿)》和《关于加快涟水经济开发区高质量跨越发展的实施意见(讨论稿)》制定等议题进行研究讨论。县委副书记、代县长朱永兴主持会议。县政府领导李金平、姜井旭、马仁慧、吴勇、张云哲参加会议。县人大常委会副主任周宏昌、县政协副主席朱金文应邀出席会议。部分县人大代表、县政协委员列席会议。(周必秀)

重要活动

【新星幼儿园合作办学签约仪式】 2022年8月13日在涟水县新星幼儿园举行。市妇联党组书记、主席王娟，县委副书记、代县长朱永兴，副县长马荣出席签约仪式。王娟指出，涟水自古就是远近闻名的教育之乡，合作三方要加强协同，加强示范，发挥新星品牌的示范引领作用，结合涟水实际和幼儿需求，因地制宜开展工作，持续改善办园条件、更新教学理念、提升师资素质，确保涟水的合作办园有特色、有亮点、有成效。朱永兴代表涟水县委、县政府对县新星幼儿园的成功签约表示热烈祝贺，对市妇联、市新星幼儿园的大力支持表示衷心感谢。朱永兴表示，涟水县委、县政府始终坚持"抓教育就是抓发展，强教育就是强县域"理念，聚焦"重塑涟水教育辉煌"发展目标，不断深化教育改革、加大教育投入，持续推进教育强县、人才强县建设。作为全市学前教育标杆的淮安市新星幼儿园来涟水合作办学，将为涟水扩大优质教育资源、铸造学前教育品牌、加快提升涟水

2022年8月13日，县新星幼儿园合作办学签约仪式举行 (县融媒体中心 供稿)

教育知名度和美誉度注入新的不竭动力。在仪式上，王娟、朱永兴共同为涟水新星幼儿园揭牌，合作三方代表签订合作办学协议。

【淮安·南京养老服务南北结对帮扶(涟水项目)合作签约仪式】 2022年9月27日在涟水举行。南京市民政局党委书记曹海连，省民政厅办公室主任林辰，市民政局党组书记沈在宏，县委副书记、代县长朱永兴，县委副书记、省委驻涟帮促工作队队长王道峰，副县长吉海等参加签约仪式。朱永兴指出，近年来，涟水县委、县政府高度重视民政事业发展，坚持以居家养老为基础、社区养老为依托、机构养老为支撑、信息养老为辅助，合力推动养老服务体系建设不断跃上新台阶。在省、市民政部门的精心指导和关心帮助下，涟水县按照人口覆盖面规划布局，通过新建、扩建等方式，着力构建“1+7”养老服务格局，建设1个县级养老服务中心和7个护理型养老服务中心，每个养老服务中心覆盖周边2—3个镇街，实现资源共享。下一步，涟水县将以项目签约为契机，以养老服务领域淮安·南京“南北合作”为平台，让发展成果更好惠及民生，不断提高群众幸福指数，推动涟水县民政事业高质量发展，全力争创“全国百强县”。南京市民政局副局长陈芳、市民政局副局长董刚代表双方签约。签约仪式结束后，与会人员先后参观涟城街道敬老院和县社会福利院。

【《涟水红色印记》首发仪式】 2022年10月13日在县政府三楼第三会议室举行。江苏省“三会”会长丁解民、副会长严宏生，淮安市老促会副会长严继林，涟水县委副书记、代县长朱永兴，县委副书记李义翠等出席首发仪式。丁解民向涟水县部分人大代表、政协委员、老党员代表以及今世缘等企业代表赠送《涟水红色印记》，对涟水在红色资源挖掘利用、红色文化传承保护等方面取得的成绩给予充分肯定。严继林希望涟水县充分利用好《涟水红色印记》，采用媒体讲座、学校讲课、红色旅游、组织宣讲等方式，进一步弘扬涟水的红色文化，提高《涟水红色印记》的影响力。朱永兴在致辞中表示，涟水是远近闻名的革命老区、红色热土，将进一步讲好红色故事，传承红色基因，激励全县广大干群抢抓机遇、奋勇前行，切实将老区精神转化为推动高质量跨越发展的强大动力。仪式上，县老促会介绍《涟水红色印记》编创成书情况，县教体局、县文广旅游局作交流发言。（周必秀）

2022年10月13日，《涟水红色印记》首发仪式举行（县融媒体中心 供稿）

政务服务

【概况】 2022年，县行政审批局继续完善村(社区)公共服务和帮办代办“两张清单”，实行动态管理、按需更新，着力提升基层政务服务效能。坚持营造公开、公平、公正的法治化、规范化的公共资源交易环境，依据市、县政府采购目录按照“应进必进”原则，推动各类公共资源交易进平台运作。打造“涟快办”品牌，推动投资项目快立项、快审批、快建设、快投产、快达效。进一步拓展“一网通办”、自助服务等专区功能，提高工程建设项目审批、“苏政40条”“苏政50条”等专窗接办能力，基本实现“一窗”无差别综合受理。按照全程网办、异地代收代办、多地联办等多种方式，推动线上线下办事渠道深度融合，加快实现同一事项无差别受理、同标准办理，全年“跨省通办”事项140项。为171个项目提供“涟快办”服务，其中10亿元以上项目14个、超100亿元项目3个，推动26个项目实现“五证齐发”“拿地即开工”，涟水县连续两年获全市重特大项目攻坚优秀县区称号。疫情期间，县“12345”政府热线全天候受理疫情类诉求，严格落实保供类工单30分钟内签收、60分钟内反馈、疫情类工单1小时签收、48小时反馈至市12345政府热线。全年累计办理疫情类诉求15831件，其中物流保障类诉求859件。在线解答市平台转接群众诉求近4500件，为群众解答疑惑、疏导恐慌心理。县营商办建立“一单一书一函”营商环境问题督查推进机制，对营商环境督查中发现的问题，分类采取提醒函、通知书、交办单等形式进行交办，并跟踪督导实现闭环处理。全年共发出营商环境问题提醒函37份，交办单29份，督办通知书6份，进一步提高全县营商环境建设水平。组织开展工作纪律督查，改善机关工作作风，印发督查通报2期，发现工作纪律和作风问题20个，整改20个，处理18人次，查处违反营商环境的案件4件，下发营商环境“黄牌警告”5期。通过“涟水营商环境”微信公众号平台，强化各单位各部门营商环境工作宣传，收到营商环境宣传稿件620多篇，采用201篇，部分稿件被“学习强国”“营商环境101”等省市级以上媒体采用。涟水县优化营商环境，保障项目建设的先进做法被中央电视台《朝闻天下》栏目报道。“互联网+督查”获得省政府督查激励表彰，

创成省级知识产权建设示范县,“四全”联动构建诉服新模式被省高级人民法院明文推广。（张浩 马可）

【公共资源交易服务】 2022年,县行政审批局以依法依规为核心,以优质服务为重点,打造“公开、公平、公正和诚实信用”的公共资源交易市场环境。先后制定和实施《淮安市公共资源交易中心涟水分中心交易业务操作规程》《档案管理制度》等规范性文件。建立健全《开标室管理制度》《评标室管理制度》《评标专家“十不准”制度》,对招投标各重点功能区域和关键环节现场管理进一步细化,依据市、县政府采购目录按照“应进必进”原则,推动各类公共资源交易进平台运作。制定实施“三色马甲”制度,评委、交易分中心及代理机构工作人员进入开、评标区域,分别着不同颜色的马甲,加强开、评标现场管理,促进公共资源阳光交易,廉洁高效运行。坚持让数据多跑腿、让群众少跑路的理念,广泛开展“不见面交易”,通过数字化手段在线开评标,投标人全程无须到开标大厅,为企业投标提供便利,降低企业交易成本。全年符合条件的项目均实行电子化交易,电子化“不见面”100%。全年完成工程建设项目招标投标、政府采购、土地出让、医疗器械等项目共计602项,成交金额70.91亿元,节约资金6.78亿元,资金节约率8.73%。其中,工程建设类项目112项,成交金额27.64亿元;采购类项目409项,成交金额7.66亿元;国土交易70项,成交金额35.46亿元;医疗器械交易11项,成交金额0.15亿元;产权交易54项,成交金额761.36万元,资金增长94.6万元,资金增长率14.19%。淮安市公共资源交易中心涟水分中心先后获全国公共资源交易先进单位、淮安市“诚信群体”、市行政审批局公共资源交易单项考核先进单位。

【“12345”民生服务】 2022年,“12345”民生服务中心围绕县政府提出的“力争‘12345’进入全市第一方阵”的工作目标,坚持“读懂工单、弄清民意、高效办理、解决难题、维护稳定、促进和谐”原则,按照“早交办、早催办、早回访、早反馈”的工作机制,和“精心对待每一件工单,不放弃群众每个诉求”工作要求,全力推动中心各项工作。对话务人员每日办件量、回访群众的满意率等指标进行每日一统计,每日一公布,每月一考核,并实行考核激励机制,激发员工的工作热情。实行诉接速办,提高工单的办结率,提升群众满意度。全年承接市派发工单82954件,其中国务院“互联网+督查”工单325件、省“12345”平台工单3663件、省政风热线工单25件、市直派镇街33804件、市“12345”平台工单49150件,县政府领导信箱工单1003件。及时办结率99.96%,综合响应率100%,群众满意率98.95%,“三率”月度考核稳占据各县区前列。

【“县乡村一体化”政务服务体系建设】 2022年,县行政审批局围绕率先建成、走在前列的总要求,强化统筹协调,落实主体责任,细化分解任务,积极推进“三化”(政务服务标准化、规范化、便利化)建设。坚持条抓块统、县镇村联动,一体推进政务服务事项梳理、制标贯标、数据共享和管理培训、评估考核、指导监督等工作,加快提升政务服务效能。推动实现“苏服办”总门户系统集成。打造“15分钟政务服务圈”,设政务服务中心综合受理窗口、镇(街)便民服务中心16个和村(社区)便民服务站373个,实现全科窗口全覆盖,高频政务服务事项实现“一网通办”“跨省通办”。公布全县行政权力事项清单1001项(行政许可279项、行政给付54项、行政奖励127项、行政确认106项、行政征收112项、其他行政行为323项),全部实现清单管理。深入推进“一件事”改革,在县级政务服务中心、专项分中心及镇(街)便民服务中心设置“一件事一次办”综合受理窗口,将“一件事一次办”向村(社区)便民服务站延伸覆盖。全年累计上线“一件事”56个,办件近2万件,工作经验在《江苏政务服务管理通讯》《新华日报》、“学习强国”等媒体宣传推广。

【投资项目代办帮办】 2022年,县行政审批局代办中心紧盯县委、县政府工作节奏,做政府的“好参谋”、做项目的“大管家”、做企业的“店小二”,有效推动投资项目快立项、快审批、快建设、快投产、快达效。夯实党建根基,打造“红色代办”党建品牌,发挥党组织战斗堡垒作用和党员先锋模范作用。组织代办员学习招商引资政策、一区三园、项目要素保障指标、帮办流程;贯彻落实《涟水县行政审批局“青蓝工程”师徒结对实施办法》,通过“老带新”方式,帮助代办员快速熟悉项目代办业务,提升项目代办员的专业水平;定期召开项目代办分析会议,分享项目代办优秀经验,剖析并解决代办员项目代办难题。为项目量身定制全生命周期代办流程、一个项目一个清单,42个事项涉及12个部门,做到“一张申请表单、一套申报材料、完成多项审批”,有效解决审批事项互为前置、条件交叉等问题。坚持问题导向,聚焦项目堵点难点,通过会办、交办、督办,全力解决项目建设存在的问题。全年跟踪服务项目138个,其中工业项目105个、服务业项目17个、农业项目16个。

【政务服务移动端旗舰店】 2022年,县行政审批局不断完善旗舰店和移动端建设,打造41个功能专区、新增5大特色专区、建设16个镇街子门户、上线38个热门应用、下沉12类省级应用、开发30个本地应用。根据办事人员使用体验,推动更多覆盖范围广、使用频率高的热门服务。开展“苏服码”应用宣传推广工作,实现扫码取号、扫码自助办事、扫码窗口免交证照等目标,切实把“苏服码”应用工作落到实处。

【“一件事”改革】 2022年,县行政审批局以成熟落地的新生儿出生“一件事”为创新改革契机,认真筛选群众最迫切、办理最高频的政务服务事项,巩固“一件事”成果,拉长“一件事”链条,放大“一件事”效应,全面落实“一件事一次办”的初衷,助推淮上关爱“一件事”改革。到年底,累计上线57个“一件事”,累计办件14657件,相关工作内容在《江苏政务服务管理通讯》、《新华日报》、“学习强国”等媒体推介。

【政务服务管理改革】 2022年,县行政审批局对全县43个部门(单位)全面认领的六大类政务服务事项和依申请公共服务事项共计7176项进行动态化、标准化、规范化管理,着力构建政务服务"新样板"。16个镇(街)便民服务中心、规范网上办事指引,推动更多政务服务事项线上线下融合发展,着力营造"政务环境优,办事效率高,群众获得感强"的基层政务服务环境。

【财政奖补集成服务改革】 2022年,县行政审批局采取"一张表单、一个窗口、分类审核、一键支付、闭环管理"运行机制,用贴心的服务将财政奖补资金快速、便捷地发放到企业和群众手中,打造助企纾困"直通车"。截至年底,已上线涟水县本级财政奖补惠企利民政策事项64项,受理各类业务4747件,为企业和个人累计发放奖补资金6.23亿元。

(张　浩)

【"放管服"改革】 2022年,县营商办动员和组织全县36个部门和单位开展政务服务"一把手体验"活动,通过亲身办、代理办、陪同办等体验方式,深入查找政务服务、行政审批、执法监管等方面存在的流程不优、运转不畅、材料繁琐等问题,进一步推动全县政务事项办理"减时间、减材料、减环节、减跑动"。全县参与活动的部门和单位共开展各类体验92次,优化一次性告知、不见面审批、动态调整服务窗口数量、审批事项权限下放至镇街、法律援助申请审批等办事流程13个,解决行政许可告知单内容不全面、医疗保险意外伤害审批和医保关系转移接续及时性不足、非法营运取证困难等堵点难点问题39个。涟水政务服务移动专区全新改版,新增31项本地特色应用。推动实现公共资源"不见面"交易,电子化交易率和"不见面"交易率均为100%。开展"证照联办"一件事改革,打造省级"一件事"政务品牌13个。落实落细各类惠企政策,及时出台助企纾困"涟20条"、稳定就业"涟16条"、营商环境服务承诺"涟10条"等一揽子政策措施,保障涟水经济健康平稳运行。

【101%服务项目建设】 2022年,县营商办开展服务企业"大走访、解难题、促发展""千名党员进千企"活动,常态化经济网格走访,主动为企业纾难解困,为各类市场主体解决融资、仓储、电力线路等个性问题2929个,为30家重点企业解决涉及招工用工、物流运输、融资、核酸检测等共性问题12个。办结风险监管、帮办服务、市场主体诉求等各类工单1800余条。强化惠企政策集成发布,实现惠企政策3个工作日内精准推送至相关企业。全年共向企业定向推送创业扶持、贷款贴息、税收减免、产业发展等各类惠企政策20条。创新打造政务服务品牌。设立工程建设项目审批专区和水电气视讯综合服务专区,实现线上"一网通办"、线下"一站式"服务,推行工业用地"标准地+双信地+定制地"供应模式,为企业提供菜单式全流程服务。完成对全县2022年度重大产业项目情况摸排,对排查出的1388家重点企业,实行常态化监测管理。开展"党政亲商会"活动,与面对面企业交流,现场会办企业诉求,听取意见建议,共收集企业问题建议21个,办结率100%。

(马　可)

人事管理

【概况】 2022年,县人社局坚持以优化服务为主要抓手,以政策落实为重点举措,不断加强涟水各类人才队伍建设,深化人事管理工作,努力为经济社会发展提供坚强的人才保障。积极推进紧密型医共体建设,在2022年全省卫健系统"医共体建设"考核中,涟水位列全省第一。高效开展事业单位人事管理工作,各类事业单位成功招录481人,完成各类初、中级职称评定608人。

【事业单位人员管理】 2022年,县人社局制定出台涟水县教育系统教师岗位等级晋升实施办法,为全县符合晋升条件的5216人完成层级晋升。推进紧密型医共体建设,在2022年全省卫健系统"医共体建设"考核中,涟水位列全省第一。高效开展事业单位人事管理工作,成功招录各类事业人员481人。扎实做好事业单位工资日常管理,按时完成全县1万余名事业单位工作人员薪级工资调整工作。推动全县开发园区薪酬制度改革,助力考核评价标准化、薪酬分配合理化。

【专业技术人员职称评审】 2022年,县人社局突出实绩导向,不断完善评价标准和评价机制。注重评价专业技术人才职业道德、能力素质和业绩贡献。加大对学术不端行为的查处力度,实行学术造假"一票否决制"。健全异地同行专家评审制度,增加评审透明度。全年完成中高级职称审核320人;在省一体化办公平台上完成助理级、员级职称初定受理工作,评审通过503人;拟定全县教育系统中级职称评审文件并组织实施,评审通过105人。

【基层人才队伍建设】 2022年,县人社局组织今世缘、捷泰科技、中顺环保、特创科技、永安化工、永创医创等25家单位参加省内外高校专场招聘和云端招聘等活动6场。全年引进本科学历人才585人,研究生学历及副高职称以上人才79人,新增留学回国人员4人。全面做好高层次人才服务与人才政策落实工作,受理、审核今世缘、全稳康源、中顺环保、县医院等县内重点企事业单位新引进高校毕业生就业、购房、薪酬、生活和探亲交通补贴申请325人次,涉补金额540余万元。

(袁国丽)

信访工作

【概况】 2022年,县信访局坚持运用法治思维和法治方式,推动信访工作全面纳入法治化轨道。以中共中央、国务院印发《信访工作条例》(以下简称《条例》)为契机,开展以宣传《条例》为主题的法治宣传教育培训活动。印发《信访工作条例学习百问百答》《信访工作条例学习问答》等学习材料500余份,把《条例》的学习宣传融入接待来访工作的全过程,发放宣传手册1000余份。在各镇街人民来访接待中心大屏、电视机等媒介滚动播放《小阳光说信访——信访工作条例》信访法治宣传系列动画短片，营造办事依法、遇事找法、解决问题用法、化解矛盾靠法的良好环境。以高标准、严要求、硬举措扎实抓好党的二十大期间信访保障工作各项任务，实施战时工作机制，落实24小时带班值班制度，执行信访信息“日报告、零报告、日研判”制度，加强警信联合、路地联勤、前后方联动，全力抓好值守巡查、风险预警、应急处置等工作，守牢“四个不发生”底线。全年接待群众来访642批次2125人次，受理办理人民来信、网上信访、电话信访等渠道信访3207件，及时受理率、按期办结率均达100%，维护群众合法权益，促进社会和谐发展。

【社会矛盾排查】 2022年，县信访局坚持和发展新时代“枫桥经验”，织密全覆盖排查网络，将化解矛盾与防范风险相结合，紧盯重要时段开展日常矛盾排查，聚焦重点领域深入摸排风险，实现各类矛盾纠纷、就地排查、跟踪化解，最大限度地把矛盾化解在早、化解在小、化解在基层。全年全县排查梳理矛盾隐患271件，均已落实化解责任。

【信访积案化解】 2022年，县信访局按照“谁主管、谁负责；谁的事、谁负责”原则，严格实行专班化运作、清单式管理、全过程推进，落实领导包案，明确化解责任，严格按照“三到位一处理”要求，综合运用政策宣讲、帮扶救助、协商调解等手段，有效化解一批群众反映强烈的信访积案。全年上级交办信访积案418件，化解率98.56%。

【领导接访下访】 2022年，县信访局常态长效开展党政领导“一线三包”活动，推进党政领导干部一线接待群众、一线解决问题、一线督查督导，畅通人民群众反映问题渠道。全年协调组织县领导参加接访活动209人次，接待群众来访146批252人次。县领导批示交办事项138件，已办结135件，承办单位按期办结率100%。县党政主要领导率先垂范，积极参与“百县千案”化解活动，带头开展接访约访下访工作，先后开展信访接待活动22次，协调推动35件疑难复杂信访事项攻坚化解。

（杨　琦　李　森）

机关事务

【概况】 2022年，全县机关事务管理工作坚持以优质服务保障为抓手，品质至上、满意为旨，不断提升机关干部职工的获得感和满意度。聚焦疫情防控，适时调整防控措施，中心全体人员投身抗疫一线，做好社区值守、“敲门行动”、重点人群排查、外来人员接驳转运等工作，圆满完成核酸采样现场服务30余轮次，高标准完成县政府大院疫情防控任务，同心抗疫交出圆满答卷。强化环境卫生保洁，暖心服务打造美丽机关。持续开展“岗位之星”评选活动，规范定人定岗制度，完善“保洁十条规定”，巩固提升卫生标准，定期消杀空调、电梯、门把手等重点区域和部位，全天候开展卫生巡查，始终保持干净整洁，努力打造美丽机关。明确消防安保责任，精心守护营造安全环境。严格落实24小时值班值守制度，加大白天巡逻、夜间巡更、消防巡检力度，深入排查安全隐患，精准施策推进整改；定期开展防恐反恐、消防演练、体能集训等活动，应对突发事件能力不断提高，县政府大院安全运行无事故。落细落实服务标准，精细规范保障会务质效。全年接待各类会议1166场，其中视频会议540场，占比达46.3%，保持会务服务“零差错、零失误”。

【公共机构节能】 2022年，县机关事务管理中心组织开展能耗统计培训，加大对能耗超约束值公共机构的指导力度，加强重点用能大户监测，协调水务公司、供电公司、燃气公司，实现水、电、气主要能耗数据自动抓取，完成300余家公共机构能耗数据填报工作。举办节能宣传周暨低碳日活动启动仪式和垃圾分类知识对抗赛，指导郑梁梅高中投入50余万元，实施红外感应系统、空气源改造、宿舍楼节能灯、太阳能路灯等节能改造工程，创成省级节能低碳示范单位。加强公共机构综合能源监测平台建设，监测点位扩大到10个，累计创成节约型机关37家，创成率达90%。组织评选优秀节能项目10个，建成垃圾分类示范点4个，发放以奖代补节能资金26万元。开展公共机构光伏容量摸底，70家公共机构可安装光伏容量4.1万千瓦。

【公务用车管理】 2022年，县机关事务管理中心严格落实公务用车“三化”管理要求，开展“ETC办理服务进机关”活动，行政中心公车平台车辆集中率达100%。从严控制公务租车，实行定点租车、事前审批、一事一批，有效杜绝租车私用、虚假租车等行为。从严控制公车更新，加强公务用车维修、加油、保险管理，优先更新新能源汽车，努力降低公车运行成本，公车平台运行费用比上年下降11%。

【办公用房管理】 2022年，县机关事务管理中心举行办公用房系统升级培训会，开展办公用房专项检查，动态更新领导干部办公用房信息库，圆满完成党政机关办公用房信息系统填报工作。会同财政部门开展行政事业单位房产基础数据调查，出台国有房屋租金减免政策文件，累计为小微企业和个体工商户减免租金554万元。推进集中办公区会议室、公共服务设施共享共用，加强会议室统筹协调，有效提高会议室利用率。加强临时办公用电脑、桌椅、档案橱和大型活动用宣传展架等资产统筹调配，初步实现资产循环利用、集中共享。

（秦　漱）

政协涟水县委员会

CPPCC LIANSHUI COUNTY COMMITTEE

◆ 重要会议

◆ 重要活动

◆ 建言献策

编辑：彭亚君

重要会议

【县政协十一届一次会议】 2022年1月9日至12日在涟水大剧院召开。大会应到委员309人，实到委员305人，符合法定人数。县委书记时勇，县委副书记、县长洪然，县政协领导姜杰、刘双喜、姚兵、杨春燕、朱金文、左健、周建华和秘书长庞峰在主席台前排就座。县委、县人大、县政府全体领导和曾担任县级领导职务的老同志，县法院、县检察院、县人武部主要负责人出席会议；住涟市八届政协委员，县委各部委、县各直属机构、各镇（街、园区）主要负责人，省、市委驻涟帮促工作队代表，市委指导督导组成员列席会议。大会由县十届政协副主席杨春燕主持，时勇发表题为《矢志新跨越 追逐百强梦》的讲话。县政协主席姜杰受政协涟水县第十届常委会委托，向大会作县十届政协常委会工作报告，县政协副主席杨春燕作提案工作报告，陆士国、刘庆卫、张慧、耿立安、朱彦清、李敏、刘宣东、郑科、李海蓉9名委员分别作口头大会发言，席虎等6名委员作书面发言。

大会选举姜杰为县政协主席，选举姚兵、杨春燕、朱金文、左健、周建华为县政协副主席，选举庞峰为秘书长，选举丁旭东等49人为常务委员。会议协商通过《中国人民政治协商会议涟水县第十一届委员会第一次会议决议》以及关于县政协十一届一次会议期间提案审查情况的说明。姜杰在大会上发表讲话。县政协副主席周建华宣读《关于表彰2021年度政协“有事好商量”协商议事工作优秀单位和先进个人的决定》和《关于表彰2021年度政协提案办理工作先进单位和提案先进个人的决定》，并现场进行颁奖。县政协委员、南京市涟水商会会长、江苏中郡建设有限公司董事长孙立坤宣读《追逐百强梦 委员建新功》倡议书。

2022年1月10日，中国人民政治协商会议涟水县第十一届委员会第一次会议开幕

（县融媒体中心 供稿）

【县政协常委会会议】 2022年，县政协共召开常委会会议4次。

县政协十一届一次常委会会议 4月11日在县农商行三楼会议室召开。县政协主席姜杰，副主席杨春燕、朱金文、左健、周建华，秘书长庞峰出席会议。姜杰主持会议。会议传达学习全国、省市政协全会精神，全面部署2022年工作，协商通过《县政协委员履职量化管理办法》《政协涟水县委员会2022年工作要点》以及新一届县政协各专委会主任、副主任、副秘书长的任命决定。

县政协十一届二次常委会会议 7月12日在县政府三楼第二会议室召开。县政协常委会组成成员参加会议，县政府副县长姜井旭、部分委员应邀列席会议，部分因疫情无法返涟的政协常委通过视频形式参加会议。会议围绕“做强纺织服装 壮大主导产业”主题进行专题协商。会前，参会人员实地视察淮安冠铭制帽有限公司、波司登股份有限公司等纺织服装企业。会上，县政府通报涟水纺织服装产业发展情况，县政协经科委汇报前期对涟水纺织服装产业调研情况，5名政协委员围绕涟水纺织服装产业发展情况积极交流发言。会议讨论并协商通过《关于加快推进涟水县纺织服装产业发展建议案（草案）》。

县政协十一届三次常委会会议 10月19日在县政府三楼第二会议室召开。县委副书记、代县长朱永兴到会并讲话。县政协主席姜杰主持会议。县政协全体常委参加会议，相关部门主要负责人，部分县政协委员和政协机关全体人员列席会议。会议围绕“优化涟水县营商环境”进行专题协商。会上，县政协经科委汇报前期调研情况，部分县政协常委、委员作发言，协商通过《关于优化我县营商环境的建议案》和相关人事事项。

县政协十一届四次常委会会议 12月27日在县政府三楼第二会议室召开。县政协主席会议成员，县政府副县长姜井旭，县政协常委以及县政协机关人员参加会议，县政协主席姜杰主持会议。会议通报县政府关于2022年提案办理情况，讨论政府工作报告，协商通过政协涟水县第十一届委员会常委会工作报告（讨论稿）、政协涟水县第十一届委员会提案工作报告（讨论稿）、人事事项、《涟水县政协常委提交履职报告制度》。协商讨论政协涟水县十一届二次会议建议案（草案）和协商讨论大会选举办法（草案）。协商通过关于召开政协涟水县十一届二次会议决定、议程、日程（草案）和大会执行主席、秘书长、副秘书长建议名单（草案）。3名常委作为代表进行述职。会上部分县政协委员就相关文件提出意见和建议。

【主席会议】 2022年，县政协共召开主席会议4次。

5月26日，县政协召开主席会议，专题协商“深化文旅融合 发展全域旅游”工作，共同商议推动涟水全域旅游更高效、更健康地发展。县政协主席姜杰，县委常委、宣传部部长郎跃明,县政协主席会议成员,县政协原副主席、县旅游协会会长薛芹,部分县政协委员以及相关部门主要负责人出席会议。会上,与会人员观看“涟水全域旅游汇报片”视频,听取县政协文化文史委前期调研情况汇报、县文旅局关于全县全域旅游发展情况汇报,部分政协委员进行交流发言,提出融合与相关产业共生发展、加强基础设施建设、深化交通旅游服务、加强市场推广力度等建议。

8月29日,县政协召开主席会议,视察社会治安风险防控工作。县政协主席会议成员,县政府副县长、县公安局局长马仁慧出席会议,部分政协委员参加会议。会上,县公安局汇报全县公安工作情况。6名委员从网络安全、校园治安风险防控等不同方面对社会治安风险防控工作中存在的问题、不足以及具体落实举措提出意见和建议。

12月7日,县政协召开主席会议,视察为民办实事项目活动。县政协主席姜杰,县委常委、县政府常务副县长李金平,县政协副主席朱金文、周建华,秘书长庞峰等参加活动。县政协主席会议成员等一行实地视察实验小学中山路校区放心食堂改造、桃园小区东区老旧小区改造、美丽家园小区省级垃圾分类达标改造等3个项目。座谈会上,县住建局、县交通运输局、县教体局等重点部门汇报2022年度政府为民办实事项目实施情况。

12月16日,县政协召开主席会议,专题协商“发展优质稻米 打造涟粮品牌”。县政协主席姜杰,县政府副县长吉海,县政协副主席朱金文、左健、周建华,秘书长庞峰参加会议。座谈会上,吉海通报涟水县稻米产业发展情况。政协委员们就建立涟水大米品牌基地、挖掘涟水大米品牌特性等,为涟水优质稻米产业高质量发展积极建言献策。

(王荣荣)

重要活动

【省政协科技委到涟水开展送科技下乡活动】 2022年1月13日,省政协科技委会同省政协委员、中国科学院南京土壤研究所主任董元华一行6人到涟水县陈师街道农业基地开展送科技下乡活动。县政协副主席、工商联主席杨春燕,县政协秘书长庞峰陪同。董元华在田间地头为陈师街道高素质农民协会的种田大户详细传授土地改良的科学技术。该基地是“省政协送科技下乡示范基地”、南京土壤研究所的“土壤改良示范基地”。

【市政协领导到涟水视察“幸福河湖建设”】 2022年3月5日,五岛湖高标准通过“淮河流域幸福河湖暨江苏省级幸福河湖”淮委验收,成为淮河流域幸福河湖、江苏省级幸福河湖。5月9日,市政协副主席张志勇、韩文军,市政协副秘书长邱金义等带领部分市政协委员到涟水视察“幸福河湖”建设。县政协主席姜杰、县政府副县长吉海、县政协副主席周建华等陪同。视察组先后到朱码节制闸、五岛湖视察水环境管理整治情况等,听取相关情况汇报。

【市政协到涟水调研托育服务工作】 2022年4月13日,市政协副主席王苏君带队到涟水调研托育服务工作,召开市政协“优化托育服务 解决家庭之忧”主席会议专题协商调研座谈会。县政协主席姜杰、副县长马荣、县政协副主席左健等陪同。调研组一行实地察看涟城街道七彩宝屋托育中心、五港镇悠甜托育中心,对户外活动场地、教学设施设备,园所文化、师资队伍、课程设置、安全管理以及目前经营发展中遇到的困难等方面进行详细了解。座谈会上,姜杰对市政协调研组一行的到来表示热烈欢迎,就如何进一步推进“托育服务”工作,要求相关单位高度重视、强势推进、形成合力,切实做优做强涟水“托育服务”工作。马荣汇报涟水县托育服务工作情况。

【“四位一体”建设现场推进会】 2022年5月31日,县政协在南集镇组织召开“四位一体”建设现场推进会,全面贯彻落实省市政协关于“有事好商量”协商议事室、政协委员之家、政协委员工作室、政协社情民意联系点“四位一体”建设的部署要求。县政协主席姜杰、县委副书记李义翠,县政协主席会议成员、专委会主任,部分县政协委员,各镇(街道)分管负责人、具体经办人参加会议。会议听取南集镇王圩村、范荡村“四位一体”建设情况,观看皂角村《同心米》视频,南集镇党委汇报“四位一体”建设工作推进情况。

【县委书记专题调研政协工作】 2022年6月23日,县委书记洪然专题调研政协工作,与县政协机关人员座谈交流。县政协主席姜杰,县政协副主席杨春燕、左健等参加调研。座谈会上,县政协主席姜杰汇报政协工作开展情况及

2022年6月23日,县委书记洪然专题调研政协工作　　(县融媒体中心　供稿)

下一步打算和工作建议。洪然对政协取得的成绩给予充分肯定。洪然强调，要在坚定政治方向上体现政协站位，要在服务中心大局上扛起政协担当，要在增进民生福祉上彰显政协温度，要在锻造过硬队伍上展现政协风采。

【市政协领导到涟水调研振兴县域高中工作】 2022年7月5日，市政协副主席王苏君、市政协教卫体和人资环委主任冯长尧等一行到涟水，围绕"加快县中振兴 促进教育均衡"主题开展调研，并召开座谈会。县政协主席姜杰，副县长、民建市委副主委马荣，县政协副主席左健等陪同调研。座谈会上，马荣向调研组汇报涟水振兴县域高中情况。针对教师校际流动不够畅通、教育教学研究不够深入、名师引领效应不够凸显等问题，与会人员提出实施品质提升、多元协作、教学改革、教师提升等行动建议。

【市政协到涟水召开"推行'拿地即开工'促进环境更优化"专题调研座谈会】 2022年7月26日，市政协副主席王苏君等到涟水召开"推行'拿地即开工'促进环境更优化"专题调研座谈会。市政协提案委主任郭明文主持会议，县政协主席姜杰，县委常委、常务副县长李金平，县政协副主席左健，秘书长庞峰等出席会议，县经济开发区、县行政审批局、县发改委、县住建局、县自然资源和规划局、县水利局、县文旅局、县生态环境局、县应急管理局负责人和部分企业负责人参加会议。会上，李金平汇报涟水县"拿地即开工"相关情况。相关单位负责人就工作开展情况进行汇报，对存在的问题进行商讨。

【民盟淮安市委赴黄营镇朱桥村开展帮促活动】 2022年7月29日，市政协副主席、民盟淮安市委主委毕丰书，民盟淮安市委副主委、市政协常委朱春霞等一行赴黄营镇朱桥村开展帮促活动，并召开座谈会。县政协主席姜杰，县委常委、宣传部部长郎跃明，县政协副主席杨春燕参加活动。毕丰书等一行先后观摩晋益农业、犇富牛场、朱桥村民俗村史馆等，听取朱桥村情况介绍，举行"民盟淮安市委名医服务站"和"民盟淮安市委乡村振兴联系点"授牌仪式，并向朱桥村赠送乡村振兴书法作品，民盟淮安市第一人民医院支部心内科、神经内科、内分泌科、骨科、眼科以及体检中心的医疗专家开展义诊活动。

【市政协到涟水开展"送医疗下乡"义诊活动】 2022年8月24日，市政协"送医疗下乡"义诊活动在五港中心卫生院举行。市政协副主席王苏君，县政协主席姜杰，市卫健委副主任俞伟男，县政协副主席左健等参加活动。活动现场，市政协根据群众医疗需求，邀请市级医院内分泌科、心内科、呼吸科、普外科、疼痛科、妇科、中医科、神经内科等9名专家委员到涟水义诊。活动期间，专家们先后为近300名群众进行义诊、健康咨询及体检，120余人参加健康知识讲座，发放健康宣传手册700余份。

2022年8月24日，淮安市政协"送医疗下乡"义诊活动现场　　（朱靖鹏　摄）

【省政协副主席姚晓东到涟水参加民生专题协商议事活动】 2022年9月20日，省政协副主席姚晓东带队到涟水参加民生专题协商议事活动。市政协主席戚寿余，省政协学习委主任俞军、副主任倪明卉，市政协副主席张志勇，市政协秘书长徐效文，县委书记洪然，县政协主席姜杰、副主席左健等参加活动。姚晓东一行实地考察南集镇王圩村"四位一体"建设情况，参观南集镇皂角村协商议事长廊，并参加皂角村"'皂'亮每一处'角'落"民生专题协商议事活动。姚晓东对本次协商议事活动给予高度评价，姚晓东指出，此次协商议事活动做到民有呼、我有应，真调研、真协商，深沟通、求共识，"码"上议、马上办，搭平台、广聚力，通过政协搭台，各方唱戏，体现真诚协商、平等协商、有序协商，是"有事好商量"协商议事的典型案例。

【市领导到涟水开展乡村振兴"三级先导"工程建设专题调研】 2022年10月12日，市政协主席戚寿余、市委副书记赵正兰一行到涟水县高沟镇开展乡村振兴"三级先导"（先导区、先导镇、先导村）工程建设专题调研工作。市政协副主席张志勇、韩文军参加调研，县委书记洪然、县政协主席姜杰、县委副书记李义翠、县政协副主席周建华陪同调研。调研组一行先后来到涟水绿城湖螃蟹养殖基地、涟水大米加工项目、苗荡村农旅示范基地等处，实地调研乡村振兴"三级先导"工程建设、公共空间治理等工作推进情况，并通过听取汇报、会议座谈等方式，深入了解涟水在推进乡村振兴"三级先导"工程建设方面的具体举措、特色亮点及存在问题。在随后召开的座谈会上，戚寿余对涟水乡村振兴"三级先导"工程建设所取得的成效给予充分肯定。

【全市政协秘书长（办公室主任）工作交流座谈会在涟水举行】 2022年10月

13日，全市政协秘书长(办公室主任)工作交流座谈会在涟水召开，市政协秘书长徐效文出席会议并讲话，副秘书长曹新军、邱金义、刘一红、王守祥等参加会议。会议传达学习全国全省政协秘书长工作交流座谈会精神，研究部署市政协九届二次会议大会发言工作，各县区政协、党派团体重点围绕政协机关党建、服务履职方面和特色亮点工作作交流发言。会前，与会人员考察保滩街道肖渡村“四位一体”建设、县博物馆、红窑镇云锦产业园和春竺芦笋产业园。县政协主席姜杰、副主席左健陪同考察。

【民建江苏省委会企业委员会成立大会】 2022年11月17日在涟水举行。省政协副主席、民建江苏省委主委洪慧民，省政协副秘书长、民建江苏省委专职副主委常本春，市委常委、统战部部长吴晓丹，市政协副主席、民建淮安市委主委韩文军，民建江苏省委秘书长洪继东出席会议。常本春主持会议。会议宣读《关于任命民建江苏省第十届委员会企业委员会常务副主任、副主任、顾问的决定》，为企业委员会主任、常务副主任、副主任、顾问颁发聘书。新当选的企业委员会主任朱国强作任职发言。

【市政协到涟水调研“推动‘无废城市’建设 加快绿色转型发展”工作】 2022年12月6日，市政协副主席张惠扬、市政协教卫体和人资环委主任冯长尧等一行到涟水，围绕“推动‘无废城市’建设 加快绿色转型发展”主题开展调研，并召开座谈会。县政协主席姜杰、县政府副县长吉海陪同调研。座谈会上，吉海汇报涟水“推动‘无废城市’建设 加快绿色转型发展”的工作开展情况。张惠扬对涟水县“无废城市”建设的工作成效给予充分肯定。会前，调研组一行实地走访江苏比米农牧科技有限公司、涟水县零碳能源生活垃圾焚烧发电厂、江苏绿金丰环能科技有限公司、淮安华昌环保科技有限公司。 (王荣荣)

建言献策

【视察调研】 2022年，县政协围绕“政府为民办实事项目”“完善医保体系”“美丽农村路建设”“社会风险防范”“文明城市创建”等主题，开展专题调研、集中视察、民主监督，形成调研报告12篇、社情民意信息105篇，其中，6篇社情民意信息被省政协采用向全国政协推送，调研文章《发挥乡贤商会在融入长三角中的作用》获市社科资助立项，《突出补短强特 壮大县域经济》获市长批示，《关于打造肖渡书法特色村的建议》《关于开展“小广告”治理的建议》等7篇获县委县政府主要领导批示，社情民意信息工作在全市走在前列。

【提案工作】 2022年，县政协聚焦提案征集和办理两个环节，全年征集各类提案205件、立案155件，召开提案交办会，精选20件重点提案提请县领导领办督办，县委县政府主要领导分别就《走好产镇融合路 建好淮安北大门》《推进“智改数转”步伐 提升智能制造水平》进行重点督办。实行提案办理全流程跟踪，开展绩效评议活动，通过“委员评一评”“群众看一看”“媒体晒一晒”，提升提案工作成效，在全省政协提案工作经验交流座谈会上，涟水县作书面交流。

【“码”上议】 2022年，县政协发挥“有事好商量——‘码’上议”平台作用，推动协调解决道路铺设、渠道疏浚、路灯架设、社区管理等民生问题800余个。在省政协领导到淮安调研和全省政协现场交流会上，保滩镇肖渡村、成集镇法华村分别作为代表，视频连线“码”上议现场。《弘扬中医文化 打造健康王圩》《深挖家风底蕴 助推法华治理》等8篇协商议事案例入选市政协“有事好商量——‘码’上议”典型案例汇编，其中，“‘皂’亮每一处‘角’落”民生专题议事会被推荐为省政协典型案例，“一认一推三带动”政协委员“同心米”认领“码”上议活动，为南集镇皂角村村集体增收13.6万元。在市政协“十佳百优”评选中，涟水县15名优秀召集人、15个优秀协商议事室、13名优秀群众(乡贤)、13个优秀案例成功入围。 (王荣荣)

纪委监委

COMMISSION OF SUPERVISION

- 重要会议
- 重要活动
- 纪检监察体制建设
- 党风廉政建设及反腐败工作

编辑：彭亚君

重要会议

【全县领导干部警示教育大会】 2022年2月8日召开。县委书记时勇出席会议并讲话,县委副书记、县长洪然主持会议。县人大常委会主任张超、县政协主席姜杰等县四套班子领导出席会议。会前,与会人员共同观看警示教育片《永远在路上》。时勇指出,召开领导干部警示教育大会,目的就是用身边事教育身边人,警示全县党员干部引以为戒、防微杜渐,坚定不移推进全面从严治党向纵深发展。时勇强调,要筑牢理想信念之基,保持"时代赶考"的清醒坚定;要织密廉政监督之网,增强"拒腐防变"的行动自觉;要弘扬务实担当之风,营造山清水秀的政治生态。洪然在会上要求,全县各级党组织要及时将会议精神传达到所有支部和每名党员干部,切实把思想和行动统一到县委的工作部署上来;严格落实党风廉政建设主体责任,始终把管党治党责任担在肩上、抓在手上。县纪委监委要坚决扛牢监督责任,坚持标本兼治,把"三不"一体理念贯穿监督检查、审查调查、以案促改等工作的全过程,不断推动党风廉政建设和反腐败工作向纵深发展。全县党员干部要从"身边人""身边事"中深刻吸取教训,进一步筑牢思想防线,绷紧廉洁自律这根弦,担当作为抓发展,勤恳敬业抓落实,坚决扛起"跨越赶超"的使命担当,努力推动经济社会高质量跨越发展。

2022年2月8日,全县领导干部警示教育大会召开 (县纪委监委机关 供稿)

【全市基层小微权力"监督一点通"平台推进现场会】 2022年7月28日在涟水召开。市纪委副书记、市监委副主任王海洋出席会议并讲话,市纪委常委、秘书长李振亚主持会议,市纪委监委信访室负责人及各县区分管副书记、信访室负责人参加会议。小微权力"监督一点通"由中央纪委国家监委主管、江苏省纪委监委主办,主要受理基层小微权力运行的事务性问题,群众的反映和诉求由纪检监察机构转相关职能部门办理解决,纪检监察机构全程跟踪督办。平台设有在线投诉、投诉查询、热门事项、权力清单等功能,群众通过扫描二维码或从"清涟水韵"微信公众号等,进入基层小微权力"监督一点通"平台,查看党务村务、政策依据、权力清单等信息。与会人员首先听取红窑镇夏楼村、涟城街道平台推广运行工作介绍,观看两家单位工作情况剪影,随后在涟水县纪委监委监督审查技术室观摩平台账号设置及监督建模相关工作。座谈会上,与会人员观看涟水县小微权力"监督一点通"宣传片,涟水县、淮安区两家试点单位分别交流"监督一点通"平台推广运用情况,涟水县纪委监委工作人员现场演示"监督一点通"群众端和应用端的操作应用流程,各县区参会人员针对平台的运用推广过程进行交流讨论。王海洋指出,下一步各县区要严格按照序时进度推进平台建设,精准定位"小微权力",抓实做好规定动作,创新做好自选动作,将平台运用与社会治理、专项监督等工作有机结合,提升群众满意度。

【全市纪检监察专项监督工作现场推进会】 2022年8月1日在涟水召开。市纪委常务副书记、市监委副主任潘昌锋出席会议并讲话,县委书记洪然等领导参加会议。市纪委监委分管副书记、分管常委,各县区纪委监委分管副书记、分管常委,各园区纪工委书记,派驻第一、第二、第八、第十、第十三、第十四、第十七纪检监察组主要负责人,第八监督检查室相关人员参加会议。会上,市纪委常委、市监委委员李洪林通报全市上半年专项监督工作开展情况,相关单位负责人作交流发言。潘昌锋指出,上半年,全市纪检监察专项监督工作专项选题更加精准、工作推进更加有序、成效贡献更加突出、问题解决更加彻底、保障发展更加有力,实现"泛泛监督"向"重点聚焦"转变、"各自为战"向"协同联动"转变、"就事论事"向"系统治理"转变,走出一条淮安特色的专项监督"新路子"。围绕做好下半年工作,潘昌锋强调,对标检视要再深化、工作机制要再优化、成案意识要再加强、后续治理要再提升。洪然在会上指出,涟水将以此次会议为契机,按照市纪委监委的决策部署,认真学习兄弟县区的先进经验,以更大决心、更实作风、更优举措,持续创新监督路径,不断提升监督质效,以实际行动迎接党的二十大胜利召开。

【十二届县委第四轮巡察工作动员部署会】 2022年10月11日召开。县委书记洪然出席会议并讲话,县委常委、县纪委书记、县监委主任刘永军主持会议,县委常委、组织部部长孙以东出席会议。会议传达学习省委常委、省纪委书记、省监委主任王常松在十四届省委第二轮巡视动员部署会上的讲话精神,宣布十二届县委第四轮巡察组组长、副组长授权任职和任务分工的决定。洪然强调,要深入学习贯彻习近平总书记关于巡视巡察工作的重要论述,认真落实中央和省市委关于巡视巡察工作的最新部署要求，紧盯关键领域、聚焦重点环节，不断提升巡察监督质效，为涟水加快建成全国百强县保驾护航、蓄势聚力。10月21日，县委第一到第五巡察组分别对县科技局、县司法局、县农业农村局、县退役军人事务局、县供销总社等5个单位开展常规巡察；市县联动对全县住建领域突出问题开展专项巡察；市县同步对自然资源和规划局开展对口巡察。12月20日全部撤点。

（嵇培训）

重要活动

【中央纪委国家监委党风室领导调研涟水县“三资”管理工作】 2022年7月8日，中央纪委国家监委党风室二级巡视员、纪检监察员、二级高级监察官回智庚一行到涟水调研“三资”管理情况，实地查看红窑镇金城村芦笋种植基地、夏楼村、云锦织造等，在红窑镇政务服务分中心听取涟水“三资”监管平台、农村产权交易平台演示汇报，对涟水“三资”管理工作给予肯定。

2022年7月8日，中央纪委国家监委党风室二级巡视员、纪检监察员、二级高级监察官回智庚（右2）一行到涟水调研“三资”管理情况 （县纪委监委机关 供稿）

【省委巡视组领导调研涟水县经济社会发展和纪检监察工作】 2022年9月14日，省委巡视组组长张兆江一行到涟水调研经济社会发展和纪检监察工作情况，考察“苏北小延安”廉政教育基地、“清风苑”廉洁文化示范基地、红窑镇春竺芦笋基地、今世缘酒业公司，并对涟水经济社会发展和纪检监察工作给予肯定。县委常委、县纪委书记、县监委主任刘永军陪同调研。

【省、市纪委监委领导调研涟水县经济社会发展和纪检监察工作】 2022年10月13日，省纪委副书记、省监委副主任尹卫东，省纪委常委陆野一行到涟水调研经济社会发展和纪检监察工作，实地调研高沟镇今世缘酒厂、红窑镇芦笋产业园、“清风苑”廉洁文化示范基地，详细了解涟水经济社会发展和纪检监察工作情况，对涟水县取得的相关成绩和经验做法给予肯定。县委书记洪然，县委常委、县纪委书记、县监委主任刘永军陪同调研。

11月9日，市委常委、市纪委书记、市监委代主任岳岭一行到涟水调研经济社会发展和纪检监察工作，实地察看成集镇条河社区、中信华电子、县纪委大数据中心。县委书记洪然，县委常委、县纪委书记、县监委主任刘永军，县委常委、县经济开发区党工委书记王伟陪同调研。座谈会上，岳岭分别听取涟水县经济社会发展和纪检监察工作的情况汇报，对涟水经济社会发展及县纪委监委工作给予肯定。岳岭指出，要进一步增强担当意识，推动构建良好营商环境，坚决堵住经济社会发展的“出血点”，规范开发园区的项目招引、工程建设、日常管理，强化疫情防控、安全生产等底线工作的监督检查，服务保障全县经济社会实现高质量发展；要进一步增强创新意识，勇于自我革命，不断深化理念创新、方法创新、机制创新，提升现代信息技术的运用水平，推动涟水纪检监察工作提质增效；要进一步增强宗旨意识，更多地关注民生、倾听民意，坚决查处发生在群众身边的“微腐败”，广泛发动群众参与到党风廉政建设和反腐败工作中来，让人民群众切身感受到纪委监委就在身边，不断提高获得感、幸福感、安全感。 （嵇培训）

纪检监察体制建设

【概况】 2022年，全县纪检监察机关聚焦主责主业，凝心聚力、履职尽责，反腐倡廉工作取得新成效。围绕中央、省市纪委部署要求，紧盯县委“申创国家级经开区，加快建成全国百强县”两大奋斗目标，扎实履行监督执纪问责、监督调查处置职责，发挥监督保障执行、促进完善发展作用。协助县委制定《中共涟水县委2022年度全面从严治党主体责任清单》，围绕市委派发的党风廉政建设主体责任季度工单，强化落实情况监督检查，督促全县各单位履行好全面从严治党主体责任。制定出台《关于进一步加强年轻纪检监察干部廉政教育的实施意见》，强化干部教育管理监督，扣好年轻纪检监察干部廉洁从政的“第一粒扣子”。制订印发《基层党员干部及其亲属涉权事项监督工作方案》，紧盯乡村振兴、农房改善、水利工程等重点方面、关键环节，全面排查整治基层党员干部优亲厚友、损公肥私等“微腐败”问题。深化纪检监察监督、巡察监督、审计监督“三类监督”贯通协同，融合监督资源，汇聚监督合力，监督针对性和实效性显著提升。

【纪检监察队伍建设】 2022年，县纪委监委深入推进“打铁必须自身硬”专项行动,努力锻造忠诚干净担当、可亲可信可敬的纪检监察"铁军",在全县发展大局中彰显担当作为。提拔重用8人,轮岗交流18人,公务员转正定级8人,新招录公务员、事业编人员7人,充实纪检监察干部队伍。抽调派驻、镇街纪委人员到留置点跟班学习117人次,选派委机关人员到上级纪委监委跟班锻炼、帮助工作52人次。围绕打造"学习机关""廉洁机关""活力机关",制发《2022年县纪委监委全员教育培训暨文体活动工作方案》。结合节日主题,组织开展"三八"妇女节等主题活动。聚焦年轻干部,开展"书香阅读 青春致远"读书会活动,32名青年干部展示分享。组织参加省市纪委业务培训10场次;依托清涟大讲堂等,分层分类开展学习培训评比活动50次,累计参学2000余人次。开展纪检监察干部个人有关事项报告工作,94人填报个人有关事项报告,并签订承诺书。坚持挺纪在前,从严及时查处纪检监察干部违纪违法行为,共处置纪检监察干部信访件4件。制发《关于开展年轻纪检监察干部"青廉行动"的实施方案》,围绕6个方面为年轻干部定制廉政套餐,筑牢廉洁用权思想防线。

【监察员办公室规范化建设】 2022年,县纪委监委立足规范运作、示范引领,健全完善监察员办公室目标管理、考勤考核系列制度,实施"日纪实、周例会、月总结"工作方法,集中讨论在手信访、问题线索,研究监督事项,推进监察员办公室工作有序开展。构建"1+1+5+N"监督体系(明确党风室统筹,1个监察员办公室牵头,其余5个监督检查室配合,多个派驻纪检监察组协作),形成协调联动的立体式监督格局,做细做实日常监督。重点围绕村级工程招投标、粮食领域补贴资金、秸秆禁烧、社会保险等领域,开展监督检查244次,发现问题189条,立案154人。开展社会保险领域突出问题"纪巡审"协同专项监督,围绕土地换社保、村干部家属违规参保等社保领域突出问题,帮助解决110名被征地农民参保,并协调为相关农民补发96万元社保资金,追回养老社保、工伤保险、失业保险等社保资金88.06万元,将455人重新纳入社会保障,纠正200人重复享受养老保险。深入挖掘个案背后的深层次问题,加强案件剖析,查找系统性风险,针对监督检查中发现的石湖镇存在虚报冒领农业支持保护补贴等问题,向石湖镇制发监察建议,要求压实责任、健全制度、规范运行。把握好"三个区分开来",依据容错纠错机制实施办法,明确容错免责条件和范围,经研究先后对2起案件8名党员干部实施容错。

【纪法宣讲"千百万"行动专题党课暨新提拔科级干部集体廉政谈话会议】 2022年7月1日召开。县委常委、县纪委书记、县监委主任刘永军出席会议并讲话,委机关、派驻、巡察机构全体人员、各镇(街道)纪(工)委书记、内设机构党风廉政负责人参加学习。刘永军围绕坚守政治立场、强化作风建设、严守纪法红线、树立清正家风等四个方面分析当前党风廉政建设的重要性和紧迫性,结合近年来涟水查处违纪违法的典型案例,告诫广大干部牢记"正""实""学""和""责""廉"六个关键字,时刻筑牢廉洁从政的思想防线。刘永军强调,每一名党员领导干部必须要提高站位、主动担当,紧紧围绕全县经济社会发展大局,当好全面从严治党的排头兵;要保持高昂的工作热情和严谨的工作作风,为经济社会发展积聚更多潜力和动能;要加强学习、提升能力、做精业务、守好底线,不辜负组织的信任、群众的期盼,为全县发展大局作出应有的贡献,以优异成绩迎接党的二十大胜利召开。

2022年7月1日,涟水县纪法宣讲"千百万"行动专题报告会　(县纪委监委机关　供稿)

【传达党的二十大精神会议】 2022年10月27日,县纪委监委召开纪检监察系统传达党的二十大精神会议,深入学习宣传贯彻党的二十大精神,并对学习宣传贯彻工作进行动员部署。县委常委、县纪委书记、县监委主任刘永军主持并讲话,县纪委监委常务副书记、县监委副主任张保军传达党的二十大精神。刘永军指出,中国共产党第二十次全国代表大会,是在全党全国各族人民迈上全面建设社会主义现代化国家新征程、向第二个百年奋斗目标进军的关键时刻召开的一次具有里程碑意义的大会。党的二十大报告举旗定向、高屋建瓴、博大精深、求真务实,是一份守正创新的理论报告,也是一份科学务实的行动纲领。刘永军强调,要切实强化学习,要抓好集中宣传,要注重学用结合。

【清涟大讲堂】 2022年8月26日开讲。县纪委监委邀请市纪委监委第八监督检查室主任朱红娣、市纪委监委宣传部副部长尹伟君、市纪委监委第四审查调查室副主任(主持工作)邹威到涟水授课。全县各级纪检监察机关、巡察机构100余人参加学习。县委常委、县纪委书记、县监委主任刘永军主持活动

2022年8月26日，清涟大讲堂开讲　（县纪委监委机关　供稿）

并讲话。三位领导分别围绕监督检查工作、纪检监察新闻宣传、留置案件办理等内容向全县纪检监察干部作专题授课。刘永军指出，全县纪检监察干部要以本次培训为契机，强化学习自觉，进一步深化学思践悟；保持昂扬斗志，进一步强化担当实干；加强梳理研判，进一步提升工作质效，推动全县纪检监察工作再上新台阶。　（嵇培训）

党风廉政建设及反腐败工作

【概况】　2022年，全县纪检监察机关坚定不移推进全面从严治党，坚持依规依纪依法，一以贯之正风肃纪反腐，做实政治监督，全力护航经济社会高质量发展。开展“全力争创全国百强县、开创跨越发展新局面”监督行动，发现问题257个，立案137件。紧盯疫情防控关键环节，动态调整监督重点，助力涟水疫情防控连续三年平稳可控。出台《安全生产专项整治三年行动工作方案》，下沉一线开展检查36次，督促消除各类安全隐患548个。靶向监督持续优化营商环境，组织开展“一把手体验”活动，获中央电视台《朝闻天下》栏目宣传推介。深化以案促改，做好查办案件“后半篇文章”。围绕社保基金、公务用车加油卡、粮食补贴、政府工程建设等方面暴露的共性问题，深入查找全面从严治党主体责任、监督责任和制度机制等方面短板弱项，找准找实案发根源，推动相关职能部门及时开展行业治理，督促县人社局、县公安局、县发改委等单位对交办问题及时整改，举一反三、堵漏建制，推动县政府出台《涟水县党政机关公务车辆用油管理暂行办法》《涟水县政府投资项目管理实施办法》等制度文件，进一步完善制度机制体系。聚焦教育领域突出问题，探索将信息化融入教育专项监督全流程，通过大数据建模、纪巡审联动、信息化助力等多维发力，立案45人，留置5人，挽回经济损失1000余万元。落实“三项机制”，着力营造干部敢为浓厚氛围。围绕招商引资、项目建设、信访积案化解等划定11种容错情形，通过综合研判、集体会商，精准实施容错13起40人，其中科级干部8人。对经认定尽职免责及澄清正名的干部，在廉政意见回复时不受影响，2名尽职免责干部被提拔重用，受到不实举报的23名党员干部得到公开澄清，以鲜明导向激励干部敢为。

【作风建设】　2022年，县纪委监委密切关注“四风”苗头性、倾向性、隐蔽性问题，坚决纠治影响县委县政府决策部署贯彻落实、漠视侵害群众利益、加重基层负担的等突出问题。紧盯政绩观错位、发展观偏差、责任心缺失，从具体事入手，着重发现和严肃纠治劳民伤财求政绩、空喊口号假执行、敷衍应付不作为等问题，查处形式主义、官僚主义问题27个。协助县委制定《为基层减负2022年工作要点》，设立“减负监测点”，推动全县全年发文数量比上年下降29.8%，会议减少42.7%。驰而不息整治享乐主义、奢靡之风。深入实施“联督联查联防”机制，围绕违规购买赠送购物卡、违规使用管理工会费等开展常态化督查，查处问题27件，通报案例24起。针对群众反映强烈的“私车公养”等问题，开展公务用车加油卡专项整治，构建数据模型进行碰撞比对，立案22人，其中科级干部3人。围绕农房改善后续管理、基层干部及其亲属涉权事项、村级项目等民生热点开展专项治理，发现问题212个，立案180人，推动信访率下降26.8%，获《中国纪检监察报》和《中国纪检监察》杂志等国家级媒体推介20余次，中央、省纪委党风室领导调研涟水“三资”监管工作并予以肯定。

【专项监督】　2022年，县纪委监委紧盯群众身边急难愁盼问题，扎实有效推进专项监督常态化具体化，发现并整改问题568个，立案查处346人，移送司法机关7人。相关工作在《中国纪检监察报》和《中国纪检监察》杂志、省纪委监委专刊推介20余次。按照市纪委统一部署，聚焦教育“双减”、社会保险等重点领域，靶向解决群众身边的急难愁盼问题，紧盯12个专项监督项目，持续惩治啃噬群众利益的“微腐败”，严格对照重点监督事项，逐项压实责任、动态跟进、对表检查，确保专项监督各项工作任务压茬推进、取得实效。全年发现问题线索218条，立案239人，实施第一种形态29人次，党纪政务处分167人，移送司法机关7人。深化“室组地”联动，构建监督合力。构建党风政风监督室综合统筹，6个监督检查室分别牵头，11个派驻纪检监察组以及相关镇街纪（工）委协同配合的“1+6+11+N”的监督模式，牵头室定期向领导书面汇报市县12个专项监督事项进展情况，并提出工作建议。通过广泛调研，选取粮食补贴、小型工程评审费、农村环境管理维护资金等17个方面开展专项督查80次，发现问题线索94个,立案99人。其中,粮食补贴资金专项整治工作得到省纪委副书记、监委副主任刘海涛批示肯定。构建"大数据建模",助力精准治理。将大数据运用融入专项监督工作中,每个监督室均明确兼职技术人员,技术室和相关监督室成立专班,每个专项监督明确一名技术室人员全程参与,借助有关职能部门信息化数据管理平台和查询系统,全面采集基础信息,强化数据分析,搭建监督模型,通过"模型比对—线下核实—反馈纠正"的模式,推动专项监督精准开展。

【廉政宣传教育】 2022年,县纪委监委以警示教育、廉洁文化建设和新闻外宣为着力点,教育引导广大党员干部廉洁从政,帮助全县党员干部强化"不敢腐"的震慑、筑牢"不想腐"的思想堤坝,构建风清气正的良好政治生态。全年《中国纪检监察报》、中央纪委国家监委网站等国家级媒体上稿21篇,省级媒体上稿83篇,市级媒体上稿16篇。组织全县副科级以上领导干部及各村(社区)、社区党组织书记等1200余人分层分类开展警示教育,牵头召开全县卫健系统、住建系统、公安系统专题警示教育大会,主导或协助拍摄警示教育片5部,制作警示教育漫画5幅、警示教育类动画4部、警示教育微视频1部,开展旁听庭审分层分类警示教育7场,全年共组织400余名党员干部通过旁听庭审接受警示教育。深挖本地特色资源,新建政德馆、家风馆、廉洁微课堂并常态化开放,牵头开展廉洁文化建设活动17场,拍摄廉洁主题微视频、微电影2部,其中由县纪委报送的《清水有情》获省纪委"运河清风"微电影大赛优秀奖,《寸简传清韵家风润安东》获全市弘扬清廉家风主题宣传教育作品新媒体作品三等奖,由县纪委监委报送的《深入挖掘地方特色资源提升廉洁文化品牌建设》在新时代"廉洁文化建设在江苏"优秀成果遴选活动中,获十佳成果。联合团县委开展面向全县35周岁以下青年干部的"涟廉说·我为'青廉'代言"主题活动,对新提拔重用的领导干部开展任前廉政知识测试,面向全县200余名新提拔领导干部开展纪法宣讲,联合县妇联面向全县开展寻找2022年度最美家庭暨"清涟水韵·家和国美"弘扬清廉家风主题宣传教育活动。

【案件审查调查】 2022年,县纪委监委充分运用"全周期管理"方式,推进不敢腐、不能腐、不想腐同时发力、同向发力、综合发力,共立案525件,其中科级干部48人,留置12人。查办案值超百万元案件15件,累计挽回经济损失1300余万元。坚持"系统查、查系统",紧盯政法、教育、粮食等重点领域,借力大数据平台,深挖彻查、以案带案,连续留置县教体局原局长、三级调研员李某某,县民政局原局长羊某,县党史委原主任、四级调研员薛某某,县外国语学校原校长刘某某,县郑梁梅小学原校长余某等5名乡科职"一把手"。政法系统案例获评全省信息技术实战应用十佳精品案例,案件剖析材料得到省、市纪委主要领导批示肯定;车驾管系统、教育系统2个案例获评全市十佳审查调查案例,全市唯一。坚持"办案追赃同步,惩罚教育并举",通过周密摸排、立刻行动,在全市率先"破题"完成追逃追赃案件。注重发挥案件查办治本功能,以案件查办为切入口,对典型案件追根溯源,查找制度漏洞,制发纪检监察建议48份,并跟踪评估验收,推动建立健全相关制度22项。

【数据赋能智慧办案】 2022年,县纪委监委持续强化"智慧纪委监委"建设,在全市率先对大数据查询研判中心进行升级改造,建成全市大数据建设应用示范点,在苏北智慧纪委监委座谈会上,作为先进县区代表做交流发言,相关做法获省纪委委员葛夕芳高度肯定。制作《全过程应用信息技术处置问题线索流程导图》,明确专人监督提醒,全过程应用信息技术处置问题线索率100%,是全市唯一未扣分县区。车驾管系统技术应用案例获评2022年度全省十佳优质案例,教育系统应用案例入编省纪委《信息技术应用参考》。开发大数据筛查比对程序,运用大数据筛查比对,建立私车公养、农村环境整治、粮食补贴等29个专项监督模型,发现问题588个,转线索105个,成案97件,相关做法成效获《中国纪检监察报》、中央纪委国家监委网站宣传推介。 (嵇培训)

群众团体

MASS ORGANIZATIONS

- 涟水县总工会
- 共青团涟水县委员会
- 涟水县妇女联合会
- 涟水县归国华侨联合会
- 涟水县工商业联合会
- 涟水县文学艺术界联合会
- 涟水县残疾人联合会
- 涟水县红十字会
- 涟水县关心下一代工作委员会

编辑:彭亚君

涟水县总工会

【概况】 2022年,县总工会牢固确立“思想引领、深化改革,优化服务、提升功能,创新实践、打造特色”的工作思路,以习近平总书记关于工会工作的重要论述和党的二十大精神为指导,推动涟水工会工作和工运事业取得新成效。先后开展“职工喜迎二十大·向党说说心里话”职工访谈活动,深入企业、镇(街道)走访一线职工、企业法人、社会化工会工作者等不同岗位人员30余人,收集各类意见、建议50余条。有10个访谈案例被录入市总工会微信公众号在全市推送,其中2例在《江苏工人报》专题报道。在《江苏工人报》、“江苏工会网”、《淮安日报》等主流媒体上报各类报道95篇,其中调研性文章4篇。获评市“工人先锋号”12个、市“五一劳动奖状”单位5个、市“五一劳动奖章”10人;评选“涟水工匠”10人。组织开展“争创‘五一巾帼标兵岗’争当‘五一巾帼标兵’”活动,评选出先进集体34个、先进个人86人。新建成劳模工匠创新工作室2家,累计14家。新建女职工创新工作室1家。

【产业工人队伍建设】 2022年,县总工会围绕“政治引领、赋能成长、维权服务、支撑保障”产改工作要求,加大工作力度,将产改纳入县、镇(街)督查事项,县委分管领导亲自指导产改工作,努力造就一支有理想、守信念、懂技术、会创新、敢担当、讲奉献的高素质产业工人队伍。积极做好产改试点扩面增效,新发展市级产改试点单位5家,培育产改品牌项目3个。全县参与试点企业累计80家。6月24日,江苏省财贸轻纺系统产改经验交流暨工作推进会在江苏今世缘酒业股份有限公司召开,省总工会党组书记、副主席、省产改办主任徐大勇对涟水和今世缘的产改工作给予充分肯定;8月20日,中国财贸轻纺烟草工会主席王倩一行调研今世缘酒业产改工作,用“专、新、实、好”高度评价今世缘酒业产改工作的做法和成效。9月1日,县委宣传部、县产改办等单位联合举办企业思想政治工作成果展示暨涟水县“奋力爬坡过坎 全力冲刺百强”主题宣传活动,市总工会党组书记、副主席王立华参加,对活动给予高度评价。

【基层工会组织建设】 2022年,全县基层工会总数累计835个,新组建基层工会17个。其中,独立基层工会768个,联合工会67个。工会覆盖各类企业和新经济组织2364个,共吸纳会员118393人,其中女职工会员53976人,农民工会员49125人。建立企事业职代会712个,建会率95.6%,其中公有制(含国有控股)企业职代会20个,非公企业职代会692个,镇、街道不足50人的企业以集群职代会的形式进行覆盖。县总工会印发《涟水县总工会开展“基层工会规范化建设年”活动实施方案》,并对照创建标准组织检查验收,对上一年度全县26家基层工会“星级工会”创建工作进行认定和表彰。开展非公企业“三创争两提升”党工共建活动,在创建单位配备16名党工共建指导员。获省级示范单位1家(淮安源通制帽有限公司)、市级示范单位3家(江苏华源生态农业有限公司、江苏淮安强陵照明有限公司、江苏弘晟包装有限公司)。

【职工宣传教育】 2022年,县总工会结合党史学习教育主题,深入开展“劳模工匠进校园、思政教师进企业”“双进”宣讲活动。对接3家学校和7家企业,排列“双进”宣讲“行事历”。共计开展宣讲活动10场,其中线上6场,线下4场,受众累计达5000余人。联合县委宣传部开展劳模直播1场,观看人数累计达万余人。不断加强职工文化阵地建设,新建职工书屋2家,获评淮安市职工书屋示范点1家,淮安市书香企业示范点1家。落实农民工“求学圆梦”行动计划,完成“求学圆梦”行动成功入学199人。开展为职工送春联、庆“五一”劳模工匠和先进人物事迹宣传推介相关活动12场。

【企业民主管理】 2022年,县总工会把构建和谐劳动关系、维护职工合法权益摆在突出位置,推行以职代会为主要形式的民主管理、厂务公开,职代会建制率达95%。实施“春季集体协商要约”行动,由工会代表职工同企业行政方签订集体合同及职工劳动安全卫生、女职工特殊权益保护、工资集体协商3个专项合同,其中涉及女职工权益保护的专项合同330份,覆盖企业708个,签订率98.3%。选派18名企业集体协商谈判员、劳动关系协调员、人力资源管理员参加市业务培训和省资格考试。

【职工保障保护】 2022年,县总工会组织开展电能计量专业大比武、急救技能竞赛和企业岗位劳动技能竞赛等活动,涉及企业20家,参加劳动竞赛活动职工1.5万余人。组织职工参加“网上安康课堂”学习,参与人数达5000余人。上报职业健康传播5件,安全隐患随手拍作品20件。职工医疗互助保障被县政府列入年度为民办实事项目加以推进,新增5000人入会。深入企业、镇(街)社区开展“涟心1+N我做你来评”公益法律、健康宣传系列讲座6场次,受众500余人。联合应急管理局进校园、进社区、进企业开展“尊法守法 携手筑梦”公益法律服务系列活动11场次;与县人社局开展劳动法律监督检查4次;开展“‘5·20’特别的爱给特别的你”女职工关爱活动,发放免费计生药具1000余份、为女职工提供免费健康体检230余人次。全年新建户外劳动者服务站8个,户外劳动者服务点6个;新建康乃馨服务站6家;免费开展“两癌”筛查活动共计服务2850人次。新增37家基层工会加入淮安市职工医疗互助保障会,参会会员5137人,筹集参会资金达49.48万元,职工住院和特殊疾病报销人员183人次,报销金额36.71万元。

【职工关爱服务】 2022年,县总工会开展春节送温暖活动,向困难职工、先进模范人物、疫情防控一线医护人员、新就业形态劳动者以及公安、交通、城管等一线执法管理人员赠送物品或发放现金累计27.7万元;开展夏季送清凉活动,慰问环卫一线职工、公安交警值勤人员、巡特警大队人员、供电公司室外施工人员、部分单位高温岗位一线职工、新就业形态群体等共计2163人,投入资金29.2万元;开展“金秋爱心助学”

活动，为12名困难职工家庭大学生提供助学金1.83万元；做好困难职工医疗救助工作，为27名困难职工解决医疗费用4.04万元。下发《2022年全县党政、工会领导干部结对帮扶困难职工实施方案的通知》，为建档困难职工和党员干部建立常态化结对帮扶机制；开展疫情期间医护一线人员慰问，为疫情防控一线人员送去价值2万余元的牛奶、八宝粥等营养品200份；开展职工普惠活动，和相关经营实体合作，制作发行游泳健身、汽车维修保养、眼部健康检查保健等“工惠卷”2万余张；指导江苏今世缘酒业集团有限公司国缘宾馆通过市级职工疗休养基地验收并获得授牌。组织50名一线职工赴连云港东海疗养院疗养；开展“关爱困难职工”慈善募捐活动，收到捐款10万余元。

【江苏省财贸轻纺系统产业工人队伍建设改革经验交流暨工作推进会】 2022年6月23—24日，在江苏今世缘酒业股份有限公司举行。省总工会党组书记、副主席徐大勇，市委常委、组织部部长孙虎，市政协副主席、市总工会主席张志勇，县委书记洪然，县委常委、组织部部长孙以东，今世缘酒业董事长、总经理顾祥悦等出席会议。会上，今世缘酒业、南通市人社局、省纺织工业协会、南通大学继续教育学院等8家单位分别作交流发言。会议期间，徐大勇一行深入今世缘酒业，实地参观劳模创新工作室、今世缘学院等，详细了解企业发展、产业人才培养、企业文化建设等方面情况。　（贾志云）

共青团涟水县委员会

【概况】 2022年，团县委下辖基层团委33个，团工委7个，团总支12个，团支部1161个，团员2.42万人。团县委坚持以习近平新时代中国特色社会主义思想为指导，深入学习贯彻落实党的二十大精神和习近平总书记关于青年工作的重要思想，积极引领全县广大团员青年为涟水高质量发展贡献智慧力量。召开涟水县学习贯彻习近平总书记在庆祝中国共产主义青年团成立100周年大会上的重要讲话精神座谈会、共青团涟水县第十三次代表大会，开展“暖冬行动”“法护青‘涟’”“点亮微心愿”“青春留‘涟’”“爱心暑托班”等各类志愿服务活动。团员青年获评省“优秀共青团员”1人，获评省“优秀共青团干”2人，2个团组织荣获省“五四红旗团（工）委”称号。

2022年5月19日，涟水县举行学习贯彻习近平总书记在庆祝中国共产主义青年团成立100周年大会上的重要讲话精神座谈会　（县融媒体中心　供稿）

【青年志愿服务】 2022年，团县委积极动员全县团员青年、志愿者发挥青年先锋作用，组建青年突击队23支，开展“暖冬行动”“同在蓝天下　无毒共成长”“青春留‘涟’　青春相伴”等志愿服务活动累计百余场，服务5万余人次。积极招募培养大学生志愿服务乡村振兴计划志愿者35名，在基层一线挥洒汗水、贡献智慧。开展青年志愿者服务春运“暖冬行动”，组织青年志愿者在涟水汽车客运站开展志愿服务，提供咨询引导、文明劝导、秩序维护、行李搬运、便民便利等服务活动，服务1000余人。协助汽车站春运有序和谐开展，打造平安有序温馨畅通的春运氛围。

【青少年思想引领】 2022年，团县委坚持在学习贯彻落实党的二十大方面走深走实，开展“喜迎二十大、永远跟党走、奋进新征程”主题教育实践活动17场，覆盖3000余人次，团结引领广大青少年坚定跟党走、建功新时代。举办“爱涟说”青年讲师团集体备课会，动员讲师团成员深入青年群体开展“学习二十大　建功新时代”系列专题宣讲65场。以“青年大学习”和“红领巾爱学习”为抓手，让理论学习触角延伸到基层团组织的“神经末梢”，参学率达100%。

【青少年权益保障】 2022年，团县委围绕平安涟水建设，积极探索承担政府青年事务的有效途径，依托“青少年维权岗”平台，打造“法护青‘涟’”品牌项目，组织开展网络安全、假期自护、反对校园暴力等青春自护教育活动20余场。常态化与县公安局、县检察院等部门合作，多形式开展禁毒“双百计划”、小雨滴未成年人普法关爱计划、法护青“涟”法制宣讲等活动30余场，有效提升青少年法律意识和自护能力。

【青年就业创业服务】 2022年，团县委以高质量发展为抓手，主动谋划、积极作为，依托涟水电商产业园，打造青年就业创业孵化基地；开展“清凉一夏”“点亮微心愿　共筑新家园”等新业态新就业群体亲子活动，帮助他们安心发展；推广“新农菁英贷”，帮助农村创业青年解决筹资难问题，累计发放贷款1.8亿元；实施“青春留涟”行动，积极开展大学生暑期社会实践活动，先后为百余名大学生提供实习机会；创新开展“大学生看涟水”活动,邀请返乡大学生参观涟水,感受涟水日新月异的变化,帮助他们知涟爱涟留涟;建立完善县级青年人才数据库,联合今世缘开展“相约今世缘 奋斗正青春”青年人才交友联谊活动,服务青年100余人次,满足青年人才交友需要;打造青“涟”之家人才驿站,在五岛湖人才公寓和今世缘学苑建设青年人才驿站20间,为到涟水就业创业的应届毕业生提供最长14天的免费住宿。

【“梦想改造+”关爱计划】 2022年,团县委深入实施“梦想改造+”关爱计划,聚焦全县以“事实无人抚养儿童”为主的困境青少年群体,按照“三面改造六物到位”(对顶面、墙面、地面进行改造,配备床、书桌、衣柜、窗帘、台灯、小书架等家具和生活用品)的原则,全年累计改造“梦想小屋”182间,并在小屋建设的基础上,常态化对困境青少年实施“1+3+6”(建设1间“梦想小屋”、落实3项结对机制、打造6个关爱项目)关爱服务,持续开展“涟爱有家”精准帮扶行动,企业家以“一对一,一对多,多对一”的方式,结对帮扶困境青少年262人。

【共青团涟水县第十三次代表大会】 2022年10月召开,全县177名来自各条战线、不同领域的团代表参加会议。县委书记洪然出席会议并讲话。会议回顾总结县第十二次团代会以来的主要成绩和基本经验,研究确定之后五年全县共青团工作任务,动员全县广大团员青年以“干就干一流,走就走前列”的昂扬姿态,勇担“申创国家级经开区,加快建成全国百强县”的光荣使命,在奋力开创涟水县高质量跨越发展新局面上凝心聚力,奋勇争先。县委书记洪然、团市委副书记朱莎莎出席会议并讲话。县委副书记、代县长朱永兴,县人大常委会主任张超,县政协主席姜杰,县委常委、组织部部长孙以东,副县长吴勇出席会议。（江　舟）

涟水县妇女联合会

【概况】 2022年,全县有镇(街道)妇联16个,村(社区)妇联372个,机关、企事业妇联63个,新经济新业态组织妇联23个。县妇联认真履行职责,强化责任担当,扎实开展各项工作,16个镇(街道)全面完成换届;指导县税务局、县法院、县经济开发区等机关单位妇联组织换届;先后建成涟城东城商贸妇联、岔庙盛缘包装妇联等14个新兴领域妇联。以“红色‘联’心桥”党建品牌铸魂领航,围绕基层妇女需求,下沉服务资源,按月开展送家庭教育、普法维权服务下基层等活动12场,实现党建工作与妇建工作互促互融。实施“基层妇联领头雁培训计划”,举办新任镇(街道)妇联主席座谈会、新任妇联干部履职能力提升培训班,帮助妇联干部开阔眼界、创新思路;精心制作培训PPT模板,指导各镇(街道)对新任村(社区)妇联干部进行培训,使基层妇联真正强起来、壮起来、活起来。先后获省妇女儿童慈善优秀组织奖、第四届江苏女性融媒体创意大赛优秀组织奖,“借力women+ 织密妇联网”获评省妇联优秀融媒体工作案例,“涟爱润蕾”圆梦助学行动、妇联改革等工作被学习强国、江苏女性等平台宣传推介。

【宣传教育活动】 2022年,县妇联成立“涟姐姐”宣讲队,围绕“奋进新征程 建功新时代”“巾帼心向党 学习二十大”等主题,深入基层开展宣讲活动61场,受众2180人,推动党的路线方针政策深入人心、落地生根。组织各级妇联、巾帼志愿者、女企业家等关心关爱困难家庭、投身疫情防控,常态化开展“齐心抗疫 巾帼同行”“女性健康微课堂 巾帼志愿者在行动”“温馨五月 情暖母亲”等志愿服务30余场。10月,涟城街道东门社区获评江苏省“在你身边”文明实践巾帼志愿服务阳光站。注重从平凡岗位、群众身边挖掘选树优秀女性典型,申报省、市三八红旗手(集体)、城乡妇女岗位建功先进个人(集体)等先进典型18个;选树县级巾帼文明岗(标兵)63个、最美巾帼志愿者16名;为省、市三八红旗手(集体)送上荣誉和“娘家人”的关怀,在全县妇女群众中形成“榜样就在身边、向先进看齐”的整体示范带动效应。

【妇女创业技能培训】 2022年,县妇联联合县人社局举办“春风行动”就业专场招聘会,发布招聘信息40条,引导广大妇女就近就业;动员有意愿的妇女参加巾帼新农人电商直播、田间课堂芦笋种植等培训4场次,累计培训200余人,帮助更多妇女实现创业、就业梦想。成功推荐省级家门口创业就业示范点9个,并为每个示范点争取扶持资金1万元,依托基地对农村妇女进行培训,培训人数136人次。助力美丽乡村建设,推荐省级美丽家园1个。推动县住建

2022年7月,由县妇联举办的“科学家教进万家”——涟水县“金种子”家庭教育巡讲走进东门社区

（县妇联　供稿）

局、县自然资源和规划局、县税务局、县财政局等巾帼文明岗与结对的村(社区)开展布艺培训班、困难家庭走访慰问等共建活动10余场。

【妇女儿童权益维护】 2022年,县妇联深化“1+N”维权服务机制,联合县公安局、县检察院、县法院、县司法局等部门打造婚调工作示范点,成立“涟大姐”普法维权服务队,发挥律师和全国优秀调解员专业优势,提供专业维权服务。联合多部门深入基层开展普法宣传活动,通过普法讲座、文艺演出、现场咨询等形式宣传《中华人民共和国民法典》《中华人民共和国反家庭暴力法》等法律法规,受众1100余人次。依托帼彤之家维权协会,深入全县广大家庭和村(社区)开展普法“六进”宣讲活动20余场次。

【家庭教育】 2022年,县妇联开展寻找“最美家庭”“书香家庭”“绿色家庭”等家庭文明评选活动,累计评选家庭130多户;成功推荐全国、省、市级最美家庭13户、五好家庭5户、家庭工作先进集体2个、先进个人3人,第二批市级亲子阅读体验基地2个。结合“5·15”国际家庭日、“六一”儿童节、中秋节、国庆节等重要节点开展“好家风故事宣讲”“红色家风传承”等系列活动10场,提升未成年人家长科学教育能力。线上、线下深化“金种子”家庭教育公益巡讲,线上推出主题视频课12期,线下举办公益讲座24场;创设点单式公益课堂,以社区点单、县妇联统筹资源的方式丰富“三全”社区家庭教育示范点活动内容,累计开展活动90余场。

【妇儿民生实事】 2022年,县妇联联合女企业家协会、帼彤之家维权协会、巾帼志愿者协会等社会组织力量,结对帮扶困境家庭50余户。探索为困境家庭开展“一户一策”微关爱服务,开设“周末课堂”点亮“一户一策”微关爱,定期为孩子们提供作业辅导、书法培训、亲子阅读、儿童保护等课程,为家长提供家庭教育指导等服务。争取县民生实事“涟爱润蕾 筑梦未来”项目,帮扶学生244名,发放助学款50.55万元,举办“少年儿童心向党 用心用情伴成长”“七彩夏日”等各类主题实践活动24场。实施“今世缘爱心班”“爱德助孤行动”,争取“今世缘康康助学班”3个,为251名困境儿童提供助学保障。

(孙 莉)

2022年5月,县妇联在苏北小延安开展“涟爱润蕾”圆梦行动暨“亲子共沐书香 强国复兴有我”家庭亲子阅读主题活动 (县妇联 供稿)

涟水县归国华侨联合会

【概况】 2022年,县侨联开展侨情调查工作,更新侨情信息,全县有海外侨胞、归侨以及各类侨界人士180余人。海外人士主要分布在美国、加拿大、日本、英国、澳大利亚、阿联酋等国家。全年累计接待海内外人士60余人次,利用春节、中秋等传统节日和华侨回乡探亲的有利时机,慰问20人次。

【服务侨界群众】 2022年,县侨联积极创新工作,按照“建立起来、活跃起来、贡献起来”的思路,深入开展“争当侨胞之友”主题实践活动,不断拓展海内外联络联谊,侨联工作影响力得到有效提升。在五岛湖公园内建立侨界群众活动场所——“侨胞之家”,主动加强与涟水籍海外侨领和侨社团的联系。结合传统节日、重大节庆活动,组织侨界群众开展各类喜闻乐见的活动,如“冬送温暖夏送清凉,中秋重阳生日送祝福”、为侨界人士赠送健康体检、组织侨界人士看涟水等品牌活动,参加活动的侨胞有120余人。获评江苏省双“五有”侨联组织。

(薛乐园)

涟水县工商业联合会

【概况】 2022年,县工商联所属商会28个,其中镇(街道)商会16个、开发区商会1个、行业商会8个、异地商会3个;共有企业会员826个,个人会员526个。围绕县委、县政府中心工作,以服务促进民营经济高质量发展为主线,创新落实各项工作任务,在团结非公经济人士、助力企业发展等方面都取得积极成效。组织开展淮安市行业商会会长营商环境座谈会,邀请全市各行业商会会长到今世缘酒业开展营商环境座谈会,答复会长们提出的意见。广泛收集项目信息,赴深圳、慈溪等地考察服装产业链项目。联合县税务局、县金融局、县农村商业银行、人寿财险涟水支公司开展金融服务,为90余名执委讲解金融借贷、组合税、企业保险等相关政策。

【非公经济服务】 2022年,县工商联通过企业微信群及时传递惠企政策,加强与异地商会联络,积极为县内外经贸交流牵线搭桥。在常州、无锡两地,分别成立涟水常州商会、涟水无锡商会,为在外乡贤提供沟通合作的桥梁。充分利用南京商会年会、常州商会成立大会之机，邀请县主要领导参会，助力涟水招商引资工作。联合市工商联，开展“名企淮安行活动”，邀请全省知名企业和涟水当地企业面对面交流，促进涟水企业和异地企业合作。联合市中小微企业协会开展“私董会”活动，邀请专家对企业发展中存在的问题进行指导，助力企业发展。指导配合眼镜业商会、绿色产业链商会完成注册登记。召开两期会长、秘书长座谈会，就商会的规范化建设进行要求，推动商会更好为企业家服务。组织10家企业参加全市产业工人队伍建设改革专题培训班，组织10名企业家参加“法律双走进”企业服务专场活动，组织5名企业家赴盐城参加全省民营经济代表人士集中培训。

【非公有制经济人士思想政治建设】 2022年，县工商联组织民营经济代表人士学习党的二十大精神，开展学习讨论，引导代表人士关注国家政策，坚定企业发展信心。积极开展“涟心1+N”活动，组织各镇街、行业商会开展学习，及时在会员群、执委群等传达最新理论成果；组织民营经济代表人士赴苏北小延安开展党史学习教育；组织行业、镇街商会会长参观淮安方特东方欲晓，学习今世缘“党费建厂”红色历史，推进学史明理、学史增信、学史崇德、学史力行。

【营商环境优化】 2022年，县工商联密切联系企业，开展调查研究，推动惠企政策落实，助推涟水经济发展和营商环境优化。组织工商联界别委员积极参政议政，12件提案被立案，2篇调研报告被县主要领导批示，推动涟水营商环境持续优化。完成区域营商环境问卷调查，主动听取企业心声，为营商环境优化升级建言献策。常态化开展走访企业活动，帮助企业反映合理诉求；协助营商办开展党政亲商会，做好企业诉求办理情况的回访工作。联合县建筑业商会就涟水建筑业发展中存在的问题和促进建筑业发展的建议，形成“做强本土建筑业　提升财税贡献度”调研报告，得到多家单位的高度重视。密切与企业联系，上报《疫情对中小微企业发展》社情民意信息，助力企业解决实际困难。

（乐　璨）

涟水县文学艺术界联合会

【概况】 县文联成立于1962年2月，是由县级文艺家协会、县辖文学艺术界联合会、产业(行业)文学艺术联合会组成的团体，辖协会团体会员8个，有国家级会员34人，省级会员196人，市级会员553人。2022年，县文联团结带领全县广大文艺工作者聚焦主责主业，积极担当作为，文艺创作有声有色，文艺交流有为有位，文艺惠民有力有序，文艺平台创新拓展，自身建设不断强化。组织召开县文联主席团会议、涟水县文联四届二次全委会，认真学习习近平总书记在全国文联十一大开幕式上的重要讲话精神，及时传达省市文联会议要求，号召全县文艺工作者切实以德艺双馨为自身追求，积极投身文艺事业发展。研究指导县小作家协会筹备成立工作，协会门类逐步增多。邀请市文艺家协会到涟水开展“传承安东文化　助推百强县”主题采风活动；组织开展“情牵今世缘　助飞百强梦”王买成师生主题书画展，省、市、县多位书画名家带着作品会聚涟水，交流书画艺术；县书协等协会坚持月点评制度，通过讲创作、评作品，共同探讨交流、互学互鉴。

小戏《芝麻官钻笆斗》　　（县融媒体中心　供稿）

【文艺创作】 2022年，县文联组织县摄影家协会深入农村一线，用影像讲述“三农”故事，多幅农村题材的摄影作品在省市摄影大赛中获奖入展；严成刚等4人创作的书画作品参加晋京展；张启晨的《风华时代》获评中国作协重点扶持作品，孙胜入选省作协第十三届签约作家，茆佳万的长篇小说《南船北马》入选省作协“重点扶持文学创作与评论工程”文学项目；现代小戏《芝麻官钻笆斗》获江苏省五星工程奖；现代淮剧《村里来了花喜鹊》获江苏省“五个一工程”奖。

【文艺惠民活动】 2022年，县文联围绕庆祝“七一”，开展“讴歌新时代　奋进新征程”——红色文学主题朗诵会，歌颂党的丰功伟绩；组织县戏剧家协会利用广场“百姓大舞台”，为群众免费演出淮剧节目，演职人员与百姓零距离接触，深受群众欢迎；开展“创全国文明城市　建幸福美好家园”诗词、书画、摄影展，反映新变化，展示新风貌，鼓舞干群士气，提振创建精神；根据范荡村群众诉求，组织县戏剧家协会打造范荡小淮戏特色村，开办淮戏辅导班，送淮戏进农村，丰富干群文化生活。搭建“传承经典　共享文艺”文艺名家名师公益直播大讲堂，每周三下午遴选涟水文艺名家名师走上大讲堂义务为城乡广大青少年学生开展文学、诗词、书法、美术、音乐等优秀传统文化传承教学，一人授课，万名师生在教室利用“四位一体机”同步收听收看，推动文艺知识普惠涟水青少年；在五岛湖公园兴建“涟水文化雅集”场所，为全县文艺人才搭建展示平台，文化雅集活动开展情况陆续在“学习强国”平台、市县媒体刊登报道。

（县文联）

涟水县残疾人联合会

【概况】 2022年，全县共有持证残疾人22459人，其中精神残疾1931人，视力残疾2337人，听力残疾1131人，言语残疾596人，肢体残疾12575人，智力残疾3364人。县残联为381名残疾儿童提供基本公共服务，其中包括0—14岁残疾儿童肢体类123人，孤独症类146人，智力类61人，听力类28人，低视力类23人；建成社区康复示范点4个，每天为近百名残疾人提供康复服务；完成0—14岁残疾儿童康复转介381人；为1036人免费提供白内障复明手术；为693名精神病患者提供免费服药服务；辅具评估适配服务1002人，免费配置辅具1541件。

【残疾评定】 2022年，县残联共开展残疾评定9次，共计评残1272人。1月，新增残疾181人，跨省通办2人；5月，新增残疾310人；7月，新增残疾219人，跨省通办2人；9月，新增残疾231人，跨省通办3人；11月，新增残疾153人，跨省通办8人。评残过程中邀请县纪委监委派驻组参加，保证残疾评定的公平、公正、公开。

【残疾人服务机构建设】 2022年，全县共建成残疾人康复示范点4个（涟水县蚕种场社区残疾人康复示范点、涟水县引北社区残疾人康复示范点、涟水县红窑镇残疾人康复示范点、涟水县黄营镇北集残疾人康复示范点），并配备可调式磨砂板、平衡杠、多功能训练器、下肢功率车、股四头肌训练椅、放松按摩器、训练阶梯、坐式扩胸训练器等设备，兼顾手功能康复训练、下肢功能康复训练、平衡功能康复训练、步行及步态康复训练、心肺功能康复训练等。4个残疾人康复示范点均实现高质量运行，为周边残疾人提供康复服务，并与县医院康复医生签约定期在示范点为残疾人提供体格检查、功能评估和康复指导。对红窑镇李庄村居民集中居住点及邻近的两个涉残服务机构（残疾人就业基地和残疾人康复示范点）及周边部分公共场所实施无障碍建设（改造），并创成无障碍示范社区。

【残疾人就业培训】 2022年，县残联认真做好残疾人按比例就业联网认证工作，年审用人单位53家，年审残疾人160名；联合县人社局、人力资源公司举办4场线上线下专场招聘会，为残疾人提供就业岗位近百个；为全县残疾人服务机构配备管理服务人员9人；举办培训班及岗前培训3期，培训残疾人300人次；帮助残疾人稳定按比例就业300人，辅助型就业512人，通过自主创业、灵活就业等形式，全年完成各类就业880人。

【扶残助残活动】 2022年，县残联开展新时代文明实践助残志愿服务，联合多个助残机构广泛开展扶残助残活动，实施残疾人文化进家庭“五个一”项目，帮助有文化需求的贫困、重度残疾人家庭每年读一本书、看一次电影、游一次园、参观一次展览、参加一次文化活动。着力补齐残疾人基本公共服务短板，提升残疾人家庭的幸福感和社会融入感。全年组织各类助残志愿服务30余场次，帮助残疾人群众解决难题近百件，获得广大残疾人的一致好评。借助各类媒体平台宣传残疾人工作，营造扶残助残良好风尚。

【残疾人文体活动】 2022年，县残联注重党建融合，携手助残服务组织，打造残疾人精品文艺节目，结合“残疾人文化周”，在残疾人文化服务阵地高频次开展文体活动。建立残疾人文化体育人才库，筛选残疾人运动员130人，开展群众性体育活动25次。

【重度残疾人居家照护服务】 2022年，县残联认真落实重度残疾人居家照护服务工作。投入300余万元，为全县16个镇（街道）2302名重度残疾人提供每人每月不低于3次、每次不低于1小时的居家照护服务，形成“线下服务，线上监督”的智能化服务特色，不断提高助残服务的能力和水平。全年共开展居家照护服务70189人次，服务满意度达98%以上。

（崔海峰）

涟水县红十字会

【概况】 2022年，县红十字会认真开展“博爱送万家”活动。中秋、春节期间，走访慰问贫困户1200余户，发放生活物资、慰问金31万元。针对全县白内障患者开展“博爱光明行”专项补助，受益群众50人。在全县24个点位安装自动体外除颤仪（AED），全年打造社区“博爱家园”11家和市级红十字示范学校2所。全年筹资523.9万元，全部用于抗击疫情。完成初级救护员培训1221人，普及性培训21584人。全年完成器官捐献2例，遗体捐献1例、完成遗体捐献登记21例。采样造血干细胞56份进入中华骨髓库。无偿献血936人次，总采血量22万毫升。

【红十字会宣传】 2022年，县红十字会依托“博爱家园”，利用宣传展板在社区植入红十字文化，以宣传“2022年红十字博爱周”为契机，围绕“关爱生命——红十字救在身边”主题，集中开展“5·8”世界红十字日大型主题宣传活动、《中华人民共和国红十字会法》进机关普法百人答题活动及全民卫生应急自救互救能力普及进校园、进企业活动，参与人员达1000余人。围绕“5·12”防灾减灾日，开展防灾减灾知识试卷答题进学校、进社区等系列活动，1000余人参加，弘扬人道博爱奉献精神，传递人道正能量。活动期间，通过设立宣传展板、条幅，发放宣传单，开展义诊以及答题等形式进行宣传，共发放宣传单2万余份，扩大红十字精神的传播及影响。

【救护培训】 2022年，县红十字会高标准、严要求，组织社区、企业、单位、机关、学校开展应救护培训工作。通过制定应急救护培训方案，按照“三有”(有完整的培训课件、有一套完整的操作流程、有一颗热爱红十字事业的心)要求，建立红十字培训师资群，及时发布培训信息，合理调度培训课程，提高授课质量。全年完成初级救护员培训1221人，普及性培训21584人。

【社区养老服务】 2022年，县红十字会将志愿服务和养老照护相结合，积极参与社区养老服务。依托社区养老基地，为社区老年人群普及养老照护、健康养老、慢性病防治、科学饮食等知识。根据老年人的基本需求，为215位老人提供健康体检、慢性病随访、上门家政、康复保健、心理疏导等志愿服务，受到社区老人及亲属的欢迎。全年为700余位老人及老人亲属提供养老照护知识培训，完成普及性培训6520人。

（张雪林）

涟水县关心下一代工作委员会

【概况】 2022年，全县共有关工委组织647个。其中镇(街道)、片区关工委组织32个，村(社区)关工委354个，县部门关工委8个，中小学关工委89个，规模以上民营企业关工委164个，从事关工工作的“五老”及志愿者4422人。全县各级关工委及广大“五老”围绕中心、服务大局、突出重点、积极努力、稳步推进开展各项工作。以红色教育为主线，以落实“双减”政策为契机，以特色品牌为方略，以“校站结合”为平台，提升校外教育辅导站工作水平。开展红色资源普查工作，出版《涟水红色故事》，该书收集涟水发生的50个烈士故事，为青少年开展红色教育提供素材。

【校外教育辅导站】 2022年，全县所有的镇(街道)片区、中小学校开办校外教育辅导站，“五老”、在职教师、大学生志愿者等650人参加辅导留守儿童近万人。各级关工委加快推进“网上关工委”建设步伐，举办“网上关工委”建设培训班，邀请学校教师进行授课，着力提升“网上关工委”建设水平。县关工委深入镇(街道)片区、村(社区)基层关工委，通过现场观摩、检查台账、走访座谈等形式，对关工委“五有五好”创建工作进行调研，全县关工委五有率达100%，五好率达85%。

【“清涟护蕾”专项行动】 2022年，县关工委积极开展“清涟护蕾”专项行动，聚焦重点区域、重点行业及校园周边领域中存在的突出问题，强化人员聚集区域巡防管控、整治公共娱乐场所、净化校园周边环境，全力为未成年人营造风清气正、和谐稳定的成长环境。联合县公安局、县教体局、县文广旅游局等单位成立联合检查组，开展突击清查行动，对主城区重点区域、重点路段开展集中清查，督促81所学校对校园及周边安全情况开展自查。坚持全天候执法检查，针对网吧、游戏室、台球室、KTV等场所不规范经营问题和安全隐患，提出整改意见41条。清查重点场所150余家，查处违规经营单位11家，整改安全隐患121处，抓获各类违法犯罪人员13人。

【“代理家长”工作】 2022年，县关工委认真贯彻落实《中华人民共和国家庭教育促进法》，常态化开展家庭教育和“代理家长”工作，对困境青少年做到应帮尽帮，实现精准帮扶。11月，在全县困境儿童专项排查工作中，会同相关部门，排查需要帮扶的儿童，其中有41名存在监护风险的困境儿童需要落实代理家长，相关镇(街道)五老及时上门了解情况，逐一落实代理家长，确保困境儿童问题得到解决。

【帮扶助学活动】 2022年，全县各级关工委共开展帮困助学活动120余次，受助资金达60万元，受助学生3000余人。县关工委组织开展“冰凌花”奖学金助学、“金叶护花蕾”、资助2022年品学兼优贫困大学生、“千人助学计划助困”等关爱活动89场，惠及贫困生520人。

（严安荣）

法　治

RULE OF LAW

- 综　　述
- 法治政府建设
- 公　　安
- 检　　察
- 法　　院
- 司法行政

编辑：彭亚君

综　述

【概况】　2022年,县委政法委聚焦“申创国家级经开区,加快建成全国百强县”的奋斗目标,履职尽责、担当作为,取得一定成效。常态化开展扫黑除恶专项斗争,办理审结涉黑涉恶类案件24件、42人。扎实推进打击整治养老诈骗专项行动,侦破案件266起,“金钟罩”成功预警38551人,劝阻损失5000余万元。牵头组织“清涟护蕾”专项行动,查处违规经营场所26家,整治校园周边安全隐患69条,将14名符合惩戒标准的涉案未成年人送至特殊训诫学校。依法保障妇女儿童、精神障碍患者等的合法权益,在全市率先落实新以奖代补政策,受市委分管领导批示肯定。紧盯全国市域社会治理现代化试点合格市“首创必成”目标,先后打造县公安局执法办案中心、县司法局社区矫正中心、“智慧高沟”社会治理指挥中心等12个验收点位,做好省验收组现场调研准备。新申报1个国家级民主法治示范社区、10个省级民主法治示范村(社区),打造占地4000余平方米的岔庙镇洪滨村红色法治文化阵地。深入实施“援法议事”、法治小区范例打造项目,建成法治小区4个、“援法议事”省级示范社区1个、市级示范村(社区)8个,夯实法治建设基础。实施“精网微格4.0”工程,新创村级社会治理工作站示范点12个,“一格一品”特色网格28个。打造保滩街道周集村繁志红色微网格、大东镇瓦滩村乡村旅游微网格、南集镇皂角村牛棚议事微阵地、黄营镇朱桥村红石榴家园、涟城街道丽晶首府红色管家5个示范点位。建立惠民实事常态化推进机制,40个重点项目和惠民实事取得明显成效。

【网格化社会治理】　2022年,县委政法委、县社会治理指挥中心以打造精细、精准、精致的网格化服务管理为目标,科学规划网格布局结构,优化完善指挥调度机制,夯实网格员队伍,健全完善网格运行机制,推进基层社会治理现代化建设。出台《社会治理一体化平台数据管理办法》,完善平台事件“六步闭环”(信息采集上报、核实立案、指挥派遣、处理反馈、核查结案、考核评价)处置流程,实现网格巡察事件闭环处置完成率100%。开展“精网微格4.0”工程,制定出台涟水县《全面实施“精网微格”工程进一步完善基层社会治理体系的实施意见》,推动各镇街实施“精网微格”工程。全县共划分为3750个“微网格”并配齐微格员3750人,截至年底,已完成电子地图边界绘制工作。结合小区特色打造“好邻里”网格驿站,在悦隽学府、现代名流花苑、丽晶首府等小区建成示范点位。线上推广的网格化服务知晓率满意度有奖答题活动,累计13.4万人参与。组织开展全县“最美网格员”评选活动,网络投票访问量超700万人次,最终评选出“最美网格员”10人、“最美网格员”提名奖11人和优秀组织奖5人。利用节假日,组织网格员开展“关爱妇女儿童 温暖同行”,“双亮一访”(亮身份、亮职责、访农户)慰问,“送祝福、送温暖、保平安”等活动。提高涟水网格化服务群众知晓率满意度。

涟城街道网格员开展协商议事活动　　(县委政法委　供稿)

【执法监督】　2022年,全县执法监督工作围绕品质政法建设目标,提升工作质效。县委政法委制发《关于开展防止干预司法“三个规定”执行情况专项检查行动的实施方案》,指导督促县各政法单位全面推进专项检查行动。全年共报告记录200条,外部人员过问31条,内部过问5条,接触交往类164条。制定出台《关于加强全县政法领域执法司法制约监督制度机制建设的实施方案》,进一步深化全县执法司法规范化建设。聚焦群众反映强烈的信访案件、影响民生的重要领域案件,开展专项检查、案件评查,把执法监督落到实处。3月,组织开展重点涉法涉诉信访案件评查;10月,组织开展破产案件评查,对评查出的问题瑕疵全部督促落实整改,对涉及的顽瘴痼疾问题落实责任追究,达到查处一例教育一片的效果。推进“涉法涉诉信访突出问题攻坚化解年”专项行动,从源头上预防和减少涉法涉诉信访问题的产生。全年共受理涉法涉诉信访720件,重复466件,其中已办结629件,化解216件,导入司法程序128件,移交属地稳控20件,相关做法被淮安政法专刊介绍。全年司法救助案件68件,救助资金195.635万元,救助金额、救助案件数位居全市前列。

【政法队伍建设】　2022年,县委政法委健全党管政法体制机制,建立政法系统政治轮训制度,切实把政治建警、从严治警落到实处。创新开展意识形态“周周谈”活动,灵活运用共产党人的精神谱系,加强对党员干部的政治教育。举办“政法沙龙”“链接长安网分享好经验”“喜迎二十大、冲刺百强县”主题演讲等活动,激发党员干部干事创业的热情。制订政法干警理论研修班培训计划，举办政法新闻宣传培训班，开展集中培训和经验交流，提升政法系统宣传水平。在全市率先制定《全县政法干警交流挂职实施意见》，打破部门壁垒，推动政法干警横向、纵向交流挂职，第二届8名政法干警已开展挂职锻炼。以贯彻执行《新时代政法干警"十个严禁"》为引领，开展系列主题活动，编写违反"十个严禁"典型案例，用案中事警醒身边人，确保学深学透、入脑入心。定期开展窗口部门巡查、执法司法暗访等活动，组织观看警示教育片，常态化开展警示教育，铸牢政法干警政治忠诚。开展季度"四评"活动，每季度对政法单位开展评查，推动政法工作高质量发展。召开2022年"向人民报告"主题报告会，表彰"十佳平安卫士""最美网格员""社会治理先进个人"等30人，增强政法干警的职业尊荣感。

【智慧政法】 2022年，县委政法委推进新一代雪亮工程建设，打造立体化、现代化防控体系建设。坚持"党政领导、政法统筹、公安主导、部门参与、社会共建"的技防建设之路，深化"共建、共治、共享"联动机制，打破部门间、网络间、系统间的界限与壁垒，充分优化整合现有资源。投入6000余万元全力推进开展新一代技防工程建设。运用技防设施和信息技术开展智能化交通管理，在城区部署智能联网信号机59套，实现后台全程指挥车辆通行，同时在12个重点拥堵路口部署广域雷达微波交通检测器，结合视频监控，自主优化信号放行时间，提高交通通行效率。按照视频建设由数量向质量转变、工作重心由建设向应用转变的思路，完善"智慧技防"常态运作机制，推动技防建设可持续发展。创新建立实战应用平台，打造"数据湖+算法仓+算力云"新一代智慧技防建设与应用新体系，将人像大数据、车辆大数据分析、视频结构化分析、视频运维监测一体化平台等平台统一管理、统一指挥、统一布控、统一预警。不断满足新型应用的需求，提升市域治理现代化水平。

（龙　翔　贯　敏）

法治政府建设

【概况】 2022年，县政府收到行政复议申请117件，受理108件，已审结105件（驳回行政复议申请4件、维持具体行政行为72件、确认违法3件、撤销1件、责令履责7件、协调终止18件）。法院受理以县政府为被告的一审行政诉讼案件29件，结案29件。

【规范性文件审查】 2022年，县司法局贯彻落实"有件必备、有备必审、有错必纠"的总要求，认真开展"备案审查工作机制建设专项监督"，扩大备案范围，加大审查力度，丰富审查方式，增强纠错刚性，提升备案审查工作质量。建立健全备案审查工作衔接联动机制，严格按照《涟水县行政规范性文件合法性审查实施办法》要求，规范送审流程，提升合法性审查工作质效，确保政府行政决策合法规范。全年共审查各类政府文件、合同以及建设用地审批事项共72份，提出合法性审查意见、建议124条。

【行政复议应诉】 2022年，涟水县共发生263件行政复议与行政诉讼案件，其中行政复议案件117件，行政诉讼案件146件；清江浦区法院受理的行政诉讼案件136件，省市法院受理一、二审案件10件。行政复议涉案领域：公安处罚49件、市场监督管理28件、人力资源和社会保障19件、土地管理2件、民政救助2件、规划（发改、住建、水利）4件、物管2件、水利工程款1件、文旅许可1件、交通运输许可3件、财政监管4件、招标监管1件、"三农"补贴1件。行政复议案件实质化解率与诉讼案件胜诉率均有提升，其中，行政机关胜诉93件，胜诉率63.7%；败诉10件，败诉率6.85%；协调处理43件，协调率29.45%。开庭审理案件86件，行政首长出庭83件，出庭率96.51%。

【行政执法监督】 2022年，县司法局深入实施"行政执法三项制度示范点"培育工程，全面推行包容审慎监管执法"三张清单"制度。全县共有18家行政执法单位编制包容审慎执法"三张清单"，总数在全市县区中居第一位。全县32个执法监管部门全部建立"二库一单"，双随机监管实现全覆盖。制定镇街综合执法调研方案，开展镇街综合执法权力事项评估活动，规范镇街综合执法。常态化开展执法卷宗评查与重点执法领域专项督查，全面推行"互联网+监管"，开展专项督察4次，执法卷宗评查4次，全县统一换发新版执法证588本，纠正执法不规范现象12起。

（陆　凯）

公　安

【概况】 2022年，县公安局围绕党的二十大安保核心，紧盯维护社会大局稳定、促进社会公平正义、保障人民安居乐业"三大任务"，坚决打好"两场硬仗"、抓实"两个建设"，确保实现案件警情大幅下降、打击破案显著上升、队伍形象持续提升、群众满意度不断攀升的"一降三提升"目标，奋力书写涟水公安高质量发展新篇章。截至年底，全县户籍31.7万户，户籍人口108.29万人，全年迁出11358人，迁入1401人，人口呈现负增长，比上年下降0.71%。全县公安机关共接报警情96138起，比上年上升0.18%，立刑事案件3427起，比上年下降21.2%；破案1262起，破案率36.83%。侵财类案件发案2830起，比上年下降24.1%；八类案件72起，破案率97.22%。受理各类经济犯罪案件31起，立案26起，破案15起，避免和挽回经济损失1000余万元。年内成功侦破部督"5·9"非法经营案和"2·26"组织领导传销活动案。全局3个集体、8名个人获市级以上表彰，涌现出"全省优秀公安基层单位"淮浦路派出所、"全省优秀人民警察"刘松等模范代表。

【刑事犯罪侦查】 2022年，县公安局紧紧围绕二十大安保维稳"一个核心"，紧抓捍卫政治安全、维护社会安定、保障人民安宁"三大任务"，统筹抓好疫情防控和刑侦打处绩效，以刑侦重点人员管控、重点民生案件办理、网络新型犯罪打击为抓手,全力推动刑侦基础规范化、队伍建设专业化、扫黑除恶常态化、合成作战现代化建设,实现恶性案件大幅下降、打击破案显著提升、队伍形象持续向好、群众安全感满意度不断攀升。以夏季治安打击整治"百日行动""断卡行动"为抓手,不断完善打击传统侵财犯罪盯案侦控机制,刑事案件发案率比上年下降21.2%,"金钟罩"注册32.5万人,破获各类刑事案件150余起,其中侵财案件73起,系列串案12串,打掉团伙8个,端掉窝点1个,抓获人员379名。全年完成公诉102人,侵财公诉40人,4起命案全破,创造连续18年现行命案全破的历史新佳绩。

【社会治安管理】 2022年,县公安局以开展"百日行动""清涟护蕾""昆仑2022""打击娼赌违法犯罪"等专项行动为依托,瞄准群众反映强烈的娼赌等突出治安问题,坚持重拳出击、以打开路,全力净化社会环境,维护社会治安秩序。全年组织开展集中清查统一行动32次,清查留宿洗浴场所、宾(旅)馆、歌厅、棋牌室等公共娱乐及服务场所1200余家(次),现场查获涉黄违法犯罪人员33名,捣毁窝点5个。办理涉黄涉赌刑事案件17起(其中跨境赌博3起),采取刑事强制措施41人,移送起诉41人;查处涉黄涉赌行政案件46起,行政处罚233人次。完成公诉5人以上黄赌娼案件6起,公诉10人以上黄赌娼案件1起。查处寄递企业违法违规案件4起,处罚从业人员18人,有效保障全县治安稳定。

【社会维稳】 2022年,县公安局深入推进安保维稳"安东行动",以"时时放心不下"的责任感和使命感,全警恪尽职守、迎难而上,圆满打赢安保维稳系列攻坚仗,连续11年实现重大活动期间进京访"三零"目标。做实"基层共治式维稳"新机制,全力防范化解重大风险,消除整治突出隐患,实现"小事不出村,大事不出镇,事事有化解,矛盾不上交",调处各类纠纷215起,调处成功率超过96%,群众的满意度逐年攀升。

【出入境及往返港澳台管理】 2022年,县公安局以窗口服务、涉外管理和案件查处为重点,严格规范出入境各类申请审核工作,探索涉外安全动态管理服务机制,加强涉外安全管理和情报信息收集工作。将深化队伍教育整顿和"我为群众办实事"贯穿工作始终,强化出入境及往返港澳台管理民警业务培训,提高综合能力水平,推动管控更严密、服务更到位、执法更规范、保障更有力。全年受理、审核出国申请180人,赴港澳申请364人,赴台申请3人,办理外国人签证8人、台胞证17人、一次性出境证2人,比上年下降39.4%。办理境外及港澳台人员临时住宿登记343人,比上年下降40.8%。常住涟水台胞62人、外国人27人。录入法定不批准出境人员数据2010条,国家工作备案人员数据185条。全年收集上报市局出入境工作信息242篇,被上级采用175篇,信息采用量位居全市第一。各类申请业务全部办结,准确率达100%。

2022年8月15日,县公安局组织民警开展社会治安清查整治行动　(县公安局　供稿)

【禁毒工作】 2022年,县公安局健全完善吸毒人员核查管控常态机制,落实分级分类管控措施,做到"底数清、情况明,管得了、控得住";坚持以"清零"为目标,全面开展涉毒驾驶人、脱失吸毒人员核查管控工作,最大限度降低吸毒人员肇事肇祸风险。利用"6·26"国际禁毒日契机,联合禁毒办开展禁毒宣传教育工作,采取"进社区""进学校""进企业"等宣传途径,通过摆放展牌、发放宣传单、主题宣讲、播放禁毒电影等形式,向广大人民群众介绍毒品的种类、危害及防范方式,提高禁毒防毒意识和能力水平。全年铲除毒品原植物罂粟3万余株,刑事处罚24人。

【户政管理】 2022年,县公安局践行"靠前一步、主动作为"警务理念,推进派出所"综窗"建设,打造城乡便民服务圈,实现队伍素质、服务质效和群众满意度"三提升"。全年核发居民身份证65121张、居住证1540张、临时身份证9058张,解决群众疑难问题138件。创设"警捷办"机制,将公安服务"送"至百姓家门口,服务特殊人群165人次,"退役军人一件事""新生儿一件事"办理1900余人次。中高考期间,户籍窗口全警备战、在岗在位,为备战考生办理身份证1887张,在各考点设置"户籍窗口服务站",为考生现场开具各类证明材料105份,提供户籍业务咨询、寄存物品和免费饮用水等服务,发放宣传材料1680余份,赢得考生和家长广泛赞誉。

【流动人口管理】 2022年,县公安局采取电话回访、实地检查、考核优化、交叉互查等多项措施,推进流动人口和房屋出租户管理工作。全年登记录入流动人口16534人、注销18845人、更新流动人口数据4331人;登记录入房屋出租户2602户、注销6245户、更新房主63856户,办理居住证1154张;消防、住建安全隐患排查17处,均已及时录入居住证系统。

【"一校四长"护学模式】 2022年，县公安局以"三警联动"为基础，创建"一校四长"（警长+校长+保安队长+家长）联

2022年1月10日，县公安局交警大队民警到县实验幼儿园为孩子们上安全课

（县公安局 供稿）

防联控新机制，创新共建共治共享社会治理新模式，以守护学校、家庭的"小平安"，带动整个社会面的"大平安"。"护学岗"警长100余人，由交警、巡特警、辖区派出所组成，落实高峰勤务、错时勤务，全面开展交通疏导、矛盾化解、应急处置各项工作，最大限度提高见警率、管事率，保障师生出行安全。全年救助群众服务110余起，化解涉校矛盾纠纷65起，校园周边各类交通事故警情、纠纷警情比上年下降65%、70%，切实筑牢校园安全铜墙铁壁。

【网络安全管理】 2022年，县公安局紧盯网络安全工作目标，持续推进涉网类违法犯罪打击行动，打造涟水破案攻坚品牌亮点。先后侦破"2·26"组织领导传销案、"5·9"非法经营案、"5·30"非法利用信息网络案、孙某东等人伪造国家机关证件案、"11·9"组织考试作弊案等重大案件7起，抓获涉案人员121人，公诉51人。对全县网吧开展常态化明察暗访，处罚违规网吧2家、网络运营者不履行网络安全保护义务107人。

【"断卡"突击行动】 2022年，县公安局坚持打击、防范两手抓、两手硬，深入推进"断卡"专项行动。以涉"两卡"（手机卡、银行卡）违法犯罪线索为抓手，精心构建"全警参与、职责清晰、整体联动、运转高效"工作体系，"断卡"行动战果丰硕。4月，通过对涉案银行卡资金流和信息流开展深度追查和研判分析，精准锁定嫌疑人身份及落脚地点，一举抓获帮助信息网络犯罪嫌疑人37人，扣押手机卡、银行卡40余张。全年张贴防电信诈骗海报5000余份，发放宣传手册2万余份，覆盖全县易受骗群体5万余人，全面提升"断卡"行动工作成效，营造全民反诈浓厚氛围，从根源上减少"两卡"违法犯罪活动，实现治标更治本。

【"项目警官"制】 2022年，县公安局创新推出"项目警官"制度，从打、防、管、控、建、服等方面着手，优化营商环境。按照"一企业一策，一项目一策"的思路，为全县409家规模以上企业和重特大工程项目"一对一"设立"项目警官"。全局副科职以上民警负责53家重特大项目，356名民警挂钩全县规模以上企业。建立"160重点项目警官制"，为每个重点企业或每个项目定制"1名警官"，履行定期走访、精准摸排、风险清零、严打震慑、上门服务、预警防范"6大职责"，推动实现服务保障零距离。全年召开警企座谈会27场次，"项目警官"联系走访企业2892家次，为企业解决急难愁盼问题169个，排查发现安全隐患112处，实现企业项目落地安心、建设安心、发展安心。

【移动警务平台"平安方舱"】 2022年初，县公安局移动警务平台"平安方舱"亮相县大润发、吾悦广场等商圈，"特警黑"的配色以及持续闪烁的警灯，实现24小时"屯警街面、警务前移"，推动防控工作延伸到"最后一米"。作为立体化社会治安防控体系的"支撑点"和"前哨站"，"平安方舱"占地面积10平方米，内部防护装备、急救装备、灭火装备等

2022年4月25日，县公安局经济开发区派出所民警到苏杭科技有限公司走访

（县公安局 供稿）

紧急物资一应俱全。按照警力“四班三运转”巡逻+固守模式,24小时屯警街面,保持重点时间段重点区域的严查、严防、严管、严控高压震慑态势,有效压降街面案件发案率。“平安方舱”自运行以来,接处警1100余起,救助服务群众800余人次。

【跨境网赌犯罪打击】 2022年,县公安局紧抓“一把手”任组长督导推进、见疑不放摸排线索、合成作战集中收网、拧紧证据全链条打击“四大撒手锏”,优化组织、侦查、抓获、取证闭环模式,全力打击整治跨境网络赌博犯罪活动。先后侦破特大跨境网络赌博案件8起,其中公安部督办案件2起,涉案人员40余万人,涉案总金额191亿元。协助外地警方破获跨境赌博大案6起,涉案金额100余亿元,全国40余个省、市、县公安机关到涟水公安局交流学习。

(赖华军)

检察

【概况】 2022年,县检察院深入学习贯彻习近平法治思想,秉持高度的政治自觉、法治自觉、检察自觉,忠实履行法律监督职责,各项检察工作实现新提升。做实行政诉讼监督,办理行政诉讼监督案件29件,发出行政违法行为监督检察建议17份。起诉组织领导传销活动、非法集资等犯罪59人。批准逮捕中央电视台“3·15”晚会曝光、利用推广虚拟币发展会员近20万人的组织领导传销活动案3名主犯。依法对省公安厅、省检察院双督办的销售盗版教科书2000余万元的6名被告人提起公诉,推动全县开展规范出版物市场专项行动,查处违规贩卖中小学盗版教材案件14起。压实主体责任,认真履行“一岗双责”,开展约谈、提醒16人次。加大案件监督管理力度,开展司法办案专项督察,检委会对两年来128件不捕、不诉案件和新入额检察官办理的54件案件进行专项评查,拧紧规范履职依法办案“安全阀”。坚持问题导向,常态化开展案件质量和核心数据检视,用“放大镜”找问题,逐案评析,推动整改,提升司法规范化水平,全年入选最高检、省、市检察院典型案件事例15件。加快“智慧涟检”建设步伐,上线运行检察工作网2.0系统及配套装备,安装智能云柜系统,开发“涟检云听”轻应用,建成看守所内监区远程提审系统,为检察办案提供更加便捷有力的保障。自觉接受人大、政协监督,向人大常委会专题报告职务犯罪检察工作情况,4名检察官接受人大常委会专项履职评议,配合市人大常委会开展法律监督工作专题调研。深入推进检务公开,邀请县人大代表、县政协委员、人民监督员以及社会各界代表视察工作,参加检察开放日、新闻发布会等活动67人次。加强与人大代表沟通联系,面对面听取意见和建议,优化履职。做实公开听证工作,聘请31名社会各界人士在全市基层院率先建成听证员库,开展公开听证47次,增强检察机关办案透明度。认真落实普法责任制,围绕套路贷、养老诈骗、未成年人保护等专题开展法治宣讲21次,4个案例参加全市检察机关十佳案例巡回讲述。开展“涟心1+N”志愿服务,组织35名干警常态化参与社区疫情防控和文明城市创建工作,相关做法被评为全省检察机关检察官进网格典型案例。县检察院先后获“江苏省文明单位”“江苏省巾帼建功先进集体”“市五一劳动奖状”“全市先进基层检察院”等荣誉和称号,涌现出“全省检察机关扫黑除恶专项斗争先进个人”“全省优秀办案检察官”“全省检察机关公益诉讼检察优秀办案能手”等一批先进典型。

【刑事检察】 2022年,县检察院贯彻总体国家安全观,严厉打击危害国家安全、社会安定、人民安宁的严重刑事犯罪,以政治安全为根本,依法办理涉政类案件8件15人。全年共批准逮捕96件139人,提起公诉494件687人。常态化开展扫黑除恶专项斗争,严惩有组织犯罪,提前介入一起涉案40余人3000余万元的跨境网络“裸聊”敲诈勒索案,引导取证深挖涉恶犯罪集团犯罪事实,依法批准逮捕12人,提起公诉32人。办理的聂某某案被最高检评为涉基层政权黑社会性质组织犯罪典型案例。重拳惩治电信网络犯罪黑灰产业链,维护数字时代人民群众财产安全,依法起诉电信网络诈骗犯罪76人、涉“两卡”犯罪106人。批准逮捕一名特大跨境网络诈骗案潜逃境外主犯,国际刑警组织对其发出红色通缉令。贯彻新司法理念,准确适用“少捕慎诉慎押”刑事司法政策,对罪行较轻、社会危害性不大的,依法不批捕29人、不起诉48人,强化轻罪治理,减少社会对抗,促进社会和谐。

【刑事检察监督】 2022年,县检察院加强刑事诉讼监督,监督立案28件,监督撤案35件,纠正漏捕漏诉58人。1件改变定性、追诉3人的危险驾驶案,参评最高检诉讼监督典型案例。持续提升认罪认罚量刑建议精准化、规范化水平,认罪认罚适用率提升至92.9%,一审服判率达98.26%,有效节约司法资源。深入开展刑事审判监督质量提升行动,对364件案件开展交叉评查,对认为确有错误的判决提请抗诉2件。参与全省监管场所巡回检察2次,维护监管场所安全稳定;履行社区矫正监督职责,对社区矫正工作进行检察监督16次;实施职务犯罪案件财产刑执行专项检察,深挖以虚假诉讼转移财产对抗执行行为1件2人;初查司法工作人员职务犯罪线索5件,查办的一起司法工作人员职务犯罪案件入选最高检侦查案例库。

【民事行政检察】 2022年,县检察院加强民事诉讼监督,办结民事诉讼监督案件39件。以民事行政诉讼深层次监督专项活动为契机,建立打击虚假诉讼协作机制,成立专业化办案团队,着力破解虚假诉讼线索发现、调查取证难题,监督虚假诉讼案件21件,相关做法在江苏省人大调研座谈会上交流发言。办理的辜某某不服婚姻登记申请监督一案,当事人因前妻冒用他人身份与其登记结婚,感情破裂后无法办理离婚登记,检察机关依法制发检察建议,推动撤销冒名顶替的婚姻登记手续,解决困扰当事人17年的再婚登记难题。注重在监督中寻找行政争议实质性化解良方,与县司法局、县市场监管局、县资规局等部门建立协作机制,成功化解32件行政争议案件。其中,王某诉镇政府不履行法定职责行政争议化解案，入选江苏省检察院护航民生民利行政检察监督典型案例。办理的陈某不服行政处罚申请监督案，检察机关与行政机关共同研究推动行政处罚法理情相融合，实现罚当其错，该案入选最高检行政检察工作典型案例。

【公益诉讼检察】 2022年，县检察院切实履行“公共利益代表”职责，公益诉讼立案62件，发出诉前检察建议50件，提起刑事附带民事公益诉讼6件。聚焦特殊群体，实施“樟子松”公益保护计划，开展无障碍环境建设公益诉讼专项监督，联合相关部门对全县无障碍设施开展排查整改25处。对烈士墓修缮及管护事宜开展跟踪监督，推动建立县级专项巡察和镇街常态检查制度，保护涟水红色印记。加大生态环境和资源保护力度，办理环资类民事公益诉讼3件，行政公益诉讼22件。针对电捕野生蚯蚓问题，牵头多部门开展专项治理行动，取缔非法加工点13处。助推农业农村部等国家七部委联合出台通知，要求在全国迅速开展排查整治，并督促电商平台及时下架电捕设备，解决几个部门想管不易管的难题。农业农村部等四部委到涟水联合调研时指出，县检察机关做了一件好事，全国人大常委会将对野生动物保护法进行修改。该案入选《江苏检察名案录(2012—2022)》和江苏省检察院保护耕地参考性案例。

【未成年人检察】 2022年，县检察院重点打击侵害未成年人权益犯罪，批准逮捕18件23人，提起公诉22件24人，批捕率、起诉率分别高于其他刑事犯罪9.8%、26.99%，在全市率先对1名被告人适用终身从业禁止，体现从严从重要求。深入开展“清涟护蕾”专项行动。监督立案一件通过网络“隔空”猥亵多名幼女案，被告人被判处有期徒刑十一年；办理的全国首例酒吧违法招用、接纳未成年人的民事行政公益诉讼案件，入选全省未成年人综合保护参考性案例。全面落实“教育、感化、挽救”刑事政策，对罪行轻微、有悔罪表现的13名未成年人作出附条件不起诉决定。坚持宽容不纵容，对主观恶性深、犯罪后果严重的5名未成年人依法提起公诉。持续推进“小雨滴”关爱工程。在百所校园设置“小雨滴”信箱，搭建“暖心邮路”，收集法律咨询信息180余条；牵头联合县妇联等7家单位出台家庭教育指导工作实施办法，运用“临界预防+亲职教育”，对36名罪错未成年人实施帮教，关注“边缘”青少年健康成长，助其回归家庭社会；结合社会热点问题和典型案事例，组织拍摄《预防校园欺凌》《网络犯罪预防》等普法视频；在县委宣传部、县教体局的支持下，推出网络法治课堂，线上线下同步直播，受众达8万余人次。

【检察队伍建设】 2022年，县检察院注重强化理论武装，落实政治学习“第一议题”制度，通过党组中心组学习、“三会一课”、专题辅导等多种形式，开展政治轮训700余人次。深入学习贯彻党的二十大精神，持续学思践悟习近平法治思想，开展研讨交流28人次。紧盯“关键少数”，开展领导班子政治忠诚专题剖析，接受市委政法委政治督察，进行全面“政治体检”。持续巩固深化检察队伍教育整顿成果，严格执行“三个规定”，进一步对插手过问和干预案件办理的行为画出红线、标明禁区。执行领导干部带头办案制度，入额院领导办案170件，促进班子成员政治能力和领导水平提升。聚焦能力短板和梯队建设，实施青年人才培养“薪火”工程，开展小课堂、业务竞赛、公诉论辩等活动34次，派出5名干警到法院、公安与外地检察机关挂职锻炼，提升检察业务素能。3名青年干警入选省市检察院人才库，2名干警在全省竞赛中获得佳绩。坚持以党建带队建，激活“青春党建”品牌，11名青年干警被选拔入额、晋级或充实到中层岗位，“新旅+小雨滴”党建项目被评为江苏检察机关党建与业务深度融合典型案例。

【职务犯罪检察】 2022年，县检察院强化与县监委配合制约，完善衔接机制，凝聚反腐败斗争合力。起诉职务犯罪案件16件16人，决定逮捕9件9人，其中科级以上领导干部3件3人。严厉打击与职务犯罪相关的洗钱行为，构建“一案双查”“同步审查”工作机制，深挖洗钱犯罪线索2件，办理全市首例职务犯罪自洗钱案件。依法惩治基层涉粮领域腐败犯罪，对3名挪用粮食收购专项资金3000余万元的粮管所所长提起公诉。结合全国粮食购销领域腐败问题专项整治，围绕公款私用、监管缺位等问题，向主管部门制发检察建议，推动整改。

【服务乡村振兴】 2022年，县检察院立足涟水农业大县实际，制定实施检察服务保障农业发展的意见，扛起“助农兴涟”检察担当。全年办理各类涉农刑事犯罪23件28人，依法对骗取农业专项补贴100余万元的陈某军提起公诉，维护涉农资金安全。对群众反映强烈的受损防渗渠整改不到位问题，提起行政公益诉讼，推动修复渠道近6千米，保障农业生产。注重化解案外涉农风险，帮助1起被羁押的重大交通肇事案被告人，协调解决其承包地夏粮抢收、销售、土地转包等难题，协助被害人家属获得首笔赔偿金44万元，实现司法维护权益、服务发展的最佳效果。

【回应群众司法诉求】 2022年，县检察院以“如我在诉”推动信访突出问题攻坚化解，全年接收群众信访86件，全部按期回复。严格落实院领导包案办理首次信访案件制度，院领导包案化解信访事项14件。对一起被害人反复信访的交通肇事申诉案，通过实地勘察、专业论证，改变事故责任划分，助其顺利获得赔偿，用法律为当事人解开心结，实现息诉罢访。加大检察环节司法救助力度，向77名因案致困的当事人，发放司法救助金123.5万元，着力化解社会矛盾，传递司法温度。依法为劳动者撑腰，通过促成和解、支持起诉等方式，帮助当事人追回劳动报酬116.9万元。对茆某某拒不支付劳动报酬案依法快捕快诉，提出从重量刑建议得到判决支持，联合人社部门妥善解决27名涉案工人就业问题，该案入选省法院、省检察院、省公安厅、省人社厅联合新闻发布案例。

（唐夏蕾）

法 院

【概况】 2022年,县法院受理各类案件数16770件、审结数15521件(含上年转结);受理一审刑事案件数562件、审结数513件。受理一审民商事案件数11422件、审结10574件(含上年转结),涉案标的数额13.01亿元;审结劳动争议案件数872件;审结金融纠纷案件数704件。受理执行案件数6260件(含保全),执结数5850件(含上年转结),执行标的清偿率63.41%,对拒不执行判决、裁定的被执行人实施司法拘留人数8人。实施人民满意度和司法规范度"双提升工程",形成公示文明司法工作规范、司法不规范专项约谈等12条机制举措,经验做法获县委主要领导批示肯定,被省高院推广。加强调查研究工作,31篇信息被市级以上媒体刊载,41篇调研文章在省级以上发表,2篇学术论文在全省获奖,2篇调研课题在全市获奖,信息工作考核位居全市首位。推进"三廊一馆一中心"文化建设,组织参与市中院建院80周年系列活动,集体项目全部获奖,获评"我与法院的故事"主题征文活动优秀组织单位。

【刑事审判】 2022年,县法院坚持惩防结合、宽严相济,审结各类刑事案件503件705人。一审审结涉邪教组织犯罪案件2件3人。贯彻《中华人民共和国反有组织犯罪法》,常态化开展扫黑除恶专项斗争,审结涉黑恶犯罪案件1件3人。严厉打击影响群众安全感犯罪,审结黄赌毒、盗诈抢等案件167件251人。加大公民个人信息安全保护力度,审结侵犯公民个人信息、帮助信息网络犯罪活动等犯罪案件27件38人,对倒卖581万条客户信息的行业"内鬼"杨某某判处有期徒刑4年,追缴违法所得和没收财产97.2万元。开展打击整治养老诈骗专项行动,运用典型案例揭示养老诈骗套路,增强老年人防诈"免疫力"。加大力度惩治食药安全犯罪,审结案件5件51人,22名被告人被判处禁止令,对销售掺入有害物质减肥产品的张某某、刘某判处十年以上有期徒刑,坚决守住"米袋子""菜篮子""药瓶子"安全红线。保持反腐败高压态势,审结贪污、贿赂、滥用职权案件13件14人,审结全市首例"自洗钱"案,依法打击职务犯罪。刑庭获评市级"青年文明号"。

【民生案件审判】 2022年,县法院用心用情审理涉民生领域纠纷,审结各类民事案件10461件,推动形成崇德敬法社会风尚。维护消费者合法权益,审结产品质量纠纷案件11件。审理的某食品公司销售过期食品按十倍价款支付赔偿金的案件,入选"全市法院消费者权益保护十大典型案例"。促进构建和谐劳动关系,审结劳动争议案件868件,保护劳动者合法权益,尊重企业正当用工自主权。完善家事纠纷联调联防机制,妥善处理婚姻、继承、赡养等案件2040件,调撤率80.29%。排查整治特殊困难群体救助帮扶和妇女儿童权益保障问题,移送并处置问题线索4条。贯彻落实《中华人民共和国家庭教育促进法》,组建由18名心理咨询师组成的队伍,对26件离婚、抚养案件开展家庭教育指导,发出家庭教育指导令3份,督促"甩手家长"履职管教。

【案件执行】 2022年,县法院执行结案4679件,执行到位5.58亿元。上级法院考核的11项执行指标,10项位居全市前三。常态化开展集中执行行动131次,拘留8人次,以涉嫌拒执罪移送侦查3人。推进"执破融合"改革,执行移送破产案件61件,带动执行结案150件。加大拖欠民企账款和涉民生案件执行力度,兑现企业债权5412万元,发放民生款项835万元。全市首创"降保"方式解决服务合同纠纷,将保全标的额由573万元降至120万元,为江苏全稳康源公司的生猪养殖项目投产提供保障。执行局获评全市社会治理工作先进集体。

【诉讼服务】 2022年,县法院创新实施《关于推进"优+"全域诉服机制建设的实施意见》,形成"全过程陪伴、全时段解答、全流程体验、全方位评价"的工作机制,为进入诉讼服务中心的当事人100%提供"一对一"全程陪伴服务。建成智能化模拟诉讼体验中心,通过音视频画等多种形式,对首次进入法院的3120名当事人100%开展诉前教育。建立三级诉讼服务评价体系,通过开展窗口实时评价、司法作风评价、第三方回访评价等方式,实现"一服务一评价"。全年服务群众9654人次,现场解决事项4210件,一审服判息诉率、诉前调解和民事案件调撤率分别位居全省第10名、第4名。"优+"全域诉服机制被《人民法院报》两次报道推介。

涟水县人民法院工作人员对当事人提供"一对一"诉讼服务 (县法院 供稿)

【法治化营商环境建设】 2022年,县法院践行"案案都是营商环境"理念,依法平等保护各类市场主体,审结涉企纠纷4094件,涉案标的金额10.16亿元。开展“产业链+司法服务”专项行动，组建绿色食品、新一代电子信息、高端装备、纺织服装四个法律服务团队，对辖区主导产业实行“一对一”护航服务，促进产业平稳健康发展。完善市场主体救治和退出机制，帮助淮洋酒业等4家企业重获新生，引导302家企业有序出清，释放沉淀资产6500万元，盘活土地厂房15.84万平方米，安置职工128人。高效审理淮安泰邦节能建材有限公司破产重整案，推动利益各方协商解决财产处置问题，仅用22天即促成企业成功重整，该案入选2021年全省法院破产审判典型案例。联合县营商办、县工商联开展法润民企“双走进”活动，24名法官走进企业提供“法律定制服务”，13名企业家走进法院座谈交流。扎实开展“优化法治化营商环境执行年”1+4专项行动，助力201家企业完成受损信用修复，企业失信名单退出率居全市第一。落实房地产宏观调控政策，审结涉房地产案件832件，促进房地产行业健康发展。积极参与全县“问题楼盘”处置，推行“一楼一专班”，召开专班专题协调会议15次，协助成功化解“问题楼盘”5个。加强“问题楼盘”处置的领导与指导，成立大合议庭和一把手院长担任组长的工作专班，快速推进开元名都临时用电问题解决，及时解决居民实际困难。推行“重整经纪人”处置机制，协调解决2家房企融资展期、引资续建等问题，帮助五岛湖公寓解决规划难题并取得预售资格，为350户业主成功办理产权证。该机制入选《全市法院处置化解“问题楼盘”案件工作经验汇编》，获市委主要领导批示肯定。

涟水法院为辖区企业送上开年安全生产“大礼包”　（县法院　供稿）

【普法宣传】 2022年，县法院开展“春风化雨·法润民心”普法活动，依托“法庭直通车”进企业、进社区、进村庄开展法治宣传教育162次。创新打造“萤火虫聚光计划”，推进“清涟护蕾”专项行动，在幸福里小学挂牌成立全县首家“小红帽法治主题班会”示范基地，8名干警担任法治副校长，为8650名学生零距离提供法治教育。创新普法形式，专题制作系列普法微视频《大鹏说法》，视频被省高院、市委政法委转载推广。坚持以案释法，互联网直播庭审5735场、公开裁判文书4216份，推动庭审和裁判文书成为生动的普法教材。在“两微一网”发布原创信息、具体案例724条，在《人民法院报》《新华日报》等各类媒体发表宣传报道962篇，传递法治正能量。

【法治队伍建设】 2022年，县法院坚持把学习贯彻党的二十大精神作为首要政治任务，深入推进“两个确立”主题教育，常态化开展每周五下午政治理论集中学习，开展政治轮训31次，持续推动习近平新时代中国特色社会主义思想入脑入心，推动习近平法治思想研讨实践走深走实。严格贯彻中央和省市县委以及上级法院各项决策部署，主动向县委、县委政法委和上级法院请示报告重大事项46次。建成政治忠诚宣誓墙，镌刻126名在编干警的“忠诚宣言”，促进干警筑牢政治忠诚。严格执行防止干预司法“三个规定”等铁规禁令，运用第一种形态通报批评、诫勉谈话10人次，将司法作风抓在经常、融入日常。委托第三方专业机构开展法官团队满意度月评活动，法官满意度达98%，37名法官被表彰为人民满意法官。深入实施“攀登者”计划，出台《青年干警“攀登者”考核管理办法》，组建青年“攀登者”团队，抓好青年干警“选、育、管、用”各环节，帮助青年干警快速成长。动态调整“攀登者”培育库成员，激发“攀登者”团队活力。拍摄以“攀登者”为主题的宣传片先后被学习强国、央视频、江苏政法微博等媒体平台推介报道。注重队伍梯队建设，解决干部配备不足问题，配备1名副科职干部，提拔11名中层正副职，解决13名干警职级待遇，推荐2名年轻干警为市人大代表和县政协委员。

【人大代表数字化联络中心】 2022年，县法院创新建立人大代表数字化联络中心，主动寻求监督与被监督的双向互动，提供多方位、全时段的线上监督联络平台，提高监督成效。邀请人大代表旁听庭审、监督执行、视察工作14场128人次，相关经验做法获市、县人大常委会领导肯定。配合县人大常委会审议人民法庭建设工作，9名员额法官接受县人大常委会的履职评价，逐项落实反馈意见。认真办结代表建议和委员提案，代表、委员满意率100%。组建内外督查队伍，成立由人大代表、政协委员组成的司法作风督查指导委员会，形成内外结合、专兼并存的廉政监督组织体系，加大日常作风督查力度，全年通报25期130人次。

（左　晟）

司法行政

【概况】 2022年，全县律师办理各类诉讼案件及非诉讼案件1646件，其中刑事案件87件、民事案件1423件、行政案件

73件、非诉讼案件63件;为重点经济项目提供法律服务8次;参与重大经济谈判4次。县司法局开展青少年帮教活动4次,其中“一对一”的系统性帮教4人。律师事务所4家,其中合伙所数4个;执业律师85人,其中专职律师39人、兼职律师1人、公职律师40人、公司律师4人、法援律师1人,业务收入1135.42万元。公证行业案件受理数8240件;国内公证案件7889件,其中涉外公证案件325件,涉港澳台26件,业务收入109.94万元;公证处参与各类服务4次,提供公证服务咨询5000余次;办理遗嘱类公证1件,委托类公证1217件,继承类公证749件。司法鉴定人数6人;司法鉴定机构完成司法鉴定371件,其中法医类司法鉴定371件,业务收入67.17万元。深化律师行业品牌建设,全力打造本地律师公益法律服务品牌“帼彤之家”,并入选全省第二批公益法律服务品牌。中共江苏捍华律师事务所支部委员会被表彰为“全省律师行业先进党组织”。

【人民调解】 2022年,县司法局创新实施行政纾解拓展工程,构建行政争议化解新模式,全年成功纾解涉诉疑难复杂行政争议8件。组织受理各类纠纷11757件,调解成功件数11757件,调解成功率100%,其中群体性纠纷52件,调解成功52件;制作人民调解协议书4642份,平均每个村居调委会制作12.5份;专职人民调解员498人。法律援助机构接待咨询2804件,办理各类法律援助案件1377件,其中刑事法律援助案件339件、民事法律援助案件1038件。在探索“三所联动”调解机制的基础上,升级“公调对接”模式,建成1个“三庭一所”示范点,3个示范性“派驻式”人民调解工作室。开展“百所进千企 法治体检”“我为小微企业办实事”活动,全县76名基层法律服务工作者参与工作,法治体检率100%。全县司法所规范化建设率100%,建成2个大型司法所、6个中型司法所,大中型司法所占比50%,相关工作经验做法被《新华日报》《江苏法治报》等主流媒体报道。完成党的二十大安保维稳工作任务,全年通过人民调解方式化解各类社会矛盾纠纷11757起,2篇案例入选司法部人民调解案例库,位列全市第一。

【法治宣传】 2022年,县司法局制定《2022年度涟水县国家机关普法责任清单》,抓牢全县普法责任制成员单位开展法治宣传工作。组织召开全县“谁执法谁普法”履职评议汇报会。新培育956名“法律明白人”,达到1网格2名“法律明白人”,组织讲师为“法律明白人”开展培训,培训率达100%。开展领导干部任前法律知识考试3次;打造岔庙镇洪斌村红色法治文化阵地;新创建国家级民主法治示范社区1个,省级民主法治示范村(社区)10个;开展涟水县第二届“书写法治、图画法典”法治作品征集活动;开展“第五届百万党员学宪法学党章考法律活动”,共有35387人参加,活动排名全市第二。全年共组织开展“农民工学法活动周”、“4·8”司法日、“防范非法集资”、“12·4”宪法日等主题活动110余场,发放法治宣传产品5万余份。

【法律援助】 2022年,县司法局持续开展“法援惠民生”系列活动,法律援助被列为县政府为民办实事项目,全年办理法律援助案件1377件,常住人口受援率16.7‰。3个法律援助案件入选全市法律援助“十优十好”案件。新建法律援助工作站5个,其中,涟水县灵活就业和新就业形态劳动者法律援助工作站被省司法厅通报肯定,并被评选为全省10家示范性工作站点之一,全市唯一。

【公证事务】 2022年,涟水县公证处积极创新服务方式,全面开通电话、微信、公证云、苏服办咨询预约服务。疫情时期,以远程视频委托公证方式解决当事人无法亲临现场办证难题,以“零跑腿”的方式缩短办证时间,提高办证效能,降低疫情传播的风险。全年共为144名群众办理远程视频公证业务。不断深化公证在服务金融、民营企业、知识产权保护等领域的实践,建立企业复产复工公证快速办理绿色通道,协助企业解决生产经营中的法律难点,助力企业稳健发展。关注社会弱势群体服务,对需要法律援助的当事人,按规定程序予以减免公证费。针对年老体弱、行动不便的当事人,提供上门服务15次,为符合条件的老人减免公证费用2万元。全年受理各类公证案件8240件,其中国内公证案件数7889件,涉外公证案件数325件,业务收入109万余元;委托类公证1217件,继承类公证749件。(陆　凯)

军　事

MILITARY AFFAIRS

- ◆ 涟水县人民武装部
- ◆ 武警涟水县中队
- ◆ 人民防空

编辑:彭亚君

涟水县人民武装部

【概况】 2022年，县人武部贯彻省军区、军分区党委和县委县政府决策部署，聚焦争先进位目标，聚力特色亮点创建，弘扬"苦干"文化，发扬"四见"精神，知重负重，苦干实干，各项工作推进有力有序、高质高效，全县党管武装和国防后备力量建设呈现稳中有进的良好态势，被军分区党委评为"全面建设先进人武部"。围绕指挥通信、侦察预警等9个类型的企业产品，由企业主管单位牵头组织企业产品调研，先后上报14家企业，遴选2家企业供战区研究推介。开展全县重点潜力数据采集，围绕16类采集表格，完成14个单位的潜力采集任务。组织开展国有企业武装调研，对照表格要素，准确填报信息数据。

【民兵整组】 2022年，县人武部指导辖区各镇街、企事业单位对照标准要求，开展民兵整组潜力调查，走访企业18家，组织潜力数据会审6次，整改落实各类问题600余个，高质量完成9类10项潜力数据采集任务。制订基干民兵入队训练总体计划，牵头完成企事业单位新入队民兵军事训练。制订民兵力量结构和建设布局调整方案，开展基干民兵编组定兵活动、组织编兵数据核实集中办公，对接民兵编组任务并下达编组指标。建立档案管理更新机制，逐人逐项搜集整理民兵档案原始材料，做到查漏补缺，并进行分类存放、集中统一管理，实现档案进盒、箱式管理。开展军民通用装备预征预储工作，先后组织预征对象遴选、预征装备调研、预征装备清点等活动。6月7日，举行预征预储协议签订仪式，与企事业单位签署协议，颁发预征预储牌匾，并出台预征预储装备激励机制。

【民兵军事训练】 2022年，县人武部制订年度军事训练计划，组织计划会审，军地联签印发军事训练工作指示和民兵训练实施方案，实现军事训练筹划早、推进快、落地实。4月，组织民兵"四会"教练员开展普训普考，采取军事化管理、院校化教学、社会化保障的形式和理论辅导、小组研讨、实装操作、竞赛评比、检查验收等方法，学习5个共同课目和5个专业课目教学内容，累计撰写教案100余份，形成1套教案汇编和10部课目示范教学片。组织军训教官集训，围绕军训内容，开展教学训练，完成规定动作和资格认证。

【兵员征集】 2022年，县人武部结合实际，制作部长电视讲话和征兵公益宣传片，组织开展征兵宣传月活动，赴企业、学校开展政策宣讲，加大应征报名宣传力度。有序推进体检、政考工作，详细制订训练计划，严格落实安全分析、动员部署、政治教育、军事训练等各项制度，扎实开展役前教育。举办新兵欢送大会，会同县委宣传部、县双拥办，为全体新兵送上"入伍大礼包"。征兵结束后，对"三类重点人员"进行回访，组织应征青年和家长填写廉洁征兵问题排查表、调查问卷，均未发现任何廉洁征兵问题。

【双拥活动】 2022年，军地联合举办国防教育启动仪式，县人武部外请教授作专题讲座，打造国防教育主题公园，结对援建军民小学；组织民兵执行疫情防控、文明创建、学生军训等急难险重任务；申请投入经费61万元帮促2个行政村；协调解决优先择校6人。

【国防教育】 2022年，县人武部在国防知识普及大众化、政策法规宣传常态化、国防教育宣讲制度化、军事技能培训规范化等方面探索工作创新。8月，组织民兵军训教练员269人开展军训工作，全县11个大中专院校1.5万余名学生受训。先后赴涟水中学、郑梁梅高级中学等学校开展国防教育宣讲4次，协调筹建国防教育主题公园，开展爱国主义优秀影片"五进"活动等，推进全民国防教育活动常态长效开展。

【涟水县全民国防教育启动仪式】 2022年5月29日，涟水县在涟水战役烈士纪念碑下举行强国复兴有我——"赓续红色血脉，传承红色基因"涟水县全民国防教育启动仪式，组织开展"阅读走过四季"夏日篇——"阅读行走，共沐夏日阳光"活动。县委常委、宣传部部长郎跃明，县人武部部长李广栋，县委宣传部常务副部长、县文明办主任王娟，县委宣传部副部长、县新闻出版局局长马会东，县教育体育局党委书记、局长汤胜国，国网涟水县供电公司总经理李峰，以及爱心企业顾家家居负责人、爱心志愿者顾红艳，来自黄营镇的120名学生和国防教育校外辅导员、爱心志愿者们参加活动。县委宣传部副部长、县网信办主任王晓忠主持启动仪式，郎跃明宣布2022年度涟水县全民国防教育正式启动，并代表县委、县政府

2022年5月29日，涟水县在涟水战役烈士纪念碑下举行强国复兴有我——"赓续红色血脉　传承红色基因"全民国防教育启动仪式
（县融媒体中心　供稿）

向出席活动的各位来宾、各位朋友，以及黄营镇的学生们表示热烈的欢迎，向一直以来关心、支持涟水经济社会发展，特别是全民国防教育的各界人士表示衷心的感谢。参加活动的人员在"强国复兴有我——赓续红色血脉 传承红色基因"纪念条幅上签字留念，并参观省级爱国主义教育基地涟水战役纪念广场和县博物馆。国网涟水县供电公司捐赠爱心书包，顾家家居提供车辆、学子就餐保障。（刘洪涛）

武警涟水县中队

【概况】 2022年，武警涟水中队坚持以习近平新时代中国特色社会主义思想和习近平强军思想为指导，以《军队基层建设纲要》为依据，组织全体官兵认真学习宣传贯彻党的二十大精神，紧扣练兵备战主题，完成武装警戒、武装巡逻、抢险救援、战备值守等各项任务，中队工作得到各级领导的肯定，获"四铁"先进中队、执勤先进中队。坚持服务人民的优良传统，把驻地当故乡，视人民为父母，坚持为驻地群众做好事、办实事。在重大节假日与地方联合举办文艺演出，结合"国家公祭日"等纪念日为地方进行国防教育宣讲，定期组织官兵到陈师镇敬老院进行看望慰问。

【军事训练】 2022年，武警涟水中队按照"能打仗、打胜仗"要求，大抓军事训练，在指挥手段、人装结合、战法研究、指挥效能上下功夫，提高任教组训能力和应对复杂局面能力。从难创设训练条件，从严落实检验标准，争取年度军事训练水平合格率达到90%，优良率达到60%，军事训练成绩总评达良好以上。

【执勤战备】 2022年，武警涟水中队坚持以从严管勤，狠抓执勤制度的落实，深化"智慧磐石"工程实践运用，确保中心任务的圆满完成。全年共出动官兵60余人次，配合公安机关和有关部门完成押解、处突和临时勤务15次，完成二十大联勤武装巡逻勤务，以实际行动有力地维护涟水县社会治安的稳定。中队被武警江苏省总队评定为执勤先进中队。（刘天阳）

人民防空

【概况】 2022年，县人防办切实履行好"战时防空、平时服务、应急支援"的使命任务。对在建人防工程建设质量进行监督。开展人防"五进"（进机关、进学校、进企业、进社区、进媒体）活动，在红日广场、吾悦广场、五岛湖公园、汽车站等地开展"国际民防日"、"5·12"防灾减灾日、"安全生产月"、"国家公祭日"等宣传活动，在滨河高级中学开展人防知识"进校园"宣传活动。9月18日，举行2022年"9·18"防空警报统一试鸣活动，县委副书记、代县长朱永兴在淮阴中学滨河高级中学防空警报试鸣演练现场通过视频会议终端向省、市领导报告涟水防空警报试鸣准备情况。在省、市、县网站宣传人防动态文章50余篇。采购人防读本6000余册，并发放至相关学校。

【人防指挥通信和警报网建设】 2022年，县人防办完成人防指挥机构人员调整，完成整组专业队12支，专业队员520名；组建人防志愿者100名，并将数据录入江苏省综合信息平台，实名率100%。组织人防专业队骨干和重要经济目标单位人员开展为期3天的集中培训；新增4台警报器，更换4台废旧警报器，全县共有警报器37台。（左　猛）

2022年5月12日，县住建局在渠北社区市民广场开展"5·12"防灾减灾日宣传活动

（县住建局　供稿）

交通运输

TRANSPORTATION

- 综　　述
- 公　　路
- 铁　　路
- 航　　空
- 港口航运
- 交通运输管理

编辑：彭亚君

综　述

【概况】 涟水县是全国少有的“空铁水公”皆具的县级城市。淮安涟水国际机场开通30余条国际国内航线，三期扩建工程加快推进；徐宿淮盐、连淮扬镇高铁穿境而过，高铁涟水站日均停靠列车30余个班次；三级航道盐河通江达海，“三改二”有序推进；京沪、宁连等多条高速境内汇合，县域“五横六纵三射一环”骨干路网完备，深度融入南京1小时、上海3小时生活圈。2022年，县交通运输局实施交通建设项目20个，总投资9.4亿元，年度投资3.9亿元。重点项目清水路盐河大桥主桥合龙，长深高速公路扩建工程征地搬迁完成，淮浦路北延项目超前推进，提前开工，完成序时进度。县域交通路网提升项目南京路、港口路、涟麻路建成通车。完成327省道大修工程，实施235、327省道预防性养护工程；县道养护483千米，市场化养护率达100%。完成农路提档升级工程19千米、危桥改造11座；完成安全生命防护工程815.3千米。

2022年11月20日，涟水县清水路跨盐河大桥主桥连续梁完成合龙　　（林　林　摄）

【交通运输环境专项整治】 2022年，县交通运输局按照省、市交通运输环境专项整治三年行动方案，结合涟水实际，聚焦7项39条重点内容，扎实推进安全生产百日攻坚行动，开展“百团进百万企业千万员工”安全宣讲活动8场，开展交通运输市场安全检查1304次，检查企业（点位）2511个，现场纠正与书面交办的1979个问题全部完成整改，安全生产形势平稳有序，未发生交通运输安全生产责任事故。　（胡　湖）

公　路

【概况】 2022年，全县公路总里程2602.87千米。拥有国道3条，其中，长深高速、京沪高速境内里程41千米，G233境内里程31.11千米（二级公路）；省道6条（S235、S326、S327、S329、S346、S503），境内里程135.79千米；县道27条，总里程484.62千米；农村公路总里程1910.35千米。

【淮浦路北延建设工程】 全长约3.4千米，一级公路兼城市主干道标准，路基宽40米，双向六车道，包含新建一座跨盐河大桥和一座涟中干渠桥。该项目由县交通运输局牵头，完成红线内房屋拆迁、设计批复、稳评、环评、地灾评估及压覆重要矿产资源查询等手续，2022年10月22日开标，由中建第五分局中标承建，年底前开工建设。

【路政管理】 2022年，县公路事业发展中心联合交通运输综合行政执法大队整治G233、S235、S326等国、省道公路通视三角区27处，修剪遮挡公路标志标牌树木100余棵，整治桥下空间3处，清理公路沿线易倒伏树木162棵，清除路边堆积物116处、非法种植物105处，维修标志、标线654平方米，安装桥梁通航标志牌3块、公路护栏238块、警示桩88根、爆闪灯3套，更换护栏包头77个、立柱243根、支撑架311个、反光膜259处，拆除限高架3处。投入115万元完成S327淮涟路段8个中分带道口封闭和1个交通信号灯安装工作。投入526万元完成G233、S326、S327等国、省干线公路绿化补植、积水路段改造、交叉路口渠化等路域环境整治工程。

【公路养护】 2022年，县公路事业发展中心坚持“全面及时养护、科学精细养护、绿色智慧养护、常态长效养护”理念，切实做到有路必养，养必到位。根据年度养护工作计划，加大检查考核力度，督促承养单位养护作业科学化、规范化、精细化，常态保持辖区公路“畅、安、舒、美”。全年清洗公路安保设施及百米桩、里程碑1280千米、修剪公路绿化2800万平方米，机械化保洁里程71万千米，整疏公路路肩、边坡、边沟160千米，集中维修破损路面6000平方米，全县公路养护覆盖率、经常性养护率达100%，机械化养护率逐年大幅提升。严格落实桥梁日常养护工作制度，积极开展桥梁经常性检查，完成国省道9座桥梁伸缩缝与锚固区混凝土修补16平方米、13座桥梁锥坡维修155立方米，全县普通国省道桥梁49座，无四类及四类以下桥梁。积极向上争取专项养护资金4805万元，完成327省道城区东环段2.37千米大修工程、235省道及327省道22千米预防性养护工程和唐集养护工区改造工程，涟水公路国省道养护工作连续多年保持全市前列。强化应急处置能力，加强公路巡查，桥梁涵洞检查，及时处置公路隐患和突发性公路险情。投入27万元完成县道红浅线和涟新线水毁修复工作。在年初雨雪冰冻灾害天气、5月强对流天气中，闻险而动、科学调度、高效应对，出动人员110余人次、抛撒砂石料178吨、融雪剂32吨，及时清除路面积雪、倒伏树木和广告设施，较好保障辖区公路安全畅通。全年累计投入2400万元，进一步完善农村公路沿线护栏、道路标线、警示标识等，适时实施“路田分家”“路宅分家”，提升农村公路通行安全性。

【公路运输】 2022年，全县拥有道路货物运输业户3645户，共有货运企业512家，大型物件运输15家，危险货物运输3家。货物运输车辆9856辆，共计157658吨位，其中危险品车辆95辆，总吨位3100吨。全年货运量704.62万吨，货运周转量96827.93万吨千米。

（胡　湖）

铁　路

【铁路管理】 2022年，涟水县铁路营运总里程39.5千米，拥有车站1个。县铁路办强化铁路沿线整治，扎实推进连淮扬镇铁路涟水段“双段长”工作机制，累计排查整治铁路沿线安全隐患336处。

【铁路运输】 2022年连淮扬镇铁路涟水高铁站正常过往33班次（每季度调整一次），全年约1.2万班次。日均上下旅客1700人，春节高峰期间日均上下旅客4400人，全年客运量约54万人次。

（胡　湖）

航　空

【概况】 2022年，淮安涟水国际机场完成旅客吞吐量80.85万人次，比上年下降42.44%；货邮吞吐量1.54万吨，比上年下降21.34%。全年通航城市33个，运营航空公司16家，周航班量182架次。累计各类起降20486架次，其中航班起降9639架次。认真落实年度各项决策部署，围绕航空货运枢纽建设战略定位，深化航司合作，引进3架驻场运力，加密重点区域和城市航班；稳定全货机航线运行，开通季节性全货机航班，货运发展总体态势向好。科学推进工程建设时序，成立三期建设指挥部，组建航站区深化设计运行专业组，同步推进“三个工程”，货站国际区工程已通过竣工验收，航站区工程奠基开工，飞行区工程进入立项阶段。强化智慧化建设，6个信息化项目投入验证运行，实现空地一体化的协同高效运行，相关建设经验入选中小机场四型机场建设优秀案例候选名单。推出“无忧服务”系列延伸产品，彰显空港人文温度。深化T2航站楼设计，打造健康低碳航站楼。获“全国交通运输行业精神文明建设先进集体”称号及淮安市“五一劳动奖状”。全年未发生重大信访事件，未发生不良舆情事件，为各项事业发展提供坚强组织保证。

【淮安涟水国际机场三期改扩建工程开工建设】 2022年6月15日，淮安涟水国际机场三期改扩建工程开工建设。工程以《淮安涟水国际机场总体规划（2020年版）》近期规划内容为建设依据，设计目标年为2030年，预计年旅客吞吐量750万人次、货邮吞吐量25万吨。总投资42亿元。按照“一次规划、分步实施”的方案，分为货站国际区改造、航站区工程、飞行区工程3个项目，分别立项、同步推进。作为整个三期项目先导工程，货站国际区改造工程总投资3750万元。新建海关指定监管场所、机组人员专用通道、查验技术用房等共3972平方米。

【淮安至成都首条全货机航线开通】 2022年9月26日，在淮安涟水国际机场通航12周年之际，山东航空首架B737-800F货运航班满载着顺丰速运的快件、洪泽湖大闸蟹、电路板等货物从淮安机场起飞，标志着淮安机场首条直飞西南地区的全货机航线正式开通。淮安至成都全货机航线，是淮安机场继西安、郑州、福州、深圳后，开通的第五条国内货运航线，也是山东航空首条国内全货机航线。该航线由B737-800型全货机执飞，每周执飞6班。

【淮安涟水国际机场航站区改扩建工程开工】 2022年12月27日，淮安涟水国际机场航站区改扩建工程举行开工仪式。该工程是全省重点交通基础设施工程，总投资28.5亿元，主要建设内容有：新建国内航站楼6.5万平方米，新增近远机位19个，新建高架桥、地面停车场、地下人防等设施；新建货运站及业务用房1万平方米；新建信息中心、旅客过夜用房、综合业务用房、员工宿舍以及供电、给排水、消防、制冷供热、通信等配套设施。

（戴　罗）

港口航运

【概况】 2022年，全县拥有航道10条，

涟水高铁站　（胡　湖　摄）

总里程176千米，其中三级航道51.36千米，六级航道17.45千米，七级航道19.94千米，等外航道87.25千米。通航船闸1座。拥有港口17个，码头泊位49个，码头总延长3364米。

【港航管理】 2022年，县港航事业发展中心巡航里程1500余千米，收取航道赔（补）偿费7.4万元。交通执法艇巡航940余千米，完成辖区全年清障扫床及日常航道巡查，完成航道水面漂浮水生植物、垃圾及渔民布设的虾笼、渔网的清除工作。清理航道桥梁下以及航道白色垃圾、秸秆等水面漂浮物约4吨，清除两岸生产生活垃圾3吨。保证辖区干线航道通航率达100%，境内航标正位率、发光率均达99%以上。开展航闸养护年度投资450.39万元，其中桥梁标志标牌设置、盐河航道涟水段应急抢通工程、部分桥区水域疏浚、航道绿化等项目投资365.67万元；其他日常维护84.72万元。

【水路运输】 2022年，全县11家水运企业共申报货运量合计264万吨，货运周转量127241万吨千米，共有运输船舶278艘。 （胡 湖）

涟水港 （徐学平 摄）

交通运输管理

【运政管理】 2022年，县交通运输综合行政执法大队联合公安交警采取定点检查与流动巡查相结合，常态化开展公路超限治理工作，加强与毗邻县区联合开展治超执法专项行动。全年联合查处超限超载违法车辆1364辆，卸驳载货物10198.63吨，扣分2219分。超限率低于省定0.3%年度控制目标，公路超限超载工作排名全市第一。与市交通运输综合行政执法支队、宁连高速支队及公安部门联动，不定期对重点路段、重点区域非法营运等顽瘴痼疾问题重拳打击。全年清理国省干线公路沿线非法广告牌369处、清理违法占路摊点674处、打谷晒场107处、清除边坡种植约62平方米、路边堆积物约96立方米、拆除私搭乱建24处，查处黑车等违法行为643起。道路运输市场秩序和路域环境持续好转。

【交通行业安全生产】 2022年，县交通运输局严格履行安全生产主体责任，全年建设完成农路提档升级工程19千米、农村公路安全生命防护工程815.3千米、改造农村危桥11座。安装盐河航道防船舶碰撞9座桥梁共92块标志标牌。健全完善公路、水上交通、道路运输保障应急救援队伍5支。组织开展公路抢险、水上安全以及消防灭火等应急演练9次。开展水上船舶搁浅、危化品运输车辆侧翻、航道抢通疏浚、公路塌方等各类应急救援6次。启动雨雾冰雪、大风、高温等各类气象预警33次。安全生产专项整治三年“大灶”期间，累计开展道路水路运输、公路桥梁、港口航道、铁路沿线等各类检查1304次，检查企业（点位）2511个，现场纠正与书面交办的1979个问题全部完成整改，共处罚金88.56万元。约谈企业34家，联合惩戒51家，注销不合格企业97家、运输车辆1308辆。

【交通运输行业党建工作】 2022年，县交通运输局根据“党建引领 涟联红运”书记项目任务清单，成立交通运输行业党委，具体负责指导和推进全县道路货运、快递、网约出租等领域党的建设工作。下属货车司机流动党支部依托交通运输综合执法中队建立，支部书记由执法中队长担任。选派政治站位高、党建业务精的3名党务工作者担任货运、网约车、快递企业党建指导员，选派6名业务骨干担任助企联络员。建设司机驿站3个，其中保滩养护工区“涟联红运”司机驿站年内正式投入使用，为司机提供免费停车、充电、休息、阅读、洗漱、就餐等服务。

【“恋涟驿站”公路服务品牌】 2022年，县交通运输局创建“恋涟驿站”公路服务品牌。改造提升346省道涟水朱码停车区，进一步提升公路服务设施配套水平和服务质量。在全市率先推广应用道路经营许可证、道路运输证电子证照，实行不见面审批1.37万件。疫情期间，成立“保畅先锋队”，向到涟水货车司机发放“便利服务单”，设立17个“健康驿站”，全程为货车司机做好服务。开展交通战“疫”24小时、重点工程建设等主题宣传，2人获评“最美创建人”，1人获市“最美交通人”提名。 （胡 湖）

城乡建设

URBAN AND RURAL CONSTRUCTION

- 城乡规划
- 旧城改造与新城建设
- 供　　电
- 供　　水
- 供　　气
- 城市管理
- 房地产开发与管理

编辑：彭亚君

城乡规划

【概况】 2022年，县自然资源和规划局按照将新型农村社区一步建设成为特色田园的要求，指导高沟镇、红窑镇、唐集镇等组织编制“多规合一”实用性村庄规划及特色田园乡村规划，开展涟西片区乡村游道暨农房精品路线景观规划及施工图设计，将示范农房项目连点成线，廊道连接，展示新型农房社区美景，构建全县三产联动的发展廊道，形成集形象展示、生态保护、经济民生、休闲旅游功能于一体的城市景观带。涟水规划编制项目在淮安市2022年度市优秀国土空间规划奖评比中，获得8个奖项，其中《涟水县黄营镇张桥社区村庄规划设计》获得一等奖，《涟西片区乡游绿道暨农房精品路线景观规划设计》《涟水县红窑镇苗戴村特色田园乡村规划》获得二等奖。

【国土空间规划编制】 2022年，县资规局完成县国土空间总体规划报批成果，规划按照江苏省自然资源厅编制《江苏省市县国土空间总体规划编制指南》参考提纲要求，紧密结合涟水实际，围绕规划任务、现状识别、目标定位与空间策略、区域协同、国土空间格局、资源要素保护与利用、综合交通、要素集成体系、中心城区布局优化9个部分展开。规划范围为涟水县行政管辖范围，总面积为1678平方千米。规划期限为2021—2035年，近期目标年为2025年，规划目标年为2035年，展望至2050年。落实《长江三角洲区域一体化发展规划纲要》《淮河生态经济带发展规划》等上位规划，向南融入淮涟一体化都市区，向西拓展江淮区域合作，向东融入沿海发展战略。强化航空枢纽，加强互联互通，打造临空经济示范区。加强基础设施共建共享，围绕古淮河、盐河等重要生态廊道，与周边地区实现区域生态格局共建，协同构建“江淮湖群生态绿芯”，共同提升区域绿色生态水平。构架形成“1147”的城镇体系结构。充分发挥现状中心城区的辐射带动作用，统筹涟城、陈师、朱码、保滩四街道形成一体化城区主中心。促进城乡融合，支撑县域空间均衡布局，着力打造高沟县域副中心，形成中部以红窑、五港为中心，东部以黄营为中心四个片区城镇格局。经自然资源部批准，涟水耕地保护目标任务为995.936平方千米，永久基本农田面积907.929平方千米，占县域总面积的54.09%；生态保护红线6.7平方千米，占县域总面积的6.16%；城镇开发边界103.39平方千米，占县域总面积的6.16%。中心城区西至淮安涟水机场、东至102县道及东环路、北至北环路及新材料产业园一带、南至涟水县域边界，包括涟城街道西片区、朱码街道南片区、陈师街道东片区、保滩街道北片区，总面积为171.56平方千米(不含空港南片区)。中心城区城镇集中建设区范围内建设用地总规模71.5平方千米。明确中心城区“南连、西扩、东控、北优”的空间发展策略，形成“十字轴带、双心五片、环带串珠”的空间布局结构。“十字轴带”为城市综合发展轴清涟大道，城市景观轴盐河景观带。“双心”是五岛湖—红日行政文化中心和涟水湖商业商务中心，“五片”分别为“主城区”“滨河新城片区”“空港产业片区”“经济开发区”“新材料产业园”。编制成果完成社会公示公告，并通过县规委会、县政府常务会、县委常委会、县人大常委会审议，成果数据库上报省国土资源厅质检。完成城镇开发边界内详细规划评估，通过将批复控规与城镇开发边界、永久基本农田保护线、生态红线、现状地类、用地报批、用地供应、地籍信息等比对，发现当前控规编制和管理机制中矛盾集中、突出环节，提出修编建议，并对中心城区进行用地布局优化、国土空间用途管制、实施建设项目规划许可、强化规划实施监督提供支撑。

【镇村规划编制】 2022年，县资规局推进高沟镇“四规”(乡村振兴专项规划、国土空间总体规划、镇村布局规划、“多规合一”实用性村庄规划)编制工作，完成镇村布局规划调整(将原规划7个集聚提升类村庄，4个特色保护类村庄，14个搬迁撤并类村庄和148个其他一般类村庄，调整为19个集聚提升类村庄，4个特色保护类村庄和151个搬迁撤并类村庄)、11个先导村(大胡村、南元村、墩南村、灰墩村、三丰村、杨口居委会、苗荡村、盐店村、同兴居委会、四安庄村、陈祝村)村庄规划报批，完成高沟镇国土空间总体规划中期成果，指导高沟编制乡村振兴专项规划。向省国土资源厅申请村庄规划专项流量指标66.67公顷，指导红窑镇、大东镇、岔庙镇编制村庄规划，保障金城村芦笋加工、陈庄村花卉加工等乡村振兴一、二、三产融合项目用地需求。

【规划许可与规划管理】 2022年，县资规局进一步提高审批效率，审批耗时较上年压缩40%。核发建设用地规划许可证29份、建设工程规划许可证182份、乡村建设规划许可证3份，总建筑面积85.98万平方米，征收城市基础设施配套费1900余万元。

【规划服务】 2022年，县资规局编制完成2022年度预支空间规模指标落地上图方案，共计上图116.13公顷，重点保障巨石集团淮安有限公司零碳智能制造基地项目等重大产业项目和滨河高中停车场、开发区污水处理厂二期、垃圾中转站等年度政府投资项目。对交通、水利、住建、城管等部门近两年内拟实施的71个项目清单进行优化调整。完成全县40个省市重大项目用地保障情况梳理，并录入“重保服”系统，动态更新“一区三园”项目用地分布图，为项目招引、用地选址决策提供依据。全年出具捷泰新能源、特创二期、苏康洗护二期等重大产业项目及食品产业园污水处理厂、县医院滨河分院、五港消防站等政府投资项目规划130份。

(袁正鲜)

旧城改造与新城建设

【概况】 2022年，县住建局实施政府投资项目25项，续建2021年项目4项，总投资10.06亿元，完成项目25项，2个项目转到2023年实施。投入300余万元，对龙腾大道与涟水路交叉口节点、龙腾河南岸、科技文化中心东侧、滨河教育中心西侧(郑梁梅大道至龙腾大道)、清苑小区南侧、龙腾大道树池等区域进行绿化建设和提升改造,绿化面积约7.6万平方米。持续做好龙腾大道、缘分大道、香樟路、银杏路等7条道路绿化日常养护管理工作,全面提升滨河新城区域的整体形象。

【旧城改造】 2022年,县住建局继续推动老旧小区改造,对桃园小区、机关修理厂、老体育场宿舍、军民中心村二期等9个老旧小区进行提标改造,总投资3000万元,改造面积31.89万平方米,惠及居民2984户,新增停车位390个、充电桩17个、健身场地100余平方米、监控探头73个、路灯130盏、楼道吸顶灯376盏,铺设道路16385平方米,改造雨污管网18888米,更新改造燃气管道1000米,整治管线6460米,维修屋面3136平方米,布置绿化3000余平方米。积极做好棚户区改造,新开工棚户区改造完成1246套,新开工完成率103.8%,顺利完成省市下达改造任务。投入221万元,对二林路北侧和谐巷内背街小巷、登科路等10处小巷增设路灯,改造雨污水管道,墙面出新,路面修补。

【城区道路建设】 2022年,县住建局进一步完善城市功能、优化城市路网,完成北京路配套完善工程、明月路道路建设2个市政道路工程,修建里程1100米,共投入资金约1000万元。开展市政道路提亮工程,实施盐河东路(红日大道至炎黄大道)、漪河北路(安东路至中联创业园)、珠江路(海西路至广陵路)等道路路灯改造提升,架设路灯131座,总投资250.4万元,4月开工,7月完工。

(左　猛)

【公共交通】 2022年,全县城市公交共14条线路,总里程198.1千米。有镇村公交车34部,开通28条线路,由涟水县城乡公交客运有限公司统一调配运营,实现镇村全部通达公交车,覆盖全县16个镇、街,覆盖率达100%。年内改建城乡站亭98个,新建农村站亭50个。

【"交邮汇达万家"获评全省"十佳城乡物流服务品牌"】 2022年6月24日,省交通运输厅发布"十佳城乡物流服务品牌",涟水县"交邮汇达万家"品牌榜上有名。"交邮汇达万家"城乡物流服务品牌契合涟水实际,依托村级党群服务中心建立村级农村物流服务点,构建基础农村物流网络,不断推进"党建+农村物流"深度融合发展。全县366个村委会均设有服务点,村级物流服务点覆盖率100%,打通农村物流配送的"末梢神经",充分发挥党建引领、政企合作的作用;推进"客运+农村物流"融合发展,促进城乡运输一体化。利用乡镇客运场站、客运班线网络和运力资源,建设邮件快件共同配送中心11个,定制快递周转箱366个,整合投入公交车131辆,平均日运输邮件快件约3000件,显著降低末端配送成本,提高农村客运经营企业运营效益;推进"邮政+农村物流"融合发展,打造第三方共配企业。城乡客运企业与邮政、韵达、中通和百世汇通等邮政快递企业合作,成立邮件快件第三方配送公司——涟水县交邮快递物流有限公司,开通农村客运车辆代运邮件快件线路,市场化方式共建共享农村物流平台和运力。

(胡　湖)

供　电

【概况】 2022年,涟水全社会用电量25.89亿千瓦时,居民用电量7.17亿千瓦时,非居民用电量18.72亿千瓦时;城市综合电压合格率100%,供电可靠率99.996%,电网最高负荷60.59万千瓦。220千伏线路数量15条,长度322千米。110千伏线路数量35条,长度444.74千米。35千伏线路数量20条,长度215千米。500千伏变电站1座,容量236万千瓦。220千伏变电站4座,容量84万千瓦。110千伏变电站13座,容量139.2万千瓦。35千伏变电站9座,容量26.86万千瓦。全县220千伏线路杆塔监控实现全覆盖,并全部接入输电智能可视化应用系统。县供电公司打破原有的辖区壁垒,成立城东、城西运检抢中心;研制环网柜电缆头温度异常智能巡检系统,精确降低电缆故障次数。完成20千伏居民小区降压改造工作,首次完成复杂类不停电作业验收。配电运检班入选淮安市青年安全生产示范岗;QC成果获淮安市优秀质量管理成果三等奖;配电线路工王彬获"涟水工匠"称号。

【电力安全生产】 2022年,县供电公司加强各类安全风险管控,实现年度安全目标。落实迎峰度夏各项措施,电网成功经受住持续高温、恶劣天气的考验,圆满完成党的二十大、中高考等重要保电任务。组织开展安全生产主体责任宣讲会、"一把手"讲安全活动,联合美团外卖推出电力"食"足安全封签。邀请县红十字会到公司开展应急救护知识与技能培训,提升现场急救能力。全年组织各类安全考试118场。

【电网建设】 2022年,县供电公司完成2条35千伏线路改造工程及引北变电站110千伏改造。黄营镇110千伏输变电工程有序推进。配农网工程投资2.26亿元,新建、改造10千伏配电线路215.6千米、电缆通道30.32千米,优化13条配电线路网架结构。

【供电服务】 2022年,县供电公司义务开展开发区企业用电安全检查,累计发现缺陷93个;完成配电线路及配备红外测温、局放测试3477次;完成桃园小区、广电局宿舍楼等9个老旧小区改造工程。

(左　黎)

供　水

【概况】 2022年,全县供水有1个地表水厂,16家镇街供水分公司。涟缘水务负责全县制水生产供应,县到镇一级管网、增压泵站建设和县城区管网维护和建设工作。投入214.8万元,对陈师、河网、高沟、浅集、时码、徐集、大东、黄营8个泵站加氯系统进行改造。实施二次供水改造工程、安东路供水管道改造工程、区域供水泵站加氯系统新建工程3个供水改造工程,总投资899.06万元,4月陆续开工,12月底全部完工。实施城区道路部分管道末端排水改造、易积水点改造、二塘沟改造工程及排涝泵站改造、维修工程等4个排水改造工程，总投资约1.39亿元，5月陆续开工，12月底全部完工。实施达标区污水管网工程，排查5个区域污水管网现状，总投资2569万元，4月开工，12月完工。按计划修复320826-02-01、320826-01-02区域污水管网，并对该区域阳台和单位庭院进行排水整治。

【涟水县涟缘水务有限公司】 位于县城郑梁梅大道109号，是全县唯一地表水供水企业，日产自来水20万立方米，企业总资产约为4.5亿元，年供水总量约6000万立方米，职工116人。公司下设两个子公司（涟水涟缘市政工程有限公司、涟水涟缘饮品有限公司）。年度最高日供水量19.95万立方米，平均日供水量17.5万立方米，水质综合合格率100%，为全县人民的安全用水提供有力的保障。公司先后获得江苏省健康单位、江苏省文明施工示范企业、淮安市安全保卫工作先进集体等称号。

（左　猛）

供　　气

【概况】 2022年，全县共有燃气经营单位7家，其中管道气企业3家，液化气企业2家，汽车加气站1家，汽车加油加气站1家。全县用气人口近45万户，燃气普及率达98.9%。管道燃气铺设中、低压管网达583千米，覆盖县城规划区，用户9.8万余户，工商业用户360余户，日供气量10万—14万立方米；液化气日供气量约40吨。

【涟水天达燃气有限公司】 位于涟水县炎黄大道5号，占地面积为12883平方米，储存规模22万立方米，专业从事授权区域内管道燃气经营，以管道输送形式向用户输送天然气，气源为LNG。2022年，覆盖城区用户8.5万余户，工商业用户320余户，供气规模为13.6万标准立方米/日。

【涟水中油昆仑新星旺燃气有限公司】 位于县经济开发区祥云路6号，占地面积15866.7平方米，储气规模12万立方米，专业从事授权区域内管道燃气经营，以管道输送形式向用户输送天然气，气源为LNG。2022年，覆盖居民6300余户，工商用户49户，餐饮用户1户，年均供气量3000万立方米。

（左　猛）

城 市 管 理

【概况】 2022年，县城管局围绕文明城市创建、城市长效综合管理、市容秩序整治、环境卫生维护、垃圾分类治理等中心工作，以人民群众对美好城市生活的向往为奋斗目标，振奋精神、担当作为，推动城市管理事业持续快速发展。打造上海路店招标牌亮化特色示范路，通过实地勘察、设置规划，聘请有专业资质的广告公司设计具有涟水特色的店招标牌，广告与夜景照明一体化，提升整体夜景效果。“淮浦印象”“仙霞居”“牛满捞火锅”“川印象川味火锅”“吕四港海鲜酒楼”等处完成店招标牌的整体改造。建成淮安市首个垃圾分类示范教育基地。推进行政执法规范化工作，推动行政执法“三项制度”落实到位，6月，获评淮安市行政执法“三项制度”示范点。

【市容秩序管理】 2022年，县城管局依法落实市容环卫责任区制度。重点针对人流密集商圈及“三纵五横”主次干道，通过车载喇叭循环播放形式提醒各经营户落实好“门前五包”责任制。全年累计规范“门前五包”商户1800余户，新发放和更换老旧破损“门前五包”责任牌2600余张，处罚未履行市容环卫责任商户56起，发布“门前五包诚信红黑榜”，公示红榜127户、黑榜84户。持续开展电动自行车乱停乱放、飞线充电行为整治工作。以“步行+机动”的巡查方式强化监管力度，依法拖离、暂扣违规电动自行车并予以处罚。累计规范非机动车乱停乱放行为4600余起，暂扣非机动车2316辆。按照“便民、惠民”原则，科学增补非机动车停车线及箭头标识，累计施划非机动车位160余处，可容纳非机动车停放3000余辆。结合文明城市创建工作部署及上级交办各项工作任务，每周组织执法人员整治“三纵五横”沿线占道经营，次干道由各分管中队每周集中整治一次。累计清理各类流动摊点占道经营1500余处，处罚占道经营行为463起。牵头出台《涟水县违规“小广告”专项整治工作方案》，组织开展小广告专项整治行动，依法清除各类违法小广告3000余处，清除城区148个住宅小区楼道等公共部位小广告约21万条、覆盖小广告约12万处，登记非法小广告号码460余起，停机处理本地号码350余起，录入执法系统呼叫处理200余起，处罚63起。常态化开展不文明养犬专项整治，累计批评教育不文明养犬人员2200余人，捕捉流浪犬、未牵绳犬、大型犬、烈性犬等违规犬865只，处罚遛狗未牵绳行为481起。扎实开展油烟烧烤、露天烧烤整治，全天候加强巡查，取缔城区露天烧烤，暂扣露天烧烤的烧烤架63个。完善烧烤经营户基础信息台账，新增烧烤店铺信息142家。加大违章搭建拆除力度，严守“零增量”底线。累计拆除违法建设面积6360平方米。

【城市环境整治】 2022年，县城管局以“横向到边，纵向到底”为准则，对建成区道路实行“四定一保”（定人、定时、定岗、定责，全天候巡回保洁）精细化管理，做到“一日两普扫，保洁全天候”。所有清扫、洒水作业机械每日上路循环作业，主干道每天洗扫作业不少于6次，定期对非机动车道、人行道开展夜间大冲洗，护栏、果壳箱、垃圾桶定时保洁，保证“湿式作业”全覆盖。常态化开展垃圾清运工作，全年清运生活垃圾160874.13吨，无害化处理率100%。加强对城区餐厨废弃物泔水车的巡查值守，严厉打击私自收集餐厨垃圾的行为。签订淮安市餐厨废弃物收集运输服务合同1256份，餐厨垃圾收集量为11331.71吨，处理率100%。

【环卫设施建设与管理】 2022年，县城管局实施城区公共厕所提档升级工程，完成城区公厕旅游化改造22座，新建公厕6座,改造老旧公厕1座。实行一人一厕保洁制度,提升公厕保洁工作水平。完成实小垃圾中转站及谷嘴中转站建设;完成6座中转站设备采购工作。城镇污水处理提质增效达标区内“小散乱”排水户整治实施方案编制通过专家评审,整治工程完工通过验收并投入使用。

【户外广告管理】 2022年,县城管局深入开展公益广告专项整治,对城区主要街道的各类公益广告进行专项整治、排查。清理各类破损褪色、过时效性、画面内容有误、宣传标语有错别字及表述不正确的公益广告30余处。开展城区楼顶户外广告专项整治行动,集中整治拆除陈旧楼顶广告牌和其他各类户外广告标识牌180余块。拆除327省道郑梁梅西大道往淮安方向沿线违规设置、存在安全隐患的大型户外广告牌10余处;拆除破损、一店多招、存在安全隐患的各类户外广告110余块;清理城区各类破损、过期、拖挂的条幅广告160余条。拆除违规设置精神堡垒站牌广告6处。做好极端恶劣天气安全生产应对工作,对城区沿街店招店牌、大型户外广告设施设置安全及消防安全进行检查。重点检查县城区内的店招店牌、楼顶广告、大型LED显示屏广告牌、墙体广告设施设置安全。对城区文峰服饰、县民政局、电信公司、城市广场、水上花月城等楼顶广告和常青西大道紫燕百味鸡墙面、淮浦北路荣马售楼处屋顶等处大型LED显示屏权属的广告公司下发“责令整改通知书”,要求各广告公司对设施设置安全自行排查并提前做好安全防范措施。对安东北路军民中心村东大门上方、金城北路金碧华府售楼处楼顶两处年久失修、存在安全隐患的LED大屏予以拆除。

【垃圾分类管理】 2022年,县城管局严格按照《江苏省生活垃圾分类小区评价标准》,加大投入力度,强化宣传教育,完善运行机制,垃圾分类工作成效显著。建成分类达标小区32个,全部顺利通过省级验收,全县垃圾分类集中处理率达92%以上。完善工作机制,明确专人分管、专人负责;成立垃圾分类三方协商会议制度,每月召开一次协商会议,协商垃圾分类工作中遇到的重大事项和难题,推进垃圾分类工作;制定《涟水县居民小区生活垃圾分类工作激励办法》,提高居民对垃圾分类工作的积极性;聘请12名专职分类引导员,并进行先培训后上岗,派遣到各个小区开展垃圾分类指导工作,定期开展垃圾分类宣传活动,提高社区、小区居民对垃圾分类工作的知晓率、参与率。开展党建引领垃圾分类、搭建舞台宣传、组织志愿者活动、垃圾分类有奖问答等活动32次。全年新建垃圾分类亭62座、垃圾分类清洁屋10座,发放垃圾分类桶1000余只,建设大件垃圾、装修垃圾临时堆放点共计300余平方米,新设宣传栏150余块,投放垃圾分类指南2000余块、绿化带卡通牌1200余块。发放垃圾分类宣传资料5万余份,问卷调查2万余份。有序推进生活垃圾分类试点乡镇创建全覆盖。打造垃圾分类“陈师品牌”,各镇街对标陈师街道标准,利用集镇逢集时期开展垃圾分类宣传,组织开展文艺表演、有奖问答等宣传活动15场,提高群众参与垃圾分类的积极性。

【数字城管】 2022年,全县数字城管上报案件32316件,受理案件31645件,派遣案件31551件,处置案件31528件,处置率99.93%,按期处置案件30109件,按期处置率95.43%,结案数31359件,结案率99.39%,自行处置数2942条,部门案件覆盖率100%。其中,上报窨井盖破损缺失案件1611件,处置案件1567件,结案率97.26%,上报违规户外广告案件214件,处置案件204件,结案率95.32%,上报脏乱差案件10694件,处置案件10640件,结案率99.49%,上报占道经营、游商案件12922件,处置案件12839件,结案率99.35%。 (孙 斌)

房地产开发与管理

【概况】 2022年,全县共有在建在售项目24个,其中有5个项目(滨河新城的住宅项目康馨学府、文锦城、滨河吾悦悦龙湾、滨河大厦,城北住宅项目安东悦府)为新项目首次对外预售。县住建局持续加大房地产市场管控力度,严格把控交付备案、预售资金、新增商品预售等关键环节,加大监管力度,促进开发企业健康规范地运转。新增预售面积150576平方米,占全年全县整体预售总量的36.31%。

【商品房开发销售】 2022年,县住建局出台《促进房地产商品房销售扶持政策(试行)》,组织召开金秋精品房展会、全县房地产工作恳谈会等活动,进一步推动房地产行业高质量发展,促进商品房销售。全年房地产新增商品房预售总量414596平方米,商品房总网签量3617套,网签面积360847平方米,其中商品住宅销售2430套,成交面积289258平方米,商品非住宅销售1187套,成交面积71589平方米。截至年底,全县12个楼盘涉及80幢楼取得交付备案证明,交付面积474284平方米。其中,住宅楼幢交付备案面积398869平方米,商住及商业交付备案面积75415平方米。

【房屋征收与安置】 2022年,县住建局完成房屋征收(搬迁)项目15个,共1068户18.11万平方米。其中,国有土地项目3个,共249户2.19万平方米;集体土地搬迁项目12个,共819户15.92万平方米。全县交付安置房302套3.27万平方米,其中,城区110套1.2万平方米。全县各类项目的安置矛盾得到有效缓解。

【小区物业管理】 2022年,全县有物业管理小区90个,物业公司43家,物管人员1600余人。县住建局与涟城街道联合建立常态化物业服务考核机制,评选出全县“十佳小区”和“十差小区”,并在醉美五岛湖等媒体进行公示。对物业服务不到位的企业视情节情况分别记入红黑榜,督促物业服务企业不断提高服务标准和水平。强化党建引领,打造党建引领“涟心万家”服务品牌,成立物业行业党委1个、物业企业党支部12个,创成龙源国际省级红色物业示范点。 (左 猛)

乡村振兴

RURAL REVITALIZATION

- 综　　述
- 乡村改革
- 乡村建设
- 乡村产业
- 脱贫成果巩固
- 乡村治理

编辑:彭亚君

综　述

【概况】 2022年，涟水县大力实施乡村振兴战略，加快建设农业强、农村美、农民富的新时代鱼米之乡，为奋力谱写“强富美高”新涟水现代化建设新篇章提供有力保障。持续深化农业园区“四级联创”“飞地同创”等项目，积极推动红窑农业园区创建国家级现代农业示范园、陈师“百药园”创建省级农业园区，示范引领全县现代农业发展；健全农产品市场体系，畅通市场环节，积极发展“农超对接”“农社对接”“农校对接”，设立“专区、专馆、专柜”对接国家消费帮促体系，形成多种农产品流通业态和农商对接模式；发展电子商务，实施“互联网+现代农业”计划，加快完善农村物流体系，推进“快递下乡”“网上村庄”建设，促进将重点帮促村乡村旅游、农副产品等资源与电商平台对接，带动增收致富；坚持把脱贫人口小额信贷作为巩固拓展脱贫攻坚成果同乡村振兴有效衔接、促进脱贫群众持续增收的重要举措，鼓励创业致富。全年累计发放贷款9898笔共3.04亿元，比上年增长12.44%，发放量位居全省第七、全市第二。对省市帮促128个村以外的137个县定重点帮促村，给予产业帮促资金，支持村集体经济和产业发展。落实帮促资金1680万元、2460万元，占比50.4%。农民人均可支配收入21930元，增长7.4%；原“十三五”低收入农户人均年收入15386元，增长1139.7元，增幅8%。截至年底，全县共有低保边缘家庭1637户4787人，支出型困难家庭19户60人。全县乡村振兴实绩位列省、市年度考核第一等次；经验做法分别获得省乡村振兴局主要领导、分管领导批示。

【乡村振兴规划】 2022年，涟水县紧扣涟水国民经济和社会发展“十四五”规划，坚持新发展理念、坚持人民至上、坚持共同富裕、坚持“四个不摘”不动摇，以重点帮促村、重点帮促片区为主战场，以构建农业现代化基础条件为目标，统筹区域发展与产业帮促，优化产业布局，突出到户落地，强化新型经营主体带动，完善利益联结机制，整合财政涉农资金，加大金融支持力度，加快培育特色优势产业，形成完整的产业链条和产业体系，实现巩固拓展脱贫攻坚成果同乡村振兴有效衔接。坚持有效衔接、平稳过渡，群众主体、激发内力，政府推动、社会协同，坚持创新机制、改革探索，坚持城乡融合、全面振兴，坚持生态优先、绿色发展六大原则，建立巩固拓展脱贫攻坚成果同乡村振兴有效衔接机制，着力减少部分涉农项目多头管理、交叉重复、使用分散等现象，增强县级分配使用财政涉农资金的统筹能力。选派精锐力量，驻村帮促，建强村党组织，推进强村富民，提升治理水平，巩固拓展脱贫攻坚成果，全面推进乡村振兴；制定乡村振兴政策资金清单，建立资金使用规范和标准，推进乡村振兴资金全过程绩效管理，强化资金年度绩效考核，形成监管长效机制；对农村低保户、特困供养户、低保边缘户和支出型困难家庭进行定期监测评估，守住防止发生规模性返贫底线。加快培育特色优势产业，培育发展优良食味稻米、规模畜禽、青芦笋、食用菌等特色优势产业；畅通市场环节，以“互联网+现代农业”形式发展电子商务，健全农产品市场体系；以“农业+旅游”“酒产业+旅游”“中医药+旅游”“红色+旅游”等多种形式发展农旅融合产业；以“管好用好、长效增收”为目标，持续发挥好光伏电站帮促效应。开展科技下乡帮促活动，建立针对重点帮促村的科技成果对接机制，探索落地转化新模式，完善科技服务机构建设，构建新型农业技术推广服务体系，为产业帮促提供科技动力。加大培训力度，拓宽就业渠道，实施创业工程，加大公益岗位设置，促进就业，增加低收入家庭劳务性收入。全年给予已脱贫人口小额信贷政策扶持，非已脱贫人口鼓励通过富民创业担保贷款等政策创业，累计发放贷款1156笔1.76亿元，合计9000余农户创业增收致富；强化技能培训和岗位推荐，累计培训7247人次，打造省外劳务输出基地2个；组织就近就地从事农产品采摘、筛选等简易劳动3000余人，人均增收2.1万元，开发安置公益性岗位150余人。

（刘天广）

【乡村振兴政策】 2022年，涟水县深化政策保障，对符合民政救助条件的农户及时分层分类开展社会救助，累计救助低保边缘家庭7316人次，发放生活困难临时救助资金489.5万元。持续关注“两不愁三保障”政策及饮水安全巩固情况，确保应享尽享、稳步提升。大力发展稻米、芦笋等品牌支柱产业，优化产业扶持、补贴政策，不断壮大品牌支柱产业。对新、扩建南粳9308或南粳66育秧能力在5000亩以上采取县内订单销售的经营主体，每盘秧苗补贴1元，单个主体年补贴总额不超过40万元。对新通过绿色、有机食品认证的经营主

谷怀南集　　（孙　利　摄）

体，分别给予2万元、3万元奖励。对闲置和低效大棚转型种植芦笋、单层大棚升级为双层大棚种植芦笋或新扩种芦笋100亩以上的项目主体，经审批合格后，芦笋栽植成活后，第一年每亩补800元，第二年每亩补700元。健全完善政银风险分担保障机制，由省与县财政共同筹资设立风险补偿金1603万元，其中，省承担1340万元、县承担263万元，由县级财政和乡村振兴部门共同管理。对追偿无望，形成损失，放贷机构按规定负担比例从县脱贫人口小额信贷风险补偿金中得到补偿，激励放贷机构主动放贷、放心放贷，全年风险补偿金余额1625.15万元。

【首届省委乡村振兴帮促工作队进驻涟水】 2022年6月23日，涟水召开省委驻涟乡村振兴帮促工作队欢迎见面会，欢迎首届省委乡村振兴帮促工作队进驻。县委书记洪然出席会议并讲话，县政协主席姜杰出席会议，县委副书记李义翠主持会议，副县长吉海及省委驻涟乡村振兴帮促工作队全体队员，相关镇街、部门主要负责人参加会议。省委驻涟乡村振兴帮促工作队队长王道峰介绍工作队队员的基本情况，省委驻涟乡村振兴帮促工作队队员代表王军作发言。 （刘天广　宋华东）

乡村改革

【医疗保障支付改革】 2022年，县医疗保障局强化制度体系建设，打造多层次医保体系。印发《涟水县深化医疗保障支付改革实施方案》，全面部署涟水医保制度改革工作，明确未来5—10年全市医保制度改革的目标与方向。强化基本医疗保险、大病保险、医疗救助、补充医疗保险四重保障。在全省率先推出全民健康补充医疗保险制度（涟康保）累计理赔3769万元，有效减轻重特大疾病患者费用负担。贯彻全市统一待遇清单，落实全市统一医疗救助政策，建立与民政、乡村振兴局等多部门信息共享机制，为重点医疗救助对象资助缴费3914万元。 （陈小梦）

【农村集体资产管理】 2022年，县农业农村局推进农村宅基地管理制度改革，在高沟扁担试点农村宅基地有偿退出工作。着力推进适度规模经营，鼓励农户参与土地流转，全县新增土地流转9300公顷。推进农村产权制度改革，拟订农村集体经济组织运行方案，探索“政经分离”经营模式，推动村集经济持续增收。推动农村产权交易市场规范运行，新增产权交易项目2844个，交易额7.86亿元。推动土地仲裁向社区延伸，新增大东瓦滩社区土地纠纷调解中心。全年县仲裁庭立案10起，仲裁4起，调解6起，指导镇（街）调解45起。组织各镇街开展全面排查，排查出农村闲置办公用房34476.82平方米，土地整治后新增集体土地465.32公顷，支农项目形成的闲置资源资产中各类厂房大棚23014平方米，各类机械7台、光伏发电板65片。围绕公益便民、特色产业、区域发展三方面需求推进农村集体办公用房高效利用；整合零散新增集体土地资源，采取租赁、托管、联营、股份合作等方式盘活新增村集体土地；统筹利用各类闲置设备资产、闲置厂房及时引入经营主体，激发支农项目形成的资源资产活力，提高村集体资源资产运营效益。

【三级先导镇建设】 2022年，涟水县围绕全面推进乡村振兴各项重点任务，按照市“三级先导”工程建设要求，全力推进高沟镇先导镇村建设。根据高沟镇发展现状、区位条件、资源禀赋等特征，编制国土空间规划、先导镇村专项规划、先导村“多规合一”实用性村庄规划和镇村布局规划，构建以食品产业园、今世缘原粮种植区、农旅示范区、生态养殖区为主的“一园三区”产业发展布局，种植酿酒用高粱1466.67公顷，种植南粳9308优质水稻1333.33公顷，养殖高品质螃蟹2000公顷，实施高粱迷宫、特色农产品展示厅等文旅项目建设，夯实先导镇村建设产业基础。统筹整合7类、1.1亿元涉农资金向高沟镇倾斜，建立高沟镇涉农项目库，重点围绕农业经营主体培育、高标准农田建设、产业项目及配套建设等方面编排年度项目14个，投入8080万元实施县第三人民医院旧址改扩建项目，投入700万元高标准打造区域性养老服务中心，推动先导镇村基础设施完善和公共服务升级。

【公共空间治理】 2022年，涟水县将公共空间治理作为乡村振兴的重要集成抓手，围绕农村改厕、生活垃圾处理、污水治理、黑臭水体整治等重点内容，开展基础设施管理、公共服务设施优化等整治行动，推动乡村产业空间、生活空间、生态空间等多维融合治理。在高沟镇15个先导村开展乡村公共空间治理，对“七空间一资源”进行深入调查摸底，排查违规侵占等问题4091处，村均270多处，涉及面积385.55公顷。同步开展问题整治工作，整改问题4074处、整改率达99.6%，土地回收率99.2%，村集体增收420.39万元、村均28.03万元。深入推进乡村公共空间治理，共整治问题4088处、收回土地383.92公顷，通过违规合同集中整治、零散资源整合、闲置资产盘活利用等途径促进村集体增收，15个先导村村均收入达45万元，其中通过公共空间治理村均增收31.4万元。 （宋华东）

乡村建设

【概况】 2022年，全县乡村建设主要包括特色田园乡村创建、美丽宜居乡村建设、中心镇建设、农村房屋安全隐患排查工作。全年各镇街完成农村房屋安全隐患排查行政村房屋163114户，其中经鉴定C级520户、D级870户，截至年底，D级危房整治完成。深化农村人居环境整治提升，新增省级绿美村庄8个（保滩街道周集村、十堡村，成集镇杰勋村，红窑镇苗戴村，五港镇港北村，高沟镇张圩村、盐店村，南集镇南营村）、省级特色田园乡村3个（高沟镇大胡社区、五港镇前营社区、岔庙镇洪滨社区）。涟水县创成国家芦笋设施栽培标准化示范区，获评全国农业科技现代化先行县综合考评优秀等次、省级耕地保护激励县，跻身全省乡村振兴实绩考核综合排名第一等次。

【美丽乡村建设】 2022年，全县共建设美丽宜居乡村23个，198个规划保留村庄中已建成美丽宜居村庄162个，建成率达81.8%。全年共创成高沟镇大胡社区、五港镇前营社区、岔庙镇洪滨社区3个省级特色田园乡村，截至年底，全县累计创成8个省级特色田园乡村，总数位居淮安市第一。 （左　猛）

【农房改善】 2022年，县农房办推行多元改善，允许有关农户就地翻建、到规划发展村庄新建、拆除退出或进城入镇改善，有人居住的1980年及以前建的房屋农户优先使用上一轮农房改善剩余房源改善，全年共完成危房及1980年前建老旧房屋改善3158户，余圩社区等6个新型农村社区项目实现竣工交付。 （罗　永）

【农村户厕改造】 2022年，县乡村振兴局健全农村户厕改造县镇村三级责任体系，成立农村厕所革命联席会议工作机制，先后召开部署会、工作推进会等28次，现场指导80余次，集中观摩、摸排数据各3次。全年户厕改造任务8744座，其中纳入省政府民生实事项目2321座，分别完成8929座、2954座，完成率102.12%、127.27%，全市领先。创新改厕“日报”机制，相关经验做法被省乡村振兴局宣传推广。

（刘天广）

乡村产业

【农产品加工】 2022年，县农业农村局聚焦支柱产业大力发展农产品加工业，加快推进现代化农业产业体系、生产体系、经营体系建设，全力促进全县农业支柱产业提质增效。深入开展粮食绿色高质高效创建，加强优良稻麦品种推广，全面实现单产、面积、总产三提升。全县优质食味稻面积3.47万公顷，新增芦笋种植面积200公顷，建成10个超千亩芦笋连片种植基地，新增高粱种植面积1466.67公顷，出台高粱种植补贴政策，整合涉农资金建设高粱烘干房，推动高粱加工业发展。持续开展农业重大项目攻坚，引入培育农产品加工企业，不断促进产业融合。培育省级农业龙头企业10家，市级26家。打造红窑农业园区、南集农业园区、五港芦笋园区、高沟现代农业园区等优良平台为载体，吸纳各类农业产业化经营主体100余个。培育出“安东米富”“涟水鸡糕”“春竺”芦笋等优质农产品品牌，建成岔庙鹿茸菇菌种繁育及智能化加工、南集闽瑞食用菌加工、江苏乐世食品等亿元以上农产品加工项目4个。

农村新貌——红窑镇丰腾家园 （李　峰　摄）

【国家农业产业强镇】 2022年，涟水县大力培育特色优势产业，促进农业产业融合发展，推动构建国家农业产业强镇建设。延续芦笋发展六条意见，鼓励引导各类资本投资芦笋产业，新增芦笋种植面积200公顷，芦笋冷链体系建设被中央电视台《新闻联播》《焦点访谈》《朝闻天下》等栏目报道，推动红窑镇获批国家农业产业强镇、省级绿色蔬菜产业特色镇。实施稻米“品质提升、延链强链、主体引育、品牌打造”四大行动，建成优质稻米核心基地3333.33公顷，南粳9308、南粳66等优质稻米种植面积达1万公顷，推广直播稻机改面积8666.67公顷，培育5万吨稻米精深加工企业1家，扩大稻米低温冷储能力1万吨。推动南集镇实施稻麦轮作、稻菜(瓜)轮作、稻虾(蟹)轮作等优质稻米栽培模式，推动南集镇构建成以水稻为主体的国家农业产业强镇。

【一村一品发展】 2022年，县农业农村局将重点聚焦土地流转、产业项目、本土特色等方面，全力推动“一村一品、一镇一业”建设，打造红窑芦笋、涟城豆丹、朱码草莓、梁岔葡萄、高沟酿酒原粮，助力乡村振兴。红窑镇创成国家芦笋设施栽培标准化示范区、全国“一村一品”示范镇，高沟镇胡窑村(瓜蒌)获批“一村一品”示范村。

（宋华东）

脱贫成果巩固

【概况】 2022年，县乡村振兴局完成“50%重点帮促村集体经济收入达30万元，30%村集体经济收入达50万元”的年度村级增收目标任务；省定重点帮促村村均集体经营性收入达50万元，全部超过18万元底线，增幅达19.87%，高于全省平均水平。农民人均可支配收入21930元，增长7.4%；原“十三五”低收入农户人均年收入15386元，增长1139.7元，增长8%。继续给予“能创业”农户金融政策扶持，发放脱贫人口小额信贷9880笔共3.04亿元，发放量位居全省第七、全市第二。聚焦守底线，深化政策保障，积极推广“双保险”，村级集体经济收入保险和防返贫保险分别赔付79.19万元、57.91万元。10月，全市现场推进会在涟水召开，推进乡村公益医疗试点项目扩面增效，累计试点47个村4.26万人，报销345人次20.7万元。安排3265万元，完善特殊群体就业支持体系，支持实施技能培训等就业帮扶措施，向6800人发放社会保险补贴，安排132个公益性岗位。落实政府贴息1008万元，向1246人发放富民创业担保贷款1.78亿元，促进就业创业。安排5.39亿元，将城乡居民基本医疗保险财政补助标准提高到每人每年640元。安排8500万元，支持县中医院住院楼建设、五港中心卫生院改扩建、县三院精神病房改造。安排410万元，支持县中医院等6个院前急救点建设，提升急救能力。安排200万元，建设镇街、村(社区)基层医保经办服务站点，打造“15分钟医保服务圈”。（刘天广　王韦蔚）

【“阳光惠民”系统】　2022年，县乡村振兴局充分发挥“阳光扶贫”系统监管作用，推动工作有效落实。每月与县财政局进行业务对接，了解上级资金下拨情况，并及时组织人员检查“阳光惠民”系统，了解项目运行及资金使用情况，确保项目实时监管、资金规范使用。每季度对项目运行情况组织1次督查，现场反馈存在问题，及时落实整改。累计将2022年度中央、省、市财政衔接推进乡村振兴补助资金5580万元实施的4个项目全部录入“阳光惠民”系统，并根据项目建设进度及时更新数据。

【“双保险”工作】　2022年，涟水县探索用保险的办法常态长效防贫堵贫，有效解决相对贫困问题。规范开展“防返贫”保险。出台《涟水县防返贫保险试行方案》，在全市率先扩大收益范围，从低收入人口扩大到所有居民，实现城乡全覆盖，对因病、因学、因灾等原因导致易致贫、易返贫户按档次进行防贫理赔，切实降低群众因病因灾费用支出，与“涟康保”等政策形成互为补充多层保障，累计赔付8人次19.68万元。积极推广村级集体经济收入保险。深入贯彻市农办《2022年市委1号文件和市委农村工作会议重点目标任务分解方案》提出的“对乡村振兴重点帮促村实现村集体经济收入保险全覆盖”的精神，大力推广村集体收入保险，对因自然灾害、意外事故等原因导致村集体经营性项目收入减少且造成村集体经济实际收入低于村集体经济目标收入的，按照约定进行赔偿，保障村集体经济健康发展，累计落实保费212.46万元，赔付3个镇街19个村(社区)79.19万元。

【帮扶资金管理】　2022年，县乡村振兴局整合上级财政衔接推进乡村振兴补助资金和扶持壮大村集体项目资金7130万元实施高沟镇数字蔬菜农场、涟水大米加工厂以及红窑镇、大东镇乡村振兴产业园等农业产业化项目4个和大东镇富民强村示范建设项目1个，村集体增收势头强劲。强化统筹带动项目收益分配，助力增收，全年累计分配到村1700万元，265个重点帮促村收益全覆盖。率先启动帮扶项目资产后续管理工作，累计排查全县帮扶资产73057.06万元，其中经营性资产53345.44万元、公益性资产15483.03万元、到户类资产4228.59万元，相继确权到村28679.84万元、到益农公司33198.63万元、到户4228.59万元，实现资产保值增值，持续稳定发挥效益。

【农特产品销售渠道升级】　2022年，县乡村振兴局依托中华特色馆·涟水馆和“涟水游礼”门店等线上线下平台，拓宽农特产品销售渠道，全年累计推出农副土特产品近200个；新签约江苏新国货电子商务有限公司、联创智慧城市科技集团有限公司等销售平台4个，在抖音等平台开展直播带货活动25场，参加中国(淮安)国际食品博览会、“乡村振兴E路新征程”等产品展销活动15场，全年累计销售农产品近3300万元，销售量全市第一，其中销售滞销大米、菜籽油、草鸡蛋等农副产品120万元。（刘天广）

【资金帮扶】　2022年，涟水县安排乡村振兴补助资金3120万元，支持重点帮促村发展壮大新型集体经济，提高村集体经营性收入。统筹整合涉农资金1.1亿元，推进高沟镇乡村振兴先导镇村建设。安排5.8亿元，实施农房改善和安置房建设。安排2.67亿元，新增高标准农田6666.67公顷，高效节水灌溉366.67公顷。安排1154万元，支持实施淮涟灌区节水配套改造工程，增强片区农业发展能力。发放农业支持保护补贴、稻谷补贴、农机购置补贴、实际种粮农民一次性补贴2.65亿元，惠及20.19万户农户。安排保费补贴7590万元，充分发挥农业保险稳定、助推农业生产的作用。高效农业保险农民自缴费用承担比例下降至30%，减轻农民参保负担。安排2500万元，支持粮食安全责任制落实，足额保障县级储备粮轮换费、贷款贴息、粮仓维修等资金。（王韦蔚）

乡村治理

【农村基层党组织建设】　2022年，县委组织部以增强党组织政治功能和组织功能为主题，以学习宣传贯彻党的二十大精神为主线，以实施基层党组织高质量发展“五大行动”为抓手，推动基层党建取得新成效。扎实开展城乡基层党组织建设专项整顿、村级党组织“三色”管理，落实软弱涣散党组织“四个一”整顿措施。出台《进一步加强村(社区)干部队伍建设的实施意见》，深化“乡村振兴领跑者”培育计划，每月开展项目拉练、交流研讨、擂台比武，相关做法被《党的生活》专版推介，东门社区书记顾金凤事迹被江苏卫视《领航新时代》栏目报道，以老支书李德民为原型创作的淮剧《芝麻官钻笆斗》获省“五星工程奖”。实体化运作乡村振兴人才党支部，发挥好“孵化器”作用，68名党员人才到村任职，南集镇党员人才徐勤洲获全国农牧渔业丰收奖。深化“抓党建促双增”行动，实施县委书记项目“党建引领村集体经济‘双过百’攻坚行动”，人力发展特色产业壮大村集体经济，在全市率先兑现村集体增收奖励59.3万元，高沟镇盐店村领办秸秆合作社做法受到市委主要领导点赞。建立健全“村组(小区)吹哨、村(社区)报告、镇(街道)统筹、部门报到”群众服务机制，解决群众急难愁盼问题1.6万余件，以“红日涟心，锋行百强”为总引领，按照农村、街道社区、国有企业、机关事业单位、“两新”组织、新业态新就业群体、中小学校、公立医院等8个领域分类打造党建品牌，提炼总结各基层党组织特色做法，构建“1+8+N”全县基层党建先进典型培育体系。（县委组织部）

【乡村治理体系建设】 2022年，涟水县出台《关于在乡村治理中推广运用清单制有关工作的通知》，全县354个涉农村居清单制度实现全覆盖，推广运用清单处理事项3576条。创新实施党员“积分制”活动，设立积分兑换奖励物品柜台，有效发挥基层党员在社会治理中的作用，经验做法先后被中央政法委、省委组织部等宣传推介。在全市率先出台人情减负“涟6条”，实施高价彩礼、大操大办等农村移风易俗重点领域突出问题专项治理，设立372个村(社区)红白理事会。新创村级社会治理工作站示范点12个，新申报1个国家级民主法治示范社区、10个省级民主法治示范村(社区)，打造占地4000余平方米的岔庙镇洪滨村红色法治文化阵地。深入实施“援法议事”、法治小区范例打造项目，建成法治小区4个、“援法议事”省级示范社区1个、市级示范村(社区)8个，夯实法治建设基础。

（龙 翔 贯 敏）

聆听二十大（宋圣杰 摄）

【乡风文明建设】 2022年，涟水县统筹文明培育、文明创建、文明实践，深入推进乡风文明建设。文明镇村创建实行“静态”“动态”“活动类”管理办法。广泛开展爱国卫生运动，净化绿化家庭环境和公共空间。深化拓展新时代文明实践所站建设，广泛开展党的二十大精神理论宣讲、党史学习教育等文明实践活动。持续推进移风易俗，推广运用“积分制”“清单制”“农村高额彩礼 大操大办等不良风气整治”三个“一张图”典型方式。发放有关婚俗改革、家庭教育的倡议书，制作《青年婚恋观》宣传片，线上线下滚动播放，引领青年树立科学婚恋观。突出家风家训，开展“寸简传清韵·家风润安东”红色家风主题诵读、作品征集等活动，镇村组织“文明家庭”等评选活动。实施乡土文化建设，以“百村千场文化行”“百姓大舞台，想唱你就来”等品牌活动为抓手，广泛开展“阅读行走”“喜迎二十大·开启现代化”等大众化、个性化、特色化文化活动。做优“我们的节日”活动，在春节、元宵节、端午节等重要传统节日期间，举办各级各类讲座、培训、展览、演出活动326场次。（县委宣传部）

【法治乡村建设】 2022年，县司法局聚焦基层社会治理，开展“援法议事”范例打造，提升基层法治水平，稳步推动法治乡村建设步伐。深入开展基层“援法议事”和法治小区创建活动，精准实施场所规范化建设，建成法治小区4个、创成“援法议事”省级示范社区1个、市级示范村(社区)8个。建立村(社区)法律顾问工作长效机制，落实“现场服务”“挂牌服务”，法律顾问现场服务打卡完成率100%，季度法治讲座上传率100%。持续深化“法援惠民生”系列活动，共办理法律援助案件1196件，受援率14.5‰，避免或挽回经济损失700余万元。司法所规范化建设率达100%，建成大型司法所2个，中型司法所2个，小型司法所12个，强化大型司法所“2+1+N”体系建设，重点打造“枫桥式”示范性司法所——高沟司法所。在探索“三所联动”调解机制的基础上，全面推进“三所一庭”示范点、公调对接工作室建设，建成示范点4个。按照规范化建设方案要求，打造法律服务所8个，示范性法律服务所2个。（史秋月）

【农村网格建设】 2022年，县委政法委实施“精网微格4.0”工程，制定出台涟水县《全面实施“精网微格”工程进一步完善基层社会治理体系的实施意见》，推动各镇(街)实施“精网微格”工程。新创“一格一品”特色网格28个。打造保滩街道周集村繁志红色微网格、大东镇瓦滩村乡村旅游微网格、南集镇皂角村牛棚议事微阵地、黄营镇朱桥村红石榴家园、涟城街道丽晶首府红色管家5个示范点位。

（龙 翔 贯 敏）

农 业

AGRICULTURE

- 综 述
- 种植业
- 林 业
- 畜牧业
- 渔 业
- 农业园区建设
- 农业机械化
- 农业水利

编辑：王梦真

综　述

【概况】 2022年,县农业农村局认真贯彻落实中央和省市“三农”工作决策部署,以实施乡村振兴战略为总抓手,坚持农业供给侧结构性改革主线,突出农民增收核心,全县农业农村工作稳中有进,稳中向好。扎实抓好稳产保供工作,全县粮食总产量97万吨。全县生猪存栏28.82万头,其中母猪存栏2.96万头,出栏51.5万头;农林牧渔总产值达114.57亿元,水产养殖面积6266.67公顷,常规鱼及特种鱼类2673.33公顷,新增稻渔综合种养面积666.67公顷,水产品总产量28212吨,实现渔业总产值17.9亿元。创成国家芦笋设施栽培标准化示范区,获评全国农业科技现代化先行县综合考评优秀等次,跻身全省乡村振兴实绩考核综合排名第一等次。中央电视台《新闻联播》用3分钟专题报道涟水芦笋。

【农业产业化】 2022年,全县共有市级以上农业龙头企业36家,其中省级10家,建有各类基地7200公顷,建成农业产业化联合体3个,培育行业协会2个(涟水芦笋协会、草莓协会);涟水草鸡、涟水芡实被市政府授权为淮味千年区域共用品牌。延续芦笋发展六条意见,鼓励引导各类资本投资芦笋产业,新增芦笋种植面积200公顷,芦笋冷链体系建设被中央电视台《新闻联播》《焦点访谈》《朝闻天下》等栏目报道。出台高粱种植补贴政策,整合涉农资金建设高粱烘干房,推动高粱产业发展,新增高粱种植面积1466.67公顷。推动豆丹产业发展,全县豆丹养殖面积333.33公顷。

【农业重大项目建设】 2022年,全年完成0.3亿—1亿元农业重大项目新签约、新开工、新竣工数量分别为13个、11个、10个,竣工项目完成投资额5.42亿元;完成亿元以上农业重大项目新签约、新开工、新竣工数量分别为19个、14个、13个,竣工项目完成投资额19.55亿元。江苏乐世食品有限公司“年产1万吨食用菌及蔬菜等调味冷冻食品项目”和江苏稳安生物检测有限公司“淮安市涟水县生猪健康检测中心项目”入选2022年省示范项目。

【家庭农场与农民合作社】 2022年,县农业农村局依托农业农村部家庭农场名录信息系统,实行家庭农场名录和运营监测管理,推进家庭农场规范化建设。截至年底,全县累计申请办理家庭农场1212家,累计流转土地2.17万公顷,共培育示范农场467家,其中省级示范家庭农场43家,市级示范家庭农场121家,县级示范家庭农场303家。新增国家级示范合作社1家、省级示范合作社3家、市级示范合作社20家、县级示范合作社24家。共培育示范合作社186个,其中国家级9个、省级23个、市级84个、县级70个,示范率达到16.9%。非示范合作社929个,合作社累计1115个。

【创成国家芦笋设施栽培标准化示范区】 2022年11月17日,国家标准化管理委员会委托省市场监管局,组成专家组,对国家芦笋设施栽培标准化示范区项目进行线上考核评估。涟水县人民政府副县长姜井旭围绕组织机构建设、体系建设、标准实施与评价、培训、宣传和推广等重点内容,汇报示范区项目建设完成情况。与会专家一致通过,标志着国家芦笋设施栽培标准化示范区项目顺利通过验收。自2020年4月涟水县芦笋设施栽培项目获得国家标准委第十批农业标准化示范区立项以来,相关单位搜集、制定相关标准150项,其中国家标准74项、行业标准30项、地方标准3项、内部标准43项。综合效益方面,新发布实施淮安市地方标准《芦笋设施栽培技术规程》,先后通过ISO 9000认证,获得无公害农产品产地认定证书、绿色食品证书、无公害农产品产地认证证书和十佳畅销农产品、淮安名牌产品等荣誉称号;社会效益方面,带动涟水当地300余人就业,建起一支100余人的标准化人才队伍,对周边农业生产起到良好示范效应;经济效益方面,基地设施芦笋年均亩产量达2000公斤,亩均效益1.6万元,实现农民增收800万元左右;生态效益方面,肥料由化肥改为猪粪,田间生态得到明显改善,有效保护生态链。　(宋华东)

种　植　业

【概况】 2022年,县农业农村局贯彻落实粮食稳产保供任务,全县粮食再获丰收。全县粮食种植面积14.15万公顷,其中夏粮6.53万公顷、秋粮7.62万公顷。实现粮食总产量9.7亿公斤,其中夏粮3.72亿公斤,秋粮5.97亿公斤。油料作物种植面积8120公顷,油料总产量0.25亿公斤。各类果树种植面积2062

芦笋产业 推动乡村振兴　　(孙 利 摄)

公顷，产量3.926万吨。全县共创建稻麦绿色高质高效示范片10个。其中，5000亩水稻示范片4个，分别位于大东镇、五港镇、涟城街道、红窑镇；1000亩水稻示范片4个，分别位于东胡集镇、高沟镇、朱码街道、陈师街道；1000亩小麦示范片2个，分别位于成集镇和岔庙镇。

【蔬菜瓜果生产】 2022年，县农业农村局突出“生态绿色”主线，加快发展设施农业、稳步推进主导产业、扩大特色蔬菜高效种植规模，推进蔬菜产业向优质、安全、高效方向发展。全县蔬菜种植覆盖大部分社区，从露地蔬菜到塑料大棚、日光温室基本实现周年生产、周年供应。基本能够达到绿色蔬菜生产要求的基地面积3053.87公顷，其中设施面积1966.67公顷，年播种面积833.33公顷，年产蔬菜26.04万吨，年产值15亿元，绿色蔬菜占比42%。蔬菜种植品种有26类40余种，主栽品种为大白菜、普通白菜、大蒜、萝卜、青椒、结球甘蓝、芦笋、荷藕、番茄、西瓜、豇豆、菠菜等，面积占总种植面积70%以上。部分蔬菜品种区域化布局基本形成，结球甘蓝主要分布在涟城街道；芦笋主要分布在红窑镇、梁岔镇、五港镇、唐集镇、黄营镇等；辣椒、荷藕主要分布在涟城街道、红窑镇；韭菜主要分布在涟城街道、陈师街道、成集镇、梁岔镇。全县苹果种植面积308公顷，年产量6750吨，主要种植品种为红富士苹果；梨种植面积600公顷，年产量15250吨；桃种植面积680公顷，年产量1万吨；葡萄种植面积434.7公顷，年产量7620吨。

（宋华东）

林 业

【概况】 2022年，全县林业工作牢固树立“绿水青山就是金山银山”理念，深入开展国土绿化行动，紧紧围绕成片造林、绿美村庄、林木种苗、林下复合经营、古树名木、林长制建设、森林病虫害防治与森林植物检疫等重点工作，取得较好成效。完成省级绿美村庄8个，分别为保滩街道周集村、洪荡村，红窑镇苗戴村，五港镇港北村，石湖镇方圩社区，成集镇杰勋村，东胡集镇鲁渡社区，高沟镇大胡村。

【林下复合经营】 2022年，涟水县古淮河沿线拥有2400公顷杨树成片林资源，县林业部门积极引导沿线群众对部分幼龄林与中龄林实施林粮（经）、林禽、林特复合经营，总面积1333.33公顷，其中林粮（经）模式面积1200公顷，主要间作品种为小麦、大豆、油菜、花生、山芋等；林禽模式面积100公顷，主要养殖鸡、鸭、鹅；林特模式面积33.33公顷，主要内容为涟城街道双码村林下养殖水蛭。

【林木新品种引进】 2022年，全县认真实施省级林业科技创新与推广项目薄壳山核桃良种高效复合经营试验示范，在朱码街道三支堆北侧引进薄壳山核桃波尼、马罕、肖肖尼等良种，开展复合经营栽植试验，完成薄壳山核桃—绿化苗木（红枫）、薄壳山核桃—农作物（大豆、油菜）两种模式示范各2公顷，经济效益显著。12月，组织南京林业大学专家验收通过，圆满按期结题。引进国家一级重点保护野生植物银缕梅在朱码街道韩陈村开展种植，培育面积4公顷，长势良好。

【林长制建设】 2022年，全县持续推进林长制建设。开展常态化巡林督查，15个县级林长率先垂范，207名镇级林长、341名村级林长全员参与，巡林次数达到国家规定要求。建立目标任务、会议制度、督查制度、信息报送和公开制度等各项规章制度，全年召开县级林长会议2次，印发林长制工作简报8期，林长办工作文件6期，在各级网站报道工作动态10次。林长制工作已建立起上下衔接、职责明确的组织体系、责任体系和制度体系。

（袁正鲜）

畜 牧 业

【概况】 2022年，全县坚持做好动物检疫工作，加大重大动物疫病防控力度，注重畜产品抽检及无害化处理统计工作细节，守底线、早谋划，确保畜牧业生产安全及重大项目顺利实施，完成重大项目申报与验收2项。全县生猪存栏28.82万头，其中母猪存栏2.96万头，出栏51.5万头；牛存栏1.14万头，出栏0.43万头；羊存栏5.24万只，出栏6.3万只；家禽存栏462.57万羽，出栏1251.67万羽。

【动物检疫管理】 2022年，县农业农村局以生猪产地检疫为重点，加强检疫出证核查力度，规范现场检疫出证工作流程。做到“三核查两记录”，在信息化系统里如实记录“产地检疫工作记录单”。杜绝隔山开证、倒卖票证现象出现。做到出证资料有案可查，产地检疫规范化出证工作取得好转。落实官方兽医现场检疫日常分级监督制度。建立县级专人审核出证和中心站、镇街兽医站长初级审查的日常出证分级核查制度，采取现场核查及线上核查相结合，确保检疫出证工作规范开展。不定期对官方兽医出证情况进行现场抽查，每月达到中心站全覆盖。严格落实屠宰检疫制度，强化检疫管理规范化。屠宰场官方兽医严肃工作纪律，确实履行工作职责，没有出现违法违规现象。有超越驻场官方兽医10人，三升屠宰场3人，安华屠宰场2人。截至12月底，超越屠宰生猪297524头，出具产品A证932份，B证17413份；三升屠宰家禽14126905羽，产品A证164份，B证9419份；安华出证产品证552份。加大无纸化检疫系统推广工作，确保新老系统顺利对接。按照省推进无纸化出具动物检疫合格证明（动物B证）工作序时进度，制定工作计划，成立推广专项工作组，由各中心站推荐1名骨干成员，组建骨干讲解团，负责对本区域内人员培训、指导，采取集中培训及个别辅导相结合。

（宋华东）

渔 业

【概况】 2022年，全县水产养殖总面积6266.67公顷，其中鱼类养殖面积2673.33公顷，虾蟹（小龙虾）养殖面积2266.67公顷，南美白对虾养殖面积

533.33公顷。新增稻渔综合种养面积666.67公顷，水产品总产量28212吨，实现渔业总产值17.9亿元。在稳定青、草、鲢、鳙等常规养殖鱼类基础上，大力发展中华绒螯蟹、南美白对虾、克氏原螯虾、异育银鲫、水蛭等特色水产品养殖，拓宽养殖思路，规范发展稻渔综合种养，不断提高渔业发展规模及品质。

【渔业设施建设】 2022年，全县渔业设施以增氧机和投饵机(用于常规鱼养殖)、微孔增氧(用于虾、蟹养殖)为主，面积稍大的都有末端监控设备进行水质管理，补充设备10个，使用数量80个，设施占有率达75%以上。发布《涟水县池塘标准化改造实施方案》，推广高效生态养殖模式，统筹推进水环境治理和生态渔业建设，推动全县渔业产业向绿色、健康、高效方向发展。

(宋华东)

农业园区建设

【概况】 2022年，全县有市级以上现代农业示范园区3个，其中省级园区2个，即涟水县现代农业产业示范园(南集)和江苏省涟水现代农业产业园区；市级园区1个，即涟水百药园。每个镇(街道、园区)都建成县级园区。构建“3+13”产业园区体系，引进各类经营主体80余个，直接带动农户1.5万户，年均增加收入2000余万元。聚焦青竺芦笋、花卉、中药材、肉牛养殖、特色果蔬等产业，推动园区做大做强。

【涟水县现代农业产业示范园(南集)】 2022年，涟水县现代农业产业示范园(南集)建成以“一村一带两中心两片区”(豆文化特色田园乡村、生态休闲观光带、优质水稻产业片区、精致园艺产业片区及综合管理服务中心、农产品加工物流中心)为核心，以“优质稻米基地、精致果蔬基地、种养加循环农业基地、豆制品特色产业”为重点，形成集“种养加运销游”联动发展的新型园区。2019年8月29日成功获批省级现代农业产业示范园。园区规划总面积6113.33公顷，园内有优质高效农业业主56个，其中农业企业6家(其中省级农业龙头企业1家，市级农业龙头企业3家)。国家级示范合作社1家，省级示范家庭农场1家，市级示范合作社和市级示范家庭农场共10家。成功申报创建7000亩绿色食品认证。园区有农业产品公用品牌“谷怀南集”，创意品牌“缘荟稻”“豆香南集”“南小千”“桃小豆”“安东米富”“乡宝园”。

【江苏省涟水现代农业产业园区】 2022年，江苏省涟水现代农业产业园区不断壮大芦笋等主导产业，先后打造春雨、春竺、春禾、春晖、春华5个芦笋示范基地，总面积达万亩，成功创成全国“一村一品”示范镇、国家芦笋设施栽培标准化示范区、省级现代农业科技示范园，获评“省级特优区”、一二三产业融合发展先导区。投入2亿元，建成双孢菇产业基地，年产双孢菇突破1万吨，带动群众就业近200人。红窑镇荷藕产业基地面积达万亩以上，形成从盐河到省道235连线成片发展优势，加快发展红窑万亩优质稻米基地和万亩生态林等“五个万”农业产业建设。大力发展家庭农场、农民专业合作社、农业龙头加工企业等新型农业经营主体和农业社会化服务组织，构建“品牌+基地”“品牌+标准”等模式，充分挖掘生态有机、地域文化等特色内涵，积极组织申报绿色食品、有机食品、地理标志农产品，努力推动红窑农业品牌进入“淮味千年”名录。全面加快产居融合步伐，布局芦笋、荷藕、秋葵、双孢菇等农业产业，放大工业集中区、云锦产业园、金鸡坨生态农庄等叠加效应，充分激发就业活力，释放就业岗位，帮助农民实现“家门口”就业。积极打造芦笋示范园、鲜花观赏园、苗木景观园、秋葵高效园、荷花观光园、果蔬采摘园、芡实药材园、食用菌科技园、水产养殖园、畜禽养殖园“一区十园”，全面加快现代农业发展。

【涟水百药园】 是江苏省国土资源厅立项实施1200公顷高标准农田整治项目基础上建设的一项集中药材种植、加工、销售、中草药科普、旅游观光的全产业链项目。2016年下半年启动实施，投资5200万元铺设道路17817米、建桥12座、涵462座，拓宽沟渠26986米。“百药园”内800公顷土地已签约中药材种植项目20个，种植玫瑰、金银花、丹参、白术、葛根、射干、白芍等10余种中草药，建成6000平方米中草药加工厂房，打造中医药养生小镇。被评为江苏省标准化示范基地；创成市级农业园区、白芍标准化种植示范基地；创立百药园省级科技星创天地。

(宋华东)

农业机械化

【概 况】 2022年，全县共有拖拉机16450台，其中小型拖拉机1.2万台、中型拖拉机1600台、大型及以上拖拉机2850台。有水稻插秧机4450台，谷物联合收割机7500台，玉米收割机40台，秸秆粉碎还田机3230台。县农业农村局深入开展全省粮食生产全程机械化示范县创建活动，全年推广各类农机补贴机具2250台(套)；深入开展农机安全建设，举办农机培训20余次，检查各类查验农业机械2500台(套)；积极开展为民服务活动，开展“送检下乡、为民服务”活动26场次，服务群众1400余人次。全县粮食生产全程机械化水平94.1%，农作物耕种收综合机械化水平达95.5%，其中，耕整地、种植、植保、收获、产地烘干、秸秆处理六大主要环节机械化水平已分别达到100%、93.2%、100%、100%、68.2%、98.01%，完成年度目标。截至年底，全县特色农业机械化水平达到62.38%。其中：设施农业机械化水平达到57.82%，畜牧业机械化水平达到66.41%，水产养殖机械化水平达到70.19%，果茶桑水产机械化水平达到58.42%，农产品初加工机械化水平达到59.08%。涟水县特色农机化在全市乡村振兴实绩考核中获得第一等次。

【农机安全监管】 2022年，县农机安全监理所依照国务院《农业机械安全监督管理条例》及江苏省农机安全生产专项整治工作要求，严格规范执法、认真履行职责，累计查验农业机械2500台(套)；检查排查农机服务组织120家次；

签订各类农机安全生产责任书2000余份；组织农机安全生产知识培训班14期，培训教育农机驾驶员1100余人次；开展安全生产知识宣传活动4场次，发放农机安全生产宣传资料2万余份；组织农机驾驶员考试15期，核换发驾驶证441本；开展"送检下乡、为民服务"活动26场次，服务群众1400余人次。

【农机登记管理】 2022年，县农机安全监理所认真执行农业机械注册登记及农业机械驾驶证申领有关规定，对符合条件的农业机械严格把关，仔细查验。截至年底，全县共注册登记拖拉机311台，联合收割机426台。对初次申领、申请增加准驾机型、违法记分的驾驶员严格规范考试要求，全年累计核换发驾驶证562本。

【农机购置补贴】 2022年，全县使用中央和省级财政农机购置补贴资金4550.09万元。推广各类农机补贴机具2250台（套），受益农户1330户，主要推广有轮式拖拉机284台、收割机447台、插秧机175台、粮食烘干机90台、喷杆式喷雾机175台、秧田播种机72台、旋耕播种机271台、旋耕机264台、遥控飞行喷雾机50台、增氧机180台、打捆机31台、农用挖掘机22台、农业用北斗终端10台，其他各类农机具179台（套），补贴资金全部兑付完毕。

【水稻机插秧技术推广】 2022年，县农业农村局先后在东胡集镇、大东镇、红窑镇举办技术培训班3期，培训180人次，举办现场演示会2次，参训100人次，进一步提高农民对水稻机插秧的认识；宣传农机购置补贴、育秧池田补贴、县级作业奖补等扶持政策，鼓励农民集中育秧，扩大规模，组织人员对秧池田面积进行核查，落实奖补政策。在大忙期间，到田间地头进行技术服务，帮助农机手解决技术难题，提高农民使用插秧机积极性，提升水稻种植机械化水平，水稻机插率达到78.01%。全县集中育秧面积206.67公顷，水稻种植机械化面积4.6万公顷。

【农机技术培训】 2022年，县农业农村局加快实施乡村振兴战略，培育有文化、懂技术、善经营、会管理的农机人才队伍，全面推进涟水县粮食生产全程机械化整体示范县创建工作，组织农机职业技能培训260人、农机合作组织带头人培训50人、创建粮食生产全程机械化整体推进示范县业务培训100人。提供农机信息服务80余次和志愿者下乡服务60人次。 （宋华东）

农业水利

【概况】 2022年，全县组织实施淮涟灌区续建配套与现代化改造、农村生态河道建设、高沟小流域治理、朱码节制闸拆建、徐窑河治理工程、五岛湖活水管道迁移工程、水利工程维修养护等项目，累计投资1.8亿元。开展汛前检查，保障防汛抗旱，抓好台风防御工作，保障全县群众生命财产安全；实行最严格的水资源管理，严守水资源管理"三条红线"，推进水资源消耗总量和强度双控制，获得国家级节水型社会建设达标县称号；全面推进河长制，在全市率先完成"三水"清除行动，6条幸福河湖全部通过县级验收，被评为"2021年度全市河湖长制工作先进集体"，获淮安市2021年度"三水"清除百日攻坚行动一等奖；五岛湖通过"淮河流域幸福河湖暨江苏省级幸福河湖"淮委验收，成为淮河流域幸福河湖、江苏省级幸福河湖；朱码节制闸拆建工程被省水利厅评定为"2021年度江苏省水利工程文明工地"；淮安市黄河故道干河下段（二河至涟水石湖段）治理工程（涟水县）被省水利厅评为"2022年度江苏省水利优质工程"；加强党风廉政及精神文明建设，县水利局被省文明委评为"江苏省文明单位"。

【朱码节制闸拆除重建工程】 属于盐河干流梯级控制工程，具有排涝、蓄水灌溉和发电等功能。老闸于2008年12月鉴定为四类闸，建议拆除并上移70米重建；2020年4月朱码越闸鉴定为四类闸，建议拆除并与朱码节制闸合并建设。工程概算投资10001万元，主要建设内容为拆除朱码节制闸及水电站，新建朱码节制闸、水电站及相应管理设施等。工程于2020年12月18日开工建设，2021年9月27日完成通水验收，2022年8月13日完成空载联合试运行调试，12月30日完成道路及绿化工程施工。截至年底，批复的全部建设内容已完工，开始试运行准备和验收准备工作。

【农村水利建设】 2022年，全县小农水、大中型灌区未竣工项目完成销号16个，所有通过竣工验收项目运行情况良好，全部移交属地政府管理。徐窑河治理工程于7月4日通过完工验收，移交高沟镇人民政府管理；2022年度农村生态河道建设（33条197.5千米）全部完成，其中12条通过省水利厅验收；2021年度淮涟灌区节水改造工程于2022年10月31日通过完工验收；2022年度淮涟灌区续建配套与现代化改造工程于5月25日完成通水验收，已完成8座桥梁建设任务，西张河完成河道疏浚18千米、沟头护砌18个，木桩护岸全部完成，王码十支大沟、三千五支大沟、伏河水土保持已全部完成，涟麻路沟波浪桩全部完成，杰勋河地涵水土保持已完成，完成总工程量80%。涟水县2022年度国家水土保持重点工程高沟小流域综合治理项目于3月15日开工建设，已完成全部工程量。

【汛期水质提升】 2022年，县水利局积极开展汛期水质提升工作，落实相关对策措施和应急处置预案，有序推进汛前、汛中、汛后各项水环境治理，积极开展管理范围内100余座涵闸站的污染溯源排查及清理工作，对6个国省考断面水质直接相关县管涵闸上下游进行24小时监控；强化汛期联防联控工作机制，密切关注天气形势和水质、水情变化，与生态环境、气象等部门实现雨情、汛情、水质水情等信息共享；合理调度相关闸站工程，适时开展生态补水工作，改善重点河流和干渠生态环境，最大限度减轻泄洪排涝对水质影响。积极开展水环境整治专项行动，巩固和提升河道清理整治工作成果，通过强化资金投入、加强长效管理、严格督查考核等措施保障国省考断面水质提升工作，保障水质和用水安全。 （刘 同）

工业·建筑业

INDUSTRY AND CONSTRUCTION

编辑：王梦真

综　述

【概况】 2022年,全县有规模以上工业企业263户。全年实现规模以上工业总产值464.4亿元,比上年增长14.8%;规模以上工业应税开票销售收入327.88亿元,增长10.7%;工业增加值增长13.2%;全部工业入库税收实现22.5亿元,增长3.6%;工业用电量12.97亿千瓦时,增长2.1%;规模以上工业投资累计完成167.4亿元,增长45.1%;全年新增规模以上工业企业61户。全县完成技改项目57个,当年累计完成技改投入68.9亿元。积极推进供给侧结构性改革,持续开展"大走访、解难题、促发展"和"百企帮扶"活动。全县初步形成以绿色食品、纺织服装、新一代电子信息、高端装备制造为主导产业,日化轻工、建材家居等N个特色产业"4+N"现代产业发展格局。食品饮料、纺织服装两大产业均破百亿元级,电子信息、高端装备制造等主导产业持续壮大,获评全省"开办企业"评价先进地区、全省食品工业十强县、世界美酒特色产区。

【重点企业培育】 2022年,涟水县紧紧围绕规模企业培育要求,强化培育举措,打造优良营商环境,做大工业总量。全县13户企业纳入市重点百户企业名单,全年新培育规模工业企业60户,为全县工业经济高质量发展奠定良好基础。对培育企业实行政策聚焦、要素聚焦、服务集中,优先保障重点企业融资、用工、用电、用地等要素需求。及时开展银企对接、用工对接等活动,支持培育企业做大做强。

【工业节能减排】 2022年,全县规上工业增加值能耗降低率达3.4%。全县以提高能源利用效率为核心,以节能降耗为重点,认真贯彻落实国家、省市关于碳达峰碳中和重大战略决策,加强资源综合利用,扎实推进节能降耗工作开展,规范节能审查制度。根据《江苏省固定资产投资项目节能审查实施办法》和《省政府关于公布企业投资项目省级部门不在审批事项清单(第一批)的决定》要求,对于需审批、核准的技术改造投资项目按照要求进行节能评估审查,做好固定资产投资技术改造项目事中事后监管工作。对中圣清洁能源、中信华电子科技能源使用状况、节能管理制度、产品及生产工艺情况开展节能监察,帮助企业查找节能管理工作不足。开展清洁原料源头替代。全面梳理源头替代企业整改清单,排查并建立台账。对照任务清单,逐一排查源头替代企业并制定整改计划。查验已替代企业清洁原料购置、合同、第三方检测报告等台账资料;对无须替代的企业,查看环评批复、验收报告等台账,核验是否涉及替代工作。根据《江苏省重点行业挥发性有机物清洁原料替代工作方案》要求,牵头指导、督促企业开展清洁原料替代技术改造,将清洁原料替代纳入技改项目审批要求。积极培育绿色标杆。积极推动绿色制造体系建设,引导企业绿色转型,加快推进工业绿色发展,建立完善绿色工厂培育制度,做好绿色制造名单培育和储备工作。优先选择绿色管理意识强、绿色化基础条件好的企业纳入培育计划,引导和鼓励符合要求的企业申报绿色工厂。截至年底,今世缘酒业获批省级绿色工厂和四星级市绿色标杆企业,从一家居获批三星级市绿色标杆企业。

【工业项目建设】 2022年,全县列入市督考体系新开工工业项目49个,累计投资额124.76亿元,其中10亿元以上项目4个。规模以上企业设备投入超过1000万元企业20户,累计设备投入3.1亿元。省市级重大项目包括投资30亿元的今世缘酒业智能成品酒包装项目,投资12亿元的特创科技线路板生产二期项目。 (刘　勇　蒋梦琴)

绿色食品产业

【概况】 2022年,全县有规模以上食品饮料类工业企业31户,完成开票销售收入115.13亿元,比上年增长28.7%,入库税收15.82亿元,增长37%。骨干企业有:江苏今世缘酒业有限公司、江苏大自然食品有限公司、淮安通威饲料有限公司、淮安市超越工贸有限公司、淮安市三升食品有限公司、江苏弘晟包装有限公司等。主要产品有白酒、白条肉、酱油、香醋、大米、面粉、糕点、食用油等。

【江苏今世缘酒业股份有限公司】 参见"今世缘酒业"篇目。

【江苏大自然食品有限公司】 位于涟水经济开发区兴旺大道9号,成立于2009年7月,占地面积10.71公顷,建筑面积5万平方米,总投资1.1亿元,注册资金4000万元。主要从事面粉加工、生产。年生产小麦粉36万吨,主要销往江南、上海、浙江、广东和苏北地区。2010年,被批准为淮安市农业产业化龙头企业。2022年,实现开票销售收入1.8亿元,入库税收115万元。

【淮安通威饲料有限公司】 位于保滩街道工业集中区(十堡村),总投资1.15亿元,占地5.33公顷,建筑面积1.85万平方米。2011年3月破土动工,9月投产。有4条牧羊M600颗粒饲料生产线和1条牧羊M165膨化饲料生产线,全电脑控制生产工艺流程。有化验室3个,主要仪器有KDN-2C定氮仪、LDS-IG电脑水分测定仪、722S分光光度仪、DG5033A酶联免疫检测仪、HYP-1008八孔消化炉、PXS体视显微镜、TDZ4A-WS低速台式离心机等。能够检测水分、粗蛋白、粗脂肪、粗灰分、粗纤维、钙、磷、盐分、砂分、酸价、过氧化值、挥发性盐基氮、水溶磷、黄曲霉毒素B1定性检测等项目。年产家禽、家畜、水产饲料20万吨。2022年,实现开票销售收入434万元,入库税收299万元。

(刘　勇　蒋梦琴)

纺织服装工业

【概况】 2022年,全县有规模以上纺织服装类工业企业31户,实现开票销售收入44.33亿元,入库税收1.15亿元。骨干企业主要有淮安源通制帽有限公司、淮安远达服饰有限公司、虹安纺织(淮安)有限公司、江苏金典纺织有限公司、淮安锦纶化纤有限公司、涟水国盛服装有限公司、淮安创世纪服饰有限公司、江苏瑞展纺织实业有限公司等。主要产品有各种纱线、帘子布、色织布、各种衣帽、麻纺制品。

【淮安源通制帽有限公司】 位于涟水经济开发区炎黄大道30号、32号、99号,由亚源国际有限公司投资兴建,总投资5000万美元。占地10.67公顷,建筑面积4.8万平方米。2002年12月正式投产,有工人5000人,有日本百灵达绣花机、自动裁床等设备1250台(套)。主要生产各种棒球帽、礼帽、牛仔帽等产品,主要销往美国、日本、德国等地区。2015年1月新建UA高档运动帽生产项目,总投资1500万美元,占地面积4.2公顷,建筑面积1.6万平方米,年产48万顶。2022年,实现开票销售收入10.27亿元,完成入库税收1636万元。

【淮安远达服饰有限公司】 位于高沟镇工业集中区西区,由台商王顺贤投资6000万元兴建。注册资金30万美元,占地面积4万平方米,建筑面积2.1万平方米,有员工300人,2005年3月投产。有电动缝纫机100台、烫帽机6台、全自动电脑绣花机15台,全自动水洗烘干设备若干。主要生产各类外贸休闲服装,为彪马、李宁、361°等品牌服装加工企业,企业主要生产各类运动休闲帽子(年产300万顶)、高中档休闲服饰(年产100万件次),产品主要销往欧美等国家。2022年,实现开票销售收入8.79亿元,完成入库税收3561万元。

【虹安纺织(淮安)有限公司】 位于涟水经济开发区兴腾路北侧、创业路西侧、兴旺路南侧,是天虹纺织集团(香港主板上市公司)全资子公司。公司租赁江苏妙通纺织有限公司设备和场地生产经营,总投资1600万美元,注册资金150万美元,于2017年11月正式投产,主要生产天丝纱和环保人棉纱系列。2022年,实现开票销售收入2.3亿元,完成入库税收145万元。

大量科技(涟水)有限公司 (徐 军 摄)

【江苏金典纺织有限公司】 位于涟水经济开发区纬五路9号,由印度客商和淮安祥泰贸易有限公司于2008年合资建设,总投资1600万美元,注册资金7000万元,占地面积9.33公顷,建筑面积3.97万平方米。于2008年2月开工建设,2008年12月正式投产。主要生产全棉、混纺毛毯产品,年产182万条毛毯,产品主要销往非洲、中东和日本等地区。2022年,实现开票销售收入1.63亿元,入库税收119.3万元。

(刘 勇 蒋梦琴)

高端装备制造产业

【概况】 2022年,全县有规模以上高端装备类企业34户,实现开票销售收入16.8亿元,入库税收1724万元。骨干企业主要有淮安天马纺织器材有限公司、大量科技(涟水)有限公司、江苏普耐力橡胶有限公司、江苏众力新能源科技有限公司、江苏常淮铝业有限公司等。主要产品有农业机械、家电机及电机原辅材料的生产、高低压配电柜组装生产、阀门、汽车配件等。

【淮安天马纺织器材有限公司】 位于涟水经济开发区兴隆路2号,由江阴客商任晓飞投资兴建,总投资8000万元,注册资金3000万元,占地面积2.13公顷,建筑面积1.1万平方米。2013年4月开工建设,2014年12月正式投产。有电铸槽、开关电源、烘箱等设备300台(套),主要生产印花圆网,年产5000万只,主要销往欧美等地区。2022年,实现开票销售收入1.67亿元,入库税收337万元。

【大量科技(涟水)有限公司】 位于涟水经济开发区炎黄大道16号,2015年由台湾大量科技股份有限公司投资购买原华宇科技厂房、办公楼等兴建。总投资9900万美元,注册资金3300万美元,占地11.53公顷。一期项目2016年6月竣工投产。专业生产PCB行业用高速钻针研磨机、PCB成型机、钻孔机、雕铣机等设备,其中高速钻针研磨机为世界首创。年产PCB成型机300台套,PCB钻孔机120台套。2022年,实现开票销售收入1.42亿元。

【江苏普耐力橡胶有限公司】 位于涟水经济开发区双拥路2号,由江苏飞跃橡胶有限公司投资兴建。总投资4.5亿元,注册资金4000万元,占地面积12.13公顷,建筑面积6万平方米,于2012年2月开工建设,2013年8月正式投产。主要生产电动车、自行车、室内装载车辆内外胎,年产9000万条,产品主要销往韩国等地区,并为英克莱、小鸟、凤凰等知名品牌车辆做产品配套。2022年,实现开票销售收入1.16亿元,入库税收

124万元。 (刘 勇 蒋梦琴)

日化轻工产业

【概况】 2022年,全县有规模以上日化轻工类企业36户,实现开票销售收入64.39亿元,入库税收1.04亿元。骨干企业主要有江苏华源生态农业有限公司、涟水新源生物科技有限公司、淮安中顺环保科技有限公司、江苏永安化工有限公司、华昌智典新材料(江苏)有限公司、江苏永创医药科技股份有限公司等。主要产品有邻氯苯胺、硝基甲苯、赤磷、磷酸、甲酸、对氯甲苯、邻氯甲苯、硫酸、三氯氧磷、碳酸氢铵、磷肥、复合肥、饲钙及各种纸制品、纸制包装品、黄板纸、瓦楞纸、纸箱、宣传画册、包装袋、不锈钢标牌铜牌等。

【涟水新源生物科技有限公司】 位于江苏涟水经济开发区循环经济产业园纬八路南侧,创建于2010年,是台湾和桐化学股份有限公司关联企业,总投资1.1亿元,注册资金3000万元,占地面积3.33公顷,建筑面积2.44万平方米,2013年10月投产。主要生产表面活性剂产品,年产脂肪酸甲酯磺酸盐(MES)3万吨、纺织印染助剂1.75万吨。2022年,实现开票销售收入4.63亿元,入库税收883万元。

【淮安中顺环保科技有限公司】 位于涟水经济开发区兴旺大道9号,总投资1.25亿元,占地3公顷,规划建筑总面积1.8万平方米,于2015年8月开工建设,2017年4月竣工投产。公司购置各类主要生产设备及公辅系统设备合计95台(套),年可处理污泥16万吨,产生废铜等有色金属1.2万吨。2022年,实现开票销售收入3.29亿元,入库税收365万元。

(刘 勇 蒋梦琴)

建材家居产业

【概况】 2022年,全县有规模以上建材家居类企业76户,实现开票销售收入46.94亿元,入库税收1.31亿元。骨干企业主要有江苏从一家居股份有限公司、江苏汇丰木业有限公司、淮安市亚森木业有限公司、淮安市汇丰木业有限公司、淮安兴港建材有限公司、江苏东辰建材有限公司、涟水县新星水泥有限公司、淮安宝优新材料科技有限公司等。主要产品有水泥、商品混凝土、胶合板、实木、复合地板、实木门、各种规格板材及家具等。

【江苏从一家居股份有限公司】 位于涟水经济开发区红日大道21号,原名为江苏肯帝亚森工科技股份有限公司,由丹阳肯帝亚集团投资建设。总投资10亿元,注册资金6000万元,占地20公顷,建筑面积5.29万平方米。公司于2010年9月开工建设,2012年6月正式投产,主要生产木门及木饰面设计,年产100万套,主要销往欧美及国内各大中城市。2022年,实现开票销售收入4.81亿元,入库税收4174万元。

【江苏汇丰木业有限公司】 位于黄营镇工业集中区内,总投资10亿元,占地24.67公顷,规划建筑面积7万平方米。于2016年8月开工建设,2017年9月一期竣工投产。公司购置削片机、德国进口刨片机、意大利进口筛选伴胶机、热能中心、连续压机等各类生产及辅助设备480台(套)。全面投产后,年产环保刨花板30万立方米。产品主要应用于室内装潢、家具制造、家居全屋定制等领域,为瑞典宜家、国内索菲亚、欧派及金牌等知名品牌做配套。2022年,实现开票销售收入4.61亿元,入库税收643万元。

【淮安市亚森木业有限公司】 位于涟水经济开发区炎黄大道26号,由南京客商于2003年12月投资兴建。总投资2500万元,其中固定资产投资1300万元,注册资金500万元,占地面积2公顷,建筑面积1万平方米。主要生产设施设备有数控车床、精密裁板器、木材防腐阻燃设备。年产各类多层胶合板4万立方米,均为出口产品。2005年8月通过欧盟专家验收获得CE认证书,市场由中东地区扩展到欧洲。2022年,实现开票销售收入8212万元,入库税收263万元。 (刘 勇 蒋梦琴)

生物医药产业

【概况】 2022年,全县有规模以上生物医药类企业2户,实现开票销售收入1.32亿元,入库税收730万元。骨干企业主要有江苏涟水制药有限公司、江苏普仁新材料科技有限公司。主要产品有盐酸阿比多尔颗粒、乳酸左氧氟沙星注射液、一次性使用输液器、输液针等。

【江苏涟水制药有限公司】 位于涟水经济开发区兴旺大道西侧,始建于1958年,是原县经信委招商引资企业。2010年实施企业改制,由四川海诚投资有限公司控股。新厂区总投资2.5亿元,占地8.2公顷,总建筑面积3.7万平方米。2010年开工建设,2011年投入生产,主要产品有氢溴酸右美沙芬注射液、盐酸阿比多尔颗粒、乳酸左氧氟沙星注射液等,拥有小容量注射剂、片剂等多种剂型,103个化药品种批准文号,年产小容量注射剂36亿支。被认定为国家级高新技术企业、江苏省抗流感药物工程技术研究中心,公司产品获评中国行业十佳创新品牌。2022年,实现开票销售收入8006万元,入库税收451万元。

【江苏普仁新材料科技有限公司】 位于涟水经济开发区创新创业园20号厂房,总投资1.2亿元,建筑面积4936.86平方米。项目于2018年8月开工建设,于2019年10月竣工投产。2022年,实现开票销售收入5199万元,入库税收279万元。 (刘 勇 蒋梦琴)

建 筑 业

【概况】 2022年,全县共完成建筑业总产值301亿元,完成外出施工产值185亿元,完成人才培训5100人。完成30亿—50亿元产值企业1户、20亿—30亿元产值企业2户、10亿—20亿元产值企业3户。完成规上企业10户,规划实施装配式建筑面积46.85万平方米。新开工装配式建筑面积27.19万平方米,实施19.06万平方米。

【建筑市场开拓】 2022年,县住建局积极引导重点骨干企业开拓海内外市场。江苏金品公司与中建美国公司合作承建的5万平方米项目公寓与酒店工程已顺利封顶;由周大福珠宝投资的巴哈马海岛度假村二期项目已全面开工建设。江苏建总成功开拓安徽市场,主要以碧桂园在安徽滁州开发的住宅项目为主,还承接连云港书香楼小区、金鹰国际春天里项目、苏州广海房地产开发有限公司、镇江启迪协信远太房地产公司等项目,总造价超10亿元;江苏兴龙公司先后在新疆哈密、乌鲁木齐、吐鲁番等地承建多项工程,合同额达13.5亿元;江苏吉禾公司在安徽明光承建台商开发项目达1.2亿元;中环科(江苏)公司在昆明宜良承建安置房工程达1.52亿元,在上海新承接中电建一期、二期及书院工程合计3.2亿元,在山东省泗水县新中标政府公共建筑3.5亿元,海南省海口市保障房项目30万平方米、造价超过7亿元;淮安安泰电气安装公司在昆明、安徽、南京等地承建的电力施工项目近2亿元;中军电力公司在湖南长沙承接电力工程,合同价9000万元;江苏愚公公司在武汉黄石市承接广大发电厂工程,造价达8000万元;科达公司在四川资阳市承接乐至星奥购物广场项目商业部分,合同价达2.08亿元。

【新墙材事业】 2022年,全县在建工程均已设立建筑工程使用墙体材料公示牌,各在建工程已全面实行"禁黏"。县住建局对全县建设工程和新墙材生产企业分别进行产品质量抽检2次,对抽检不合格的新墙材,要求建设工地和新墙材生产企业立即停工整改。进行"禁黏"城区回头看专项检查3次,未发现城区各项建设工程使用黏土制品墙材。全县黏土实心砖产量为零,岔庙镇、南集镇成功创成省级"禁黏"示范乡镇。截至年底,全县完成墙材生产0.7亿块(折标砖),新墙材产量0.7亿块,占墙体材料总量100%;新墙材竣工建筑面积约45万平方米,占总建筑竣工面积100%,节能建筑竣工面积45万平方米,占总竣工面积100%。

【散装水泥推广】 2022年,全县完成散装水泥供应量约55万吨,共完成商品混凝土供应量336.5万立方米,全县发展预拌砂浆供应量25.8万吨,散装水泥、商品混凝土、预拌砂浆供应量呈逐年上升趋势。

【淮安市图审中心涟水分中心成立】 2022年5月6日,淮安市图审中心涟水分中心在县政务服务中心揭牌成立。副县长吴勇、市住建局副局长刘立硕、市行政审批局总工程师孙召武出席揭牌仪式。活动中,县住建局局长朱彦清、县行政审批局局长陆士国分别为文景城住宅项目建设单位、江畜禽粪污综合利用及生物天然气项目建设单位颁发施工图审查合格证。分中心成立后,将有效提升图审效能,推进项目早日落地建设,助力涟水营商环境优化。

(左　猛)

2022年5月6日,淮安市建设工程施工图审查中心涟水分中心成立　(县住建局　供稿)

今世缘酒业

KING´S LUCK BREWERY JOINT—STOCK.CO.,LTD

- 综　　述
- 设施设备
- 科技研发
- 产品产量与品牌建设
- 企业文化活动

编辑：王梦真

综　述

【概况】 江苏今世缘酒业股份有限公司是由今世缘集团有限公司控股的上市公司(股票代码:603369),坐落于涟水县高沟镇今世缘大道1号。2022年,今世缘酒业有职工4338人,总资产181.84亿元,比上年增长25.98%;净资产110.65亿元,增长19.01%;占地面积228.98万平方米,其中公司总部占地面积216.77万平方米;总公司和子公司异地购房分摊土地面积12.21万平方米;公司总部新增土地面积94.74万平方米;公司总建筑面积104.47万平方米,其中2022年总部新增建筑面积18.31万平方米。公司拥有“国缘”“今世缘”“高沟”三个白酒著名品牌。全年生产白酒成品酒40415.02千升,实现营业总收入78.88亿元,比上年增长23.09%;净利润25.03亿元,增长23.34%。每股收益2.0074元;入库税收31.26亿元。先后被评为江苏省文明单位、获中国食品工业协会科学技术奖一等奖、江苏省省长质量奖、江苏慈善奖、江苏制造突出贡献奖及全国职工职业道德建设先进单位称号,荣登胡润中国食品行业百强榜、中国上市公司百强榜。

【股权管理】 2022年,经市国有资产监督管理委员会批复同意及公司股东大会审议通过,今世缘酒业实施上市以来第一次股权激励,向公司部分董事、高管及核心管理、营销、技术人员共334人,授予股票期权768万份,激发公司骨干干事创业热情。至2022年12月31日,今世缘酒业总股本125450万股(含回购库存股7699963股),控股股东今世缘集团有限公司持股比例为44.72%,持股比例未发生变化,实际控制人为涟水县人民政府,实际控制人未发生变更。今世缘酒业落实“程序合规、风险受控、增加价值、服务战略”工作思路,围绕持续优化资产配置、实现资产保值增值、探索产业生态圈等目标,与专业金融机构合作,积极参与股权基金等投资管理工作,助力公司战略目标实现。私募股权投资方面,全年新增出资4500万元认缴参与淮安高投毅达二期创新创业投资基金项目,聚焦投资淮安市成长期和成熟期的优质企业,支持淮安市优势产业和国家政策鼓励的战略新兴行业发展。按协议续投出资3家股权基金1.34亿元,投资医药、半导体、智能制造等硬科技领域。在A股5000余家上市公司中,今世缘市值居2022年中国上市公司市值500强第260位,较上年提升33位,荣膺“2022年中国百强企业奖”。

【市场营销】 2022年6月,今世缘酒业完成营销系统事业部制改革,将原有办事处分为V系、国缘、今世缘三个品牌推广处,分别独立开展工作,推动市场渠道扁平化发展,终端网点精细化管理,推动省内市场深耕;在江苏省外市场遴选十大板块市场,作为省外攻城拔寨的排头兵。截至年底,在省内签约网点比上年增加57.3%,省外合作网点增加59.5%。全年公司共实现白酒产品销售收入78.46亿元,比上年增加23.18%。

【今世缘酒业荣获江苏省省长质量奖】 2022年9月17日,在江苏质量大会上,今世缘酒业荣获2022年江苏省省长质量奖。江苏省省长质量奖是省政府设立的质量领域最高奖项。此次获奖是对今世缘酒业“打造品牌、以质取胜、文化营销、数字赋能、人才强企”基础战略推进成效的充分肯定,对企业综合实力、管理水平、发展质量和品牌影响力的权威认可。评审专家组认为,今世缘在企业文化、营销创新、人才强企、信息化建设以及过程管理等方面形成突出优势和最佳实践,为加快推动全省制造业创新发展和转型升级提供“今世缘经验”,发挥质量标杆企业示范引领作用。

(薛余超)

设施设备

【概况】 2022年,今世缘酒业共有生产设备5992台(套)(不含陶坛),其中,2022年新增设备515台(套),设备报废159台(套)。实施各类技术改造项目46项,累计投入约4860万元,进一步优化设备结构配置,提升公司装备技术水平,满足生产经营实际需要。实施完成酿酒十车间装甑机器人生产线设备升级改造项目、酿酒十车间稻壳输送系统升级改造项目、酿酒十车间机器人升级改造项目、酿酒一至六车间产能提升设备采购安装项目、酿酒车间行车改造项目等项目,提高生产效率,提升酿酒产能;完成酿酒四车间稻壳输送设备采购安装项目等,提升原辅料输送效率;实施完成包装中心一车间酒罐区管道与阀门更新改造项目,保证包装成品酒品质;完成酒库二期、立体库电梯项目,减

今世缘酒业　　(孙德芳　摄)

少人员工作强度，提高生产效率等一系列设备技改项目。

【工程技改】 2022年，南厂区技改项目已完成厂房建设约58.84万平方米，在建60.39万平方米。全年新增建筑面积18.31万平方米，主要包括3幢浓香酿酒车间15.67万平方米、员工食堂及公用辅助车间1.06万平方米、个性体验中心与接待展示中心1.58万平方米。另外，2幢清雅酱香车间、原辅料车间、新制曲中心已开工建设。

【智慧工厂建设】 2022年，今世缘酒业2021年申报并获批的省重点技术攻关项目“酿造菌群功能调控及绿色化生产工艺关键核心技术(装备)攻关项目”已获专利3个。其间，公司采购1台压滤机用于试验，设计制作1台一吨级酯化罐，开展黄水发酵液制备高酯酒试验生产。4月，今世缘酒业获评省智能制造示范工厂。5月，开发数字化营销平台，以数字经济新优势赋能品牌建设，成功连接1600万名消费者以及15万名终端商、分销商、经销商等渠道合作伙伴。围绕消费者感知、渠道商赋能、零售商运营展开，建立“统一营销平台”，构建“数字生态”，推动“渠道赋能”，实现“品牌营销”，支撑“持续创新”，使用多样化数字营销手段打通营销链路，建立私域流量运营体系，为消费者提供个性化、沉浸式、全方位消费体验，构建营销、触达、销售闭环管理。6月，升级优化MES项目，将传统酿酒与现代服务融合，完成酿酒发酵周期调整及生产方式变更、勾储库内分级及溯源方法建立、质量管理体验提升及功能增强子项目，为用户提供高品质、信得过、玩得转的产品和服务。9月，通过国家工业互联网标识解析二级节点建设项目评审，开启白酒行业数字产业互联网新征程。使用工业互联网标识解析，实现产品追溯、防伪防窜、市场营销(消费者互动、产品展示、品牌宣传、二次营销、会员引流等)三大场景应用，提升公司产品力、品牌力和影响力，已实现标识码注册量9680万次、解析量4689万次。12月，今世缘酒业获省委、省政府颁发的“江苏制造突出贡献奖”。

【陈之常调研今世缘南厂区技改项目建设】 2022年7月19日，时任淮安市委书记陈之常带队深入今世缘技改项目施工现场调研。陈之常详细询问项目建设进度，对今世缘技改项目稳步推进表示认可。希望今世缘发挥项目支撑作用，坚定发展信心，通过技术改造转型升级，实现绿色低碳发展，酿造更多好酒，为涟水建成百强县、淮安经济社会发展作出新的更大贡献。

(薛余超)

科技研发

【概况】 2022年，今世缘酒业聚焦白酒主业，持续科技创新，重点围绕“浓香型白酒品质超越行业，清雅酱香白酒品质引领行业”目标，以及南厂区技改攻关、新技术新工艺进行研发，注重研发项目运行和人才技能提升，强化知识产权管理，累计申报并立项省、市级项目3项，结题省、市级项目2项，完成5个平台运行总结，获得省、市级荣誉10项，获得各类科技、奖补资金333.3万元，其中研发项目专项资金210万元。申请发明专利4项，获得发明专利1项、获实用新型专利6项。新增省“333工程”培养对象高层次人才3人，淮安市“533英才工程”拔尖人才培养对象1人，2人获评“科创淮安”企业创新达人，1人获评江苏省特级技师。2022年，“浓香型白酒窖泥菌群寡培养技术及其应用”获2021年度中国食品工业协会科学技术奖一等奖。“传统酒类的智能化酿造关键技术及应用”项目获江苏省科学技术奖二等奖。淮安市科技成果转化项目“自动化固态发酵清雅酱香型白酒的研发与产业化”于2022年6月顺利通过验收委员会验收。公司科研团队以“基于TRIZ理论改善米酒蒸馏过程中的能耗与产品风味”项目参加2022年11月中国创新方法大赛江苏赛区总决赛，获一等奖。

2022年科技研发专利一览表

表1

发明名称	专利证书号	专利号	发明人	专利申请日	授权公告日
一种高产四甲基吡嗪的地衣芽孢杆菌及其分离培养方法和应用发明专利	第4892534号	ZL 2019 1 1309861.7	唐群勇 吴建峰 季 方 祝赛峰 胡烨烨	2019年12月18日	2022年1月14日
一种酒精蒸馏塔及酒精蒸馏系统实用新型专利	第15489516号	ZL 2021 2 1099332.1	张振坤 吴建峰 季 方 华建军 赵子剑	2021年5月21日	2022年1月14日
一种发酵醪蒸馏系统实用新型专利	第15492401号	ZL 2021 2 1634296.4	张振坤 吴建峰 季 方	2021年7月19日	2022年1月14日
一种发酵密封机构实用新型专利	第17175173号	ZL 2022 2 0497856.4	吴建峰 杨正权 方志华 杨德祥 季 方 周政旭 侯沛林 嵇志刚	2022年3月9日	2022年8月16日
一种固态酒醅变压蒸馏系统实用新型专利	第17193612号	ZL 2022 2 0121471.8	吴建峰 杨正权 方志华 杨德祥 周政旭 侯沛林 嵇志刚 季 方	2022年1月18日	2022年8月16日

续表 1

发明名称	专利证书号	专利号	发明人	专利申请日	授权公告日
一种翻箱装置实用新型专利	第 17193946 号	ZL 2022 2 0728934.7	吴建峰　杨正权　方志华 杨德祥　季　方　周政旭 倸沛林　嵇志刚	2022 年 3 月 30 日	2022 年 8 月 16 日
一种蒸锅密封装置实用新型专利	第 17194641 号	ZL 2022 2 0499941.4	吴建峰　杨正权　方志华 杨德祥　季　方　周政旭 倸沛林　嵇志刚	2022 年 3 月 9 日	2022 年 8 月 16 日

【包装设计】 2022 年，按照产品规划要求，今世缘酒业共完成开发产品 31 款，其中国缘新开发 8 款、今世缘新开发 16 款、高沟新开发 7 款。持续推进包装设计工作，积极申报国家外观专利。截至年底，共申报国家外观专利 7 项，主要包括国缘 V9、淡雅国缘、柔雅国缘、星球大瓶酒的酒盒、酒瓶、手提袋等包装。

(薛余超)

产品产量与品牌建设

【概况】 2022 年，今世缘酒业共生产白酒成品酒 40415.02 千升，主要包括国缘、今世缘、高沟三大品牌系列酒。在香型标准上共有浓香型白酒(GB/T 10781.1)、固液法白酒标准(GB/T 20822)2 个国家标准和醇厚型白酒(高度)(JSYJ0002S)、醇甜型调香白酒(JSYJ0005S)、柔雅型白酒(JSYJ0006S)、幽雅醇厚型白酒(JSYJ0010S)、清雅酱香型白酒(JSYJ0012S、T/CBJ2107)5 个企业标准。2022 年，国缘品牌升级定位为“中国新一代高端白酒”；今世缘品牌升级定位，输出“缘聚时刻 今世缘”品牌价值理念；高沟品牌以“黄淮名酒带高端光瓶酒典范”定位重新复出。

【国缘品牌】 2022 年，今世缘酒业先后策划“贺新年，送国缘”“父爱缘满，情在酒中——国缘四开敬父亲一杯酒”“够缘满，才出粽”“亲近绿色，舒适人生——国缘四开露营季”“爱在重阳，敬长辈一杯国缘酒”“家国团圆，共品国缘”中秋国庆主题传播等系列传播活动。特约赞助中央电视台国庆晚会、东方卫视《极限挑战》；创意拍摄“赏二十四节气，品国缘美酒”“国缘开，好运来”扫码红包讲解等短视频，并在新媒体平台发布，提升国缘品牌活跃度，增加消费黏性。

【国缘 V 系】 2022 年，“国缘 V9”成为中国国家高尔夫球队合作伙伴，举办“国缘 V9·全国业余高尔夫球精英赛”，创意策划“国缘 V9·高尔夫抖音挑战赛”；携手中国企业家博鳌论坛“国缘 V9 之夜”、上海进博会“V 行天下，缘结世界”中外品牌交流联谊会；开展国缘 V9·高端礼品全国创意大赛、国缘 V9·江苏卫视中秋戏曲晚会、“寻味金陵·品味经典”高端酒店美食文化沙龙等活动，提升国缘 V9 品牌形象和高度。“国缘 V3”确定“城市精英品质之选”品牌定位和“超越时代，成就未来”品牌主张，以城市精英人群为切入点，开展“国缘 V3·2022 年长三角城市掼蛋精英赛”、“国缘 V3·城市精英”长三角哈雷行、“国缘 V3·南京森林音乐节”等活动，强化目标消费者对产品品质、文化认同，达到声量与销量双重传播效果。

【今世缘品牌】 2022 年，今世缘品牌升级品牌定位，延展消费场景，向消费者输出“缘聚时刻 今世缘”“惜缘感恩·共享美好”品牌价值理念。将“喜庆文化”从宴席市场延展到日常消费中来。围绕亲缘、友缘、情缘深挖品牌记忆，传播品牌故事，定位品牌人群，让品牌产品走进消费者生活。相继策划“缘系万里，让爱回家——今世缘助你回家团缘”“情定七夕·缘结今世”“感恩生命中的有缘人——抖音挑战赛”“师恩难忘·共享美好”“九九重阳·情缘绵长”“缘聚时刻，举杯相贺”世界杯主题活动，策划“人间至味是团圆，缘聚时刻今世缘”活动，冠名江苏综艺《味道》栏目春节档，联动全省近百家酒店推出今世缘 D20 团圆宴套餐等主题活动，逐步放大今世缘品牌美誉度。

2022 年 8 月 31 日，“国缘 V9”成为中国国家高尔夫球队合作伙伴　（今世缘酒业　供稿）

【高沟品牌】 2022年8月27日，“又见高沟”高沟品牌战略暨新品上市发布会在上海举行，以全新理念、全新产品、全新机制开启高沟品牌复兴之路。高沟品牌作为“中华老字号”，自上市以来，以“打造黄淮名酒带高端光瓶典范”定位目标、“人生起伏，挥洒自如”品牌主张、“一杯好酒，只为自己与知己”品牌情感，通过整合高沟品牌独特优质资产，激活品牌文化内涵，创新品牌个性化表达，利用新媒体平台开展内容营销，重塑高沟酒在消费者心中的认知。新品“标样”系列，实现品类创新和品质差异化。 （薛余超）

企业文化活动

【概况】 2022年，今世缘酒业践行“传播缘文化，弘扬真善美”文化使命，突出缘文化的“差异化”。将党建与经营管理有效融合，与建设幸福企业、履行社会责任同步推进，开展“解放思想，转变作风”大讨论，策划以“新起点，新征程，新跨越”为主题的第十一届职工文化节，通过“今世缘创业精神大家谈”“用心用力用情主题演讲”“我为今世缘高质发展献一策”等活动，增强发展新动能。继续与相关方开展“今世缘党建联盟”活动，构建党建、经济“双链条”协同运行新格局。

【创新传播品牌文化】 2022年，国缘V9携手中国企业家博鳌论坛“国缘V9之夜”、上海进博会“V行天下，缘结世界”中外品牌交流联谊会，创意策划“国缘V9·高尔夫抖音挑战赛”、国缘四开特约“2022中央电视台国庆晚会”、东方卫视《这就是中国》、飘香2022零碳使命国际气候峰会；8月，国缘V9成为中国国家高尔夫球队合作伙伴。“中国节·中国缘”品牌产品，以传统节日元宵、清明、端午、七夕、中秋、重阳、春节为载体，呈现节日的“缘”；继续开展“把缘读给你听”新媒体产品，与听众互动；围绕“两会”热点、企业亮点，组织全国“两会”期间宣传会期新闻，被央视新闻、新华网，新华每日电讯、“学习强国”、《经济日报》、《新华日报》、凤凰网等媒体平台采用。

【公益活动】 2022年，今世缘酒业以重点项目为抓手，在积累品牌资产的同时，积极履行社会责任。为员工办实事、办好事：招聘符合条件的60名员工子女、配偶到公司就业。全年共发放奖学金9.5万元，为员工购买涟康保、意外保险等合计79万元，发放高温补贴388万元、春节福利费159万元、孝亲金305万元、疫情防控慰问金273万元。积极支持社会公益慈善事业，全年累计捐资1116.78万元，在乡村振兴、基础教育、救孤助残、环境保护等社会公益事业上开展形式多样的活动，助力建设和谐美好社会。11月，获“全国职工职业道德建设先进单位”称号，成为全国白酒行业唯一获此殊荣的企业。被江苏省人民政府授予“江苏慈善奖”。 （薛余超）

2022年6月30日，今世缘酒业向淮安市慈善总会“民警大病救助基金”项目捐赠500万元

（今世缘酒业 供稿）

服务业

SERVICE INDUSTRY

- 市场建设
- 住宿与餐饮
- 粮食储备与管理
- 供销合作
- 物　　流
- 邮　　政
- 电子商务
- 食盐专卖
- 烟草专卖

编辑：王梦真

市场建设

【概况】 2022年，全县共有中大型商超企业60家，城区农贸市场18家，成品油加油站47家，再生资源回收网点126家，56家规模餐饮企业。截至年底，朱码、滨河两家农贸市场已完成升级改造，提升周边居民消费幸福感。城东商贸、高沟乡镇商贸中心等5个建设项目纳入2023年"乡村振兴"工作，有力推动县域城乡一体化发展。滨河吾悦建设项目按计划有序推进，城区居民休闲消费提档升级。

【淮安福兴建材城】 位于淮安经济开发区、清河新区、淮阴区、保滩街道交界处，是出入机场的主要通道，东临京沪高速、237省道，交通便利。占地面积约20公顷，建筑面积20万平方米，项目总投资约3.8亿元。主营包括房地产开发、石材加工、建筑材料、五金配件、钢材等销售品种，是一座特大型、专业化建材批发、加工市场。2022年，建材城入驻商户63户，实现开票销售收入1.59亿元，入库税收30万元。

【涟水农产品批发市场】 紧邻235省道，距离长深高速出入口仅1.5千米左右，规划用地约23.33公顷，总投资额10亿元。该项目集农副产品全系诸多功能于一体，按照不同功能区域要求进行规划建设。项目共分两期建设，一期规划为10.67公顷，建筑面积约8万平方米，分为十大品类交易区（蔬菜、肉类、水产、熟食、豆制品、禽蛋、粮油、干货、水果、农资农机农具、日杂百货及自由交易区），项目二期规划用地12.67公顷，主要规划为一期补充延伸相关业态、仓储加工、订单式商业等。一期各品类可经营商铺约440间、可经营档口（大棚）约88个。2022年，市场入驻商户228户，实现开票销售收入约10.8亿元。

（厉华林）

住宿与餐饮

【概况】 2022年，全县住宿与餐饮共计1764家（含个体工商户），规模以上住宿与餐饮企业73家。疫情放开之后，全县住宿与餐饮企业积极开展各类促消费活动，效益明显好转，营业额比上年明显增长。限额以上住宿业上报1.65亿元，餐饮业上报8.49亿元，分别比上年增长1.4%、15.1%。

【涟水金陵国际大酒店】 位于县城红日大道与金城路交会处，2019年5月建成开业，占地面积2万平方米，建筑面积6万平方米，营业使用面积5.4万平方米。酒店共有客房208间。拥有十余间独立会议室，面积800平方米，可以容纳500人开会。2022年，有员工236人，实现营业额2353万元。

金陵国际大酒店 （县文旅局　供稿）

【涟水德润酒店】 位于县城海安路2号，占地面积7338平方米，建筑面积2.6万平方米。2014年5月正式投入运营，项目总投资2000万美元。是集旅游、观光、健体养身、休闲度假、风味品尝、商务洽谈、会议培训于一体的高规格酒店。2022年，有员工130人，实现营业额2136万元。

【涟水宾馆】 位于县城主干道安东路南首，占地面积1.75万平方米，营业用房1.8万平方米，宾馆拥有豪华套房、普通套房、商务用房、标间180间，各种会议室6个，可接待各种会议和举办商务活动。餐饮部拥有9个宴会大厅和14个包间，可同时接待2000人就餐。2022年，有员工90人，接待客人约50万人次，实现营业额1292万元。

【国缘宾馆】 位于高沟镇今世缘大道北侧（今世缘酒业集团有限公司院内），建筑面积18800平方米，总投资约5269万元，分为客房部和餐饮部、会议及娱乐部。客房部拥有各类豪华客房106间（套），餐饮部拥有特色餐厅包间12个、10桌宴会厅3个、40桌宴会大厅1个，会议及娱乐部设有各类规模的会议厅8个。国缘宾馆二期项目总用地面积72640平方米，建筑占地面积16152平方米，总建筑面积43167平方米，总投入约2.5亿元。主要包含宾馆楼、餐饮楼和娱乐中心、游客接待中心、停车场及配电房、空调机房、热水泵站等配套项目。2022年，总营收1440.5万元，其中餐饮营收993.6万元、客房营收408.6万元。

（厉华林）

粮食储备与管理

【概况】 2022年，县发改委充分发挥粮食购销调存主渠道作用，为全县粮食安全和农民增收作出贡献。全年共收购粮食34.3万吨、销售粮食55.85万吨。

全年小麦市场粮价高涨，国家没有启动托市收购，国有粮食购销企业充分发挥粮食流通主渠道作用，切实保护农民利益。截至年底，全县国有粮食购销企业贷款1.83亿元，收购小麦9.83万吨。做好国家政策性粮食进出库质量检验工作，确保“进口”粮安全。对国有资产进行不定期巡查，发现问题及时处理解决。开展粮食市场日常监管和专项检查，采取多种形式对辖区内粮食库存实施监管，维护地方粮食购销市场秩序。

【粮食仓储安全管理】 2022年，县发改委严格按照国家粮食和物资储备局颁布的粮油安全储存及安全生产“一规定、两守则”要求，提高行业“两个安全”规范化管理和专项治理能力。制定粮食进出仓、简易储粮设施、防火防爆、熏蒸作业、租仓储粮和外包作业等操作规范，开展系统化安全培训180余人次。全年粮食仓储行业共组织各类检查80余次，累计发现问题隐患40余个。添置各类安全生产设备300余台(套)，企业安全储粮及安全生产能力进一步提升。

【涉粮巡视巡察整改】 2022年1月25日，县发改委向县委反馈2021年市委第五巡察组对涟水县涉粮问题专项巡察的意见，共反馈问题21个；2月10日，向市委反馈2021年省委第十一巡视组对淮安市开展的涉粮问题专项巡视的意见，涉及涟水县问题13个。截至2022年底，省委巡视、市委巡察反馈交办问题，已全部整改到位。 (侍煊杰)

供销合作

【概况】 2022年，县供销合作总社系统有下属单位37家，其中，基层供销社31家，工业企业2家，商业性公司4家，以及供销集团总公司和机关本部。有在职基层社职工637人、县直公司236人。深化供销社综合改革，建设涟水县现代农业服务中心。投入资金改造升级薄弱基层社，对北集供销商场进行部分拆除改造，石湖供销商场改造工程正式立项。

【社会化为农服务中心】 2022年，按照新一轮深化供销社综合改革要求，县供销合作总社密切联系县情社况，在充分调研基础上，制订相关项目建设计划，推进供销社改革工作。投入100万元，在城区农资批售相对集中的安东北路原生产资料公司、种子公司地块，整合生产资料公司营业大楼资产，建设涟水县现代农业服务中心。按照供销社“开放办社，合作办社”原则，与金牌农资有限公司合作，开办涟水金穗现代农业服务有限公司，开展农业社会化服务，年可实现社会化服务3万公顷。

【薄弱基层社、服务社改造】 2022年，县供销合作总社立足系统实情，投入资金对薄弱基层社进行改造升级。投入30余万元对北集供销商场进行部分拆除改造，改造后营业面积达1500平方米的超市正式营业；经营面积达1000平方米的石湖供销商场改造工程正式立项；整合黄营供销社1.73公顷闲置地块，按照上级相关文件精神，新建供销商贸综合体。

(嵇海林)

物流

【概况】 2022年，全县拥有道路货物运输业户3645户，货物运输车辆9856辆，157658吨位。县交通运输局全力推动“交邮汇·达万家”农村物流服务品牌建设，不断提升农村物流服务水平。充分发挥党建引领、政企合作作用，推进“党建+农村物流”“客运+农村物流”“邮政+农村物流”深度融合发展。

【物流基地建设】 2022年，县交通运输局打通农村物流配送的“神经末梢”，全县366个村级党群服务中心均设有服务点，村级物流服务点覆盖率达100%。充分利用乡镇客运场站、客运班线网络和运力资源，建设邮件快件共同配送中心11个。年内改建城乡站亭98个，新建农村站亭50个。

(胡　湖)

邮政

【概况】 2022年，中国邮政集团有限公司江苏省涟水县分公司有从业人员312人，基本业务为信函寄递业务、包裹快递业务、报刊图书等发行业务、邮票发行业务、邮政汇总业务、机要通信业务、邮政金融业务、电子商务业务、各类邮政代理业务及国家邮政批准开办的邮政业务。内设寄递事业部、综合办公室、市场营销部、金融业务部、渠道平台部、集邮与文化传媒部，下辖营业支局33个，有投递邮路65条，投递段道总里程2502千米。

【邮政基础设施建设】 2022年，县邮政分公司加快构建三级物流体系建设，通过交邮合作，累计开通县乡公交邮路3条，建成县级运营中心1个，镇级运营中心5个，村级站点342个。积极开展绿色邮政，网点100%出售新型绿色包装箱，100%使用窄胶带，电子面单使用率达100%。全县共有普遍服务网点34个，乡镇网点覆盖率达100%，普遍服务达标率100%；有建制村348个，通邮率100%，移动支付开通率100%，出口平信条码化率100%，快递包裹妥投率、实时反馈率，约投挂号妥投率、法院邮件预约投递、普服邮件全程时限等各项指标均达标，容器、趟车时限等指标均达标，辖区内无邮件丢失损毁。机要通信实现连续36年质量全红。开展扫黄打非业务进行培训，全年查堵非法出版物3件。

【寄递改革】 2022年，县邮政分公司积极开展市趟运输改革，通过邻近支局汇集串联等方式，实行农村邮路优化作业，节省邮路运行时长，保证邮件到达支局时间。开展揽投网改革，落实作业组织优化及标准化建设工作，营业投递部实施网格化作业，持续推进快包自提直投。开展寄递网末端经营模式创新，分别对城区营投部、高沟片区实施经营模式创新，城区营递部已达到市公司末端经营模式创新作业标准。 (王珊珊)

电子商务

【概况】 2022年，涟水县坚持把发展农村电商作为稳增长、促消费、调结构，助脱贫重要抓手，大力实施“互联网+”战略，电子商务进农村工作发展势头良好。先后创建集线上产品体验、农特产品展示、电商孵化、人才培训等于一体的电子商务产业园以及苏宁易购中华特色涟水馆等特色平台，创成省级电子商务示范镇2个（陈师街道、高沟镇）、省级电子商务示范村7个、省级乡镇特色产业园（街）区2个、省级电子商务示范基地1个、省级电子商务示范企业1个、省级数字商务企业1个，省级工业电子商务发展示范企业2个。江苏梦华包装新材料科技有限公司、江苏家德宝木制品有限公司等电商龙头企业销售业绩持续向好，充分发挥示范引领作用。县委、县政府相继出台《涟水县电子商务发展扶持办法》等政策措施，推动电子商务品牌建设和人才引进、培训，投入10亿元建立电商产业孵化园，有效搭建高效平台载体。加强与淘宝、京东、苏宁等国内知名电商企业合作，全县已成立集线上产品体验、农特产品展示、电商孵化、人才培训等于一体的农产品特色平台。芦笋基地等产业发展平台承载项目能力显著增强，吸纳各类农业产业化经营主体1000余个。全县电商平台活跃店铺数2778家，从业人数达3859人。

【电子商务载体建设】 2022年，涟水县电子商务产业园改造升级为涟水县电子商务公共服务中心，划分为农特产品展示区、办公区、孵化区、创客区、洽谈区、培训区、大数据展示区七大区域，通过专业机构运营，形成“一站式”综合服务平台，为入驻创业对象免费提供运营孵化、政策咨询、创业培训、专家评析、工程推介、就业指导等服务，助力电商产业发展。

【农业电商】 2022年，县商务局通过与邮政、便民商超、城乡客运站整合，建成16个镇级电商物流服务站和60个村级物流点，指导电商服务站点运营工作，保证服务站点能够为农户提供网络代购、农产品销售、物流配送、日常消费、普惠金融等便民服务。完成红窑镇和高沟镇2个主干镇级电商物流服务站和16个村级电商物流点选址及相关升级改造工作，部分设备配置已投入建设。推动物流配送体系有效融合。由县交通运输局牵头，在“交邮汇·达万家”农村物流网络体系基础上升级共建共享，研讨物流整合、统仓共配、线路规划、提速降费等可行性解决办法，为“农产品上行”和“工业品下行”奠定良好物流基础。打造农产品标准化和供应链。通过对全县农产品种植、产量、销售等情况进行摸底调查，加快网货化进程，建成“农产品供应链网货中心”，建立“涟农优品”网货供应体系，完成80款产品动态化数据库；通过实地走访及深度调研相关政府部门、企业、合作社及旅游资源，加快网货化进程，为中央厨房产业带建设做准备，制定涟水县“6个准则+N个产品”网货化流通标准；走访基地进行宣传指导，提高标准覆盖面和使用执行，帮助其开发网货精品；多次开展网货质量安全和标准应用监管行动，企业签订质量安全承诺书，逐步建立与县域产业发展相适应的电商供应链。

【“涟农优品”】 2022年，涟水县培育“涟农优品”农产品区域公共品牌，依托“五方挂钩”帮扶机制，创新推行“1+N”品牌培育体系，以“服务乡村振兴，聚力增收致富”为宗旨，对“涟农优品”进行形象设计，建立特色产品目录和网货供应体系，动态推进产品质量跟踪监管和检测认证；强化“专柜专区专馆”建设和运营，积极开展直播推介和产销对接活动，开展一系列消费帮促行动；与苏宁易购、微信商城、淘宝、拼多多、抖音、鲜丰汇、农商行“e路有我”等线上平台合作，多举措拓展农产品多元化销售渠道，确保全县优质农产品优产优销。

（厉华林）

涟水县电子商务产业园 （县经济开发区 供稿）

食盐专卖

【概况】 2022年，县盐业公司销售盐产品4477吨，其中小包装2076吨，品种盐634吨、品种盐占比30.54%，大包装食盐1575吨，小工业盐767吨，农牧渔盐44吨，营业收入827万元，利润总额55万元。有在岗职工15人，是涟水县域唯一具有食盐批发许可资质的省属国有企业，负责县域内食用盐和工业生产用盐供应。加强客户信息收集更新，以市场为导向，客户需求为目的，差异化服务为手段，提高客户满意度。把客户手册作为客情桥梁载体，提升食盐依法经营意识，帮助鉴别合法经营食盐；开展食盐市场安全大走访，联合县市场局多次对重点地区进行走访活动，针对群众网购食盐做好宣传和引导，强化“吃好盐选淮盐”消费认知;创新开展“购淮盐、大奖砸出来”“买淮盐满就送好礼”等宣传活动,强化品牌运营质效,提升淮盐品牌知名度,有效巩固和扩大淮盐主渠道地位,保障涟水食盐市场安全稳定。

【食盐政府储备】 2022年,县盐业公司加强对食盐政府储备库管理,在储备库增设防汛沙池、驱鸟器和应急照明灯等设施,设置食盐政府储备专职管理人员,加强对储备库日常巡查,做好出入库台账登记工作,确保食盐政府储备管理达到规范要求。自2018年起,县盐业公司被省政府列为“食盐政府储备库”,年食盐储备量为600吨,以保障各种突发和紧急情况下的食盐市场供应。储备库设置以来,在应对近年来历次食盐抢购和平抑盐价中发挥不可替代的作用。 (何自勤)

烟草专卖

【概况】 县烟草专卖局(分公司)位于县城安东路65号,占地面积4718.93平方米,建筑面积4187.87平方米。2022年,全县累计销售卷烟23282箱,比上年增长0.15%;单条销售价格为155.95元(含税),增长7.52%;销量、销售额在全市县(区)中排名第二。切实履行品牌培育第一职责,重点品牌销量21506箱,销量占比提升到92.37%。为全市系统稳住宏观经济大盘,促进国家和地方经济增长作出积极贡献。县烟草专卖局持续发力零售终端建设,融入“红日”“小延安”“军民”等本地元素打造“一组一特色”文化,开展“五个一”结对共建活动12次。分层分类推进现代终端建设,服务好苏果等合作终端,建成加盟终端17户,发展新现代终端94户,开展“整店形象评比”。“金丝利·通家号”运行成效明显,“通”运行质量有2户进入全省前100。“家”客户活跃度99%以上,“零售学院”初级认证率100%,“淮安金丝利”公众号吸粉近8000个。先后获评省文明单位、省质量信得过班组、省安康杯竞赛先进集体、省工会“职工书屋”示范点、市诚信单位、市行政执法规范化示范点、市放心消费创建先进单位、市工人先锋号、市无偿献血突出贡献奖、市“安康杯”优胜单位等称号和荣誉。

【烟草专卖监管】 2022年,县烟草专卖局开展“百日会战”“铁拳行动”“飓风5号”“利剑9号”等专项行动,加大案件查处力度,全年查获涉烟违法案件219起,各类违法卷烟708.78万支,卷烟案值482.54万元。严格许可证管理,全年共新办证221户,新入网零售户监管及时率100%,行政许可及时率、准确率100%,行政许可申请材料规范率、归档率100%。

【法治烟草建设】 2022年,县烟草专卖局深入推进法治烟草建设。3名职工参加全市系统首次“金叶之声”宣讲团赴基层普法宣讲活动。3名职工参加全市系统“法律明白人”课程征集活动,开发有效课程3个。选拔人员积极备赛淮安烟草第九届法律法规知识竞赛。结合“3·15”消费者权益保护日、“六一”儿童节等时间节点,以《中华人民共和国烟草专卖法》《中华人民共和国未成年人保护法》等为宣传重点,通过进街道、进乡村等形式,深入开展普法教育。组织全员参加“第五届党员学宪法学党章考法律活动”暨全民法律知识竞赛。开展案卷合法性审查219起,法规参与重大处罚案件讨论8次。

【“守护成长”专项行动】 2022年,县烟草专卖局关注未成年人保护,强化中小学校、幼儿园周边重点区域监管,开展保护未成年人免受烟草侵害“守护成长”专项行动,打击向未成年人售卖“散支烟”、电子烟等违法行为。积极摸排学校周边零售客户情况,向零售户宣传《中华人民共和国未成年人保护法》相关要求,粘贴“禁止向未成年人销售卷烟、电子烟”警示标语4500份,增强零售户守法意识、责任意识。对3起向未成年人售烟的当事人作出行政处罚,构建预防为主、防治结合的守护专线,切实保护未成年人身心健康。 (薛 年)

2022年12月8日,县烟草公司在高沟镇中心小学开展“金叶护花蕊 让爱伴成长”志愿服务活动

(县烟草公司 供稿)

旅游业

TOURISM

- 综　　述
- 旅游资源
- 旅游推介
- 旅游管理服务

编辑：王梦真

综　述

【概况】 2022年,县文旅局以全域旅游示范区创建为统揽,以文化和旅游融合发展为工作导向,高质高效推动全域旅游。6月,涟水县被评为省级全域旅游示范区;承办淮安市研学旅行基地联盟成立仪式,全县3个研学基地和4门研学课程成为全市精品研学基地和课程;苏北“小延安”景区创成国家AAA级旅游景区;今世缘旅游景区成功通过国家AAAA级旅游景区评定性复核。旅游宣传推介、行业管理、景区建设、宾馆饭店、旅行社发展等效果显著。

【创建省级全域旅游示范区】 2022年,涟水县坚持以文化和旅游融合发展为工作导向,抢抓休闲旅游时代机遇,高质高效推动全域旅游,不断开辟全域旅游发展新境界,高分创成江苏省全域旅游示范区。健全全域旅游保障体系。加强组织领导,成立由县委、县政府主要领导任组长的创建领导小组,定期召开县委常委会会议、县政府常务会,研究全域旅游发展重大战略性问题,协调解决旅游发展中的重点难点问题。编制《涟水县全域旅游发展总体规划》《古淮河生态旅游风光带专项规划》以及旅游公共服务、营销推广等专项规划,并将全域旅游发展理念融入国民经济和社会发展、城乡建设、土地利用等规划,更好助力全域旅游。县财政设立5000万元旅游发展专项引导资金,出台奖励办法、资金管理、融资借贷、市场监管、旅游用地等一系列多部门参与的配套政策;成立旅游专家智库,为全域旅游提供智力人才支撑。夯实全域旅游设施基础,逐步完善交通体系。全县有国道3条、省道6条、县道27条,公路总里程2586.9千米,形成“五横六纵三射”路网框架;干线公路与景区道路实现互联互通,开通旅游直通车4条、旅游专线4条、乡村旅游公交5条,新建生态停车场22处,为县内外游客提供多元化旅游交通体验。营造全域旅游良好环境,提升全域环境新颜值。加快推进公园绿地、旅游廊道建设,积极打造沿河风光带亮化景观,筑牢重要河道生态屏障,实现全域洁化绿化美化。探索旅游治理新机制,成立旅游安全委员会,建立旅游警察、旅游法庭、旅游市场监管队伍“1+3+N”治理体系,切实保障旅客游得安心、玩得舒心。引领文明旅游新风尚,通过举办文明旅游主题活动、设立旅游文明公约提示牌、志愿者现场劝导等举措,引导市民和游客注意言行举止,共同营造良好舒适的旅游环境。

【特色旅游】 2022年,全县建成红日公园、湿地公园、自行车体育公园3个城市公园,文化馆、图书馆、博物馆、非遗馆等一批标志性文化场馆;创成扁担、朱桥、苗荡、条河等9个省市特色田园乡村,夏楼、洪荡等2个特色景观旅游名村;推出金鸡坨生态农庄、苏淮生态园、璞趣园、万福家庭农场、红日休闲农庄5个休闲农业项目。打造上海路、深圳路美食街等4条特色餐饮街区,举办首届涟水芦笋节、“涟水鲜味”美食节、八大碗美食大赛、美食摄影大赛,全面推广涟水特色美食文化。建成吾悦、中央城、同乐坊等5个商业街区,在高铁站、特色街区、五岛湖旅游区等游客集中场所增设“涟水游礼”文创专卖店,不断满足游客购物需求。 (孙晓东)

涟水全域旅游指挥中心 (县文旅局　供稿)

旅游资源

【概况】 2022年,全县拥有全国工业旅游示范点1个(今世缘工业旅游区),国家AAAA级旅游景区2个(五岛湖旅游区、今世缘旅游景区),国家水利风景区1个(五岛湖旅游区),国家AAA级旅游景区1个(苏北小延安景区),淮安市乡村旅游示范基地2个(金鸡坨生态农庄、璞趣园),市级乡村旅游重点村1个(红窑镇夏楼村)。

【文旅资源普查】 2022年,县文广旅游局按照“应普尽普、应查尽查”原则,经过半年实地走访,顺利完成全县文旅资源普查工作。共查明地文景观、水域景观、生物景观、物质文化遗产、非物质文化遗产、建筑与设施、文旅购品、人文活动8个主大类,拥有文旅资源总数为1047个(含可移动文物,其中可移动文物等级包含一般和未定级),其中物质文化遗产数量最多,有570个,约占全县文旅资源总数的54.44%,建筑与设施文旅资源数量为331个,约占31.61%。新发现文旅资源182个,存在于建筑与设施、非物质文化遗产、生物景观、人文活动和文旅购品5个主类,约占主类文旅资源总量的17.48%。全县非物质文化遗产类文旅资源共19个,其中五级文旅资源2个,四级文旅资源3个,三级文旅资源14个。非物质文化遗产类文旅资源分布于3个亚类、6个基本类型；全县建筑与设施类文旅资源共331个，分布于4个亚类、28个基本类型；全县文旅购品类文旅资源共23个，分布于2个亚类、4个基本类型；全县人文活动类所有文旅资源共42个，分布于3个亚类、5个基本类型。全县共查明文旅资源726个（不含一般和未定级可移动文物），其中优良级资源100个、约占13.77%，普通级资源626个、约占86.23%；五级资源6个、约占0.83%，四级资源15个、约占2.07%，三级资源79个、约占10.88%，二级资源123个、约占16.94%，一级资源503个、约占69.28%。 （孙晓东）

【五岛湖旅游区】 位于县城中心，包括五岛湖公园、能仁寺景区、涟水县博物馆三大板块。占地总面积约65.9万平方米，其中水面约38.5万平方米，是省廉政文化教育基地，融合人文自然、历史文化、名人文化、佛禅文化于一体的复合型旅游度假区。2016年被批准为国家AAAA级旅游景区，2017年被水利部评为国家水利风景区。全年养护绿化面积达16.4万平方米。投资约20万元补植草坪1500平方米，新植栾树、水杉、榉树、法桐等乔木94株，新植红叶石楠、海桐、金森女贞灌木1万余株，景区绿化持续改善。对照AAAA级景区有关设施标准做好公共设施维修、维护。投资约100万元，完成硬铺装大理石维修52平方米，安装隔离桩771根，完成米公亭、至简亭维修保护性工程。油漆露台15万平方米，栏杆8万平方米，安装隔离栏杆1200米。2022年，五岛湖旅游区全年累计接待游客60.2万人次。

（孙晓东　袁育州）

【今世缘旅游区】 坐落在著名酒乡、全国文明乡镇高沟镇。该景区是唯一以“酒文化、缘文化”为主题的特色工业旅游景区，是全国工业旅游示范点。2017年被评为国家AAAA级旅游景区。主要包括两大旅游体验板块：一是以工业旅游、缘文化、企业文化体验为主的今世缘文化广场、今世缘会展中心、中国白酒智能化酿造示范车间、今世缘美酒银行、“今世缘·等着我”展示馆等；二是高沟酒传统酿造技艺及酒文化的高沟酒非遗保护区、中国民间酿酒大师总部。今世缘旅游区是集酿酒历史文化、科普教育、休闲购物于一体的综合型文化旅游景区。2022年7月底今世缘旅游景区顺利通过AAAA级景区复核评审；被评为淮安市首批研学旅行基地，“中华缘文化探索”“工业智能化与科技进步”入选淮安市研学旅行50门推荐课程、入选“江苏省文化和旅游市场红名单”。参与“春回大地暖心淮，我心归处是淮安”春节旅游专项行动、“2022年全市阅读地图体验护照”打卡等活动。2022年，累计实现综合营收4064.8万元，完成年度综合营收目标的135.5%，比上年增加1637万元，增长率达67.4%。

【涟水云锦文化产业示范基地】 位于红窑镇，是全国最大的云锦生产基地，有标准化车间5000平方米，熟练技工68名，云锦织机84台，年产云锦2.5万平方米，产品有龙袍、宫廷服饰、释迦牟尼袈裟、西藏唐卡、圣旨、如来佛衣等600余种。基地拥有专利139件，作品著作权415件。“天宫”牌商标是江苏省著名商标。《红楼梦百米长卷》云锦与中国国家博物馆联展于广东省博物馆9个月。同时，在涟水金鸡坨、五岛湖等景点开设云锦展示专区，提升云锦知名度与美誉度。2022年，基地资产总额993.4万元，实现开票销售收入176.08万元。

【金鸡坨生态农庄】 位于红窑镇夏楼村，为淮安市乡村旅游示范基地，由江苏金鸡坨乡村旅游发展有限公司投资建设，于2017年2月启动。该项目紧紧抓住夏楼村紧邻国家三级航道——盐河，交通便利，生态资源良好的资源禀赋，致力打造集农耕体验、爱国主义教育、休闲垂钓于一体的特色旅游创客新农村。主要实施内容包括民宿休闲农庄、农业观光采摘园、水上休闲娱乐园、爱国主义教育基地、博物馆、农家乐、景观长廊等建设项目，项目一期、二期已完成并投入使用。2022年，共接待游客20万人次，实现旅游综合收入360万元。

【苏北小延安军旅小镇】 位于成集镇，项目规划占地总面积217.33公顷，其中一期项目占地63公顷，投资约3.5亿元。项目定位于打造“全国首个爱国者军事主题乐园”。项目一期包含抗战纪念园（纪念碑、纪念坊、纪念堡）、苏北小延安纪念馆、研学旅行基地、家国学堂、军事主题乐园、景交小火车、画舫、初心小院、萌宠乐园、影视基地、田园花海、沙滩车基地、小红军军马场以及朱南荡水上战场等多个以国防教育、爱国主义教育为主题的区域。一期项目于2021年6月28日开园试运营，并于2022年成功创建国家AAA级景区。2022年，累计接待游客15万余人次，开展党建研学活动1000余场。

苏北小延安　　（金东红　摄）

【璞趣亲子研学农乐园】 位于保滩街道洪荡村88号，为淮安市乡村旅游示范基地。项目自2017年7月开工，已建设完成童趣沙滩世界、求知乐趣研学教室、璞食坊、艺术菜园、亲子草坪、可爱动物等景点设施，形成以无动力游戏、农事研学、自然科普、食育课堂、DIY体验为主题的特色课程，最大限度调动亲子家庭积极性和参与性。2022年，共接待游客5万人次，实现旅游综合收入500万元。 (孙晓东)

旅游推介

【概况】 2022年，县文旅局积极宣传涟水全域旅游、打造和包装文旅项目。不断加强与全国知名旅游企业、旅游部门之间的联合营销，强化与浙江、上海旅游企业对接，重点突破上海、南京、杭州等客源市场。举办主题活动，做优农民丰收节、缘文化节、阿累读书节、乡村文旅节，先后举办砂板乒乓球世界杯赛、省第十八届运动会山地自行车赛等国内外赛事，连续5年被评为"江苏省体育竞赛最佳赛区"。

【旅游宣传】 2022年，县文旅局上线"游涟水"微信公众号和"惠文旅"微信小程序，发放《臻享涟水》画册、涟水一日游、二日游等宣传资料1万余份；组织今世缘旅游景区、苏北小延军旅小镇等重点景区参加第四届大运河文化和旅游博览会，宣传涟水全域旅游，扩大涟水旅游影响力。凸显全域旅游品牌形象，加强宣传推介。围绕"缘"文化，拍摄全域旅游专题宣传片，在展会、微博、微信、抖音上宣传推介，打造"因缘而来，忘返留涟"整体旅游形象，全面提升涟水旅游知名度和美誉度。

【文旅品牌塑造】 2022年，县文旅局加强对文旅项目的打造和包装，争取市级旅游品牌创建奖励资金25万元，五岛湖旅游区获得省级奖补资金80万元。创新营销模式，建立政府、行业、媒体、公众等多主体共同参与的营销联动机制，有效运用传统媒体、自媒体、融媒体开展品牌营销。开发"涟水游礼"旅游商品和文创产品，推动非遗代表性项目进景区景点，为游客提供互动性文化场景和旅游体验。 (孙晓东)

旅游管理服务

【概况】 2022年，县文旅局扎实开展文旅市场监管、疫情防控等重点工作，及时上报元旦、春节、"五一"、国庆黄金周旅游信息相关数据，为上级部门发布假日期间文旅数据提供指标参考；指导并监督文旅市场综合行政执法工作，严厉查处文旅市场各类违法、违规经营行为，全年共办理行政处罚案件27起，规范全县文旅市场经营秩序；扎实做好疫情防控常态化工作，对星级酒店、旅行社、景区景点、旅游包车等落实防控措施情况进行逐一核查，对检查中发现问题的要求相关企业立即整改；开展不合理低价游专项整治工作，督促各旅行社诚信经营，合法经营，与各旅行社签订涟水县旅行社诚信经营承诺书。通过中国旅游日、安全生产宣传日等宣传活动，采用派发宣传单、现场讲解等方式宣传"不合理低价游"的危害和选择旅行社的注意事项，维护消费者合法权益；重点突出安全生产工作。要求各旅行社、星级宾馆、景区景点根据自身特点分别制定安全生产管理制度和安全生产应急预案，积极引导企业落实主体责任，将安全生产责任层层落实到位，确保文旅市场全年无安全生产事故发生；严格规范旅游市场秩序。完善旅游投诉机制，妥善化解旅游纠纷。对旅游投诉做到"四个及时"(及时受理、及时调查、及时办理、及时反馈)，确保投诉在规定时间内处理完毕，游客满意度100%。

【旅游服务优化】 2022年，县文旅局持续优化公共服务，建成全域旅游集散中心、全域旅游服务中心和8个咨询服务点、13个景区游客接待中心，形成三级咨询导览体系，设置形象标识、交通标识牌、全域全景牌120余处。建成67座美观实用A级标准旅游厕所，对200座市政厕所进行旅游化改造，实行物业化管理、全天候服务，更好满足游客需求。深入推进智慧旅游，建成全域旅游大数据平台，上线"游涟水"App，提供热门景区智能导游、电子讲解、网上购票、扫码入园等个性化服务，为游客及本地市民提供最贴心的旅游体验。

【旅行社】 2022年，全县共有旅行社16家。其中，具有独立法人资格旅行社5家，分别是涟水县青年国际旅行社(三星级)、涟水县好风光旅行社(二星级)、涟水县红日旅行社、涟水县大地旅行社、涟水县交通旅行社。分社1家(湖北爱旅纷途国际旅游有限公司淮安分公司)，网点10家。受疫情影响，全年有超过10家旅行社处于停业状态，仅3家正常营业，年接游客约9万人次，营业收入达230余万元，营业利润20余万元。

(颜大文 孙晓东)

【旅游宾馆及酒店】 2022年，全县共有大型旅游宾馆及酒店4家，分别是涟水宾馆(三星级)、江苏国缘宾馆、淮安德润酒店、涟水金陵国际饭店。截至2022年底，涟水宾馆实现营业额1292万元；江苏国缘宾馆总营收1440.5万元，其中餐饮993.6万元、客房408.6万元；淮安德润酒店实现营业额2136万元；涟水金陵国际饭店实现营业额2353万元。

(孙晓东 厉华林)

开放型经济

OPEN ECONOMY

◆ 引进外资与中国港澳台资

◆ 对外及中国港澳台贸易

◆ 江苏涟水经济开发区

◆ 江苏涟水经济开发区循环经济产业园

编辑：王梦真

引进外资与中国港澳台资

【概况】 2022年,全县到账外资与中国港澳台资16101万美元,占市对县下达注册外资实际到账目标1.6亿美元的100.6%,比上年上升4.9%,全市名列第一。到账中国港澳台资中,港资8366.7万美元,台资7724.3万美元。

【项目招引情况】 2022年,市下达新设总投资1000万美元以上外资项目15个,全县完成5个,占年目标的33.3%。协议注册外资2.4亿美元,全县完成1.62亿美元,占年目标的67.5%。其中台资项目目标6个,完成2个。截至年底,全县共招引外资项目4个,其中哲泰车业和桓瑞新材料项目正式落地,正常开工建设。 (厉华林)

对外及中国港澳台贸易

【概况】 2022年,县外贸进出口工作紧紧围绕实施"兴工强县、开放带动"发展战略,坚持以口岸服务体系建设为主线,以支持服务进出口企业为重点,外贸出口持续稳定,为促进全县开放型经济发展作出贡献。全年全县外贸进出口总额4.58亿美元,比上年增长23%。其中,进口总额0.49亿美元,出口总额4.09亿美元。

【外贸资金扶持】 2022年,全县共有4家企业申报市级商务流动发展资金,申报金额100万元。其中淮安源通制帽有限公司申请促进外贸稳增长调结构项目50万元,江苏永安化工有限公司申请20万元,淮安锦纶化纤有限公司申请20万元,淮安新芳杰高科服装有限公司申请10万元。县商务局落实外贸资金扶持政策,缓解企业困难,增强发展后劲。4月,前往市工商银行协调银行上门解决企业资金问题;7月,前往嘉立创调研企业进出口情况;12月,前往市商务局外贸处对接涟水外贸企业情况。

(厉华林)

江苏涟水经济开发区

【概况】 江苏涟水经济开发区位于县中心城区西北侧,南侧紧邻滨河新城商业商务中心,西侧为宁连高速公路涟水入口,规划面积99平方千米,以开发区为主体,对空港产业园、食品产业园、新材料产业园进行空间整合,形成"一区三园"运行体制。园区以新一代电子信息、绿色食品、高端装备制造、纺织服装四大主导产业为重点,日化轻工、现代物流等N个特色产业为支撑,培育形成"4+N"现代化产业格局。入驻工业企业190余家,其中规模以上企业112家。2022年,开发区"一区三园"规上企业累计实现开票销售收入161.6万元,比上年增长10%,入库税收26532.3万元,下降10.9%;规上考核企业75家,累计实现开票销售收入105.5亿元,入库税收15124.7万元。被评定为省知识产权建设示范园区。

【基础设施建设】 2022年,县经济开发区统筹谋划"一区三园"开发建设,围绕重点产业、重大项目、重点区域建设,不断完善污水处理厂等8项基础设施建设。强化顶层设计,统筹推进"一区三园"融合发展,编制新材料产业园概念发展规划。以精品线路塑造为抓手,推动迎宾大道等4个节点环境提升。全力推进临港智能制造产业园、食品产业港标准化厂房建设,加快食品产业园污水处理厂、电子产业园污水处理厂二期等环保配套扩容建设,着力破解供热、供气等配套短板。

【招商引资与项目建设】 2022年,县经济开发区牢固坚持"项目为王、环境是金"导向,围绕重特大项目攻坚"突破成势"之年目标任务,深入实施大湾区招商活动,积极投身"百日攻坚"行动,召开苏州先进制造业推介会、泉州食品产业招商说明会等推介活动,组建食品产业、光伏新能源产业招商专班,深入实施产业招商、驻点招商、市场化招商。全年新签约亿元以上工业项目53个,其中百亿项目2个,分别为总投资116亿元的巨石玻纤项目和总投资130亿元的捷泰高效太阳能电池片项目,实现涟水重特大项目攻坚"双百"历史性突破。完善优化项目帮办协调机制,出台项目推进实施方案,落实项目建设双承诺机制。全年新开工、新竣工亿元以上工业项目分别达35个、14个,其中捷泰新能源项目创造了重特大项目21天签约、51天开工的涟水新速度。

2022年涟水县经济开发区已建项目一览表

表2

项目名称	投资单位或个人	固定资产投资额(万元)	累计完成投资额(万元)	占地面积(公顷)	竣工时间	用工人数(人)
业丰科技柔性线路板生产项目	江苏业丰精密科技有限公司	20000	30000	3.8	2022年6月	105
全恒智能装备数控机床及精密钣金件加工项目	江苏全恒智能装备有限公司	8000	10200	1.66	2022年12月	25
电阻电容项目	江苏鸿瑞凯电子科技有限公司	7000	1000	1	2022年6月	30
塑料包装材料加工项目	江苏联盈包装科技有限公司	12000	12000	2.33	2022年6月	61
年产36亿件LED芯片封装产品项目	江苏星瑞绿能半导体有限公司	20000	19000	租用	2022年12月	15

续表2

项目名称	投资单位或个人	固定资产投资额(万元)	累计完成投资额(万元)	占地面积(公顷)	竣工时间	用工人数(人)
普耐力轮胎生产	江苏普耐力橡胶有限公司	10000	11790	5	2022年12月	20
中信华多层线路板自动化生产线技改项目	江苏中信华电子科技有限公司	12000	12000	0	2022年12月	60
电子元器件集散中心项目	淮安新港建设有限公司	32000	55000	15	2022年9月	96
印制线路板生产项目	江苏垚树智能科技有限公司	12000	12000	5	2022年6月	83
智能服装一期加工项目	江苏高博智能制造有限公司	11000	12000	租用	2022年6月	240
过滤环境设备生产项目	上海切沃过滤技术有限公司	8000	12000	1.67	2022年12月	22

2022年涟水县经济开发区在建项目一览表

表3

项目名称	投资单位或个人	投资总额(万元)	固定资产投资额(万元)	占地面积(公顷)	开工时间	累计完成投资(万元)
柔性线路板项目	江苏海凌科科技有限公司	30000	25000	3.33	2022年12月	800
光电显示模组项目	展明龙光电科技(江苏)有限公司	12000	8000	0.66	2022年7月	600
印制线路板生产及SMT贴片加工项目	江苏品奥电子科技有限公司	15000	10000	1.33	2022年11月	400
淮安特创科技有限公司	二期智慧工厂项目	550000	400000	16.93	2021年8月	82000
芯片封装测试项目	江苏国中芯半导体科技有限公司	30000	25000	0.8	2021年5月	20000
纺织品生产项目	苏州市正翰织造有限公司	25000	15000	5.73	2022年3月	11445
江苏兴科纺织科技有限公司DTY涤纶纱线和毛绒布面料加工项目	江苏兴科纺织科技有限公司	30000	20000	6.59	2022年9月	21000
哲泰车业(江苏)有限公司折叠助力车生产项目	哲泰车业(江苏)有限公司	11000	7000	1.67	2022年12月	3000
江苏新憬源纺织科技有限公司经编弹丝、经编材料项目	江苏新憬源纺织科技有限公司	30000	20000	6.93	2022年2月	20000
江苏伟易通新材料科技有限公司纳米金属材料项目	江苏伟易通新材料科技有限公司	30000	20000	6.67	2021年6月	15000
手之梦安防(江苏)科技有限公司丁腈生产项目	手之梦安防(江苏)科技有限公司	15000	10000	2.1	2022年1月	13000
江苏龙信达消防科技有限公司消防器材项目	江苏龙信达消防科技有限公司	12000	7000	1.8	2022年3月	9000
涟水哈林实业有限公司教育装备项目	涟水哈林实业有限公司	36000	24000	8.47	2021年7月	35000
年产150万台吸尘器项目	江苏普雷斯汀智能家居有限公司	30000	16000	0.27	2022年11月	800
年产800万台智能小家电项目	江苏劢瑞达电子科技有限公司	52000	35000	租用	2022年9月	515
年产26GW新型高效太阳能电池智慧工厂建设项目	淮安捷泰新能源科技有限公司	1300000	1060000	58.67	2022年11月	110000
大湾区江苏淮安(涟水)产业合作区先行示范园标准化厂房项目	淮安涟核建设发展有限公司	100000	70000	16.67	2022年12月	10000
金属切割设备加工项目	淮安雷华智能科技有限公司	105000	65000	16.4	2022年1月	15000
年产3.6万吨新材料项目	江苏双凯电子有限公司	45000	40000	3.62	2022年2月	12000

续表3

项目名称	投资单位或个人	投资总额（万元）	固定资产投资额(万元)	占地面积（公顷）	开工时间	累计完成投资（万元）
调味冷冻食品项目	江苏乐世食品有限公司	30000	12000	4.33	2022年1月	14500
吹塑机及模具加工项目	江苏同天智能科技有限公司	30000	18000	2.73	2022年3月	2500
TFT模组及触摸屏生产	东莞市东惠产业园管理有限公司	18000	14000	—	2022年2月	17680
精密机械制造项目	东莞市金泰胜金属制品有限公司	30000	25000	3.33	2022年12月	0
纳米金属材料科研中心项目	淮安中顺环保科技有限公司	12000	6000	31	2022年10月	1500
中空、钢化玻璃生产项目	淮安环宇玻璃科技有限公司	12000	7000	30	2022年2月	8000
高端线束及精密机生产项目	戴欧德电子(淮安)有限公司	12000	6000	40	2022年2月	4000
白酒数字化智能包装制造项目	海普智联科技(淮安)有限公司	52000	32000	60	2022年12月	1000
大米加工项目	江苏涟水大米实业发展有限公司	31000	20000	89	2022年3月	22000
年产酒盒1000万只项目	高义包装印刷(淮安)有限公司	35000	21500	95.6	2022年12月	1000
电子仪器加工项目	深圳市众鑫毅科技有限公司	12000	8000	0.6	2022年7月	4000
微电机和磁性材料加工项目	新宁县金业电子有限公司	12000	8000	0.6	2022年7月	3500
医用金属制品加工项目	江苏兴中缘医疗科技有限公司	8000	5000	1.78	2022年6月	2600
智能音箱和扫地机器人项目	深圳市鑫金泰实业发展有限公司	32000	15000	0.8	2022年	5000
钢结构加工项目	淮安苏钢钢结构有限公司	12000	7000	2.47	2022年6月	1500
安全防护带及起重设备加工项目	重庆大和荣基机电有限公司	20000	10000	3.73	2022年7月	3500
金属钢板网项目	久恩金属制品(昆山)有限公司	5000万美元	3000万美元	6.67	2022年7月	2600
徽章标牌及模具加工项目	淮安鹿美轮工艺品有限公司	10500	7000	1.33	2020年	10500
智能设备加工项目	苏州宝俊不锈钢制品有限公司	16000	12000	2.08	2019年	16000
年产15万吨啤酒、饮料项目	江苏涟水啤酒有限公司	5000	3500	8	2022年1月	0
未粮健中食品蛋白加工项目	江苏未粮健中食品科技有限公司	15000	9000	2	2022年2月	0
智能装备驱动系统项目	江苏汉桥智能科技有限公司	15000	12000	3.13	2022年2月	13343
食品包装袋及电子工业品包装生产项目	江苏诚瑞包装科技有限公司	18000	12000	3.06	2022年1月	1380

【人事体制机制改革】 2022年，县经济开发区积极落实全市开发园区改革创新“1+N”部署要求，以巡察整改为抓手，深化人事体制机制改革。3月，按照“因事择人、人岗相适、竞争择优”原则，开展全员适岗评价工作，对部分人员进行岗位调整，准确掌握干部职工工作表现和岗位匹配度，及时对6名人员进行岗位调整。12月10—11日，率先实施改革一周年“回头看”，坚持“刀刃向内”，进一步配强队伍力量，调整招商组织架构，将原招商8个部扩充为9个部。优化薪酬分配方案，积极构建“人员能上能下、岗位能进能出、待遇能高能低”选人用人机制。

【江苏中信华电子科技有限公司】 位于县经济开发区港口路西侧、兴盛路北侧，由深圳中信华电子集团有限公司投资兴建，总投资20亿元，注册资本5000万元，占地面积21.43公顷，建筑面积14.7万平方米，于2016年7月开工建设，2018年12月竣工投产。主导产品有高端双面板、多层板、电表板、电源板、安防板等。公司已先后通过国家高新技术企业、江苏省智能制造示范车间、淮安市工业互联网示范企业、淮安市企业技术中心、淮安市5G通讯印制线路板工程技术研究中心、涟水县县长质量奖提名奖等资质荣誉认定。2022年，实现开票销售收入35623万元，比上年下降0.5%。

【江苏嘉立创电子科技有限公司】 位于县经济开发区电子产业园内，由深圳市嘉立创科技发展有限公司投资兴建，总投资3亿元，注册资本5000万元，厂房面积1.2万平方米。于2018年9月开工建设，2019年4月竣工投产。2021年3月，公司通过技改增产扩能，引进新型先进设备，对电子产业园16号厂房进行装修改造，总投资2.5亿元，厂房面积6000平方米，6月竣工投产，新增产能130万平方米刚性印制线路板。2022年，实现开票销售收入31074万元，比上年下降30.4%，入库税收1756.3万元，增长97.2%。

【淮安特创科技有限公司】 位于县经济开发区兴盛路与锦纶路交叉口，由惠州市特创电子科技股份有限公司投资兴建，总投资4.2亿元，注册资本3000万元，占地面积6.8公顷，建筑面积6万平方米。主要生产高精密度线路板产品，项目全部建成投产后，年产高精密双面多层线路板、HDI线路板、刚挠结合印制板600万平方米。二期位于县经济开发区兴隆路北侧、淮浦路东侧，总投资22亿元，占地面积16.93公顷，规划面积19.4万平方米，于2021年8月开工建设。2022年，实现开票销售收入43056万元，入库税收358万元。

【涟水美盈森智谷科技有限公司】 成立于2020年5月6日，注册资本1亿元，是美盈森集团股份有限公司（总部深圳）旗下子公司，是县政府招商引资的重点精品包装项目。已建成3万平方米厂房及配套办公、宿舍等设施，引进德国曼罗兰胶印机、丝印机、模切机等国内外先进彩印设备，建成精品包装生产线。公司致力于酒盒包装、礼品盒包装领域，主要产品包括精品盒包装（酒盒）、手袋、彩箱等。2022年，实现开票销售收入7543万元，比上年增长43.6%。

【淮安锦纶化纤有限公司】 位于县经济开发区炎黄大道11号，由浙江金轮集团投资兴建，总投资8亿元，注册资金1亿元，占地33.67公顷，建筑面积16.6万平方米。公司于2003年11月开工建设，2005年3月正式投产。主要生产各种浸胶帘子布，年产5万吨，是省级高新技术企业、省级工程技术研究中心和省级企业技术中心，拥有驰名商标“金轮”牌。2022年，实现开票销售收入71677万元，入库税收1111.1万元。（王　丹）

江苏涟水经济开发区新材料产业园

【概况】 江苏涟水经济开发区循环经济产业园前身为薛行化工集中区，2008年12月经淮安市政府批准成立，2015年12月经淮安市人民政府批准更名为淮安（薛行）循环经济产业园，2020年11月取消化工定位后，经市委编办批准更名为江苏涟水经济开发区循环经济产业园。2020年12月纳入开发区统一管理。2022年9月更名为现名。陆续完成道路建设、集中供热及管网、污水处理厂、消防站、变电所、“安全管家”项目、供水管网、污水“一企一管”、雨水明渠等配套设施建设，满足入园企业生产需求。2022年，园区有在产企业22家，规模以上企业22家，化工重点监测点企业6家，领取危化品安全生产许可证企业8家，领取危化品使用许可证企业2家，涉及重大危险源企业8家，涉及“两重点一重大”企业14家。园区内企业经营情况总体向好，经济数据稳步提升。2022年，园区实现开票销售收入50.92亿元，比上年增长72.13%；入库税收6628.21万元。

【基础设施建设】 2022年，产业园在“设施不停”基础上，加强安全基础设施建设，提升园区监管能力，强化安全环保监管措施。为改善园区安全监管基础，推进封闭化管理系统优化建设，咨询专业安全技术公司进行初步系统设计。投资600余万元实施园区突发水污染事件三级防控体系设施建设，主要工程于2022年12月底完工并完成验收。逐步启动基础设施提升工作，推动管廊建设（蒸汽、污水和钢架），建设规模为纬十四路约450米、经一路延伸至纬十四路南约190米，总长约640米，地块勘探和施工图设计已完成。进行道路平整修复及新建，经一路、纬十三路、纬五路路面平整，总长2770米，总面积约31480平方米；新建经一路延伸至纬十五路，长约190米，面积约2280平方米，施工图已完成。加强雨水明渠建设，明渠总长为2975米，施工图设计已完成。开展环境提升工程，完成管线勘探、施工图设计等工作，年底竣工。开展园区内部道路亮化管理，完成园区内90盏破损路灯维修工作。

【招商引资】 2022年，产业园发展服务中心牢固树立“项目为王”理念，探索实行“以商招商”“全员招商”方式方法，全力以赴抓好招商引资。5月，成功签约落户江苏勃鑫新材料有限公司年产10万吨高端浓缩洗涤剂及2万吨饲料添加剂项目，项目投资10亿元，勘察报告已完成。施工单位（江苏无锡二建建设集团有限公司江阴分公司）已确定、未进场。全年共收集招商信息6个，总投资12.3亿元。江苏高博智能制造有限公司计划继续增加3.5亿元，投资智能服装生产项目；江苏飞普达电子科技有限公司、江苏明立伟电子科技有限公司分别投资1.8亿元、1.5亿元的电子元器件项目在接洽中；永安化工、华昌固废、华昌智典分别计划投资1亿元、1亿元、3.5亿元的技改项目在编制可行性研究报告。

【项目建设】 2022年，产业园有已建项目23个，总投资30.05亿元（1个落户在开发区）。在建亿元以上项目8个，总投资21.5亿元。园区对每个项目实行全流程帮办服务，从项目研判、营业执照办理、项目立项、五证办理、项目建设和验收，全程参与服务，本着“园区多服务、企业少跑腿”理念做好帮办。全年通过开工亿元以上项目4个（高博制造、贝斯特尔、麦特新材料、金山环保），通过竣工亿元以上项目1个（高博制造）。

（邢　香）

2022年新材料产业园已建项目一览表

表4

项目名称	投资单位或个人	固定资产投资额(万元)	累计完成投资额(万元)	占地面积(公顷)	竣工时间	用工人数(人)
年产100万吨复合肥	江苏华源生态农业有限公司	50382.51	54382.51	32.52	2017年8月	254
年产19500吨二甲戊灵	江苏永安化工有限公司	11982.1	13722.1	7.16	2015年7月	205
年产6000吨三氟甲苯系列产品	江苏永创医药科技股份有限公司	10545.34	12245.34	3.18	2010年	140
3万吨/年脂肪酸甲酯磺酸盐,1万吨/年表面活性剂,4万吨/年表面活性剂	涟水新源生物科技有限公司	13484	16084	3.34	2013年10月 2016年5月 2018年12月	51
年产3000吨苯甲醚、5000吨三氯乙酰氯	淮安德邦化工有限公司	9695	11195	2.67	2012年7月	53
年产38000吨三氯氧磷系列产品	淮安华源化工有限公司	10056.2	11100	2.57	2012年	56
15000吨/年粗(废)醇回收生产线技术改造及年产10000吨烷基糖苷项目	淮安市赛利化工有限公司	8639	10070	2.00	2017年4月	37
年产1.75万吨纺织印染助剂系列产品	江苏勃仑化学有限公司	9450.8	10696.67	2.57	2017年12月	45
年产21000吨涂料	淮安市科南新材料有限公司	9080	10698	3.33	2016年	56
年产7000吨对氯氯苄	江苏宏兴化学有限公司	7600	8500	1.34	2010年	48
年产1600吨邻氟苯甲酰氯	涟水鑫诺化工有限公司	3940	5540	1.21	2013年	25
年产2700吨悬浮剂等	江苏稼穑化学有限公司	8200	10750	1.83	2012年3月	38
年产120吨高纯三氯氧磷	淮安源通电子材料有限公司	1500	1700	1.67	2012年	17
建设3.3万吨/年危险处置与综合利用能力	淮安华昌固废处置有限公司	15066.65	18066.65	6.51	2018年12月	107
年产1000 吨磷酸二氢锰、10000吨硝酸锌、3180 吨氯化锰(无水)、1000 吨氯化锌产品	淮安暴郭化工科技有限公司	11457.64	15167.64	3.34	2016年5月	33
年产3000吨三氟氯乙烯树脂、副产7500吨盐酸和2650吨氯化锌	淮安祥云旭升化工有限公司	10950	13850	3.34	2016年5月	59
年产20万吨洗衣粉、15万吨液体洗涤剂	淮安欣乐康日化有限公司	9400	11012.98	6.51	2019年6月	44
年产35000吨醋酸盐、1000吨柠檬酸盐、2000吨丙酸盐及2000吨戊二醛、多聚甲醛	安田化学(江苏)有限公司	2714	3214	3.34	2019年3月	45
6000t/a橡塑助剂建设项目	江苏信守化工有限公司	13474	17788	3.34	2017年6月	93
淮安薛行循环经济产业发展有限公司供热及管网建设项目	淮安华昌固废处置有限公司(蒸汽站)	11000	14000	2.67	2020年6月	22
年产5万吨环保型成膜助剂/增塑剂	华昌智典新材料(江苏)有限公司	13525	15525	6.02	2020年9月	89
年产2400吨橡胶防老剂KY-405、2000吨抗氧剂辛基化二苯胺、2000吨金属表面处理剂、2000吨黏胶剂	江苏驰硕新材料科技有限公司	12500	13500	3.40	2020年6月	32

2022年新材料产业园在建亿元以上项目一览表

表5

项目名称	投资单位或个人	投资总额（万元）	固定资产投资额（万元）	占地面积（公顷）	签约时间	累计完成投资（万元）
食品及饲料添加剂生产项目	江苏正禾食品科技有限公司	12000	12000	22.69	2021年8月	7511
中间体表面活性剂、助剂及重醇回收利用项目	淮安市麦特新材料有限公司	36000	36000	59.92	2021年8月	15460
润滑油生产项目	贝思特尔润滑油（江苏）有限公司	30000	30000	50	2021年12月	24200
薛行污水厂提标升级工程项目（技改）	涟水县金山环保科技有限公司	10000	10000	20	2022年3月	11573
纳米金属材料项目	江苏伟易通新材料科技有限公司	30000	30000	100	2020年8月	15480
食品及饲料添加剂项目	江苏阿朗斯格生物科技有限公司	30000	30000	100	2021年3月	9500
江苏苏康洗护用品有限公司洗衣粉项目	江苏苏康洗护用品有限公司	50000	50000	97.67	2021年3月	49020
江苏亿能石英有限公司项目	江苏亿能石英有限公司	17000	17000	51	2022年8月	8866

【化工重点监测点管理】 2022年，产业园加快转型升级，深化化工整治。由安环科牵头负责的园区新规划环评顺利通过市生态环境局审查，为园区项目落地提供重要支撑。积极引导有条件的企业创建安全生产二级标准化，申报化工重点监测点，江苏华源生态农业有限公司、江苏永创医药科技股份有限公司顺利通过化工重点监测点复审，涟水新源生物科技有限公司、华昌智典新材料（江苏）有限公司顺利通过淮安市第三批化工重点监测点验收。截至年底，共有6家企业（含第二批江苏永安化工有限公司、淮安华源化工有限公司）获得化工重点监测点认定。

【园区安全管理】 2022年，产业园严守安全底线，筑牢安全防线，加大源头问题整改力度，强化危化企业现场监管力度。严格落实安全生产主体责任，定期组织园区全体人员和企业相关负责人集中学习贯彻习近平总书记关于安全生产的重要论述和重要指示批示精神，以及各级文件会议精神和决策部署。全年共开展集中专题安全生产教育培训4场，依托6月“安全生产月”开展广场宣传、专题宣讲、“万企作宣传 全员筑安全”等活动，推动企业落实安全生产主体责任。建立健全安全生产监管责任制，由安环科牵头，园区主要负责人每年分别与其他领导班子成员、部门负责人、企业签订年度安全生产责任书。严格落实属地监管职责，通过开展安全生产隐患问题整改专题月活动，督促企业加大隐患问题整改力度，前期交办的各项问题整改率达99.6%。持续深化安全生产三年专项整治。常态化开展危化品、消防火灾、预防高处坠落、建筑安全、特种设备、特殊作业等各项安全隐患治理专项攻坚行动，扎实推动企业风险报告和危化品使用专项治理信息系统工作制度。制订危化品领域安全生产专项整治“百日攻坚行动”方案以及消防安全领域“百日攻坚行动”方案，对照方案督促企业完成自查，对照自查结果进行复查。做好重要节日期间和重要时间节点安全生产地毯式督查排查，严格值班值守。运用“安全环保管家”专业力量，通过开展隐患排查、指导完善管理台账等方式帮助企业提升安全管理水平。累计开展全面检查12轮，交办安全隐患近3100条，整改率达99.87%。对省市县安全生产督导组、环保督导组交办的问题开展整改落实。分别对国务院督导组、省安全生产第八督导组、县安委办等各级部门督导交办的园区企业问题开展整改落实及回头看。

【江苏华源生态农业有限公司】 为江苏华昌化工股份有限公司全资子公司，位于循环经济产业园，成立于2012年7月，占地面积33.33公顷，注册资本1.5亿元，总投资12.1亿元。公司引进国内最先进的复合肥料生产工艺，主要以氯化铵、氯化钾、磷酸一铵为主要原料生产硝基复合肥、脲铵复合肥、BB肥等各种高端复合肥，为江苏省最大的复合肥料生产基地，设计产能90万吨/年，实际产能40万吨/年，产品畅销国内26个省市，并远销东南亚国家。公司属于“两重点一重大”企业，无危险工艺，有一个液氨罐区属于三级重大危险源。2022年，实现开票销售收入14.32亿元，比上年增长36.64%，入库税收821.35万元，增长21.70%。

【淮安欣乐康日化有限公司】 位于循环经济产业园纬九路，由江苏欣乐康化学有限公司与广州慈康生物科技有限公司合资建设，成立于2016年12月，总投资3.5亿元，占地面积13.33公顷，建筑面积2.3万平方米。年总设计产能35万吨，一期实际产能约10万吨，主要原料为磺酸、AES、液碱，主要工艺为中和反应，主要产品为洗洁精、洗衣液等。公司于2019年12月试生产，2022年实现开票销售收入6.32亿元，入库税收118.12万元。

（邢　香）

经济管理

ECONOMIC MANAGEMENT

- 宏观经济运行管理
- 土地资源管理
- 财　　政
- 税　　务
- 审　　计
- 统　　计
- 市场管理
- 金融监管
- 银　　行
- 保　　险

编辑：王梦真

宏观经济运行管理

【概况】 2022年，县发改委以“申创国家级经开区，加快建成全国百强县”为统揽，加强运行调度，聚力项目建设，推动绿色发展，狠抓粮食安全，较好完成各项目标任务。全县规模以上固定资产投资246.89亿元，比上年增长21.9%，其中规模以上工业投资167.48亿元，增长45.1%；外贸进出口总额4.58亿美元，增长16.7%；居民人均可支配收入30145元，增长5.9%；研发支出占GDP比重1.75%；城镇新增就业人数5500人。地区生产总值、社会消费品零售总额、注册外资实际到账3项指标增幅均居全市第一方阵。

【重点项目建设】 2022年，全县完成亿元以上签约项目114个，比上年增加39个。总投资130亿元的捷泰新能源电池片项目顺利开工、总投资116亿元的玻纤新材料项目签约落地，实现一年内引进2个“百亿级”项目历史性突破。定期开展重特大项目攻坚拉练活动，每月召开重大项目建设推进会，成立重大项目服务专班，健全项目全周期闭环服务机制。全县新开工、新竣工亿元以上产业项目59个、31个，分别比上年增加23个、12个；38个市级重大产业项目累计完成投资172.32亿元，超计划序时10.6%；业丰科技柔性线路板、道融芯片封装测试等项目竣工投产，今世缘南厂区技改、特创多层线路板等项目顺利推进。

【投资项目管理】 2022年，全县政府投资项目稳步推进，全年累计完成投资21.67亿元，累计投资完成率54.79%。县发改委牵头做好梳理汇总分析工作，按月定期通报项目进度，及时将重大问题提交县政府研究会办，切实提升项目建设管理服务水平。全县共有市盘服务业新签约项目23个，计划总投资89.32亿元；通过市盘新开工考核生产性服务业7个，计划总投资额30.5亿元；通过市盘竣工考核生产性服务业5个，总投资额13.45亿元。14个市盘在建在库服务业项目，计划总投资额68.1亿元，完成有效投资26.45亿元。

（侍煊杰）

土地资源管理

【概况】 2022年，县自然资源和规划局切实履行全面从严治党主体责任，强化目标导向，推动制度落实，年度各项工作取得明显成效。做好土地资源保护工作，耕地保有量及永久基本农田面积稳中有升。编制年度土地储备计划，并报县政府批准实施，全年收储土地49.49公顷。被省自然资源厅评为“耕地保护激励单位”，被市委、市政府评为“重特大项目攻坚先进单位”，被县委、县政府评为“招商引资”先进单位、项目建设优秀单位。涟水县被自然资源部评为“全国节约集约示范县”。

【土地资源利用】 2022年，县自然资源和规划局在全市率先出台《涟水县关于进一步推进工业用地提质增效的若干措施》，通过严格新建项目准入、引导项目优化空间利用，鼓励新招引项目使用存量低效用地。完成低效用地再开发111.07公顷，消化批而未供89.6公顷，通过盘活利用，新憬源、贝斯特尔润滑油、鼎冠港口、思慕纺织、众力新能源、翔源玻璃、联晟科技生产等项目用地得到保障，涟水县成功创成“全国自然资源节约集约示范县”。

【地政地籍管理】 2022年，县自然资源和规划局融合推进2021年度国土变更调查日常更新试点工作，涉及举证图斑719个，面积为1320.93公顷；涟水县地下水资源调查监测评价试点工作，查明地下水资源质量和数量等任务，建立资源量档案，为地下水开发利用和保护提供依据，数据成果顺利通过省级验收。推进2021年度国土变更调查工作，对自然资源部下发的37371宗、面积22308.63公顷监测图斑进行逐图斑核查、分类、举证，全部按要求变更到位，数据库成果通过国家检查。

【测绘管理】 2022年，县自然资源和规划局推进建设项目“多测合一”改革，推动建设项目审批服务利企便民，提升行政审批效能和管理服务水平。3月，完成涟水县“多测合一”信息管理平台软件采购及安装项目招投标工作，并通过专家组验收。建设新一代地理信息公共服务平台，搭建“天地图·涟水”以“天地图”为品牌标识，构建协同一体、资源丰富、服务智能、安全可控的新一代地理信息公共服务平台。开展主城区及三园一区地形图测绘和实景三维模型制作工作。完成涟水县县区域1∶1000约206平方千米大比例尺地形图工作，其中主城区163平方千米、高沟镇区31平方千米（包括涟水经济开发区食品产业园11平方千米）、红窑镇区12平方千米和20平方千米实景三维模型制作（高沟镇区8平方千米、红窑镇区12平方千米）。组织实施好“8·29”测绘法宣传日活动，开展“规范使用地图、一点都不能错”主题宣传活动。开展测量标志点定期巡查与维护工作，对全县96个测量标志点定期进行巡查维护和保管，保障测量标志点精度。做好地图联动更新工作，及时报送更新资料。地理信息公共服务能力不断提高，向县政府各部门提供城区图政区图，保障县委县政府、各委办局应对突发自然灾害、事故灾难、公共卫生事件、社会安全事件等突发公共事件用图需要。

【不动产登记管理】 2022年，县自然资源和规划局对已有的“互联网+不动产登记”一体化集成平台进行升级改造，并接入全国不动产登记网“一窗办事”平台和市“互联网+不动产登记”一体化平台，实现不动产服务“跨省通办”和“同市同标”。完成不动产线上查控登记系统建设，成功对接公安部、民政部、银保监会、中编办、最高人民法院、国家卫健委、社会组织、市场监管总局8部门31个信息共享接口，实现不动产登记信息共享集成全覆盖。全年共办理各类不动产登记交易业务38462件，发放不动产权证书15559本、不动产登记证明13609份。

【土地执法监察】 2022年，县自然资源和规划局完善行政执法三项制度体系建设，进一步明确执法人员、范围及具体流程。全年发放“涟水县自然资源和规划执法监察行政提示函”19份，责令改正违法行为通知书20份，查处土地违法案件4宗，面积104.72公顷，罚没款金额2672.55万元；规划违法案件3宗，面积2239.18平方米，罚没款金额41.2万元；林业违法案件15起，违法采伐蓄积114.42平方米，采伐株数548株，罚没款金额11.18万元。累计拆除违法建(构)筑物2806平方米，给予党纪政纪处分4人。

【土地储备】 2022年，县自然资源和规划局编制2022年度土地储备计划，并报县政府批准实施。全年收储土地规模合计为49.49公顷。按照省自然资源厅要求，完成土地储备机构信息统计工作及土地储备计划系统上报工作。

【土地信息化建设】 2022年，县自然资源和规划局信息化工作以保服务、保发展、保执法为主线，努力维持信息化保障与需求之间的平衡，各项工作获得市局认可。全年共发布信息888条，全市排名第一；建立完善信息化制度并严格执行，全年未发生重大信息安全事故；完成不动产登记交易系统市级统一平台搬迁工作；完成信息化“十四五”建议方案编制。（袁正鲜）

财　政

【概况】 2022年，县财政局贯彻落实中央关于财政和国有资产监督管理工作的方针政策和省、市、县委决策部署，坚持和加强党对财政和国有资产监督管理工作的集中统一领导。全年完成一般公共预算收入30.02亿元，完成一般公共预算支出78.99亿元；全县政府性基金收入29.05亿元，政府性基金支出36.36亿元。加大预算资金安排力度，积极筹措化债资金，高质量完成年度化债任务，政府性债务规模和债务率连续5年实现“双下降”。制订平台公司压降方案，清理注销“空壳类”“僵尸类”平台公司。加强平台公司融资行为管控，经营性债务严格控制在核定限额内。开展高成本融资置换，大力压降融资成本，守牢不发生区域性系统性风险底线。争取新增债券支持政府投资重点项目建设，助力县域经济社会发展。

2022年涟水县财政收支情况表

表6

一般公共预算收入			一般公共预算支出		
项目	金额(万元)	增长率(%)	项目	金额(万元)	增长率(%)
一、税收收入	208383	-5.2	一、一般公共服务支出	87647	7.2
增值税	93655	-15.2	二、外交支出	—	—
企业所得税	44974	15.3	三、国防支出	1721	29.6
个人所得税	13181	155.7	四、公共安全支出	38583	37.0
资源税	-4	-180.0	五、教育支出	168235	10.5
城市维护建设税	15527	-4.9	六、科学技术支出	5992	54.9
房产税	8108	46.3	七、文化旅游体育与传媒支出	9382	5.2
印花税	1981	-12.2	八、社会保障和就业支出	150634	-4.8
城镇土地使用税	6489	2.2	九、卫生健康支出	100763	7.5
土地增值税	4156	-59.9	十、节能环保支出	3662	-21.1
车船税	4204	12.5	十一、城乡社区支出	17919	-5.3
耕地占用税	7263	25839.3	十二、农林水支出	90905	28.2
契税	7833	-60.6	十三、交通运输支出	19443	72.4
环境保护税	964	49.9	十四、资源勘探工业信息等支出	38801	-15.0
其他税收收入	52	-38.8	十五、商业服务业等支出	2324	39.0
二、非税收入	91801	103.5	十六、金融支出	327	-39.2
专项收入	22113	32.0	十七、援助其他地区支出	—	—
行政事业性收费收入	12753	55.4	十八、自然资源海洋气象等支出	4644	28.9
罚没收入	5599	4.5	十九、住房保障支出	20222	4.6
国有资本经营收入—其他企业利润收入	27347	—	二十、粮油物资储备支出	1405	55.4

续表6

一般公共预算收入			一般公共预算支出		
项目	金额(万元)	增长率(%)	项目	金额(万元)	增长率(%)
国有资源(资产)有偿使用收入	20331	51.6	二十一、灾害防治及应急管理支出	4720	35.8
政府住房基金收入	2170	59.4	二十二、其他支出	9000	-54.6
其他收入	1488	9200.0	二十三、债务付息支出	13434	1.6
			二十四、债务发行费用支出	93	181.8
合计	300184	13.3	合计	789856	6.4

【财政收支平衡】 2022年,涟水县一般公共预算收入30.02亿元,加上地方政府一般债务转贷收入、返还性收入、一般性转移支付收入、共同财政事权转移支付收入、专项转移支付收入、上年结转收入、调入资金等70.48亿元,收入总计100.5亿元。一般公共预算支出78.98亿元,加上上解上级支出、安排预算稳定调节基金、地方政府一般债务还本支出等15.68亿元,结转下年支出5.84亿元,支出总计100.5亿元。全县政府性基金收入29.05亿元,加上上级补助收入、上年结转收入、地方政府专项债务转贷收入等12.65亿元,收入总计41.7亿元。政府性基金支出36.36亿元,加上调出资金、地方政府专项债务还本支出、上解上级支出等3.46亿元,结转下年支出1.88亿元,支出总计41.7亿元。全县国有资本经营收入0.58亿元,全部调入一般公共预算,统筹用于民生保障支出。全县社会保险基金收入14.59亿元。社会保险基金支出12.62亿元,当年结余1.97亿元。加上上年结余11.19亿元,年末滚存结余13.16亿元。

【预算管理】 2022年,县财政局推进预算绩效管理,依托预算管理一体化平台,科学编制部门整体和项目绩效目标,实现绩效目标与预算申报、审核、批复、公开“四个同步”,把好财政资金使用效益入口关。组织预算单位开展绩效自评价,县财政局开展重点评价。深化结果应用,下发绩效评价整改通知书16份,压减、收回财政资金2424万元。强化收支管理,排细排实税源,序时均衡入库,持续推进税收协同共治,完善重点行业、重点企业跟踪管理,确保各项收入应收尽收。坚持预算刚性约束,做到“有预算不超支、无预算不开支”。按照“保重点、控一般、促统筹、提绩效”预算管理要求,大力压缩一般性、非重点支出,集中财力落实“六稳”“六保”工作。落实政府“过紧日子”要求。盘活财政存量资金2000余万元,支持实施民生项目。

【民生事业保障】 2022年,县财政局安排4.54亿元,对参加城乡居民基本养老保险人员给予财政补助,将年满60周岁、65周岁城乡居民基础养老金分别提高到每人每月213元、223元;安排1.15亿元,将城乡居民最低生活保障标准提高到每人每月655元;安排9491万元,落实残疾人“两项补贴”政策、困境儿童补助政策;安排4357万元,将特困人员基本生活标准提高到低保标准的1.3倍。落实就业优先政策,安排3265万元,完善特殊群体就业支持体系;支持实施技能培训等就业帮扶措施,向6800人发放社会保险补贴,安排132个公益性岗位;落实政府贴息1008万元,向1246人发放富民创业担保贷款1.78亿元,促进就业创业。支持提升医疗卫生水平,安排5.39亿元,将城乡居民基本医疗保险财政补助标准提高到每人每年640元;安排8500万元,支持县中医院住院楼建设、五港中心卫生院改扩建、县三院精神病房改造;安排410万元,支持县中医院等6个院前急救点建设;安排200万元,建设镇街、村(社区)基层医保经办服务站点,打造“15分钟医保服务圈”。全力保障新冠疫情常态化防控资金需求和核酸检测能力提升。支持高质量教育体系建设,投入7亿元新建红日小学、幸福里小学教学楼、高沟中心园分园、涟水中专新校区等8个项目;安排1.25亿元,落实生均公用经费、特殊教育经费财政保障政策;安排4462万元,落实困难学生资助、中职免学费补助政策;安排3221万元,支持校车运行、校园安保及义务教育校舍维修;安排8986万元,设立义务教育、普通高中教学质量考核奖,落实义务教育阶段学校校长职级制考核奖励,落实教师职称分级聘用改革,支持落实“双减”政策。推动文化事业发展,安排743万元,支持图书馆、文化馆、博物馆等文化活动场所免费开放;安排395万元,支持公益电影放映、送戏下乡进社区、文化惠民演出等文化活动。支持城市形象提升,安排2.35亿元,启动淮浦路北延工程,实施主次干道修缮、道路安全防护工程及老旧小区提标改造;安排2400万元,新建6座日处理能力500吨的垃圾中转站,提升垃圾处置能力;安排1.02亿元,支持推进城乡生活污水处理。

【财政体制改革】 2022年,县财政局全面推进预算管理一体化建设。整合预算编制、预算执行、决算和财务报告、资产管理、债务管理等财政业务,建成覆盖245个县级预算单位的预算管理一体化系统,提高财政数字化治理水平,为建立标准科学、规范透明、约束有力的预算制度提供基础保障。推进政府采购电子化改革。依托省政府采购网、“苏采云”系统,实现“采购计划报送、采购意向公开、采购文件发布、采购文件传递、采购活动评审”全流程电子化,确保政府采购项目操作留痕可追溯、过程透明全公开。持续推进财政奖补集成服务改革。完善“一张表单、一个窗口、分类审核、一键支付、闭环管理”运行机制,拓宽“免申直补”覆盖面,受理各类业务4800余件，为企业和个人累计发放奖补资金6.23亿元，上线数量、业务受理量、业务办结量均居全市前列。持续深化县属国企改革，全面完成国企改革三年行动任务。健全企业管理制度体系，出台规范企业投融资行为、加强债务风险管控、健全公司治理结构、强化内部管理等制度文件，规范企业经营行为，推动建立现代企业制度，保障国有资本安全。构建企业法人治理结构，建立职责明确、规范高效的公司法人治理体系，推动企业加快转型发展。县交通控股重组为涟投控股，县粮食集团挂牌运营。积极盘活存量资产，实施行政事业单位经营性资产集中管理，促进国有资产保值增值。

【助力企业发展】 2022年，县财政局全面落实惠企政策。办理留抵退税4.46亿元，为制造业中小微企业办理缓缴税费2.72亿元。对承租国有房屋的服务业小微企业、个体工商户减免房屋租金496万元，惠及327户。为企业争取工业强市发展、商务发展、外经贸发展等项目资金及新能源汽车推广应用、充电桩建设运营补助2887万元，兑现实体经济奖励资金6669万元。全力保障重大项目招引。安排"一区三园"征地补偿资金10亿元，保证招商引资项目落地需求。安排4500万元，支持食品产业园污水处理厂、电子产业园污水处理厂二期建设。安排招商专项经费，支持开展重点产业招商、"锚定百强目标、主攻重大项目"百日攻坚系列行动。支持普惠金融发展，充分利用财政资源，引导金融机构加大对小微企业、科技创新、绿色发展的支持力度。对受疫情影响较大但有发展前景的行业企业，积极协调金融机构不盲目抽贷、压贷、断贷，缓解小微企业融资难题。优化财富担保公司担保机制，在保企业户数85户，在保余额4.03亿元，平均担保费率0.83%，下降13%。开展免抵押、免保费"小微贷"担保业务29笔，担保余额6748万元。落实新建商品房购房补贴及二手房交易契税返还政策，促进房地产业平稳发展。（王韦蔚）

税　务

【概况】 2022年，县税务局坚持以习近平新时代中国特色社会主义思想为指引，深入学习宣传贯彻党的二十大精神，把牢"稳字当头、稳中求进"总基调，积极响应"申创国家级经开区，加快建成全国百强县"号召，全力服务地方发展，各项税收工作稳步提升。组织税收收入52.47亿元，比上年增长4.9%，其中一般预算收入20.98亿元，下降5.2%。还原留抵退税后，完成全口径税收收入56.66亿元，增长10.5%，其中一般预算收入23.07亿元，增长1.3%，增幅居县区第二位。

2022年涟水县各项收入一览表

表7

类别	税种		累计入库数			
			2022年（万元）	2021年（万元）	增收（万元）	增长率（%）
总	各项收入合计		932198	733716	198482	27.05
税收收入	税收合计		524725	500087	24638	4.93
	分级次	1.中央级	314971	278782	36189	12.98
		2.市县级（一般公共预算收入）	209754	221306	−11552	−5.22
	分税种	1.增值税	189945	223623	−33678	−15.06
		2.消费税	128019	92231	35788	38.80
		3.营业税	102	169	−67	−39.64
		4.企业所得税	112370	97838	14532	14.85
		5.个人所得税	33091	13133	19958	151.97
		6.车辆购置税	4677	7947	−3270	−41.15
		7.资源税	−4	4	−8	−200.00
		8.城建税	15527	16334	−807	−4.94
		9.房产税	8108	5541	2567	46.33
		10.印花税	1981	2257	−276	−12.23
		11.城镇土地使用税	6489	6352	137	2.16
		12.土地增值税	4156	10356	−6200	−59.87
		13.车船税	4204	3738	466	12.47
		14.耕地占用税	7263	28	7235	25839.29

续表7

类别	税种		累计入库数			
			2022年(万元)	2021年(万元)	增收(万元)	增长率(%)
税收收入	分税种	15.契税	7833	19893	-12060	-60.62
		16.环境保护税	964	643	321	49.92
非税收入	非税收入合计		246281	227041	19240	8.47
	社会保险费	合计	213782	210260	3522	1.68
		1.企业养老保险费	94290	101720	-7430	-7.30
		2.失业保险费	3878	3274	604	18.45
		3.医疗保险费	47752	42579	5173	12.15
		4.工伤保险费	2790	2373	417	17.57
		5.生育保险费	3709	3199	510	15.94
		6.城乡居民养老保险费	8817	7453	1364	18.30
		7.机关事业单位养老保险费	27144	26108	1036	3.97
		8.城乡居民基本医疗保险费	25402	23554	1848	7.85
	其他非税	合计	32499	16781	15718	93.67
		1.教育费附加	9234	9773	-539	-5.52
		2.地方教育附加	6155	6519	-364	-5.58
		3.文化事业建设费	11			
		4.残疾人就业保障金	620	464	156	33.62
		5.税务部门罚没收入	30	25	5	20.00
		6.人防行政事业性收费收入	382			
		7.水土保持补偿费	69			
		8.排污权出让收入	15801			
		9.城镇垃圾处理费	197			

2022年涟水县纳税大户一览表

表8

企业名称	法定代表人	地址	上缴税收(万元)
江苏今世缘酒业股份有限公司	周素明	涟水县高沟镇今世缘大道1号	303361.60
淮安夏光新能源咨询有限公司	冯伟丽	涟水县高沟镇工业集中区2幢109室	18218.03
江苏涟水农村商业银行股份有限公司	董建中	涟水县涟城街道涟州路5号	6177.93
江苏船帮帮物流有限公司	桂加天	涟水县东胡集镇东胡集街19号	4710.30
江苏从一家居股份有限公司	郦海星	涟水县经济开发区西区	4173.65
淮安远达服饰有限公司	王顺贤	涟水县高沟镇河西直属村	3561.03
淮安市烟草公司涟水分公司	王　扬	涟水县城安东北路(中医院南侧)	3198.50
淮安市淮盛货物运输有限公司	叶　君	涟水县成集镇工业集中区天赐路1号	2332.54
涟水永丰纸业有限公司	郎利文	涟水县五港镇平安村	2211.85
国网江苏省电力有限公司涟水县供电分公司	李　峰	涟水县红日大道北侧	2129.11
江苏永创医药科技股份有限公司	毕永堪	涟水县新材料产业园纬八路北侧	2123.49
淮安新港建设有限公司	王秀夫	涟水县红日大道北侧、金轮路东侧(客商服务中心)	2107.39

【税收征管改革】 2022年,县税务局根据上级统一部署与安排,纵深推进征管改革。研究制订推进纳服一体化、提示提醒前置新方式、精准监管新机制等子方案,坚持问题导向,创新落实举措,推动业务变革。成立税务监管专业团队,结合上级监管计划,形成五大类风险131项监管事项,实现精准监管办实体化运行。在县税收协同共治领导小组统筹领导下,建立联席会议制度、联络员制度和常态化督查制度,牵头制订《涟水县2022年度深化税收协同共治专项行动方案》,通过税收协同共治平台加强对异地在涟建筑业、货物运输、网络平台等重点行业监管力度,加强对房产税、城镇土地使用税、环保税等小税种管理,努力做到各类税款"颗粒归仓"。聚焦小规模纳税人、平台经济、农产品收购、交通运输业、人力资源业、咨询服务业等重点领域和重点行业,采取"去存量、控增量"应对策略,全面开展分析核查,提高税收风险防范能力和水平,维护市场经济秩序。

【纳税服务】 2022年,县税务局坚持以纳税人缴费人需求为导向,积极落实各项税费政策,优化办税服务举措,推动税收营商环境持续优化。全面落实"七大类"184项"最多跑一次"清单和233项"非接触式"办税清单,单笔业务受理时间大幅缩减;升级"发票智能审核系统",提升线上申请发票审核通过率;设置注销专窗,提供预先提示服务,方便纳税人自主办理未结涉税事项,缩短注销时长;聘任"特约税务监察员""税费服务体验师",深入推进"一把手走流程"制度,广泛听取意见建议,优化办税流程;拓展"非接触式"办税渠道,大力推行"网上办""自助办""邮寄办",提升网上办理质效。聚焦重大产业项目发展需求,定制专属服务,针对项目涉税"疑难杂症"实施"清单化"管理,由税务专班人员提供个性化帮办服务,运用税收大数据为企业提供风险提醒,降低企业涉税风险。捷泰新能源高效太阳能电池片项目签约后,主动靠前,专班跟进,实现全县重特大产业项目21天签约、51天开工的最快速度。

【税收优惠政策落实】 2022年,县税务局坚持"精准滴灌、精细辅导、精简办理"原则,扎实推动各项税费优惠政策快速落地。依托税收大数据筛选优惠政策适用对象,"一对一"精准推送税费优惠政策;通过电子税务局、征纳沟通平台、电话等多种渠道,"点对点"精细辅导,帮助企业及时享受政策红利;不断优化"门改窗"服务,建立退税快速响应机制,简化办税流程,压缩办税时长,加快退税进度,便利纳税人缴费人,帮助企业减负担、增动能,助力宏观经济大盘回稳向上。建立由政府牵头,财政、工信、住建、人行、税务等部门联动协调机制,协同推进留抵退税工作有力有序开展,确保政策红利高速高效释放。建立"事前预审、事中严审、事后核查"全流程风险防控机制,通过人机结合开展预审筛查,根据风险等级实行分级差异化审核。县税务局党委纪检组全程介入留抵退税督导工作,定期选案听取留抵退税工作汇报,有效防范退税风险。全年累计办理增值税留抵退税610户,累计退还留抵税额4.2亿元。

(汤　杰)

2022年8月28日,县税务局走进金秋精品房展会开展涉房税费政策宣讲活动

(县税务局　供稿)

审　计

【概况】 2022年,县审计局紧紧围绕县委县政府工作中心,全力履行审计监督职责,共完成审计项目32个,其中自定项目24个、上级审计机关交办项目4个、县领导交办项目4个。向被审计单位指出各类问题283个,查出违纪违规金额484.06万元,损失浪费金额16.53万元,管理不规范金额20.89亿元。向县领导报送的审计专报均得到主要领导批示;向县纪委监委等部门移送案件线索3件,4名责任人被追责。

【政府投资审计】 2022年,县审计局对127个委托中介机构审计的政府投资项目审计结果进行抽查,合计核减工程造价8.01亿元,复审核减工程造价0.41亿元。提请县政府印发《涟水县政府投资项目审计监督办法》,加强管理政府投资项目。继续使用政府投资项目信息化管理平台,加强对中介机构审计质量的监督。截至年底,平台注册人员470人,注册项目313个,数据量11.1GB。有12个中介被标橙色,10个中介被标蓝色、2个中介被标红色,以上复审核减超过2%的中介机构和审计人员在涟水市场开展政府投资项目审计业务将会受到限制。平台投入使用以来,总核减率从10.3%上升到20.59%;核查核减率从2.9%下降到1.31%。通过审计监督,中介机构审计质量稳步提升,节约大量财政建设资金。

【审计整改】 2022年，县审计局共提请县主要领导召开审计整改工作推进会4次，县委审计委员会办公室共向相关单位发出报送审计发现问题整改情况通知5次。积极主动配合上级审计机关开展审计整改工作，建立审计整改销号台账，将审计署、省审计厅和市审计局审计发现问题分解到各整改单位，明确整改职责，压实整改责任，确保整改工作落实到位。上级审计机关共发现问题255个，到年底完成整改250个。与县人大财经委组成联合督查组，对自2019年以来审计查出的789个问题整改情况进行督查，持续推进审计发现问题整改销号工作。提请县委、县政府将自2019年以来审计查出问题整改情况纳入全县高质量发展考核，完成整改750个，推动审计整改工作落到实处。

【民生项目审计】 2022年，县审计局坚持以人民为中心开展审计工作，对困难群众救助资金和养老保险基金等民生资金进行审计监督。重点关注相关部门救助政策措施落实、救助资金管理和使用等情况。依法将黄营镇敬老院涉嫌违规报销医疗费用问题移送县医保局处理，4名相关医生被问责。

【重大政策落实跟踪审计】 2022年，县审计局对县委县政府、县安全生产委员会、县应急管理局和安全生产管理部门、县经济开发区、镇（街道）开展安全生产政策跟踪审计，审计聚焦制度措施落地、政策效果、资金使用等关键环节，重点揭示安全生产领域体制机制问题和长期难以解决的问题。督促相关单位“边审边改”、建立长效机制，织密扎牢安全生产防护网，实现高质量发展和高水平安全良性互动，在守卫安全效益、提升安全水平上主动作为、恪尽职守，推动县域经济社会发展行稳致远，使广大人民群众获得感、幸福感、安全感更加充实、更有保障、更可持续。

【资源环境审计】 2022年，县审计局开展黄营镇领导干部自然资源资产离任审计，重点关注民族特色村朱桥村养牛场污水处理设施建设、运行情况。审计组实地查看养牛场污水治理、畜粪资源化利用等情况，揭示农村人居环境领域突出问题。关注农村农民灌溉用水安全情况，审查水利工程资金是否及时、是否足额拨付到村，灌区是否从严从细管好水资源，水利工程是否满足农民农业灌溉用水需要。通过审计揭示自然资源资产使用保护领域突出问题，并提出合理化建议，促进领导干部认真履行自然资源资产管理和生态环境保护责任，推动生态文明体制改革落实到位，促进节约集约利用自然资源资产和生态环境保护。

【领导干部经济责任审计】 2022年，全县共开展领导干部经济责任审计项目16个。以促进部门（单位）科学发展和领导干部履职尽责、担当作为、廉洁用权、干净干事为目标，重点关注贯彻执行党和国家经济方针政策和上级党委政府重大决策部署，本部门重要发展规划和政策措施制定、执行及效果，重大经济事项决策、执行及效果，财政财务管理和经济风险防范，以及落实党风廉政建设责任和遵守廉洁从政规定等情况，认真落实经济责任审计规定，促进权力规范运行。

【全县公共财政预算审计】 2022年，县审计局充分运用数据分析平台，开展县本级财政预算审计，利用预算执行审计全覆盖系统，对县本级250家预算单位2021年度电子数据进行总体分析。重点延伸县财政局、县公安局、县水利局、涟城街道等单位。对预算执行及决算草案进行审计，检查预决算真实性、合法性和效益性，重点关注财税体制运行、财税政策执行、政府预算体系建设、重点专项资金管理使用、预算绩效管理、政府债务管理，以及推进政府资产报告制度、权责发生制、政府综合财务报告制度、财政库底目标余额管理制度等情况，促进财政管理水平和资金使用效率提高。 （李青松）

统　计

【概况】 2022年，县统计局贯彻落实中央、省、市对统计工作总要求，紧紧围绕县委县政府中心工作和上级统计部门工作部署，紧抓数据指标监测，加强经济运行分析，狠抓“四上”企业入库，做好人口变动等各类调查，推进统计基层信息化建设，加强统计法治建设，严格落实管党治党政治责任，各项工作均取得新成效。在2021年度高质量跨越发展考核中获第一等次。

【统计法律法规宣传】 2022年，县统计局深入基层、深入群众，开展“我为群众办实事，统计大走访”志愿服务，“中国统计开放日”等系列主题活动。9月16日，县统计局组织人员前往各地新时代文明实践所（站）开展“数字里的十年”成就宣讲活动，吸引众多市民群众参与。在现场向群众发放《统计法律法规汇编》、统计宣传折页、小读本等宣传材料，针对民生统计知识、统计法治建设等，耐心解答群众各种问题，搭起统计与公众良性互动平台。

【人口变动抽样调查】 2022年，县统计局扎实开展人口变动抽样调查。全县共抽中38个村，按照每村1名指导员，每个小区2名调查员进行配备，共27名指导员，78名调查员。此次人口变动抽样调查共投入经费约21.23万元，其中培训费4.82万元、两员补助14.3万元，入户礼品1.6万元。9月16日，开展调查样本信息核实业务培训会，对人口变动抽样调查的工作流程、组织实施、报表指标解释、质量控制、调查技巧、手持终端使用方法进行培训。9月28—30日，召开全体指导员正式登记业务培训会。全县人口变动抽样调查工作在全市保持前列，得到上级统计部门充分肯定，12月结束人口变动抽样调查工作。

【统计信息化建设】 2022年，县统计局深入基层调研指导、强化网络信息安全，扎实推进信息化建设工作。对各镇（街道）统计服务站信息化建设及应用情况进行调研，要求各地要高度重视信息化基础建设工作，将信息化工作列入统计重点工作。每年对全局台式电脑、笔记本电脑等进行全面系统检查1次，查看是否安装终端安全管理系统、电脑开机密码设置复杂程度是否符合要求,及时发现解决问题。每半年组织2名技术人员学习网络安全知识,通过学习防火墙、入侵检测系统等知识,提升解决网络安全问题能力。

【统计服务】 2022年,县统计局围绕经济运行、百强县评价、省市考核评价指标推进,进一步抓好统计分析工作。持续抓好月度、季度经济运行分析,加强调研分析重点行业、新兴行业及产业集群、项目投资,提出工作建议,做好参谋助手。按月印发《统计月报》11篇,围绕经济运行、高质量发展等方面撰写统计分析20余篇、撰写统计专报5期。先后举办名录库、文化产业、服务业入库、投资统计、凭证审核、工业统计、房地产开发年报等业务培训15次,提高镇(街道)统计人员业务水平。召开建筑业规上企业统计业务培训,指导企业统计人员规范填报统计数据,完善统计台账。组织统计专业人员深入基层,开展固定资产投资统计业务指导,提高数据上报质量,确保应统尽统、应报尽报。重视新增列统企业申报工作,从月度申报抓起,突出"商业综合体、农业合作社、批发市场"等重点领域,加大文化产业、创新产业、高技术产业等"四上"行业企业培育力度,挖掘一个指导一个,符合一个申报一个。新增"四上"企业168户,超额完成市下达任务,排名全市第一。持续抓好规下工业、贸易、工资、人口等数据上报和样本点优化,督促样本单位报足报好数据,为全县经济社会发展提供数据支撑。做好样本单位填报人员培训工作,深入样本单位,了解样本企业生产经营情况,督促样本单位报足数据,确保调查取得数据对主要指标增长起到足够支撑。 (王建成 王晓珍)

【社会调查】 2022年,县国调队严格按国家统计局调查制度,积极开展城乡住户一体化调查、农产量调查、畜禽监测调查、工业生产者价格调查、采购经理调查和劳动力调查等国家统计调查项目。保证第一手调查数据及时、真实、科学性,各项调查结果均及时审核、汇总、上报国家统计局、国家统计局江苏调查总队。在2021年度高质量跨越发展考核中获第一等次,获2021年度推进高质量跨越发展特别贡献奖。

【城乡住户一体化调查】 2022年,县国调队共开展全覆盖访户核查数据4次,检查记账户收入和大额支出有无漏记现象,督促漏记记账户及时补记收入和支出。开展收入异常户电话核查,要求全年人均收入低于省贫困线的记账户回顾全年收支,补记政府补贴、土地承包租金、居民养老保险金等漏记收入,确保全年数据真实准确。6月,开展全县表彰培训会,邀请居民收支调查专家讲课,讲解收支调查内容,提高辅调员和记账户业务能力。全年共开展培训10次。2022年是居民收支调查的样本轮换年,样本户从200户增加到240户,经过访户落实工作,样本一次落实率达到87%,换户率控制在15%。新样本点辅调员平均年龄较上轮样本下降15岁,能够熟练操作手机,掌握居民收支调查App,辅调员都是村居会计或网格员,熟悉当地村居情况,居民收支调查基层基础工作更加夯实。

【辅调员队伍建设】 2022年,县国调队各项调查业务共聘用辅助调查员74人,其中直接聘用72人、劳务派遣2人。城乡一体化住户调查工作涉及10个镇街24个村共240户调查户,共直接聘用辅助调查员24人、劳务派遣2人;月度劳动力调查直接聘用辅助调查员4人;畜禽监测调查直接聘用22人;农作物对地调查直接聘用18人;中间消耗和农产品价格直接聘用9人。"三情观察员"共61人,其中农情观察员12人、民情观察员33人、企情观察员16人。加强宣传力度,通过展示宣传横幅、PPT课件和调查问卷解读,围绕调查工作"是什么""为什么""怎么做"对辅调员进行宣讲,加深辅助调查员对调查工作理解。组织业务培训,提升辅助调查员业务能力。建立考核机制,针对辅助调查员制定《国家统计局涟水调查队辅助调查员管理制度》,细化工作内容,通过调查点数据时效性、规范性、准确性、网点管理实时性分项考核,数据质量和调查员年终奖金高度关联,倒逼调查员重视调查工作,压实责任。加强与县统计局、县农业农村局和各镇街沟通协调,加强辅助调查员管理。建立辅助调查员微信群,实现双向及时沟通,通过数据信息实时上传,业务人员及时解答,提高调查质量和效率。强化审核反馈,定期组织辅调员召开调查数据分析会,各辅助调查员及时将调查数据反馈给调查对象。通过平台审核差错,确保辅助调查员了解调查对象上报数据问题,确保源头数据准确完整,真实反映数据状况。

【统计法治建设】 2022年,县国调队将统计法治学习纳入全年学习计划中,通过"固定学习日"活动和中心组理论学习等形式,组织全体党员干部学习《关于深化统计管理体制改革提高统计数据真实性的意见》《统计违纪违法责任人处分处理建议办法》《防范和惩治统计造假、弄虚作假督察工作规定》《关于更加有效发挥统计监督职能作用的意见》精神,深刻认识防惩统计造假、弄虚作假的重要性。强化"双随机"执法检查力度。成立统计执法监督检查工作小组,制订本年度统计执法方案,组织检查人员进行执法监督检查工作培训。8月1日,国调队统计执法监督检查工作小组对江苏今世缘酒业股份有限公司和涟水永丰纸业有限公司开展统计执法检查"回头看",同时通过"双随机"方式在专业样本库随机抽选淮安新芳杰高科服装有限公司、涟水县驰宝城市公交有限公司、淮安宏信亚麻纺织有限公司3家执法对象。8月3日,由国调队执法组和淮安队执法指导人员组成的市县联合统计执法小组选取4户住户记账户开展入户检查,查阅账本和报表,督促记账户尽快完善台账资料。多渠道宣传统计法治,提升普法宣传效果。利用各类培训会议对统计人员、调查对象进行法律法规培训和职业道德教育,全年共开展法治培训20次。利用农产量调查、住户入户调查、劳动力调查等下乡入村机会,通过悬挂横幅张贴宣传画等方式向调查户、调查员宣传统计法律知识。开设统计法治图书角,赠送统计法律法规有关书籍。利用统计开放日和《中华人民共和国统计法》颁布实施纪念日等重要时间点进行统计法律宣传。通过普法宣传,加大统计法治宣传教育力度，引导统计调查对象诚信守法、依法统计调查，自觉如实提供调查数据，维护统计数据自身合法严肃性。

【统计服务能力提升】 2022年，县国调队持续推进统计调查“一线工作法”，坚持由队领导带头，带领全体党员干部深入一线调研，现场指导工作，提升源头数据质量。住户调查访户工作由每年2次提高到每年4次，党组书记多次参与。劳动力调查陪访由一季度1次提升到每月1次。主动向县委县政府报送《统计调查专报》13篇，其中5篇获县领导批示，在生猪生产、粮食安全等方面建议和意见被县委、县政府采纳应用。压实压紧信息宣传任务，纪检组长每周跟进各科室任务完成情况，副队长每月总结信息宣传报送问题和不足，共报送文章159篇，总队采用61篇，国家统计局采用8篇，其中分析16篇，总队采用14篇，国家局采用2篇。宣传渠道不断拓展，有2篇文章被市队微信公众号采用，有2篇报道被《中国信息报》采用。

（沈建宇）

市 场 管 理

【概况】 2022年，县市场监管局落实“疫情要防住、经济要稳住、发展要安全”重大要求，高效统筹服务监管执法主责主业和招商引资、疫情防控、文明城市创建等重点工作。承办“市监护航·助力发展”县区行和全市食品安全事故（四级）应急处置演练活动，与市市场监管局签署合作协议3份，为冲刺百强县注入强劲动能。把招商引资摆在突出位置，总投资3000万美元的台资新材料项目7月签约、12月20日顺利开工建设，切沃过滤器项目顺利竣工投产。优化服务成效明显。今世缘酒业获省长质量奖，从一家居获市质量管理奖，中信华电子获市质量管理先进单位称号；建设质量基础设施“一站式”服务站，在全市率先出台《食品和新一代电子信息产业“小微企业质量管理体系认证提升行动”工作方案》，打造“质量涟企、助推百强”品牌。创成省级知识产权建设示范县，县经济开发区获评省级知识产权建设示范区；新增有效发明专利56件，新增注册商标企业486家，完成质押融资28件2.58亿元；今世缘酒业获批省战略推进计划项目；成功注册“涟水草鸡蛋”地理标志商标。国家级芦笋设施栽培和省级现代农业机械化生产等一批标准化示范项目通过验收；开展“计量技术服务中小企业行”活动，提供计量技术支撑。持续深化“放管服”“证照分离”改革，依托“全链通”服务平台，推行登记注册全程电子化、网上办。年内，全县新设各类市场主体9940户，注册资本147.97亿元；新设企业2956户，注册资本139.32亿元，其中内资企业280户，注册资本31.05亿元；私营企业2669户，注册资本71.05亿元；外商投资企业7户，注册资本33.12亿元。全县新设个体工商户6962户，注册资本8.4亿元；新设农民专业合作社22户，注册资本0.25亿元。稽查执法亮点纷呈。结合“铁拳”“雳剑”专项行动，加大对食品、燃气灶具等民生领域违法行为的查处力度，线上监测一般商品和广告4100户次，查处广告违法案件19件、商标违法案件16件。服务理念深入人心。始终坚持“先服务、再服务，后处罚”，对涉企行政处罚案件实施不予、从轻、减轻处罚的分别为38起、62起、234起。

2022年12月20日，江苏恒瑞新材料有限公司开工仪式举行 （县市场监管局 供稿）

【产品质量监管】 2022年，全县共制定并完成县级“双随机、一公开”检查计划5个、任务5个，完成省级检查任务3个、市级检查任务2个。完成工业产品生产许可证获证企业监督检查22家次、成品油经营企业监督检查23家次、认证获证企业监督检查2家次、综合检验检测机构监督检查11家次。加强产品质量安全监管。摸排210家消费品生产企业，督促落实产品质量主体责任，提升产品质量。组织开展重点十类工业产品、燃气灶管阀等专项检查，抽检农资、燃气具等38类产品65个批次。

【商标监管】 2022年，县市场监管局认真贯彻落实党的二十大关于“加强知识产权法治保障”要求，成立县知识产权战略实施工作领导小组。以《涟水县优势商标名录》确认的优势商标为重点，建立重点保护企业和品牌名录，搭建政企协作和部门联合打假平台，加强政企、部门互动，联合查处涉嫌商标违规代理、侵犯商标专用权等行为。

（全 童）

【商贸流通与市场监管】 2022年，县商务局开展成品油专项整治。召开全县成品油非法经营专项整治工作部署会、推进会，成立由分管县长任组长，县商务、市监、应急、公安、交通等部门负责人为成员的全县成品油市场综合整治工作领导小组。及时印发《涟水县成品油市场专项整治工作方案》,确定整治目标和内容,制定详细整治措施,明确工作方法和步骤,细化分解相关部门职责。通过"醉美五岛湖"微信公众号、"'涟'天下"App等媒体平台发布《关于严厉打击和取缔无证非法加油站点、流动加油车船的公告》,要求违规经营者停止非法零售行为,公布非法加油举报电话。收集非法加油线索16条,整治办通过"协查函"等方式协作各部门开展成品油市场专项整治工作,对非法加油站(点)、流动加油车(船),发现一起、查处一起。共取缔黑汽油点3家,查处流动加油车9辆,查扣柴油4.2吨、汽油2.2吨,处罚金13万元。开展餐饮燃气专项整治。印发整治方案,强调餐饮场所整治工作的重点、任务、目标、范围,明确职责,落实责任。通过微信群传达燃气安全使用知识,转发事故教训,督促用气餐饮商户健全用气操作规程,与正规供气公司签订供用气合同,合理安装并正常使用燃气泄漏安全保护装置,每月开展一次自查自纠。加大检查力度。组织住建、商务、市场、应急、属地镇街人员组成检查组,先后3次对全县镇街境内餐饮用户燃气安全隐患再排查再整改,做到全覆盖。共排查全县餐饮单位2002家,发现问题隐患2983个,相关隐患均已整改。发布《致全县餐饮商户告知书》,告知餐饮企业燃气用户应落实企业主体责任,切实做好燃气使用安全工作;印制《餐饮场所燃气安全使用信息告知书》《餐饮场所使用燃气基本安全要求》《瓶装液化石油气用户安全用气告知书》等资料8000余份发放给餐饮商户,营造良好专项整治舆论氛围;组织镇街餐饮场所燃气使用安全负责人参加餐饮燃气使用安全培训会2次,印发餐饮场所燃气安全检查工作要点,就餐饮场所安全检查内容进行授课培训。 (厉华林)

【市场主体信用监管】 2022年,县市场监管局在高效完成企业年报公示工作基础上,统筹推进"双随机、一公开"和信用监管,全县32个部门制定"双随机"抽查任务301个,覆盖率100%;突出跨部门联合监管,扩大联合抽查覆盖范围,制定跨部门抽查任务86个,联合检查市场主体3329户,占检查总数的73.26%。拓展监管方式,对新业态下特种设备安全行为开展科学精准有效监管。

【消费者权益保护】 2022年,县市场监管局统一消费投诉举报处理程序,畅通消费维权渠道;健全监管部门与消费者组织、人民调解组织、仲裁机构、人民法院之间消费争议多元化解机制,提高消费纠纷解决效率。全年受理投诉举报4800余件,维护消费者权益。根据《2022年淮安市放心消费创建工作意见》,开展全县放心消费企业及美丽乡村宣传、服务、指导工作。 (全 童)

【价格管理】 2022年,县发改委认真履行定价职能,进一步规范全县物业、停车等服务收费标准,研究出台相关文件政策,每月定期公布公示燃气价格调整,严控调价幅度,降低燃气价格变动对居民生活影响。有序落实商品房价格备案,全年完成房地产开发企业房价备案8家,保障房地产市场持续健康稳定发展。加强成本管理,开展水电气暖领域涉企违规收费自查自纠工作,为合理定价提供可靠依据。严谨做好价格认定,累计办理涉刑事案件200余起、涉案金额近百万元;涉民事案件近百起、涉案金额近2亿元。 (侍煊杰)

【价格监督检查】 2022年,县市场监管局将反不正当竞争执法作为重点,强化粮油肉禽蛋和易受季节变动影响的蔬菜等农副产品价格监管;强化涉疫药品和医疗用品、防疫物资、疫苗接种等相关领域价格监管;强化价格投诉举报受理,保障节日期间市场价格秩序。全年开展物业、教育、医疗、二手车、房地产等行业收费专项检查和粮食购销领域价格秩序专项整治,立案查处价格违法违规案件30余件,责令退还多收价款60余万元,维护公平有序价格环境。

【标准化管理】 2022年,全县标准化建设成效显著。11月17日,国家芦笋设施栽培标准化示范区项目完成各项建设任务,通过国标委验收;12月15日,江苏益南农业发展有限公司承担的现代农业机械化生产省级农业标准化试点项目通过验收;发布《芦笋设施栽培技术规程》《芡实绿色栽培技术规程》两项市级地方标准;持续推进金鸡坨乡村旅游服务业标准化试点、特种玻璃战略性新兴产业标准化试点、肉羊两年三产高繁技术标准化试点、马铃薯种植标准化试点4个市级标准化项目,按期通过验收。 (全 童)

金融监管

【概况】 2022年,全县金融机构本外币存款余额625.26亿元,较年初增加81.23亿元,比上年增长14.93%;各项贷款余额515.37亿元,较年初增加64.06亿元,增长14.20%。其中,制造业贷款(本外币)余额为38.49亿元,较年初增加6.89亿元;普惠型金融重点领域贷款余额154.77亿元,较年初增长29.45亿元,占比29.92%,全市排名第一。推动企业注册、使用淮安市综合金融服务平台,提升平台对接质效。全县平台企业增至13263户,为1242家企业解决1459笔需求,共计65.48亿元。平台普惠贷款余额71.8亿元,较年初增长50.47亿元,全市排名第二。借助金融服务万企行、金融干部挂职等行动,常态走访企业、个体工商户3万余户,排摸重点企业、重点项目融资需求;组织银企对接签约活动,为150余户重点项目、中小微企业累计授信62.81余亿元。利用信贷融资咨询顾问组机制,积极推动企业和银行面对面直接交流,及时解决宏保运动、哈林实业、超越橡塑等17家企业共计5.98亿元融资需求。 (徐伟舜)

【货币政策传导】 2022年,县人行加强宣传指导,推进各项货币政策工具落地生效。先后赴工行、中行、邮储银行等机构开展工作调研,宣讲人民银行总分行和市中心支行2022年工作会议精神,传导货币信贷政策,并就碳减排支持工具和普惠小微贷款工具使用、房地产贷款集中度管理政策落实等进行宣传和督导,确保重大金融决策部署有效落实。全县企业贷款余额217.38亿元,较年初新增41.19亿元。协助县政府出台“涟20条”“涟8条”和《优化营商环境十条服务承诺》等政策措施。开展暖心支付行动和“双百”行动，督促银行机构对小微企业、个体工商户免收全部单位结算账户管理费和年费，推动金融向普惠小微减费让利。加强与税务、财政部门沟通协作，高效办理留抵退税730笔、金额4亿元，惠及企业625户。支行助企纾困相关做法被“学习强国”平台、涟水营商环境微信公众号报道。积极运用普惠小微政策支持工具，对涟水农商行新增普惠小微企业贷款给予453万元资金激励，撬动新增普惠小微企业贷款4.53亿元。引导法人机构信贷投放，2家法人机构信贷投入均完成计划指标要求。组织14家银行机构召开金融助力涟水冲刺百强县工作推进会，研究制订《金融支持涟水加快建设全国百强县行动方案》，加大对制造业信贷支持力度。

【货币流通与现金管理】 2022年，县人行积极推进现金服务标准化。制定《涟水县银行业金融机构营业网点现金服务标准化建设方案》，召开专题会议对方案内容进行学习传达。指导县法人金融机构制定现金服务标准，对辖内银行业金融机构现金服务标准化工作开展督查，覆盖面达100%。开展“反假知识进万家 美团宣传万里行”活动，与“美团”外卖站点进行合作，对外卖员开展人民币知识业务培训，建立“美团”外卖志愿服务队。全年与“美团”外卖站点进行有效对接2次，累计发放宣传资料3000余份，惠及家庭2000余个，接受教育近万人。相关经验做法被《江苏经济报》刊登。深入推进法银共建活动，会同县法院探索构建金融纠纷集约化解新机制，打造成立全省县第一家区域“金融纠纷集约化解中心”，搭建“法院受理+专业调解+司法确认”全链条一站式法银服务平台，提高金融借款合同纠纷案件审结率。全年中心集约化解借款合同纠纷案件242笔，涉案标的合计2480.43万元，其中现场达成还款协议37笔，金额1210.41万元；现场判决205笔，金额1270.02万元。相关做法被《中国经济时报》报道。

【支付结算管理】 2022年，县人行深入推进移动支付便民工程。积极探索医疗领域移动支付模式，主动对接县卫健委，在全部卫生院开发线上挂号、诊疗、支付功能平台，全县28个医院（含镇卫生院）全部实现线上云闪付支付功能。积极推动农产品收购“福农通”支付业务推广。组织召开农产品收购“福农通”支付业务推进会，介绍“福农通”产品背景、优势、操作流程，对支付难点进行现场解答。贯彻落实小微企业和个体工商户支付手续费减费让利政策，全年辖内银行机构共计降费让利金额约246万元。推动上线“两卡”风险预警系统，联合县公安局组织召开联席会议4次。辖内各银行网点已全部上线两卡预警系统，新开户涉案账户数大幅下降。推动洗钱定罪工作。与公检法部门深入合作，为案件侦办提供数据分析、人员支持。与县检察院、县公安局联合召开洗钱案件推进会2次，现场走访法院院长3次，洗钱定罪3起。

【国库管理】 2022年，县人行加强监督考核，继续做好对辖内银行业金融机构代理国库业务的日常管理和考核评价工作。加强业务监督，强化对预算收入、支出、退库、更正业务的审核，切实做好国库事前、事中、事后监督工作。全年共发现不合规业务36笔，上报国库监管案例3件。认真落实普惠金融政策，打通国债进村服务“最后一公里”。依托农村普惠金融服务点、邮储银行代理点两个阵地，开展农村普惠金融服务点、邮储银行代理点工作人员培训，开展储蓄国债宣传和国债发行工作。指导邮储银行代理点提早半小时开门服务，开通国债购买绿色通道，增派业务骨干人员到购债柜台，提升业务办理速度，解决农民购债难问题。全年共巡查9家银行，累计现场巡查44次，网络巡查9次。实现国债销售199笔，金额2365.73万元，实现农村地区国债销售71笔、金额450.83万元。

【金融监督管理】 2022年，县人行守牢风险底线，开展金融风险监测工作。加强辖内法人银行机构风险监测，开展流动性监测和资产质量真实性评估。按季对两家法人金融机构开展央行评级，一对一反馈评级结果，进行风险提示。开展金融生态县创建工作。牵头召开2022年金融生态县创建工作推进会，对2022年金融生态达标县申报以及县域金融生态环境综合评估工作进行部署。7月，涟水县获得“2018—2021年度江苏省金融生态达标县”称号。组织对辖内11家银行业金融机构2021年度执行人民银行政策情况进行综合评价，评出A类机构3家、B类机构6家、C类机构2家。9月，组织人员对辖内农发行涟水县支行、工行涟水支行、建行涟水支行、邮储银行涟水县支行、华夏银行涟水支行、苏州银行涟水支行、涟水农商行、涟水太商村镇银行等机构2022年1月1日至8月31日重大事项报告制度执行情况进行现场核查，形成报告上报人行淮安市中心支行。

【存款保险宣传】 2022年，县人行深入开展存款保险宣传。建立存款保险宣传分片包干机制，对全县4个街道、12个镇、1个开发区的312个建制村、33个涉农社区、27个城市社区的宣传任务分解落实到县14家银行机构。组织开展存款保险知识进企业、进社区、进学校等活动，加大对重点人群、重点区域、重点机构的宣传力度。加强对各银行机构存款保险知识宣传日常督导和巡查，对存款宣传社会公众认知开展评估，实现以行政村、社区为单位的存款保险宣传全覆盖。

【征信体系建设】 2022年，县人行深入开展征信知识和打击非法集资宣传。开展“3·15”消费者权益保护日征信主题宣传。组织各银行机构在营业网点电子屏幕滚动播放宣传标语，通过微信公众号和朋友圈转发《“征信修复”不可信，“修复”“洗白”都是陷阱》文章，向公众宣讲“征信修复”骗局套路、“信用修复”相关政策、征信方面相关权益。联合县工商银行、农业银行、邮储银行、涟水农商银行、太商银行在高沟镇开展“守护你的经济身份证”主题征信专题宣传活动。引导信息主体维护好自身良好信用记录，形成健康消费习惯。全年会同县金融监管局、县公安局、县市

场监管局开展打击非法金融等教育宣传活动4次。 (孙铭雪)

【地方金融从业机构监管】 2022年底，政府性融资担保机构在保余额40310.7万元，新增担保40270.7万元，比上年增长31.27%，平均费率0.82%，减少15.46%。其中，1000万元及以下支农支小担保业务28078.6万元，占比69.72%，平均费率0.75%；500万元及以下支农支小担保业务19178.7万元，占比47.62%。全县小额贷款公司贷款余额5698.59万元，比上年减少1%；典当余额4344.02万元，减少7.1%；担保余额6.56亿元，增加22.28%。初审转报润农小贷的筹建申请，完成各相关地方金融组织年度审计工作，针对问题督促整改。根据月报数据报送和"双随机、一公开"现场检查，实施实质性、穿透性监督。

【金融风险防范化解】 2022年，县金融监管局建立健全工作机制，出台《涟水县巩固防范和处置非法集资攻坚战成果 严防严控风险新一轮反弹工作方案》《涟水县防范化解重大金融风险问责办法》，压紧压实镇街、行业主管(监管)部门相关职责。完善全县非法集资监测预警机制和防范预警体系，公布举报电话和电子邮箱，畅通群众举报通道，强化对各行业领域日常监管排查。组织对"伪金交所""私募基金""农民合作社"等专项排查活动，联合县市场局、县公安局扫楼扫街发现风险隐患，通过约谈相关店铺负责人，提示相关风险。开展普法宣教活动，全县共开展宣传教育50余次，推动防范意识深入人心。集中开展"守住钱袋子 护好幸福家"防范非法集资和养老诈骗集中宣传活动和"非法集资群防群治 文明城市携手创建"宣传活动，向群众介绍非法集资特征和危害。承办"普惠金融县区行"涟水专场推介会，促成银行与20家中小微企业现场签订1.51亿元融资协议，受到省、市金融局肯定，被《新华日报》、今日头条、交汇点新闻等媒体报道。召开全县处非工作会议，强化各行业领域非法集资监测预警，跟踪推进案件办理情况；关注存量案件进展，做好风险研判和协调指导工作，配合公安机关和成集镇处置金融和涉稳风险，扎口报送处置进展，加大非法金融活动打击力度。

【企业培育】 2022年，全县上市后备企业从一家居、永创医药成功获省证监局辅导备案，江苏省股权交易中心中小板块新增挂牌企业24家，新增企业数位列全市第一，获省股交中心感谢信。全县企业股权融资额全市排名第三。积极争取在市级奖励基础上加大支持力度，为华腾运输、三升食品、从一家居等企业申请各类奖励、扶持资金698.74万元，其中从一家居奖励资金578.74万元。加大企业上市支持力度，对注册地在涟水、成功在上海证券交易所、深圳证券交易所、北京证券交易所上市的企业，上市后在市级奖励基础上分别给予500万元、500万元、400万元奖励。 (徐伟舜)

银　　行

【概况】 2022年，全县本外币各项存款余额625.26亿元，本外币各项贷款余额515.37亿元，住户存款余额392.49亿元，定期存款余额164.15亿元，活期存款余额127.70亿元，中长期贷款余额316.62亿元(其中个人住房贷款余额148.75亿元)，金融机构不良贷款余额4.90亿元，不良贷款率0.95%，银行业营业机构数14个，新增1个。

【金融实体经济服务】 2022年，县人行加强产品创新，切实推进金融加大对重点领域支持。积极组织县有关银行机构加强"苏创融"产品宣传。引导涟水农村商业银行成功为淮安中顺环保科技有限公司办理500万元淮安市首笔"苏创融"贷款，《人民日报》对此进行报道。至12月末，涟水农商行累计发放"苏创融"18户、41笔，12159万元。积极引导涟水农商行依托动产融资统一登记公示系统创新开展"排污权"质押业务，成功为某造纸企业办理全市首笔"排污权"质押贷款700万元。完善"金融管家"服务机制，深入开展金融惠企大走访活动，向上争取再贷款资金3.6亿元，引导地方法人金融机构发放7亿元贷款，帮扶受疫情影响中小微企业、个体工商户和新型农业经营主体1652户。加强服务创新，切实推进金融助力乡村振兴提质增效。制订《涟水县网格金融党建品牌创建，助力高沟乡村振兴先导镇建设实施方案》，采取政策支持、资源运用、人力投放"三优先"措施，在高沟镇试点乡村金融助理机制。开展"深耕责任田"千企万户大走访活动，完成高沟镇辖内57个行政村5万余客户的信用评定，授信40.62亿元。引导金融机构对高沟辖内实施贷款利率"一事一议"机制，高沟片区贷款利率较全县平均利率低12个基点。相关做法被《中国经济时报》《新华日报》宣传推广。 (孙铭雪)

【中国银行股份有限公司涟水支行】 位于县城常青路1号，下辖营业部、中山支行、红日支行、炎黄大道支行，内设综合管理部、个人数字金融部、公司金融部，有在岗员工76人，退休16人。2022年，全行各项存款余额达92.43亿元，较年初上升22.64亿元，其中人民币储蓄存款41.9亿元，比年初新增7.09亿元；公司存款50.53亿元，较年初上升15.55亿元。人民币贷款余额68.1亿元，较年初增长6.96亿元。其中，公司贷款29.68亿元，较年初上升5.30亿元；个人贷款余额37.51亿元，较年初上升2.79亿元。实现中间业务净收入3244万元，其中公司板块完成1049万元、个金板块完成2195万元；实现人均净利润264万元。获评江苏省"文明单位"，江苏省和淮安市中行"文明单位"。连续获评淮安市内部安全保卫工作先进单位。一季度"开门红"涟水支行获得淮安中行系统个金板块小组第一名。 (王文明)

【中国工商银行涟水支行】 2022年，工商银行涟水支行有在职员工72人，设公司业务科、个人业务科、综合管理部3个科室，下辖县支行营业部以及安东、城北、高沟、吾悦4个二级支行等5个综合性营业机构，10月，吾悦广场支行正式投入使用。截至年底，本外币各项存款余额62.87亿元。其中，人民币存款余额35.87亿元，较年初新增7.14亿元，活期储蓄存款余额13.70亿元，定期储蓄存款余额22.17亿元。储蓄存款时点增量达7.14亿元，其中，涟水支行营业部、涟水城北支行、涟水安东支行、涟水高沟支行时点新增超1亿元，营业部全年净增2.65亿元。本外币各项贷款余额49.55亿元，较年初新增2.42亿元。其中，个人客户贷款20.56亿元，较年初新增1.71亿元。公司贷款余额25.02亿元。普惠贷款余额4.98亿元，比年初新增1.78亿元；总户数339户，比年初新增139户；普惠贷款在总贷款中占比从2020年初的4.54%提升至10.04%。不良贷款余额为1125万元，不良率为0.5%，较年初下降92万元。全年营业收入1.26亿元。为江苏思慕新型纺织科技有限公司、江苏宏保运动用品有限公司等12户县域重点招商引资企业，投放流动资金贷款8050万元。围绕今世缘酒业，通过数字供应链技术发放贷款1.2亿元，占淮安工行数字供应链增量的80%。（周若彤）

【中国农业银行股份有限公司涟水县支行】 位于县城红日大道中联壹城A2号楼，内设综合营运部、个人金融部、公司金融部、普惠金融部、风控与信用管理部5个职能部门，下辖5个城区网点（营业部、政务服务中心支行、城北支行、涟城分理处、中山支行）和2个乡镇网点（高沟支行、红窑支行），全行在职员工111人。截至2022年末，全行本外币各项存款余额73.03亿元，较年初增加8.86亿元。各项贷款总量45.83亿元，较年初增加5.13亿元。实现营业收入2.11亿元，拨备后利润1.54亿元，中间业务收入0.17亿元。加大重大项目信贷支持力度，全年累计发放项目贷款4.11亿元。服务实体经济发展，对规模以上工业企业授信32户，制造业贷款余额2.29亿元，比年初增加0.46亿元。加快绿色信贷投放步伐，制订绿色信贷发展方案，将绿色信贷纳入目标责任制考核，以风电、绿色农业为突破口，投放绿色信贷项目2笔共3.6亿元，其中风电项目1.1亿元，绿色农业项目2.5亿元。持续提升中小微企业金融服务便利度，普惠贷款利率最低可达3.45%，全年通过降低贷款利率等方式，累计向小微企业让利100余笔，金额150余万元。涟城支行获评省分行先进集体、运营管理三铁A单位，中山支行、城北支行获评三铁B单位。（戴　萌）

【中国建设银行股份有限公司涟水县支行】 2022年，全行有在册员工66人，内设办公室、公司业务部、个人金融部、营业部，下辖城中支行、商城支行、碧波楼支行。截至年末，本外币资产总额49.53亿元，本外币负债总额39.82亿元。本外币各项存款总额38.57亿元，居民储蓄存款余额22.25亿元，定期储蓄存款余额12.93亿元，活期储蓄存款余额9.19亿元。本外币各项贷款余额48.51亿元，中长期贷款余额33.12亿元（其中个人住房贷款余额25.62亿元），不良贷款余额1723.72万元，不良贷款率0.36%，商业银行拨备覆盖率229.69%，完成营收1.38亿元，实现拨备前利润1.13亿元。（姜卫东）

【中国农业发展银行涟水县支行】 位于县城安东南路2号，占地面积3929平方米，建筑面积1189平方米，有干部职工19人。截至2022年末，全行资产总额17.87亿元，负债总额为17.63亿元，账面营业利润2387.12万元。年末存款余额2.81亿元，年末贷款余额17.85亿元。全年累计投放粮食收购贷款3.08亿元，投放小微企业贷款360万元，投放项目贷款2亿元，无不良贷款；日均存款余额3.83亿元，较上年增加4192.09万元；完成国际结算量476万美元，较上年增加246.82万美元。（李彬彬）

【中国邮政储蓄银行涟水县支行】 位于县城海安路安东大厦22楼，下辖营业部、高沟镇支行、安东路支行；内设综合管理部、综合业务部、风险合规部，有在职员工59人。截至2022年末，各项存款余额30.04亿元，其中储蓄存款余额24.45亿元，公司存款余额5.59亿元；各项贷款余额28.48亿元，其中个人贷款余额24.8亿元（个人住房贷款余额14.32亿元），小企业贷款3.84亿元；不良贷款余额1523万元，不良贷款率0.61%。全年实现收入1.22亿元，实现利润8339万元，实现中间业务收入1064万元，收入增幅15.5%，全省排名12名。涟水县支行获评省分行2022年十优支行、市分行2022年先进集体；涟水县支行营业部获评省分行2022年优秀二级支行、市分行2022年优秀二级支行。（王　庆）

【江苏涟水农村商业银行】 位于县城涟州路5号，内设信贷管理部、电子银行部、合规管理部、人力资源部等15个机关部门，下辖37个支行，1个营业部，1个贷款专营部，3个分理处，有400余名在职员工。截至2022年末，全行各项存款余额148.36亿元，较年初增加15.38亿元，增幅11.56%；各项贷款余额达132.94亿元，较年初增加14.9亿元，增幅12.62%。其中，小微企业贷款余额95.30亿元，较年初增加13.58亿元，增幅达16.61%；民营企业贷款余额88.87亿元，较年初增长10.87亿元，增幅达15.42%；制造业贷款余额16.35亿元，较年初增长1.88亿元，增幅达12.99%；普惠型农户贷款和普惠型小微企业贷款余额88.24亿元，较年初净增13.85亿元，增幅达18.62%。普惠型金融重点领域贷款余额89.29亿元，占比67.16%。深化与县人行、县金融监管局、高沟镇共建交流，四方合作在高沟镇开展“金融服务乡村振兴示范区（先导镇）建设试点工作”，成功为示范区内874户个体工商户提供1.94亿元信贷资金支持。获2022年度金融支持高质量发展突出贡献单位称号、淮安市五一劳动奖状、淮安市银行业消费者权益保护工作先进单位称号。（李朋宇）

【江苏银行涟水支行】 2022年，全行本外币各项存款余额27.80亿元，本外币各项贷款余额31.22亿元，居民储蓄存款余额9.97亿元，定期储蓄存款余额5.25亿元，活期储蓄存款余额3.16亿元，中长期贷款余额21.55亿元（其中个人住房贷款余额8.13亿元），不良贷款余额596.74万元，不良贷款率0.19%，资产总额31.34亿元，负债总额30.37亿元，账目利润额9711.93万元。9月，与唐集镇人民政府就深化乡村振兴合作共建进行深入座谈，并签署合作共建协议。

（王　玥）

【江苏涟水太商村镇银行】 2022年,全行本外币资产总额14.88亿元,本外币各项存款余额12.36亿元,本外币各项贷款余额13.60亿元,服务信贷客户3161户。居民储蓄存款余额7.36亿元,定期储蓄存款余额6.05亿元,活期储蓄存款余额1.31亿元,中长期贷款余额1.95亿元(其中个人住房贷款余额8810.60万元)。不良贷款余额1434万元,不良贷款率1.05%,拨备覆盖率282.36%。负债总额13.55亿元,利润总额1775.95万元,净利润1267.49万元。获市银保监局授予的服务实体经济"一保两提"工程先进单位称号,获市银行业协会授予的"2022年度先进单位"称号,获中国村镇银行发展论坛授予的"全国支农支小优秀村镇银行"称号。9月,江苏省"普惠金融县区行"涟水专场推介会在涟水举行,太商行与江苏联盈包装科技有限公司签订500万元融资意向书。 (倪 浩)

【江南农村商业银行股份有限公司涟水支行】 位于县城红日大道31号,内设综合办公室、营销分部及营业部,有16名在职员工。至2022年末,各项存款余额11.49亿元,其中储蓄存款余额2.3亿元,各项贷款余额16.72亿元,其中个人住房贷款余额6.06亿元,企业贷款5.25亿元,不良贷款余额0.29亿元。被市公安局评为2022年度全市单位内部安全保卫工作先进集体。 (俞 洋)

【苏州银行股份有限公司涟水支行】 位于县城常青西大道8号,占地面积302.35平方米,建筑面积1172.84平方米,共有员工22人。截至2022年末,全行各项存款余额8.75亿元,较年初上升1.36亿元。各项贷款余额6.84亿元,其中公司类贷款余额2.75亿元,个私类贷款余额3.68亿元,个人住房贷款1.56亿元,不良贷款余额327万元,实现营业收入2637万元,实现利润1554万元。 (孙丽丽)

【南京银行涟水支行】 位于县城红日大道28-1号,有员工28名,设有一室四部(行长室,综合管理部、公司金融部、零售金融部、营运部),其中公司金融部、零售金融部为前台业务拓展部门,综合管理部、营运部为后台运营支撑部门。截至2022年末,本外币各项存款余额18.29亿元,本外币各项贷款余额24.85亿元,居民储蓄存款余额2.89亿元,定期储蓄存款余额1.7亿元,活期储蓄存款余额1.2亿元,中长期贷款余额16.71亿元,不良贷款余额80万元,不良贷款率0.032%,资产总额24.7亿元,负债总额24.05亿元,各项业务均实现良好发展。6月,推出普惠金融特别行动,电话联系客户约300户,实地拜访155户,进行深入交流约80户。合计扫码申请39户,初审通过20户合计4445万元,落地2085万元。对于部分不认可扫码金额的客户,支行以线下方式积极申报,合计授信2000万元。8月,正式推出烟草零售商户专属产品"金丝贷",为212户烟草零售商户提供日常经营收款收单服务,为147户烟草零售商户提供"金丝贷"授信2000万元,"金丝贷"贷款投放1000万元。 (张璐璐)

保 险

【中国人民财产保险股份有限公司涟水支公司】 位于县城常青西大道开元名都10号楼,办公面积940平方米。有员工97人,下辖梁岔营销服务部、高沟营销服务部、红窑营销服务部3个分支机构,公司内设经理室、综合部、业务管理部、直销业务部、营销业务部、车商业务部、续保业务部、商团业务部、农险部、理赔部、社保部等部门。2022年,实现保费收入2亿元,支出赔款1.5亿元。主要经营财产损失保险、机动车辆保险、责任保险、信用保险、意外伤害保险、短期健康保险等200余种保险业务。先后承保涟水县大病医疗保险、城乡居民职工基本医疗保险经办、政策性农业保险、全民健康补充医疗保险(涟康保)、防返贫保险等民生保险项目、"和谐家园"综合保险、残疾人意外伤害保险、居民房屋自然灾害保险等项目。 (邓天甫)

【中国人寿保险股份有限公司涟水支公司】 位于县城红日大道16号,有员工47人,内设经理室、机构业务部、收展发展部、营销发展部、综合部、客户服务中心,下辖11个营销职场。2022年,实现保险保费26345.81万元,赔付支出6995.6万元。学生保险增长率达6.8%,独生子女保险增长率达145%。发展政保业务,强化组织领导,分层经营,公司经理室参与对接乡镇,确保乡镇对各项政保业务予以支持和配合,积极推动筹收工作。由政保服务人员宣传拓展到村、组,确保老百姓了解产品保障和责任,跟进后续服务工作。增强与合作部门黏合度,积极参与公益活动,提升政保项目美誉感,激发老百姓参保积极性。 (胡家楼)

数字涟水

DIGITAL LIANSHUI

- 电子政务
- 信息化建设
- 信息通信
- 新一代电子信息产业

编辑：彭亚君

电子政务

【概况】 2022年,县政府办认真落实网络安全主体责任,对照网络信息系统安全等级保护相关要求,开展政务信息系统等级保护定级、备案和测评整改工作,确保政务信息系统和电子政务外网安全。为县级机关协同办公系统、县政府门户网站、涟水县政务服务旗舰店等应用提供安全可靠的电子政务外网网络。全年县政府门户网站总访问量达1661358次,发布信息8175条,概况类信息885条,政务动态信息4223条,政府信息公开更新3067条。专栏数量7个,新开设专栏2个。办事服务注册用户总数达116913户,政务服务事项数量2082项,可全程在线办理政务服务事项数量1795项,办件量总数4092件。收到留言数量993条,有效办理993条,平均办理时间在4天内,公开答复数量579条;征集调查7期,结果公布7期;在线访谈开办6期,收到网民留言38条,回复38条。移动新媒体中,微博信息发布量285条,关注量4051个。

【政府信息公开】 2022年,涟水县扎实有序推动政府信息公开工作纵深开展。主动公开各类政府信息3067条,公开行政规范性文件11件,发布政策解读材料29件,公开意见征集7次,开展在线访谈6期,"涟水发布"政务微博发布信息285条。全县共受理政府信息公开申请182件,因政府信息公开产生行政复议3件,结果纠错3件,行政诉讼11件,结果纠正1件。及时完成市政府门户网站内容保障工作任务,报送县区动态类信息224件。进一步深化重点领域政务公开,增设《稳岗就业》《社会救助和养老服务》《乡村振兴》等专栏;加强政府信息公开平台监测、维护,确保内容及时更新、栏目分类合理,杜绝错链、断链和内容混杂,定时开展严重错别字、涉敏信息发布等检查工作;持续清理运维不规范的政务新媒体,定期对开设的政务新媒体进行督查。 (李梦妍)

信息化建设

【概况】 2022年,涟水县实施"智改数转"应用升级工程,以建促用、建用并进。支持龙头骨干企业率先开展智能化改造,建设智能工厂,将先进制造模式向产业链上下游或行业内延伸渗透,促进中小企业智能化改造和数字化转型,推动产业链整合和价值提升。鼓励企业搭建工业互联网平台,利用5G、大数据、人工智能等新一代信息技术,实现技术转型升级。获批省级星级云上企业17户,建成5G基站560个。

【信息产业开发】 2022来,涟水县把"智改数转"作为增强企业核心竞争力、加快企业转型升级、高质量发展的重要引擎。中信华、从一家具、弘晟包装3家企业通过两化融合AA级管理体系贯标评定。弘晟包装、永安化工、品星防爆电机等17家企业获批省级"上云企业"。江苏今世缘酒业股份有限公司获批省级智能工厂。 (刘　勇　蒋梦琴)

信息通信

【中国电信涟水分公司】 2022年,主要经营天翼移动业务、固定电话业务、互联网(包括有线及无线宽带、光纤接入)、多媒体数据通信和电信传媒、系统集成等基础电信业务及增值电信业务。截至年底,实现涟水主城区5G信号连续覆盖,政府机关、医院、车站、高铁、机场、今世缘酒业、核心商圈等5G全覆盖,所有镇(街道)5G信号覆盖。通信光缆202万皮长千米。宽带网络质量满意度从年初的92.23%提升到94%,装机服务满意度从99.84%提升到99.95%,修障服务满意度从99.76%提升到99.96%,智家交付满意度从98.1%提升到99.5%。网运指标万客户障碍派单量、万客户重复障碍派单量、用户自助点评率等指标位列全区前列。开通5G 3.5G室外基站10个,5G 2.1G室外基站70个。开通5G室分6.71套,提前完成全年建设任务。截至年底,共有5G基站413个,完成大部分4G信号补盲。完成6家重点政企客户网络及隐患整治,提升政企用户满意度;完成中高考、成人考试、"9·18"人防演练等各项支撑保障工作;完成干线盐淮架空、涟灌架空局前双路由整治;完成镇(街道)370皮长千米的中继杆路和主干线路隐患排查和整治;更换鸟害光缆230处约95皮长千米,处理倒杆、断杆364根,收紧下垂钢绞线46千米,附挂光缆63皮长千米。对县城27个老旧小区进行飞线整治,对城区主要道路光缆交接箱进行常态化巡检。坚持月度服务现场检查跟班制,全年累计到装维现场检查15次,到支局营业厅现场检查28次,视频检查52次,跟随政企客户经理走访客户4次,收集问题20余条。获市公司市场经营先进单位称号、服务管理先进集体奖、2022年企业信息化和业务管理第一名。 (张晓文)

【中国联通涟水县分公司】 2022年,涟水分公司内设综合部、公众营服中心、政企校园中心、工维中心4个部门,有员工44人,其中党员10人。重点做好公众互联网化运营转型及产业互联网能力创新,全年完成运营收入4331万元,比上年增长3.5%,用户规模超10万户。连续2年获评江苏联通先进基层党组织、淮安联通先进基层党组织、淮安联通先进集体。 (朱智显)

【中国移动江苏涟水分公司】 2022年,全力聚焦"建设世界一流信息服务科技创新公司,助力经济社会数字化转型"发展定位,深度参与智慧城市建设,为推动涟水数字经济高质量发展注入强劲动能。累计收入增长9.4%;拥有通信基站1368座,服务个人用户49.5万人,5G手机用户18万人,有线宽带用户16万户,高清电视用户15.5万户。深入实施"5G+"计划,加大5G网络建设力度,推进网络智能化升级。全年开通5G基站136座,累计站点数达445座;助力数字城市建设,建设涟水县"校园哨兵"风险预警系统软硬件采购及安装项目、涟水县2022年度餐饮油烟污染在线监测服务采购项目等县级平台,为县医疗保障局、县公安局等单位提供数据专线服务，完成“智慧工地”“智慧校园”等平台建设和“明厨亮灶”一县一品项目；全面推进千兆宽带建设，全年新上线小区57个，累计覆盖用户40万户，基本实现千兆带宽接入能力全覆盖。

（支兰珍）

【江苏有线涟水分公司】 2022年，有公共电视节目套数78套，付费电视套数122套，全年不间断播出。光缆传输全面覆盖全县乡村。大力发展互动电视、高清电视、宽带数据业务、付费业务和本地信息化服务。围绕“春雷行动”“网格营销大赛”“用户回流”等专项活动，全年数字电视用户实现净增长。政企业务实现由单一配套费征收到三网融合及智能化建设与维护、应急广播、交通信号灯、数据存储传输、技防城、光纤链路设备租赁服务等智慧业务全面开展。先后承接政府类雪亮工程、技防升级、农房改善弱电及智能化建设和维护、公益放映厅等项目。农房改善一期至三期项目，涉及小区40余个，覆盖住户1.7万余户。完成对成集镇实施智慧乡镇建设，并通过省局验收；投入数百万元对4个EOC老区域进行网络优化，有效提升用户体验感；对6个老旧小区飞线进行集中改造；对城乡8514户低保户、优抚对象、五保户等困难群体实行免收和减免收视费等优惠措施；对新建小区用户实施赠送宽带。结合乡村振兴智慧广电业务，依托FTTH技术将具有涟水特色的节目送入千家万户，电视机顶盒整合互动点播、一镇一屏、平安乡村、新时代文明建设等内容，让群众足不出户就能了解省市县镇村政策动态。

（马　可）

新一代电子信息产业

【概况】 2022年，全县有规模以上电子电气类企业24户，实现开票销售收入28.2亿元，完成入库税收5226万元。骨干企业有涟水县苏杭科技有限公司、淮安特创科技有限公司、江苏嘉立创电子科技有限公司、江苏快乐电源（涟水）有限公司、江苏洲旭电路科技有限公司、江苏中信华电子科技有限公司等。主要产品有线路板、耳机及扬声器生产、光电子元器件等。

【汉门电子（江苏）有限公司】 位于涟水经济开发区生态路168号，由台湾汉保实业有限公司投资兴建，总投资3300万美元，注册资金1520万美元，占地2公顷，建筑面积2.4万平方米。公司于2016年9月开工建设，2018年2月正式投产。主要生产电子连接线、排线，主要销售应用于计算机通信、消费性电子、车载电子、商务应用，产品主要销往日本索尼、佳能、松下、韩国LG、三星等全球知名企业。2022年，累计实现开票销售收入1.48亿元，入库税收237.5万元。

2022年11月15日智慧乡镇 验收现场　　（江苏有线涟水分公司　供稿）

【涟水县苏杭科技有限公司】 位于涟水经济开发区兴盛路12号，由昆山客商投资兴建。总投资10.1亿元，注册资本5000万元。占地面积8.67公顷，建筑面积7.5万平方米。2015年6月开工建设，2016年11月竣工投产。主要生产汽车线路板，年可生产多层线路板120万平方米，其中汽车印制线路板占65%，主要为奔驰、宝马、奥迪等汽车生产厂商提供车载线路板。2022年，实现开票销售收入2.12亿元，入库税收1164万元。

【江苏快乐电源（涟水）有限公司】 位于涟水经济开发区红日路25号，2009年由浙江客商投资兴建。总投资2亿元，注册资本2000万元，占地11.07公顷，建筑面积6.3万平方米。公司于2009年11月开工建设，2010年12月竣工投产。主要生产储能电池、高性能动力型蓄电池等产品，年产100万千瓦安时，产品主要出口东南亚、中东、东欧、非洲等地区，被评为国家级高新技术企业。2022年，实现开票销售收入2.22亿元，入库税收829.7万元。

【江苏洲旭电路科技有限公司】 位于涟水经济开发区兴盛路5号，总投资3亿元，项目占地3.6公顷，规划建筑面积2.3万平方米。公司于2016年2月开工建设，2017年4月竣工投产。项目购置钻孔机、成型机、电镀生产线、检测仪等设备1200余台。年产印制线路板90万平方米，产品主要销往广东、深圳等地，应用于电子产品，汽车等行业。2022年，实现开票销售收入2.8亿元，入库税收554万元。

（刘　勇　蒋梦琴）

科学技术

SCIENCE AND TECHNOLOGY

编辑:王梦真

科技创新

【概况】 2022年，县科技局紧紧围绕“争创国家级经开区，加快建成全国百强县”主线，强化科技创新水平，提升服务企业能力，完善市场主导功能。通过严化考核，推动主要指标大幅攀升。被县委、县政府表彰为服务实体经济先进单位，在全市科技工作会议上就高企培育攻坚工作作交流发言。年内，全县共组织申报国家级高新技术企业52家，获批35家，创历史最高水平；科技“小巨人”企业入库193家；新获批省“科技副总”5人。

【科技创新载体建设】 2022年，仲益电机获批省级工程技术研究中心。金之铖（江苏）包装科技股份有限公司、涟水美盈森智谷科技有限公司、淮安市凯佳塑料有限公司、江苏晟联铝业有限公司、淮安筑友智造科技有限公司、淮安茂京机电实业有限公司、江苏普仁新材料科技有限公司、江苏柯德展示道具有限公司8家企业申报市工程技术研究中心并获批。今世缘酒业省级工程技术研究中心绩效评估获优秀等次；中信华产业园获批市级“科创综合体”。

（周丽艳）

科技项目与成果

【概况】 2022年，县科技局围绕贯彻实施创新驱动发展战略，加强、优化、转变政府科技管理和服务职能，完善科技创新制度和组织体系，深入推进科技计划管理改革，加强对第一、二、三产业发展的科技支撑，推动科技创新重心向经济建设转变，切实为企业纾困解难。全年，全县新获批省产学研合作项目7个，指导服务企业申报省乡村产业振兴项目并获得立项5项。

【产学研合作】 2022年，全县新获批省产学研合作项目7个，包括淮阴师范学院承担的“基于大数据技术的信息管理系统的设计与研究”、南京财经大学承担的“多效耦合催化氧化装备在再生纸废水处理中的应用”、淮阴工学院承担的“圆网印花技术咨询及花版图形图案绘制”“儿童乐器创新设计及品牌化战略研究”“数字融合场景化展示设计研究”“‘金之铖’企业形象塑造与产品设计策略研究”“基于ssm的仓储物料、商品信息管理系统开发”。年内，对淮安中顺环保科技有限公司等14家与国内高校科研院所有产学研合作的企业进行补助共计102.3万元。

【科技项目】 2022年，县科技局指导服务企业成功申报省乡村产业振兴项目，获得立项5项，其中农业科技成果应用示范2项，富民强村科技帮促3项，争取省拨经费350万元。陈师百药园省级星创天地顺利通过省科技厅的年度考核，被评为优秀等次，获得奖补资金30万元。

（周丽艳）

2022年度省乡村产业振兴项目立项一览表

表9

序号	项目名称	承担单位	省拨经费（万元）	项目类别
1	清雅酱香型白酒智能化酿造关键技术研发与应用	江苏今世缘酒业股份有限公司	100	农业科技成果应用示范
2	肉鸡全程高效笼养关键技术集成与应用	江苏圣农禽业发展有限公司	100	农业科技成果应用示范
3	阳光玫瑰葡萄病虫害防治技术集成应用与示范	淮安市广樾生态农业有限公司	50	富民强村科技帮促
4	设施西瓜新品种引进及高效栽培技术集成示范	江苏恩旭农业发展有限公司	50	富民强村科技帮促
5	鲜食葡萄优质品种筛选及配套栽培技术集成与应用示范	涟水神园晋益农业科技有限公司	50	富民强村科技帮促

科学普及

【概况】 2022年，县科协以贯彻实施《全民科学素质行动计划纲要》为主线，完善全县村（社区）科协组织。根据《涟水县全民科学素质行动规划实施方案（2021—2025年）》文件精神，对当前和今后一个时期科学素质建设做出系统全面规划，明确重点任务是抓好“科学素质提升、科普资源提聚、科普设施提档、服务能力提优”四大工程。县科协有下属农学、医学、护理学会等各类学会12个，企业科协6个，镇（街道）科协14个。年内，全县共开展科技服务活动150余次，举办各类科技培训200余次，培训农民1.5万人次，实现科技服务在贫困农村全覆盖。

【科普宣传】 2022年，县科协积极开展科普宣传活动。5月17—24日，县科协牵头在县外国语小学举行全民科学素质知识大赛，庆祝第五个“全国科技工作者日”，同时拉开涟水县第三十四届科普宣传周主场活动序幕。围绕“喜迎二十大、科普向未来”科普周主题，策划组织多项系列主场活动，通过悬挂条幅、展出科普展板、设立咨询台、发放宣传资料、现场讲解等方式宣传党的科技政策、社会主义核心价值观、中华优秀传统文化、文明乡风、科普知识等，在全社会营造学科学、爱科学、用科学浓厚氛围。积极开展科普讲座，在东胡集镇严黄村举办“小麦绿色高产栽培技术”培训，邀请县老科协农业专家姜汉舜为村民授课。邀请县护理学会、县医学会工作人员进社区为老年人提供血糖、血压等免费体检，现场解答居民健康问题。积极组织开展江苏省全民科学素养大赛,共发放宣传资料1万余份,共有3.85万余人参赛,涟水县在全省大赛中排名第十五。开展流动科技馆进校园活动,学生通过体验科技展教设备,现场直观感受声、光、电磁、力、数学等抽象知识,探寻科技奥秘。

【科技人员培训】 2022年,县科协积极组织科技培训活动。8月15日,由省、市院士专家在大东镇瓦滩村为全村300余名村民举办"水稻绿色高产栽培技术"培训班。邀请淮安市科普讲师团成员刘华老师为全县100余名科技辅导员开展辅导培训。5—11月,分别前往涟城街道莲花社区、北门社区、金城社区举办"三高"早防早治科普知识培训班,县医学会秘书长余怀远院长为300余人进行授课。年内,全县共开展科技服务活动150余次、举办各类科技培训200余次,培训农民1.5万人次,实现科技服务在贫困农村全覆盖。

【科普基地建设】 2022年,淮浦学校、实验小学、郑梁梅小学3处流动科技馆共接待参观人数5000人。更换科普画廊内容42期。全县40个社区科普电子屏正常运行,建立16家社区科普E站,成功申报"江苏省科协青年科技人才托举工程资助培养项目"1个。申报市级"创新示范项目"3个。朱码街道花桥社区被省科协评为省级科普基层先进单位,县消防大队被评为淮安市科普教育基地。

【科技志愿队伍建设】 2022年,县科技志愿服务队团结带领广大科技工作者,立足本职岗位,助力乡村振兴。年内,共开展进社区、进学校、进企业、进农村科技科普志愿服务活动100余场,惠及1.5万余人。全年共为群众办实事118项,科技志愿项目对接服务清单80项,实现全县科协工作高质量、运转高效率。

2022年涟水县获奖科学论文一览表

表10

论文题目	所获奖项	作者	单位
有创 无创序贯性机械通气的治疗时机选择措施构建与应用	一等论文	陈静、王平	涟水县人民医院
补阳还五汤结合常规治疗对急性脑梗死患者血清炎性因子的影响研究	一等论文	黄大伟	涟水县中医院
Efficacy and safety of radiofrequency in the treatment of trigeminal neuralgia: a systematic review and Meta-analysis(射频治疗三叉神经痛的有效性和安全性:系统评价和 Meta 分析)	一等论文	严从阳	涟水县人民医院
The relationship between regulatory T cells and radiation therapy 调节性T细胞与放射治疗的相互关系	一等论文	侯盼飞、祝丽晶、潘艳	涟水县人民医院
早期心理干预联合有氧健康操对乳腺癌术后患者身心健康的影响	一等论文	陈卫平、史琼	涟水县人民医院
外科手术室护理中个性化服务效果	一等论文	许卉	涟水县人民医院
新辅助化疗对直肠癌患者超低位吻合术后近期疗效、血清肿瘤标志物水平及生存质量的影响观察	二等论文	卜延志、贾海峰、张锡山	涟水县人民医院
预见性护理在防治门诊患者晕厥中的应用效果分析	二等论文	刘　莉	涟水县人民医院
正念减压疗法对乳腺癌患者炎性标志物水平的影响	二等论文	陈卫平、史琼、朱悦	涟水县人民医院
过表达CircBTG2对食管鳞状细胞癌细胞生物学行为的影响及其分子机制	二等论文	于然、肖瑶、濮娟、林晓露、周素芹、王维、陈皓瑜、王万鹏	涟水县人民医院
Distribution of Carbapenemases and Efflux Pump in Carbapenem-resistance Acinetobacter baumannii 碳青霉烯酶和外排泵在碳青霉烯耐药鲍曼不动杆菌中的分布	二等论文	祝丽晶、潘艳、高春艳	涟水县人民医院
改良型中长导管在肿瘤姑息性治疗患者中的应用	二等论文	李华林、苏立桃	涟水县人民医院
分析优质护理在支气管扩张咯血患者中的应用效果	二等论文	陈静	涟水县人民医院
胰腺癌患者癌组织与血清中 klotho 的表达水平及其临床意义	二等论文	黄曙、周海浪、王敏	涟水县人民医院
耳穴压豆联合五音疗法在癔痕患者中的临床护理疗效分析	三等论文	施金春、樊刘、孙墨牧	涟水县人民医院
平衡针配合针灸推拿治疗颈椎病效果分析	三等论文	常海军	涟水县中医院
中医小续命汤加减应用在中风偏瘫患者治疗中的效果	三等论文	姜翔	涟水县中医院
八珍逐瘀消积方联合隔姜灸对原发性肝癌介入术后疗效、炎性因子及T细胞亚群影响	三等论文	钱芳、王俊壹	涟水县中医院

续表 10

论文题目	所获奖项	作者	单位
中西医结合护理对髋关节置换术后患者疼痛程度,睡眠质量及心理状态的影响	三等论文	邓丽、徐瑊、桂芹	涟水县中医院
探讨丁苯酞联合抗血小板药物治疗高龄老年患者脑梗死的效果	三等论文	严从阳	涟水县人民医院
肺复张联合INSURE技术治疗早产儿呼吸窘迫综合征的疗效评价	三等论文	王海军、赵玉祥、殷婷婷	涟水县人民医院
江苏涟水地区健康孕妇红细胞相关参数参考区间的建立及验证	三等论文	孙文娟、祝丽晶、潘艳	涟水县人民医院
Clinicopathological and Prognostic Significance of Klotho and Estrogen Receptors Expression in Human Hepatocellular Carcinoma（Klotho和雌激素受体的表达对人肝细胞癌的临床病理和预后意义）	三等论文	黄曙、王伟、程亚军	涟水县人民医院
不同浓度多聚赖氨酸溶液对同种异体骨进行表面改性的实验研究	三等论文	笪虎、张建中、宋建宽	涟水县人民医院
新辅助化疗在结肠癌术后的应有分析	三等论文	卜延志	涟水县人民医院
Doxorubicin restrains osteogenesis and promotes osteoclastogenesis in vitro（阿霉素在体外抑制成骨分化和促进破骨形成及其机制的研究）	三等论文	周亮、杨惠林、蒯凤	涟水县人民医院
改良子弹夹式芒硝外敷袋对重度急性胰腺炎患者胃肠功能、治疗依从性的影响	三等论文	万海红、王珊雅、嵇玲	涟水县人民医院
儿童常规消化内镜治疗全过程综合护理干预	三等论文	单梅、支荣荣、韩秀艳	涟水县人民医院

【学会建设】 2022年,县科协开展厂会协作,做好科技对接工作。组织企业(学会)开展“讲、比”竞赛活动,为县内学会及部分企业与省、市级学会牵线搭桥。严把项目申报质量关,坚持实地考察与查看资料相结合,好中选优。有5家企业经市科协专家评审被评为2022年“创新示范项目”。4月,向市科协推荐两名“科创江苏”企业创新达人候选人。开展科普惠民活动。县医学会、农学会、中医学会和中老年科协等县级学(协)会,积极争取挂靠部门支持,团结组织带领广大会员,依托文化卫生科技“三下乡”“科技周”“科技工作者日”“全国科普日”等重点科普活动,开展科教卫生“进乡村、进社区、进校园”等惠民活动,赢得社会各界广泛好评。助推指导企业科协成立。全年根据企业需求,成立企业科协5家,并为2家高新企业免费安装专利信息数据库。

【青少年科普教育】 2022年,县科协以科普阵地为支撑,开展青少年心理健康科普培训活动。邀请青少年心理健康教育名师开展中小学生心理健康科普培训2场,参与培训的教师、学生人数达300余人。以科普场所为依托,开展传统文化讲座。为增强学生民族自豪感与自信心,邀请“感动中国十大孝子”获得者王凯开展传统文化科普讲座1场,参与讲座的学生、家长达150余人。以“全国科技活动周”为契机,开展科普活动3场,250余名学生参与活动。组织学生学习《中华人民共和国科普法》,提高学生法律意识。通过举办“科技筑梦 创享未来”和点亮“科技之光”科普活动,提高学生动手能力和创造思维。以校园科技活动为载体,开展青少年科技创新比赛。组织学校各类青少年科技创新比赛活动9场,450余名学生参与比赛。通过评审向上推荐优秀作品,在江苏省青少年科技创新大赛中,3项作品获评青少年科技创新成果三等奖;2名同学获得第十届江苏省少年科学院院士称号。

【涟水新增2名省少年科学院院士】 2022年8月4—5日,共青团江苏省委、省科协、省少工委联合主办第十届江苏省少年科学院院士展示评聘活动。展示答辩现场,涟水县外国语学校侍浩宇、滨河外国语学校葛欣研2名同学,以“作品+展板”形式,向评委详细阐述各自科学建议项目的研究背景、研究过程以及研究成果。经过评委现场打分和基础科学知识测试比拼,2名同学被聘为“第十届江苏省少年科学院院士”。截至年底,全县共有21名同学被聘为中国少年科学院和江苏省少年科学院“小院士”或“预备小院士”。 （肖益忠）

知识产权

【概况】 2022年,经市知识产权局推荐、省知识产权局评审,涟水县成功入选江苏省知识产权强县建设示范县(区),县经济开发区获批江苏省知识产权建设示范园区,为全市唯一获得两项评定的县区。全年实现专利授权1305件,其中发明专利授权62件,有效发明专利总量达到449件,全县万人发明专利拥有量达到5.41件,比上年增长13.66%。积极培育吾悦广场、润天百悦、超市供应商协会等省、市“正版正货”示范街区和行业,涌现出今世缘酒业、特创科技、汉门电子、永安化工等一批知识产权优势企业。

【知识产权运用】 2022年,县市场监管局积极构建多元化、多层次、多渠道知识产权融资体系,组织银企对接、保企对接活动,鼓励和引导企业运用专利等知识产权质押融资。年内,共完成知识产权质押融资项目28件,总金额达2.58亿元。

【知识产权保护】 2022年，县市场监管局持续加强知识产权保护体系建设，完善行政执法和司法保护知识产权保护模式，组织开展跨部门“双随机、一公开”联合检查，依法严厉打击侵权假冒违法行为。年内，共查处涉嫌商标侵权、假冒专利产品案件10余件。围绕“4·26”世界知识产权日、中国专利周等节点，制定宣传活动方案，持续拓宽知识产权宣传培训途径，编印下发知识产权服务指南手册。依托各类专业师资力量，开展知识产权培训工作，充分收集企业培训需求，科学设置培训课程，改进培训方式，提高培训成效。加强优质专利代理服务机构的引进与培育。累计引进和培育南京九致等知识产权服务机构及分支机构7家、知识产权从业人员20余人。与淮阴工学院等高校达成战略合作协议，充实知识产权服务队伍，利用服务平台、宣传手册、微信等多种形式向全县企业推荐优秀服务机构和服务内容。 （金　童）

气　　象

【概况】 2022年，县气象局加大管理力度，各项工作得到均衡发展。县政府办印发《涟水县创建“中国天然氧吧”实施方案》，成立创建工作领导小组。全年完成3套负氧离子监测设备布设，监测数据正常获取。继续深化与生态环境部门合作，加强大气污染、水污染防治信息沟通和共享。做好苏北人工影响天气专用仓库运行维护，接收弹药448枚，发放弹药343枚，回交弹药24枚；建立生态型人工影响天气工作机制，年内成功开展火箭弹人工增雨作业4次，改善空气环境质量和农业气象旱情。常态化开展节假日期间升放气球巡查。与县应急部门联合举办全县防雷安全培训班；召开防雷安全监管工作联席会；对纳入防雷安全监管范围的69家单位开展“联合检查”“专项检查”，检查完成率100%，发出整改通知5份，指出32条隐患，整改完成率100%。在2022年度全市气象行业职业技能竞赛中，获得团体第三名。2人被确定为市“533英才工程”骨干人才拟入选对象。业务科技人员在《农业灾害研究》《速读》等核心刊物和第十二届江苏MPA论坛、长三角气象科技论坛上发表、交流论文5篇。

2022年涟水县气候资料一览表

表11

项目		1月	2月	3月	4月	5月	6月	7月	8月	9月	10月	11月	12月	年值
平均气温(℃)		2.7	3.5	10.7	16.0	20.7	27.2	28.8	29.0	22.5	16.3	13.1	2.6	16.1
极端最高气温(℃)	极值	11.4	19.0	23.3	30.9	30.8	36.1	36.7	38.3	32.9	36.2	22.6	12.2	38.3
	日值	3	28	12	11	27	17	13	13	6	3	11	7	13/8
极端最低气温(℃)	极值	—5.6	—4.2	1.7	1.9	9.4	17.0	23.1	19.1	13.7	6.4	—3.6	—5.5	—5.6
	日值	14	6	2	2	1	8	2	31	24	11	30	18	14/1
平均相对湿度%		75	62	69	69	62	71	84	81	78	74	81	60	72
平均地面温度(℃)		3.4	5.1	12.9	19.3	26.6	32.3	31.8	32.1	24.8	18.3	14.0	3.4	18.7
日照(小时)	时数	128.6	158.5	191.4	224.3	234.4	230.0	149.3	211.8	178.8	189.4	123.0	181.2	2200.7
	百分率(%)	41	52	52	58	55	54	34	51	48	54	39	59	50
降水量(毫米)		15.1	6.9	63.1	9.2	3.9	138.4	208.3	109.1	40.9	38.3	71.7	7.8	712.7
一日最大降水量(毫米)	量	12.1	5.6	50.6	5.3	3.9	61.2	53.2	68.7	33.6	19.9	27.9	4.2	68.7
	日期	5	7	2.5	29	25	10	17	20	15	4	19	10	20/8
最长连续降水(毫米)	日数	2	2	2	2	1	2	4	4	2	4	2	2	4
	降水量	2.6	1.3	5.7	7.8	3.9	0.5	60.8	27.0	40.9	38.2	29.6	6.6	60.8
	起止日期	22—23	18—19	13—14	28—29	25	4—5	28—31	28—31	14—15	4—7	19—20	9—10	28—31/7
最长连续无降水(毫米)	日数	19	14	11	18	25	9	10	4	15	19	15	15	25
	起止日期	17/12—4	24/1—6	2—12	26/3—12	30/4—24	26/5—3	29/6—8	2次	16—30	8—26	28/10—11	17—31	30/4—24/5
平均风速(米/秒)		1.6	1.8	2.3	2.0	2.1	2.3	1.9	1.7	1.8	1.6	1.8	1.8	1.9
最多风向及频率	风向	NNE	NE	ESE	S	SSW	ESE	ESE	SSW	NNE	C,ENE	NNE	C,N	NNE

续表11

项目		1月	2月	3月	4月	5月	6月	7月	8月	9月	10月	11月	12月	年值
最多风向及频率	频率(%)	19	16	13	15	17	20	16	15	19	15,13	13	14,11	10
最大风速(米/秒)		6.7	8.3	6.5	10.8	7.3	6.8	8.5	5.1	6.0	7.0	7.6	7.6	10.8
雪		1	3	1								1	1	7

【气象预警预报】 2022年，县气象局严密监视、准确预报、及时预警、主动服务。在积极应对岁末年初低温雨雪冰冻、汛期强降水、“6·16”冰雹、连续高温、第12号台风“梅花”等灾害性天气过程中，根据上级预报指导意见，结合本地天气气候特点，加强分析研判，及时报送服务材料。县气象灾害防御办公室启动升级解除气象灾害应急响应8次。《重要天气报告》等服务材料通过全县办公协同系统邮件模块渠道发送，决策服务短信做到县直、镇街、行政村全覆盖，增加《县气象局值班信息》服务方式，将每旬天气预测分析情况上报县委办、县政府办。加强与县委宣传部、县融媒体中心合作，通过官方融媒矩阵开展首发宣传。加强气象科普教育工作，利用“世界气象日”“防灾减灾日”等开展气象科普活动，全国科普日“进校园”活动被省电视台《新闻360》栏目报道；通过“醉美五岛湖”微信公众号，与县安委办联合举办气象防灾减灾有奖知识竞答。紧扣电力、交通、保险、旅游、农业等相关气象高敏感行业服务需求，提升节庆假日、中考体育考试、疫情防控等专题气象服务质量。全年共发布重要天气报告44期，专题气象服务材料101期(其中气象为农服务材料30期，春运材料42期，重大活动保障专题材料29期)，预警信号109次；发送气象服务短信170万条次；微博发布信息1219条。通过线上方式，对全县300余名气象信息员开展培训；完成对全县气象预警信息接收人员重新梳理，全县网格员被纳入气象预警信息发送群组，对新型农业主体等开展“直通车”式服务。落实应对突发灾害性天气的监测、预报预警、应急值班、区域联防等制度和机制，完善重大灾害性天气“叫应”服务标准和工作流程。做好强对流灾害性天气监测预警服务示范体系建设县级任务落实，开展好气象灾害综合风险普查后续工作，气象灾害综合风险普查与评估区划服务采购项目通过淮安市公共资源交易平台公开招标。与县应急管理、水利(防办)、农业农村、融媒体中心等部门完善信息共享共建机制。

2022年9月7日，县气象局开展气象科普进校园活动　　(县气象局　供稿)

【气象设施建设】 2022年，县气象局以“质量提升年”行动为抓手，更新更换业务设备，更换便携式气象自动站、安装视程障碍现象仪、安装雪深自动观测仪、布设3套负氧离子监测设备、购置人影火箭发射架。解决区域气象站观测质量问题，投入资金，更换区域自动气象站主采集器。抓住“推进国家中部区域人工影响天气工程项目，发展空地一体化人工影响天气业务”的发展政策机遇，积极向上争取，编制上报《涟水国家气象观测站基础设施维修改造可行性研究报告》。

【气象为农服务】 2022年，县气象局提升粮食安全气象服务能力，春耕春播、夏收夏种、秋收秋种、汛期等气象服务保障有力。联合县农业农村局植保站深入田间地头开展气象服务需求调研3次，联合县水产工作站开展水产养殖气象服务调研2次，加密水产养殖专题气象服务频次，助力涟水水产养殖业健康发展。特色优势农产品气象服务能力进一步提升，气象信息推送到农业经营大户和新型农业经营主体44次。与省气象学会在县现代农业示范园联合建设气象科技服务站，包括农业气象观测站、气象预警显示屏、气象信息站等设施。申报省科协“科创江苏”专项行动计划项目，加强优质食味稻米、青芦笋、中药材、食用菌、葡萄、水产养殖等特色优势农业定制化、直通式气象服务。

(葛佳艳)

教　育

EDUCATION

- 综　　述
- 学前教育
- 义务教育
- 普通高中教育
- 职业教育
- 社会教育
- 教育科研
- 教　　师

编辑：王梦真

综　　述

【概况】 2022年，全县教体系统坚持人民至上办教育，在“再创涟水教育辉煌”、推动新时代教育高质量发展、办好人民满意的教育之路上迈出坚实步伐。投入200万元，高标准建成涟水县未成年人成长指导中心。完善教育助困体系，全年共资助各级各类学校原建档立卡等家庭经济困难学生4.01万人，资助总额2742.6万元；受理助学贷款1832人，总金额1867.74万元，实现应助尽助。进城务工人员随迁子女入学享受同城待遇，建成特殊教育融合教育资源中心48个，残疾儿童义务教育入学率达100%。实施“涟享学”助学工程，送教下乡25场，录制微课320节，培训教师3200人。以《涟水县普通高中高质量发展方案》为指引，以涟水中学为龙头，推进郑梁梅高中、滨河高中精品化发展，全县高中教育水平得到整体提升。推进义务教育集团化办学，以“融学课堂”为抓手，开展研讨活动83次，形成调研简报38份，对发现问题限期整改。高质量开展课后服务，开设社团活动、趣味课程1895个，有劳动实践基地学校67个，课后服务参与率、作业减量提质率均达100%，线下学科类培训机构压减率100%；实验小学创成省中小学心理健康教育特色学校，灰墩中心小学、成集学校、高沟中学分别创成省市青少年近视防控示范学校；涟水中学获评“江苏省生态文明实践基地”、郑梁梅初中获评省教育系统先进集体。3所学校获评江苏省文明单位、29所学校创成省市节水（节能）型单位，4所学校创建书香校园；2名学生被聘为江苏省少年科学院“小院士”，1名学生获评淮安市新时代好少年，中小学生获国家、省、市级学科奥林匹克竞赛、职业技能大赛、才艺大赛奖项1200余人次，自行车队代表淮安市参加省第二十届运动会，勇夺5金3银5铜。

【教育综合改革】 2022年，县教育体育局全面落实党的教育方针，坚持为党育人、为国育才，落实立德树人根本任务，聚焦办好人民满意的教育，深化教育领域综合改革，全面推动涟水教育高质量发展。坚持优化教育布局和资源配置，根据县域人口分布及流动趋势，逐步撤并布点不合理、生源枯竭的村小学或教学点，缩小城乡、校际办学差距，农村适龄少年儿童义务教育入学率达100%。坚持完善联盟体工作机制，探索联盟体发展新路径，促进联盟体校深度融合，有效整合联盟（集团）学校资源。强化师资交流、教学教研、业务指导，突出优质学校对薄弱学校帮扶。开展集团化办学试点，通过“名校+新校”“强校+弱校”“城区+农村”等方式组建教育集团，实现集团校资源共享、人员互通、教研共融的一体化发展格局。郑梁梅小学、郑梁梅中学牵头开展集团化办学试点工作，促进全县义务教育学校教育教学质量和管理水平共同提升；坚持深化“双减”（减轻义务教育阶段学生过重作业负担和校外培训负担）改革提质增效。强化校内提质与校外治理联动，聚焦作业完成、丰富活动、延时看护三大主题，精细化落实“五项管理”（作业管理、睡眠管理、手机管理、课外读物管理、体质健康管理），优化校园建设，保障课后服务质量。健全校外培训机构常态化管理机制，探索校外培训行为合法合规，推动校外教育品牌形象再提升。

2022年6月23日，涟水县初中音乐“融学课堂”观摩研讨活动举行　　（县教体局　供稿）

【教育设施设备建设】 2022年，县教育体育局实施学校建设项目12个，总投资约2.7亿元，新增校舍建筑面积约5万平方米。其中，投入1.85亿元，新建涟水县红日小学；投入约7400万元，新建郑梁梅高级中学综合楼、幸福里实验小学教学楼、时码学校综合楼及宿舍楼；投入约1000万元，改造高沟中心小学校舍、郑梁梅高级中学外墙、实验小学中山路校区食堂等8个项目。9月，涟水中等专业学校新校区项目建成投入使用。全年中小学教育设备（设施）共投入资金约5600万元。按照省教育装备Ⅰ类标准对幸福里实验小学、高沟中心小学等5所学校实施教育装备水平提升工程；改造提升淮浦学校、军民小学等10所学校526间教室实施教室照明设施；为推进涟水中学、郑梁梅高级中学四星级复验及省高品质示范高中建设进程，投入资金500余万元建理化生实验室3间、科技馆1间、功能室3间、计算机教室2间，购置教学一体机50台。投入资金3500余万元为红日小学、幸福里实验小学购置教育信息化设备。

【德育工作】 2022年，县教育体育局出台《关于聚焦“十大育人工程”推进全县中小学教育高质量发展的实施意见》，积极推进德育体系建设，构建纵向衔接、横向贯通、校内校外结合、学校家庭社会协同实施的德育工作体系。开展“新时代好少年”推选及学习宣传活动，聚焦“童心向党”主题，举办“童心里的诗篇”“童话里的故事”创作大赛，引导广大青少年传承中华文化基因，提升审美情趣和人文修养。强化学校特色建设，出台《涟水县基础教育特色内涵建设工作实施意见》，组织特色项目评比，实验小学篮球、外国语小学书画、军民小学“打莲湘”、幸福里实小面塑、陈师中心小学科技等特色活动成效显著。扎实开展周恩来班创建工作，成功创建涟水中学、实验中学、郑梁梅小学、安东学校等33个市级周恩来班。涟水中学“前瞻性改革”项目“生态视域下嵌入式微课的建构与实施路径”、品格提升项目“基于‘五育融合’视野下的‘实境化’劳动教育实践与探索”、涟水滨河外国语学校课程基地“初中语文经典阅读课程建设”等入选市级项目。军民小学、红日中学等5所学校的淮安市“广德育”建设项目研究课题成功结题。在淮安市中小学“德育一体化”项目系列征集评选中有41所基地校、34个内涵项目、6个课题和25个育人案例获批。

【艺术教育】 2022年，县教育体育局按照课程计划，开足开齐艺术课程，以大课间活动和社团活动为切入口，大力推进艺体运动。成功举办县第七届中小学艺术节。通过县艺术节目展演和艺术作品、工作坊视频及创新案例的展评，选拔部分优秀节目、作品、视频及创新案例报送参加市级展演。举办纪念“习近平总书记给新安小学少先队员重要回信”一周年师生优秀书画作品评选活动，18位师生的优秀书画作品在市级评选中获奖并在市美术馆展出。

【健康教育】 2022年，县教育体育局严格执行疫情防控各项工作要求，落实“四方”责任，信息排查报送及时准确，常态化疫情防控工作规范有序、成效显著。密切关注了解师生健康状况，做细做实学生健康监测工作。各校建立完善传染病疫情监控与报告制度，随时了解师生出勤、出行及健康情况，做到“早发现、早报告、早隔离、早治疗”，提高对暴发疫情、不明原因疾病、突发事件应急处理能力。全年共创成省青少年近视防控示范学校2所，市青少年近视综合防控先进学校5所。

【心理健康教育】 2022年，县教育体育局持续推进未成年人成长指导中心建设，加强未成年人思想道德建设，强化校社联动，推动社会心理服务平台资源共享，全方位呵护学生心理健康和保障学生生命安全。举办2022年涟水县中小学心理健康专兼职教师研训活动，打造心理健康教育骨干队伍，提升中小学专兼职心理健康教师业务水平；开展安老师工作站心理健康志愿团队“关于未成年人健康成长”百校宣讲系列活动，做到“学校、家庭、学生”三位一体正面管教校园。组织优秀志愿者讲师团队进社区、进学校开展“保护未成年人健康成长”专题讲座30余场，受益家长和师生达4.8万余人。开展第三届“江苏省未成年人心理健康教育宣传月”活动。郑梁梅高级中学校园心理剧《光影相生》获省特等奖，滨河高级中学《无言的爱》获市一等奖。

【校园安全建设】 2022年，县教育体育局先后出台安全管理、预防欺凌、未成年人保护等规范性文件4份。联合县公安局、县市场监管局、县城管局、县文旅局开展“清涟护蕾”专项行动，净化校园周边环境；以“双随机”（随机抽取督导单位、随机确定督导内容）安全督导、联系校挂钩督查、重点时段联合督查为工作抓手，扎实开展安全隐患督查与整改工作，发现安全隐患185条，下达整改通知单115份，隐患整改率达100%；投入1172万元，为全县中小学幼儿园配备257名合格保安，校园安防基础得到提升，学校“一键报警”装置、防冲撞设施等配备率100%、法治副校长覆盖率100%。全县学校开展“三特两异”（特殊家庭、特殊疾病、特异体质，心理异常、行为异常）学生排查工作，对排查出的4832名特殊群体建立导师制，明确教育管理责任。全县已运营校车95辆，服务学校27所，运载学生2191人。大东学校、唐集学校、时码学校、灰墩小学、金城学校、哈贝谷幼儿园6所学校创成市级平安校园示范校。

【教育督导】 2022年，县教育体育局累计组织“双随机”督导103校次，梳理主要问题600余条。涟水“双随机”教育督导工作得到省教育督导委员会认可，在省人大组织的贯彻实施《江苏省教育督导条例》座谈会上，县政府副县长马荣作为唯一县区代表作经验交流发言，“双随机”教育督导工作案例被推荐入选国家教育督导蓝皮书。全县配有专兼职督学88人，督促指导责任督学按时深入责任学校进行督导，加强中小学、幼儿园责任督学挂牌督导工作。组织开展责任督学“双减”优秀案例评选活动，评选出特等奖15名，一等奖15名、二等奖20名，其中14篇优秀案例获市级奖项。优化义务教育学校校长绩效考核方案，经过严格考核，其中优秀14人、良好25人、合格19人、基本合格6人。

【校外培训机构专项治理】 2022年，县委县政府高度重视“双减”工作，将“双减”工作作为重大事项，纳入决策部署。县委县政府主要领导深入一线督查“双减”工作，县人大组织开展实地调研，县政协将“双减”工作提案作为重点提案督办，县纪委强力督责问效，促进校外培训治理工作。出台《关于进一步减轻义务教育阶段学生作业负担和校外培训负担的意见》等配套文件21个，成立县“双减”工作专班，建立由县政法委、县市场监管局、县文旅局、县科技局、县公安局等26个部门组成的“双减”工作专门协调机制，将校外培训机构常态化监管纳入社区网格化治理体系。县教育体育局充分发挥联席会议牵头作用，联合县公安局、县市场监管局、县文旅局、县科技局、县城管局、县消防大队、县住建局等部门，持续开展联合执法检查，切实规范校外培训机构办学行为。年内，共组织部门联合执法检查18次，单部门专项检查92次，投入987人次，督查培训机构1062所次。学科类校外培训机构全部清零。

【上海德汇公益基金会助学】 2022年8月29日，上海德汇公益基金会在涟水举行2022年度奖助学金发放仪式。上海德汇公益基金会理事长、上海德汇集团党委书记谢伟明，县慈善总会会长杨天成出席活动，副县长马荣出席活动并讲话。仪式上，上海德汇公益基金会分别为2022年涟水籍高考文理科成绩优异的2名学生和高考文理科成绩优秀、考取重点大学的18名学生发放奖学金；为2022年考入新高一的20名品学兼优贫困学生发放每人1万元助学金。

2022年8月29日，上海德汇公益基金会在涟水举行2022年度奖助学金发放仪式

（县教育体育局　供稿）

【校外教育辅导站建设】　2022年，全县共有校办辅导站40个，参加辅导站的青少年4662人，其中留守儿童2479人；参与镇（街道）办站100个，进站青少年4552人，其中留守儿童2724人，参与辅导站工作在职教师481人，“五老”人员187人，切实解决广大青少年特别是留守儿童暑期实际困难。6月23日，县关工委和县教育体育局关工委在南门小学召开2022年度“校站结合”工作现场推进会。会上，红窑实验学校、高沟小学作交流发言，县教育体育局关工委分管领导带领大家学习文件《关于全面推进全县校外教育辅导站“强内涵、提质量、上水平”的意见》，全面总结、部署全县校站结合工作。

（王　奔　王小成）

学前教育

【概况】　2022年，全县共有成型幼儿园117所，其中公办幼儿园48所、民办幼儿园69所，全县在园幼儿22198人，教职工2933人，省优质园40所，市优质园24所。县教育体育局坚持综合施策，不断加大财政投入，建立多元普惠办园机制，切实加大宣传力度，规范幼儿园办园行为，持续加强队伍建设，有效推动幼儿园内涵发展，不断加大省、市优创建力度，努力实现全县学前教育发展新局面。8月13日，与淮安市新星幼儿园合作举办涟水县新星幼儿园，通过引进优质管理人才、特色园本课程和先进的办园理念，实现名师资源扩增共享，办园文化互融共进，教科研训同步发展，促进新星幼儿园教师队伍快速成长，办园特色逐步显现，保教质量稳步提升，进一步加快全县幼教品牌发展，满足学龄前家长不同层次的需求。9月，高沟中心幼儿园北园区、安东院子幼儿园、红日幼儿园如期开园，切实保障适龄幼儿入园。

【优质幼儿园建设】　2022年，县教育体育局以推进省、市优质园创建工作为抓手，完善办园条件，加强队伍建设，着力提升幼儿园办学质量和水平。完成朱码中心幼儿园1所省优，安东院子、朱码柴市、高沟中心幼儿园北园区、新星4所市优创建任务。积极申报江苏省课程游戏化区域项目1个、幼儿园项目2个，开展幼儿园课程游戏化项目县级视导4次、观摩座谈会3场，不断加强幼儿园内涵建设，全面提升全县幼儿园保教质量和游戏化水平。

【幼儿园教师指导用书和幼儿用书排查清理】　2022年，县教育体育局成立专项排查小组，明确责任分工，对全县幼儿园先后开展教师指导用书和幼儿用书排查清理专项行动3次，下发幼儿园教材使用注意事项告知书100余份，明确幼儿园不能使用人手一册的幼儿用书，坚持常态化管理，全力呵护幼儿及教师健康的学习环境，弘扬民族正气，传承中国精神。

（王小成　王　奔）

义务教育

【概况】　2022年，全县共有义务教育阶段学校80所（其中初中21所，九年一贯制18所，小学40所，特殊教育学校1所）。全县义务教育阶段学校在校学生98275人（其中小学生65666人，初中生32472人，特殊教育学校学生137人），全县义务教育阶段学校教职工总数7059人（其中小学2507人，初中1294人，一贯制学校3232人，特殊教育学校26人）。县教育体育局完善义务教育阶段入学相关政策，出台《2022年涟水县义务教育阶段学校招生工作意见》，严明招生纪律，规范入学程序和学籍管理等招生入学行为，坚持公办学校100%划片就近入学，实现公民同招、随机均衡编班；强化“四涟工程”（“涟校连家”“涟享学”“涟心有光”“涟尚名师”）建设，研究制定集团化办学指导意见，扩大优质教育资源，持续推进校际联盟。以14个中小学联盟为载体，举行优课评比、作业管理交流、“涟享学”等活动，促进义务教育优质均衡。组织开展春、秋季开学检查及集中视导工作，针对各校教育教学秩序、校园环境管理、政策执行情况等作详细把握，并提出跟进要求，追求教育高质量发展生态持续向好；坚持德育强基，构建纵向衔接、横向贯通、校内校外结合、学校家庭社会协同实施的德育工作体系。

【“双减”政策落实】　2022年，县教育体育局深入贯彻落实中办、国办《关于进一步减轻义务教育阶段学生作业负担和校外培训负担的意见》精神，出台“一标三案”，“一标”即《涟水县义务教育学校“双减”工作标准(试行)》，“三案”即《涟水县2022—2023学年度义务教育学校“双减”工作考核方案》《涟水县2022—2023学年度“双减”工作转段进阶学校考核方案》《涟水县义务教育学校“双减”工作常态督查方案》，全面推动“双减”各项政策落细落实。构建工作体系，明确发展方向。践行“311”工作思路，即提高课堂教学质量、课后服务水平、作业水平，规范校外培训机构，加强家校社联合育人。实施“1+2+N”工作模块，“1”即明确一个定位：构建德智体美劳全面育人体系，“2”即责任清单和工作模块，“N”即措施和保障。做实“十大行动”，即内涵发展增值、课堂质量提升、作业管理创新等10项行动。坚持减负增效，提升教育质量。提高作业管理水平。遵循“减负、提质、增效”原则，制定《涟水县中小学学科作业规范化要求》，召开作业管理研讨会4次，组织作业设计比赛2次。提高课后服务水平，全面实施“5+2”课后延时服务，实现学校、学生全覆盖，将之作为民生实事项目进行有计划、有针对性的落实。提高课堂教学水平。制定并完善“融学课堂”基本要求、考核方案。严格规范管理，净化教育生态。加强教育工作督导，选聘50名督导人员，组成10个督导组，构建随机选定督导单位、随机确定督导内容的“双随机”教育督导机制。加强校外培训治理。组织部门联合执法检查18次，单部门专项检查90余次，督查培训机构534次，办结上级交办件和举报件30件。强化机构风险管控，强化资金监管，防止校外培训机构“卷钱跑路”“退费难”等问题发生。年内，全县中小学共组建社团1895个，特色社团387个，作业压减73.77%，学生对作业布置满意率96.24%，家长对课后服务满意率98.56%。原有85家学科类培训机构已注销38所，转型47所，压减率达100%，实现学生过重校外培训负担、家庭教育支出和家长相应精力负担有效减轻。成功召开“双减”工作现场会，提炼总结出15个“双减”典型案例，其中淮浦学校的《“三环五步”构建“5G”融学课堂新样态》案例成功入选省第四批“双减”工作典型案例。

【民办义务教育】 2022年，县教育体育局坚决落实教育部等八部委《关于规范公办学校举办或者参与举办民办义务教育学校的通知》要求，全面规范公有教育资源的使用。稳妥有序处理好在校就读学生、教师及资产。严格按照《江苏省义务教育学校标准化建设检测指标(试行)》相关要求，核定民办学校办学规模，逐年削减民办学校招生计划，不断提升民办学校办学水平。

【特殊教育】 2022年，全县有特殊教育学校1所，融合教育资源中心48个；3—18岁持证残疾儿童931名，其中特教学校就读137人、接受融合教育670人、送教上门58人；全县共有专职教师31名、巡回指导教师16名、融合教育资源中心兼职教师100余人。认真贯彻落实国家《“十四五”特殊教育发展提升行动计划》文件精神，坚持“普校主体、普特融合原则，以普通学校随班就读为主体、以特殊教育学校为骨干、以“送教上门”及远程教育为补充，积极做好特殊需求儿童少年入学安置工作，做到适龄特需儿童义务教育入学全覆盖。组织各学校专(兼)职特殊教育教师为不能到校就读的58名重症特殊需求学生提供“送教上门”服务2022次，对特需学生健康状况、家庭情况等情况进行详细了解，制定“一生一档”和“个性化课表”。重视特教教师职前培养和职后培训，将特殊教育纳入暑期通识培训内容，组织全县“普特携手”“以研促教”融合教育教学研讨活动和融合教育资源教师专题培训，提升特教教师业务素养和专业能力。

【涟水县中小学生红色研学教育方案研讨座谈会】 2022年5月，县教育体育局扩大红色文化传播、推动红色旅游产业深度融合发展，充分发挥红色旅游的教育功能，在苏北小延安军旅小镇开展以“传承红色基因 弘扬革命精神”为主题的红色研学教育方案研讨座谈会，35所学校校长参加活动。活动包含两个项目：苏北小延安红色之旅游园，通过欣赏园内景观，追寻红色足迹，感悟初心使命；涟水县中小学生红色研学教育方案研讨，打造红色文化传承的生动课堂。活动紧扣习近平总书记在党史学习教育大会上讲话精神，并结合习近平总书记给淮安市新安小学的少先队员们回信精神，要求学校通过多种渠道、多种手段、多种方式来抓好中小学思想政治工作，积极打造高质量的涟水教育新高地，努力培养好德智体美劳全面发展的社会主义建设者和接班人。

【“涟享学”助学工程】 2022年，县教育体育局全面贯彻《关于进一步加强“涟享学”助学工程的实施意见》，通过资源共享、结对帮扶、送教下乡等活动方式，助力乡村学校教育教学质量全面提升。“涟享学”工程城区各牵头校负责对乡村小规模薄弱小学进行业务指导、送教下乡，帮助相关小学改善办学条件、优化资源配置、提升管理水平，助力涟水教育高质量发展，推进城乡教育一体化优质均衡发展。建立网信平台分享教育教学资源送教到校，组织研训员深入乡村小学调研，优先选派薄弱学校老师参加市、县级业务培训。全年实施“涟享学”助学工程送教下乡25场，录制微课320节，培训教师3200人次。

【“涟校连家”关爱工程】 2022年，全县共有寄宿学校39所，寄宿学生31972人。县教育体育局为亟须寄宿的留守儿童和困境儿童提供学习生活一体化服务，融家入校，以校连家，关爱留守儿童和困境儿童，积极承担好扶贫扶智的教育责任。全县投入2.05亿元，新建红日小学，改扩建时码学校综合楼、宿舍楼及运动场，新增校舍面积3.85万平方米。

【劳动教育】 2022年，县教育体育局积极贯彻落实中共中央、国务院发布《关于全面加强新时代大中小学劳动教育的意见》精神。规范课程设置，全县中小学每周开设1节劳动教育课，统筹配置劳动教育资源。丰富校内资源，学校立足劳技室、实验室、课程基地、综合实践基地等基础条件，逐步建好配齐劳动实践实训基地；拓展校外资源，依托成集镇“苏北小延安”、红窑镇“金鸡坨生态农庄”、保滩街道“百花园”和“璞趣园”、高沟镇“今世缘小镇”、南集镇“豆趣园”等，建设校外劳动实践基地，搭建丰富多彩社会实践志愿服务和公益劳动平台，组织学生参加学工、学农、志愿服务等活动，培养学生正确劳动价值观。

【淮安外国语学校滨河校区】 是一所现代化公办民助的寄宿制学校，是以江苏名校、江苏省最具影响力初中——淮安外国语学校为模板，打造的一所涵盖初中部和小学部的学校。初中部校园占地面积7.07公顷，建筑面积约2.7万平方米，投入资金约1.3亿元；小学部校园占地面积4.13公顷，建筑面积约2万平方米，投入资金约0.95亿元。2022年，有在校学生3600余人，教师员工380余人。有300余名学生或团体在省、市各类体育艺术文化节、写作大赛、航模比赛、金钥匙科技竞赛、少年科技创新大赛中获奖，殷桃同学荣获2022年度淮安市“新时代好少年”称号；2项教学研究课题获批“江苏省中小学教学研究第十四期课题”；43名教师在省第五届“五四杯”初中青年教师微课评选中获奖，其中11人获省一等奖。学校先后获“淮安市模范职工之家”“江苏省智慧校园示范校”“全县教育工作先进集体”等称号。

（王　奔　王小成）

2022年3月6日，滨河淮外初中部操场举办“总理精神薪火相传　梦想扬帆再铸辉煌”主题教育活动

（县教体局　供稿）

普通高中教育

【概况】 2022年，涟水县有普通高中6所（四星级高中2所，三星级高中3所，一般高中1所）。招生8013人，毕业生5803人，在校生22354人，教师总数1798人。涟水中学获评市普通高中综合考评示范单位，郑梁梅高中、滨河高中、涟水一中、涟州高级中学等4所学校获评市普通高中综合考评优秀单位，金城高中被评为优良单位。全县各高中学校以《涟水县普通高中高质量发展方案》为指导，深化课程改革，加强教育管理，提升办学品质。强化涟水中学国学与生态环境、郑梁梅高中生命教育、涟水一中体育等省级课程基地内涵建设，形成多样化、均衡化办学格局。

【全县教育振兴大会】 2022年9月8日召开。淮阴师范学院副院长毛广雄，市委组织部副部长、市人才办主任姜洪洋，部分在外乡贤智库专家，洪然、朱永兴、张超、姜杰等县四套班子领导出席会议。县委书记洪然代表县委、县人大、县政府、县政协致辞。会上，姜洪洋、洪然为“留凤建淮”高校青年人才联络站涟水站揭牌；毛广雄、朱永兴作为代表共同签订《淮阴师范学院 涟水县人民政府校地教育共建合作协议书》；朱永兴为智库专家代表颁发聘书；县领导为5名教育突出贡献奖获得者、10名“四有”好老师和10名“五好”学生代表颁奖；智库专家代表李海岩和教育突出贡献人物代表曾兆亮分别发言，“四有”好老师代表鲁国富宣读《给全县广大教师的倡议书》，随后举行2022年新教师入职宣誓仪式和“尚学涟水”——庆祝第38个教师节文艺演出。

【学校内涵建设】 2022年，涟水县以《涟水县普通高中高质量发展方案》为指引，坚持错位特色发展，充分发挥优质高中的品牌效应和示范引领作用，以涟水中学为龙头，推进郑梁梅高中、滨河高中精品化发展，助推全县高中教育水平整体提升。涟水中学在省级“国学课程基地”“生态教育课程基地”基础上，不断优化四馆特色育人功效，激发学生学习动力，增强学习兴趣，提升学习效率。郑梁梅高中在省级“生命教育课程基地”的基础上，培育赤子文化，号召全校师生学习郑老先生爱国爱乡的赤子情怀，育人成效显著。滨河高中的“精细管理”扎实高效，涟水一中、金城高中、外国语高中积极推行“面向全体学生，着眼素质提升，尊重个性差异，追求科学施教”的艺体特色，为提升教育教学质量奠定基础；大力实施省前瞻性项目、省品格提升工程、省课程基地等项目，推动学校内涵建设。

【教学质量提升】 2022年，县教育体育局坚持深化教育教学改革。强化目标管理，建立健全既符合教育要求又契合涟水实际的质量评价体系，完善《涟水县普通高中综合考评方案》，有效提升教师工作积极性和教学质量。落实立德树人根本任务，提高新课程、新教材实施质量，推进“融学课堂”课程改革，改变课堂教学样态、提高课堂教学效益。考察交流促提升，学习借鉴谋发展。协助组织赴宿迁市沭阳县专题考察活动，加强校际交流，学习先进经验与做法。郑梁梅学校清枫路校区投入使用，进一步优化高中教育整体布局，满足师生多样化需求，实现优势互补，激发办学活力，整体推进全县普通高中教育教学水平提升。坚持深化结对共建,全面落实《涟水县普通高中高质量发展方案》,充分发挥优质高中的品牌效应和示范引领作用,借鉴沭阳经验,持续深化高中结对帮扶,在办学理念、管理形式、办学资源、办学方式上互通互鉴互享互补。涟水中学与金城外国语学校举行校际师徒结对仪式,推进校际优质资源共建共享,促进教育教学高质量发展。加强与省内优质高中联盟结对共建,推进涟水中学与江苏省溧水高级中学结对共建,加强在学科建设、课程开发、师资培养等方面的深度合作。

【江苏省涟水中学】 创办于1928年,是一所有近百年光荣历史和辉煌业绩的江苏名校,是国家级示范性高中、江苏省首批四星级高中、江苏省知名重点中学,是南京大学、东南大学等多所一流大学的优质生源基地。2022年,全校有学生3908人。在第33届江苏省金钥匙科技竞赛中获得高中组团体一等奖,获特等奖3人、一等奖5人。省级作文竞赛有35人获一、二等奖,省级化学竞赛有2人获一等奖、13人获二等奖,省级数学竞赛有2人获二等奖,省级物理竞赛有3人获二等奖。不断加强教师队伍建设,有2人获评淮安市学科带头人,有6人获批淮安市“533人才工程”培养对象,有21人获市县“模范教师”“优秀教师”“优秀班主任”“优秀教育工作者”等荣誉称号,有国家级、省级课题结题或立项10余项。学校获“全县教育工作先进集体”“淮安市普通高中综合考评‘示范单位’”“江苏省生态文明教育实践基地”“江苏省心理健康教育特色学校”称号,连续三届荣膺“江苏省文明校园”称号。

【江苏省郑梁梅高级中学】 系已故涟水籍港胞郑兆财,于1999年捐资兴建,是全省唯一的捐资公办学校。占地面积9.39公顷,校舍建筑总面积8.44公顷,绿化面积2.86公顷。2020年,县委、县政府投入约4.5亿元兴建分校——郑梁梅学校清枫路校区,2022年8月正式启用。2022年,学校有学生4275人,班级82个,专任教师331人,本科达标率100%,硕士研究生27人,中高级职称279人,省优秀教师7人,市级学科带头人、骨干教师22人,县级骨干教师46人。积极打造“赤子先锋+3+N”党建文化品牌,成功入选市“一校一品”建设项目;坚持把弘扬社会主义核心价值观同学校的文化基因、办学理念和“三风一训”有机融合,打造“赤子”校园文化;在市“融学课堂”课改模式基础上,构建“善问”课堂,促进学生真正自主学习、主动学习、高效学习。截至年底,有教师33人、学生173人在各级、各类竞赛和表彰评比中获奖。

(王　奔　王小成)

江苏省涟水中学　(县教体局　供稿)

职业教育

【概况】 2022年,全县有中等职业学校2所,其中四星级中职1所(江苏省涟水中等专业学校)、普通民办职业学校1所(淮安市辅仁职业技术学校),中等职业学校在校生6965人;高职1所(炎黄职业技术学院),在校学生5800余人。

【炎黄职业技术学院】 是已故涟水籍台胞、教育家、爱国实业家蒋志平筹资创办、省政府批准建立、教育部核准正式备案的一所全日制民办普通高校。校园占地面积为20.6万平方米,校舍建筑面积近12万平方米,馆藏图书约23万册,中外文期刊600余种。设三年制专科和五年制专科,设建筑工程系、机电信息工程系、经济管理系、时尚造型设计系、汽车工程系、休闲观光系、幼儿教育与保健系7个系和通识教育中心。开设汽车检测与维修、计算机应用与维护、电子信息工程、建筑工程技术、机电一体化技术、会计、旅游管理、应用英语、人物形象设计、空中乘务等35个专业。2022年,学校共有班级100余个,学生5800余人,教职工315人,专兼职教师237人,专任教师中具有高级职称33人,研究生学历40人,双师型(双师素质)62人。应届毕业生2528人,就业率达95.37%。

【江苏省涟水中等专业学校】 集开放本科、开放专科、中专、短期培训于一体,是江苏省四星级中等职业学校、省高水平示范性中等职业学校、省现代化示范性职业学校。位于陈师街道机场中路1号,占地面积13.62公顷,建筑面积9.72万平方米,总投资3.99亿元。2022年,学校有全日制中职在校生4582人,开放教育本专科学员2435人,教职员工294人,专任教师265人。开设有加工制造、交通运输、信息技术、财经商贸、旅游服务、农林牧渔、土木水利、文化艺术等16个专业,建有省中职学校优质专业1个,省级现代化实训基地2个,省级现代化专业群3个,省级职业技能体验中心2个,市级职业技能体验中心1

江苏省涟水中等专业学校　　（县教育体育局　供稿）

个。先后荣获全国青少年五好小公民主题教育示范学校、全国创新名校联盟成员单位、全国青少年校园足球特色学校、江苏省职业教育先进集体、江苏省德育工作先进单位、江苏省和谐校园等称号。

【淮安市辅仁职业技术学校】　位于县城炎黄大道西侧军民中心村，占地面积约3.44公顷，建筑面积约2.7万平方米。学校有老年服务与管理、幼儿保育、航空服务、电子商务、计算机应用、汽车运用与维修6个专业，校内实训基地11个。2022年，有在校生2383人，教职工138人，专任教师120人，双师型教师27人。省学业水平考试参考率100%，文化基础课平均合格率91.09%，专业理论课平均合格率96.1%，专业技能课平均合格率97.13%，成绩位于全市中等专业学校前列。师生参加省市县教育主管部门组织的各种比赛，获省三等奖4项，获市一等奖3项、二等奖8项、三等奖18项，获县特等奖3项、一等奖22项、二等奖16项。毕业生546人，升入大专院校484人，本科3人，直接就业59人。　（王小成　王　奔）

社会教育

【概况】　2022年，全县共有1241人参加成人高考，其中高升专631人、高升本5人、专升本605人；共有1817人参加自学考试，自考毕业60人，其中专科毕业24人，本科毕业36人。

【江苏省涟水开放大学（涟水电大）】创建于1979年，1999年涟水电大迁入江苏省涟水中等专业学校（原涟水县职业技术教育中心），实行一套班子、两块牌子，资源共享，2013年通过省教育厅验收经省政府批准成立江苏省涟水开放大学，学校占地面积13.6公顷、建筑面积9.7万平方米。本科开设专业有学前教育、汉语言、计算机科学、工商管理、会计学、行政管理、土木工程、环境工程、艺术教育、文化产业管理、市场营销、工程造价、电子商务、影视摄影与制作、农业资源与环境、公共事业管理；专科开设专业有婴幼儿托育服务与管理、计算机科学、工商管理、会计学、机电一体化、工程造价、大数据与会计、行政管理、工程管理、连锁经营与管理。2022年，有在校生6152人，各级各类成人本专科学历教育在校生2031人，开放大学专职管理人员12人，全校专兼职教师共285人。被江苏开放大学表彰为“全省招生先进单位”“全省优秀教学团队”。年内，通过江苏开放大学公共管理学院验收，升格为江苏开放大学法学专业实习基地。

（王小成　王　奔）

教育科研

【概况】　2022年，全县共组织语文、数学、英语、音乐、德法、信息科技、美术等学科培训共40余次，以线上与线下相结合方式，培训教师1万余人。特级教师工作室共开展教学研讨活动20余次，小学语文、数学乡村骨干教师培育站共计开展活动40余次，培训教师1800余人次；开展初三毕业班教学工作调研12次，研训员深入学校督查备课计划、备课内容、练习编制、教案落实，参加初三备课活动28次，召开两轮复习研讨会（线上），邀请市内外18位中考研究专家讲学，全县参训教师2000余人，组织教师深入学习“三新”（新课标、新课堂、新评价）要求，学习“融学”课堂相关文件，各学科围绕“融学课堂教学改革”展开研讨活动40余次。合理利用2021年全县“融学”课堂优质课，积极开展“融学”课堂送教到校活动，开展全县40所初中校全覆盖式教学调研；深入全县6所高中校进行教育教学工作调研，先后对高中学校教育教学工作进行调研5次，与各校共同总结经验，诊断问题。年内，全县省级教研课题立项5个，开题5个，结题1个；规划课题立项10个，开题10个。市级教研课题立项26个，开题26个，结题10个；规划课题立项35个，开题35个，结题14个。县级课题立项77个，开题77个，结题60个。

【教学竞赛】　2022年，县教育体育局组织全县教师参加省、市教育教学论文评比活动，7篇论文获省基础教育教学论文评比一等奖，10篇论文获二等奖；42篇论文获市基础教育教科研论文评比一等奖，118篇论文获二等奖，224篇论文获三等奖。朱飞、马浩洲、嵇峰、郑伶伶等教师获评省基础教育教科研工作先进个人。卜灵、金传芹参加省市乡村骨干教师培育站优课评比获省二等奖、市一等奖；席艳、陈利娜、卢梅英、王玉琳等教师在市教学基本功大赛、“三航教师”百节好课展评等竞赛中分获特等奖和一、二等奖。马姗姗、石莲红参加市书法优质课竞赛分获一、二等奖，唐海峰、郑静芝、卜灵参加市广阅读书目导读课评比分获一、二等奖。6月组织各科县级优质课竞赛活动,12月组织各科基本功大赛活动,参赛教师1500余人。（王　奔　王小成）

教　师

【概况】 2022年,全县有教职工12084人,其中高中1798人、初中1294人、小学2507人、九年一贯制学校3232人、幼儿园2933人、特殊教育学校26人、涟水中专294人。全年新招聘教师474人,其中幼儿园教师10人,特殊教育教师3人,小学教师206人,初中教师130人,高中教师118人,职中教师7人。全县有在职在岗省特级教师6人、正高级职称6人。县级及以上骨干教师比例达24.86%。中职学校“双师型”教师比例达86.03%。幼儿教师专科率达98.23%、小学教师本科率达99.72%、初中教师本科率达100%、普通高中教师研究生率达20.68%、中职教师研究生率达25.10%。全县有1人获评正高级教师职称,5人获评淮安市优秀教育工作者,13人获评淮安市优秀教师,2人获评淮安市模范教师,49人获评淮安市优秀班主任,32人被评为淮安市“淮上英才计划”533英才骨干人才培养对象。

【乡村教师培育】 2022年,涟水县组建淮安市乡村小学语文骨干教师培育站,并报省教育厅备案确认。培育站自建站以来,共开展研修活动8次,集中培训12天,共开设学员公开课23节。截至年底,市县级以上优课获奖9人,教学设计获奖7人,论文获奖11人,素养大赛获奖7人,课题立项4项。

【教育管理干部培育】 2022年,县教育体育局多措并举做好干部教育培训工作。2月9—10日,“涟水县中小学校长高级研修班”顺利开班。来自全县中小学73位校长结合学校工作实际,围绕“质量 特色 展望 规划”,分别汇报2021年学校工作开展情况及取得成绩,简要介绍2022年学校工作思路及推进措施。汇报交流后专家进行点评,最终评出一等奖30名、二等奖43名。7月11—16日,县教师发展中心组织专兼职研训员共50人到国家教育行政学院浙江萧山培训基地(浙江杭州)参加涟水县中小幼专兼职研训员高级研修班,以专题讲座、经典案例、名校浸润、沙龙研讨、现场教学、心得交流、实地观摩等方式,对研训员进行锤炼打磨。

【师德师风建设】 2022年初,县教育体育局召开“强师德、勇担当、讲奉献,办人民满意的教育”主题教育会议,要求教育系统教职工坚定理想信念、厚植爱国情怀、涵养高尚情操,促进教育事业不断发展。重点学习《新时代中小学教师职业行为十项准则》《新时代幼儿园教师职业行为十项准则》《中小学教育惩戒规则(试行)》《中小学教师职业道德规范》《中小学教师违反职业道德行为处理办法》《事业单位工作人员处分暂行规定》以及有关师德师风建设工作要求。认真贯彻落实习近平总书记关于教育的重要论述以及指示批示精神,以争做“四有好老师”、当好“四个引路人”为目标,通过学师德规范、明师德要求、强教育整治、树师德典型,组织开展师德教育案例评比、寻找“最美教师”、“万名教师进万家”大走访等系列活动。签订责任状75份,承诺书6000余份。从全县中小学、幼儿园遴选出10名师德高尚、作风优良、业务精湛、乐于奉献的优秀教师,进行全县巡回宣讲,带动广大教师学习先进,打造一支政治素质过硬、业务能力精湛、育人水平高超的教师队伍。

【名师队伍建设】 2022年7月27—30日,教师发展中心在外国语高中举办涟水县中小学骨干教师综合发展研修活动,研究掌握教师发展前沿理论,革新教学理念,使骨干教师能快速成长为名特优教师。“名师工作室”主持人、导师、第二批七个名师工作室成员,共110人参加活动。活动以专家讲座和学科研讨方式进行。通过培训,学员深入了解教师发展前沿理论,知晓国内外基础教育改革与发展新动态,为他们成为新时代好老师提供发展方向和实现途径。

【百名师范生看涟水教育】 2022年,县教育体育局大力实施“涟尚名师”培育工程和“十百千”教育领航计划,举办“缘来涟水 携手同行”百名师范生看涟水教育活动。活动期间,102名师范生参观淮阴中学滨河高级中学、淮文学校滨河校区、县开发区实验学校、实验小学中山路校区等多所学校。县教育体育局领导向参加活动的师范生介绍涟水人文历史、经济发展、特色产业和教育发展情况,并诚挚邀请学生到涟水生活、加入涟水教育大家庭,施展远大抱负,实现个人价值。

（王小成　王　奔）

文 化

CULTURE

编辑：彭亚君

综　述

【概况】 2022年,县文旅局紧扣县委“133”基本思路,承办淮安市研学旅行基地联盟成立仪式,创成市精品研学基地3个、精品研学课程4门。建成涟水全域旅游集散中心和全域旅游智慧中心,苏北小延安景区创成国家AAA级景区,金鸡坨生态农庄、璞趣园创成市级乡村旅游点,红窑镇夏楼村创成市级乡村旅游重点村,高分创成江苏省全域旅游示范区。以“百场千村文化行”“百姓大舞台,想唱你就来”“金秋文化艺术节”等品牌活动为抓手,开展多种形式的主题文化活动3400余场、送戏下乡76场次、文化惠民演出44场,做到季季有主题、月月有活动、周周有看点。涟水分别在全市文旅工作会议和省文旅厅组织的苏北五市送戏下乡座谈会上作送戏下乡经验介绍,省文旅厅厅长杨志纯到成集镇条河社区调研送戏下乡,并现场观看演出,给予高度评价。《村里来了花喜鹊》《哎哟,我的憨哥哥》,分别入选“喜迎二十大”江苏省新时代现实题材作品和江苏省基层文艺院团优秀节目。《村里来了花喜鹊》获得省“五个一工程”奖,被江苏省作为唯一基层院团的作品,申报参加全国“五个一工程”奖评选;《芝麻官钻笆斗》获江苏省第十五届“五星工程奖”,在天津参加全国第19届群星奖评比决赛,成为全国仅有的9部小戏作品之一。《哎哟,我的憨哥哥》获江苏省优秀剧目扶持。云锦作品《喜鹊登梅》和烙画作品《鸿运当头》入选全省新阶层非遗展,12幅油画作品参加全市统战系统“喜迎二十大”油画学术作品展,高沟捆蹄制作技艺参加第五届中国(淮安)大运河城市非遗展,4个非遗项目15件作品入选淮安市“虎文化”作品特展。《新安少年》成为省少儿舞蹈大赛十佳作品,《颂歌喜迎二十大》获淮安市理论宣传三等奖。围绕县委、县政府的中心工作,创作《颂歌喜迎二十大》《永远不忘是初心》《家国一个梦》《疫情防控靠大家》等群众喜闻乐见的节目100件。举办恩来读书节涟水站启动仪式,线上浏览、点赞量达百万人次,“涟校连家学子看涟水”活动,被《中国青年报》、交汇点等省级以上主流媒体推介,红色经典扫码阅读浏览总量超210万人次。扎实开展民间文艺团队星级评比活动,涟水县芳鸣艺术团、涟水县百姓大舞台艺术团、涟水县琴韵曲艺社成功入选省级优秀团队培育名单。在考古前置工作中,共审批82块土地,总面积达150余万平方米。省文物局批复同意涟水经济开发区(一期)文物资源区域评估项目。省级文保单位高沟酒老窖池群编制专项保护规划并通过省文物局审批,50余个老窖池群向游客展示传统酿酒工艺。省级文物安全实验区(一期)项目方案、嵇安墓考古勘探调查方案通过省文物局评审,获得文物专项补助资金105万元;征集1947年涟水县新农会成立会旗等各类革命纪念见证物等15件。 (朱一晗　孙晓东)

《哎哟,我的憨哥哥》舞台剧表演 (县文旅局　供稿)

【书香涟水建设】 2022年,涟水县建成镇街“淮安书房”16家,示范农家书屋82家,新增图书34万册、数字阅读点99个,2022年度图书、报刊借阅量近15万次,居民阅读指数跃升至全市第二位。坚持把“勤奋好学涟水人”精神特质融入“书香涟水”建设。设计制作主题文创产品,录制普通话版、方言版推广音频,设计“涟小文”“涟小悦”动漫形象,制作推广视频11部,组织“十万海报进农家”,印制13万份日历海报发放入户。全年各类阅读阵地开展“最美领读者”选拔赛、“阅读走过四季”留守学子看涟水、“乡村伴读”公益计划、“点亮书房微光 书香伴我成长”中小学生阅读打卡、“喜迎二十大 阅读进乡村”等活动1588场,参与群众36万余人。

(县委宣传部)

【文化设施建设】 2022年,县文旅局投资300万元完成涟水大剧院维修维护项目;累计投入资金745万元,建成南集镇、五港镇、朱码街道等镇街智慧广电;县博物馆安全技术防范改造、嵇安墓安全技术防范两个项目顺利竣工,完成涟水抗日同盟会旧址西厢房修缮;投资约40万元建成涟水县文化馆录音棚;投资约80万元完成五岛湖旅游景区环境提升改造;打造县图书馆、县文化馆省级2个最美文化空间;投资约200万元,建成镇街“淮安书房”16个;完成非遗工坊2个、景区书屋3个,进一步拓展服务阵地和领域。 (孙晓东)

【国家一级图书馆创建】 2022年,涟水县图书馆根据省文旅厅《关于组织参加第七次全国县级以上公共图书馆评估定级工作的通知》精神及对照《县级公共图书馆评估细则》,从6个必备条件及服务效能、业务能力、保障条件3部分开展国家一级图书馆创建工作,按照共19个一级指标、63个二级指标、286个具体指标要求,完成21册1266条(篇)共8000余页,约240万字佐证材料的收集、整理和网上平台填报工作。围绕“以评促建、以建促管、以评促用”宗旨，强化阵地建设和服务效能双提升。持续改善硬件设施，馆内有计算机终端、平板电脑、触屏一体机等智能化设备64台，网站功能完备、操作便捷，拥有资源导航、读者登录、馆藏查询、信息发布、个性化推荐、数字资源整合和访问、数据统计等功能，满足读者多样需求；建设总分馆网络，打造新包括城市书房、24小时图书室、景区书屋等新型阅读服务空间35处，分馆26个，营造更有创造性、更开放的阅读氛围；深入开展全民阅读活动，打造“安东讲坛”“行走的图书馆”“阿累读书节”“书香涟水 悦读金秋”“涟图故事绘”“阅读存折进校园”“涟图展览”等10个品牌活动，建成未成年人校外教育活动基地。

（孙晓东 杨倩倩）

涟水县图书馆 （县文旅局 供稿）

【省文旅厅领导专题调研涟水“送戏下乡”】 2022年3月3日，省文旅厅厅长杨志纯、副厅长裴旭一行到涟水深入成集镇条河社区专题调研“送戏下乡”。副市长王向红，市文旅局局长许长坡，县委书记洪然，县委常委、宣传部部长郎跃明陪同。杨志纯指出，近年来涟水县扎实开展“送戏下乡”活动，先后创作《鸡村蛋事》《留守村长留守鹅》《村里来了花喜鹊》《哎哟，我的憨哥哥》等多部文化作品，为丰富基层群众精神文化生活作出突出贡献。希望涟水县充分发挥好基层文化站所、文化服务中心、乡村大舞台、农家书屋等平台作用，围绕老百姓喜欢的地方戏曲，精准选择文艺素材，精致创作文艺作品，精心组织下乡演出，让淮剧、淮海琴书等当地群众喜欢的传统戏曲更加贴近时代、贴近人民、贴近生活，不断提升基层群众的获得感、满足感和幸福感。

（朱一晗 孙晓东）

【筑牢安全生产防火墙】 2022年，县文旅局深入贯彻落实习近平总书记关于安全生产的重要论述和指示批示精神，贯彻国务院安全生产十五条硬措施，落实安全生产部门领导责任、行业监管责任和企业主体责任，先后签订安全生产目标责任制78份；组织开展文旅行业安全生产大检查、打好文旅行业安全生产百日行动攻坚战，先后组建成立督查检查组585个、出动检查人员1226人次，对管辖的154个安全点位检查督导1115次，先后排查整改问题隐患45个，均全部整改到位。对568个消防栓、1209只灭火器、15个特种设备、13本特岗证件、189块安全提示牌，52个救生圈、12个观光台，5个监控室等安全生产重点设施和关键部位，明确安全措施、责任落实到人；先后制定实施安全计划、岗位责任、检查制度、检查方案等42份，修改完善应急预案7篇，开展安全培训演练12次、培训演练476人次；举办“五进”宣讲活动3次、安全展览16次、安全演出46场，电子屏滚动展示安全标语269条、张贴安全宣传海报128张、发放旅客安全事项提醒等宣传资料1560多份；开展安全生产联合执法检查14次，筑牢文旅安全生产工作防火墙。

（刘 宁）

文艺创作

【概况】 2022年，县文旅局组织创作《永远不忘是初心》《向人民报告》《继往开来更辉煌》《家国一个梦》《疫情防控靠大家》等音乐、舞蹈、美术、书画、摄影、戏曲、曲艺主旋律文艺作品100多件。创作《党旗猎猎迎风扬》《打好疫情阻击战》《我们是抗疫志愿者》《疫与心声》等抗疫题材作品20余件；创作迎接党的二十大的琴书《颂歌喜迎二十大》、淮歌联唱《谱写新时代新华章》等作品20余件；创作交通安全警示教育作品《悔之已晚》、小品《红马夹》、三句半《文明关乎你我他》等10余件。组织《余运会·采柿图》《运河岸边》《寄情山水》等10余幅书法美术作品参加市委、市政府、省文联举办的“运河之都 百里长廊”晋京书画作品展。挖掘涟水红色资源，编写《硝烟飘过盐河》《涟水红色基因》《自古涟漪佳绝地》等文学作品。

（顾明霞）

【书画摄影】 2022年，县文旅局组织并承办“永远跟党走优秀书画作品汇报展”“喜迎二十大 童心向未来”少儿书画作品展等系列活动。48幅优秀书画作品分别在国家、省市级活动中获奖和入展，其中朱卫东花鸟画《秋声雨韵》、徐业春山水画《大壑通途》、董炜炜水粉画《生命的力量》、查仿明人物画《武汉记忆·火神山之夜》等作品入展全国展。朱卫东中国画《全运会·采柿图》、从正中国画《运河岸边》、朱飞小楷《古文选抄》、颜士学楷书《王羲之兰亭序》、严成刚篆书《李清照词抄》等作品入展淮安市委、市政府举办的书画晋京作品展在中国美术馆展出。董炜炜创作的《革命映像》入选由中国美术馆举办的“美在致广——全国小幅美术精品展”；魏生荣水粉画入展江苏省第九届水彩

(粉)画作品展;漆云、董炜炜的油画入展江苏省油画作品展。12幅油画作品参加全市统战系统“喜迎二十大”油画学术作品展。（从　正　顾明霞）

【戏曲小品创作】 2022年,由县淮剧团、县文化馆共同打造的小淮戏《芝麻官钻笆斗》获江苏省第十五届“五星工程奖”,参加全国第19届群星奖决赛,获全国首届小戏小品优秀剧目奖。创作小品《拆迁风波》《红马夹》、三句半《文明关乎你我他》、微型小淮剧《妈妈的心愿》以及交通安全警示教育作品《悔之已晚》等作品分别参加各类专题文艺演出,获观众一致好评。

（顾明霞　周洪明）

【音乐舞蹈创作】 2022年,县文旅局组织创作音舞说唱《普法宣传进万家》、舞蹈《我在水岸等你》、表演唱《我们是抗疫志愿者》、微淮剧《妈妈的心愿》等优秀作品50余件。根据疫情形势变化,创作以“抗疫”为主题的苏北琴书《回娘家》、舞蹈《疫与心声》、歌曲《我相信》等文艺作品20余件,并进行线上展播;少儿舞蹈《新旅少年》获江苏省少儿舞蹈大赛“十佳作品”称号和“璀璨中国”优秀奖,并参加省电视台春晚现场演出;淮海琴书《颂歌喜迎“二十大”》获淮安市理论宣传三等奖;配合“4·23”世界读书日以及周恩来读书节启动仪式,创作情景舞蹈《书香涟水》并成功演出。

（顾明霞　张书亮）

【文学作品创作】 2022年,涟水县作家协会厚植本土文学资源,打造“红日”文学品牌,创作出一批反映涟水经济社会发展的精品力作。全年全县作者共在市级以上报刊及网络平台发表各类文学作品500余篇、出版文学类图书3部,计300余万字;4人次获全国文学竞赛大奖,15人次获市级以上文学奖项;1人加入中作协、1人加入省作协。制定《涟水文学高质量发展五年规划》,围绕十百千人才培养工程,为地方文学发展提供可持续的青年人才支撑。打造全国首个红色文学大奖“《中国作家》·红日文学奖”,中作协《中国作家》与县委县政府联袂设立,并在南京举行新闻发布会。《涟水文学史》编纂工作正式启动,全面梳理涟水诗词发展的历史经纬、全力呈现涟水诗词繁荣兴盛的300余万字的《涟漪诗歌总集》已完稿,成立小作家协会并设立小作家培养基地;成功举办“讴歌新时代 奋进新百年”——庆“七一”大型红色文学主题朗诵会,青年作家张爱甲、薛必海、孙胜等在市县多家学校开展“作家进校园”等公益讲学活动获得广泛好评;县作协与今世缘酒业联合设立涟水青年文学人才支持基金。淮安欣菱机电公司赞助设立涟漪青春文学奖。在第三届“猴王杯”全球华语诗歌大赛中,县作协主席李亚夫获一等奖,开创全市本土诗人在顶级诗歌大赛中获得古典诗歌一等奖的先河,副主席孙胜斩获新诗佳作奖。张启晨加入中作协,其小说《风华时代》获得中作协网文中心重点扶持,纪实类作品《永远21岁朱启杰烈士》获团中央社会联络部联合中作协网文中心共同举办“学习二十大 青春著华章”主题征文优秀作品奖。孙胜入选省作协签约作家、市首批“文化名家工作室”学徒、市“533英才工程”骨干人才,获2022年度淮安市“双名”工程奖励类项目免申直补奖金补贴,荣获省十佳青年诗人奖,诗歌发表于《青春》。郑志玲担任编剧的《天大的事》被拍成电影,译注的《山海经》出版发行。茆佳万长篇小说《南船北马》入选省作协重点扶持文学项目、市文联重点文学签约项目,短篇小说《运河上的变迁》获得征文比赛优秀奖,中短篇集《穿过叶子的阳光》出版发行。王双华创作的纪实文学《硝烟飘过盐河》《文化涟水》丛书出版发行,部跃的诗集《流失的国度》出版发行。鲁家专诗歌作品发表于《中华辞赋》。会员徐高扬的小小说《魔术》获“今世缘·国缘”全国推理小小说大赛优秀奖。（孙晓东）

2022年4月22日,2022年周恩来读书节涟水站启动仪式在县图书馆举行

（县文旅局　供稿）

公共文化

【概况】 2022年,县文旅局聚焦民生实事,扎实开展公共文化志愿服务,培养80余名文艺骨干,充实本地文艺人才队伍,提高文艺人才业务水平。高标准建成镇街“淮安书房”16个,坚持线上线下双向发力,开展公益文化活动3400场。强化目标责任,“公共数字文化服务乡村覆盖率”达到100%,全市排名第一。提升“服务人次”指标,完成全县人均接受文化场馆服务次数达7.05次,全市排名第一。涟水县芳鸣艺术团、涟水县百姓大舞台艺术团、涟水县琴韵曲艺社成功入选“江苏省优秀群众文化团队培育对象”名单。（汤　蕾　杨加堂）

【群众文化活动】 2022年,县文旅局以品牌活动为抓手,组织文化志愿者和文

艺团队进基层，开展“百村千场文化行”、“百姓大舞台，想唱你就来”、“金秋文化艺术节”、“幸福淮安”广场演出、“我们的中国梦——文化进万家”、“我们的节日”等群众文化活动3800场。县文化馆在元旦、春节、元宵节、端午节期间，组织开展“我们的节日”系列文化惠民演出15场；举办“迎新春书画双年展”“涟水县职工书画展”；会同县图书馆、涟水书画院组织第27个“世界读书日”美术作品展开展专题演出15场次。县博物馆以“文物会说话”为题，相继开展“追寻与发现·感受文物魅力”、“学习农耕文化·体验劳动技艺”、“一群小好汉”新安旅行团故事图片展等系列活动，传承红色基因，弘扬地方特色文化。

【文化惠民活动】 2022年，县文旅局开发云上听、云上看、云上舞、云上训等网络产品，开展烙铁画、面塑、结艺、淮剧等线上直播22场，观看3万余人次，点赞量达100万人次，戏剧抖音点击量超200万人次。积极开展文明实践活动，元旦、春节、元宵节、端午节、中秋节期间，文化馆组织开展“我们的节日”系列文化惠民演出50余场；在“五一”“七一”“八一”“十一”等重要时间节点，举办专题文艺演出20余场。举办“迎新春书画双年展”“涟水县职工书画展”等书画展13场；文化馆、图书馆、书画院组织第27个“世界读书日”美术作品展；以“喜迎二十大 奋进新征程”为主题，举办“新时代颂——2022江苏美术摄影”主题联展。围绕安全生产、移风易俗、文明新风、“三下乡”活动等专题，开展专题演出30场，在涟城街道、梁岔镇、红窑镇开展“百场法治文艺进基层”活动5场，帮助群众增强安全意识、提升文明修养，普及法律知识。全年完成送戏下乡和文化惠民活动120余场。

【“淮安书房”建设】 2022年，全县投资近200万元，建成镇街“淮安书房”16个。镇街书房总面积1480平方米，共有图书130432册，全年接待读者53058人次，借阅人次24850人次，借阅书籍38570册。高沟镇、梁岔镇、成集镇等8个镇街依托现有街道文化站、农家书屋、景区服务中心等场所资源，彰显地方特色，进行升级改造。陈师街道、朱码街道、唐集镇等8个镇街结合服务覆盖群体数量等进行打造，重新规划书房场所，将“淮安书房”打造成对外免费、长时开放、温馨舒适、沉浸式阅读新型公共文化服务空间。“淮安书房”配备侧重农业养殖类、少儿教育类、红色经典著作等书目的选择和配比，藏书量达5000册；配备统一的图书借还设备，业务管理系统与县图书馆联网，实现“一卡通”通借通还，为群众借阅、续借和还书提供便利；提供无障碍借阅服务，规划无障碍通道、特殊人群阅读专区，提供便民物品箱、志愿服务等便民服务，安排专人帮助和指导，为群众提供优质的阅读体验。 （孙晓东）

淮安书房五港镇服务点 （县文旅局 供稿）

【公共文化数字化建设】 2022年，县图书馆在各镇街共建设电子图书驿站16个，完善数字图书阅览平台，移动图书馆刊载图书20万种以上，公开课、有声读物2万余集，免费提供10万种图书下载。县博物馆推进数字博物馆工程，借助虚拟现实技术，可“云游”涟水博物馆。旅游景区推进景区智慧游客服务体系、景区智慧管理体系建设，五岛湖旅游区、高沟酒非遗保护区实现智能导游、电子讲解等功能。县文化馆推进数字文化馆建设，运营江苏省数字文化馆云服务与管理平台。在各文化场馆、镇（街道）文化站、村（社区）综合文化服务中心显著位置张贴江苏省公共文化云二维码，帮助进馆群众扫码关注、注册、认证。组织文化志愿者发放江苏公共文化云科普宣传单10万张，联合县农业农村局推广江苏公共文化云平台。截至年底，全县所有文化场馆入驻江苏公共文化云平台，平台覆盖率达100%。联合县教体局，通过“小手拉大手”，引导广大师生走进文化场馆，接受公共文化服务。将新创的歌曲《家国一个梦》《最美中国梦》《百年奋进一首歌》、淮歌《党旗猎猎迎风扬》、淮剧《芝麻官钻笆斗》、小品《拆迁风波》、表演唱《我们是抗疫志愿者》、快板《打好疫情阻击战》等作品上传至云平台，方便市民欣赏到精彩的节目内容。围绕“喜迎党的二十大”等主题组织开展品牌类系列文化活动，并督促各文化场馆、镇街文化站将开展的活动和资讯及时录入公共文化云平台，方便群众点击阅览。

（汤 蕾 杨加堂）

【书画“三进”活动】 2022年，涟水书画院组织开展书画名家进校园、进乡镇社区、进军营“三进”活动8次，参加人次6000余人次。利用“移动美术馆”把优秀的书画作品展览送到县淮浦学校、时码学校等学校，帮助中小学生接受传统书画艺术的熏陶。春节前，组织书画家深入车站社区、镇街、旅游景区开展写春联送祝福活动；走进滨河新城、临淮门古街举办“情暖万家”活动；在涟水高铁站开展“福满旅途”送福送春联活动。组织书画家到镇街基层企业开展写生采风、文化助残活动，创作普法书法作品助力普法宣传活动，利用专业平台，发挥专业优势，邀请中美协会员、淮安市水粉水彩画研究会会长吴勇等对涟水中青年书画家进行创作辅导，提高青年书画家的创作能力和绘画技巧。

(从　正)

【公益培训】 2022年，县文旅局坚持“公益服务、免费开放、文化惠民、开门办馆”的文明实践宗旨，组织发动广大文艺志愿者，积极唱好公益培训“重头戏”，扩大公益培训的受众群体，让更多的群众受益。3月31日至5月7日，邀请知名艺术老师，在每周二、周四、周六、周日持续开展“疫线直播 艺暖人心”抖音直播活动，开设书画、舞蹈、淮剧、朗诵、非遗等22节直播课，方便广大市民足不出户欣赏学习丰富多彩的文艺活动。县文化馆常态化举办免费群众艺术培训班，开办国画、中国舞、民族舞、秧歌、声乐、非遗手工等7个成年人公益艺术培训班，满足群众提高文艺水平需要，培养更多文艺人才。暑假期间，组织12名文艺志愿者开展少儿国画、面塑、剪纸、书法等13个艺术类科目公益培训，受训学员2000余人次，相关做法在江苏卫视报道。开展涟水县广场舞公益培训进乡村、社区活动，组织文艺工作者走进涟城、高沟、成集、大东、梁岔、红窑等镇街开展舞蹈培训。持续开展戏曲进校园、非遗进校园活动150余课时，推动对传统文化的传承和保护。

(孙晓东)

【图书馆活动】 2022年，县图书馆举办各项读者活动162场次；馆员培训19场次；服务读者72.86万人次；接待进馆读者25.17万人次；图书借阅56.23万册次；办理借书证7225张；答疑读者咨询0.4万余人次。微信公众号关注人数达2.95万人，浏览量达17.9万人次，全年发布各类信息384条。打造“行走的图书馆”“阅读存折”“涟图姐姐”绘本等阅读品牌，开展线上线下阅读活动58场次。开展全民阅读活动，以特色亲子阅读品牌——“爱阅少年丨亲子时光·涟图故事绘”为主导，开展道德模范宣讲活动。安东讲坛——谷清平“探寻国宝秘密，感受历史魅力”、张小兵“美，让你的灵魂飞翔”、“童趣六一 阅见未来”“庆盛世华诞 颂时代之声”“月满赴涟图 雅韵赏中秋”“冬日悠阅”等活动深受读者喜爱。疫情期间，闭馆不闭服务，利用微信公众号、抖音号、官网以及读者群，组织开展“悦读涟水，乐诵鲍照”少儿诗词朗诵视频征集、涟图线上展览、涟图线上绘本馆、涟图线上创艺坊等形式多样的阅读推广活动24场次，浏览量达5.26万人次。

(杨倩倩　汤　蕾)

2022年6月2日，梁岔镇费庄广场舞培训班现场　　(县文旅局　供稿)

文化遗产保护

【概况】 2022年，全县文化遗产保护工作贯彻“保护为主、抢救第一、合理利用、加强管理、传承发展”的方针，统筹规划，稳步推进。建成东胡集镇非遗工坊，新增市级非遗保护项目4个。全县公共文化遗产有不可移动文物点183个，各级文物保护单位32个，其中国家级文物保护点1个(月塔)、省级2个(嵇安墓和高沟酒老窖池群)、市县级29个；非物质文化遗产保护项目86个，其中省级非遗项目5个、市级18个、县级非遗项目63个，各级非遗项目代表性传承人185人，其中省级传承人4人、市级39人、县级142人。遴选虎头鞋、布艺、面塑等项目作品参加2022年淮安市“虎文化”作品特展。非遗传承人刘广社创作的云锦作品《喜鹊登梅》和朱中国创作的烙画作品《鸿运当头》入选全省新阶层非遗展。创作“众志成城 艺同抗疫”2022年涟水县文艺工作者抗疫作品在线上展播，浏览量达15万余人次，点赞量近6000人次。在春节等重要传统节日期间，组织非遗专场展示、曲艺展演30余场。组织布艺、虎头鞋、烙铁画、剪纸、面塑、结艺、云锦参加全市“三下乡”非遗展示。利用“文化和自然遗产日”，在百姓大舞台、五岛湖旅游区、吾悦广场举办“非遗购物节”活动。组织高沟捆蹄制作技艺参加第五届中国(淮安)大运河城市非遗展。组织面塑、今世缘酒业赴苏州参加第四届运河文化旅游博览会。鼓励各级各类非遗传承人开展公益培训，开展“名师带徒”计划，进一步提升非遗影响力。

(孙晓东)

【文物保护】 2022年，县文旅局开展国家级、省级文保单位巡查36次，开展市县级文保单位巡查200余次。对全县183个不可移动文物点进行巡查，并重新绘制地形图，安装安全直接责任人公告公示牌120余块。编制月塔周边环境整治方案并通过省文物局审核，编制《涟水抗日同盟会旧址西厢房修缮设计方案》和《涟水抗日同盟会旧址外围环境整治方案》，完成西厢房

修缮保护。　（张书亮　汪大鹏）

【文化遗产展示活动】 2022年，县文旅局利用“文化和自然遗产日”，举办“非遗购物节”活动。在百姓大舞台举办“连接现代生活，绽放迷人光彩”淮剧、工鼓锣、淮海琴书等14个本土非遗节目的文艺演出；在五岛湖旅游区、吾悦广场开展“悦享传统文化，乐购非遗好物”非遗项目展示及非遗产品欢乐购活动，涟水鸡糕、高沟捆蹄、蒋氏膏药、嵇氏蜂蜡、郑氏骨伤热敷技艺等11项涟水本土非遗项目参加展示。创新非遗展示途径，将非遗与网络直播有机融合，联合开展“疫线直播　艺暖人心”烙铁画、面塑、结艺、淮剧等线上直播5场，观看3000余人次，点赞量近100万次。县博物馆引进江苏省十大精品巡展、南京博物馆总馆“郑和时代展”，策展举办“回家过年”老物件专题展，加大革命纪念文物、见证物征集力度；依托馆藏革命文物资源，全力服务社会公众教育，累计接待全县党政机关单位及周边市县区各单位参观70余批次，累计接待各级领导、观众85万余人次。　（孙晓东）

【非物质文化遗产申报】 2022年10月，县文旅局开展第六批县级非物质文化遗产代表性项目申报工作，共收到汤记熏烧猪头肉制作技艺、安东来庆虎皮扣肉制作技艺等申报项目14项。12月，嵇氏蜂蜡热敷疗法、郑氏骨伤热敷康复疗法、面塑、烙铁画等4个项目入选第七批市级非物质文化遗产代表性项目名录。　（陈丽萍）

【考古前置】 2022年，县文旅局开展县经济开发区“一区三园”文物资源区域评估工作。4月和10月，省文物局分别批复涟水经济开发“一区三园”地块考古区域文评申请，其中包含开发区核心区约3.4平方千米、空港产业园约3.3平方千米、食品产业园约2.1平方千米、循环产业园3.5平方千米。涟水经济开发区（一期）文物资源区域评估项目通过省文物局结项验收，通过验收的区域未发现文物遗存，评级为C类。全年共审批用地面积5万平方米以下82宗地块，总面积达150余万平方米。（汪大鹏　张书亮）

【非遗项目培训】 2022年，县文旅局依托柳编、布艺、虎头鞋等有市场潜力的非遗项目，搭建非遗资源集聚平台。开展烙画公益培训，招收烙画学员8人；组织面塑、结艺、剪纸等非遗项目传承人走进文化馆、图书馆开展青少年暑期公益培训课24课时、非遗进涟图活动5期，参与人员800余人次。

（张书亮　陈丽萍）

【文博品牌宣传教育】 2022年，县博物馆通过专题展览、讲座培训、举办活动等形式开展主题品牌宣传教育活动，做好“5·18”博物馆日和文化遗产日宣传活动，多渠道开展“安全属于你我他，防灾减灾靠大家”消防应急演练公教活动、“学习农耕文化，体验劳动技艺”、“追寻与发现，感受文物魅力”、“一群小好汉”新安旅行团的故事图片展、“郑和时代展”、“喜迎党的二十大　礼赞伟大新时代”展览等活动，累计受众达80.85万余人次，充分放大博物馆公益性文化教育机构的功能载体职能，加大研发制作地方特色文化创意宣传品工作力度。　（汪大鹏　王耀玲）

文化场馆

【涟水县博物馆】 位于县城常青大道北、涟洲桥南，是主城区标志性文化设施，定位为地方综合性历史博物馆。博物馆按三级博物馆标准建设，整体地面两层，占地面积2580平方米，展陈面积3241平方米，其中一楼为常设展厅，分类展陈涟水历史文化，序厅以下分为五个展区，分别为淮浦人初、楚韵汉风、煮盐春秋、烽火岁月和治水改土，此外，一楼中庭还设有博苏堂、VR（虚拟现实）互动体验、观众休息区等公共服务区域。二楼为“崇教尚文”“佛光塔影”两个专题展厅和临时展厅；通过展览系统展现涟水境域的历史脉络、文化遗存，重点推介涟水鲜明的人文特点、民俗风貌。2022年，共接待行政视察团队、各单位党建、各学校参观活动70余次，累计接待各级领导、观众80.85万余人次。

（汪大鹏）

【涟水县图书馆】 位于滨河新城机场路东北侧、郑梁梅大道西侧，总建筑面积16762平方米，占地面积1.5万余平方米，主体建筑地上4层，地下1层，建筑高度20.4米。馆藏纸质图书、电子图书共计45万多册（馆藏纸质图书25万余册，电子图书20余万册），上架期刊、报纸共286种。一层以教育功能为主，重点服务在校学生，设有展厅、多功能厅、儿童活动室、启蒙阅览室、青少年借阅室、阿累书屋、视障人阅览室、24小时自助图书馆、少儿培训室等。二层、三层以服务社会为主，重点服务大众成人读者，设有接待大厅、文化展示区、多媒体播放室、公共电子阅览室、数字体验中心、综合借阅区、报刊阅览区、科技资源文献区、党员干部学习研讨区等。四层以主题教育为主，重点服务特殊人群，设有曲艺馆、培训室、地方史志文献室（涟水方志馆）、古籍书库及阅览室、李连庆图书室、涟水人作品室、专家研究室、名人工作室及行政用房等。负一层为机动车停车及设备用房（地下室面积3448.18平方米）。2022年，县图书馆围绕文献的编目、典藏、流通、检索等重点内容投入860多万元，安装使用“力博图书馆管理系统”，完成馆藏图书书目数字化编目。建立“学生点单、图书馆派单、志愿者送单、学生评单”志愿服务工作机制，组织志愿者开展“送书到基层、读书分享会”等公益行活动200余场次，惠及读者10余万人次。举办各项读者活动共计162场次，馆员培训19场次，服务读者72.86万人次，接待进馆读者25.17万人次。图书借阅56.23万册次，办理借书证7225张。　（杨倩倩）

【涟水县非物质文化遗产馆】 位于五岛湖公园内，占地面积近500平方米，建筑面积1200平方米，展陈面积近500平方米，投资200万元。展馆突出“活态展示　传承发展”主题，分设安东味道、安东百俗、安东技艺、安东人家、博物堂、安东方言、安东书场等几个板块。突出“活态传承”——技艺演绎，引进当地剪纸、烙铁画、布艺等一批优秀非物质文化遗产代表性传承人以及民间手工艺人进行现场制作和展示、展演，常态化开展现场技艺教学、观摩活动。2022

年,共举办各类非遗展示展演活动190余场次,接待游客40.85万人次。

【涟水县文化馆】 创建于1929年,位于五岛湖旅游区内,建筑面积2880平方米,局部二层框架结构。一楼设有展览厅、剧场、舞蹈排练厅、书画培训厅、器乐室、声乐室、录音棚、电子阅览室、阿累书屋、好人馆、儿童实境体验中心等;二楼有办公室、电子阅览室、女性社会组织服务中心等。县文化馆坚持"公益服务、免费开放、文化惠民、开门办馆"的宗旨,先后投入40余万元建成录音室,投资约15万元完成对文化馆外围环境整修改造工程。2022年,完成参与接待和服务县内外会议、讲座、比赛等活动30余场次。常态化组织开展公益性培训、讲座、辅导、演出等服务,全年开展文艺活动136场、举办各种展览17场、开展公益性培训和讲座23场、举办其他活动18场,累计服务群众达56.5万人次。 (张书亮)

【毛广淞爨体艺术馆】 位于五岛湖公园内(原同乐堂),设展览厅和工作室,占地面积800平方米,是集书法作品创作、展示、交流等于一体的文化场所。毛广淞是涟水籍军旅书法家,潜心研习爨体书法,传承发扬传统文化。馆中主要展示的是其创作的书法作品以及其书法作品的艺术衍生品。2022年,多次接待北京、省市领导和嘉宾以及游客的参观和书画交流活动共3000余人次。 (从 正)

【涟水县文化活动中心】 成立于2007年6月,位于县城红日大道37号,建筑面积约1万平方米,拥有观众座位1356座,配备国内一流的升降舞台和乐池,JBL音响设备,32道舞台升降吊杆,其中10道为灯光吊杆、22道景杆;6台LED电脑摇头四合一切割灯,30台380电脑摇头光束灯,40台LED654帕灯,24台三基色会议灯等,高清LED大屏。其主要负责承办县委、县人大、县政府、县政协、组织宣重大会务和国庆、元旦、新年等全县重大庆典演出活动。2022年,先后完成承接县政协和人大召开的一年一次的"两会",全县招商引资大会、全县实体经济发展大会、全县领导干部警示教育大会、全县党建工作大会、创建全国文明城市动员大会;完成江苏紫金文化艺术节分会场新沂柳琴剧团参评剧目柳琴戏《在水一方》和江苏省演艺集团锡剧团、常州市锡剧团联合参评剧目锡剧《苏东坡》的演出工作;举办射阳县淮剧团交流惠民演出大型现代淮剧《雪枫卖马》以及"喜迎二十大幸福连万家"2022年度文化惠民演出大型现代淮剧《哎哟,我的憨哥哥》等系列活动。全年承接全县各培训机构、幼儿园汇报演出活动53场,服务达7万人次。 (戴 兵)

【涟水县曲艺展览馆】 位于县图书馆四楼,面积1230平方米,项目投资240万元,设有曲协办公室、曲艺创作研讨室、曲艺之家、曲艺展示室、音视频观赏厅、曲艺培训厅等功能厅室。总体风格古典优雅、简约时尚,充分展示涟水曲艺的历史、特色、现状、传承、发展、展望,是集曲艺展示、曲艺研究、曲艺活动于一体的综合馆。展览展示区主要包含前言、曲艺建设巡礼、曲艺历史沿革、曲艺雕塑、涟水曲艺曲种、淮海琴书详情、淮海锣鼓详情、莲湘详情、麒麟唱详情、清涟小调详情、其他曲种介绍、曲艺人才、曲艺团队、曲艺场馆、曲艺活动、曲艺交流等介绍展览板块和全息投影展示、视频欣赏、道具服装展示、古籍剧本展示、曲艺互动、场景沙盘等板块。2022年,接待参观人数约30.64万人次。 (张书亮)

图书发行

【概况】 江苏凤凰新华书店集团有限公司涟水分公司(简称"凤凰新华涟水分公司")位于县城中山路12号,有1个县城中心门店(中山路门店),10个农村网点。2022年,实现营业收入8101.46万元,实现利润698.81万元。教辅材料发放连续44年做到"课前到书、人手一册"。对全县371家农家书屋的图书补充一次,其中《习近平谈治国理政》第四卷、《党的二十大报告辅导读本》、《中国共产党第二十次全国代表大会文件汇编》3个品种做到书屋一册,助力全民阅读工作。持续18年为各个行政村的农家书屋配送图书,补充图书总册数24396册。全年共发行各类主题出版物、主旋律出版物、优秀大众出版物3.56万余册,其中《勋章》《筑梦九天》中小学政治理论读物发行近2万册,保障"政治理论读物进校园"工作。

【重要出版物发行】 2022年,凤凰新华涟水分公司积极做好党和国家重要文件文献和政治理论读物发行工作,组织人员深入党政机关、企事业单位、学校开展上门征订服务,满足广大党员群众学习阅读需要。全年共发行重要文件文献97362册,其中《二十大报告》发行43452册,《中国共产党章程》发行45560册,《党的二十大文件汇编》发行2600册,《党的二十大辅导读本》发行2450册,《党的二十大报告学习辅导百问》及《二十大党章修正案学习问答》各发行1650册。

【教材教辅及本簿发行】 2022年,凤凰新华涟水分公司共发行教材341.16余万册。其中:小学共107种,1737471册,享受的学生135692人;中学共148种,1635273册,享受的学生70121人;特殊及培智教材共299种,2842册,享受的学生231人。发行本簿260万余册,其中小学135692人,中学70121人。

【主题朗读者活动】 2022年,凤凰新华涟水分公司组织开展"喜迎二十大 筑梦向未来"全省中小学生朗诵大赛、"强国复兴有我"百场阅读推广活动3场,"护苗2022 绿书签行动"优惠购书活动,纵深推进全民阅读范围,在全县范围内掀起全民阅读的热潮。持续开展凤凰姐姐讲绘本故事(共10场)、"书香浸染 润泽涟漪"——"4·23"世界读书日名著诵读、"不负韶华,强国有我"——五四青年诗歌朗诵会、健康成长 走向未来——"年华璀璨"少年成长主题全省巡回公益讲座、"特种兵"一站到底国防知识竞赛等全民阅读主题活动20余场,参加人数2000余人,受到市、县电视台及微信公众号等平台宣传报道,激发全县市民阅读热情。

【流动售书活动】 2022年,凤凰新华涟水分公司以满足人民精神文化生活新期待为出发点和落脚点,推进习近平新时代中国特色社会主义思想走深走实,将全民阅读推广和文化“三下乡”有机结合,针对公司网点还没有覆盖到的偏远镇街,采取流动售书形式,服务广大乡镇农村读者,全年共开展流动售书活动20次,引导人民群众提升阅读兴趣、养成阅读习惯、提高阅读能力。除店内的品牌阅读推广活动,每月不定期前往不同镇街、社区、学校,开展“流动售书”活动20次,发行册数300余册,为读者带去热点时政书籍及图书优惠展销活动,真正把书送到老百姓的家门口,让他们感受到全民阅读的氛围。

【社会公益活动】 2022年,凤凰新华涟水分公司持续推进公益捐赠工作。组织开展“绿书签”活动,积极参与文化“三下乡”、爱心助学活动,累计开展公益活动10余次,捐赠金额15.5万元。组织工作人员积极参加志愿服务,参与文明城市共创共建演练546人次,并以图文、短视频的方式广泛宣传,对结对社区范围进行卫生清扫和文明创建工作宣传,助力涟水县卫生城市、文明城市的创建。（薛　娟）

大 众 传 媒

【概况】 2022年,县融媒体中心深入贯彻中央关于加快推进媒体融合发展、加强县级融媒体中心建设的部署要求,聚焦党的二十大宣传,不断壮大主流思想舆论,探索指尖上的“媒体+政务+服务”全面融合创新之路,利用微博、微信、抖音、视频号等多种方式,宣传推介主题报道。“涟天下”App和“醉美五岛湖”微信公众号及时上线“核酸检测”和“行程卡”功能以及《疫情防控》栏目,搭建“不文明有奖随手拍”平台,与县委网信办建立重大主题网上宣传发布联动机制越来越顺,发挥“县—镇—村”三级网络作用,充分利用“朋友圈”传播广、辐射快的裂变效应,以小“圈”带动大“圈”,形成辐射全域、影响全民的强大网络正面舆论场,实现同频共振、二次传播,放大立体式传播。全年在中央电视台用稿 5条,省电视台用稿46篇,市电视台用稿240多条。电视外宣积分领先其他县区,获全市县区“七连冠”,学习强国用稿全市县区位于前列。

【新闻宣传】 2022年,县融媒体中心围绕经济发展、文明创建、疫情防控等主题推出新闻产品2000余篇(件),推出“聚焦亮点 放大典型”主题宣传系列短视频18个。短视频《一根小芦笋的“畅快”之旅》在“我们的新时代‘苏’说美好生活”江苏省县级融媒体中心大联动活动中获优秀作品奖,新闻漫画《一起在涟水过年吧》获江苏省好新闻三等奖。在中央电视台播出《一线调研 “冰箱”立田头 芦笋“抢鲜”出》等5条稿件,其中《一线调研 “冰箱”立田头 芦笋“抢鲜”出》在中央电视台《新闻联播》《焦点访谈》等栏目播出,电视外宣实现历史性突破。省电视台播出《90后“新农人”玩转网络助农增收》等59条,市电视台播出《涟水强化项目建设》等355条,电视外宣积分在全市各县区中实现7连冠。

【广播电视】 2022年,县融媒体中心把握意识形态总要求和上级工作要求,定期播出《涟水新闻》,打造《八点读书》《党建之事》《健康896》等品牌节目受到广大听众好评。全年共播出新闻类消息2112条,《八点读书》栏目264档,《党建之声》栏目52档,《健康896》栏目104档。稿件创优获省三等奖1篇,市一等奖1篇、二等奖1篇。《八点读书》栏目获省全民阅读十佳平台。积极参与县应急广播建设,提供平台内容服务,应急广播在疫情期间发挥积极作用。

【涟水日报】 2022年,《涟水日报》全年出刊251期,以迎接、宣传、贯彻党的二十大精神为主线,开设《奋进新征程 建功新时代》《喜迎二十大 奋进新征程》《喜迎二十大 十年看变化》《二十大时光》《深入学习贯彻党的二十大精神》《二十大精神在基层》《二十大精神宣讲进行时》《新时代 新征程 新伟业》等党的二十大系列专题报道。围绕县委、县政府中心工作和阶段性重点工作,开设《项目攻坚进行时》《优化营商环境在行动》《安全生产整治在行动》《创全国文明城市 建幸福美好家园》《疫情防控进行时》《坚决打好疫情防控阻击战》等系列栏目,为涟水冲刺百强县提供良好的舆论支持。聚焦典型,开设《“四有”好老师风采》《涟水工匠》《涟水好人 德馨安东》等专栏,营造团结奋斗的浓厚氛围。注重策划主题报道,抓好稿件质量,多出精品力作,不断强化编委力量,每天召开编前会,加强策划编排,严格落实新闻“三审”要求,持续提高报纸质量。

【网络新媒体】 2022年,“涟天下”App下载量32.6万次、下载率达39.2%,实际注册用户数40.4万人、用户覆盖率达到49%;“醉美五岛湖”微信公众号推送文章2818条,拥有粉丝39.3万人;“涟水声音”微信公众号推送文章822条,拥有粉丝18.6万人。“涟天下”App和“醉美五岛湖”微信公众号及时上线“核酸检测”和“行程卡”功能以及《疫情防控》栏目,确保全县人民第一时间获取疫情防控有效信息。县融媒体中心推出《主播带你看项目》《主播带你逛景点》《主播说防疫》《主播说创建》等系列短视频带动可知可感的沉浸式传播体验。搭建“不文明有奖随手拍”平台,累计收到网友随手拍内容2610条。

【“融媒+”战略】 2022年,县融媒体中心审时度势,解放思想,转型发展,全面实施“融媒+”战略,整合全媒体平台优势,开展“融媒+培训”“融媒+活动”“融媒+旅游”“融媒+房产”等一系列自我“造血”活动,小主持人培训班全年招生219人,春季考级193人次,参加2022年淮安电视台少儿联欢会105人,举办为期2天的房产活动,组织优质房企做好房产展示、咨询,各个展位人气满满。涟水县融媒体中心少儿艺术团获“童贺新春2022年淮安市少儿春节联欢晚会”优秀节目选送基地称号。组织百余名学员参加“2022中华好童声”淮安赛区比赛,《黄河颂》《我骄傲我是中国娃》等

13个节目获特金奖,29个节目获金奖。全年自主创收800万元左右,为融媒事业的发展提供基本物质支撑。

(高 莹)

地 方 志

【概况】 2022年,县地方志办深入学习贯彻党的二十大精神,聚焦存史资政育人主责,全面落实"2233"发展战略,围绕中心履职尽责,服务大局主动作为,各项工作进展良好、成果丰硕。按时编印出版年鉴、地情书籍,展示全县经济社会发展情况和广大干群努力奋斗的精神风貌。拓展方志文化传播平台,践行"我为群众办实事"精神,开展方志文化"六进"活动进社区、进农村、进"淮安书房"、进"苏北小延安",赠送《涟水县志》《涟水年鉴》《涟水大事记》《天南地北涟水人》《涟水县情》等志鉴、地情书籍千余册,推动方志文化成果走出馆藏、走下书架,走进基层、贴近群众,实现编以致用目标。获评2021年度全省地方志系统政务信息报送先进集体,是淮安市唯一的获奖县区,全省县区级前十。《江苏名镇志·高沟镇志》获2022年度全省史志作品质量评定优秀成果奖,系淮安市唯一;《涟水年鉴(2021)》在2022年全省年鉴质量评定中获评二等年鉴。连续8年蝉联全市地方志系统目标考核一等奖。

【《涟水年鉴(2022)》出版发行】 2022年,县地方志办以重抓编纂质量、提高印刷质量、尽早公开发行为目标,积极开展《涟水年鉴(2022)》编纂工作。2月,县委办、县政府办下发《关于开展〈涟水年鉴(2022)〉组稿工作的通知》,《涟水年鉴(2022)》组稿工作正式启动。3月,涟水县志办迅速组织编辑人员按照分工与时间要求,面向全县机关事业单位、镇街收集初稿,并按篇目对初稿进行汇总整合。同时,从《涟水大事记》、《涟水日报》、县政府网站、相关单位微信公众号等,收集整理有价值的条目线索,拓宽组稿渠道,提高组稿质量。8月,完成"一编三校"工作,报送出版社审核,12月,《涟水年鉴(2022)》出版发行。

【地情书籍编印】 2022年,县地方志办组织编印《涟水县情(2022)》。全面展示涟水的历史底蕴、文化脉络,记录全县各行各业的年度发展变化,方便县内外各界人士了解涟水。12月,《涟水县情(2022)》出版发行。组织编纂《涟水纪事2022》,详细记述2022年度全县"苦干新五年、冲刺百强县"过程中发生的大事、要事,图文并茂,内容按月编排。

【镇(街道)志编纂工作】 2022年初,《江苏名镇志·高沟镇志》正式发行,为淮安市首部公开发行的全媒体名镇志。该书立足于传承和抢救乡土历史文化,打造高沟名片。县地方志办配合高沟镇开展志书赠阅活动,分别向县领导、部分高沟籍老乡及客商赠送《江苏名镇志·高沟镇志》。9月,省志办通报2022年度全省史志作品质量评定结果,《江苏名镇志·高沟镇志》获评优秀成果,淮安市唯一。县地方志办积极推动《涟城街道志》编印工作,就篇目设计、特色篇目拟定、照片选择、资料收集整理等问题,对涟城街道志编纂人员进行培训;5月,组织相关人员参加省志办组织的镇街志编纂业务线上培训班,提高编纂人员编纂能力和水平;7月,组织人员参加淮阴区、金湖县镇(街)志编纂工作动员会,学习编纂工作经验,与各县区志办交流工作心得。

【方志文化宣传】 2022年,县地方志办加强组织领导,明确专人负责,确保信息宣传工作有序开展。建立宣传工作激励制度,鼓励全体人员在做好业务工作的同时,积极撰写信息并投稿。1月,涟水县志办获评2021年度全省地方志系统政务信息报送先进集体,方志科王梦真获评先进个人;7月,省志办通报2022年上半年全省地方志系统信息上报量、采用量、采用率,涟水县志办名列全省前十、全市第一(区县级);12月,组织撰写的论文《新时代地方志传承和弘扬民族精神研究》入选中国地方志指导小组办公室举办的中国地方志与中华优秀传统文化论坛,论文《从传播学角度看"融媒体+方志"模式的破圈之路》获2022年度省地方志学会论文一等奖;在全省"精品年鉴品读季"活动中,王梦真获优秀感言二等奖,文章《品读精品年鉴 谱写史志华章》获优秀文章三等奖。全年在各级媒体上刊发信息报道56篇。

【方志资源共享】 2022年,县地方志办完善"涟水掌上方志馆"资源,新收录《涟水年鉴(2021)》《涟水大事记2021》《涟水红色记忆》等书。在党史学习教育中,"涟水掌上方志馆"被纳入县党史学习教育《红色资源库》板块。读者可以通过"醉美五岛湖"微信公众号或扫描二维码进入"涟水掌上方志馆",阅读志鉴书籍电子书籍,了解县情。继续推动涟水方志馆建设,及时入馆新出版的《淮安市志》《淮安年鉴(2021)》《淮安记录2022》《涟水年鉴(2021)》《涟水大事记2021》《涟水县情》等图书。(张骞之)

档 案

【概况】 2022年,县档案馆深入贯彻执行《档案法》,学习贯彻习近平总书记对档案工作的系列重要指示批示精神,规范业务工作,依法治理档案,服务中心大局,为提升全县档案工作水平作出积极努力。开展档案室等级认定工作,对国家级综合档案馆70项评价标准进行细化,逐条逐项落实到人,倒排时间表,实行周、月例会和推进销号制度,找出问题、查漏补缺、补齐短板、完善台账,顺利通过市专家组验收。对县退役军人事务局、薛行经济产业园、县审计局、县资规局、县民政局等单位开展档案业务指导工作20余次,接收整理2021年县两办文件1899件,接收医学出生证明档案5万余件。

【档案馆新馆启用】 2022年,县档案馆完成档案新馆搬迁工作。8月15日正式启动搬迁,9月底搬迁完成,10月8日正式对外提供档案查询利用服务。新馆办公地址设在涟水县科技文化中心(涟水路与缘分大道交叉口西北方向180

米)，总建筑面积10170平方米，其中库房面积4600平方米。

【档案资源开发利用】 2022年，县档案馆为县委、县政府、县纪委监委、县公安局提供文件材料340余份。配合做好县退役军人优待证申领发放工作。为企业改制办理职工养老保险、人员退休等工作提供翔实的原始依据，全年共接待查档3900余人次，利用档案6100余卷(件)次。

(沈　悦)

文化市场管理

【概况】 2022年，县文旅局持续加强市场执法检查力度，严厉查处各类违法违规经营行为，出动文化执法人员2800余人次，检查文化娱乐等经营场所1200余家次，办结案件27起，其中重大案件3起，罚没款13.89万元，有力保障全县文化和旅游市场平稳有序、健康发展。根据淮安市2022年度"绿色网吧"评定及互联网上网服务营业场所服务等级评定工作要求，组织全县网吧经营业户开展申报工作，11月15日，经市文旅局现场验收，涟水无锡市灏艺网盟软件科技涟水县共享连锁加盟网吧、涟水趣尚网吧成功获评"绿色网吧"。

【文化市场法律法规宣传培训】 2022年，县文旅局组织经营业主召开集体会议4次、集中培训1次，线上发布信息10余次，加大对行业管理、安全生产、文明创建等工作的宣传力度。召开安全生产专题会议2次、文明创建专题会议2次。组织网吧、KTV、景区、文博场馆等文旅行业全体经营业主开展"文化旅游市场守法经营和治安管理、消防安全"等文化市场法律法规专题培训。通报全县文旅市场的监管情况、存在问题，提出整改措施，与50余家经营单位负责人签订安全生产责任书和信用承诺书。通过经营业主工作群，及时发布行业管理和安全生产等领域的实际案例、相关法律法规、综合执法工作通报等内容，促进经营业主规范经营。围绕典型案例和身边发生的案例开展上门普法，增强经营业主依法经营、规范管理和安全经营意识。

(朱东红　秦　正)

【文化娱乐场所专项整治】 2022年，县文旅局联合县公安局、县消防大队等部门，针对歌舞、游艺等娱乐场所开展专项整治行动，以未成年人保护、经营单位规范守法经营、经营场所消防安全等为重点开展执法检查。取缔无证经营KTV 1家，现场下达"责令改正通知书"，并对现场所有点唱设备进行扣押；对1家违规接纳未成年人的歌厅处罚金1万元。文化市场综合执法大队对全县所有歌厅的演唱曲目进行排查，确保无违禁曲目。对1家游艺场所未按规定悬挂未成年人限入标志的游艺场所予以警告并限期整改。围绕节假日开展错时执法巡查，查办因"互联网上网服务营业场所违规接纳未成年人"的重大案件1起，并依法予以吊销许可证。针对上网人员身份信息核对登记、"智慧网文"在线以及是否登录非法网站、浏览不健康网页等情况进行常态化线下巡查和监管，共查处网吧违规经营一般案件3起。专项行动共检查各类娱乐场所453家次，出动执法人员1037人次，立案27起，办结案件27起，为全县娱乐场所有序向好经营提供有力保障，为未成年人的健康成长营造良好的文化环境。

【出版物市场专项整治】 2022年，涟水县文化市场综合执法大队以"护航行动"为契机，紧扣开学季重点时段，开展县城区出版物市场专项整治行动。对书店等出版物市场的违法违规经营行为立案21起，结案21起，罚没款近12万元，净化社会文化和意识形态环境，营造良好的未成年人健康成长氛围。在党的二十大召开前，加强对涉政类图书的巡查，收缴问题图书50余本。9月，在市支队组织指挥下，联合县公安局、灌南县综合执法局查获非法出版物23万册。

【文化娱乐市场疫情防控】 2022年，县文旅局精心组织，分组包片，对全县文化娱乐经营场所开展网格化、常态化疫情防控专项巡查，进一步落实场所码张贴、室内消毒、信息登记等工作。疫情严重时期，根据网吧和歌厅行业经营特点，以下午和晚间为特定时段，组织执法队员开展专项执法巡查，现场责令违规营业网吧、歌厅关门停业，做到应关尽关。疫情防控政策调整后，根据上级限流要求，以测温扫码、戴口罩、间隔座位等为重点，对所有文化娱乐场所开展常态化巡查，现场纠正未戴口罩、未间隔座位等行为，切实保证全县娱乐场所疫情防控安全。

(孙晓东)

【卫星电视接收设备市场专项整治】 2022年，县文旅局根据《卫星电视广播地面接收设施管理规定》等法律法规要求，积极开展专项整治行动，进一步加强卫星电视广播地面接收设施管理，严厉打击非法销售、安装、使用卫星电视广播地面接收设施行为。对金陵大酒店、德润酒店、涟水宾馆等酒店宾馆开展"客房电视信号接收、机房接收运行设备和建筑楼顶及周边有无违规接收设施"等卫星设施检查。全年共出动执法人员140余人次，检查文旅各类场所49家次，未发现非法销售、安装、使用卫星电视广播地面接收设施行为。单位获评"2022年度淮安市打击非法境外电视网络接收设备和卫星地面接收设施先进单位"。

(颜大文)

卫　生

HYGIENE

- 综　　述
- 疾病控制
- 妇幼保健
- 基层卫生
- 健康促进
- 卫生监督
- 医政管理
- 医疗机构
- 职业安全健康监管

编辑：张骞之

综　述

【概况】 涟水县卫生健康委员会位于县城红日大道18—10号，是县政府的工作部门，担负着全县医疗卫生、人口家庭发展、健康教育、预防保健、卫生健康行政执法等行政管理工作。全县现有各级各类卫生健康机构481个，其中三级医院1个、二级医院3个，疾病预防控制、卫生监督执法以及120急救机构各1个，民营医院9个，卫生院27个，村卫生室374个，各类诊所、医务室64个。全县核定病床2968张，实际开放床位4758张。全系统共有职工4377人，其中卫技人员3675人；有执业（助理）医师2141人，执业护士2698人；有高级职称664人，中级职称875人；有博士研究生学历10人，硕士研究生学历85人，本科生1829人；注册乡村医生906人，在岗在职796人，中专以上学历的572人，乡村执业助理医师379人。

【深化体制改革】 2022年，县卫健委持续深化医药卫生体制改革，深入推进现代医院管理制度建设，2021年度综合医改工作受到省政府督查激励通报。推动县级公立医院综合改革，印发《涟水县推动公立医院高质量发展实施方案》。推进紧密型县域医共体建设，出台《涟水县医共体财务监管中心2022年预算一体化实施指导意见》《涟水县紧密型医共体人力资源管理办法（试行）》《涟水县紧密型医共体远程医疗服务管理办法》《关于做好紧密型医共体建设近期重点工作的通知》等配套文件，按序时推动医共体内人、财、物等统一管理。三家医共体牵头医院常态化安排专家到成员单位坐诊、查房、手术等，开展医共体内同质化管理，组织开展疫情防控、医疗质量、医疗安全等方面督导检查，开展院前急救技能和防护服穿脱等相关培训，全面提升基层医疗机构服务能力。

【医学教育与科研】 2022年，县卫健委开展南北医疗结对帮扶，推动县人民医院与南京市第一人民医院、县中医院与南京市中西医结合医院、县疾控中心与南京市疾控中心建立结对帮扶合作。发展科研项目，深入开展临床重点专科建设与管理。县人民医院申报科研项目13项，其中骨科获得省卫健委指导课题1项，消化内科和老年科分别获得老年医学临床适宜技术推广1项和老年健康科研课题项目1项，营养科获得江苏省妇幼保健科研项目1项，消化内科获得江苏省科协青年科技人才托举工程项目1项，放疗科获得市科技局面上课题1项，消化内科获得市科技局指导性课题1项，检验科、中心实验室、药剂科、放疗科获得县科技局面上课题5项。获得各类奖项15项，其中江苏省新技术引进奖二等奖1项，淮海科技奖二等奖1项、三等奖5项，淮安市新技术引进奖一等奖1项、二等奖6项，徐州市发明协会科学技术奖一等奖1项。获得实用新型专利2项，出版5万字以上著作15篇。2022年完成各类结题工作9项，其中2018年省卫健委课题结题工作2项，2019年市卫健委课题结题工作2项，2019年市科技局科研课题结题工作3项，2021年县科技局科研课题结题工作2项。全年全县卫技人员共发表期刊论文129篇，其中SCI论文70篇、统计源核心期刊16篇、普通期刊43篇。

【医院建设】 2022年，县卫健委积极争取资金3.01亿元，完成涟城街道社区卫生服务中心改扩建和县疾病预防控制中心疫苗临床基地建设，有序推进县中医院住院楼建设（二期）、涟城街道社区卫生服务中心血透中心建设工程、托育机构建设、五港中心卫生院改扩建、县第三人民医院病房改造、县医院医师实训基地一体化改造等项目建设。争取省卫健委资金115万元，维修改造13个薄弱村卫生室，为52个村卫生室配备医用冰箱。

【卫生健康信息化】 2022年，县卫健委积极开展卫生健康信息化建设，不断完善全民健康信息平台功能。开发医疗机构预检分诊信息系统应用，推广在线自动分诊功能。开展医院信息系统升级改造工作。围绕电子病历展开信息系统升级改造。截至年底，县人民医院、县中医院、县妇保院和基层医疗机构信息系统信息安全等级保护水平均达三级标准。接受省委网信办网络安全监管体系现场观摩，承办全市卫生健康系统网络安全工作现场会。在全市率先开展“影像云”平台试点推广，率先完成基层医疗机构开发、推广和应用。

（嵇伟杰）

2022年11月17日，南京市、淮安市医疗卫生领域南北结对帮扶合作签约仪式在涟水举行

（县卫健委　供稿）

疾 病 控 制

【概况】 2022年，涟水县累计接种免疫规划疫苗11.27万人次，新生儿建卡率达100%，适龄儿童免疫规划疫苗接种率和接种及时率全部达到省市目标要求，上报疑似预防接种异常反应246例。全面落实传染病防控措施，贯彻落实艾滋病“四免一关怀”政策、结核病“三位一体”防治模式。建档高血压8.34万人、糖尿病2.75万人，35岁以上门诊病人测血压率达100%。城市及农村饮水监测覆盖率100%。规范开展上消化道癌早诊早治工作。

【新冠疫情防控】 2022年，县卫健委加强重点人员管理，认真做好境外、风险地区来涟人员管控和人员接驳转运，规范落实集中医学观察、居家健康监测和上门采样核酸检测。修订区域核酸检测实施方案，优化全县区域核酸检测采样点数量、位置、采样单元设置等，制作全员核酸采样点设置、采样点登记、转运等操作视频，组织开展核酸登记、采样、消杀、转运等人员的相关知识培训、考核工作。加强应急物资储备，医疗机构按照满足满负荷运行30天的要求储备应急物资，加强新冠救治药品、设备等物资储备，商请市内大型医药公司加大对县内急需的退热药、抗病毒药、止咳药、指夹式脉氧仪等药械的供应。

【传染病防控】 2022年，县卫健委、县疾控中心扎实开展重点传染病防控，如期完成肠道病、禽流感、麻疹等呼吸道传染病、手足口病、布病监测等工作任务。全年累计报告乙类传染病8种953例，与上年(1011例)相比下降5.73%。积极推进结核病分级诊疗综合防治服务模式，全年查出活动性肺结核病人202例，对病原学阴性和单纯结核性胸膜炎病人落实强化期督导；对36所学校共1.9万名新入学学生开展结核病筛查工作，阴性17554人，阳性1477人；其中一般阳性692人，中等阳性560人，强阳性225人；发现活动性肺结核病例3例。积极做好腹泻病防治，共登记报告腹泻病人5038例，检索1648例，检索率32.71%。规范设置狂犬病免疫门诊，积极做好狂犬病防治工作。认真落实“四免一关怀”政策，提高艾滋病抗病毒治疗水平和可及性。设立免费检测点3个，规范开展HIV/AIDS个案随访、提供免费CD4和基线病载检测。HIV/AIDS抗病毒治疗率、病毒抑制率、结核筛查率、检测率、病毒载量、感染者配偶采样检测分别为96.83%、98.84%、100%、99.1%、100%。持续开展重点人群干预，及时发现感染者，降低晚发现率。规范开展新发现感染者网络直报工作，认真开展流病调查和性伴追踪，积极倡导感染者“发现即治疗”管理。落实重点疾病病原监测与预警，累计送检肠道、呼吸道及自然疫源性疾病等病人及环境标本259份，病原阳性标本42份。

【慢性非传染病防制】 2022年，县卫健委、县疾控中心进一步强化慢性病综合防控机制，巩固省级慢性病综合防控示范区创建成果。扎实抓好死因网络核报、肿瘤登记随访及心脑血管事件报告工作，年报告死亡个案7618例，报告死亡率为户籍6.96‰；报告心脑血管事件8615例，其中死亡667例；年报告恶性肿瘤发病2508例，粗发病率2.29‰，死亡1975例，粗死亡率1.81‰，死亡发病比(MI)为0.79，病理诊断(MV%)占79.18%。落实35岁以上门诊病人测血压制度，35岁以上门诊测血压率100%，以控制危险因素和慢性病规范化管理为目标，指导社区定期开展慢病危险因素干预和慢病综合防治工作，累计管理高血压患者8.34万人、糖尿病患者2.75万人。开展上消化道癌早诊早治工作，健康因素调查1294人，食管镜检查651人，发现病例9例，检出率1.38%。100%完成肿瘤综合筛查项目任务，防癌风险评估问卷调查4920人，生物学检测4920人，查出肺癌10例、肝癌1例、食管癌9例、胃癌5例、结直肠癌5例。开展心脑血管高危人群早期筛查项目。问卷调查及生物学检测4051人，高危人群2391人，心电图及颈动脉超声数据采集1555人。开展糖尿病高危人群筛查和干预项目工作。问卷调查及生物学检测3210人，对300名糖尿病前期人群进行3个月饮食加运动干预。继续开展慢性病自我管理小组活动，15个小组按方案要求，开展基线调查、活动干预、效果评估等工作。

【精神卫生】 2022年，县卫健委、县精神卫生服务中心全面加强精神卫生工作，严格按照国家《国家基本公共卫生服务规范》要求，定期组织人员深入村级开展患者摸排与随访管理，并根据病人不同的情况进行分类干预和分级管理，基本实现“应管尽管，应收尽收，应治尽治”。全县在册患者4113人，在管患者3706人，报告患病率4.96‰、管理率90.03%、规范管理率90.03%、服药率88.86%、规律服药率80.04%、精神分裂症服药率87.05%、精神分裂症规律服药率82.01%、面访率87.99%。认真贯彻落实市委政法委、市公安局等六部门《关于进一步完善淮安市严重精神障碍患者监护以奖代补政策的实施办法》，对符合条件的3643名严重精神障碍患者监护理人发放监护补助，发放监护人“以奖代补”经费600.5万元。 (嵇伟杰)

妇 幼 保 健

【概况】 2022年，县卫健委坚持以保障母婴安全为根本，以实施妇幼公卫服务项目为抓手，以省妇幼健康信息系统为载体，努力为广大妇女儿童提供更加公平可及、系统连续的医疗保健服务，全力维护母婴生命安全和身体健康。全县共有医疗保健机构34家，其中设有产科的10家；持母婴保健技术考核合格证书178人，其中产科医师94人、助产士84人，全部持证上岗。5月，县妇幼保健院通过市级评审，创成二级甲等妇幼保健院。

【出生缺陷三级预防】 2022年，县卫健委加强出生缺陷防控，全面落实出生缺陷三级预防措施。实施婚姻登记、婚前医学检查、孕前优生健康检查“一站式”服务，扩大产前筛查和新生儿疾病筛查范围，在免费实施产前筛查、新生儿疾病筛查的基础上，对有出生缺陷高风险

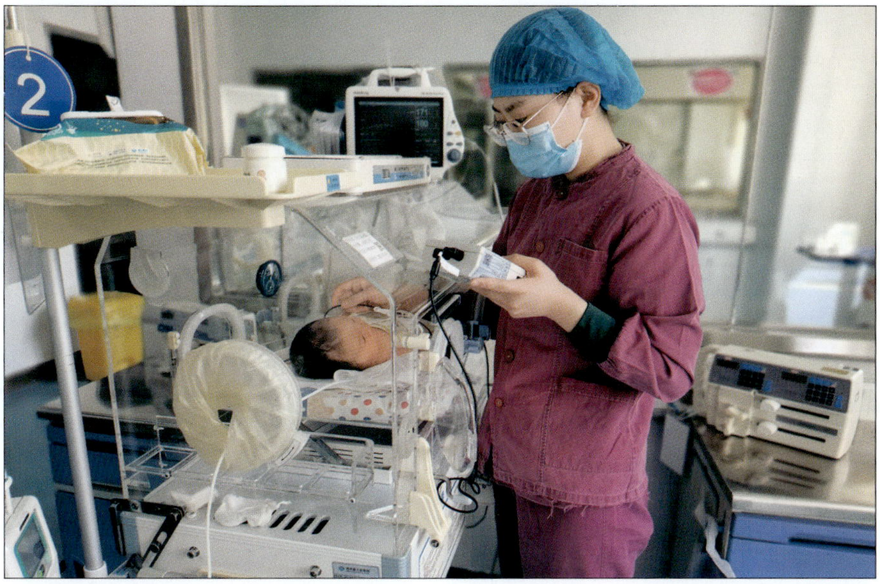

2022年，县卫健委开展新生儿疾病筛查工作　　（县卫健委　供稿）

的孕妇予以产前诊断费用补助。全年为结婚登记青年提供婚前医学检查4818对，为符合政策计划怀孕夫妇提供孕前优生健康检查3501对，为孕前和孕早期妇女增补叶酸预防神经管缺陷4723人，完成孕产妇产前筛查与直接产前诊断3215人，新生儿遗传代谢性疾病筛查3351人、听力筛查3343人、先天性心脏病筛查3344人，对查出的高风险、异常、可疑、确诊病例均提出合理化建议，均采取进一步检查、治疗、转诊等干预措施。对在县外做产前筛查、新生儿疾病筛查的对象检查费用进行回补，其中费用补助产前筛查69人、产前诊断3人、新生儿疾病筛查17人。

【农村妇女“两癌”筛查】 2022年，县卫健委积极开展城乡妇女宫颈癌和乳腺癌筛查，成立项目领导小组和技术指导组，制定工作方案，完善信息管理，重点做好阳性个案的追踪随访和全程管理。完成宫颈癌检查2.85万人，乳腺癌检查2.86万人，查出宫颈癌18人、宫颈癌前病变174人，乳腺良性疾病8例，均给予进一步检查、治疗及转诊等服务。

【孕产妇和儿童保健】 2022年，县卫健委规范孕产妇健康管理，强化孕情早期监测、建册建档、孕期保健、妊娠风险筛查和评估、高危孕产妇专案管理、安全分娩和产后服务。为所有孕产妇提供艾滋病、梅毒、乙肝表面抗原检测，及时对感染的孕产妇及所生儿童提供预防母婴传播综合干预服务。规范儿童健康管理，结合不同年龄发育阶段特点，为儿童提供健康检查、健康指导、健康问题处理。定期组织对辖区内注册托幼机构卫生保健管理开展督导，按时对全县注册幼儿园儿童进行体检，扎实开展幼儿园0—6岁儿童眼健康和视力筛查建档工作。加强妇女儿童心理健康关爱，新增加孕产妇抑郁症筛查、0—6岁儿童孤独症筛查。全县助产机构住院分娩产妇3596人，活产3634人，共建立《孕产妇保健手册》和《母子健康手册》3768人，早孕建册率85.22%，产前检查率97.44%，高危管理率100%，高危孕妇住院分娩率达100%，产后访视率97.44%；完成孕产妇艾滋病、梅毒、乙肝表面抗原检测3795人，对感染孕产妇及所生儿童全部及时采取干预措施。7岁以下儿童健康管理率98.21%，3岁以下儿童系统管理率95.61%，婴儿死亡率3.02‰；组织对109家托幼机构卫生保健工作进行评审，举办保育员培训班2期，培训170余人次。全县注册幼儿园儿童“六一”体检3.84万人，入园体检7928人；0—6岁儿童眼健康和视力筛查建档28677人，检查覆盖率98.84%。

【母婴保健行业管理】 2022年，县卫健委组织专家对全县助产机构进行爱婴医院（卫生院）复评审暨助产技术服务质量评价。组织母婴保健专项技术人员考核，6人通过实践技能操作和理论考核，取得母婴保健技术考核合格证书。加强出生医学证明管理，共发放出生医学证明3647份，其中医疗保健机构内出生首次签发3347份、换发94份、补发199份，医疗保健机构外出生签发7份，真伪鉴定20份，完成1996年至2014年20.75万人份的出生医学证明档案进档案馆工作，新生儿“出生一件事”办理2201人。（嵇伟杰）

基层卫生

【概况】 2022年，县卫健委积极开展卫生技术人才招聘，共招录编内56人（其中定向培养毕业生20人），经县委、县政府批准开展编制外合同管人员招聘，共招录48人。开展农村订单定向医学生免费培养工作，签约23人。开展基层卫生人才能力提升培训，3名骨干医生和6名乡村医生参加培训。深化乡村一体化管理，认真做好社区医院、优质服务基层行和甲级村卫生室等创建等工作，五港中心卫生院、唐集中心卫生院建成省社区医院；大东镇卫生院、陈师街道社区卫生服务中心达优质服务基层行基本标准；红窑镇红窑村卫生室顺利创建成省甲级村卫生室；县第三人民医院建成基层卫生人员实训基地。

【基本公共卫生】 2022年，县卫健委扎实做好基本公共卫生服务项目工作，按93元每人进行配套预算。建立居民电子健康档案79.7万份，管理高血压患者8.34万人，糖尿病患者2.74万人，开展老年人中医体质辨识9.8万人，0—36月儿童中医药服务1.3万人。

【家庭医生签约服务】 2022年，县卫健委以首诊负责制为目标导向建立家庭医生签约服务机制，细化家庭医生签约服务工作。截至年底，全县常住人口81.82万人，签约38.30万人，常住人口签约率达46.81%，重点人群30.97万人，签约22.68万人，签约率73.24%，基层首诊签约1.76万人，签约率5.14%，签约持证残疾人1295人。脱贫人口和计划生育特殊家庭等特殊人群签约达到全覆盖。全县16个镇(街道)均开展家庭医生签约服务工作,覆盖率达100%,成立家庭医生团队181个。县第二人民医院被省卫健委、省体育局确认为基层慢病运动健康干预试点单位。(嵇伟杰)

健康促进

【概况】 2022年,县卫健委、县爱卫办以第34个爱国卫生月和第26个健康教育宣传月活动为契机,积极实施健康促进工程,广泛开展健康促进与教育活动,大力倡导健康文明生活方式,不断提高居民健康素养。以卫生镇、村创建为抓手,把健康融入城乡规划、建设、治理的全过程,五港镇建成省级健康镇;五港镇租田村、港南村、港西村创成省级健康村。东胡集镇胡南村、镇北村、姜圩村、白果村、稽码村,涟城街道红刘村、季庵村、上营村、上庄村、双码村,梁岔镇陈溪村、何圩村、洪码村、金码村、马棚村,大东镇皇圩村、客堂村、镇南村,南集镇王圩村、新合村、镇兴村、冯陈村、下营村、直属村、朱陈村,黄营镇新淮村、曹墩村、旗杆村、杨桂村、潘闸村、沈港村,朱码街道花桥村、桂生村、鲁桥村、顺集村、军田村、篁北村,唐集镇大桥村、丰河村、丰华村、联富村、六舍村、沈费村、兴旺村创成省级卫生村;涟城街道张罗村、庵园村、林码村、胡新村、林场村、许官营村、左程村,朱码街道李集村、薛行村、余庄村、余东村,陈师街道蒋老庄村,保滩街道新港北村、张渡村、喻集村,高沟镇兴北村、丁口村、戴码村、陈祝村、天鹅村、金郑村、丁庙村、戴洼村、街东村、黄庄村、王码村,唐集镇费窑村,梁岔镇黄庵村,石湖镇薛集村,岔庙镇和平村、西集村、桑庄村、鹤友村、义河村,东胡集镇别洼村、花园村、斗墩村、严黄村、渠东村、钦工村、李圩村、马老村,红窑镇潘老庄村、朱集村、白洼村、大埝村、老桃园村、刘桥村、孔王村、潘码村创成市级卫生村。

【健康教育】 2022年,县卫健委、县爱卫办、县疾控中心深入开展健康教育活动,普及健康知识与技能,提高市民健康素养。全年共发放健康教育资料达58万份,镇(街道)村两级473个健康教育宣传栏更新12期,累计更新5892处。举办巡讲和居民健康知识讲座2364场,受众12万人。播放健康教育影像资料时长136万小时。组织卫生节日宣传382场,发放宣传资料14万份,接受群众咨询2万人;个体化健康教育咨询登记7万人。全县上网测试健康素养人数19万人,占常住人口的22.12%。

【禁烟控烟宣传】 2022年,县卫健委、县爱卫办充分利用广播、电视、网络、报纸等各类媒体以及学校、社区、街道等宣传栏,宣传普及烟草烟雾危害。组织相关职能部门对公共场所进行控烟工作专项检查,加大对无烟卫生健康系统建设的完善和巩固情况暗访和督导。发放控烟宣传画1万张、控烟宣传手册3000份。5月31日,县卫健委、县爱卫办、县疾控中心围绕“烟草威胁环境”宣传主题,组织县第二人民医院、南园医院、开发区防保所、牌坊街道社区卫生服务中心相关人员,在五岛公园北广场,举办“世界无烟日”专题宣传活动,悬挂主题横幅,展出宣传展,散发宣传折页2种计300余份、宣传手册2种计300余份,赠送透明皂100盒、手提袋100余个。同时,县爱卫办与县委宣传部、县机关事务服务中心联合下发文件,组织全开展县党政机关无烟党政机关创建活动,累计建成无烟党政机关75个。

【病媒生物防制】 2022年,县卫健委、县爱卫办不断加强环境综合治理,清除“四害”孳生地,开展病媒生物监测。全面部署灭鼠、灭蝇等工作,针对性地开展灭鼠、灭蚊蝇、灭蟑活动。全县新建毒饵站1万余个,投放鼠药5.5吨,灭蝇剂2.2吨,蟑螂防制胶饵30千克,诱蝇笼8000套,粘鼠板1.25万块。各村、居委会深入开展夏季灭蚊蝇工作。县疾控中心认真做好病媒生物密度监测工作,及时网报相关数据,定期开展“四害”灭杀及效果评价工作,全县病媒生物密度控制在国家标准以内。

【水质监测】 2022年,全县集中式供水单位1家,为涟缘水务有限公司,设城区监测点8个,水样类型包括出厂水、末梢水、二次供水,全年采样32份,检测1088项次,检测合格率100%,设农村监测点60个,水样类型为末梢水,监测覆盖率100%。农村饮用水每季度一次,枯水期、丰水期监测点全覆盖,第二、四季度监测覆盖50%,全年采样180份,合格180份,合格率100%。城市及农村饮用水监测结果与上年同期相比,水质稳定。(嵇伟杰)

卫生监督

【概况】 2022年,县卫健委、县卫生监督所扎实开展公共场所卫生、生活饮用水卫生、放射卫生、学校卫生、职业卫生、医疗服务监督和传染病防治监督等卫生监督执法工作。督查各级各类医疗机构200余户次,下达卫生监督意见书70份;开展助产技术服务单位胎盘处置专项监督检查,检查医疗机构10家。参加省市行政处罚案卷评查,县卫生监督所2份案卷获省三等奖,2份获市三等奖。

【行政审批许可】 2022年,县卫健委严格许可程序,规范许可管理,在开展卫生许可审查时,坚持严把准入关,做到受理审查程序合法,审查许可有标准、有时限,受理许可无差错。全年共发放公共场所卫生许可证473份,放射诊疗许可证53份。

【医疗服务监督】 2022年,县卫健委、县卫生监督所开展医疗美容市场、人血白蛋白采购使用管理、冬病夏治穴位贴敷服务技术应用管理、非法行医、规范医疗机构执业行为、打击无证行医等专项检查35次,检查美容院15户,医疗机构473户次,查处非法行医案件9起。全年立案实施行政处罚9起,罚款44万余元,没收药品及医疗器械30余箱。

【公共卫生监督】 2022年,县卫健委、县卫生监督所完成各类公共场所单位卫生监督检查1.1万余户次，查处违法案件11起，罚款2万元。开展公共场所通风系统卫生、控烟专项检查23次，检查影剧院、录像厅（室）、游艺厅（室）、舞厅、音乐厅、公共浴室等空间密闭性高、人群密集度大的公共场所经营单位4户、住宿场所13户，公共场所及医院候诊室16户。开展量化分级管理工作，对462户公共场所经营单位进行量化分级信誉度评定。

【学校卫生监督】 2022年，县卫健委、县卫生监督所开展学校卫监行动，检查各级各类学校28所，其中小学5所、初中7所、高中4所、高职校2所及幼托机构10所。对城区4所学校（含高考考点）饮用水（直饮水）进行现场抽检，经检测，全部符合国家卫生标准。开展学校传染病防控监督检查，检查学校、托幼机构20所，其中小学7所、中学5所、托幼机构5所、高等学校3所、下达意见书10份。

【餐饮具集中消毒监督】 2022年，县卫健委、县卫生监督所开展餐饮具集中消毒服务单位监督检查，每季度开展监督检查2次，监督检查4户次，抽检消毒餐饮具555件，检测111项次，对检测合格的2家单位进行公示。 （嵇伟杰）

医政管理

【概况】 2022年，县卫健委不断强化医疗安全工作，加强护理、院感、药事、病历等各项检查，进一步规范医疗行为、保障医疗质量安全；加强县人民医院感染科建设、感染科医疗人才培养和重症医学科专科建设，提升传染病救治能力和重症救治能力。推动县级重点专科创建工作，评选出A级县级重点临床专科19个，B级县级重点临床专科7个。加强医疗纠纷处置，建立健全医疗纠纷处置机制，实现医疗责任保险全覆盖，最大限度缓解医患矛盾，医疗纠纷案件数逐年下降。持续强化院感防控，压紧压实医疗机构主体责任，做到“院内零感染”“院感零容忍”，落实院感防控措施，加强业务培训，强化院感内控管理，开展工作自查督查，切实筑牢院感防线。完善院前急救体系，建成县中医院、县三院和五港、唐集、梁岔、红窑中心卫生院等6个标准化院前急救点，采购9辆负压救护车及车载设备，组织开展2022年度涟水县医疗急救技能竞赛活动。

【无偿献血】 2022年，县卫健委积极组织开展无偿献血工作。开展“6·14”世界献血者日宣传活动。宣传无偿献血相关知识和“三免”政策等内容，公布预约献血流程、预约电话等信息，呼吁社会公众广泛支持、参与无偿献血，保证临床用血需要和安全。全年累计无偿献血9454人次，采血量17175.5单位，成分献血率100%，临床用血合格率100%，无偿献血占临床用血量100%。

2022年6月14日，县卫健委组织献血活动 （县卫健委 供稿）

【中医药管理】 2022年，县卫健委开展基层医疗卫生机构中医馆服务能力等级评价工作，建成五级中医馆3家、三级中医馆7家。开展中医药文化推广工作，举办中医药宣传月活动16场次、“中医药就在你身边”中医药文化科普巡讲活动6场次。实施“涟岐健康”工程，培训医务人员200余人。

【药政管理】 2022年，县卫健委全面落实国家基本药物制度、大力保障基本用药需求，印发《涟水县紧密型医共体实施国家基本药物制度工作方案》，召开基本药物配备使用品种和金额占比双达标推进会。落实抗菌药物、医用耗材等分级备案管理制度，建立覆盖药品、耗材采购、贮存、发放、调配、使用等全过程的监测体系，确保临床用药安全、有效。开展药品使用监测、合理用药考核、基本药物配备使用评价、第二类精神药品管理和其他药械质量安全管理自查自纠等工作。督促医疗机构按约定采购量采购和使用国家组织集中采购中选药品，做好药品不良反应和医疗器械不良事件监测及报告，共有21名药师通过省级家庭药师线下培训考核。 （嵇伟杰）

医疗机构

【涟水县人民医院】 成立于1950年9月，是一所集医疗、急救、教学、科研、保健、康复于一体的三级乙等综合医院。医院占地面积13.33公顷，总建筑面积13万平方米。核定床位1200张，临床医技科室38个、临床专科病区33个。省临床重点专科2个，市级临床重点专科4个，县级临床重点专科17个。胸痛中心为国家标准版认证的胸痛中心，卒中中心为省防治中心，创伤中心为省创伤救治联盟成员单位，孕产妇和新生儿危急重症救治中心为市级救治中心。医院有职工1680余人,其中高级职称267人,博士研究生16人、硕士研究生86人。省"333工程"培养对象21人、省"青年科技人才托举工程"培养对象1人、省双创博士5人、省、市学科带头人6人,硕士生导师6人、"淮上英才计划"533领军人才1人、拔尖人才1人。设有消化内科、肿瘤科、骨科、介入科、康复科、新生儿科、妇产科、耳鼻喉科、检验科、麻醉科、影像科等临床医技科室38个、临床专科病区33个,其中省临床重点专科2个,市级临床重点专科4个。拥有3.0T核磁共振、256排后超高端螺旋CT、体外膜肺系统(ECMO)、电子胃肠镜、腹腔镜、直线加速器等先进进口大型医疗设备50余台件。医院坚持"以病人为中心"的服务理念,创新服务模式,改善患者就医感受,设立沪宁乡贤名医工作室、特聘专家门诊、专病门诊、假日门诊等,满足患者的服务需求;合理调配诊疗资源,畅通绿色通道,实现住院全程陪检服务。2022年门诊急诊776389人次,出院48844人次。

【涟水县中医院】 建于1983年,是一所以中医为特色、中西医协调发展的国家二级甲等中医医院。2022年,医院设置21个临床科室,6个医技科室,11个病区。设有江苏省中医院刘沈林、唐蜀华两位国家名老中医药专家传承工作室涟水县中医院工作站、韩如章全国基层名老中医药专家传承工作室。推拿科、骨伤科为省级中医临床重点专科,脑病科、骨伤科、推拿科为淮安市中医临床重点专科,心病科、肛肠科为江苏省基层医疗机构特色专科建设单位。医院核定床位416张,实际开放床位509张;医院职工563人,其中在编148人,聘用415人;卫技人员492人,其中高级职称96人,中级职称179人;执业医师168人,其中中医类别执业医师69人。医院拥有1.5T磁共振、64排螺旋CT、16排螺旋CT、DR影像处理系统、数字胃肠机、床边X光机、C型臂X光机、高清腹腔镜、关节镜、膀胱镜、超声刀、四维彩超、眼科手术显微镜、电子胃镜、电子肠镜、全自动生化分析仪、血培养仪、全自动样品处理流水线等大中型医疗设备225台(件);拥有中医诊疗设备495台(件)。

【涟水县第二人民医院】 成立于1959年10月,是一所集医疗、预防、保健、康复、计划生育指导于一体的综合性医院。医院位于涟城街道城东路25号,负责涟城街道和开发区27个社区居委会基本医疗和公共卫生工作,辖区服务人口约20万人。医院业务用房11657平方米,病床140张。有职工182人,其中高级职称32人,中级职称16人,本科以上学历86人。设有预防保健科、内科、外科、妇产科、儿科、康复医学科、口腔科、皮肤科、肛肠科、中医科、眼科、耳鼻喉科等科室,其中中医科为"淮安市市级特色科室""江苏省五级中医馆",超声科为县重点专科,内分泌科被确定为基层特色科室建设单位。医院配备16排32层螺旋CT、进口彩超、进口腹腔镜、C臂机、电子胃镜、口腔CBCT、进口口腔全景机、全自动生化分析仪、冲击波、威伐光、椎间盘复位机等诊疗设备。2022年,建成涟城街道护理院、省五级中医馆,优质服务基层行达到推荐标准并通过复审,《播撒糖尿病防治的火种——涟水县第二人民医院促糖尿病医防融合纪实》在《健康报·基层卫生在线》宣传报道。

【涟水县第三人民医院】 建于1946年3月,地处淮安、连云港、宿迁三市交界的高沟镇,是一所集医疗、教学、急救、预防、保健于一体的二级乙等综合医院。医院占地10公顷,建筑面积8万平方米,开放床位519张,服务人口30余万人。有职工536人,其中医生156人,护士245人,高级职称62人,中级职称98人,淮上英才3人。设有心血管内科、消化内科、呼吸内科、内分泌科、神经内科、肿瘤内科、普外科、泌尿外科、骨科、妇产科、儿科、精神科、耳鼻喉科、眼科、口腔科、皮肤科、ICU、血透室、发热门诊等临床、医技及行政科室。拥有1.5T核磁共振、128排螺旋CT、全自动生化免疫流水线、彩色多普勒超声诊断仪、高清腹腔镜、大型数字化X光机(DR)、多功能麻醉机、电子胃镜、电子肠镜、支气管镜、宫腔镜等医疗设备,建成生物安全实验室、核酸检测实验室、HIV初筛实验室等。

【涟水县妇幼保健院】 建于1953年,是集保健、临床、科教于一体的国有公立非营利性二级妇幼保健院,承担全县的妇幼保健技术指导、计划生育技术指导和业务培训工作。医院占地6.67万平方米,总建筑面积2.43万平方米,设置床位101张。设有内科、外科、妇产科、儿科、计划生育科、群体保健、康复科、五官科、中医科、影像科、检验科、超声医学科、药剂科等科室。2022年,医院有职工182人,其中医技人员145人,高级职称20人,中级职称29人,研究生学历1人,本科学历81人。有三星高端四维彩超机(专业妇产机型)XW-80A、日本日立3110全自动生化分析仪、美国通

涟水县第三人民医院

(卫健委　供稿)

用GE16排32层多功能螺旋CT、珠海普利德PLD8800B DR、日本希森美康NX-500ix全自动血球分析仪、北京万东移动DR、康辉高端产待一体床、乳腺钼靶、电子阴道镜、LEEP刀、产后康复治疗仪等先进医疗设备。

【涟水县疾病预防控制中心】 成立于1956年5月，前身为涟水县卫生防疫站，承担全县疾病预防控制、突发公共卫生事件应急处置、疫情报告及健康相关因素信息管理、健康危害因素监测与干预、实验室检测分析与评价、健康教育与健康促进等多项业务职能，为全县卫生检测中心、农村饮水安全工程水质检测中心和食品安全风险监测中心。2022年，中心设有办公室、财务科、总务科、健教科、急传科、慢传科、性艾科、慢非科、检验科、质管科、公共卫生科、综合业务办、项目办等13个科室。有职工105人，其中，专业技术人员93人，研究生学历1人、本科学历83人、专科学历15人，高级职称22人、中级职称18人。建有PCR、理化、HIV筛查、净化、致病菌、寄生虫病、临检、职业卫生、地方病等多个功能齐备的专业实验室。拥有离子体发射光谱质谱仪、原子吸收光谱仪、气相色谱仪、离子色谱仪、流动注射分析仪、高效液相色谱仪、化学发光仪、荧光定量PCR仪、全自动细菌鉴定仪等高精端设备200余台件。（嵇伟杰）

职业安全健康监管

【概况】 2022年，县卫健委开展职业健康保护行动，提高职业病防治能力。先后下发《涟水县职业病危害专项治理实施方案》《涟水县职业病危害专项监督巡查工作方案》等文件，分级分类监督管理工业企业，对748家工业企业开展巡查工作，筛选出381家纳入职业病危害专项治理范畴。开展职业卫生安全隐患排查400余次，下达职业健康《监督意见书》260余份，以县职业病防治工作联席会议办公室名义通报属地企业职业健康领域检查情况16份，专项通报1份。组织开展联合职业健康执法检查2次，对严重违反《中华人民共和国职业病防治法》行为进行行政处罚1起。开展企业职业健康管理人员培训180余人次。开展职业病防治监督监测工作，完成32家企业的工作场所监测任务和90家工业企业"双随机、一公开"执法检查工作。完成县人民医院职业健康检查机构建设任务，并通过省卫生健康委的验收。

【"江苏健康企业"建设】 2022年，涟水县以提升劳动者职业健康素养为目标，牢固树立营造健康文化、打造健康环境、树立健康理念，推进"健康企业"创建，争当"职业健康达人"，今世缘酒业、华源生态、大量科技、中信华电子、汉门电子、光大生物、永安化工等7家企业完成"健康企业"建设任务，获得省级"健康达人"称号1人、市级"健康达人"称号15人、县级"健康达人"称号58人。

（嵇伟杰）

2022年，县疾控中心核酸采样团队赴中信华电子开展全员核酸采样检测工作现场

（张佐刚 摄）

体　育

SPORTS

- 体育设施
- 学校体育
- 群众体育
- 体育产业

编辑：张骞之

体育设施

【概况】 2022年，县教育体育局修建体育公园2个、健身步道25千米，更新健身路径120套。其中，一代健身路径32套，二代健身路径1套；安装篮球架18副。全县所有室外体育设施增设扫码报修功能，设施信息录入省管理平台。人均体育场地面积达3.48平方米，人均体育场地面积比上年净增1.25平方米。

【全民健身中心】 于2011年建成，占地9.87公顷，坐落在县政府南侧，北至淮河路，南至渠北西路，西至海安路，东至涟州路。包含东、西两馆和标准田径场。东馆设有室内游泳馆、瑜伽馆、单车房、健身房、跆拳道等健身区域；西馆设有羽毛球、乒乓球、篮球以及室外游泳馆等健身区域。 （王冶华）

学校体育

【概况】 2022年，县教育体育局组织开展全县中小学生田径运动会、广播操、球类等赛事，推动体育活动普及提高。组织开展小学“最美体育大课间”展评活动，全县共有48所小学6.8万名师生参加。活动以涟水最新创编的韵律操《舞韵安东》为必展项目，鼓励各校进行二次创编，以此彰显小学大课间活动特色化、个性化。在2022年淮安市中小学优秀课间操（视频）评比中，县教育体育局获评优秀组织奖，淮文外国语学校获评小学组常规课间操一等奖，滨河外国语学校获评中学组常规课间操一等奖，其余上报学校分获市二、三等奖。开展学生体质健康监测。全县共有95所学校12.44万名学生参加学生体质监测，其中合格率达95.85%，优良率达33.83%。

【青少年体育】 2022年，县教育体育局举办比赛4场。其中，10月，在安东学校举办小学生篮球联赛，在郑梁梅高级中学（清枫路校区）举办中学生篮球联赛，分城区组和农村组；11月，在淮文学校西校区举办涟水县中小学生足球联赛，分城区组和农村组；在郑梁梅高级中学（清枫路校区）举办涟水县中小学生田径运动会。 （王冶华）

群众体育

【体育惠民服务】 2022年，县教育体育局共举办线上、线下群众性体育赛事160余场，举办体育项目培训16场，开展全民健身科学讲座16场，参与群众约5万人次。组织开展涟水县篮球联赛，得到省竞赛管理中心肯定并作经验介绍。举办全县教育系统“国家体育锻炼标准”达标赛，64支代表队300余名教职工参加两个组别14个年龄段的比赛。举办三级社会体育指导员培训400余人次。通过政府购买服务方式，委托县健身气功、乒乓球等协会承办“魅力江苏·最美体育”品牌系列赛事6项。组织广场舞公益培训进社区、乡镇共16次，累计参与1700人次。

【体育社团管理】 2022年，全县共有体育社团28个，均按照年初工作计划有序开展各项工作，全年活动达90余次并组队参加市级以上各类比赛。太极拳协会在江苏省疾控中心集体健骨操比赛中获优胜奖；在江苏省老年人太极拳剑比赛中获优胜奖5个，优秀奖10个。广场健身舞运动协会在市健骨操线上（视频）比赛获一等奖。篮球协会在“洪泽湖杯”篮球赛中获第三名。

【竞技体育】 2022年，涟水县自行车队在省二十届运动会上获得5金3银4铜的优异成绩，超前圆满完成目标任务。创建“县队校办”组队模式，在淮文学校西校区成功组建涟水县青少年篮球队。

2022年6月27日，江苏省第二十届运动会青少年部自行车（公路、山地）比赛现场，淮安市体育代表团团长、副市长王向红（左5），涟水县委常委、宣传部部长郎跃明（左3）为获奖运动员颁发奖牌。 （县融媒体中心　供稿）

【“全民健身日”系列活动】 2022年，县教育体育局围绕第十四个“全民健身日”主题开展“中国体育彩票杯”广场舞大赛、健身气功和太极拳展演，健步走、绿色骑行、篮球联赛以及游泳比赛等系列活动，活动持续近4个月，参加活动达5000人次。200余名骑行爱好者参加“低碳出行”绿色骑行公益活动，活动途经常青广场、淮浦路、郑梁梅大道、金城路、红日大道、涟水大剧院，行程约20千米；14个体育社团组织800余人参加健步走活动；42支篮球联赛代表队参加200余场比赛；80余人参加蛙泳和自由泳游泳比赛。

【涟水县老年人体育协会】 2022年县

2022年9月，“舞动淮安”全民广场舞涟水海选赛现场　　（县教育体育局　供稿）

老体协会以活动为抓手，丰富老年人晚年生活，持续提升老年人的幸福感和获得感。1月，举办迎冬奥、贺新春“宏信杯”乒乓球男女混双交流赛；10月，举办第四届重阳节“福彩杯”老年人运动会；3月，组织参加江苏省老年人太极拳（剑）交流比赛；5月，组织参加老年人桌上冰壶球俱乐部联赛（淮安站）；8月，组织参加市“铭泽体检杯”老年人乒乓球比赛；10月，组织参加市老年人太极拳（剑）交流比赛；11月，组织参加老年人“掼蛋、象棋、乒乓球”三项赛；12月，组织参加“周公杯”老年人掼蛋比赛，均获得好成绩。

【涟水县太极拳协会】 2022年，县太极拳协会组织会员到学校、社区、敬老院、企业参加社会各类公益培训20余次，受益人数3500余人。在江苏省疾控中心集体健骨操比赛中获优胜奖；在江苏省老年人太极拳剑比赛中获优胜奖5个，优秀奖10个。

【涟水县广场健身舞运动协会】 2022年广场舞运动协会认真贯彻国家全民健身战略，积极开展各类赛事活动和线上线下群体活动。市健骨操线上（视频）比赛获得一等奖；组织广场舞进社区、乡镇公益培训共16次，累计参与1700人次。举办“发展体育运动 增强人民体质”网络视频大赛、“喜迎党的二十大永远跟党走”广场舞大赛、“舞动淮安”涟水海选赛广场舞大赛等活动，累计参与人数1000余人。

【涟水县篮球协会】 2022年，涟水县篮球俱乐部共有42支球队，其中U16年龄组7支、青年组26支、壮年组9支。4月16日，涟水县第十届篮球俱乐部联赛开赛，赛制分季前赛和季后赛，其中季前赛178场，季后赛及总决赛31场，参与观众及球迷约26万人次。多次组队赴连云港、宿迁等地参加篮球邀请赛，在“洪泽湖杯”篮球赛中，涟水县篮球队获得第三名。

（王冶华）

体育产业

【概况】 2022年，全县共有体育类经营场所116家，其中健身服务类场馆35家，体育用品经营类12家，体育休闲旅游类1家，体育商品制造类2家，其他类别66家。帮扶盛祥体育运动文化有限公司获得80万元体育产业引导资金。

【体育彩票】 2022年，全县共有体育彩票网点82家，累计销售体育彩票约8200万元，位居全市第三。（王冶华）

太极拳新家园畅想曲　　（马孝颖　摄）

社会生活

SOCIAL LIFE

- 人口和计划生育
- 老龄事业
- 就业创业
- 社会保险
- 社会救助
- 住房保障
- 民政事务
- 退役军人事务

编辑:张骞之

人口和计划生育

【概况】 2022年,县卫健委以实施全面二孩政策和三孩生育政策及配套支持措施为主线,积极开展人口监测,优化生育登记服务,严格落实奖励扶助,开展特殊家庭关爱,建立托育服务体系,促进人口长期均衡发展。全年上报出生人口3586人,出生率为4.99‰,其中二孩1433人、多孩404人,二孩率为39.96%、多孩率为11.27%;出生女婴1692人,出生人口性别比为111.94。

【人口计生服务】 2022年,县卫健委加强三孩生育政策宣传咨询解释,提倡适龄婚育、优生优育,一对夫妻可以生育三个子女。对生育三个以内(含三个)孩子的,实行生育服务登记制度,由家庭自主安排生育。同时,推进互联网+政务服务平台应用,引导群众在线申请办理生育登记服务,进一步简化程序,优化流程,缩短时限,便民利民。全县共办理生育登记3535例。

【奖励扶助落实】 2022年,县卫健委扎实开展计划生育特殊困难家庭扶助关爱工作,共慰问计划生育特殊家庭267户,其中困难家庭26户,慰问金32.39万余元。为294人计划生育特殊家庭购买综合保险,投保14.7万元;理赔83户,理赔金额24.54万元。做好7—14周岁独生子女父母奖励金发放工作,共兑现奖励金109.65万元。落实50—59周岁农村独生女计划生育奖扶1460人,兑现奖励金88.74万元。落实农村60周岁部分计划生育家庭奖扶4667人,兑现奖励金426万元。落实计划生育特殊家庭扶助299人,兑现特扶金273.92万元。落实计划生育手术并发症人员特扶139人,兑现特扶金45.26万元。落实县属企业持证退休职工和城镇非从业人员计划生育一次性奖励325人,兑现奖励金65万元。落实计生"全家福"保险投保15510户,保单发放率100%,理赔1209人,理赔金额176.7万元,理赔达率107.41%。

【普惠托育服务】 2022年,县卫健委积极发展托育服务,推进托育机构改扩建,开展托育机构备案登记和普惠示范机构创建,提高婴幼儿家庭获得服务的可及性和公平性,全年普惠托育机构累计4家,可提供360个托位。创成省级普惠托育机构1个、市级普惠托育示范机构1个,新增托位320个,其中普惠托位160个,超额完成市下达的目标任务。

(嵇伟杰)

老龄事业

【概况】 2022年,全县常住老年人口19.35万人,65周岁以上老人14.11万人。全县老龄工作牢牢把握"党政主导、社会参与、全民关怀"的老龄工作方针,紧紧围绕"老有所养、老有所医、老有所教、老有所学、老有所为、老有所乐"的工作目标,积极落实老年人福利、提高为老服务质量、维护老年人权益,被市老龄办评为2022年"安康关爱行动"先进单位。县二院建成涟城街道护理院,全县二级以上综合医疗机构全部设置老年医学科。

【老年人关爱行动】 2022年,涟水县深入开展尊老、爱老、敬老工作。组织志愿者服务队和中国人寿涟水支公司开展系列服务,深入镇街敬老院、县社会福利中心等养老服务机构义务为老人送上节日慰问礼品,帮助老人测量血压,提供医疗保健知识咨询、宣传养生常识等,为老人普及老年人权益保护法律知识。县卫健委、县老龄事业发展中心组织开展"安康关爱行动",为全县74281名60周岁以上老年人办理人身意外伤害保险,参保率达38.38%;开展老年人"心理关爱"行动项目,共调查65岁以上老年人53人,发放调查问卷53份,入户调查率达100%;开展中国老年健康和家庭幸福影响因素跟踪调查工作,共调查65岁以上老年人39人,调查老人问卷39份,子女问卷调查23人,入户调查率达100%。 (嵇伟杰)

就业创业

【概况】 2022年,县人社局围绕落实落细"就业优先"政策目标,抓实常规工作,突出重点工作,创新特色工作,真抓实干。全县城镇新增就业5890人,城镇调查失业率控制在5%以下,城镇失业人员再就业6034人,城乡就业困难人员就业2497人。社保补贴惠及6627人,发放金额2235万元。开展集体协商"春季要约行动",确保全县集体合同签订率动态保持在96%以上。培育省级劳动关系和谐企业1家(涟水县红日港务有限公司),申报成功省级金牌劳动关系协调员1人。

【职业技能鉴定】 2022年,县人社局充分发挥高技能人才政策的引领作用,从培养、评价、激励等各个环节加大等级认定力度,全年共为茶艺师、汽车维修工、养老护理员、育婴员等21个职业工种发放等级证书4428本。积极推动特级技师的申报认定工作,共认定产生特级技师4人。推进今世缘酒业、源通制帽等企业开展新型学徒制培训,完成新型学徒制培训242人。加强技能大师工作室建设,获批省级首席技师1人。

【创业政策扶持】 2022年,县人社局持续推动提高就业创业政策集合度,稳步提升创业带动就业能力。深入创业孵化基地开展"创响江苏""创富淮安"等系列创业大赛活动,筛选4家省级、2家市级大学生优秀创业项目参加省、市级优秀项目评选,培植创业典型,挖掘优秀创业项目,造浓全县创业氛围。保持富民创业贴息贷款有序增长势头,不断加强与财政、银行等单位协调,提升富民创业贷款发放效率。全年发放富民创业担保贷款1281笔,共计1.83亿元;发放贷款贴息1188笔,共计903.75万元。推进初次创业补贴、创业带动就业人员补贴等宣传工作,让创业补贴政策落地生根。扶持各类创业人员4455人,带动就业1.2万人;大力筛查初创企业用工情况,兑现创业带动就业补贴31户18.4万元。

【职业技能培训】 2022年，县人社局努力完善“政府主导、城乡联动、社会参与”的市场化培训机制。丰富培训课程吸引生源，鼓励就业技能培训机构增设紧缺型培训工种项目，提升实践操作技能，按照规定发放培训补贴257.63万元。全年开办美容、母婴护理员、老年（病员）护理、叉车等各类培训班47期，城乡劳动者就业技能培训4726人，新生代农民工技能提升培训1379人，为民办实事成效明显。

【工伤鉴定和劳动能力鉴定】 2022年，县人社局依据《工伤认定办法》严格规范操作程序，确保适用法律正确。全年外出调查工伤案件303件，共完成工伤认定339件，不予认定4件，不予受理14件，工伤认定终止7件。做好劳动能力鉴定，全年报送14批次196人，鉴定达到等级189人，不达级7人，复核鉴定8人，并及时送达《劳动能力鉴定结论通知书》。

2022年9月16日，涟水县嘉华职业培训学校育婴员第1期培训班开班 （县人社局 供稿）

【劳动力就业服务】 2022年，县人社局主动深入企业，加强用工动态监测服务，掌握企业用工缺工情况第一手资料，针对性开展送服务、送岗位、送政策系列活动。常态化开展线下专场招聘和网络招聘活动，做好高校毕业生信息完善和就业帮扶，根据毕业生专业特点和就业愿望，定向推送岗位信息，促进各类群体高质量就业。全年深入城乡举办各类招聘会63场，其中网络招聘会13场、直播招聘7场，累计为149家企业提供岗位数7195个，达成就业意向5320人。

【企业职工退休审批】 2022年，县人社局依托江苏省人社一体化平台，实现退休业务全部经由线上操作，及时受理企业职工各类退休审批工作。全年完成参保人员正常退休审批2598人，特殊工种人员提前退休审批27人，因病提前退休审批14人。

【劳动争议仲裁】 2022年，县人社局接处案件564件，调解平台69件，仲裁受理307件，不予受理188件。结案317件，调解结案121件，仲裁裁决结案187，其中一裁终局150件，撤诉9件。仲裁结案率96.94%，调解成功率62.21%。

【劳动执法监察】 2022年，县人社局健全长效工作机制，坚持预防为主、防治结合的工作思路，印发《2022年根治欠薪工作计划》《根治欠薪工作约谈制度》《工资保证金实施办法》，明确工作目标和责任，确保工作有效开展。全年共受理各类欠薪投诉举报729件，通过协商协调、责令整改、行政处理等方式，累计为1600余名农民工解决拖欠工资1550万元。

（袁国丽）

社会保险

【概况】 2022年，县人社局以保障企业发展为重点，扎实履行部门社会保障职责，全年全县三项社会保险基金总收入合计约23.32亿元。其中，企业职工基本养老保险基金收入约22.62亿元，失业保险基金收入约4156.79万元，工伤保险基金收入约2848.07万元。稳妥落实失业补助金延期办理政策，全年为驰宝公交等6家企业缓缴三项社保费190.28万元；1128家企业享受稳岗返还补贴1156.67万元，惠及参保职工3.29万人。

【职工养老保险】 2022年，县人社局加大企业职工养老保险基金扩面征缴工作力度。全县企业职工基本养老保险参保人数达8.2万人，新增参保9243人。落实国家继续调整企业退休人员待遇的重大决策，对养老金待遇连续18年上调，为43408名退休人员调待补发3152.65万元。全年新增退休人员2639人，享受养老保险待遇4.71万人，发放离退休人员养老金12.29亿元，社会化发放率100%。

【机关事业养老保险】 2022年，县人社局稳步推进机关事业养老保险工作，以在职人员参保率和退休人员养老金发放工作为重点，狠抓落实。全县机关事业单位退休人员10830人，改革后（2014年10月至2022年12月）退休人数共3695人，到年底，完成待遇计发3510人，计发率95%。为10830名退休人员发放养老金7.13亿元，实现退休人员养老金社会化发放率达100%。

【城乡居民基本养老保险】 2022年，县人社局积极整合多层级、多部门职能力量，全力破解被征地农民社会保障问题，全年为2885名新被征地农民办理参保手续，纳入社会保障体系。城乡居民基本养老保险参保人数达25.18万人，完成率99.7%。完成为民办实事项目，城乡居保基础养老金标准从每月180元提高到213元，“城乡居民基本养老保险

2022年6月，涟水县城乡居民基本养老保险政策宣传活动现场　　（县人社局　供稿）

保障水平”市对县指标考核居全市第三名。

【工伤保险】 2022年，县人社局认真落实企业参保政策，全年工伤保险参保人数75762人，工伤保险基金收入2848.07万元，工伤保险基金支出1881.64万元，享受工伤保险待遇人数430人。

【失业保险】 2022年，县人社局切实保障参保失业人员基本生活，全年共支出失业保险金额1423.73万元，惠及1343人，失业保险待遇发放率达100%。持续开展阶段性失业补助金发放工作，共为922名参保失业人员发放失业补助金315万元。全面改进资格认证服务模式，积极推广使用手机App开展线上自助资格认证，全年共完成退休人员资格认证4.5万人，资格认证进度达到序时工作目标。

【社会保障卡管理】 2022年，县人社局做好镇、街道社保卡系统维护和业务指导工作，构建覆盖全县的社保卡服务网络，方便群众就近办卡。协调社保卡合作银行做好社保卡办理工作，对特殊人群提供上门服务。开通网办社保卡渠道，办事人员可通过江苏智慧人社App申请新办或补办社保卡。全年新办社保卡7006张，补换卡3.1万张。截至年底，累计持卡数112.53万张。

（袁国丽）

【城镇职工和城乡居民基本医疗保险】 2022年，全县城镇职工基本医疗保险参保10.84万人，城镇职工基本医疗保险基金收入5.27亿元，支出4.81亿元，年内结余4676.86万元，累计结余5.5亿元。城乡居民基本医疗保险参保81.09万人，城乡居民基本医疗保险基金收入8.12亿元，支出7.72亿元，年内结余4341.49万元，累计结余3.77亿元。九类困难人员免费参加城乡居民基本医疗保险11.51万人。（陈小梦）

社会救助

【医疗救助】 2022年，全县医疗救助财政拨款7995.4万元，支出7823.21万元，年内结余172.19万元，累计结余172.19万元，医疗救助资助参保11.51万人。

（陈小梦）

【残疾人救助】 2022年，县残联配合民政部门做好“两项补贴”发放审核工作。发放生活补贴19196人，共计1946.37万元；发放低保内生活补贴16491人，共计339.04万元；发放护理补贴44980人，共计810.18万元。常态化做好残疾人创业补贴及残疾学生教育补贴工作。（崔海峰）

【慈善救助】 2022年，县慈善总会募集善款508.438万元，实施成人大病救助、儿童大病救助、上海德汇公益基金会奖助学、江苏秉龙慈善基金会助学、慈善温暖百家春节慰问、高中阶段低保家庭学生救助、慈善文化五进工程等慈善项目，救助支出521.625万元，救助困难群众2425人。县慈善总会先后被评为淮安市腾讯“99公益日”活动先进集体、江苏省慈善总会会员单位。陈春宇被评为淮安市腾讯“99公益日”活动先进个人。（徐曙光）

住房保障

【概况】 2022年，涟水县公积金中心归集住房公积金7.03亿元，比上年增长22.18%，归集余额17.58亿元。新增住房公积金开户单位87个、新增职工6343人。发放贷款338户、1.32亿元，当期发放率17.21%，户均贷款38.92万元，贷款余额10.39亿元。住房公积金提取4.71亿元，提取比率61.61%。

【住房公积金扩面】 2022年，县公积金中心坚持“科学布局、有序推进”的工作思路，分层分类推进不同类型单位分批缴存，重点突破应建未建企业，新增缴存企业87家。完成全县机关事业单位职工住房公积金基数调整工作。联合合作商业银行召开归集扩面工作座谈会，形成公银合作归集扩面模式。积极做好《淮安市灵活就业人员住房公积金管理规定》政策落实，推进住房公积金制度普惠共享，新开户缴存6343人；灵活就业人员52人，每月缴存5万元。切实服务困难企业，做好住房公积金缓缴、降比工作，对有困难企业缓缴或降比申请积极主动做好帮办，助力生产经营困难企业渡过难关。

【公积金贷款发放】 2022年，县公积金中心聚焦增强住房公积金惠民实效，切实落实租房提取新政和贷款最高额度调整，租房职工每年每人可以提取9600元用于支付房租，住房公积金贷款最高额度提升至单方48万元、双方72万元，进一步提升住房公积金缴存人住房权益保障。对新开楼盘做到能签尽签，全年新增按揭合作楼盘4家，正在合作按揭合作楼盘23家。稳步推进“商转公”贷款业务，将住房公积金缴存人高息商业贷款转为低息的住房公积金贷款，减轻缴存人还贷压力。全年发放商业贷款转公积金贷款26笔、713.96万元。定期对按揭合作企业进行检查，关注开发企业经营状况，强化贷款审查和贷后管理，及时化解贷款逾期风险。全年未发生风险贷款，无逾期贷款。

【住房公积金办理便捷】 2022年，县公积金中心严格落实省住建厅关于“跨省通办”、长三角“一网通办”等事项的相关工作要求，在业务柜台开设专窗专项办理，实现个人住房公积金缴存贷款等信息查询等13项跨省通办服务事项全程网办，顺利通过省厅监管处住房公积金“跨省通办”工作检查。落实“公积金贷款一件事”，全年为45名职工家庭办成贷款一件事，实现借款人申请公积金贷款只跑一趟。提升线上综合服务平台实效。坚持以住房公积金单位网厅、“淮安公积金”微信公众号、App等线上业务办理渠道为依托，做好数据对接、部门协同、业务办理指导等工作。截至年底，线上渠道提取业务种类扩展至10种，线上渠道提取自动审批业务扩展至6种，商贷联网银行从5家扩展到14家，商贷自动审批银行从5家扩展至10家。（李子轩）

民政事务

【概况】 2022年，县民政局牢固树立“民政为民、民政爱民”服务理念，全面落实兜底保障、养老服务、基层治理、儿童保障、殡葬管理和社会事务等工作。2月，支出型困难家庭临时救助实践试点项目被省民政厅表彰为全省社会救助领域创新实践最佳案例。6月，县民政局被列为全省丧葬礼俗改革试点单位，涟水县公益性骨灰安放设施规划建设被列为省级督查激励项目。11月，获淮安市2020—2021年度基层社会治理创新成果奖。完成4747条地名信息数据更新完善工作，建立健全界线管理联系人、界桩委托管理、边界纠纷事件应急处置预案等制度，做好平安边界建设工作。开展生活无着落流浪乞讨人员“夏季送清凉”专项行动，加强临时在站或寄养人员的管理，加大受助人员甄别力度，累计救助流浪乞讨人员43人次，帮助15人次顺利返乡。累计完成福利彩票销售2296.05万元，募集福彩公益金229.6万元。

【老年人服务】 2022年，县民政局完成5个新建小区养老服务设施建设，为全县360户困难家庭开展适老化改造；为全县80周岁以上老人和特困人员及低保对象中的中度、重度失能老年人提供助餐、助洁、助急等居家上门养老服务，累计完成上门服务工单27267个，发放尊老金1904.18万元，实现服务全覆盖。启动高沟镇、涟城街道两个区域性养老服务中心新建工作。为保滩、成集等23个敬老院进行电灶改造和电路、消防、房屋维修等提升改造，提升养老服务能力。争取资金1000万元，新建大东镇区域性养老服务中心，已完成室内物资配备。建立空巢留守老人动态管理及探访服务。开展信息排查，建立农村留守老年人动态信息台账。开展巡访关爱服务，签订四方关爱服务协议，委托新华网为空巢留守老人开展上门探访服务48次。完成养老护理员培训450人次。

【社区建设】 2022年，县民政局改造提升唐集镇中营村、红窑镇老桃园村等6个社区综合服务中心。深入高沟、梁岔等镇街调研村委会规范化建设工作，完成五港镇港南村、前营村，大东镇施洼村村委会规范化建设试点工作。建成成集镇条河村，高沟镇大胡村、麻垛社区，红窑镇夏楼村等16个新型农村社区。推进村（社区）红白理事会全覆盖和良性运转，建立可容纳100余人的多功能红白事服务场所；指导南集镇皂角村、涟城街道东门社区等村（社区）开展移风易俗活动，破除“大操大办”陋习。深化“政社互动”“三社联动”和法治乡村建设。在涟城街道城南社区开展“睦邻相伴 幸福同行”——社区公益活动，推行“社工+志愿者”服务管理模式。专业社工5人，志愿者32人，服务对象50人，间接服务对象400余人次；在涟城街道东门社区推行“六理”工作法，提升社区服务能力。

【殡葬管理】 2022年，县民政局开展公益性公墓集中祭扫活动，宣传现代文明殡葬理念，遏制相互攀比、厚葬薄养、封建迷信等陈规陋习，引导群众树立正确丧葬观，倡导现代文明新风。开展散葬坟墓整治工作行动，整治农村散葬坟墓5000余座、清理塑料花1万余处，提升改造保滩街道公益性公墓，新建节地墓穴100个。建设南集镇下营村生态节地0.18公顷、镇兴村生态节地0.2公顷。建成并运行殡仪服务监督管理平台，提升殡仪服务水平。全年火化遗体数7554具，火化率持续保持100%、入墓率保持85%。6月，涟水县殡葬工作被省政府列为督查激励项目。

【婚姻事务】 2022年，县民政局共办理结婚登记4818对、离婚申请2498对、离婚登记1455对，登记合格率、档案合格率、出证准确率均达100%。累计开展婚姻政策咨询、知识宣传1000余次，开展离婚调解、感情疏导1050次，“跨省通办”预约服务25次。

【社会组织登记管理】 2022年，县民政局成立社会组织综合党委，指导全县社会组织将“核心价值观和党的建设表述”写入章程，共督促符合条件的4家社会组织成立党组织，委派党建指导员4名。批准新成立社会组织13家，注销23家，变更19家。全县共有社会组织776家，其中社团283家、民非493家，社会组织登记合格率达100%。全县社会组织参加年检373家，参检率55%，清理“僵尸”组织42家。

【民生兜底保障】 2022年，县民政局牢牢把握兜牢民生保障底线，加强对困难群众的跟踪监测。落实城乡低保8367户、15918人，发低保金8848.7万元。开展困难群众临时救助7316人次，发放救助金489.5万元；落实特困供养人员4744人，发放特困供养金4859.69万元；

落实困境儿童1287人，其中，福利院孤儿11人，社会散居孤儿49人，社会困境儿童1227人，发放孤儿养育费和困境儿童生活补助资金1140.7万元。为91人全护理特困供养人员、145人半护理特困供养人员发放护理费20.89万元；为18503名残疾人发放生活补贴、护理补贴7315.3万元；为1000户低保对象、特困对象、残疾人及其他困难群众发放家电包。启动困难群体排查救助帮扶专项整治行动，发现并处置各类问题190个，问题处置率100%。

【养老机构安全防范】 2022年，全县共有养老机构36个，其中公办20个，民办16个，入住老人数1360人。投入资金500余万元，升级改造25家敬老院和县社会福利中心安全设施，补齐安全短板。落实养老机构当天食品留样48小时制度，确保全县养老机构入住老年人食品卫生安全。开展消防安全演练活动26场，检查维护36家养老机构消防设施。 （陈昱同）

退役军人事务

【概况】 2022年，县退役军人事务局坚持以退役军人为中心的服务理念，牢牢把握服务保障这个核心，提升优待抚恤服务职能，不断拓宽就业安置渠道，严格落实各项双拥政策、优待政策，开展慰问、公祭等活动，营造军爱民、民拥军的良好氛围。下设办公室（安全管理科）、思想政治和权益维护科（政策法规科）、移交安置科（就业创业科）、优抚科（拥军褒扬科）4个科室。设3个下属全额拨款事业单位，分别为县退役军人服务中心、县军队离退休干部休养所、县烈士陵园管理中心。

【拥军优属】 2022年，县四套班子主要领导坚持春节、八一建军节等重大节日带头走访退役军人，对全县5800余名优抚对象进行普遍慰问，发放慰问金180余万元，送去慰问信、慰问年画9万余份；亲临驻涟部队看望全体官兵，登门慰问干休所老干部26人，进村入户慰问优抚对象35人。制定“军地互办实事计划表”，落实军地互办实事45件。开展新兵入伍“四尊崇”、退役返乡“五关爱”、日常关怀“六必访”工作，入户走访新兵家庭，悬挂“光荣之家”牌匾，赠予“从戎”背包；为二等功臣、三等功臣送去立功喜报、慰问信，发放立功奖励金，换发“光荣之家”牌匾600余块。开展双拥宣传，更新全县双拥宣传牌150余块，在《中国双拥》刊登稿件2篇，营造崇军爱军的浓厚氛围。

【优抚对象管理】 2022年，县退役军人事务局严格落实优待政策，织密抚恤保障网。为全县优抚对象发放抚恤补助金，为大学生入伍兵发放奖励金，组织重点优抚对象赴省荣军医院、市八二医院疗养。疫情防控期间，为优抚对象发放“健康爱心礼包”，发放临时救济金。社会各界广泛参与慰问。县微力公益协会、一品梅广场舞协会志愿者们走进军营举行慰问演出；县拥军协会、拥军优属志愿者协会定期慰问困难退役军人，为抗美援朝老战士送去慰问品，与退役军人建起友谊桥梁。

【慰烈工程】 2022年，县退役军人事务局在清明期间，开展“2022·奋进·清明网上祭英烈”代祭活动，缅怀革命先烈。统筹整修县级以下英雄烈士纪念设施，对全县10座烈士陵园进行维修改造、提档升级，迁移整修散葬烈士墓20余座。

【公祭活动】 2022年9月30日，涟水县在县烈士纪念广场组织烈士公祭活动。县四套班子领导和军烈属、复退军人、干群及社会各界代表600余人出席。公祭活动在庄严肃穆的气氛中进行，全场奏唱《义勇军进行曲》，武警战士向烈士敬献花篮，参加公祭活动的全体人员向革命先烈三鞠躬，并依次瞻仰涟水保卫战纪念碑，共同祭奠烈士英灵，缅怀英雄伟绩，表达凝聚涟水高质量跨越发展强大精神力量。

2022年9月30日，涟水县在县烈士陵园纪念碑前纪念广场举行烈士纪念日公祭活动
（县融媒体中心　供稿）

【退役士兵和转业军官安置】 2022年，县退役军人事务局持续优化安置岗位。根据“阳光安置”原则，召开退役士兵选岗会议，为士官提供事业编制、国有企业岗位，安置过程做到“安置政策、安置对象、安置指标、安置程序、积分成绩、名次排序、选岗过程、安置结果”八公开，退役士兵安置率、安置士兵满意度均达100%。

（吴冬霞）

公共安全

PUBLIC SECURITY

- 防灾减灾
- 消防安全
- 农业安全
- 安全生产
- 食品药品安全
- 应急管理
- 交通安全

编辑：张骞之

防灾减灾

【气象防灾减灾】 2022年，县气象灾害防御办公室充分发挥职能作用，通过应急广播和县融媒体中心的官方客户端、公众号、视频号及时发布重要气象信息和预警信息。增加信息传输渠道，加入全县20余个部门（行业）的工作群，第一时间转发气象信息。县委宣传部（县网信办）要求各镇街、各部门对重要天气信息进行“二次传播”，进一步提升气象信息的权威性和覆盖面。全年共发布重要天气报告44期；专题气象服务材料101期，其中，气象为农服务材料30期，春运材料42期，重大活动保障专题材料29期；预警信号109次；发送气象服务短信170万条次；微博发布信息1219条；启动升级解除气象灾害应急响应8次。

【防震减灾宣传】 2022年，县防震减灾服务中心开展防震减灾宣传活动，普及防灾减灾救灾知识，增强防范处置自然灾害的能力。5月，在五岛湖景区一品梅广场举办全国防灾减灾日宣传活动、“减轻灾害风险 守护美好家园”志愿者签名活动。10月，国际减灾日期间，与县消防大队联合在县淮浦学校开展防灾减灾应急演练活动，提高师生防灾避险技能。

【地震监测预报】 2022年，县防震减灾服务中心做好强震、测震的监测及仪器的维护工作，每季度测量一次接地电阻。配合省市地震台网中心做好震情监测与短临跟踪工作。年强震观测数据连续率达到100%，测震观测数据连续率达到100%。截至年底，全县境内没有发生1.0级以上地震，县内地震宏观观测点没有发现可疑异常。12322地震信息网络畅通，上报测信息正常。

【防汛防旱】 2022年，县水利局牵头召开台风防御工作联动会议，与县防指、防办共同应对台风“梅花”影响。根据省市防指要求，3月，对全县河道堤防、涵闸、泵站、涉水工程、在建工程和城市防洪工程开展汛前大检查，梳理统计流域性堤防及骨干排涝河道险工患段、重点病险涵闸、县城区排涝河道、低洼圩区等防汛薄弱环节，针对存在的问题，制定整改方案与度汛预案。4月，修订并完善防汛防旱责任制和3个防汛预案。投入86万余元，对县级防汛抗旱物资储备库进行增储，保证防汛抗旱物资“调得出、用得上”；调用县防汛物资储备库机动抗旱设备60余台次，驰援各镇街抗旱；全县范围内自筹抗旱资金185万元，累计动员抗旱1.15万人次，启动泵站265座，投入机动抗旱设备2750台套，完成抗旱浇灌1.76万公顷。汛期共下达调度指令70余份，编发农业灌溉用水专报11期。（刘　同）

2022年5月12日，全国防灾减灾日宣传活动现场　　（县应急管理局　供稿）

农业安全

【森林病虫害防治】 2022年，县资规局针对第一代美国白蛾疫情，组织开展车载式高扬程喷雾器喷防活动，重点围绕国道、省道、县道绿色通道等区域展开喷防，喷防时间1个月，喷防面积2000公顷；对河道、干渠的第二代美国白蛾开展飞机喷药防治，总防治面积2666.67公顷，经省市专家组对喷防效果进行验收，全部达到省定防治指标，被国家林草局林业工作站管理总站网站报道。积极开展生物防治工作，购买周氏啮小蜂2500头蛹、花绒寄甲2000管、肿腿蜂2000管等生物天敌，分别于6月、9月两次组织放飞。（袁正鲜）

【畜禽疾病防控】 2022年，县农业农村局加强动物疫病监测，落实重大动物疫病应急管理。开展定点定时连续监测。确定存栏2000头以上的规模猪场作为定点连续监测点，定期采样监测。全年共检测高致病性禽流感3780份；猪、牛、羊口蹄疫2165份；猪瘟和高致病性蓝耳病840份；小反刍兽疫810份，全县抗体合格率全部达到上级要求。开展全县畜禽及畜禽产品抽检工作。共抽检122个批次样品，均未发现有异常情况。根据省保处联动平台实时处理数据、乡镇兽医站上报数据、无害化处理厂转运数据三方数据核对，确保上报数据准确无误。全年处理病死猪53597头，养殖环节无害化处理施行后无随意乱抛病死猪现象发生。

【水产品质量安全监管】 2022年，县农业农村局将全县水产养殖规模以上的水产养殖生产单位纳入水产品监管名录库，不定期对其进行水产品抽检，全年水产品质量抽检合格率为99%以上。

【农产品安全监管】 2022年，县农业农村局开展农产品质量安全专项整治行动，严厉打击各类违法违规行为。全年全县开展农产品质量安全巡查督查3971家次，检查生产主体2547家次，覆盖率100%。开展县级风险监测抽检

831批次，监督抽检125批次，合计定量检测956批次。开展蔬菜农药残留速测78289批次，产品合格率100%。

【农产品品牌建设】 2022年，县农业农村局积极引导农业龙头企业、专业合作社、种养大户开展“二品一标”（绿色食品、有机农产品，农产品地理标志）认证，全年获批绿色食品品牌10个，续展认证绿色食品品牌3个。新建成省级绿色优质农产品基地5966.67公顷，建设全国绿色食品原料水稻标准化生产基地2.67万公顷。

【农产品质量追溯管理体系建设】 2022年，县农业农村局积极展开农产品质量追溯管理。全县共有2523家农产品质量安全规模主体纳入江苏省农产品质量追溯管理平台，通过日常巡查、抽检方式，加大监管力度，覆盖率达100%。

【农产品诚信体系建设】 2022年，县农业农村局加强农产品诚信体系建设。针对重点监管对象建立电子档案，督促生产规模主体建立生产台账。截至年底，全县共出具生猪产地检疫证1578份，牛检疫证明360份；家禽检疫证明5705份。（宋华东）

食品药品安全

【食品安全监管】 2022年，全县新增获证食品生产企业6家，新登记小作坊23户，发放食品销售类食品经营许可证869个、预包装食品备案证447个、餐饮服务类食品经营许可证710个、单位食堂食品经营许可证83个、小餐饮备案证627个。经县疾控中心监测，全年无食源性疾病事件，无集体性食品中毒事故发生。

【药品医疗器械监管】 2022年，全县共有药品生产企业1家，批发企业2家，零售企业325家；医疗器械生产企业2家，经营企业409家。全年受理药品零售经营许可205件，其中核发51件、变更112件、换发20件、注销22件。组织药品安全大检查、防疫用药械专项检查、新冠病毒核酸检测试剂、隐形眼镜等专项检查20余次，重点对退热、止咳、抗病毒、治感冒、抗原检测试剂等疫情防控用药械加强监管，同时做好社会面防疫用药械供应储备和价格稳定工作。全年检查药品和医疗器械经营企业307家，限期整改9家次；药品和医疗器械使用单位179家，限期整改6家次；全年审核上报药品不良反应1422例，其中新的一般不良反应710例，严重不良反应167例；医疗器械不良事件报告656例，其中严重报告66例；化妆品不良反应158例，药物滥用报告17例。

【保健品化妆品监管】 2022年，县市场局制订化妆品监管工作要点和化妆品经营监督检查计划，累计出动检查人员981人次，检查保健食品经营主体544家次，检查化妆品经营单位121家次，发现问题单位14家次，责令整改14件，立案14件，约谈企业250余家，上报化妆品不良反应158件。

（金　童）

【药品和医用耗材集中监管】 2022年，县市场监管局开展医疗机构集采中选药品使用质量的监督检查，重点检查集中采购药品和医疗器械质量安全、购进渠道、进货检查验收制度、供货企业资质、药品储存条件等。全年检查药品和医疗器械使用单位179家。县医保局严格执行药品（医用耗材）集中采购涉及品种按不低于合同金额的30%安排医保基金预付金额，预付729.45万元，有效缓解医院和药企运行压力，保障中选品种的正常供应和使用。组织7家医疗机构参加5轮耗材联盟带量采购，总金额668.68万元。

（金　童　陈小梦）

县领导督查食品安全工作　　（县市场监管局　供稿）

交通安全

【交通安全管理】 2022年，县公安局紧盯道路交通事故“减量控大”目标，全力开展交通安全专项整治。全年现场查处各类交通违法行为64886起，非现场处罚247694起。查处酒醉驾441起，无证驾驶136起；查处渣土车交通违法行为7201起，货车闯禁区4518起，超载947起（“百吨王”38起）；查处非机动闯红灯、走机动车道、违法载人、逆向行驶、行人闯红灯等交通违法行为93027起，未按规定佩戴头盔违法行为60311起。施划城区道路标线1.4万平方米，新建交通标牌26套，完善标志标线54处、修缮红绿灯51处，施划临时停车泊位8217个。整治乱停乱放行为5700余起、摊外摊1200余个，清理交通乱点56处。

2022年涟水县交通事故一览表
表12

月份	次数(起)	死亡(人)	受伤(人)	经济损失(万元)
1	9	6	6	0.76
2	7	6	2	1.24
3	6	3	6	0.7
4	6	3	4	0.6
5	4	4	2	0.9
6	1	0	1	0.1
7	1	0	1	0.1
8	0	0	0	0
9	2	2	1	0.3
10	2	2	0	0.3
11	0	0	0	0
12	0	0	0	0
合计	38	26	23	5

【机动车及驾驶人管理】 2022年,县公安局车管窗口严格执行业务当日办结、首问负责制,创新推出微笑服务,不断提升服务“温度”。规范设置公告栏、举报箱,及时公布更新业务办理相关依据、程序和收费标准,做到全程公开透明,全面接受群众监督,车管窗口满意度持续提升。全年办理驾驶证业务21067次,机动车业务92161次,其中新车注册登记4327次,转让登记4579次,转入登记1839次。 (赖华军)

消防安全

【概况】 2022年,县消防救援大队下辖消防救援站1个、政府专职队6个,共有指战员33人、政府专职队员120人、合同制消防文员和保障人员22人,执勤消防车17辆,各类灭火救援器材5000余种,主要担负着全县1678平方千米内以防火监督和灭火救援为中心任务的各项工作。利用“春节”“母亲节”“学习雷锋日”等特殊时间节点,开展“家属开放日”活动,邀请家属沉浸式体验消防员的工作和生活环境,全力打造拴心留人的好环境。开展“经典凝铸消防志 书香浸润火焰蓝”主题读书活动、为九旬抗战老兵寻找军帽等活动,被人民网、火焰蓝政能量等多家媒体刊发报道。1人被省消防救援总队评为“优秀党务工作者”、3人被省消防救援总队表彰为优秀干部并记嘉奖、2人被市消防救援支队评为优秀共产党员、6人被市消防救援支队表彰为优秀消防员、2人被市消防救援支队评为“优秀共产党员”、1人被市委宣传部评为“淮安好人”、2人被县委宣传部评为“涟水好人”。

【火灾扑救】 2022年,县消防救援大队共接处警1446起。其中,火灾扑救997起,抢险救援345起,社会救助91起,公务执勤8起,共出动队伍1469队次,出动车辆2276辆次,出动人员13524人次,抢救被困人员104人,疏散被困人员3人,抢救财产价值1385.76万元,保护财产价值4230.34万元。

【消防执勤训演】 2022年,县消防救援大队围绕“全灾种、大应急”建设目标,建立建强水域救援专业队、轻型地震救援专业队、事故救援专业队。修订重点单位数字化预案115家,制作小区作战熟悉图172家,防火巡查750余家,对辖区18家化工单位信息采集并三维建模。先后选派6人次参加总队、支队各项培训,并扎实做好成果转换工作。组织无人机培训,6个专职队12名无人机飞手,全部通过考试,取得无人机操作证,强化救援现场通信保障能力。开展演练300余次,多部门联合演练5次,大队级演练11次。

【消防队伍和设施建设】 2022年,县消防救援大队按照《涟水县“2+N”消防救援体系建设实施意见》通知要求,扎实推进县级、镇(街道)消防救援队伍建设。截至年底,红窑、梁岔、薛行专职消防救援队正式投入执勤,黄营、五港、高沟专职消防救援队人员已入驻。按照上级要求,组织16个镇(街道)挂牌成立消防所,督促各镇(街道)充分运用消防安全综合治理服务平台手持端。开展辖区内各类场所检查情况录入平台。累计录入单位10114家,检查单位5546家,巡查6705次,当场整改1594处,下发整改通知书1337份。推广安装独立感烟报警器400个,电气火灾监控系统70套。督促企业安装电动车智能充电桩70套,简易喷淋55套;住宅小区建成电动自行车充电桩320处,住宅小区微型消防站149个。

【消防监督执法】 2022年,县消防救援大队围绕生产经营租住村(居)民自建房重大火灾风险综合治理、高层建筑重大火灾风险治理、商场市场“回头看”、重大火灾隐患整治等重点工作,持续加大排查整治力度。全年共检查单位902家,发现火灾隐患803处,督促整改火灾隐患787处,下发行政处罚决定书53份,下发临时查封决定书10家,罚款48.1万元,责令停产停业8家,拘留2人。排查“厂中厂”企业153家,受案2起;发现重大火灾隐患4家,均提请县政府挂牌督办,并向所属行业部门发送抄送函。

【消防宣传】 2022年,县消防救援大队运用新媒体开展消防安全宣传工作。拍摄家庭火灾扑救视频,撰写防火宣传文稿,通过楼宇电视、户外电子显示屏等播放消防安全公益广告和警示教育片100余次,向目标人群发送消防安全提示信息10万条,印发张贴各类宣传资料2000余份。指导社会单位、社区居民开展防火和逃生自救逃生演练80余次。组织培训各行业部门人员3000余人,开放消防站、消防教育馆125次,全面提升广大市民消防安全素质和消防知晓率。 (殷 伟)

安全生产

【概况】 2022年,全县共发生各类生产安全事故7起,比上年减少4起,下降36.3%;死亡3人,比上年减少7人,下降70%,发生工矿商贸类亡人事故2起,均按期结案。未发生较大以上生产安全事故,未发生生产经营场所亡人火灾,未发生危化品生产安全事故,生产安全事故起数和死亡人数实现“双下降”,全县安全生产形势平稳可控。发放危化品安全生产许可证2张。

【安全生产责任制落实】 2022年，县应急管理局提请县委、县政府将安全生产纳入全县高质量发展考核评价体系，严格按照“三管三必须”(管行业必须管安全、管生产经营必须管安全、管业务必须管安全)原则，明晰县安委会成员单位和各专委会工作职责清单，强化政府督促责任。组织召开县安全生产工作会议2次，县安委会全体(扩大)会议3次，专题听取研究安全生产工作会议14次。落实企业安全生产主体责任专题，宣传贯彻新《中华人民共和国安全生产法》，督促企业建立并落实安全教育培训制度；组织“安康杯”竞赛“万企作宣誓，全员筑安全”和“青年安全示范岗”创建活动；开展“百团进百万企业千万员工”宣讲135场，覆盖1098家企业，8314人次参与听讲；组织“学重要论述促安全发展”网络专题学习5000余次；编制安全生产工作简报12期，宣传先进做法及典型案例，督促企业遵守安全生产法，牢固树立安全生产底线。

【安全生产执法检查】 2022年，县应急管理局在全省应急管理系统率先成立行政执法稽查科，组织实施全局执法工作并进行执法监督；实行立案审批制度，对所受理的案件进行“全覆盖”审核；按照案件性质对案件进行分流承办、扎口管理，对于投诉、举报、信访问题进行统一回复；密切“行刑衔接”，加大对全县有影响或跨区域案件的协调和督办力度；建立行政执法稽查“四员”制度，成立书记员、稽查员、案件主办员、案件内审员“四员”行政执法稽查小组，强化协调配合，确保案件侦办的高效有力；案件审理实行“案审分离”三级分离制度和行政执法案件分级审理制度，不断推进全县应急管理执法机制规范化建设，获评“全省行政执法工作先进集体”。定期召开公、检、法、司等重点部门联席会议，研讨联合执法工作，提升执法效能、缩减检查频次。在全省应急系统首次召开“开门审案”活动，邀请市县领导，县人大代表、政协委员、企业家代表、公检法司领导参加，全程直播审案，提升应急执法能力和办案水平，“优质服务+精准执法”的先进理念被中国应急管理报视频号全国宣传推广。制定出台《关于开展全县安全生产大检查工作的通知》，细化分解为66项重点任务，累计检查生产经营单位1.3万家次，发现问题隐患1.18万个，隐患整改完成1.12万个，下达整改指令970份，通报12家，停产整顿30家，警示约谈36人，联合惩戒23家；驻地督导211天，召开调研座谈会81场，实地检查单位、企业和现场463个，发现并移交问题隐患677条，完成整改670条，推进整改中7条。

【安全生产百日攻坚行动】 2022年，县应急管理局出台《涟水县重点行业领域安全生产百日攻坚行动专项方案》《持续巩固百日攻坚成效安全防范工作专项行动方案》，明确危化品、城镇燃气等22个重点行业领域攻坚任务，对照重点攻坚任务开展风险隐患排查整治工作。严格执行党政领导干部“四包一落实”机制，18家重点危化品企业实行驻厂监管、夜间抽查制度，滚动检查235次，发现问题隐患1485条，已整改1481条，整改率99.7%。对全县6个重点行业领域实施清单化管理，共排查隐患6425个，完成整改6409个，整改率99.75%，持续促进全县安全生产形势平稳向好。

2022年2月28日，全县安全生产工作会议召开　　（县应急管理局　供稿）

【安全生产“厂中厂”专项整治】 2022年，县应急管理局印发《涟水县“厂中厂”安全生产专项整治行动工作方案》，成立由县政府常务副县长和分管副县长任“双组长”领导小组和工作专班，设立有奖举报电话。编发宣传手册1500余份，排查企业817户，其中出租主体167家、承租主体445家，发现隐患1183个，整改隐患1175个，整改率99.32%。

【安全生产“三年大灶”专项整治】 2022年，县应急管理局印发《涟水县安全生产专项整治三年行动工作方案》《印发关于进一步深化安全生产三年专项整治工作实施方案》《关于持续攻坚安全生产“三年大灶”的实施方案》等系列专项整治文件，明确全县重点工作任务。全县2个专题和8个专项整治牵头部门共成立1684个检查组，开展督导检查2837次，检查单位7971家，督导问题1538个，排查安全隐患12265个，整改12223个，整改率99.66%；警示约谈56次，联合惩戒56家，责令暂时停产整顿44家。　（王雨欣）

【特种设备安全监管】 2022年，县市场局狠抓安全生产专项整治三年行动，推进特种设备超期未检专项整治、城镇燃气“一年大灶”专项整治、特种设备安全“百日攻坚”等专项行动，累计检查特种设备使用单位654家，整治安全隐患329条。积极探索“专家+监管”隐患治理新模式，研究制定38条特种设备使用安全重点整治事项，联系市特检院对全县55家重点特种设备使用单位开展“专家查隐患”行动。坚持数字赋能，建立健全安全监管长效机制，全面对接气瓶“阳光充装”系统，辖区内气瓶充装站系统在线率达到100%。　（金　童）

【建筑工程质量监管】 2022年，县住建局新办理建筑工程质量监督登记项目190个，建筑面积114万平方米，报监工程监督覆盖率达98%以上。办理单体工程竣工项目52个，竣工面积46万平方米，分户验收覆盖率达100%，没有发生建筑工程质量事故，无越级上访事件，积极推荐申报淮安市优质结构工程评审155个，获市“翔宇杯”工程14个。

【建筑安全生产监管】 2022年，县住建局开展城镇建筑工程领域的检查整治力度安全生产检查337次，发现安全隐患1103条，均整改到位。发出整改通知书192份，停工单7份，抽查单91份，先后约谈31家企业，对24家企业移交处罚，处罚金额共60.19万元。　（左　猛）

应急管理

【概况】 2022年，全县应急系统加强应急值班值守，在重要时间节点时段，严格落实领导在岗带班和24小时值班制度。规范应急处置标准化，制定《涟水县区域化应急救援资源共享及事故应急救援补偿制度》，专项应急预案应编尽编，开展各种应急演练220次，参与人数18954人；根据省市要求，结合涟水实际，积极做好各类应急救援物资储备，开展物资储备情况检查；在全省率先开展应急处置标准化示范点建设，规范突发事件应急处置流程，全面规范涟水县应急指挥运行管理。完善防灾减灾救灾机制，及时发布寒潮、大风、暴雨等极端天气工作提示单55份，指导督促各地各部门及时做好防范应对措施，共收集防范应对措施532条。未发生大面积农作物受损和林草火灾事故。

【应急管理综合行政执法改革】 2022年，县应急管理局整合镇街安委办、消委办力量，在行政执法局增挂应急管理局牌子，配备3名以上专职人员。深化执法改革，组建7个执法中队进驻5个重点中心镇，实现全域派驻执法。坚持先说理、先普法、先服务，后执法，对拒不整改的企业严处重罚上限处罚，累计开出执法文书2189份，立案108件。聘请省安科院专家担任安全顾问，与扬州大学合作对安全生产监管人员、企业从业人员定期开展培训，可持续提升安全生产业务水平和管理能力。年末，涟水县率先成为省应急管理综合行政执法改革试点县区。　（王雨欣）

【卫生应急】 2022年，县卫健委、县疾控中心建立健全卫生应急组织体系，完善应急响应机制，提高突发公共卫生事件应急处置能力。健全完善应急预案，扎实开展应急处置队伍培训，先后培训人员950人次。组织开展卫生应急演练，先后开展综合演练6次，演练参与人员676人，进一步提升卫生应急处置能力。积极开展卫生应急“六进”活动，参与活动1.87万人次，其中进社区711人次、进企业1859人次、进机关216人次、进学校13951人次、进农村1457人次、进家庭493人次。扎实开展传染病和突发事件风险评估，突发公共卫生事件报告率和处置率达100%。强化应急物资储备，配备防护服7117余件、医用口罩2.7万个、N95口罩1.5万个。

（嵇伟杰）

2022年9月1日，涟水县开展2022年全民健康生活方式宣传活动　（张佐刚　摄）

生态环境

ECOLOGICAL ENVIRONMENT

- 环境质量
- 自然资源保护
- 环境治理
- 环保监督

编辑：张骞之

环境质量

【空气环境质量】 2022年，全县$PM_{2.5}$均值为32微克/立方米，改善率0.6%，完成考核目标33微克/立方米，全市排名第五；优良天数为302天，污染天数63天，优良率82.7%，比上年下降1.1%，完成考核目标81.8%，全市排名第二。

【水环境质量】 2022年，全县6个国省考断面均完成考核目标，其中幸福大桥断面水质类别提升至Ⅱ类水，一帆河方渡桥断面水质类别提升至Ⅲ类水。地表水达到或好于Ⅲ类水体比例达83.3%，改善率16.6%，全市排名第一；地表水劣Ⅴ类水体比例排名第八。整治黑臭水体3条，完成市生态环境局考核目标。农村生活污水治理率达34.7%，新增治理农户9286户。

【污染物削减】 2022年，全县减排量化学需氧量1670.46吨、氨氮86.19吨、二氧化硫3.29吨、氮氧化物2.22吨、颗粒物0.1吨、挥发性有机物4.75吨，已上报国家减排系统，全市排名第三。

（易宏媛）

自然资源保护

【概况】 2022年，县资规局牢固树立“绿水青山就是金山银山”的理念，做好绿化造林、野生动物保护、湿地小区管理、土地资源管理等重点工作。全县完成成片造林200公顷；更新和完善农田林网控制面积4000公顷；完成四旁植树（含珍贵树种栽植）80万株；森林抚育400公顷；全县林木覆盖率达24.24%。开展野生动物保护与人工驯养繁殖管理工作。年度出动巡查车辆45车次，参加检查180人次，封闭隔离野生动物养殖场8家，开展野外巡逻3800千米，查处违法捕猎野生动物案件2起，救护野生动物76只。按照国家规定，对国家二级保护动物猫头鹰、白鹡鸰等放归自然，对1725只白骨顶鸡、145只蓝孔雀进行无害化处理。

（袁正鲜）

【城市绿化】 2022年，县住建局开展绿化补植和养护工作，养护面积约60万平方米，涉及红日路、常青路、北京路、炎黄大道等13条路段，红日公园、法治广场、漪河风光带等5个城市绿地及行道树。补植乔木130余株，平篱3000余平方米，移植女贞、栾树、香樟、广玉兰、石楠树、紫薇等约350株，共修剪乔木3万余株，花灌木5万余株，平篱300万平方米，草坪200万平方米，累计清除杂草、施肥约300万平方米，浇水约350万平方米。

（左　猛）

【湿地乡村（社区）管理】 2022年，县资规局加强湿地保护小区和湿地乡村（社区）创建，新建西张河、公兴河自然湿地保护小区2个，新增湿地面积138.8公顷，完善编制方案、专家评审、树立界碑、保护公示等工作，自然资源湿地保护率提升至72%。完成五港湿地社区和朱码湿地乡村建设。截至年底，有湿地乡村（社区）10个，湿地面积1229.8公顷。

【土地资源保护】 2022年，县资规局认真贯彻落实《中共中央国务院关于加强耕地保护和改进占补平衡的意见》《国务院办公厅关于防止耕地“非粮化”稳定粮食生产的意见》等文件精神，提请县政府印发《涟水县探索试行镇村田长制实施意见》，详细规定耕地保护政策措施，并通过省自然资源厅网站推广。全年累计申报城乡增减挂钩100公顷，净增耕地200公顷，交易节余指标138.33公顷，获得资金16.5亿元，耕地保有量及永久基本农田面积稳中有升，被省自然资源厅评为“耕地保护激励单位”。

（袁正鲜）

【水资源管理】 2022年，县水利局实行最严格水资源管理，健全目标责任制和考评制，制定任务清单。开展第二批创建取水工程规范化工作，6家取水户通过市级验收；推进古淮河水源地取水口上移项目建设。1月，完成《涟水县古淮河保滩水源地达标建设方案》送审稿编制，10月通过省水利厅、生态环境厅、住建厅联合审查。依法征收各项规费，其中依法征收水资源费1044万元、水土保持补偿费26.8万元、河道堤防占用补偿费157.2万元、水利工程水费110.7万元。全县总用水量为7.3亿立方米，万元GDP用水量91.29立方米，万元GDP用水量较上年下降11.85%。

【河长制履职】 2022年，县水利局持续推进河长制工作，建立“双总河长”与“领导小组+河长办”组织领导架构，明确14位县级河长、205位镇级河长、363位村级河长，构建582名河长覆盖全县

2022年3月5日，涟水县五岛湖建设淮河流域幸福河湖暨江苏省级幸福河湖验收会议在涟水召开

（县融媒体中心　供稿）

河湖的县镇村三级河长制组织体系。常态化开展巡河工作。实行一河一长，有序提请河湖长巡河履职。县级河长累计巡河69次，交办问题21件，完成整改21件；镇级河长累计巡河2636次，交办问题75件，完成整改75件；村级河长累计巡河1.89万次。完成“三水”清除行动，6条幸福河湖全部通过县级验收，获“2021年度全市河湖长制工作先进集体”称号和淮安市2021年度“三水”清除百日攻坚行动一等奖；朱码节制闸拆建工程获评“2021年度江苏省水利工程文明工地”；淮安市黄河故道干河下段（二河至涟水石湖段）治理工程（涟水县）获评“2022年度江苏省水利优质工程”。更新维护河湖长制公示牌1015块，积极接受公众监督。

【水行政执法】 2022年，水利局实行水政大队、中队及水政监察点联动机制，定期巡查饮用水水源地、水功能区，饮用水水源地水质经市水文局每月检测均为Ⅲ类，达标率100%。开展专项执法工作。以河湖保护专项执法及水资源专项执法检查为抓手，以浅层地下水整治等为重点，开展北六塘河高沟新农村段河道专项执法检查50余次。全年处理各类举报30余起，查处违规占用河道堤防案9起，查处取缔违章建设地下水取水设施18处。 （刘 同）

环境治理

【概况】 2022年，县生态环境局持续打好蓝天、碧水、净土保卫战，紧盯中央和省生态环境保护督查反馈问题整改，完成全年目标任务，深入开展大气污染防治、农村环境综合整治、扬尘治理、机动车尾气治理等污染防治工作，加大乡村污水处理厂等基础设施建设力度，全面提升生态文明建设水平。

【大气污染防治】 2022年，县生态环境局贯彻落实大气污染防治工作，坚持源头治理，实施精准治污，聚焦扬尘污染、挥发性有机化合物排放等重点整治内容，围绕省控站点周边三千米区域，划分治理网格；建立扬尘管控清单。加密重点时段、重点区域洒水喷雾频次。全年巡回洗扫、洒水城区主次干道2190次，对监测点周围雾炮降尘4380次；组织开展夏季挥发性有机物走航监测68次，推进低挥发性有机化合物材料源头替代，削减挥发性有机化合物共4.75吨。开展柴油货车路查路检，检查柴油货车384辆、道路移动机械68辆。开展建材企业专项环境整治工作，排查污染问题121个，督促15家建材企业制订整改方案。开展餐饮油烟单位夜查工作，全年累计检查餐饮单位323家次，出动检查人员900余人次，发现环境问题29个，均已立行立改；督促餐饮油烟单位安装、使用净化设施；加大力度管控露天烧烤和重点时段秸秆焚烧。创建“中国天然氧吧”，布设负氧离子监测设备3套，监测数据正常获取。维护苏北人工影响天气专用仓库日常运行，累计接收弹药448枚，发放弹药343枚，回交弹药24枚。建立生态型人工影响天气工作机制，开展火箭弹人工增雨作业4次，改善空气环境质量。

【农村水环境治理】 2022年，县生态环保局持续推进农村水环境治理工作。治理陈师街道胡庄一支渠、涟麻路南侧沟黑臭水体2条。实施农村生活污水治理设施建设工程，新建污水治理设备37台，治理覆盖农户567户。截至年底，16个镇街23个行政村全部完成建设。启动农村生活污水处理项目，结合污水治理与厕所革命，治理行政村26个，农户9286户；新增治理行政村22个，农户8000户，农村生活污水治理率达34.7%。

【固体废弃物危险化学品处理】 2022年，县生态环境局持续推进危险废物贮存设施清理整治工作，纳入土壤污染重点监管企业37家，年内全部完成土壤污染隐患排查和整改。推进县内小微产废企业和涉实验室危险废物单位纳入全生命周期系统管理或纳入小微收集平台。稳步推进朱码嵇陆村污染地块管控工作。新建淮安华昌固废处置有限公司3.3万吨/年危废焚烧项目、淮安中顺环保科技有限公司16万吨污泥和2.35万吨含铜废物综合利用等项目，帮助企业解决危废贮存及处置难题，切实化解危废环境监管风险。 （易宏媛）

环保监督

【概况】 2022年，县生态环境局坚定“生态环境高质量”理念，按照《2022年全省生态环境监测工作要点和2022年全省生态环境监测方案》的要求，构建涵盖大气、水、土壤、噪声、辐射等要素的监测网络，开展环境执法专项行动。组织开展双随机检查、夜查和节假日环境执法检查、环境信访事项查处和VOCs、水环境质量保障、油气回收处理设施等专项环境执法监察3200余次，下达行政处罚决定106件，其中查封5件，罚款金额450.72万元。

【企业环保信用评价】 2022年，县生态环境局在项目建设方面始终坚持“提前介入、主动服务、全程跟踪”的服务理念，简化环评审批、优化项目审批流程，实施环评审批正面清单和监督执法正面清单，积极帮助企业解决治污难题，全力保障项目建设。累计批复环境影响评价报告表72个，规划环评报告书2个。对381家企业进行信用评价，初步评出蓝色企业379家、黄色企业2家，无红色、黑色企业。

【环保宣传教育】 2022年，县生态环境局围绕“共建清洁美丽世界”、“6·5”环境日主题开展系列活动，联合市生态环保局推出《从这里看见美丽淮安·涟水篇》宣传片，利用电视、报刊版面等载体，广泛宣传习近平生态文明思想及环保科普知识、环保法律法规，动员引导全社会营造关心、支持和参与环境保护的良好氛围。加强环保政策指导帮扶，通过“送法入企”“结对帮扶”，主动上门、提前预警、邀请环保管家会诊等方式，为企业污染防治送政策、送技术、送方案，进一步助力企业提升环境管理水平，增强绿色发展的内生动力。

（易宏媛）

镇　街

TOWNS AND STREETS

- 涟城街道
- 朱码街道
- 陈师街道
- 保滩街道
- 高沟镇
- 唐集镇
- 大东镇
- 五港镇
- 梁岔镇
- 石湖镇
- 岔庙镇
- 东胡集镇
- 南集镇
- 成集镇
- 红窑镇
- 黄营镇

编辑:张骞之

涟城街道

【概况】 涟城街道位于涟水县域南部，是全县政治、经济、文化和商贸中心。东与南集镇为邻，南临古淮河与淮安市淮安区钦工镇、苏嘴镇隔河相望，西与保滩街道、陈师街道相连，北与朱码街道交界。街道总占地面积132.27平方千米，有19个行政村、25个社区居委会，313个村（居）民组，8.22万户、24.01万人。2022年，实现地区生产总值236.73亿元，一般预算总收入6339万元。东门社区先后获得"全国文明村"、"全国民主法治示范社区"、"江苏省基层党组织书记实训基地"、全省城乡基层"援法议事范例"、"江苏省优秀志愿服务社区"、"淮安市先进基层党组织"等称号。

【工业与招商引资】 2022年，涟城街道牢固秉持"项目为王、环境是金"的工作导向，实现规模以上工业总产值33.56亿元，规模以上工业开票收入25.38亿元，工业入库税收3253万元。新签约瑞霖装备、普雷斯汀、润伦阀门、全陵地产、农创联盟等项目9个，新开工鹿美轮工、同天智能、双扬米业等项目8个，新竣工涟水宾馆、五岛湖商业广场、金陵广场等项目7个。新开工吸尘器项目、金融服务中心项目2个。

【社会事业】 2022年，涟城街道不断加强河道水环境治理工作，持续开展农村生活污水设施建设工作，深入打好"碧水净土"保卫战，实现城乡环境管理规范化和长效化。民政优抚工作稳步进行，及时为优抚对象和低保户发放"两金"2900余万元；持续巩固脱贫成果，对

大美涟城 （李宇舟 摄）

低收入农户特别是收入相对较低农户进行动态监测，全年所有涉农村居收入均达到18万元，14个村收入超过30万元，9个村收入超过50万元；发放小额扶贫贷款702笔、2266.3万元，户均发放0.96万元。年度农村户厕改造321户，旱厕全部拆除。

【农业】 2022年，涟城街道粮食作物播种面积8957.27公顷，总产量5.64万吨。加大农业项目引进，推动现代农业发展。江苏农创联盟农业发展有限公司的韭菜种植项目与涟水双扬米业有限公司的粮食加工项目相继竣工。加大加快适度规模化经营，推动石庄村韭菜种植产业、双码村菊花种植产业、豆丹养殖等不断走向品牌化市场。全街道生猪饲养量7900头，家禽饲养量47.65万羽。新增100公顷水稻绿色高质高效示范片，落实大豆玉米带状复合种植73公顷。

【二塘工业集中区】 位于淮涟一级公路东侧、"三百"工程路北侧。2009年1月启动建设，先后被市委、市政府批准为首批"市级工业园区""全市重点乡镇工业集中区"。被省评为"江苏省中小企业产业集聚示范区"。园区规划总面积3平方千米。截至年底，累计入驻企业176家，其中工业规上企业14家，年开票销售超亿元企业1家，完成开票销售收入12.02亿元，入库税收1639.1万元，初步形成以服装纺织、木材加工为主导的产业特色。

【石庄工业集中区】 位于徐集片区石庄村涟南羊路东侧，规划面积5平方千米，建成区面积3平方千米，以纺织服装、农产品深加工为主导产业。先后被江苏省经济和信息化委员会认定为江苏省重点培养小企业创业基地、江苏省小企业创业示范基地。截至2022年底，入驻企业17家，其中工业规上企业8家。

【石庄村韭香园】 系江苏省农创联盟农业发展有限公司投资兴建，位于涟城街道石庄村，2021年投资3500万元实施韭菜种植项目，项目占地67公顷。一期占地33.5公顷，用于建设高标准二级连栋大棚40栋，占地6.66公顷，二期扩建67公顷。该项目建成后，年可种植生产韭菜6000吨，预计年利润达1500万元以上。 （王玉才）

朱码街道

【概况】 朱码街道地处涟水县城北部，成立于2018年12月，与经济开发区、涟城街道、黄营镇等毗邻，盐河、公兴河、宁连路、235省道、327省道、涟新路等贯穿全境，辖区总面积达151.11平方千米，东西长30余千米，耕地面积10287公顷，辖5个社区，33个村，393个村民小组，2.07万户、7.53万人。全年实现地区生产总值56.25亿元，一般公共预算收入2908万元。

【农业】 2022年，粮食播种面积1.07万公顷，总产量7.64万吨；油料作物播种面积797.53公顷，总产量2848吨；粮油作物总产值3.06亿元。生猪饲养量3.1万只，家禽饲养量240万只，肉类总产量2635吨。现有家庭农场120个，合作

社80个，流转土地3137.33公顷，推广各类农机具155台套。新创建省级示范家庭农场1家(涟水县迎霜家庭农场)，市级示范家庭农场2家，县级示范家庭农场2家，县级示范合作社1个。开展品牌创建，围绕“柴市草鸡蛋”“红星羊肉”“余庄粉丝”“谈陈葡萄”“顺集浅水藕”“安东米富有机水稻”等农家土特产品，形成设施农业、果蔬种植、有机稻米和特色养殖四大区域板块，并初具规模。

【工业与招商引资】 2022年，朱码街道有规模以上工业企业20家，实现规上工业总产值35.24亿元，比上年增长16.79%；实现工业开票销售29.6亿元，增长7.9%；实现工业入库税收3714万元，增长11.9%。新签约亿元以上项目5个；完成亿元以上新开工项目4个，亿元以上竣工项目4个；新培育规上工业企业3家。坚持以“项目论英雄”，集中力量加大招商力度。通过“定制化”精准招商，聚焦项目后续跟进和落地建设，着眼转化率协同推进，切实提高在手项目信息的转化率，推动签约项目尽快开工建设、开工项目按序时高效推进、竣工项目尽快投产达效，努力以招商引资新成效实现产业发展新突破。新签约亿元以上项目5个，完成亿元以上新开工项目4个，完成亿元以上竣工项目4个。投资4.5亿元的电子元器件加工项目3月开工建设，新建生产及辅助用房4.06万平方米，购置生产及辅助设备192余台套，部分设备已经安装调试，实现当年开工、当年投产，预计年产聚丙烯电容膜2.4万吨，预计实现年开票销售收入8亿元，税收3000万元。

【第三产业】 2022年，朱码街道完成第三产业总产值24.27亿元。新增限额以上贸易企业4家，分别是银河化工、兴旺化工、谷缘农机和丰泉粮食。新增规上其他营利性服务业企业2家，分别是淮安途析和江苏凯鸿硕。有限额以上贸易企业27家，累计营业收入8.26亿元，增长28.29%；有规上服务业企业13家，营业收入8.48亿元，增长20.01%。完成贸易业转服务业企业2家(江苏诚淮和飞兔信息)，服务业转贸易业企业2家(小李集粮食和捷豪汽修)。

【社会事业】 2022年，朱码街道完成年初编排的“提升交通出行能力、提升城乡环境、改善农业生产条件、丰富群众文化生活”等民生工程10余项。建设淮安书房1个、农家书屋提档升级8个，完成危房改造验收43户，推进户厕改造759户，余东、周庄两个村农村生活污水治理设施建设如期进行。薛行片区完成土地整理10万余立方米，双路—万元片、桂生—顺集片新建高标准农田，谈陈、鲁桥、桂生和李集片修建道路2.1千米。为退役军人申请优待证办理，为154名80岁以上老人办理尊老金，将符合条件的29户112人纳入低保，为56户提供8.26万元临时救助金。新办理社保卡117张，城乡居民养老保险新增参保登记329人，续保缴费8750人。新培育“法律明白人”100人，着力打造“平安朱码”。深入开展重点行业安全生产检查，全年排查出各类安全隐患429个，坚持即知即改、限期销号，社会大局整体平安稳定。

【朱码工业集中区】 2022年，朱码街道完成王二庄民营经济产业园、孙徐工业集中区、双河工业集中区、河网工业集中区等“一园三区”格局。总规划面积36.73公顷，其中，孙徐工业集中区建设面积14.98公顷，双河工业集中区建筑面积3.63公顷，河网工业集中区建设0.45公顷，王二庄产业园建设面积17.67公顷。建成厂房140幢、174372平方米(孙徐43栋，双河41栋，河网7栋，王二庄49栋)；建成办公用房1万平方米(孙徐5000平方米，王二庄5000平方米)，其他附属用房5000平方米(孙徐3000平方米，王二庄2000平方米)。其中集体投资兴建59幢、5.1万平方米(双河6幢，河网4幢，王二庄49幢)，社会资金建设74幢，123372平方米；已利用标准厂房133幢，174372平方米(其中，有10幢8640平方米为非生产性用房)，厂房利用率100%。累计架设消防栓30个，配备微型消防站3个，完成绿化亮化工程，完成孙徐工业区雨污分流，疏通清理园区下水道工作。累计落户企业90家，其中新落户13家，规上工业企业6家，以纺织服装、机械电子、木制品、塑料制品等产业为主。全年累计开票销售收入5.6亿元、税收725万元。

【“有事好商量”活动】 2022年，朱码街道积极推进政协“有事好商量——‘码’上议”工作，坚持一村一月一议事，形成“遇事好商量、干群一盘棋”的良好氛围。加大宣传“码”力。通过村部张贴协商议事二维码，利用LED屏、微信群、朋友圈等不断强化社会面宣传，向群众普及“码”上议操作方法，依托“码”上议征集有效建议62条。建强议事队伍。吸纳老党员、老干部、乡贤代表等群体加入协商议事队伍，形成“7+X”的协商议事机构，实现政协委员、街村干部“全覆盖”“全行动”，线上线下协商解决相关矛盾纠纷114起，群众满意度不断提升。筑牢协商阵地。按照“新五有”标准建好建优各村居协商议事室，创新打造笪巷村“四位一体”示范阵地。各协商议事室围绕村规民约、环境整治、道路交通、土地流转等民生实事组织开展调研、协商300余次，获得群众点赞80余万次。

【四美乡村建设】 2022年，朱码街道积极推进全国文明城市创建工作，开展城乡环境卫生综合整治，城乡面貌逐年改善。升级改造垃圾中转站，指导13个村居实施垃圾分类收集处理，清理整治农贸市场、背街后巷垃圾280余吨，铲除“牛皮癣”小广告900处，主要干道沿线墙体、建筑物美化实现全覆盖，拆除彩钢瓦棚900余个、18160平方米，完成植树造林45.33公顷，完善农田林网166.67公顷，四旁植树5.5万株，人居环境持续改善。继续投入资金100余万元，通过对胡楼村进行防渗渠清理、绿化补植等措施完成改造提升；疏浚整治笪巷村骨干河道，集中收集处置生活垃圾，确保河畅、水清、岸绿、景美，全力打造环境美、田园美、村庄美、庭院美的“四美乡村”。

【“红管家”党支部】 2022年，朱码街道成立功能型党支部，以“同小区一家人”为理念，构建“党建引领、基层主抓、多元参与”的管理格局。率先创建小区

“红管家”功能型党支部，激发基层服务管理创新活力，破解安置小区、老旧小区治理难题。以党工委书记为组长成立“书记项目”专班，定期推进。选聘12名社区干部、党员志愿者和热心群众担任“网格长”“楼栋长”“单元长”，明确“三长”工作职责，形成“问题收集、会议协商、物业整改、成果公示、群众反馈”的工作机制。全年累计排查梳理矛盾、环境整治等各类问题62件，均已解决，累计征集群众建议31条，实现居民需求在哪里，“红管家”服务就延伸到哪里。

2022年7月31日，朱码街道首个“红管家”党支部成立　　（朱码街道　供稿）

【违建拆除】　2022年，朱码街道积极回应县委县政府期盼，大力开展拆迁工作。3小时拆除渠北西路13年违建；3天时间与城市规划淮浦路北延83户签订协议，并腾空房屋交付拆除；拆除幸福里小学门前门面违建15家，周边环境焕然一新。

【特色明星村引北社区】　位于淮浦北路西侧、灌溉总渠北侧、盐河东侧、红日路南侧，面积约2平方千米，辖区内有4个商住小区、2个安置小区。居委会共有10个居民小组，715户，3768人，实际耕种土地42.73公顷。社区以集体租金、引北疏导点承包、闲置耕种土地出租等为主要收入来源，2022年村集体收入71.29万元。

（王子骅）

陈 师 街 道

【概况】　陈师街道地处涟水县域西南部，与淮安市淮阴区淮高镇接壤，受淮安市和涟水县两级开发区的辐射。街道东临宁连高速公路与涟水经济开发区、朱码街道相邻，西依张河与成集镇隔水相望，北与梁岔镇为邻，南与淮安市淮阴区淮高镇相接。盐河、西张河与刘洪河贯穿南北，346省道横穿东西、503省道连接南北，国家级航空开放口岸——淮安涟水国际机场坐落境内，苏北高铁大动脉——连淮扬镇城际涟水站坐落身旁，徐宿淮盐高铁穿境而过，构成陈师街道水、陆、空、铁现代化、多元化的立体、综合交通骨架。境内主要排水河有刘洪河、东张河、西张河、鲍营河，主要灌溉干渠有涟西二干渠、淮涟五干渠。2022年，街道总面积117.08平方千米，其中耕地面积5700公顷，有20个行政村，2个居委会，296个村民小组，1.38万户、4.98万人。全年实现地区总产值22.91亿元，一般公共预算收入1310万元。

【农业】　2022年，陈师街道实现农业总产值4.98亿元。粮食播种面积9147.73公顷，粮食总产5.87万吨。油料作物播种面积1158.87公顷，产量4656吨。生猪出栏量1.4万头，家禽出栏量120万只。因村制宜，稳妥推进土地流转，引导产业做大做强，建立健全现有95个农业产业合作社运行机制，22个村居全部完成村级集体经济增收任务，10个村居集体经济收入达50万元以上。建成跨河、团结、悦来、尹荡高标准农田近万亩，粮食生产实现连续丰收。启动官荡、北荡、朱楼60公顷高标准农田建设项目，农业基础设施不断完善。推进耕地流出问题整改，着力构建耕地数量、质量并重的保护体系，形成全域覆盖、责任到人、监管到位的耕地保护网络。街道三套班子领导分片包干，成立22个工作组，全年开展全域巡查50余次，召开问题整改会办会20余场，耕地保护取得明显成效，获评2022年省级耕地保护激励单位。

【工业与招商引资】　2022年，陈师街道完成规模以上工业总产值12.8亿元，工业企业开票销售收入7.2亿元，入库税收1402万元。深化“项目为王，环境是金”发展理念，放大区位优势，组建专业队伍深入“长三角”“大湾区”驻点招商。全年完成新签约项目5个、新开工项目3个、新竣工亿元以上项目4个，协议引资额17.58亿元，被表彰为全县招商引资先进单位。

【第三产业】　2022年，陈师街道实现第三产业总产值9.43亿元。全年新增个体工商户241户，新增私营企业75户，新增家庭农场30个，新增私营企业注册资本4.2亿元。以信息进村入户为抓手，以企业为龙头，以农民专业合作社、家庭农场为建设重点，全方位、多途径地推动街道电子商务发展。

【社会事业】　2022年，陈师街道持续巩固拓展脱贫攻坚成果，扎实推进乡村振兴。开展困难群体排查帮扶工作，联合省市县妇联、县民政局、县慈善总会等单位，开展走访慰问，累计投入帮扶资金100余万元，明确专人跟踪帮扶困境儿童12人，解决特殊困难群体急难愁盼问题200余件。聚焦年度民生实事项目，组建项目攻坚专班，实施涟麻路（东张河至省道503段）沥青路面铺设、涟麻路沟（东张河至西张河段）水体综合整治提升、东张河桥向南至清涟大道生态河道景观提升、药材场党群服务中心提升等工程，已建成达效。持续提升人居环境，坚持集中整治与长效管理相结合，常态化开展人居环境整治工作。完成涟麻路镇区段黑色化改造、涟麻路沟东西张河节制闸、镇区污水"十必接"等一批重点工程。把屋顶革命、厕所建设、污水治理、安全整治、危房改造等工作融入环境整治的全过程，新建、改造农村户厕600余户，完成四类人员危房改造52户。拓宽群众反映渠道，用好政协协商议事室，动员群众有事"码上议"，成功办理"农田征地矛盾""农路改造"等议题1472条。推动落实网络意识形态工作。完善网络安全应急预案，开展网络系统安全扫描，闭环处置普通问题3个。

【陈师工业集中区】 创建于2009年，总规划面积2平方千米。已开发使用土地面积40公顷，累计建成厂房约16万平方米，形成以纺织服装、机械五金、家居用品、电力设备、包装加工等为主导产业的新兴工业集中区。基础设施完善，园区布局合理，配套完善，路网已形成"五纵三横"8条主次干道，集中区内道路、桥梁、绿化、硬化、亮化、美化、给排水、电力、电信网络、消防、监控等配套工程可满足企业入驻及生产生活需求。累计投资300余万元，建成300余平方米的工业集中区综合管理服务中心，实现企业日常管理服务一站式办理，并进一步完善消防设施及微型消防站，新安装与公安联网的技防城系统，实时监控工业集中区范围动态。服务中心实行24小时值班制度，消防志愿者队伍随时待命，有效保证工业集中区企业的安全生产。2022年，集中区入驻企业43家。完成开票销售收入3.1亿元，入库税收525万元。

【特色明星村国民村】 位于陈师街道北部，下辖村民小组20个、831户、3331人，耕地面积318.6公顷。2022年，国民村大力发展中草药、果蔬种植，成立以团锦家庭农场为首的3个种植农场，种植菊花、黄蜀葵等中药材40余公顷，借助"百药园"中草药加工厂房和"星创天地"电商直播平台，形成种植、加工、销售的一条龙产业化经营模式，实现村民"留在本村、干在本村、富在本村"的美好愿景。2022年，完成村集体收入30万元，农民人均增收2000余元。重抓精神文明建设，将全村划分为20个村级网格，对应成立党员先锋队20支，共计党员志愿者76人，进组入户宣传"红色文化""孝德文化""好人文化"等正面事例。依托新时代文明实践站，开展"二十大精神宣讲"等各类主题宣传教育活动，将党的"好声音，新精神"、文明思想理论传进千家万户。建立道德评议小组、红白理事会等组织，提出健全完善移风易俗工作的意见和建议。获得"江苏省文明村"称号。 （丁志强）

保滩街道

【概况】 保滩街道是国家卫生镇和淮安市农村环境长效管护示范乡镇，位于涟水县城西南部，北与涟城街道接壤，南依淮安市区，东临古淮河与淮安市淮安区、淮安市经济开发区相望，西傍盐河与淮安市淮阴区淮高镇、新渡口街道相连。保滩街道办事处作为连接涟水和市区发展的桥梁纽带，主动融入市、县城市建设规划和产业发展规划，着力打造"一轴两带"特色经济圈。区域狭长，南北长约21千米，东西宽约3千米，呈纺锤形。2022年，全街道总面积41.46平方千米，耕地面积1895.91公顷，辖8个村、1个居委会，67个村民小组，7143户、2.49万人。实现地区生产总值33.29亿元，一般公共预算收入3412万元。

【农业】 2022年，保滩街道实现农业生产总值2.2亿元，粮食播种面积2224.93公顷，粮食产量1.26万吨，油料播种面积184.2公顷，产量650吨，生猪饲养量约3500头，家禽饲养量90万只。完成农业亿元竣工项目验收1个，3000万元以上农业竣工项目验收1个，3000万元以上开工项目1个。稳妥推进土地流转，引导产业做大做强，9个村居全部完成村级集体经济增收任务，洪荡、周集、十堡、新港北、缺口等村年收入突破50万元，厉渡、肖渡、张渡、喻集4个村均在30万元以上，各村集体经营性收入平均达到50.8万元。推进农产品质量安全监管工作。全年完成检测样品5194个，覆盖率100%，产品合格证打印110余万张。对新港北、周集、喻集、洪荡等村333公顷高标准农田进行整治，粮食生产实现连续丰收。

【工业与招商引资】 2022年，保滩街道完成规模以上工业总产值52.06亿元，比上年增长8.5%；规模以上企业应税开票销售收入15.14亿元，增长4.77%；限额以上批发、零售企业销售额6.48亿

农村新貌——保滩街道高圩村 （李 峰 摄）

元，增长46.3%，全县第一。工业用电量3463万千瓦时，增长20.45%。规模以上固定资产投资4.39亿元；规上工业投资3.85亿元，增长1.4%。全部工业入库税收6440万元。全力以赴抓招商，坚持把项目招引与建设作为中心工作，党政主要领导轮流出征，组织精兵强将进驻深圳、苏南等地，采取以商引商、驻点招商等措施，接待洽谈外商26批次，收集有价值信息20余条，新签约超亿元项目8个，其中工业项目5个、服务业项目2个、农业项目1个，普特润精密机械零部件和裕同纸制品加工项目入市盘新开工工业项目；康百味食品入市盘农业深加工项目，淮安颖益机械零部件加工项目和保达消防器材生产项目通过入市盘新竣工项目验收。新签约的淮安大图水处理成套设备有限公司的除尘及废气废水处理设备、江苏金霸铝业有限公司的铝单板和江苏科衡利物联科技有限公司投资的电子元器件加工等项目已开工建设。

【第三产业】 2022年，保滩街道突出打造古淮河旅游观光生态长廊主线，构建“花卉旅游观赏区、休闲体验采摘区、旅游配套发展区、民俗民宿体验区”，创建全域旅游示范区。周集村将人居示范点打造和休闲旅游项目相结合；洪荡村以璞趣园招引项目为中心，将青少年乡村旅游和教育研学相结合，取得明显的社会效益和经济效益。全年完成服务业营销额18.13亿元，比上年增长33.7%。

【社会事业】 2022年，保滩街道结合全国文明城市创建，持续打好蓝天、碧水、净土三大保卫战，扎实推进“污水革命”“厕所革命”和“屋顶革命”，围绕“六清一治一改”，集中精力，整治公共空间。对张渡、缺口、厉渡、周集、洪荡等村实施环境提升工程；打造人居示范点，引导群众拆除破败物体234处，清理河塘沟渠138处，出新墙面12.8万平方米，彩钢瓦顶棚喷涂2万平方米。集中力量整治张渡村境内盐河风光带，土地流转310户、40余公顷，完成县政府储备用地计划。完成肖渡第二取水口房屋登记评估和新老淮涟路沿线环境整治，全年开展村居环境卫生考核12次，环境综合整治提升工作经验在全县片区会议上进行交流。高频次推进文明城市创建，分解落实125项创建内容和“五包”创建责任，培植肖渡书法特色村。加快周集省级特色田园乡村建设步伐。5月1日，童话森林农旅项目正式开放。开展“一老一小”关爱行动，对18名困境儿童明确专人跟踪帮扶，解决特殊困难群体“急难愁盼”问题180余件。全面加强疫情防控，认真落实“地毯式”摸排、“落地检”“动态健康监测”等各项防控措施，持续做好“外防输入、内防反弹”防控工作，组织核酸检测20余次，保障群众日常生活和企业生产健康有序运行。

【保滩街道工业集中区】 2022年，集中区有企业74家，总占地面积153.33公顷。其中十堡工业园32家，占地约100公顷；周集工业园42家，占地约53.33公顷。有规上工业企业18家，其中，十堡工业园11家，周集工业园7家。有标准厂房51万平方米（其中十堡工业园33万平方米，周集工业园18万平方米），利用厂房49万平方米，利用率96.08%。全年规上工业企业开票销售收入22.08亿元，实现亩均开票销售收入254.98万元；入库税收4490万元，实现亩均入库5.18万元。其中，开票销售收入超亿元企业7家（东辰建材、华石建材、鼎冠建材、东鹏建设、新运杰建材、通威饲料、三升食品），5000万元至1亿元企业3家（美赞建材、锐志建材、东顺建材）；入库超500万元企业5家（东辰建材、华石建材、东鹏建设、东顺建材、鼎冠建材），100万元至500万元企业6家（锐志建材、新运杰建材、美赞建材、汇德建材、申御建材、通威饲料）。

【大走访大排查行动】 2022年，保滩街道常态化开展“大走访大排查大化解大提升”行动，推进“平安保滩”“法治保滩”建设。守牢环保底线，全方位开展大气污染防治。突出治理建材企业扬尘，强化秸秆“两禁一用”，认真落实河长制，保障饮用水水源洁净安全。对重点单位和“三合一”重点场所开展消防安全隐患排查，共排查企业144家次，三合一场所105家次、再生资源回收点22家次、非居民户燃气28户，下达安全隐患交办单89份，现场整改61项，限期整改28项。开展自建房安全隐患排查3次，及时消除可能因自然灾害以及人为引发的各种安全事故。全年未发生重大安全事故。

【环境整治】 2022年，保滩街道认真打好蓝天、碧水、净土三大保卫战，积极推进“污水革命”“厕所革命”“屋顶革命”，完成5个村污水设施建设，引导群众主动拆除各类畜禽圈舍和破败空心房316处，整治黑臭水体12处，完成户厕改造610座，新建公厕4座，出新墙面12.8万平方米，彩钢瓦顶棚喷涂5.3万平方米，强化对327省道沿线环境全面提档升级，完成老淮涟路复修工程，逐步加强对沿线环境整治。投入1200万元，精心、精细打造十堡、洪荡、周集、肖渡等村5个人居环境示范点。压实长效管护责任，落实定人、定岗、定责、定区域“五包”责任制，扎实做好肖渡村境内的全县取水口周边水资源环境各项保护工作。

【街道党建】 2022年，保滩街道全面掀起学习宣传贯彻党的二十大精神热潮，组织村居书记论坛等各类主题宣讲18场次，编演宣传党的二十大精神文艺会演36场次，推动党的声音深入民心。深入开展村居“头雁领航”项目，配齐配强村（居）“两委”班子，为推动“瞄准最前列，勇争第一流”提供坚强保障。突出党建引领，筑牢党建红色网格，选树党员中心户，新建爱国主义红色教育基地，引导农民自我管理、自我教育、自我提高。对照党建责任清单，深化党员积分“储蓄所”，推行一线工作法。全年开展廉政谈话30余人次，整治群众身边腐败问题3个，解决群众诉求1400件，查办重点领域和重点岗位案件12件，营造良好政治生态。

【特色明星村十堡村】 位于保滩街道最南端，是涟水与淮阴、淮安、市经济开发区四县区交界处，327省道、233国道、连镇高铁、京沪高速、南马厂大道穿村而过，东临古黄河，西临黄金河道——盐河。距西游记乐园0.5千米，距涟水机场、高铁站8千米，交通便利。2022年，全村有9个村民小组，共980户，总人口4785人，党员71人。全村土地总面积245.33公顷，其中耕地面积148.67公顷、土地流转面积20公顷。十堡村综合服务中心面积约360平方米。十堡村产业以工业为主导，境内工业企业30家，村级经营性集体资产222.7万元，村集体固定资产总额850.42万元；村级经营性收入主要来自资产租赁、土地流转、企业服务等方面，集体经济收入达65.41万元，村民人均纯收入2.4万元。

（吴　恒）

高沟镇

【概况】 高沟镇地处淮安、连云港、宿迁三市交界处，是淮安市及涟水县北大门，镇区距市区50千米，距县城25千米，距涟水机场35千米，宁连高速、233国道、235省道、326省道贯穿全境，新326省道向西延伸与京沪高速相连，南北六塘河、公兴河穿境而过，连淮扬镇高铁也从这里经过。全镇总面积252.18平方千米，辖6个社区，51个村，4.63万户、17.01万人，耕地面积1.55万公顷；镇区建成面积6.9平方千米，镇区人口7.2万人。2022年，实现地区生产总值120.05亿元，一般公共预算收入72646万元，连续多年获全县高质量跨越发展乡镇综合考评一等奖。

【农业】 2022年，高沟镇全力推动农业发展，在保持粮食产量稳步提升的同时，根据各村发展情况，大力发展特色种植、养殖。粮食作物播种面积2.12万公顷，总产量15万吨；发展生态养殖业，打造以正邦、牧原、比米等知名企业为核心的畜禽养殖示范区，养殖高品质螃蟹2000公顷、稻虾共生133.33公顷，水产品产量4200吨。种植阳光玫瑰、哈密瓜等特色果蔬266.67公顷、瓜蒌400公顷，通过雨果农业等精深加工企业，年向上海、南京等大中型城市销售瓜蒌籽休闲食品1500余吨。拥有规模养殖场55个，年出栏生猪5万头，家禽300万羽。全年组织农机手、种田大户、农机合作社8次、100余人观摩学习机插秧先进技术和经验。结合县、镇政府部门推广机插秧出台的优惠政策，宣传发动水稻机插秧的优越性、科学性，全年新增水稻插秧机33台，推动水稻种植机械化稳步发展。落实补贴机具政策，发放宣传资料1500余份，公布购机补贴实施方案（操作程序、举报电话），逐台核实（见人见机）、按时公示购机信息、及时申报购机补贴资金，全年共受理补贴机具430台套，申请中央财政补贴资金850万元。

【工业与招商引资】 2022年，高沟镇快速推进产城融合，规模总量稳步提升。全镇规模以上工业开票销售收入23.35亿元，工业入库税收7687万元，规模工业总产值24.98亿元，公共财政预算收入1.35亿元。突出项目招引，充分发挥乡贤文化作用，促进以商招商。全年新签约5.22亿元的海普智联项目、投资2亿元的瓦楞纸板项目等亿元项目5个，亿元以上市盘新开工12.9亿元的光大二期固废项目、2亿元的盛发铝业二期项目等项目6个，新竣工鸿康磁业、茂杨木制品加工和宇泽钢管加工项目3个。创新推进经济网格化服务管理，优化工业集中区投资环境和营商环境，统筹发展本土优势产业和新招引特色项目，"一园五区"呈现"错位发展、百花齐放"的局面。

水韵高沟　　（贺敬华　摄）

【第三产业】 2022年，高沟镇以全国文明村镇创建为统领，加强城市文明秩序管理，改善镇区环境，加快道路建设，深入挖掘高沟“醉美”文化，为今世缘发展提升城镇形象。做好今世缘AAAA级升AAAAA级工业旅游景区大文章，继续完善高沟古街建设，挖掘红色旅游资源、高沟传统手工业和传统民间曲艺，打造以扁担、苗荡、盐店为核心的农旅融合示范区，推进高粱文化体验馆、观景平台、果蔬采摘园、苗荡农家乐、灰墩美食坊等重点项目建设，打造集美景、美食、艺术、文化于一体的全域旅游新路线。全镇规模以上四大服务业和限额以上贸易单位营业收入超77亿元，镇区商业业态日趋丰富，高沟第一街及周边商业区已成为集美食、购物、影院、银行等于一体的商业中心，镇区快递外卖、农村淘宝等电商蓬勃发展，城镇集聚效应明显增强。

【社会事业】 2022年，高沟镇通过盘活土地资源、强化招商引资、规范资源管理等多种途径，发展壮大村级集体经济，所有行政村集体年收入均超过33万元。围绕“一镇四社区多节点”发展格局，因地制宜完善基础设施建设。修复高云路、大同路、高塘路破损路段；对高云路绿化、高心路污水管网进行提档升级；铺设盐店社区至今世缘大道路段道路计1780米；全面排查镇区康乐路、今世缘广场等积水路段并制定整改方案；修复高心西路、中桥路等路段破损路面；联系绿化公司对G233集镇段绿化进行修剪、补植，并对破损绿化池进行修复。对农村经营性、非经营性自建房屋安全隐患进行全面摸排，共排查农村自建房屋33319户，实施“四类对象”危房改造13户，其中C级4户、D级9户，已全部完成改造并通过县级层面验收。持续推动盐店社区、大胡社区、麻垛社区、同兴社区、苗荡社区、三丰社区、高沟社区7个农房项目建设。大胡、盐店、麻垛、同兴、苗荡、三丰6个社区均已建成并交付使用，其中大胡社区、麻垛社区、苗荡社区已全部分房到户；盐店社区共建房屋258套，分房到户180套；同兴社区共建房屋276套，分房到户234套；三丰社区共建房屋234套，分房到户158套。统筹开展“精网微格”工程，打造精准、精细、精致的网格化服务管理品牌，通过“微网格”划分工作，不断提升网格化服务管理效能。划分微网格594个，深入网格内工厂、废品回收点、加油站、群租房等重点部位和场所开展安全隐患排查，发现问题及时记录和提醒，确保最大限度预防火灾事故发生，保障群众生命财产安全。在铁路沿线采取“人巡+车巡”方式，对各类危及行车安全隐患、涉路矛盾等问题进行全面排查，维护铁路安全运行。完善“淮安市社会治理一体化平台”中各类人员信息，其中人口信息16万余条，严重精神障碍患者信息557条，空巢（孤寡）老人信息315条。结合“三个专项”排查整治工作，组织网格员深入群众开展入户走访帮扶救助工作，全年共协助563名精神障碍患者办理2021年度和2022年度“以奖代补”手续，补贴总金额达90余万元。持续推进社会治理现代化示范点建设，推行“五治融合”基层治理新模式，打造墩南村、许庄村、常兴村、大胡村、同兴居委会等示范站点，为乡村振兴奠定扎实基础。持续开展村庄环境清洁行动，新改造农村户厕774座，整治黑臭水体4处，投资300万元对三丰、苗荡等村人居环境进行提档升级，打造人居环境整治示范点7个、居民休闲娱乐场所9个，大胡村创成省级特色田园乡村。围绕“七空间一资源”的清、收、用推动公共空间治理并取得成效。年内，高沟镇和15个村纳入市级先导镇村建设，15个先导村共排查各类问题4098处，全部回收到位，通过公共空间治理增收460.30万元。盘活利用镇区低效、闲置资产资源21处，清理低效厂房2万平方米。提高绿化覆盖率，种植绿化35处、10.81千米。持续推进生态环保建设。处理上级交办以及平台问题125起，顺利开展徐窑河综合整治工程、北大塘综合整治工程、四斗沟综合整治工程、镇区“十必接”污水接管工程和污水厂缓冲区等工程，省考断面公兴河全年达到Ⅳ类水标准，国考断面沈三圩达Ⅲ类水标准。围绕新型社区、园区、小区、镇区管理，对镇区、园区道路进行提档升级，对新型社区强化村规民约和物业服务；系统编制“三级先导”工程基础设施项目19项，涉及资金1余亿元，新建农村道路21.5千米、桥梁26座，建成生态河道9条、23.48千米。结合“一事一议”项目，投入660万元修复村庄道路和美化村庄环境。利用媒介宣传、社会宣传及面向特定群体宣传，全镇张贴标语、横幅3.1万余条，绘制宣传墙约3.2万平方米，营造出环境综合整治的浓厚氛围。持续做好外省、外市风险地区人员以及重点地区返乡人员摸排管控工作，按规定频次做好“重点人群”核酸检测工作，60岁以上人群疫苗接种率达97%以上。

【高沟镇工业集中区】 包含“一园五区”，一园即涟水经济开发区食品产业园，五区即大胡工业集中区、常兴工业集中区、高秀工业集中区、高杨工业集中区、同兴工业集中区。其中，食品产业园规划占地面积10.73平方千米，落户亿元以上项目5个。5个工业集中区共占地171.82公顷，厂房面积共49.13万平方米，入驻企业96家。5个集中区的水、电、气、雨污管网、公共消防等基础配套齐全，公共监控实时画面接入“智慧高沟”指挥中心，集中区已初步实现智能化管理。同时，按照“错位发展、百花齐放”的思路对进入各个园区的项目进行统筹。食品产业园重点发展食品饮料、绿色休闲食品、仓储物流和文化休闲等配套产业；大胡工业集中区以茂杨木业为重点发展高档木材加工产业；常兴工业集中区以聚缘机械、索卡图鞋服为重点发展今世缘配套、品牌服饰产业；高秀工业集中区以华宇印务、鸿康磁业为重点发展彩印包装、高新电子产业；高杨工业集中区以创密密封、宇净新能源为重点发展电子电器产业；同兴工业集中区以引春机械、荣宇机械为重点发展机械制造产业，各集中区均呈现较好的发展势头。

【产镇融合发展】 2022年，高沟镇继续将产镇融合作为推进高质量发展、助力“冲刺百强县”的头等工作，围绕今世缘发展，加快推进产镇融合发展步伐。以培育做强特色农业为目标，推进高沟镇产镇融合与先导镇村特色产业发展。依据今世缘酿酒原粮本地化种植战略规划，在杨口、前进、四安庄、南元等16个村扩大高粱种植面积1466.67公顷以上;投资800万元建设日处理300吨烘干及仓储区域中心,为高粱种植提供服务;对高粱种植基地周边环境进行提档升级,绿化整理等项目已完成招标。精心包装、推介、销售高沟捆蹄、鸡糕、瓜蒌籽等地方农产品,积极打造地方品牌。投资2000万元打造墩南美食坊项目,盘活好蒙古大营,做强灰墩羊肉品牌;围绕墩南螃蟹特色品牌,打造螃蟹区域交易中心,助力本地螃蟹产业提档升级。围绕今世缘营收过百亿元、市值超千亿元的目标,主动服务南厂区技改等项目建设;强化跟踪服务,确保今世缘配套企业尽快落地,快投产、早达效。积极谋划今世缘AAAA级升AAAAA级工业旅游景区大文章,结合扁担特色田园乡村、扁担农家乐在建项目、苗荡观赏园及生态餐厅项目、墩南美食坊等一系列美景、美食、休闲游玩点位,打造集美景、美食、艺术、文化于一体的全域旅游新路线。

【特色明星村扁担村】 位于高沟镇区西南约6千米,村民组8个、535户、2273人,村干部5人,下设网格党支部3个,党员64人,村域面积3.56平方千米,耕地确权面积186.67公顷,农民人均纯收入2.8万元。2022年,村集体经济收入79.3万元。新建480平方米党群服务中心和1600平方米群众活动广场,深化党群服务中心"双提双聚"行动,组建业余文化舞蹈队,举办各类文化文艺活动10余场。投入80万余元新建微型公园2个,拆除破败物体56处,312户厕所全部改造。设置乡风文明、人居环境、孝道文化等墙体彩绘80余处。依托今世缘AAAA级旅游景区,以扁担河风光带为核心,投入300万元建设游客服务中心、土特产超市、生态停车场、景观水车、村道绿化等休闲旅游观光项目,发展乡村旅游产业。流转土地146.67公顷,先后发展瓜蒌20公顷、蚕桑40公顷、桃花林13.33公顷、食品高效农业产业项目80公顷,均已初见成效。每年可吸纳220余人就近就业,每年为村集体增收30万元。打造品牌,注册"扁担村""扁担河""扁担印象""扁担姑娘"等50件商标,提升扁担对外知名度。先后获得省民主法治示范村、省和谐社区建设示范村、江苏省特色田园乡村、省美丽乡村、市文明村、淮安市先进基层党组织等称号。 (杨凤鸣)

唐 集 镇

【概况】 唐集镇位于涟水县域东部,东、北与石湖镇接壤,南与黄营乡相连,西隔西官河与东胡集镇毗邻,古淮河、唐响河、唐松河、一帆河及省道327、省道329、涟阜路构成便捷的水陆交通运输网络。境内地势平坦,一般高程3米左右。有宋代月塔一座,为仿木结构砖塔,高约16米,属国家级保护文物。2022年,全镇总面积65.07平方千米,耕地面积6373.63公顷,辖1个社区,12个村,122个村民小组,8511户,3万人。实现地区总产值14.57亿元,完成一般公共预算收入1677万元。

【农业】 2022年,唐集镇农作物播种面积7117.67公顷,水旱植物的良种普及率达100%。其中,水稻2560.13公顷(含稻虾共生166.67公顷),小麦2689公顷,玉米285.07公顷,秋豆333.27公顷,花生115.13公顷,红薯28公顷,油菜155.93公顷,粮食总产量4.05万吨,完成农业总产值5.78亿元。新增大型农业机械48台,累计拥有各种农业机械3274台。全镇生猪饲养量3.8万头,家禽饲养量58万羽。

【工业与招商引资】 2022年,唐集镇规模工业总产值2.69亿元,新增工业开票销售收入23185万元,全部工业入库税收429万元。全年新签约亿元以上项目3个,分别是深圳市为华实业科技有限公司投资1.5亿元的蓝牙耳机、充电宝、户外储能等电子产品生产项目,涟水县海棠加工有限公司投资1.2亿元的大米加工项目,与经济开发区共同引进的浙江固创化纤有限公司投资3亿元的年产3万吨免染色功能性锦纶POY长丝及弹力丝(包覆纱)和锦纶色母粒项目。新开工亿元以上项目2个,分别是手之梦安防(江苏)有限公司年产830万打安防手套项目和涟水县海棠加工有限公司大米加工项目。新竣工亿元项目1个,为涟水县海棠加工有限公司投资1.2亿元的大米加工项目。

【第三产业】 2022年,唐集镇完成第三产业总产值4.67亿元,新增私营企业77个,个体工商户61户,家庭农场18个,从业人员288人,形成餐饮业、服务业、运输业全面发展趋势。开展劳务输出工作,建立劳动力档案,引导青年本地就业,为县、镇内企业输送优秀人才1813人,劳务输出17256人。

【社会事业】 2022年,唐集镇紧扣党的二十大安保维稳责任,健全信访、综治、司法联动机制,定期开展拉网式矛盾排查化解,及时掌控不稳定因素,矛调成功率达91%,"12345"政务热线工单"三率"考核成绩位居全县前列。深入推进法治政府建设,开展法治宣讲26次,月塔村获全市基层援法议事先进范例表彰。持续深化安全生产"三年大灶"行动,对全镇工业企业、"九小场所"等检查100余批次,发现问题隐患184个,问题整改率90%。对困难群体实施精准救助,其中小额临时救助164人、大病救助30人,累计发放救助金23.4万元;联合县妇联、民政、卫健、公安等部门,开展困境儿童、精神障碍患者专项排查整治行动,及时实施救助帮扶。全年新增居民医保223人。强化教育优先发展,镇财政一次性投入10余万元用于唐集学校教育工作经费和奖励,唐集学校"小升初"质量调研位居全县前列,中考成绩取得历史最优,24名教师获得县"优秀教师""优秀班主任"等称号。强化医疗救治保障,投入近40万元支持镇卫生院各项事业建设,保障卫生院高效运转。

【唐集镇工业集中区】 位于唐集镇月塔村境内,规划面积20.1公顷,启动建设面积8.67公顷。标准厂房18幢,厂房面积29230平方米,办公用房955平方米,其他附属用房721平方米;标准厂房中,集体资金建设11幢,11480平方米。社会资金建设7幢,17750平方米;已利用标准厂房10幢,11800平方米,厂房利用率34.4%。集中区入驻工业企业9家，其中，规上企业2家；集中区企业共提供近就业岗位350个，年累计发放职工工资1625万元，职工年平均工资4.64万元。

【国家级卫生镇创建】 2022年，唐集镇聚焦全国文明城市以及全县年度唯一国家级卫生镇创建资格，坚持重点重抓，全力整治非机动车辆乱停乱放、乱扔垃圾等不文明现象；深度治理“五小”行业等经营性场所、集镇背街小巷、河道沿线等区域的环境卫生，依法取缔“马路市场”。在集镇关键节点、醒目位置增设公益广告83处，新架设太阳能路灯600余盏，对镇区49处配电箱、网络箱彩绘出新，对中营等3个村实施户厕改造216座。

【特色明星村月塔村】 位于唐集镇域东部，距离镇区约3.5千米，与石湖镇接壤，下辖村民小组9个，485户，1767人，劳动力808人。土地面积370.4公顷，其中可耕地面积197.6公顷。村内有宋代月塔一座，为国家级保护文物。持续推进产业富民，开展土地流转、超市出租工作。2022年，村集体收入达50.8万元。开展人居环境整治工作，先后投入15万余元，疏浚河塘500余米、粉刷墙壁5000平方米、整理建筑垃圾200余吨、草堆杂物50余处、绿化植树300株、文明创建公益宣传1处、墙绘2处，配备保洁员4名、垃圾桶150个，垃圾日产日清。

（贾婷婷）

大　东　镇

【概况】 大东镇位于涟水县域中东部，东隔古盐河与黄营镇相望，南与朱码街道为邻，西、北与东胡集镇毗连，区域总面积56.68平方千米、耕地面积3246.67公顷，7824户、2.55万人。下辖1个社区，10个村，87个村民小组。距淮安机场、连淮扬镇高铁、京沪高速均20千米以内，省道327、264经过境内，是环境优美、土地肥沃、民风淳朴、宜居宜游的美丽乡镇。先后获得省级耕地保护激励单位、省级卫生镇、市级文明镇、市级环境长效管护示范乡镇等称号，捧回省级绿色优质农产品基地“金字招牌”，大东镇团委获评江苏省五四红旗团委，瓦滩村获江苏省文明村称号，施洼村被授予“江苏省生态宜居美丽示范村”称号。2022年，实现地区生产总值8.45亿元，一般公共财政预算收入1682万元，农民人均纯收入21848元。

【农业】 2022年，大东镇粮食作物播种面积5121.13公顷，粮食总产量3.63万吨；油料作物播种面积172.07公顷，产量600吨。生猪饲养量4000余头，家禽饲养量50万只左右。加快推进平台土地流转工作，全镇土地确权面积3053.33公顷，截至年底，总流转面积2766.67公顷，合计流转率90.6%，其中平台土地流转面积2460公顷，平台流转率达80.46%，全县第一。全年村（居）集体经济收入达461.74万元，村（居）平均收入42万元，收入超30万元村7个，其中达50万元村5个，重点帮促村4个。大力打造大东镇现代农业产业园，市级示范合作社1个，市级示范家庭农场8个，开发马棚农场及周边养殖水产品66公顷，有效带动农民增收致富。

【工业与招商引资】 2022年，大东镇稳步推进各项经济指标。实现全部工业开票销售收入1.37亿元；规上工业开票销售收入4.41亿元，增长33.48%；工业入库税收906.7万元，增长6.6%；规上工业总产值5.08亿元，增长35.1%；规上工业固定资产投资8.05亿元，增长16.4%；规上工业投资6.72亿元，增长7.4%。新签约亿元以上工业项目2个，分别为涟水鑫合源再生资源有限公司再生资源利用技改项目、江苏乾陆源精工科技有限公司新能源汽车精密电机配件生产项目；竣工亿元以上项目3个，分别为涟水鑫合源技改项目、江苏绿金丰生物质综合利用项目、江苏稳安检测中心项目；竣工高科技工业项目1个，为江苏中量仪表流量仪表加工项目。

【第三产业】 2022年，大东镇新增规模服务业企业2家，规模以上四大服务业和限额以上贸易单位营收3.7亿元，利用离县城主城区较近的地理优势，主动对接县城主导产业，积极做好服务业提档工作，不断增强集镇吸引力、推进集镇繁荣、发挥集镇在乡村振兴中的重要作用。引导农业电商发展，联合省级电子商务示范村瓦滩村与王老庄村等电商群，实施农产品电商营销策略，鼓励镇电商创业青年充分发挥电子商务优势。截至年底，已有注册公司5个以上，实现全镇农产品网络营销额超2000万元。

【社会事业】 2022年，大东镇兜底民生保障底线，发放困难群众保障资金438.2万元、抚恤补助334.39万元、资助家庭经济困难学生689人次、45.59万元。深入开展三项排查专项整治，做好严重精神障碍患者服务管理，累计发放补助148人次、22.86万元。优化专职红色代办员服务方式，关爱计生特殊群体。推进城乡居民养老保险和医疗保险缴纳，完成率分别达94%和95.2%。投入32万元优化校园周边环境，表彰大东籍高考优生及大东学校中考优生，支持优秀教师评选、激励，大东学校四星级高中优生率12.35%，高中上线率40.12%，合格率86.42%，促进教育事业持续健康发展。

【大东镇工业集中区】 占地面积23.13公顷，分为南北两区。南区位于新327省道北侧，迎宾大道东侧，为装备制造园区；北区位于老327路北侧，马棚路东侧，重点发展劳动密集型产业；厂房总面积9.69万平方米。集中区新建乡村振兴产业园厂房6幢，主体工程已完工。新增3家企业落户，形成装备制造、金属制品加工产业集聚。2022年，落户企业17家，其中规上企业9家，实现开票销售收入6.66亿元，入库税收908万元。再生资源利用产业园区（北区），依托大东铝制品产业，补齐产业链条，重点发展铝制品产业前端的重熔加工类产业，力争将该园区打造成涟水县再生资源处置中心、江苏省再生资源产业示范园区。

【人居环境治理】 2022年，大东镇突出抓好县生态环境保护督察交办问题整改，建设完成生态环境基础设施项目8

项。投入60万元完成场北、施洼、瓦滩、皇圩、王老庄416户户厕入室改造工作,投入30余万元新建公厕6座。以厕所革命为抓手,统筹推进"四清一治一改",集中整治村(居)庄前屋后的猪圈、厕所等破败物体500余处;清理废弃河塘10余处。支持瓦滩村争创省级特色田园乡村,投入60余万元完成旅游中心外立面改造,老村部红色记忆展示馆打造,新农村庄前屋后进行提档升级、墙面粉刷、绿化修剪补植等。投入27万元对镇区卫生、街道管理、绿化养护进行长效管护。围绕街道长效综合管理,开展专项整治行动,整治背街小巷15条,做好瓦滩、镇南等5个人居环境示范点及施洼新型社区长效管护工作。向上争取600余万元重建东方红大桥、王老庄境内马桥。投入30万元对镇区、居委会东小区污水管网提档升级,投入18万元增设农村分散式污水处理设施3处,投入12万元增设工业集中区(南区)雨污管网400余米,投入8万元对南严桥东侧20余户沿街商铺生活污水接网。投入28万元对青龙河、陈庄村约1300米河道进行清淤整治。投入10余万元维修镇区35盏太阳能路灯、新划设停车位200余处。投入4万余元新建垃圾分类亭7座,全面排查镇域存在安全隐患的农路涵桥,设置警示标志、增设护栏。

【平安创建】 2022年,大东镇继续鼓励见义勇为,对个别村存在的地域性盗窃犯罪问题,逐个对账销号。全年共破盗窃案6件,抓获盗窃犯10人,奖励见义勇为1人次。坚持和发展新时代"枫桥经验",积极响应群众诉求,坚持"有理推论、有解思维、有法可依",小事不出村,大事不出镇,矛盾不上交,促进和谐发展。开展"三个专项"排查整治行动、打击整治养老诈骗专项行动,全年受理办结群众来信来访62件,受理"12345"工单548件。

【农房改善】 2022年,大东镇按照要求开展四类人员危房改造工作。完成5户D级危房改造工作,完成10户非四类对象户D级危房解危。联合县安东控股持续推进大东社区一期、二期建设进度,年底一期房建部分已结束,正在进行强弱电、自来水和市政配套工程施工;二期7幢房建已全部封顶,外墙粉刷已完成5幢,正在安装避雷网。截至年底,收集一户一档资料393户,签订协议362户,拆除242户,复垦200户。

【特色明星村施洼村】 位于大东镇域西北,村域面积7.4平方千米,下辖村民小组8个,730户、2710人,耕地确权面积429公顷,农民人均纯收入2.3万元。村"两委"班子5人,网格支部3个,共有党员94人。整合农房改善建设资金240万元,建设党群服务中心(1196平方米),配备综合服务大厅、党员活动室、公益放映厅、农家书屋、文娱活动室等,提升党群服务中心服务党员群众的功能。村集体投资近20万元建设群众健身活动广场(3700平方米)及体育设施;民间广场舞队、文艺宣传队定期开展文化活动。整合资金260余万元,对施洼集中居住点内雨污管网进行高标准升级改造,新建公厕一座和日处理达30吨的污水处理厂,直接受益农户达280户。投入25万元,架设马棚路(进村主干道)施洼境内路灯100盏。投入5.1万元改造全村自然庄台旱厕110户,破败物体全部拆除。以优质稻米、芡实种植为主,加强高效农业发展。土地规模流转达385.47公顷,流转率达90%,成立合作社3个,家庭农场11个,规模集聚效应初步形成。持续推动传统产业杨树苗培育,邀请市林业站作技术指导,与白马湖农场下属林业单位合作,成立专业雄性杨树苗培育基地,面积达10公顷,共培育雄性杨树系列45万株。2022年,村集体经营性收入50.11万元。

(张莹莹)

五 港 镇

【概况】 五港镇位于涟水县域东北部,东与石湖镇毗邻,南与东胡集镇接壤,西与红窑镇隔盐河相望,北与连云港市灌南县新集镇交界,盐河和涟新路穿境而过,交通便利,是涟水县5个重点中心镇之一。全镇总面积112.18平方千米,耕地面积7181公顷,辖2个社区,20个村,257个村民小组,1.52万户、5.49万人。2022年,实现地区生产总值23.19亿元,一般公共预算收入4314万元。

玉带环抱幸福村　　(庞桂玲　摄)

【农业】 2022年,五港镇实现农业总产值6.07亿元。全年粮食作物播种面积10541.27公顷,粮食总产量7.35万吨,油料作物播种面积702.33公顷、产量2371吨。全镇家禽饲养量34万羽,出栏62万羽。全年累计流转土地达739.8公顷,成交总金额0.57亿元;新增高标准农田7400公顷,公共空间治理收回溢出土地31.33公顷,农村产权交易5870万元。农业产业园核心区芦笋种植面积达133.33公顷,前营、租田等村西瓜种植面积达20.67公顷，港南、港西新推广优良哈密瓜种植面积46.67公顷，方渡村、前营居委会等15个村建成“江苏省优质绿色水稻高产增效项目示范区”390.67公顷。全年共培育农民专业合作社81家、家庭农场（含申办中）46家，国家级示范合作社1家，省级示范家庭农场2家。

【工业与招商引资】 2022年，五港镇牢固树立“项目为王，环境是金”理念，积极策应全县产业招商集中攻坚行动，镇党政主要领导轮流带队奔赴苏南、浙江、福建、粤港澳大湾区等地开展招商活动，累计外出31次192天，考察企业112家，拜访乡贤客商121人次，接待来访客商52人次，收集有价值信息20余条，新签约亿元以上工业项目3个，亿元以上农业项目3个，亿元以上服务业项目1个，通过市盘新开工项目2个、竣工1个。全年实现工业开票销售收入9.53亿元，工业入库税收6468.36万元，工业用电量达11776万千瓦时。

【第三产业】 2022年，五港镇实现第三产业总产值6.43亿元，全年新发展个体商户152户，新增私营企业76家。认真落实就业创业扶持政策，举办新型职业农民培训班4期，累计培训486人次，开展劳动技能培训、创业培训1100余人次。

【社会事业】 2022年，五港镇相继投入52万元改善提升中小学硬件条件，表彰奖励23名优秀学子和教师，积极对上争取开通五港小学至桃园村校车线路；五港卫生院创成省级农村区域医疗卫生中心、省五星级中医馆；“15分钟医保服务圈”省级示范点建设通过验收。开展“村村到、户户进、人人访”民情走访调研活动，重点关注“一老一小”等特殊群体，成立“社区工作站”，做好居家养老及老龄服务，新排查出4名困境儿童，按月发放养育经费；新增低保12户27人、特困供养人员18人，为全镇195名孤寡老人和155名留守儿童建立“一人一档”，慰问困难人员302人次，发放慰问金10.5万元，为182户大病患者申领临时救助16.5万元。开展“双拥”慰问50余人次，发放慰问金2.3万元，新增医保参保人员536人，养老金100%按时足额发放；改善C、D级危房22户，切实保障“四类群体”住房安全。总投入700余万元实施政府工程项目，改造提升马渡、桃园等9个村（居）便民服务大厅，五港居委会党群服务中心搬入新址，罗冲村党群服务中心加快建设。

【五港工业集中区】 由南工业集中区、再生纸产业园、再生材料产业园、方渡工业集中区组成。南工业集中区位于镇区北侧，规划面积110公顷，建成区面积约14.11公顷，累计建成厂房约6.05万平方米，入驻企业19家，其中规上企业8家，总用工520余人，实现全部工业开票销售收入3.09亿元，入库税收572万元。再生纸产业园位于平安村，规划面积106.8公顷，建成区面积约23.2公顷，累计建成厂房13.5万余平方米，入驻企业11户，其中规上工业企业6家，总用工650余人，实现全部工业开票销售收入10.12亿元，入库税收4118.04万元。再生材料产业园位于五港镇苏鲁桥东侧，五方路北侧，占地面积4.3公顷，建成厂房2.6万余平方米，入驻企业2家，均为规上企业，实现全部工业开票销售收入2.43亿元，入库税收1489.57万元。方渡工业集中区位于五港镇方渡居委会，占地面积约1公顷，建成厂房0.26万平方米，入驻企业3家。2022年，五港镇开展“深挖厂房资源价值，大力降能升级增效”行动，有序推进镇工业集中区“腾笼换凤”，清退“僵尸企业”3家，盘活再利用低效闲置厂房1万余平方米，有力承载金诺电子、共盈精密机械等一批“小而精”项目落户；协助飞雄复合肥等4家企业加快转型升级，为产业可持续发展提供有力保障。

涟水县人民医院五港分院　　（五港镇　供稿）

【省健康镇村创建】 2022年，五港镇以创建省健康镇为引领，高标准推进镇村建设管理。投入30余万元新建农村生活污水处理设施3座，实现22个行政村农村生活污水治理全覆盖；投入540万元完成2座危桥改造，投入100万元完成前营小区等集镇老旧小区提升改造，维修新建电站4座、渡槽2座、涵闸1座，疏浚渠道5千米；加快杆线入地工程，建成智慧广电示范乡镇；开展爱国卫生运动，67座农村户厕改造工程通过市级验收。12月，港北村创成省绿美村庄，港西、港南、租田创成省健康村，五港镇高分创成江苏省健康镇。

【全国民主法治示范社区创建】 2022年，前营社区通过创建“全国民主法治示范村（社区）”扎实推进基层民主法治创建工作，以法治促进基层民主有效治理。围绕“法德进家”五个一要求，在居民楼院制作法治宣传橱窗11个、各类墙绘36幅、宣传版面70块、张贴宣传画40余幅；开展“法德进家”“文明户”评选等法治宣传文明创建活动。征求群众意见，制定《前营社区居民自治章程》《居民管理制度》《社会治安综合治理制度》《社区干部教育管理制度》《村规民约》等一系列具有前营特色的制度章程。12月，获评全国法治示范村。

（刘　鑫）

梁岔镇

【概况】 梁岔镇位于涟水县域西部，东与岔庙镇、陈师街道、朱码街道为邻，南与成集镇接壤，西、北与高沟镇相连。镇政府驻梁岔街，距淮安市区、涟水城区均约25千米。国道233穿镇而过，淮涟三干河、东西张河贯穿全镇。全镇总面积69.43平方千米，耕地面积3666.67公顷，辖2个居委会，13个村，115个村民组，1.01万户、3.45万人。2022年，实现地区生产总值11.93亿元，一般公共预算收入938万元。

【农业】 2022年，梁岔镇围绕“农业增效、农民增收、农村稳定”总目标，加大工作力度，创新服务形式和内容，稳定粮食市场，完善产业结构、农业基础设施，推动农业现代化进程，保持农业生产的健康稳步发展。不断完善农业基础，围绕生态河道建设新建农桥5座、涵闸6座、渡槽2座，新建和维修泵站各1座，完成六支三斗、七支等生态河道建设任务；疏浚五支大沟、八支高水渠、西张河等河道19千米，新建、维修桃园防渗渠等灌溉渠道10余千米；争取900万元在洪码等村实施高标准农田项目，改善农田200公顷，有效改善镇域水文环境和灌溉条件。围绕“创特色、增效益”主线，以创建省级农业园区为抓手，加大资金投入和项目带动，围绕费庄片区布局葡萄园、芦笋园、葫芦园等产业项目，重点打造集特色农业、农产品加工、生态旅游于一体的现代化农业片区。农业亿元项目芦笋种植加工项目顺利通过竣工验收。现代农业高速发展，新流土地666.67公顷、新增家庭农场8个，创成示范合作社省级1个、市级2个、县级3个；创成示范家庭农场省级1个、市级4个、县级5个，为4个市级示范农场争取项目资金50余万元。

【工业与招商引资】 2022年，梁岔镇树立“项目为王、环境是金”理念，深入开展“粤港澳大湾区产业招商攻坚月”行动和项目招引“百日攻坚”活动。全年新签约亿元以上项目2个、新开工亿元以上项目2个、新竣工亿元以上项目2个。坚持“抓总量、盘存量、提质量”，坚持打好“服务牌”，主动服务精准帮扶，助推企业做大做强，新培植规上企业3家。电子信息、机械加工、纺织服装等产业集聚更具规模，经济运行稳中向好，跨越发展势头强劲。载体平台不断优化，新建标准化厂房8000平方米，新铺设污水管网5000米，改造铺设进厂道路500米，架设路灯50盏，新架400千伏安变压器3座，改善工业集中区基础设施，为承载更多更大的项目落户创造条件。

【社会事业】 2022年，梁岔镇加快新型城镇化进程，加大基础设施投入，注重集镇功能提升，镇村建设水平不断提高。稳步推进道路、路灯、绿化改造提升等工作，累计新建、改造道路1000余米、架设改造淮高路太阳能路灯123盏、绿化提升5000平方米。扎实推进文明城市创建工作，制订《梁岔镇文明城市创建常态化管理工作方案》。规范“门前五包”责任制商户200余户，持续巩固省测成果，城镇管理更加有序。常态化抓好生态环境保护督察反馈问题整改，全面落实“河长制”，实行河道治理的网格化管理，各级河长全年累计巡河1500余次。秸秆“两禁一用”工作成效获县领导肯定并在该镇召开工作推进会。稳步推进农村“户厕改造”，大力推广进院入宅，累计改造4个村，909户，解决群众户厕脏乱差等问题。牢固树立“发展为民、普惠共享”理念，争取“一事一议”项目资金近20万元，完成梁薛路、文卫路等地段补植绿化、陈溪村村部新建、敬老院改造提升、费庄社区绿化提档升级等民生实事项目20余件。全面落实各项惠民政策，累计发放各类保障救助资金20万元；城乡居民养老保险、医疗保险应保尽保；新建胜利、薛元、卜圩等村卫生室。全面贯彻落实习近平总书记关于巩固拓展脱贫攻坚成果同乡村振兴有效衔接的重要指示精神，建立长效机制不断巩固提升脱贫攻坚成果、有效解决相对贫困。截至年底，15个村（居）集体经济收入全部达到18万元以上，其中5个村达到50万元以上。

（包正飞）

石湖镇

【概况】 石湖镇地处三市五县交界处，东与盐城市响水县黄圩镇、滨海县天场镇、阜宁县羊寨镇接壤，南与唐集镇相邻，西与东胡集镇、五港镇交界，北与连云港市灌南县百禄镇毗邻。327省道横穿境内，东连沿海高速、西接宁连高速公路，交通便利，商贸繁荣，人杰地灵。全镇总面积84.84平方千米，耕地面积4833.33公顷，辖3个社区，14个村，1.2万户、4.03万人。2022年，实现地区生产总值10.8亿元，一般公共预算收入4346万元。

【农业】 2022年，石湖镇实现农业总产值4.01亿元。粮食作物播种面积7121.8公顷，粮食产量4.59万吨，油料作物播种面积472.13公顷，产量1663吨，蔬菜面积1395.87公顷，产量6.15万吨。生猪饲养量73789头，家禽饲养量12万只。分别完成1亿元以上、3000万元以上重大农业项目各1个，均通过市盘竣工验收；新签约3000万元以上农业项目1个，亿元农业项目2个。根据县乡村振兴指标考核要求，省、市、县定帮促村达超30万元的，完成9个村；涉农村（居）达超50万元的，完成9个村，收入18万元以下村（居）清零。脱贫人口小额信贷户均发放额达0.76万元，累计发放1796.45万元。新增农机专业合作社1家，开展各类农业职业技能培训2批次160余人次。

【工业与招商引资】 2022年，石湖镇全年完成申报规模工业企业1家；完成规模以上工业开票销售收入1.82亿元，比上年增长10%；完成工业入库税收1543万元，增长19%；完成规模工业总产值

4.94亿元，增长5.4%；完成规模以上工业用电量416万千瓦时，增长5.42%；完成限额以上贸易企业及大个体销售收入5.29亿元，增长47%；完成规上其他营利性服务业营业收入3152万元，增长57.2%；完成限额以上批发业销售额4.74亿元，增长13.5%。积极培育"四上"企业5家，成功申报规上工业企业1家（涟水董庆服装有限公司），新签约亿元以上项目5个，分别是投资2.2亿元的哲泰折叠电动车项目、投资1.2亿元的淮安源尚木业项目、投资3亿元的国能热力环网项目、投资1.6亿元江苏龙信达消防器材项目、投资1.2亿元金盟电动车检测设备生产项目。新开工项目3个，分别是投资2.2亿元的哲泰折叠电动车项目、投资1.2亿元淮安源尚木业项目、投资1.6亿元江苏龙信达消防器材项目。新竣工项目3个，分别是投资1.2亿元淮安三盛塑胶项目、投资3亿元业丰科技柔性线路板项目、投资1.3亿元淮安满鑫水产养殖项目。高科技竣工项目1个，为投资2500万元的江苏高之创创新材料科技有限公司2万吨阻燃环保高分子泡沫材料项目。

【第三产业】 2022年，石湖镇商贸、流通、运输、餐饮等服务业发展较快，新增私营企业115户，新发展个体工商户260户，新增个体私营企业注册资本2.61亿元。输出劳动力22084人，其中有组织输出8841人。实现第三产业总产值3.71亿元。完成限额以上零售业销售额1310万元，增长15.2%，完成限额以上餐饮营业额244万元，增长6%；完成租赁和商务服务业2654.7万元，增长32.4%；完成文化、体育和娱乐业营业收入684万元，增长31.7%。规上服务业企业1家（苏州盛德汇思人力资源有限公司），规上批零住餐企业2家（涟水宝梅餐饮管理服务有限公司、淮安如德生物科技有限公司）。

【社会事业】 2022年，石湖镇共受理"12345"政府服务热线381条，按时办结率100%，群众满意率98%以上，创立"市级人民满意窗口"。做好社会福利事务，发放低保金超408万元，其中，发放低保结对帮扶款100余万元，临救资金113380元，发放困难高龄老人慰问金7500余元，办理社会保障卡89张。关注退役军人优抚安置，走访慰问36名老复员军人、伤残军人、参战军人及现役军人家属和现役特困家属等，发放慰问金3.6万元。关心关爱残疾人，开展"全国助残日"活动及慰问残疾人之家等，爱心团体、个人捐款出资发放物资共0.52万元。不断加大教育投入，推动石湖镇教育实行实体化运作，到年底全镇本科以上录取人数83人。累计民生支出占财政支出的80%以上，完成为民办实事项目85个，逐年提高农村居民低保标准。新农合新农保参合率参保率均达100%。

【石湖镇工业集中区】 分为瓦房、外口、东兴3个工业集中区。外口工业集中区位于该镇外口村，涟石公路（原327省道）北侧，占地面积3.47公顷，累计建成标准化厂房8幢，其中6幢为集体投资建设，2幢为私人投资建设，厂房建筑面积7594平方米，入驻企业为淮安市三盛塑胶有限公司，是规模以上工业企业。瓦房工业集中区位于瓦房村，327省道西侧，占地面积5.44公顷，累计建有标准化厂房9幢，厂房及附属设施建筑总面积7940平方米，入驻企业4家。集中区东侧为淮安金盟机械有限公司、奥力润滑有限公司、淮安海奥斯精工制造科技有限公司，占地面积0.66公顷，厂房3幢、办公室、传达室计建筑面积2857平方米；中间为江苏腾旺化纤有限公司，占地为1.78公顷，有厂房3幢及职工宿舍、食堂、传达室等，建筑面积3318平方米；西边为淮安市胜和机械有限公司，占地1.67公顷，标准化厂房及附属设施等建筑面积为2765平方米，现租赁给鹏禹特种建材有限公司。东兴工业集中区位于东兴村，月（塔）四（兴）路西侧，占地面积1.34公顷，2005年建设，有标准化厂房4幢，为集体投资建设，4幢厂房建筑面积4000平方米，入驻企业3家。从东向西分别是江苏高之创新材料科技有限公司、淮安神工木业制品有限公司、淮安宝能生物质科技有限公司。整个工业集中区主导产业为木制品制造、塑料制品和机械配件加工。2022年，集中区完成开票销售收入6589万元，入库税收355万元。

【人居环境综合整治】 2022年，石湖镇按照"四清一治一改"总要求，夯实基础设施建设。新建公厕6座、新铺设水泥路26千米，打通16条"断头路"，架设路灯512盏，新建、维修桥梁56座，补植绿化2356棵、更换垃圾桶1800余只、粉白房屋墙体外立面10万余平方米。推进生活污水治理，铺设污水管网21千米、新建污水微动力处理设施7个，小型污水处理设施92个，整治黑臭水体20余处。开展公共空间治理，拆除破败房屋8956平方米、闲置猪舍965间、鸡舍506处、厕所1025处、整治散坟845座、清理杂树1万余株、回收废旧农膜1396千克、清运垃圾6942吨。对新老327、迎宾大道两侧、月方路等重要节点进行绿化提档升级。

【特色明星村瓦房村】 位于石湖镇政府东南方向2千米，占地面积1.8平方千米，耕地面积127公顷，村民小组8个，335户，1456人，农民人均纯收入2.1万元。积极开展美丽宜居示范镇村创建工作，累计投资111.15万元，对瓦房村中心道路、苏码组道路实施亮化工程，新架设路灯115盏；对两条道路进行硬化、绿化3500米；整治五斗沟河、引黄一支河河道3400米。 （徐艳秋）

岔 庙 镇

【概况】 岔庙镇位于涟水县域腹地，东隔公兴河与红窑镇相望，南与朱码镇为邻，西与梁岔镇、原前进镇毗连，北与高沟镇交界。全镇面积74.46平方千米，耕地面积4757.33公顷，辖1个社区，16个村，95个村民小组，1.08万户、3.89万人。农村实有劳动力2.28万人，村村通电、通水、通路。2022年，实现地区生产总值13.98亿元，一般公共预算收入1415万元。

【农业】 2022年，岔庙镇整合资源，优化布局产业结构，实现农业总产值5.27亿元。农作物播种面积8074.13公顷，其

夜合村之秋　　（贺敬华　摄）

中，小麦播种面积3086.47公顷，水稻3230.2公顷，玉米108.47公顷，秋豆167.73公顷，粮食总产量4.72万吨，油料作物面积113.67公顷，产量393吨。完成产权交易项目69个、交易额2282万元，其中土地流转项目34个，流转面积301.07公顷。发展家庭农场14个，合作社1个，新培育市级示范家庭农场6个、新培育省级示范家庭农场2个，开展新型职业农民培训220人。投资4800万元，在义河、鹤友、纪集、路口、桑庄、夜合6个村，建设高标准农田1066.67公顷；高效设施面积32公顷，申报省级绿色优质水稻基地3440公顷；各类农机具保有量达500台，农业全程机械化率达85%。落实植树造林和林长制工作，新申报植树面积13.33公顷；争取省级财政奖补资金41万元，在原种场、和平等三个村建设一事一议财政奖补道路。

【工业与招商引资】 2022年，岔庙镇实现规模以上工业总产值5.15亿元，比上年增长6%，规模以上工业应税开票2.1亿元，增长21%，实现工业入库税收1412万元，增长134.6%，工业用电1400万千瓦时，增长90%，规模以上制造业投资4.68亿元，增长111.5%；高技术产业投资3076万元，占制造业投资比重12.6%。盛缘包装完成入库税收220.5万元，增长27.3%；建强纺织完成应税开票5423.4万元，增长87.9%。积极开展全员招商，通过召开乡贤座谈会、招商说明会、周一汇报会等形式收集招商引资信息100余条，主要领导带队赶赴长三角、北京、云南等地招商24次，邀请客商到涟水考察20余批次。总投资1.8亿元的澄缘包装一期项目顺利通过竣工验收，投资1.15亿元的益鸿塑业已开工建设，投资1.15亿元的精制米包装袋生产项目、投资4.6亿元的红日华府综合商业体项目在建设中。全年走访小微企业978家，解决问题工单278起。

【第三产业】 2022年，岔庙镇实现第三产业总产值3.47亿元，规模以上其他营利性服务业营业收入8577万元，增长108%，新增个体工商户89户，私营企业78户。全镇交通物流、餐饮、洗浴、休闲娱乐等得到全面发展，新增普通饭店2个，实现营业额158万元。

【社会事业】 2022年，岔庙镇发放最低生活保证金343万元，集中供养五保老人19名，散居五保老人182名，发放特困供养人员生活补助186万元，为116名困难群众办理小额临时生活救助并发放救助金9.9万余元。发放困境儿童生活补贴和孤儿养育费36.5万余元，为1209名80周岁以上老人发放尊老金83.7万余元，为空巢、独居老人购买养老服务，为15户特殊困难老人家庭进行适老化改造，为251名重点优抚对象发放定补315.4万元，为全镇退役军人和优抚对象建档立卡并办理优待证。积极宣传法治思想，培养公众法治意识，开展“第十六届农民工学法宣传周”“八五普法宣传”等法治宣传活动11场，建成岔庙镇公共法律服务中心，建成洪滨红色法治文化大道，洪滨“援法议事”工作室顺利通过市级验收。强化重点工作督查推进，形成督查通报19期，开展环境整治、安全生产等专项行动7次，开展“晨钟暮鼓”警示教育活动13次，交办处理问题线索80余个。及时办理“12345”政府公共服务等平台的群众诉求，监督一点通平台每周访问量突破800次，办结率95%，答复满意率100%。制定出台并严格执行各类安全生产检查方案、制度文件共14份，组织召开安全生产会议12次。由班子成员牵头开展安全生产检查，累计检查企业13家，九小场所130处，排查隐患182条，均已整改到位；燃气专项检查隐患20条，均已整改完成。加强业务培训指导，邀请专家对企业主要负责人、安全员及部门负责人、各村(居)主要干部开展安全生产专题宣讲2次、消防安全培训3次、燃气安全培训3次、集中教育培训5次、各类应急演练20余次。全镇13家企业均修订应急预案，未发生安全生产事故。

【乡村振兴持续发力】 2022年，岔庙镇全面推进乡村振兴。全力推进洪滨社区项目建设，改善农户住房条件308户，年底，已完成分房手续298户，完成四类人群危房改造32户。全年组织文娱活动20场、阅读活动110场，送戏下乡6场，受益观众达6万余人次。深入挖掘地方文艺人才，组建23支文艺表演队，江苏公共文化云关注率达100%。建成淮安书房岔庙服务点，收藏各类书籍7700余册，与县图书馆实现通借通还。加强宣传阵地建设，充分利用好三务公开栏并及时更新，举办社会主义核心价值观宣讲活动、强国复兴有我宣讲活动等主题活动100余场。增强先进典型示范引领作用，评选文明村居5个，文明户680户。聚焦学传用，开展“喜迎二十大 追梦复兴路”知识竞赛、“村村到”知识宣讲等活动22场，严格实施村干部学历“8090”计划，开展大讨论32场、头雁培育11场、专题业务培训23场，引导在职党员干部主动作为，做细做实新业态新就业群体工作。

【平安创建】 2022年，岔庙镇众开展严重精神障碍患者服务管理大排查，共排查精神障碍患者167人并全部建档管理，其中23人由派出所列管、11人住院治疗。健全完善基层社会治理体系，充实网格服务管理力量，发挥好“微网格”基础辅助作用，全面实施“精网微格工程”，将30个基层网格细化为101个“微网格”并配好联络员，开展宣传100余次。深入开展自建房重大火灾风险综合治理、安全生产大检查、厂中厂检查、安全生产百日攻坚、食品安全检查等活动，开展各类教育培训活动10余次，组织指导应急演练20余次，排查和督促安全隐患整改200余条，全镇全年无重大安全生产事故发生，公众安全感、群众满意度持续提升。

【人居环境整治】 2022年，岔庙镇持续加大人居环境整治力度。实行“日检查、月考核”制度，全年下发交办单80件，交办问题全部整改到位。垃圾收集率95%，保洁人员上岗率97%，全力提升人居环境品质。摸底排查全镇厕所改造情况，完成改造827座。开展镇村创建“三项提升”行动，持续打好全国文明城市创建攻坚战。创建省级生态河道2条，新建泵站3座、改造维修泵站5座，疏浚七支大沟和小沂河，初步实现“河畅、水清、岸绿、景美”的生态河道目标；新建农村生活污水分散式设施2座，纳污23户；完成岔庙居委会黑臭水体土方清淤，整治纪集黑臭水体且水质达标；对道路扬尘、重点企业、餐饮、工地、搅拌站等进行大气污染管控；污染防治平台信访及时跟踪解决并进行回头看，做好政策宣传工作，加大督查督办力度，交办的16件问题全部整改到位。严格管控违建行为，全年拆除违建面积1000余平方米。

【特色明星村洪滨村】 位于镇政府北侧约3千米，因抗日烈士朱洪滨而命名。总面积3.46平方千米，耕地面积339.2公顷，全村750户，3150人。近年来，洪滨村从建设美丽宜居家园、完善基础设施等方面入手，高质量完成洪滨村农房改善项目，共改善村民308户；投入400余万元建成污水处理厂，路灯、道路、下水道、健身广场及绿化等工程；投资150万元建成洪滨村红色文化广场；利用原闲置的化工厂、预制厂、拖拉机站、兽医站地块3.1公顷，引进社会资本建设高标准厂房3.85万平方米。2022年，集体经济收入32万元。 （刘秀莲）

东胡集镇

【概况】 东胡集镇位于涟水县域东北部，东与石湖镇、唐集镇、黄营镇为邻，西依盐河和朱码街道、红窑镇相邻，南与大东镇、淮安（薛行）循环经济产业园接壤，北与五港镇毗邻，329省道穿境而过。东胡集镇历史悠久、民风淳朴，是江苏省卫生镇，“涟水抗日第一枪纪念碑”坐落鲁渡村境内。总面积112.25平方千米，耕地6390.9公顷，3个社区，20个村，146个村民小组，1.51万户、5.2万人。2022年，实现地区生产总值15.58亿元，一般公共预算收入4645万元。

【农业】 2022年，东胡集镇实现农业总产值7.68亿元。粮食作物播种面积1.04万公顷，粮食产量7.34万吨，油菜种植面积330.2公顷，油菜籽产量965吨。年养家禽53万羽，湖羊4000余只、生猪3.6万头。推广水稻、小麦、玉米、油菜优良品种，良种覆盖率95%以上；推广农作物病、虫、草防治新技术，把病虫损失降到最低限度。完成新型职业农民培育任务285人，发放技术资料600余份。实施科技入户工程，培植科技示范户20户，带动农户400户。扎实做好农产品质量安全监管工作，定性检测农产品样品4800件，完成率100%。推广秸秆还田技术，落实秸秆机械还田面积4533.3公顷，申请还田补贴资金170万元；水稻机插秧千亩连片20个；完成农机购置206台、补贴资金234.18万元。累计流转土地4133.33公顷，申办家庭农场、合作社160余家，培育市级示范家庭农场5个，县级示范家庭农场3个。完成春季植树造林面积13.3公顷，总植树5万余株。实施亮化工程，在主干道两侧安装路灯约3500盏。投资900万元实施胡谢村、桥西居委会农业开发片工程，新建防渗斗、农渠8.58千米、配套建筑物128座，机耕路5.63千米、绿化2000株。

【工业与招商引资】 2022年，东胡集镇完成规模以上工业总产值1.5亿元，规模以上固定资产投资和工业投资1.8亿元，入库税收760万元。规模以上工业开票销售收入1.18亿元，工业用电量680万千瓦时。涟水小野木业、金易达包装和南控新能源已培植成规模企业，年开票销售收入分别为3600万元、3500万元和4700万元。加大招商引资力度，引进市盘考核项目2个，分别是华水水产养加研融合项目和恩旭西瓜种植项目。

【第三产业】 2022年，东胡集镇实现第三产业总产值6.15亿元。新增私营企业180户，新增私营企业注册资金3.8亿元，新发展个体工商户161户。劳动力转移1.85万人次，实现劳务收入2.1亿元。

【社会事业】 2022年，东胡集镇聚焦特殊困难群体救助帮扶和妇女儿童权益保障，组建走访排查队伍23支、党员干部161名，深入开展“村村到、户户进、人人访”集中走访和专项排查行动，累计走访1.5万余户5万余人，排查解决问题788个，建立长效机制6个。对全镇81名低保、特困人员、空巢独居老年人、困境儿童、留守儿童、生活困难残疾人等人员进行走访慰问。落实惠农政策，发放农业支持保护补贴（耕地地力保护）资金768.99万元。为五保对象286户发放供养经费，补贴白内障患者78人，为75名残疾人发放相应辅助器具。落实独生子女奖励政策355人。开展“铭记光辉历史，传承红色文化基因”“东胡集镇爱国主义文艺摄影展进校园”等活动4场、4000余人次参加；开展“喜迎二十大、共创文明城”主题演出80余场、惠及3.5万人次；建成淮安书房东胡集镇服务点，设有阅览室、图书室、报刊室和儿童阅览室，面积累计110平方米，内藏图书30余种、7022册，报刊20种以上，固定阅览座位40个，配备与县图书馆联网的专用电脑、扫码枪以及统一的流量统计系统等信息化设备;坚持"全民阅读、书香涟水"主题活动和党员"固定活动日"相结合,举办各类全民阅读活动160余场、8000余人次参加。切实做好双拥工作。走访慰问参战老复员军人10人,每人发放2000元慰问金;为全镇退役军人办理退役军人优待证,办理率100%。认真落实安全生产"属地管理"责任,构建安全生产工作网络,扎实推进安全生产进企业宣传教育活动,累计张贴宣传标语500余条,下发消防、电力等各类安全生产宣传单9000余份,悬挂宣传横幅120余条。组织开展安全生产知识培训12场次、食品安全培训4次、消防安全演练7次。全年在《新华日报》、中国江苏网、《淮安日报》、《涟水日报》等新闻媒体发表稿件近200篇。

【综合整治】 2022年,东胡集镇围绕全国文明城市创建,坚持精准创建、常态创建、惠民创建的理念,开展镇村面貌提升工作。三套班领导、镇委镇干深入23个村居宣传创建知识,在镇、村居、新型社区主要道路地段设置公益广告360余处,制作投放道旗400余个,悬挂横幅80余幅,文艺宣传30余场次,23个村居制作新时代文明实践站制度牌700余块。制作村规民约、移风易俗事务公开栏、公共服务事项目录牌69块。投入150万元实施农村户厕改造项目,对鲁渡、胡集、胡谢3个村居共427户厕所进行提档升级;投入420万元实施污水管网建设工程,对嵇码、黄湾、白果、李圩4个村进行分散式污水管网建设,对斗灯村进行集中式污水管网建设。扎实推进农村危房整治工作,下沉整治一线进行攻坚落实,全市率先完成91家D级危房攻坚任务,相关做法和成效获全市通报表扬。扎实开展河道整治常态化管护工作,对镇域范围内67条河道共10余万平方米的杂草、漂浮物等进行整治,实现"河畅、水清、岸绿、景美"。

(胡学元)

南　集　镇

【概况】 南集镇位于涟水县域东南部,东依古淮河与盐城市阜宁县芦蒲镇、淮安市淮安区苏嘴镇隔河相望,西与涟城街道相连,北与黄营镇接壤,涟南羊公路纵穿南北。镇政府驻南集居委会,距县城23千米。南集拥有悠久的历史,淳朴的民风,是黄河故道名镇,嵇安将军故里,绿色品牌基地,全国小戏之乡,江苏省文明镇,国家级卫生镇。总面积61.15平方千米,耕地面积3792.13公顷,辖12个村(社区),69个村民小组,8017户、2.78万人。2022年,实现地区生产总值16.20亿元,一般公共预算收入3518万元。

【农业】 2022年,南集镇实现农业总产值3.75亿元,粮食作物播种总面积5092公顷,粮食总产量3.43万吨。小麦等夏粮作物播种面积2352公顷,产量1.33万吨;水稻播种面积2131.53公顷,产量1.86万吨;玉米播种面积234公顷,产量1127吨;豆类播种面积293.47公顷,产量722吨;薯类播种面积80.93公顷,产量601吨。生猪饲养量1.4万头、家禽饲养量95万羽。新流转土地226.73公顷,培育市级示范家庭农场1个、县级示范家庭农场2个。完成新型职业农民培训220人、农机手培训245人、省部级高素质农民培训15人。江苏省"味稻小镇"顺利挂牌、成功创成省级数字农业农村基地、获评"淮安市四星级乡镇农产品质量安全监管站"称号。

【工业与招商引资】 2022年,南集镇完成规模以上工业开票销售收入2.5亿元、工业入库税收5295万元,规模以上固定资产投资3.8亿元,规模以上工业投资1.65亿元,规模工业总产值2.89亿元。主要领导外出招商50余次,分管领导外出招商90余次。

【第三产业】 2022年,南集镇实现第三产业总产值7.29亿元。新增个体工商户75户,新增私营企业52户,新增规模以上四大服务业和限额以上贸易单位营业收入2.92亿元、限额以上贸易企业及大个体销售收入12.47亿元、规上服务业营业收入1320万元。

【社会事业】 2022年,南集镇低收入农户年人均9000元以下低收入农户降至35户;省委扶贫工作队4个帮扶项目共计120万元扶贫资金全面完成;社会保障更加完善,有低保279户、513人,特困供养人员167人;发放临时救助293户,提供大病救助及慈善救助60余户,享受政府供养政策困境儿童29人。享受城乡居民医疗保险2万人,新办社保卡325人次,完成城乡居民养老保险缴费7900人,涟康保筹资1200人,完成"4050人员"资格认定85人。全年举办各类读书专场活动以及各类文化惠民演出90余场,服务人次累计达7.8万人次。在各大重要节日开展"喜迎二十大文艺巡演""我们的节日——重阳节""移风易俗宣讲暨文艺演出"等主题文艺演出。

【南集镇工业集中区】 位于镇域西北处,距离镇政府2千米。分为南区、北区两个区。规划用地17公顷,到2022年底南区启动面积4.2公顷,北区启动面积4.47公顷,累计建成标准化厂房31幢,共3.66万平方米,建成办公用房2296平方米,其他附属用房1928.82平方米,集中区入驻工业企业12家,开票销售收入3.75亿元,入库税收608.3万元。

【现代农业产业示范园】 2022年,南集镇全力推进现代农业产业示范园区三年规划建设项目,建成循环农业产业园、优质稻米示范基地、优质稻米核心示范区、优质稻米新品种试验示范基地等项目,并与省农科院教授王才林专家团队合作培育优质稻米新品种南粳9308等。园区以稻米为主导产业,建有高标准农田面积3720公顷、各类设施农业53.33公顷、玻璃温室大棚2.67公顷;日光温室大棚2.77万平方米,钢架大棚49.33万平方米,工厂化生产食用菌设施以及设施化豆丹养殖;建有自动化年产40万头智能循环科技生猪养殖场1处、工厂化食用菌生产2处。园区农业种植(耕种防收烘干)、养殖(畜禽水产)机械智能化生产覆盖面积占生产总面积比重为70.36%。园区拥有智能温室水肥一体化等设施占地2.67公顷,智能化灌溉系统1处,害虫智能化检测设备2套,智能化气象站2座,有电子商务交易平台1个,合作社电子商务交易平台1个,智慧农业服务平台1个,农业信息化覆盖率达74.92%。园区机械化率达95%以上,其中园区主要农作物(稻麦)耕种防收基本实现100%机械化。12月通过省现代农业产业示范园验收专家组初验。

【特色明星村皂角村】 位于南集镇域西南,距镇区2千米。耕地面积305.47公顷,村民小组6个,634户,2664人,其中常住人口720人。村"两委"班子7人,党支部3个,党员50人,先后获评省民主法治示范村、省卫生村、省健康村、省基层武装工作先进单位等称号。2022年,村集体经营性收入突破50万元。

(贾 尧)

成 集 镇

【概况】 成集镇地处涟水县域西部,南与淮安市淮阴区淮高镇交界,西与淮阴区刘老庄镇、宿迁市沭阳县张圩乡相邻,北与高沟镇、梁岔镇接壤,东与陈师街道毗邻。成集镇交通便利,灌溉沟渠密布。涟古路(涟麻路)、国道233(淮高路)在镇区交会;向东离宁连高速出口15千米,向南距京沪高速出口6千米;距涟水县城20千米、淮安市区30千米;淮涟三干渠从镇内过境,是全镇的灌溉主河道,杰勋河、西张河、小洋河、六塘河为镇内的主要排水河道。全镇总面积77.27平方千米,耕地面积4686.36公顷,辖18个村(居),125个村民小组,1.15万户,4.21万人。2022年,实现地区生产总值18.82亿元,一般公共预算收入2266万元。

【农业】 2022年,成集镇实现农业总产值2.59亿元。粮食作物播种面积7370.67公顷,产量4.96万吨;蔬菜面积1190.4公顷,产量5.25万吨;生猪饲养量15000余头,家禽饲养量235万羽。推广水稻、小麦、玉米等优良品种,新增小麦绿色高产示范片66.67公顷、节水抗旱杂交水稻片66.67公顷。推广秸秆还田技术,还田面积3466公顷。用好土地确权成果,有序稳妥推进土地流转,全镇土地流转增加至2547公顷。持续优化和调整农业产业结构,创新农业经营方式,全年发展县级家庭农场6家、县级示范合作社8家。完成高素质新型职业农民培训488人,开展农技推广体系工程30户,培育科技种田大户86户,深入田间地头开展农技服务180余次。条河香菇、永锋大米等特色产业竞相发展,成为富民壮村新途径。投入1295万元,在油坊、道明等村拆新建电灌站3座,铺设田间路4.8千米,新建三干三支渠节制闸1座,建成高标准农田533.33公顷。投入30万元,开展全域农村人居环境综合整治,整治河塘15个,疏通河道15条,淮涟三干渠等3条河道成功创成省级生态河道。

【工业与招商引资】 2022年,成集镇有各类企业38家,形成木业加工、机械制造、食品酿造等产业集群发展的良好态势。完成规模以上工业总产值1.74亿元;规模以上工业应税开票销售收入2.79亿元;全部工业入库税收1609万元,全口径工业用电量3751万千瓦时。总投资1.3亿元的金之铖化妆品包装项目实现当年开竣工且通过市盘验收。天马纺织等5家企业获得国家高新技术企业称号。申报规上工业企业1家(为宸晓科技企业)。全年开展外出招商40余次,跟踪对接价值信息3条,成功签约亿涟科技等项目3个。加大农业产业项目的招引力度,鼓励发展各类农村经营主体,不断增强农村经济活力。

【第三产业】 2022年,成集镇商贸、流通、运输、餐饮等行业规模、数量和服务质量均大大提高。新注册私营企业64户,培训新型职业农民488人。全年实现第三产业总产值7.29亿元。

【社会事业】 2022年,成集镇全力改善集镇面貌,镇域河道日常巡查200余次,交办问题40个,整改率达90%。统筹推进农村生活污水处理设施建设,行政村覆盖率达100%。积极探索农房改善"后半篇文章",强化社区常态化管理,清理乱搭乱建35处、杂物30余吨,拆除室外防盗窗200余处;指导新型社区所在村,成立社区物业队伍,制定出台社区管理办法。重点开展涟古路、淮高路等国省县干道沿线人居环境整治;关停塑料颗粒加工小作坊2家。全力推进"厕所革命",在道明、条河等村改造厕所241座。围绕镇村长效管理,统筹推进全国文明城市创建工作,对店外经营、流动摊点进行清理整治,整治背街小巷8条,规范"门前五包"责任制商户510户。开展集镇综合整治,完善基础设施配套,对朱庄、街南等老旧小区下水道进行改造提升。推进强弱电入地工程,消除部分路段空中"蜘蛛网"现象。健全城管、环卫队伍,抓好街道日常管理工作。拆除违规广告牌40个,清理杂物150余吨、小广告"牛皮癣"3000余处。送戏下乡、送影下乡30余场,全镇18个村(居)农家书屋正常开放,新增图书1.5万余册。普及基本医疗服务,为当地60岁以上老人免费提供体检服务。完成全镇范围内散葬坟墓整治,实现公益性公墓全覆盖,骨灰入墓率达95%以上。织牢社会保障网络,完成独生子女父母奖励金发放工作,享受对象1138人,奖励资金9.8万元。认真落实农村低保、特困供养、医疗救助等民生保障措施,全年发放各类救助金48万元,大病救助37人,残疾救助135人、困难补助227人,有效保障困难群众的基本生活水平。

【成集镇工业集中区】 位于国道233东侧的杰勋村境内,占地面积约10公顷,建有标准化厂房22幢,总面积约3万平方米,形成"两纵两横"的道路框架,供水、排水、电力、通信设施完备,绿化、亮化同步到位。入驻企业8家,实现用工200余人。园区内圣农禽业企业,从事苗鸡孵化、禽蛋加工,带动周边县区5000余户农户从事肉鸡养殖。金开耐磨材料企业加大技术创新,拥有各项专利发明20余项,中高级职称员工13余人,拥有各类机械制造设备15台,是集研发、设计、制造、安装于一体的省级高新技术企业。2022年,集中区企业实现开票销售收入1.8亿元,入库税收450万元。

【农村矛盾调处联动机制建设】 2022

年,成集镇联合纪委、派出所、司法、民政等部门,建立农村矛盾调处联动机制,从老党员、老村干、老教师等群体中挑选出18人,建立村级调解员队伍。通过定期走访、发放服务卡、组建乡亲微信群等方式收集邻里纠纷。全年进村走访24次,走访群众900余人次,及时处置各类纠纷;对疑难复杂问题且现场无法化解的及时报镇,充分发挥各部门职能作用,形成调解合力。 (严立阔)

红 窑 镇

【概况】 红窑镇地处涟水县域中心,东依盐河,西至宁连高速与岔庙镇、高沟镇为邻,南与朱码街道接壤,北与灌南县新安镇交界。镇域面积157.54平方千米,耕地1万公顷,辖34个行政村、3个居委会,221个村民组,2.18万户、8.35万人,是远近闻名的千年古镇、云锦之都、金鸡福地、红色热土。金鸡坨生态农庄连续四年承办"农民丰收节",获评"全国乡村旅游五星级示范区"。到2022年底全镇已形成以万亩芦笋、万亩荷藕、万亩生态林、万吨双孢菇、万亩优质稻米基地"五大"产业为主导的现代农业,其中设施化芦笋种植面积达713.33公顷,年产量超2万吨,产值超2亿元。全镇实现地区生产总值42.38亿元,一般公共预算收入4817万元。

【农业】 2022年,红窑镇围绕国家农业产业强镇建设,依托省级现代农业园区,进一步优化产业发展方向,不断提升产业质态,有序推进"一村一品"的产业发展进程,全年实现农业总产值5.79亿元。粮食播种面积14676.73公顷,粮食总产量10.31万吨。花生等油料面积542.6公顷,油料总产量2742吨。全镇家禽饲养量342万羽,出栏255万只。生猪饲养量3.5万头,出栏1.3万头。全面推进土地流转工作,累计流转土地6066.67公顷,流转率达66%。扎实开展高标准农田整治工作,顺利完成高标准农田整治800公顷。涉农项目成交155项,成交总额4381.44万元,其中土地经营权交易65项,流转面积515.27公顷,成交金额3936.86万元;水面经营权、集体资产、水利设施以及其他涉农项目共计90项,交易金额444.59万元。完成新型职业农民培训312人。完成秸秆还田面积6380公顷,发放补助资金近240万元。全年办理农机补贴186台,受益农户139人,累计补贴414.65万元。

【芦笋基地建设】 2022年,红窑镇培优做强主导产业,通过不断拓展扩面,新建芦笋基地1个(春睿芦笋基地),新扩芦笋种植面积12公顷,新增芦笋反季节种植47.33公顷,建成芦笋展示馆220平方米并投入使用。到年底,共建成春雨、春华、春竺、春晖、春禾、春睿6个芦笋基地,总面积达733.33公顷,是全省最大的芦笋设施化种植基地,顺利通过国家级芦笋设施栽培标准化示范区验收。争取乡村振兴产业帮扶资金1000万元,规划建设芦笋初深加工产业园区,已建成标准化厂房6000平方米,在建冷库2000平方米,进一步延长芦笋产业链条,提升芦笋经济效益和社会效益。春竺芦笋入选江苏省农业品牌目录,春竺、芦小羡获得"淮味千年"区域公共品牌授权;与南京农业大学初步合作研发生产芦笋饮品、日化用品等芦笋深加工产品,并在市食博会上展示,中央电视台《新闻联播》等6档栏目相继报道,进一步提升红窑芦笋的品牌影响力和产品知名度。鼓励农户通过承包、租赁、入股、合作等多种形式参与芦笋生产全产业链,85%以上的笋农参与签订标准化种植合同,签约面积占总面积90%以上;进一步放大"飞地同创"效应,带动李庄、新灯塔、白洼等26个低收入村年增收达178.8万元,带动周边群众2000余人就近就业。

【工业与招商引资】 2022年,在经济下行压力加大的形势下,红窑镇克服疫情防控和能耗双控叠加影响,实现工业经济逆势增长,发展后劲持续增强,主要指标不断攀高。全年完成规上工业投资8.21亿元,完成规上工业总产值14.8亿元、应税开票销售收入9.25亿元、入库税收2926万元。围绕县委"2233"发展战略,狠抓项目招引和建设。成立招商专班,落实主要领导招商"AB"岗制度,充分发挥"一号招商员"作用。聚焦大湾区和长三角地区,先后在深圳、苏州等地开展驻点招商。全年累计外出招商150余天,召开高端装备制造产业(苏州)招商推介会1次,拜访在外乡贤80余人次,累计收集有价值信息190余条,其中亿元以上项目信息10条,超10亿元项目信息3条。全年接待客商来涟考察90余批次,新签约亿元以上项目5个,新开工亿元以上项目3个,新竣工亿元以上项目1个(嘉硕木业生态家居板生产项目),拟申报开工项目2个(华源化工技改和首赋油墨项目)。

【第三产业】 2022年,红窑镇实现第三产业总产值17.04万元。新增私营企业173家,培育规上工业企业4家、规上批零住餐3家、规上服务业2家。全年举办各类劳动技能培训10次,培训各类技能人员2492人。驾校综合体项目稳步推进,年接收科目二、科目三考生达4.7万人次。新增全镇各类餐饮企业23家,围绕红窑主干道、红窑学校的商圈更加繁荣。

【社会事业】 2022年,红窑镇稳妥推进农房改善工作。收集农房改善申请资料900余份,完善已改善农户一户一档资料884份,完成拆除复垦任务752户;完成红窑社区二期44幢1122户安置房建设项目;浅集社区79幢254户已全部完工,红线内74户搬迁户已安置到位。文卫事业稳步攀升,四星级高中优生率19.93%,合格率94.95%,中考综合考评不断攀升,"红窑教育"持续焕发耀眼光芒。开展新入学大学生欢送活动,为194名大学新生发放奖学金9.7万元。举办教师节表彰活动,表彰先进单位4个、优秀教师90人,发放各类奖励16.5万元。全年组织主题阅读和农村少年儿童阅读实践活动80余场,建成红窑"淮安书房"和8个"淮安小书房"并通过市县级验收。丰富群众文化生活,以主办、承办、协办等形式编排文艺节目10个,演出30场,放映电影500余场,组织农民书法家书写春联1000余副,文化惠民10万余人次。探索形成"3+2"(人员排查、数据核查、应检尽检3个100%和宣传到位、管控到位2个到位)疫情防控模式,在急难阶段与常态时期实现整体形势平稳可控。生态环境显著改善,全面推进“岸绿、河畅、水美”的生态河道建设。加大12支水系、一干渠水系23条重点河道治理力度,累计打捞“三水”等漂浮物2000余吨,拆除一干渠、八支渠拦河罾2处,全县率先完成目标任务并获得县河长办好评;完成7条河道35千米建设任务、完成李庄全域性微动力污水设施建设任务;开展扬尘、排污、排废排查整治工作,整改全镇83家养殖大户和企业的排污问题,关停污染企业1家。全年累计发放低保金582.48万元,发放各类优抚对象抚恤补助653.16万元。落实大病救助105人次,小额救助1023人次,累计发放救助金51.2万元。先后解决残疾人就业92人,完成6处公益性公墓经营权回收。继续优化省级“15分钟医保服务圈”布局,在办事大厅设置服务台、填写工作台、等候区以及母婴室,并配备称重仪、饮水机、便民服务箱等设备;为民服务中心窗口累计办件量2万余件,梳理江苏政务服务事项2万余件,城乡居民养老保险和医疗保险完成率达到序时进度,并居全县前列。

【红窑镇工业集中区】 2022年,红窑镇现有两大工业集中区,分别为红窑工业集中区(235省道西侧)与义兴工业集中区(五房村境内),于2005年启动建设,规划占地4平方千米,共占地100公顷,厂房81幢,总计面积近24.8万平方米。先后完成工业集中区环境整治、污水管网接入、四周排灌系统翻修、消防设施改造以及云锦产业园外立面提升、厂房维修等多项工程,拓展修建园区道路,维修、疏浚各类管道8千米,养护各类苗木1.5万余株。全年进区企业总数45家,新进企业数6家、园区企业开票销售收入6.56亿元、入库税收1438万元。

【人居环境整治】 2022年,红窑镇以文明创建为统领,聚焦创建氛围提升、配套设施完善、秩序管理强化等方面,着力改善镇村人居环境,提升群众生活品质,扎实推进美丽乡村建设。先后制作高炮、小品、大型广告牌100余处,拍摄宣传视频32个,张贴宣传标语、海报3万余份,造浓文明创建氛围。加强基础设施配套建设,完成改厕1121座,通过市级抽查和县级验收;先后清理防渗斗农渠285千米,新架设路灯200盏,维修改造泵站5座;完成5.3万幢房屋灾普调查录入和质检工作,完成农村房屋安全隐患排查整治和鉴定305户,妥善处置D级危房158户。巩固提升苗戴、大金圩、李庄、金城、夏楼5个人居环境示范点位,狠抓日常维护,确保“亮点常亮,特色俱特”。着力推进全镇及李庄、金城、夏楼、苗戴等村的生态美丽宜居镇村示范创建活动,获得镇级创建村落点申报资格,全县唯一,开创人居环境整治工作新局面。

【特色明星村义兴村】 位于红窑镇区北侧,301县道南侧,距灌南县城8千米,东邻沿海高速,西邻G25长深高速9千米左右。村域面积355.7公顷,耕地面积236.9公顷,流转耕地面积133公顷,全村有村民小组10组,农户531户,2159人,其中街道两侧常住人口451人。2022年,村集体经济收入25.5万元,村民人均纯收入28932元。创成“江苏省民主法治示范村”“优秀校外教育辅导站”“2022年全市优秀淮安小书房”,先后获“优秀组织奖”和“优秀基层党组织”称号。组织人力、机械,先后疏浚斗渠6条,农渠25条,清理沟渠河道、废弃物等210处,环境整治用工500余人次。全年新铺设道路2.1千米,新建生活污水处理设施2个,栽植各类苗木绿化2000余株。新架设路灯270盏,村内组内新架设太阳能路灯95盏,改善269户农民群众住房条件。紧扣全民阅读创建书香社会工作要求,持续加强农家书屋阵地建设。义兴社区书屋藏书1万余册,报纸期刊30余种,涵盖党政历史、中外名著、名人传记、农业生产、少儿读物等诸多种类;依托电子阅览室功能,开设电脑培训室、妇儿视频室和爱老联络室,为留守儿童、空巢老人提供视频聊天的场所,为村民架起爱的“连心桥”。 (单　瑞)

农村新貌红窑黄锅甑村 (李　峰　摄)

黄　营　镇

【概况】 黄营镇位于涟水县域东部,距县城22千米,东隔古淮河与盐城市阜宁县羊寨镇、芦蒲镇相望,南与南集镇、涟城街道毗邻,西隔一帆河与大东镇、朱码街道为邻,北与东胡集镇、唐集镇交界,省道327穿境而过,交通便利,区位优势明显,是县五大重点中心镇之一。古淮河、西官河、米粮河、一帆河由南向北贯穿全境,水系畅通。全镇总面积111.45平方千米,辖15个行政村,2个居委会,166个村民小组,1.39万户、4.91万人,耕地面积6855公顷,镇区人口1.13万人。2022年,全镇实现地区生产总值

17.95亿元，一般公共预算收入1938万元。

【农业】 2022年，黄营镇实现农业总产值3.12亿元。粮食作物播种面积9846.2公顷，总产量6.7万吨。油菜作物播种面积429公顷，总产量1438吨。饲养生猪1.7万头，出栏1.5万头，饲养家禽41.6万羽，出栏37.2万羽，禽蛋总产量8.9万吨。水产总面积206.67公顷，水产品产量3.23万吨。依托镇级现代农业产业园，挖掘产业、资源优势，开展农业重大项目招引与建设。完成投资1.2亿元的懿品源、投资5000万元的堡丰木业、投资3700万元的德润现代农业项目竣工验收，带动200余人就近就业。推进新型主体培育，全年培训新型职业农民126人，完成省级小农户新型农民培育培训107人，省部级高素质农民培育培训15人。新增土地流转面积达302.67公顷，新增家庭农场11个，完成市级示范家庭农场2个、市级示范农民合作社1个。

【工业与招商引资】 2022年，黄营镇围绕年度重大项目新签约、新开工、新竣工项目招引目标任务，签订招商引资目标责任状，完善招商引资考核实施方案，奔赴广州、苏州等珠三角、长三角地区开展招商，开展各类招商活动21场，拜访乡贤、客商100人次。投资1.3亿元的人工草坪、投3000万元的锐玛新材料、投资3500万元的家具等项目相继落地建设、投产。淮安福发户外用品项目通过市竣工验收，涟水华然鬓毛制刷、江苏皇曼木业、涟水羊山金属制品三个项目申报列统。全年实现规模以上工业总产值5.4亿元，规模以上工业应税开票销售收入2.83亿元，工业投资28335万元，已完成研发支出1032.93万元。

【第三产业】 2022年，黄营镇实现第三产业总产值9.02亿元，完成服务业入库税收6426万元；新增个体工商户216户，私营企业76户，新增私营企业注册资金2.01亿元；输出劳动力2.51万人，培训劳动力1420人。

【社会事业】 2022年，黄营镇以创建全国文明城市为契机，有序推进街道、村居创建工作。投入资金50万元，打造主要道路入口、重点部位的核心价值观、习近平总书记“金句”等景观小品，集中维修破损道路、桥梁，整治、铲除小广告、清理垃圾。开展户厕改造，涉及南洋、祝贤、徐跳、朱桥4个村873户，并通过市县验收。投入资金24万元，完成农村“四类群体”危房改造11户。完成旗杆、曹墩等村土地整治项目省级验收；启动朱桥、北集居委会土地整治项目施工；完成潘闸、沈港2023年度农业综合开发项目上报；完成大型灌区续建配套与节水改造项目增补工程，疏浚河道5条、39.6千米，土方19万立方米；拆建李圩闸1座、维修泵站5座、新建渡槽4座、涵洞2座、维修渡槽1座。

【黄营镇工业集中区】 2022年，集中区东有工业孵化园、西有家具产业园。工业孵化园有标准化厂房24幢，占地2.4万平方米，正常开工生产企业13家，企业用工220余人，月工资平均2000元。家具产业园位于327省道与镇迎宾路连接处，占地66.67公顷，入驻江苏汇丰木业和江苏群益木业。汇丰木业项目总投资10亿元，一期占地24.67公顷，注册资本9000万元，厂房5万平方米，设备投资6亿元，年产刨花板60万立方米，年开票1.5亿元，税金800万元，带动就业约400人。江苏群益木业项目，总投资2.5亿元，生产厂房1.4万平方米，年产量环保刨花板饰面30万立方米，年产值0.5亿元，全年实现利税150万元，带动100余人就近就业。

【特色明星村祝贤村】 位于镇域东首，东西长近3.5千米，南北长约4千米，105县道涟南羊路穿越境内，共有农户1054户、户籍人口4189人，耕地确权面积416.37公顷。先后引进草坪种植项目，带动村集体经济增加收入15万元。先后建设光伏发电站3座、引进8公顷芦笋种植项目、投资200万元的鹌鹑养殖项目，回收散落在个人手中的堆坡3.47公顷、河塘11.33公顷，村集体资产资源得到充分利用，全年村集体经营性收入突破100万元。先后获县先进基层党组织、市文明村、省级卫生村等称号。

（严　胜）

人物·荣誉

PEOPLE·HONOR

- 模范人物
- 涟水工匠
- 先进集体
- 先进个人

编辑：彭亚君

模范人物

刘怀远 1971年1月生，涟水五港人，中共党员，现任县自然资源和规划局耕地保护监督科科长。严格落实耕地保护措施，构建“责任+激励、行政+市场”保护耕地机制，认真开展土地综合整治，严格保护永久基本农田，完成划定永久基本农田，实现涟水耕地保有量及永久基本农田面积稳中有升。耕地保护例行督察等工作达到上级认可，实现“零问责、零约谈”的目标，2022年10月，涟水被省自然资源厅评为“耕地保护先进单位”。针对后备资源匮乏，积极谋划深挖潜力，开展土地综合整治工作，使得涟水县占补平衡等补充耕地指标充足，积极谋划编制涟水县土地征收成片开发方案，有力保障涟水县重大项目落地和各项社会事业用地的需求。2022年2月，被市委、市政府表彰为全市重特大项目攻坚先进个人。

李 峰 1983年9月生，盐城兴化人，中共党员，研究生学历，高级工程师，现任国网江苏省电力有限公司涟水县供电分公司党委副书记、总经理。统筹推进配农网工程建设，如期投运110千伏岔庙、滨河等输变电工程，建成全县7座“共享杆塔”5G基站。1项输变电工程获评国网江苏省电力有限公司造价精益管理示范工程，3个配电网工程获评国网江苏省电力有限公司“优质工程”。建设不停电作业中心，拓宽不停电作业广度，形成9车7库的不停电作业规模，复杂类不停电作业资质通过验收。协同政府部门推进临时用电问题楼盘处置，累计推动19个问题楼盘约8800户居民转正式用电，高效完成37个社区农房改造电力接入工程，率先出台居民小区电动汽车充电的支持政策。2022年4月，获淮安市五一劳动奖章。

沈 润 1989年7月生，涟水东胡集人，中共党员，本科文化，现任县公安局淮浦路派出所副所长。积极投身社会治理工作，破获各类案件108起，抓获犯罪嫌疑人40人，公诉35人，其中侵财嫌疑人23人，九类人员8人，抓获各类违法人员80余人，行政拘留50余人，抓获逃犯8人。先后抓获省公安厅挂牌督办特大电缆被盗案件嫌疑人19人，奔走江苏、上海、山东等多个省市，走访相关涉案人员41人、涉案企业7个，捣毁特大盗窃电缆团伙1个，移送审查起诉犯罪嫌疑人19人，为被盗企业挽回损失148万余元。2022年4月，被评为全市社会治理工作先进个人。

陈秀龙 1966年12月生，涟水涟城人，中共党员，研究生学历，现任县司法局党组书记、局长，县委依法治县办主任、县法宣办主任。组织开展“律企同行”活动，牵头举办《中华人民共和国安全生产法》《中华人民共和国劳动合同法》等法治培训56场次，现场为企业解决疑难问题326件，帮助企业处理合同纠纷150起。打造青少年法治教育“三个一”工作体系，开展送法进校园活动310余次，发放宣传产品13万份。组织开展“政法惠民乡村行”“百场法治文艺进基层”“法律七进”等主题活动320场。组建“七五”普法讲师团，深入村、社区和企事业单位巡回讲法；升级扩容“互联网+法宣”阵营，组织新媒体团队创作《我与宪法的一生》《我爱我的祖国》等具有“涟味”法治作品获得广泛好评。2022年11月，被省政府表彰为全省“七五”普法工作先进个人。

季成俊 1972年11月生，涟水涟城人，中共党员，本科学历，现任县城管局党委委员、副局长。通过完善工作机制、创新教育形式、广泛开展检查，逐步建立周例会、月简报等制度，构建上下联动、密切配合的安全生产工作格局，全系统安全生产形势持续向好。2020年采取一系列有力措施，实现市级火灾隐患单位“涟水东西商城”摘牌销号，2021年组织集中拆除其存在安全隐患的内街顶棚3000余平方米和过街天桥4座。2021年累计检查89次，整改问题隐患85条。开展安全生产月系列活动，组织“安全现场宣传咨询会”，通过开展各类安全宣讲、应急演练，有效增强职工的安全意识和自救能力。2022年4月，被市委、市政府表彰为安全生产先进个人。

金绍武 1983年10月生，安徽淮南人，中共党员，本科学历，高级工程师，现任江苏今世缘酒业股份有限公司酿酒中心副主任（主持工作）。拥有授权发明专利8件，获得市级以上科技类奖项8个。举办业务技能培训15期，累计培训105课时，参培人数达1350人次。组织酿酒工技能等级考核鉴定，共有739名酿造工通过技能考核，享受公司技能补贴，其中获得酿酒技师以上职称42人，高级酿造工356人。牵头成立工艺创新试验小组、产量质量研究小组、智能化信息化研发应用小组和QC小组，围绕底回底工艺、原粮粉碎、脂肪酶添加、40天发酵、三粮试验等生产工艺流程，进行课题研究和项目攻关，取得成果13项。2022年4月，获省五一劳动奖章、第二届“淮安工匠”。

高书专 1977年10月生，涟水唐集人，函授本科学历，现任县经济开发区招商七部部长。2022年，招引总投资3亿元的安防用品项目、总投资2亿元的柔性印制线路板生产及SMT贴片加工项目、总投资1700万美元的模具标准件塑料制品生产项目，收集总投资116亿元的巨石集团年产80万吨高性能玻璃纤维零碳智能制造基地项目信息并参与招引落地。服务的项目中3个通过市盘新开工认定，1个通过市盘新竣工认定。2023年1月，被市政府评为2022年度淮安市重特大项目攻坚工作先进个人。

桑 勇 1979年7月生，涟水朱码人，中共党员，大学学历，现任县公安局高沟派出所所长。克服辖区地域大、矛盾多、警力少等实际困难，不断完善信息渠道、备强处置力量，下好主动防范“先手棋”；主动帮助信访人解决实际困难，下好重点稳控“本手棋”；坚持“零容忍”，严厉打击处理各类信访违法活动，下好依法打击“后手棋”，推动辖区稳定形势不断好转。2022年4月，被评为全市社会治理工作先进个人。

谢正亚 1971年10月生，涟水涟城人，中共党员，大专学历，现任涟城街道党工委书记。带头深入一线开展行动，对危化品、燃气、特种设备等重点领域进行专项检查整治。成立28个工作组，开展"安全生产三年行动""迎接中国共产党成立100周年""小区飞线充电"等专项整治行动15次，对工业集中区、城镇燃气等重要领域隐患排查128次。全面整治"三合一"场所，实现社区"四有"达标率100%；落实网格员日常巡查制度，实现社区安全网格化。结合安全生产"五进"工作，组织开展安全生产宣传月、"119"消防宣传日等各类宣传活动共88次，开展"百团进百万企业千万员工"专题宣讲2次，积极组织相关企业、社区开展安全培训和应急演练63次。2022年4月，被市委、市政府评为安全生产先进个人。

翟从成 1980年4月生，涟水涟城人，中共党员，大专文化，现任县公安局治安警察大队副大队长、户政管理中队长。针对涟水基层基础工作薄弱的现状，组织人员逐项分析短板弱项，落实日检查、周研判、月考核工作措施，常态化做实抓细实地检查、网上抽查、数据汇聚、研判分析、精准指导、通报考核等6项基础工作，年均检查督促派出所整改私房出租户、流动人口数据1.1万余条，培训辅警、网格员600余人次。2022年4月，被评为全市社会治理工作先进个人。

涟 水 工 匠

王 彬 1995年8月生，淮安市人，本科学历，中共党员，现任国网涟水县供电公司配电线路工。2017年8月参加工作以来，累计巡视电力线路超过3000小时，完成重要事件保电30余次。疫情期间，组织成立防疫保电突击队19人，保电车辆7辆，对涉及疫情期间保电工作的发热门诊、制药厂等5个重要用户，7条配电线路开展特巡，共计组织出动防疫巡视人员120人次，巡视车辆40车次，完成保电线路紧急消缺5起。先后获得江苏省质量管理协会QC小组评委证书，全国质协系统QC小组评委证书，带领水滴小组获得全国电力行业优秀质量管理小组交流活动一等成果，江苏省电力行业优秀质量管理小组成果一等奖，国网江苏省电力有限公司2019年度质量管理（QC）小组优秀成果一等奖。2022年4月，被县委、县政府评为涟水工匠。

王姗姗 女，1991年8月生，涟水红窑人，本科学历，服装制作工技师，现任江苏省涟水中等专业学校服装专业教师、淮安市服装教科研中心组成员、省服装技能鉴定考评员。2012年参加工作，担任对口单招班服装制版、工艺等多门课程的教学工作，同时担任服装专业技能大赛的教练员工作，认真钻研题库，分析比赛要求，根据中职学生实际情况制定详尽的训练方案。除日常教学以外的时间全部用于训练学生与自我训练，凭借着刻苦钻研、静心笃行的精神，练就一身过硬的专业本领，并毫无保留地把本领教授给学生，把经验分享给同事。先后荣获全国职业院校技能大赛优秀指导教师、江苏省五一创新能手、江苏省青年岗位能手、江苏省巾帼建功标兵、江苏省技能大赛优秀指导教师、淮安市技能标兵称号。在技能大赛中，连续多年指导学生荣获省级中职组金奖及银奖；个人参赛获得省级、市级教师组金奖或银奖；参与编写中国矿业大学出版社出版的《服装类专业技能训练手册》教辅教材。2022年4月，被县委、县政府评为涟水工匠。

孙建峰 1977年4月生，涟水成集人，本科学历，现任淮安锦纶化纤有限公司能源设备部长、技术中心主任。1998年11月参加工作，2004年11月，进入淮安锦纶化纤有限公司，从基层员工做起，先后从事设备保养、保全、新技术开发等工作。工作态度端正，勤恳好学，力求上进，不断超越自我，先后获得市首席技师、省首席技师、市技能大师工作室领办人、机械工程师等资质和荣誉，还主导完成公司安排100吨/天锦纶6高粘切片、高性能改性长丝纤维、90米/分浸胶生产线、K3501F型直捻项目、单体回收节能减排项目等多项工程类安装任务，完成锦纶6生产设备维护保养的平擦车推进体系，参与公司2005年一期建设工程、2012的二期扩建工程和2021年技改升级工程项目，为实现强化设备基础工作和公司生产秩序正常化作出应有的贡献。2022年4月，被县委、县政府评为涟水工匠。

严华荣 1984年3月出生，镇江市人，本科学历，助理工程师，国家碳排放高级管理师。现任大量科技（涟水）有限公司厂长，为涟水县第十一届政协委员、常委，淮安市青年联合委员会委员。2007年8月进入南京大量数控科技有限公司工作，2016年3月担任大量科技（涟水）有限公司厂长，负责新厂部门架构、人员招募、人员培训、制度建立、流程建立、生产导入、产品投入、SOP建立、工厂运作及管理等系列工作，使工厂顺利和良好运转，实现2020年销售9000余万元，2021年销售突破2亿元。2022年4月，被县委、县政府评为涟水工匠。

陈杏荣 1968年8月生，盐城市人，大专学历，中共党员，现任淮安华昌固废处置有限公司生产副总经理、华昌化工（涟水）实业发展有限公司党支部副书记，高级工程师、高级项目管理师、固体废物处理高级工。1990年参加工作，多年来积极奋斗在一线，致力于工厂电气技术、大气污染防治、热力发电、危废处理等领域的技术研究和应用，为公司项目工程建设、技术改造和生产管理尽心尽力，奉献自己的光和热。2019年，负责淮安华昌固废处置有限公司45万吨蒸汽项目建设，一次投产成功。2019年，获江苏华昌（集团）有限公司优秀合理化建议一等奖；2020年，获中国氮肥协会科学技术奖二等奖。2022年4月，被县委、县政府评为涟水工匠。

周振苏 1982年1月生，无锡市人，本科学历，中共党员，江苏今世缘酒业股份有限公司副主任。2007年10月参加工作，先后在公司研究院从事白酒酿造机理研究以及制曲中心从事大曲发酵生产管理工作。带领团队不断学习新的工具方法,深入研究白酒及大曲发酵机理,完善生产工艺体系,解决了生产过程中多项技术难题,为酿造具有今世缘特色的白酒贡献力量。多篇论文发表于《白酒生态发酵与智能化酿造》一书,其中《清雅酱香型高温大曲表面不同菌斑的真菌组成》一文2019年获第四届白酒学术研讨会论文一等奖。学习TRIZ和QC等相关工具方法运用,通过创新方法培训,达到技能等级一级,获得江苏省企业创新方法工程师称号。运用triz创新方法《基于TRIZ方法对智能酿造过程的研究》项目和《基于TRIZ方法的新型酿酒装甑机器人的研发》项目分别获得2018年、2020年中国创新方法大赛江苏赛区二等奖,他组织开展的QC活动多次荣获省级优秀质量管理小组称号。2022年4月,被县委、县政府评为涟水工匠。

胡永洋 1967年11月生,涟水高沟人,高中文化,中共党员,现任江苏康强食品有限公司董事长。2018年牵头组建涟水县高沟捆蹄协会,并担任会长,2020年8月,高沟捆蹄团体标准正式发布。公司每年吸纳当地50多位留守妇女进厂就业,帮助她们在家门口致富。通过提供免费技术培训,提高农户手工捆蹄的制作技艺,带动农户增收。连续11年举办"康强杯"歌咏比赛,丰富群众的精神文化生活。2010年开始,资助家庭困难学生完成学业,每年向考上本科院校的高沟镇大学生资助2000元。2016年,盐城阜宁遭受龙卷风袭击后,胡永洋带着泡面等生活物资送往受灾现场。2019年,尊师重教活动中,一次性奖励高沟中学优秀教师2万元。2020年疫情防控期间,江苏康强食品有限公司秉承"一方有难,八方支援"的企业大爱精神,亲切慰问高沟镇奋战在卡口一线的值班人员、城管、联防队员为他们送去捆蹄、小磨稀饭等价值4万余元的慰问品。2022年4月,被县委、县政府评为涟水工匠。

姜　辉 1969年10月生,涟水涟城人,本科学历,中共党员,现任涟水县疾病预防控制中心副主任。1990年8月参加工作,32年如一日默默工坚守在卫生防疫岗位。曾用精湛的显微镜镜检技术在淮阴市首次发现姜片虫的存在,从而验证淮安市为姜片虫流行区。2003年牵头组织开展洗浴业卫生环境整治,打破涟水县公共场所多年有法不依现状,为全县公共卫生安全奠定基础,工作成果被全市推广。在全省范围内优先实现农村饮水安全监测全覆盖,多次被省市评为生活饮用水监测工作先进个人。2020年,疫情期间,主动向前、冲锋一线,对阳性病例开展面对面的流行病学调查,并到其住所进行终末消毒。先后组织消毒技术培训7次,受众近4000人次,不分昼夜及时为接驳人员和车辆提供消毒处置服务。2022年初,参与组织处置机场入港阳性人员、越南涉疫火龙果、高沟涉疫阳性带鱼、援沪阳性人员处置及机场疫情防控策略制定等工作。2022年4月,被县委、县政府评为涟水工匠。

薛大忠 1974年11生,涟水东胡集人,本科学历,中共党员,现任涟水县农业农村局农监科科长、县作栽站副站长、农业推广研究员,中共淮安市第八届党代表,中共涟水县第十二届党代表。1999年7月参加工作,牵头成功申报昀润葡萄、涟色涟香草莓、今世缘"四开""对开"白酒等绿色食品品牌18个,主持涟水芦笋地理标志申报工作,已通过省级评审。2019年主持创成省级农产品质量安全县,保障群众舌尖上的安全。参加研究的多个项目获奖,"淮稻系列品种优质高效生产技术集成与推广"项目,2019年获全国农牧渔业丰收奖二等奖,"稻茬小麦抗逆高产稳产优质栽培技术集成示范推广"项目,2015年获江苏省农业丰收奖二等奖。先后在《农业工程技术》《现代农业科技》等刊物上发表论文6篇。2020年主持创成省级绿色优质农产品地约40.92万亩,2020—2022年主持创建全国绿色食品原料标准化生产基地40万亩,基地建成后能增加基地农户收入,为涟水县乡村振兴作出应有的贡献。2021年被聘为淮安市"乡村振兴特聘农业专家"。举办生产技术培训班二十多场次,培训职业农民和大户2000多人次,为乡村振兴培养一大批农业技术人才。2021年被选为中共淮安市第八届代表和中共涟水县第十二届代表。2022年1月被省委省政府表彰为全省乡村振兴先进个人;4月,被县委、县政府评为涟水工匠。

濮　娟 女,1971年1月生,涟水涟城人,本科学历,现任涟水县人民医院院长,肿瘤科主任、放疗科主任,主任医师。扬州大学医学院所师生导师,淮安市、江苏省临床重点专科肿瘤学科带头人。1994年7月参加工作。2002年,放弃自己熟悉内科学,在医院需要的时候,从零做起,不惧艰难,一个人带领一名技师,率先在国内县级医院中组建放疗中心,为涟水县区及周边地区的肿瘤患者带来福音。2004年建立肿瘤精准治疗学科,2005年成立肿瘤放疗病区,设立床位50张,2008年组建肿瘤热疗中心,2013年5月建立肿瘤细胞免疫研究室。建立、健全肿瘤的放疗、化疗、热疗、细胞免疫治疗综合治疗模式全部体系。积极进行医学科学研究,立项省市级课题10项,发表论文20余篇,其中SCI 9篇。2014年,获淮安市"科学技术进步"三等奖;2015年,获评淮安市"突出贡献中青年专家"、江苏省巾帼建国标兵;2016年,获江苏省333工程培养对象称号、淮安市新技术引进一等奖;2017年,获评淮安市优秀科技工作者;2018年,获中华医学科技奖三等奖;2019年,获淮安市新技术引进二等奖、江苏省医学科技二等奖、江苏省科学技术奖二等奖;2020年,获省新技术引进二等奖;2021年,获淮安市新技术引进二等奖、淮海科技奖三等奖。2022年4月,被县委、县政府评为涟水工匠。

先进集体

2022年度国家和国家条线表彰的先进集体一览表

表13

单位	荣誉称号	命名机关
涟水县	全国自然资源节约集约示范县	自然资源部
涟水县水利局	涟水县获得国家级节水型社会建设达标县	水利部
涟水县水利局	淮河流域幸福河湖、江苏省级幸福河湖	水利部淮河水利委员会
五港镇前营村	第九批“全国民主法治示范村(社区)”	司法部、民政部
五港镇前营居委会	全国民主法治示范社区	司法部、民政部
高沟镇	国家卫生镇	全国爱卫运动委员会
红窑镇	国家级芦笋设施栽培标准化示范区	国家标准委
陈师街道	2022年度老区宣传工作优秀奖	全国老区宣传工作会议组委会
朱码街道	2022年度老区宣传工作优秀奖	全国老区宣传工作会议组委会
涟水县委组织部	组织系统2022年度信息报送先进单位	中组部办公厅
涟水县人民法院	国家级“节约型机关”	国家机关事务局、中共中央直属机关事务局、国家发改委、财政部
国家税务总局涟水县税务局第一税务分局	全国巾帼文明岗	中华全国妇女联合会
涟水县高沟中心卫生院(涟水县第三人民医院)	2019—2021年度全国乡镇卫生院排名54强	国家卫生健康委、国家中医药管理局
涟水县疾病预防控制中心	肿瘤登记工作优秀奖	国家癌症中心
江苏今世缘酒业股份有限公司	中国轻工业二百强企业	中国轻工业联合会
江苏今世缘酒业股份有限公司	中国轻工业食品行业五十强企业	中国轻工业联合会
江苏今世缘酒业股份有限公司	第六届酒业营销金爵奖领军企业奖	中国酒类流通协会
江苏今世缘酒业股份有限公司	全国职工职业道德建设先进单位	中华全国总工会、中央文明办、工业和信息化部、商务部、国务院国资委
江苏今世缘酒业股份有限公司	中国百强企业奖	中国上市公司百强高峰论坛
涟水县农业干部学校	2018—2022年全国高素质农民发展问卷调查工作优秀组织单位	中央农业广播电视学校、农业农村部农民科技教育培训中心

2022年度省和省条线表彰的先进集体一览表

表14

单位	荣誉称号	命名机关
涟水县	县级公立医院综合改革成效明显的县	省政府办公厅
涟水县	2021年度全省基层党员冬训工作示范县	省委宣传部、省委组织部

单位	荣誉称号	命名机关
涟水县	乡村振兴战略实绩考核县(市、涉农区)综合排名第一等次	省委农村工作领导小组
涟水县	耕地保护激励单位	江苏省自然资源厅
涟水县委办公室	2022年优秀信息工作单位	省委办公厅
涟水县人民政府	省级全域旅游示范区	省文化和旅游厅
江苏今世缘酒业股份有限公司	江苏制造突出贡献奖优秀企业	省委、省政府
江苏今世缘酒业股份有限公司	第六届江苏慈善奖最具爱心慈善捐赠单位	省政府
江苏今世缘酒业股份有限公司	省长质量奖	省政府
江苏今世缘酒业股份有限公司	文明单位	省文明委
江苏今世缘酒业股份有限公司	2021年度江苏社会帮扶杰出贡献奖	省老区开发促进会、省扶贫基金会、省扶贫开发协会
江苏今世缘酒业股份有限公司	放心消费创建示范单位	省放心消费创建活动办公室、省市场监督管理局
成集镇条河村	省级生态宜居美丽示范村	省农业农村厅
岔庙镇和平村	民主法治示范村	省委依法治省办、省司法厅、省民政厅
岔庙镇洪滨社区	省级特色田园乡村	江苏省特色田园乡村建设工作联席会议、江苏省住房和城乡建设厅
陈师街道	2022年省级耕地保护激励单位	江苏省政府办公厅
陈师街道	2022年度江苏省妇女“双学双比”活动示范基地	江苏省妇女“双学双比”竞赛活动领导小组
陈师街道国民村	文明村	省文明委
保滩街道	文明乡镇	省文明委
保滩街道缺口居委会	文明村	省文明委
保滩街道厉渡村	卫生村	省爱卫会
五港镇人民来访接待中心	省级“人民满意窗口”	省信访局
五港镇前营居委会	省级特色田园乡村	江苏省特色田园乡村建设工作联席会议、江苏省住房和城乡建设厅
五港镇前营居委会	民主法治示范社区	江苏省民政厅、江苏省司法厅、中共江苏省委全面依法治省委员会办公室
五港镇港东居委会	卫生村	省爱卫委
五港镇租田村	卫生村	省爱卫委
五港镇港南村	卫生村	省文明委
五港镇港南村	卫生村	省爱卫委
高沟镇大胡社区	特色田园乡村	省特色田园乡村建设工作联席会议、住建厅
红窑镇	乡村振兴先进集体	省委、省政府
红窑镇	文明乡镇	省文明委
红窑镇人大	全省人大系统先进集体	省人大常委会办公厅、省人社厅
红窑镇夏楼村	文明村	省文明委
红窑镇夏楼村	老年友好型社区建设单位	省老龄办
红窑镇五房村	江苏省文明村	省文明委
涟水县农业农村局	2022年扩种大豆和推广大豆玉米带状复合种植成绩突出	省农业农村厅
涟水县农业农村局	2022年夏粮生产贡献突出单位	省农业农村厅

续表14

单位	荣誉称号	命名机关
涟水县农业干部学校	2022年全省农民教育培训先进集体	省农业广播电视学校
涟水县	动物疫病防控工作中扎实做好疫情信息报送工作，获得省农业农村厅表扬	省农业农村厅
涟水县畜牧兽医站	省畜牧兽医学会杏鲍菇菌糠的饲料化利用技术研究与推广二等奖	省农业农村厅
淮安市烟草公司涟水分公司	2019—2021年度江苏省文明单位	省文明委
中国银行涟水支行	文明单位	省文明委
涟水县水利局	文明单位	省文明委
朱码节制闸拆建工程	2021年度江苏省水利工程文明工地	省水利厅
黄河故道干河下段（二河至涟水石湖段）治理工程（涟水县）	2022年度江苏省水利优质工程	省水利厅
涟水县人民法院	文明单位	省文明委
涟水县人民法院	2021年度全省法院信息工作表现突出单位	江苏省高级人民法院
涟水县地方志办公室	2021年度全省地方志系统政务信息报送先进集体	省地方志办
中国移动涟水分工会	省先进工会小组	中国移动通信集团江苏有限公司机关工会
涟水联通	江苏省放心消费创建示范单位	省市场监督管理局
中国邮政储蓄银行涟水县支行	十优支行	中国邮政储蓄银行股份有限公司江苏省分行
中国邮政储蓄银行涟水县支行营业部	优秀二级支行	中国邮政储蓄银行股份有限公司江苏省分行
中国人民银行涟水县支行	“2018—2021年度江苏省金融生态达标县”	江苏省金融稳定工作协调小组
涟水县教育关工委	省主题征文活动组织奖	江苏省教育系统关心下一代工作委员会
涟水县南集中心小学	特色项目	江苏省少工委
江苏省涟水中学	江苏省文明校园	省文明委
江苏省涟水中学	江苏省生态环境教育实践基地	江苏省生态环境厅、省文明委办公室、江苏省教育厅、江苏省文化和旅游厅
淮浦学校	江苏省第十五届中小学诗歌竞赛优秀组织奖	江苏省教育厅
成集学校	江苏省青少年近视防控示范校	江苏省教育厅
高沟中学	江苏省青少年近视防控示范校	江苏省教育厅
江苏省涟水中等专业学校	江苏省优秀中等职业学校建设培育单位，江苏省职业教育优质专业（中餐烹饪专业）	江苏省教育厅
实验小学	2022年江苏省中小学心理健康教育特色学校	江苏省教育厅
红窑实验学校	江苏省首届中小学生实验操作大赛优秀组织奖	江苏省教育厅办公室
实验幼儿园	首批江苏省师德师风建设宣传基地校项目单位	省教育厅、省师德建设宣传中心
郑梁梅高级中学	第十二届江苏省中小学“校园心理剧”创作活动作品《光影相生》特等奖	省教育厅宣传中心、江苏教育报刊总社
江苏省涟水中等专业学校	江苏省优秀中等职业学校培育单位	江苏省优秀中等职业学校评选
江苏省涟水中等专业学校	江苏省职业学校特色德育案例	江苏省职业学校特色德育案例遴选
江苏省涟水中等专业学校中餐烹饪专业	江苏省职业学校优质专业	江苏省职业学校优质专业评选
淮安市辅仁职业技术学校	校园心理剧创作比赛三等奖	江苏教育报刊总社

续表14

单位	荣誉称号	命名机关
灰墩中心小学	江苏省青少年近视防控示范学校	省教育厅
高沟中心小学	中国书法(写字)特色学校	江苏省教育学会书法专业委员会
炎黄职业技术学院幼儿教育与保健系	先进班集体	省教育厅、团省委
涟水县气象局	文明单位	省文明委
涟水县气象局	“气象服务精细精准 护航芦笋产业发展”获得“人民至上 生命至上”主题实践活动优秀案例	省气象局党建办
中国工商银行股份有限公司涟水支行	旺季营销先进支行(零售板块)	中国工商银行江苏省分行
国家税务总局涟水县税务局	文明单位	省文明委
国家税务总局涟水县税务局	最美工会户外劳动者服务站点	省总工会
涟水县财政局	全省财政监督工作全面先进单位	省财政厅
涟水县财政局	2022年度财政重点工作绩效考核二等奖	省财政厅
涟水县财政局	预算执行工作通报表扬	财政部江苏监管局
涟水县市场监督管理局	江苏省文明单位	省文明委
涟水县市场监督管理局	全省物品编码工作集体优秀等次(第二等次)	中国物品编码中心江苏分中心
涟水县市场监督管理局	物品编码知识培训优秀等次	中国物品编码中心江苏分中心
涟水县审计局	新修订审计法线上知识竞答活动优秀组织奖(县级审计机关)	省审计厅
涟水县审计局	文明单位	省文明委
涟水县妇女联合会	“第四届江苏女性融媒体创意大赛”优秀组织奖	省妇联
涟水县妇女联合会	江苏省妇女儿童慈善优秀组织奖	省妇女儿童福利基金会
指挥中心	2019—2020年度全省公安调研工作成绩突出集体	省公安厅
黄营派出所	首批全省公安基层所队示范“训练角”	省公安厅政治部
淮浦路派出所	全省公安机关庆祝建党100周年安保维稳工作成绩突出集体	省公安厅
淮浦路派出所	全省优秀公安基层单位	省公安厅、省人社厅
涟水县城市管理局	文明单位	省文明委
涟水县司法局(公共法律服务管理科)	公共法律服务工作成绩突出集体	省司法厅
涟水县司法局(高沟司法所)	深化司法所党支部“双争双创”活动表现突出单位	省司法厅
涟水县司法局(高沟司法所)	全省司法所分类建设表现突出单位	省司法厅
涟水县司法局(“灵活就业和新就业形态劳动者”法律援助工作站)	2022年度全省示范性法律援助工作站点	省司法厅
涟水县司法局(涟水县医患纠纷人民调解委员会)	2022年度全省公共法律服务工作成绩突出集体	省司法厅
涟水县纪委监委	微电影《清水有情》获“运河清风”微电影大赛优秀作品奖	中国纪检监察杂志社、省纪委
涟水县纪委监委	《深入挖掘地方特色资源提升廉洁文化品牌建设》在新时代“廉洁文化建设在江苏”优秀成果遴选活动中获“十佳成果奖”	省社科院廉政与治理研究中心、党的生活杂志社
涟水县纪委监委	《技审融合,直击要害,数据助力跑出窝案查办加速度》获评全省信息技术十佳精品案例	江苏省纪委
国网江苏省电力有限公司涟水县供电分公司	文明单位	省文明委

续表14

单位	荣誉称号	命名机关
国网江苏省电力有限公司涟水县供电分公司	2020—2021年度江苏省“安康杯”竞赛优胜单位	省总工会、省应急管理厅
国网涟水县供电公司团委	2021年度“五四红旗团委”	共青团国网江苏省电力有限公司委员会
江苏凤凰新华书店集团有限公司涟水分公司	先进单位	江苏凤凰新华书店集团有限公司
江苏凤凰新华书店集团有限公司涟水分公司	教材教辅发行突出业绩奖	江苏凤凰新华书店集团有限公司
江苏凤凰新华书店集团有限公司涟水分公司	多元销售突出业绩奖	江苏凤凰新华书店集团有限公司
江苏凤凰新华书店集团有限公司涟水分公司	优质服务先进单位	江广播电视总台
涟水县档案馆	2022年度档案宣传工作三等奖	省档案馆
涟水县信访局	2022年度治理重复信访、化解信访积案专项工作先进单位	省信访局、省信访工作联席会议
涟水县信访局人民来访接待中心	2022年度全省“人民满意窗口”建设质量提升工程先进单位	省信访局
淮安筑友智造科技有限公司	省级示范基地	省住房和城乡建设厅
涟水县涟缘水务有限公司	文明单位	省文明委
涟水涟缘市政有限公司	江苏省文明施工示范企业	省企业形象综合调查宣传办公室、江苏经济报社
涟城街道莲花社区	红石榴家园	省民宗委
涟城街道东门社区	文明村	省文明委
涟城街道东门社区	优秀志愿服务社区	省文明办
涟城街道淮浦路派出所	2022年全省优秀公安基层单位	省人社厅、省公安厅
涟城街道中山路社区	民主法治示范社区	省依法治省办、省司法厅、省民政厅
南集镇范荡村	文明村	省文明委
唐集镇六舍村	民主法治示范村	省依法治省办、省司法厅、省民政厅
唐集镇周程村	民主法治示范村	省依法治省办、省司法厅、省民政厅
唐集镇月塔村	第五批省级生态文明建设示范村(社区)	省生态环境厅
大东镇团委	江苏省五四红旗团委(团工委)	团省委
大东镇瓦滩村	文明村	省文明委
东胡集镇胡南村	卫生村	省爱卫委
东胡集镇镇北村	卫生村	省爱卫委
东胡集镇姜圩村	卫生村	省爱卫委
东胡集镇白果村	卫生村	省爱卫委
东胡集镇秳码村	卫生村	省爱卫委
涟水县应急管理局	2022年度全省应急管理新闻宣传暨“学报用刊”先进单位	省应急管理厅
涟水县应急管理局	2022年江苏省“安全生产月”活动先进单位	省安委办
涟水县应急管理综合行政执法大队	2022年度全省行政执法工作先进集体	省应急管理厅
涟水县民政局	支出型困难家庭临时救助实践试点项目被表彰为全省社会救助领域创新实践最佳案例。	省民政厅
涟水县民政局	“公益性骨灰安放设施规范建设”列为省督查激励项目	省政府办公厅
涟水县人民医院	三级乙等综合医院	省卫生健康委员会

续表 14

单位	荣誉称号	命名机关
涟水县人民医院	平安示范医院	省平安医院建设工作小组办公室
涟水县疾病预防控制中心	卫生科普先进集体	省健康教育协会
涟水县疾病预防控制中心	“健康江苏——给你骨力”健骨操竞赛优秀奖	省卫生健康委、省体育局
朱码街道	基层党员冬训工作示范乡(镇、街道)	省委宣传部、省委组织部
朱码街道花桥村	卫生村	省爱卫委
朱码街道桂生村	卫生村	省爱卫委
朱码街道鲁桥村	卫生村	省爱卫委
朱码街道顺集村	卫生村	省爱卫委
朱码街道军田村	卫生村	省爱卫委
朱码街道笪北村	卫生村	省爱卫委

2022年度市和市条线表彰的先进集体一览表

表 15

单位	荣誉称号	命名机关
淮安市烟草公司涟水分公司	2018—2020年度淮安市文明单位	市委、市政府
涟水县水利局	河湖长制工作先进集体	市委、市政府
涟水县自然资源和规划局	全市重特大项目先进单位	市委、市政府
涟水县人民法院执行局	2021年度全市社会治理工作先进集体	市委、市政府
五港镇港南村	文明村	市委、市政府
五港镇桃园村	文明村	市委、市政府
国网江苏省电力有限公司涟水县供电分公司	2018—2020年度淮安市文明单位	市委、市政府
涟水县卫生健康委员会	五一劳动奖状	市政府
江苏今世缘酒业股份有限公司	2021年度淮安市50强企业	市政府
涟水农商银行	五一劳动奖状	市政府
涟水农商银行	2022年度金融支持高质量发展突出贡献单位	市政府
江苏今世缘酒业股份有限公司	淮安市商业秘密保护示范点	市市场监督管理局
今世缘旅游景区	2021年度旅游标准化竞赛活动十佳旅游景区	市旅游协会
江苏今世缘酒业股份有限公司研究院课题组	2021年度淮安市三八红旗集体	市妇联
江苏今世缘酒业股份有限公司	2020—2021年度淮安市守合同重信用企业	市信用管理协会
江苏今世缘酒业股份有限公司	2022年淮安市弘扬质量文化工作先进单位	市质量发展委员会办公室
涟水县盐业有限公司党支部	先进基层党组织	市盐业有限公司党委
中国移动涟水市场部	市先进班组	中国移动通信集团江苏有限公司淮安分公司
江南农村商业银行股份有限公司涟水支行	2022年度全市单位内部安全保卫工作先进集体	市公安局
中国邮政储蓄银行涟水县支行营业部	优秀二级支行	中国邮政储蓄银行股份有限公司淮安市分行

续表15

单位	荣誉称号	命名机关
中国邮政储蓄银行涟水县支行	先进集体	中国邮政储蓄银行股份有限公司淮安市分行
中国邮政储蓄银行涟水县支行	“强化内控、合规先行”知识竞赛二等奖	中国邮政储蓄银行股份有限公司淮安市分行
涟水农商银行	2022年度淮安市银行业消费者权益保护工作先进单位	市银行业协会
涟水农商银行	淮安市银行业协会2022年度优胜单位	市银行业协会
涟水农商银行	2022年度淮安市银行业消费者权益保护工作先进单位	市银行业协会
涟水农商银行	2022年度淮安市银行业信息宣传工作先进单位	市银行业协会
淮安市烟草公司涟水分公司	2020—2021年度“安康杯”优胜单位	市总工会、市应急管理局、市卫生健康委
淮安市烟草公司涟水分公司	2021年度淮安市放心消费创建先进单位	市放心消费创建活动办公室
涟水县烟草专卖局专卖(分公司)	先进单位	市烟草公司
淮安市烟草公司涟水分公司客户服务科	先进科室	市烟草公司
涟水县教育体育局	“七五”普法工作先进单位	市委宣传部、市法治办、市司法局
涟水县教育体育局	第八届青少年阳光体育联赛中学生篮球比赛优秀组织奖	市教育局、市体育局
涟水县教育体育局	2022年度教育工作目标考评优胜单位	市教育局
涟水县教育体育局	教师国家通用语言文字教学能力大赛优秀组织单位	市语委、市教育局、市人社局、市总工会、市广播电视总台
涟水县教育体育局	“筑梦向未来”中华经典诵读大赛优秀组织单位	市语委、市教育局、市全民阅读活动领导小组、市广播电视总台
涟水县向阳小学	优秀校外教育辅导站	市关工委
涟水县河网中心小学	优秀校外教育辅导站	市关工委
郑梁梅小学	关心下一代先进集体	市委教育工委
幸福里实验小学	关心下一代先进集体	市委教育工委
幸福里实验小学	优秀校外教育辅导站	市关工委
方渡小学	优秀校外教育辅导站	市关工委
南集中心小学	优秀校外教育辅导站	市关工委
军民小学	优秀校外教育辅导站	市关工委
方渡小学	优秀校外教育辅导站	市关工委
南门小学	优秀校外教育辅导站	市关工委
淮浦学校	优秀校外教育辅导站	市关工委
唐集学校	优秀校外教育辅导站	市关工委
五港中学	优秀校外教育辅导站	市关工委
五港中心小学	优秀校外教育辅导站	市关工委
陈师镇中心小学青少年教育辅导站	优秀校外教育辅导站	市关工委
浅集中心小学青少年教育辅导站	优秀校外教育辅导站	市关工委
蒋庵中心小学青少年教育辅导站	优秀校外教育辅导站	市关工委
岔庙中心小学青少年教育辅导站	优秀校外教育辅导站	市关工委
南集中学	优秀校外教育辅导站	市关工委
大东学校	优秀校外教育辅导站	市关工委
徐集中心小学	优秀校外教育辅导站	市关工委

续表15

单位	荣誉称号	命名机关
徐集中学	优秀校外教育辅导站	市关工委
江苏涟水经济开发区实验学校	优秀校外教育辅导站	市关工委
黄营中心小学	优秀校外教育辅导站	市关工委
南禄学校	优秀校外教育辅导站	市关工委
小李集中心小学青少年教育辅导站	优秀校外教育辅导站	市关工委
高沟中心小学	优秀校外教育辅导站	市关工委
余圩学校	优秀校外教育辅导站	市关工委
军民小学	首届中小学生实验操作大赛优秀组织奖	市教育局
河网小学	首届中小学生实验操作大赛优秀组织奖	市教育局
南集中心小学	首届中小学生实验操作大赛优秀组织奖	市教育局
牌坊小学	首届中小学生实验操作大赛优秀组织奖	市教育局
涟水滨河外国语学校	第八届青少年阳光体育联赛中学生篮球比赛优秀组织奖	市教育局、市体育局
涟水滨河外国语学校	青少年体育冬(夏)令营篮球比赛初中男子组第一名	市体育局、市教育局
涟水滨河外国语学校	第七届中小学生自我保护情景剧大赛一等奖	市教育局、市体育局
涟水滨河外国语学校	第七届中小学生自我保护情景剧大赛优秀剧本奖	市教育局、市体育局
淮文外国语学校	创建"周恩来班"先进集体	市委宣传部
淮文外国语学校	五四红旗团支部	团市委
淮文外国语学校	中小学优秀课间操小学部一等奖	市教育局
淮文外国语学校	小学生篮球比赛中年级男子组一等奖	市教育局、市体育局
淮文外国语学校	小学生篮球比赛高年级男子组三等奖	市教育局、市体育局
淮文外国语学校	青少年三人制篮球赛冠军	市教育局、市体育局
淮文外国语学校	青少年冬夏令营篮球比赛小学男子组第一名	市教育局、市体育局
淮文外国语学校	青少年冬夏令营篮球比赛优秀组织奖	市教育局、市体育局
淮浦学校	第七届青少年水利与气象科普知识竞赛优秀组织奖	市教育局、市气象局、市科协
义兴中心小学	第七届青少年水利与气象科普知识竞赛优秀组织奖	市教育局、市气象局、市科协
第一中学	普通高中综合考评优秀单位	市教育局
江苏省涟水中等专业学校	职业学校班主任能力大赛优秀组织奖	市教育局
安东学校	第八届篮球赛优秀组织奖	市教育局
实验小学	周恩来班创建工作优秀单位	市委宣传部、市教育局
南门小学	信息化工作先进集体	市教育局
南门小学	青少年体育冬(夏)令营篮球比赛优秀组织奖	市体育局、市教育局
红窑实验学校	青少年体育冬(夏)令营篮球比赛优秀组织奖	市体育局、市教育局
涟水滨河外国语学校	青少年阳光体育联赛第八届中学生羽毛球比赛初中团体优胜奖	市教育局、市体育局
涟水滨河外国语学校	第八届青少年阳光体育联赛中学生篮球比赛优秀组织奖	市教育局、市体育局
涟水滨河外国语学校	第七届淮安市中小学生自我保护情景剧大赛市一等奖	市教育局、淮安市公安局
大东学校	平安校园建设示范校	市教育局
金城高级中学	平安校园建设示范校	市教育局
时码学校	平安校园建设示范校	市教育局

续表15

单位	荣誉称号	命名机关
灰墩中心小学	平安校园建设示范校	市教育局
唐集学校	平安校园建设示范校	市教育局
哈贝谷幼儿园	平安校园建设示范校	市教育局
江苏省涟水中学	“四有”好教师团队	市教育局
江苏省涟水中学	普通高中综合考评示范单位	市教育局
涟州高级中学	普通高中综合考评优秀单位	市教育局
幸福里实验小学	“四有”好教师团队	市教育局
灰墩中学	青少年体育冬(夏)令营篮球比赛优秀组织奖	市体育局、市教育局
郑梁梅高级中学	普通高中综合考评优秀单位	市教育局
江苏省淮阴中学教育集团涟水滨河高级中学	普通高中综合考评优秀单位	市教育局
陈师中心小学	第七届青少年水利与气象科普知识竞赛优秀组织奖	市教育局、市气象局、市科协
朱码外国语学校	艺术特色学校	市教育局
开发区实验学校	艺术特色学校	市教育局
唐集学校	足球特色学校	市教育局
灰墩中学	足球特色学校	市教育局
江苏省涟水中学	普通高中教学工作先进单位——示范单位	市教育局
江苏省郑梁梅高级中学	普通高中教学工作先进单位——优秀单位	市教育局
江苏省淮阴中学教育集团涟水滨河高级中学	普通高中教学工作先进单位——优秀单位	市教育局
涟水县第一中学	普通高中教学工作先进单位——优秀单位	市教育局
涟水县外国语高级中学	普通高中教学工作先进单位——优秀单位	市教育局
淮安市金城高级中学	普通高中教学工作先进单位——优良单位	市教育局
涟水县气象局	综合考评工作优秀单位	市气象局
涟水县气象局	防雷安全管理工作表现突出单位	市气象局
涟水县气象局	《“早准快广实”内涵的涟水实践》获得2021年度全市气象部门创新工作奖	市气象局
涟水县气象局	淮安市气象行业职业技能大赛团体第三名	市气象局
涟水县气象局	“读书·崇德·兴廉”廉洁文化有奖征文优秀组织奖	市气象局、市气象学会
涟水县气象局	“缘结涟水 气象相随”获得淮安市气象部门优秀党建品牌	市气象局党组
南京银行涟水支行	先进集体	南京银行淮安分行
中国银行涟水支行	内保先进单位	淮安市公安局
中国银行涟水支行	中银优秀管辖支行	淮安中行
中国银行涟水炎黄大道支行	中银优秀网点	淮安中行
中国工商银行涟水支行	先进基层党组织	中国工商银行淮安分行党委
中国工商银行股涟水支行	先进支行	中国工商银行淮安分行
中国电信股份有限公司涟水分公司	服务管理先进集体	中国电信淮安分公司
中国电信股份有限公司涟水分公司	企业信息化和业务管理一等奖	中国电信淮安分公司
中国电信股份有限公司涟水分公司	市场经营先进单位	中国电信淮安分公司

续表15

单位	荣誉称号	命名机关
县税务局第一税务分局	工人先锋号	市总工会
县税务局组织人事股	巾帼文明岗	市“巾帼建功”活动领导小组、市妇联
县税务局办公室（党委办公室）	先进基层党组织	市税务局
县地方金融监督管理局	2022年度地方金融工作优秀单位	市地方金融监督管理局
江苏涟水太商村镇银行	淮安市银行业协会2022年度先进单位	淮安市银行业协会
江苏涟水太商村镇银行股份有限公司	2022年淮安市银行业保险业服务实体经济“一保两提”工程先进单位	中国银保监会淮安监管分局
涟水县财政局	全市重特大项目攻坚先进集体	市委、市政府
涟水县财政局	2021年度部门决算优秀单位	市财政局
涟水县财政局	2022年度预算执行分析工作优秀单位	市财政局
涟水县财政局	全市预算绩效管理工作优秀单位	市财政局
涟水县财政局	2021年度全市财政系统人事教育统计工作优秀单位	市财政局
涟水县财政局	淮安市2018—2022年度助残先进集体	市残工委
涟水县公安局第一团支部	淮安市五四红旗团支部	团市委
涟水县公安局	全市卷烟打假工作先进集体	市公安局、市烟草专卖局
成集派出所	全市“七五”普法工作基层依法治理创建活动先进单位	市委宣传部、市法治办、市司法局
涟水县公安局	2021年度全市公安机关优化营商环境工作先进集体	市公安局
涟水县禁毒委员会	2021年度全市禁毒工作综合目标考评先进单位	市禁毒委员会
涟水县公安局	《公安机关人民警察内务条令》知识竞赛二等奖	市公安局
涟水县公安局指挥中心	全市公安机关党的二十大安保维稳工作成绩突出集体，记集体三等功、颁发奖状	市公安局
涟水县公安局技术大队	全市公安机关党的二十大安保维稳工作成绩突出集体，记集体三等功、颁发奖状	市公安局
高沟派出所	全市公安机关党的二十大安保维稳工作成绩突出集体，记集体三等功、颁发奖状	市公安局
成集派出所	全市公安机关党的二十大安保维稳工作成绩突出集体，记集体三等功、颁发奖状	市公安局
涟水县城市管理局	行政执法“三项制度”示范点	市全面推进依法行政工作领导小组
涟水县美达环卫有限公司清扫中心	2022年度先进环卫集体	市城管局
涟水县美达环卫有限公司清运中心	2022年度先进环卫集体	市城管局
中共涟水县委统一战线工作部	2021年度全市统战工作先进单位	市委统战部
涟水县司法局（人影视频联动矫正平台）	2022年度全市政法工作十大品牌	市委政法委
涟水县纪委监委	《寸简传清韵家风润安东》在“弘扬清廉家风”主题宣传教育系列活动获三等奖	市纪委监委机关、市妇联
涟水县纪委监委	车驾管系统《大数据揪出摩托车年审黑链》、教育系统《杏坛清腐》获评全市“十佳审查调查案例”	市纪委监委
涟水县纪委监委	2022年度全市纪检监察信息工作先进单位	市纪委监委
涟水县纪委监委宣教室	淮安市三八红旗集体	市妇女联合会
国网涟水供公司	2021—2022年度淮安市青年学习社	团市委
国网涟水供公司	“四好”领导班子	国网淮安供电公司

续表15

单位	荣誉称号	命名机关
国网涟水供公司	党风廉政建设先进单位	国网淮安供电公司
国网涟水县供电公司发展建设部(物资供应分中心)	先进集体	国网淮安供电公司
淮安三新供电服务有限公司涟水分公司保滩供电所运维采集班	工人先锋号	国网淮安供电公司
涟水红日电力实业开发有限公司输变电分公司电气试验班	工人先锋号	国网淮安供电公司
“红日”青年志愿者服务队	2021年度全市全民阅读十佳阅读志愿服务组织	市全民阅读办
涟水县行政审批局	2022年度政务服务一体化建设先进单位	市行政审批局
涟水县行政审批局	2022年度政务服务综合考核优秀单位	市行政审批局
涟水县行政审批局	2022年度政务服务一体化建设先进单位	市行政审批局
涟水县行政审批局	2022年度政务服务信息化建设先进单位	市行政审批局
涟水县行政审批局	2022年度政务服务信息宣传先进单位	市行政审批局
涟水县行政审批局	2022年度工程建设项目审批先进单位	市行政审批局
涟水县行政审批局	2022年度代办服务先进单位	市行政审批局
涟水县行政审批局	2022年度落实放管服改革任务先进单位	市行政审批局
涟水县行政审批局	2022年度财政奖补集成改革先进单位	市行政审批局
涟水县行政审批局	2022年度12345便民服务热线先进单位	市行政审批局
涟水县行政审批局	2022年度政务服务好差评先进单位	市行政审批局
涟水县行政审批局	2022年度开发区赋权先进单位	市行政审批局
涟水县行政审批局	2022年度行政许可清单编制先进单位	市行政审批局
涟水县人民法院刑事审判庭	青年文明号	团市委、市中院
涟水县人民法院高沟人民法庭	青年文明号	团市委、市中院
涟水县博物馆	2022年度全市单位内部安全保卫工作先进集体	市公安局
涟水县图书馆	工人先锋号	市总工会
涟水县图书馆	全市红领巾读书征文活动中荣获组织奖	市文旅局、市文明办、市教育局
涟水县园林绿化管理中心	五一巾帼标兵岗	市总工会
涟水县文化市场综合执法大队	全市打击非法境外电视网络接收软件(设备)和卫星地面接收设施专项整治先进单位	市文化广电和旅游局、市公安局
涟水县文化市场综合执法大队	第三届淮安市文化市场综合执法岗位练兵技能竞赛先进集体	市委宣传部、市文旅局、市司法局、市总工会、团市委、市妇联
涟水县文化市场综合执法大队	全市文化市场综合执法“2022年度之星”	市文旅局
涟水县信访局	2022年度全市信访工作优秀县区	淮安市信访工作联席会议
涟水县住房和城乡建设局	目标考核第一等次	淮安市住房和城乡建设局
涟水县市政工程公司	市政设施优质养护片区	市住建局
涟水县住房和城乡建设局行政许可科	巾帼文明岗	市妇联
涟水县人武部	全面建设先进人武部	淮安军分区
涟城水利服务站	全市河湖长制工作先进集体	市全面推进河长制工作领导小组
涟城街道东门社区	淮安市“七五”普法基层依法治理创建活动先进单位	市委宣传部、市司法局
涟城街道东门社区	淮安市人民代表大会常务委员会基层立法联系点	市人大办

续表15

单位	荣誉称号	命名机关
涟城街道东门社区	“百优”协商议事案例(改造老旧小区 提升居住环境)	市政协
涟城街道协商议事室	“百优”协商议事案例(聚焦乡村振兴 打造宜居家园)	市政协
涟城街道协商议事室	十佳协商议事室	市政协
涟城街道协商议事室	“百优”协商议事案例(助力建设防渗渠道 解决农田灌溉难题)	市政协
涟城街道武装部	先进基层武装部	淮安军分区
涟城街道民兵应急排	先进民兵分队	淮安军分区
涟城街道	全市信访工作先进集体	淮安市信访工作联席会议
涟城街道城南社区	“百优”协商议事案例(节前装路灯 亮亮堂堂迎国庆)	市政协
五港镇前营居委会	援法议事范例	市依法治市办
五港镇前营居委会	特色田园乡村	市住建局、市特色田园乡村建设办
五港镇前营居委会	民主法治示范社区	市依法治市办、市司法局、市民政局
五港镇前营居委会	“百优”协商议事案例	市政协
五港镇前营居委会	“七五”普法先进单位	市委宣传部、市法治办、市司法局
五港镇前营居委会	2022年度农业农村发展突出贡献单位	市委农工办
保滩街道周集村	市特色田园乡村	市住建局
保滩街道	社会治理“十佳镇街”	市委政法委
红窑镇政协	《红窑街道改善人居环境暖人心》被评为“百优”协商议事案例	市政协
红窑镇义兴村	2022年全市优秀淮安小书房	市委宣传部
红窑镇普安村	“百优”协商议事室	市政协
南集镇	四星级乡镇农产品质量安全监管站	市农业农村局
南集镇皂角村	“十佳”协商议事室	市政协
南集镇范荡村	“百优”协商议事案例	市政协
南集镇王圩村	“十佳”协商议事案例	市政协
南集镇皂角村	“十佳”协商议事案例	市政协
唐集镇月塔村	全市基层援法议事范例	市依法治市办
唐集镇离退休干部党支部	全市“六好”离退休支部示范党支部	市委老干部局、市委离退休干部工委
岔庙镇和平村	卫生村	市爱卫办
西集村	卫生村	市爱卫办
桑庄村	卫生村	市爱卫办
鹤友村	卫生村	市爱卫办
义河村	卫生村	市爱卫办
岔庙镇洪滨村校外教育辅导站	优秀校外教育辅导站	市关工委
岔庙镇纪集村校外教育辅导站	优秀校外教育辅导站	市关工委
陈师街道	2022年全市优秀镇街级淮安书房	市委宣传部、市新闻出版局、市全民阅读活动领导小组
大东镇	2021年度“人民满意窗口”建设先进单位	市信访工作联席会议办公室
涟水县卫生健康委员会	淮安市文化科技卫生“三下乡”活动先进集体	市委宣传部
涟水县人民医院	淮安市工人先锋号(检验科/核酸检测组)	市总工会

续表15

单位	荣誉称号	命名机关
涟水县人民医院	巾帼文明岗(呼吸与危重症医学科)	市妇联
涟水县中医院	首批全市“六好”离退休干部示范党支部	市委老干部局、市委离退休干部工委
涟水县中医院	走好网上群众路线优秀新媒体	市委网信办
涟水县疾病预防控制中心	“健康淮安,给你骨力”健骨操比赛优秀奖	市卫健委、市体育局
涟水县疾病预防控制中心	“健康淮安,给你骨力”健骨操比赛二等奖	市卫健委、市体育局
涟水县疾病预防控制中心	“健康淮安,给你骨力”健骨操比赛三等奖	市卫健委、市体育局
涟水县第三人民医院	优秀护理单元(神经内科)	市卫健委
涟水县妇幼保健院	优秀护理单元(儿科病区)	市卫健委
朱码街道笪巷村协商议事室	“百优”协商议事室	市政协
朱码街道振丰村	“百优”协商议事案例	市政协
朱码街道李集村	卫生村	市爱卫委
朱码街道薛行村	卫生村	市爱卫委
朱码街道余庄村	卫生村	市爱卫委
朱码街道余东村	卫生村	市爱卫委

2022年度高质量跨越发展考核等次名单

一、镇(街道)

第一等次:

涟城街道　陈师街道　高沟镇

第二等次:

保滩街道　大东镇　朱码街道　红窑镇　石湖镇

第三等次:

梁岔镇　唐集镇　南集镇　成集镇　五港镇

二、园区

第一等次

经济开发区

三、县直单位

第一等次:

县委办(改革办、国安办)　县人大办　县政府办(外事办)

县政协秘书处　县纪委监委机关(巡察办)

县委组织部(党建办、人才发展中心、机关工委)　县委统战部(民宗局、台办、侨办)

县公安局　县检察院　县委老干部局

县发改委　县工信局　县民政局

县财政局(税务局)　县人社局　县自然资源和规划局

县住建局　县城管局　县交通运输局

县水利局　县商务局　县文广旅游局

县卫健委　县统计局　涟水生态环境局

县气象局　国家统计局涟水调查队

烟草局涟水分局　国网涟水县供电公司　江苏有线涟水分公司

中国移动涟水公司
人行涟水支行
中国银行涟水支行
涟水农商行
县住房公积金中心

第二等次:

县委宣传部(文明办、文联、社科联、网信办)
县委政法委(社会治理指挥中心)
县委编办
县教育体育局(教育工委)
县司法局(依法治县办)
县农业农村局(乡村振兴局、扶贫开发中心)
县应急管理局(防震减灾中心)
县审计局
县行政审批局(“12345”民生服务中心)
县医保局
县信访局
县金融监管局
县总工会
团县委
县妇联
县委党校
县志办
县残联
县融媒体中心
电信公司涟水分公司
农发行涟水支行
农业银行涟水支行
工商银行涟水支行
建设银行涟水支行
江苏银行涟水支行
涟水太商村镇银行
南京银行涟水支行

2022年度推进高质量发展突出贡献奖名单(集体)

县水利局节水型社会建设推进组
县自然资源和规划局自然资源节约集约工作推进组
县交通运输局交通建设目标推进工作组
县农房办农民住房改善工作组
县卫健委医改办
县民政局社会事务和区划地名科
县政府办“互联网+督查”平台工作组
县农业农村局乡村振兴考核攻坚专班
县司法局社区矫正管理局
县人民医院发热门诊
县文广旅游局全域旅游示范区创建办公室
县医保局“15分钟医保服务圈”项目组
县纪委监委教育系统系列案件办案团队
县投资项目代办服务中心
县人武部征兵工作专班
陈师街道捷泰新能源项目征迁工作组
朱码街道巨石玻纤新构料项目征迁工作组
红窑镇巨石玻纤新利料项目征迁工作组
县财政局预算科
县发改委冲刺百强县领导小组办公室
县新冠肺炎防控指挥部办公室
县信访局驻京工作专班
县金融监管局金融发展科
县“12345”民生服务中心
县审计局固定资产投资审计科
县统计局重大项目服务专班
涟水国调队住户和劳动力调查科
县应急管理局综合行政执法大队
县人社局劳动就业管理服务中心
县委政法委维稳与反邪教协调指导科

先进个人

2022年度国家和国家条线表彰的先进个人一览表

表16

姓　名	性别	单位及职务	荣誉称号	表彰单位
徐勤洲	男	南集镇农村工作局局长	全国农牧渔业丰收奖一等奖	农业农村部
王　瑾	男	五港镇农村工作局局长	全国农牧渔业丰收奖二等奖	农业农村部
徐　璐	女	县纪委监委宣教室主任(负责办公室工作)	优秀通讯员	中央纪委国家监委新闻传播中心
胡海梅	女	县第三人民医院党总支书记、负责人	优秀乡镇卫生院院长	中国农村卫生协会
马浩洲	男	县教师发展中心教师	优秀指导老师	中国少年儿童发展服务中心
杨艳芹	女	县农业农村局种植业科办事员	农情基点县工作优秀先进个人	全国农业技术推广服务中心
黄维勤	男	县农业干部学校校长	百名优秀基层农广校校长	中央农业广播电视学校、中国农民体育协会
左　利	男	县农业干部学校副校长	2018—2022年全国高素质农民发展问卷调查工作优秀调查员	中央农业广播电视学校、农业农村部农民科技教育培训中心
左　利	男	县农业干部学校副校长	2022年信息宣传工作优秀个人	中央农业广播电视学校
张一格	女	国网涟水供电公司装表接电工	优秀学员	国家电网有限公司技术学院分公司
左文霞	女	江苏今世缘酒业股份有限公司质量总监、质量管理部经理	全国食品工业科技创新杰出人才	中国食品工业协会

2022年度省和省条线表彰的先进个人一览表

表17

姓　名	性别	单位及职务	荣誉称号	表彰单位
薛大忠	男	县农业农村局农产品安监科科长	乡村振兴先进个人	省委、省政府
陈秀龙	男	县司法局局长	全省“七五”普法工作先进个人	省政府
马仁柳	男	县机要技术服务中心主任	信息工作先进个人	中共江苏省委办公厅
杨　骥	男	县委组织部综合考核科科长、办公室(研究室)副主任	全省组织部门2022年度信息工作先进个人	中共江苏省委组织部
王　芹	女	县农业农村局农技推广中心科普站副站长	江苏省农业农村厅2021年基层农技推广体系改革与建设项目实施情况成效显著的个人表彰	江苏省农业农村厅
周艾莉	女	县农业农村局财务科副科长	江苏省农业农村厅2021年基层农技推广体系改革与建设项目实施情况成效显著的个人表彰	江苏省农业农村厅
万成功	男	县农业农村局环能中心主任	江苏省农业农村厅2021年基层农技推广体系改革与建设项目实施情况成效显著的个人表彰	江苏省农业农村厅
张　坤	男	农村工作局一级科员、皂角村党总支书记	江苏省乡村振兴青年先锋	共青团江苏省委、江苏省农业农村厅、江苏省乡村振兴局

续表17

姓　名	性别	单位及职务	荣誉称号	表彰单位
吴泽本	男	朱码街道四级主任科员、笪巷村党总支副书记	江苏省大学生就业创业年度人物提名奖	江苏省教育厅、江苏省高校招生就业指导服务中心
陈永林	男	涟水县自然资源和规划局党委书记、局长兼林业局局长	全省自然资源系统先进工作者	江苏省自然资源厅
孙　飞	男	涟水县水利局党委委员、副局长	江苏省水利系统先进工作者	江苏省水利厅
韩京媛	女	涟水县财政局预算科副科长	全省三保工作公开表扬	江苏省财政厅
刘　松	男	刑警大队技术中队指导员	全省优秀人民警察	江苏省公安厅、江苏省人力资源和社会保障厅
嵇润国	男	法制大队复议诉讼中队中队长	全省公安机关执法办案管理中心建设应用成绩突出个人	江苏省公安厅
王飞虎	男	刑警大队三中队中队长	全省公安机关扫黑除恶专项斗争成绩突出个人	江苏省公安厅
吴苏捷	男	禁毒大队副主任	全省公安机关执法示范岗位	江苏省公安厅
孙　权	男	经济犯罪侦查大队一中队副中队长	全省公安机关执法示范岗位	江苏省公安厅
范建亚	男	县纪委监委一级科员	2022年度参加省委巡视工作表现优秀干部	江苏省委巡视办
王慧敏	女	涟水县工信局技改科负责人	全省工信系统先进工作者	江苏省人社厅、江苏省工信厅
孙兆斌	男	涟水县人民法院党组成员、政治部主任	全省法院政治工作先进个人	江苏省高级人民法院
王毛毛	男	涟水县人民法院政治部副主任	信息工作表现突出个人	江苏省高级人民法院
朱东红	男	涟水县文化市场综合执法大队教导员	全省文化市场综合执法"护航"专项行动有功个人	江苏省文化和旅游厅
朱孝雷	男	涟水县中医院	江苏省文明职工	江苏省总工会
翟海英	女	涟水县人民医院供应室护士长	江苏省"双争"典型(积极争创五一巾帼标兵岗、争当五一巾帼标兵)	江苏省总工会
金绍武	男	江苏今世缘酒业股份有限公司酿酒中心副主任(主持工作)	江苏省五一劳动奖章	江苏省总工会
张晓建	男	江苏今世缘酒业股份有限公司酿酒中心带班主任兼中试车间主任	2022年度江苏省轻工行业江苏轻工工匠	江苏省财贸轻纺工会、江苏省轻工业行业协会
吴　霞	女	涟水县人民医院营商办主任	江苏省最美家庭	江苏省妇女联合会
张　振	男	涟水县应急管理综合行政执法大队中队长	2022年度全省行政执法工作先进个人	江苏省应急管理厅
金　媛	女	涟水县应急管理局基础科副科长	2022年度全省行政执法工作先进个人	江苏省应急管理厅
顾　炜	男	涟水县劳动保障监察大队 副大队长	金牌劳动关系协调员	江苏省人社厅
徐　庶	男	涟水县教体局关工委常务副主任	省教育系统关心下一代工作先进个人	江苏省教育系统关心下一代工作委员会
王慧艳	女	江苏省郑梁梅高级中学	2022年江苏省中小学班主任基本功竞赛二等奖	江苏省教育厅、江苏省中小学教学研究室
陈保平	男	涟水县教体局关工委秘书长	省教育系统关心下一代工作先进个人	江苏省教育系统关心下一代工作委员会
李　乾	男	炎黄职业技术学院学生	三好学生	江苏省教育厅、团省委
郑　浩	男	炎黄职业技术学院学生	三好学生	江苏省教育厅、团省委
孙　浩	男	炎黄职业技术学院学生	三好学生	江苏省教育厅、团省委
马娇娇	女	炎黄职业技术学院学生	优秀学生干部	江苏省教育厅、团省委

续表17

姓　名	性别	单位及职务	荣誉称号	表彰单位
朱允蕖	男	炎黄职业技术学院学生	优秀学生干部	江苏省教育厅、团省委
王新东	男	炎黄职业技术学院学生	优秀毕业生	江苏省教育厅、团省委
张吻静	女	炎黄职业技术学院学生	优秀毕业生	江苏省教育厅、团省委
陆　宇	男	江苏省涟水中等专业学校学生	江苏省“三创”优秀学生	江苏省教育厅 团省委
张德高	男	江苏省涟水中等专业学校学生	江苏省“三创”优秀学生	江苏省教育厅 团省委
顾　致	男	江苏省涟水中等专业学校学生	江苏省“三创”优秀学生	江苏省教育厅 团省委
戴子洋	男	江苏省涟水中等专业学校学生	江苏省“三创”优秀学干	江苏省教育厅 团省委
杨荟如	女	江苏省涟水中等专业学校学生	江苏省“三创”优秀学干	江苏省教育厅 团省委
李海燕	女	江苏省涟水中等专业学校教师	2022年江苏省班主任能力比赛中职组二等奖	江苏省教育厅职业教育处
马浩洲	男	涟水县教师发展中心教师	优秀辅导教师	共青团江苏省委、江苏省科协、江苏省少工委
王秀秀	女	江苏省涟水中等专业学校教师	2022年江苏省技能大赛服装设计与工艺一等奖	2022年江苏省技能大赛
董乾隆	男	江苏省涟水中等专业学校教师	2022年江苏省技能大赛中餐烹饪三等奖	2022年江苏省技能大赛
薛　成	男	江苏省涟水中等专业学校教师	2022年江苏省技能大赛工业产品设计与创客实践(教师组)三等奖	2022年江苏省技能大赛
华　瑞	男	江苏省涟水中等专业学校教师	2022年江苏省创新大赛创新启蒙组二等奖	2022年江苏省创新大赛
薛子恒	男	江苏省涟水中等专业学校教师	2022年江苏省创新大赛创新启蒙组二等奖	2022年江苏省创新大赛
李兴旺	男	江苏省涟水中等专业学校教师	2022年江苏省创新大赛创新启蒙组三等奖	2022年江苏省创新大赛
李海燕	女	江苏省涟水中等专业学校教师	2022年江苏省班主任能力比赛中职组二等奖	2022年江苏省班主任能力比赛
马浩洲	男	涟水县教师发展中心教师	课后服务学生活动优秀方案一等奖	江苏省中小学教学研究室
颜春红	女	涟水县教师发展中心教师	江苏省课题成果一等奖	江苏省教研室
汪均莉	女	高沟镇中心小学主任	省一等奖	省教育系统关心下一代工作委员会
李　鑫	男	中国人寿涟水支公司培训岗	优秀培训工作者	中国人寿江苏省分公司
张晓文	男	中国电信涟水分公司党建专员	党风廉政建设先进个人	中国电信江苏公司
许士平	男	国调队队长	嘉奖	国家统计局江苏调查总队
沈建宇	男	国调队办公室主任	嘉奖	国家统计局江苏调查总队
潘　爽	男	淮安三新供电服务有限公司涟水分公司所长兼党支部书记	2021年度江苏省“我们身边的好青年”	共青团江苏省委、江苏省文明办、江苏省通信管理局、江苏省青年联合会
查丽丽	女	国网江苏省电力有限公司涟水县供电分公司党委书记兼副总经理	劳动模范	国网江苏省电力有限公司
韩　翔	男	国网江苏省电力有限公司涟水县供电分公司输电运检技术	2021年群众性劳动竞赛输电线路专业先进个人	国网江苏省电力有限公司、国网江苏省电力有限公司工会
朱　健	男	国网江苏省电力有限公司涟水县供电分公司配电运检工	安全生产先进个人	国网江苏省电力有限公司安全生产委员会
高运昌	男	国网江苏省电力有限公司涟水县供电分公司综合配电工II	2022年配网不停电作业技能竞赛带电接10千伏空载电缆线路与架空线路连接引线项目第五名	国网江苏省电力有限公司设备管理部
景盼盼	女	国网江苏省电力有限公司涟水县供电分公司副值调控员	2022年度配网调控人员技能竞赛县调组第六名	江苏电力调度控制中心
景盼盼	女	国网江苏省电力有限公司涟水县供电分公司副值调控员	2022年度配网调控人员技能普考配网调控运行组第八名	江苏电力调度控制中心

续表 17

姓　名	性别	单位及职务	荣誉称号	表彰单位
宋建春	男	白蚁防治所所长	2022年度江苏省白蚁防治行业先进个人	江苏省房地产协会
朱慧芹	女	陈师街道办事处妇联主任	江苏省妇女儿童工作先进个人	江苏省人民政府妇女儿童工作委员会办公室
任国栋	男	东胡集镇退役军人服务站站长	全省100名优秀退役军人服务站站长	江苏省退役军人事务厅
濮　娟	女	涟水县人民医院院长	江苏省医学计量工作先进个人	江苏省计量测试学会、医学计量专业委员会
吴兰田	男	朱码街道农技站指导员	首届“苏米工匠”	江苏省农业技术推广协会、江苏省作物学会、江苏省水稻产业技术体系
孟海荣	男	客户经理	先进个人	中国邮政储蓄银行股份有限公司江苏省分行
殷其媛	女	综合管理	先进个人	中国邮政储蓄银行股份有限公司江苏省分行
王　淼	男	中国农业发展银行涟水县支行综合部副主管	省分行“百佳员工”	中国农业发展银行江苏省分行
徐同兴	男	涟水县市场监督管理局副局长	全省物品编码工作个人优秀等次	中国物品编码中心江苏分中心
姜　峰	男	涟水县市场监督管理局科长	全省物品编码工作个人优秀等次	中国物品编码中心江苏分中心
王梦真	女	涟水县地方志办公室方志科科长	2021年度全省地方志系统政务信息报送先进个人	江苏省地方志办公室

2022年度市和市条线表彰的先进个人一览表

表 18

姓　名	性别	单位及职务	荣誉称号	表彰单位
刘怀远	男	涟水县自然资源和规划局耕地保护监督科科长	全市重特大项目攻坚先进个人	中共淮安市委、淮安市人民政府
谢正亚	男	涟城街道党工委书记　一级主任科员	安全生产工作先进个人	中共淮安市委、淮安市人民政府
季成俊	男	涟水县城管局党委委员、副局长	安全生产工作先进个人	中共淮安市委、淮安市人民政府
王　伟	男	县委常委、县经济开发区党工委书记	2022年重特大项目招商尖兵	淮安市人民政府
高书专	男	江苏涟水经济开发区招商七部部长	2022年度淮安市重特大项目攻坚工作先进个人	淮安市人民政府
周素明	男	江苏今世缘酒业股份有限公司党委书记、董事长	2021淮安年度经济人物	淮安市人民政府
金绍武	男	江苏今世缘酒业股份有限公司酿酒中心副主任	第二届淮安工匠	淮安市人民政府
李　峰	男	国网江苏省电力有限公司涟水县供电分公司总经理兼党委副书记	淮安市五一劳动奖章	淮安市人民政府
辜雪巧	女	县委办公室一级科员	2022年度全市党委信息工作先进个人	中共淮安市委办公室
纪慧灵	男	江苏今世缘酒业股份有限公司品酒处品酒员	职业健康达人促进奖	淮安市卫生健康委员会、淮安市总工会
孙晓彪	男	涟水县水利局党委书记、局长	2021年全市河长制工作先进个人	淮安市全面推行河长创工作领导小组
薛春天	男	涟水县五港中心卫生院支部书记、院长	淮安市优秀全科医师	淮安市卫生健康委员会
徐　锴	男	涟水县盐业有限公司营销经理	2022年度先进工作者	淮安市盐业有限公司

续表18

姓　名	性别	单位及职务	荣誉称号	表彰单位
何自勤	男	涟水县盐业有限公司综合管理部主管	2022年度先进工作者	淮安市盐业有限公司
禹继兵	男	涟水县盐业有限公司市场运营管理部主管	优秀共产党员	淮安市盐业有限公司党委
王　刚	男	涟水县移动公司部门副经理	市公司先进个人	中国移动通信集团江苏有限公司淮安分公司
陶清和	女	涟水县移动公司网格长	市公司先进个人	中国移动通信集团江苏有限公司淮安分公司
何爱创	男	涟水县移动公司网格长	市公司先进个人	中国移动通信集团江苏有限公司淮安分公司
陈晓利	女	涟水县移动公司综合经营支撑	市公司先进个人	中国移动通信集团江苏有限公司淮安分公司
陈　静	女	涟水县移动公司集团客户经理	市公司先进个人	中国移动通信集团江苏有限公司淮安分公司
王海涛	女	涟水县移动公司综合支撑	市公司先进个人	中国移动通信集团江苏有限公司淮安分公司
胡晶晶	女	涟水县移动公司网格经理	市公司先进个人	中国移动通信集团江苏有限公司淮安分公司
孙永康	男	涟水县移动公司集团客户经理	市公司分工会积极分子	中国移动通信集团工会淮安分公司委员会
马龙成	男	涟水县移动公司集团客户经理	市公司分工会积极分子	中国移动通信集团工会淮安分公司委员会
李　菲	女	涟水县移动公司综合经营支撑	市公司分工会积极分子	中国移动通信集团工会淮安分公司委员会
王海涛	女	涟水县移动公司综合支撑	市公司分工会积极分子	中国移动通信集团工会淮安分公司委员会
尹学志	男	涟水县移动公司工程代维管理	市公司分工会积极分子	中国移动通信集团工会淮安分公司委员会
程　明	男	涟水县移动公司综合管理	市公司先进工会工作者	中国移动通信集团工会淮安分公司委员会
赵银涛	男	涟水县邮储银行客户经理	先进个人	中国邮政储蓄银行股份有限公司淮安市分行
潘今朝	女	涟水县邮储银行客户经理	先进个人	中国邮政储蓄银行股份有限公司淮安市分行
颜　静	女	涟水县邮储银行合规管理	先进个人	中国邮政储蓄银行股份有限公司淮安市分行
林　莉	女	涟水农村商业银行	2021年淮安市金融系统优秀共青团干部	中国共产主义青年团淮安市金融工作委员会
张芦芦	女	苏州银行涟水支行行助	服务实体经济“一保两提”工程先进个人	淮安银保监会
张芦芦	女	苏州银行涟水支行行助	2022市行先进工作者	苏州银行淮安分行
皇珊珊	女	苏州银行涟水支行理财经理	2022市行工会先进工作者	苏州银行淮安分行
王　淼	男	中国农业发展银行涟水县支行综合部副主管	市行先进个人	中国农业发展银行淮安市分行
黄育松	男	中国农业发展银行涟水县支行客户部副主管	市行先进个人	中国农业发展银行淮安市分行
王亚军	男	涟水县烟草专卖局(分公司)党支部组织委员、副经理	先进个人	淮安市烟草专卖局(公司)
牛　军	男	涟水县烟草专卖局(分公司)办公室主任	先进个人	淮安市烟草专卖局(公司)
徐红伟		涟水县烟草专卖局(分公司)客户服务科渠道专员	先进个人	淮安市烟草专卖局(公司)
薛　涛	男	涟水县烟草专卖局(分公司)客户服务科客户经理	先进个人	淮安市烟草专卖局(公司)

续表18

姓　名	性别	单位及职务	荣誉称号	表彰单位
熊大江	男	涟水县烟草专卖局(分公司)客户服务科客户经理	先进个人	淮安市烟草专卖局(公司)
汤海林	男	涟水县烟草专卖局(分公司)专卖管理科稽查中队长	先进个人	淮安市烟草专卖局(公司)
吴炳洋	男	涟水县烟草专卖局(分公司)专卖管理科稽查队员	先进个人	淮安市烟草专卖局(公司)
薛　年	男	涟水县烟草专卖局(分公司)办公室行政管理员	先进个人	淮安市烟草专卖局(公司)
陈亚国	男	麻垛中心小学严庄小学主任	先进个人	淮安关心下一代工作委员会
卢梅英	女	徐集中心小学教师	淮安市"最美教师"	淮安市教育局
嵇晓珺	女	县教育体育局中教科副科长	2021—2022年度全市"周恩来班"创建先进个人	淮安市委宣传部、淮安市教育局、淮安市关心下一代工作委员会、淮安市团委、淮安市周恩来邓颖超研究会
刘　坚	男	副主任	优秀校外教育辅导员	淮安市关心下一代工作委员会
陈玉芹	女	副主任	优秀校外教育辅导员	淮安市关心下一代工作委员会
徐　飞	男	涟水县淮文外国语学校	优秀校外教育辅导员	淮安市关心下一代工作委员会
殷　波	男	涟水县河网中心小学副校长	优秀校外教育辅导员	淮安市关心下一代工作委员会
王　松	男	涟水县河网中心小学后勤主任	优秀校外教育辅导员	淮安市关心下一代工作委员会
刘　玲	女	涟水县幸福里实验小学副校长	优秀校外教育辅导员	淮安市关心下一代工作委员会
冯金龙	男	涟水县幸福里实验小学主任	优秀校外教育辅导员	淮安市关心下一代工作委员会
朱鹏程	男	涟水县幸福里实验小学老师	优秀校外教育辅导员	淮安市关心下一代工作委员会
潘龙浩	男	涟水县方渡小学副校长	优秀校外教育辅导员	淮安市关心下一代工作委员会
陈亚军	女	涟水县方渡小学德育主任	优秀校外教育辅导员	淮安市关心下一代工作委员会
周祝君	男	涟水县南集中心小学教师	优秀校外教育辅导员	淮安市关心下一代工作委员会
刘　姝	男	涟水县南集中心小学教师	优秀校外教育辅导员	淮安市关心下一代工作委员会
周祝君	男	涟水县南集中心小学教师	优秀代理家长	淮安市老干部局、淮安市关心下一代工作委员会
陈桂江	男	涟水县军民小学主任	优秀校外教育辅导员	淮安市关心下一代工作委员会
李　慧	女	涟水县军民小学副校长	优秀校外教育辅导员	淮安市关心下一代工作委员会
潘龙浩	男	涟水县方渡小学副校长	优秀校外教育辅导员	淮安市关心下一代工作委员会
陈亚军	女	涟水县方渡小学德育主任	优秀校外教育辅导员	淮安市关心下一代工作委员会
郁金星	男	涟水县南门小学　副校长	优秀校外教育辅导员	淮安市关心下一代工作委员会
徐卫军	男	涟水县南门小学主任	优秀校外教育辅导员	淮安市关心下一代工作委员会
孙建文	男	涟水县南门小学主任	优秀校外教育辅导员	淮安市关心下一代工作委员会
濮　芹	女	涟水县外国语学校主任	优秀校外教育辅导员	淮安市关心下一代工作委员会
朱义兵	男	涟水县外国语学校主任	优秀校外教育辅导员	淮安市关心下一代工作委员会
杨黎明	女	涟水县外国语学校教师	优秀校外教育辅导员	淮安市关心下一代工作委员会
王礼志	女	涟水县唐集学教务副主任	优秀校外教育辅导员	淮安市关心下一代工作委员会
费亮亮	男	涟水县唐集学教务副主任	优秀校外教育辅导员	淮安市关心下一代工作委员会
谷　祥	男	涟水县五港中学工会主席	优秀校外教育辅导员	淮安市关心下一代工作委员会
汪国柱	男	涟水县五港中学德育处副主任	优秀校外教育辅导员	淮安市关心下一代工作委员会
葛宝军	男	五港镇中心小学副校长	优秀校外教育辅导员	淮安市关心下一代工作委员会

续表18

姓　名	性别	单位及职务	荣誉称号	表彰单位
周晓巧	女	陈师镇中心小学教师	优秀校外教育辅导员	淮安市关心下一代工作委员会
刘　峰	男	浅集中心小学教师	优秀校外教育辅导员	淮安市关心下一代工作委员会
张绍喜	男	涟水县蒋庵中心小学教师	优秀校外教育辅导员	淮安市关心下一代工作委员会
郑红梅	女	涟水县蒋庵中心小学教师	优秀校外教育辅导员	淮安市关心下一代工作委员会
孙　霞	女	岔庙学校小学部教师	优秀校外教育辅导员	淮安市关心下一代工作委员会
徐晓玲	女	北集学校小学部教师	优秀校外教育辅导员	淮安市关心下一代工作委员会
陈　文	男	北集学校小学部教师	优秀校外教育辅导员	淮安市关心下一代工作委员会
陈洪梅	女	南集中学教师	优秀校外教育辅导员	淮安市关心下一代工作委员会
郭　进	男	南集中学教师	优秀校外教育辅导员	淮安市关心下一代工作委员会
卜　林	男	大东学校教师	优秀校外教育辅导员	淮安市关心下一代工作委员会
袁雨云	女	大东学校教师	优秀校外教育辅导员	淮安市关心下一代工作委员会
罗井南	男	徐集中心小学教师	优秀校外教育辅导员	淮安市关心下一代工作委员会
辛海松	男	江苏涟水经济开发区实验学校教务主任	优秀校外教育辅导员	淮安市关心下一代工作委员会
杨玉立	男	江苏涟水经济开发区实验学校总务处主任	优秀校外教育辅导员	淮安市关心下一代工作委员会
金传芹	女	江苏涟水经济开发区实验学校教务处副主任	优秀校外教育辅导员	淮安市关心下一代工作委员会
薛书玲	女	黄营中心小学教师	优秀校外教育辅导员	淮安市关心下一代工作委员会
马乃军	男	涟水县南禄学校副校长	淮安市优秀校外教育辅导员	淮安市关心下一代工作委员会
马同艳	女	涟水县南禄学校教师	淮安市优秀校外教育辅导员	淮安市关心下一代工作委员会
王　伟	男	涟水县南禄学校德育主任	淮安市优秀校外教育辅导员	淮安市关心下一代工作委员会
余君平	女	前进中心小学教师	优秀校外教育辅导员	淮安市关心下一代工作委员会
周建建	男	前进中心小学教师	优秀校外教育辅导员	淮安市关心下一代工作委员会
刘　莹	女	前进中心小学教师	优秀校外教育辅导员	淮安市关心下一代工作委员会
陈　飞	男	小李集中心小学关工委秘书长	优秀校外教育辅导员	淮安市关心下一代工作委员会
桂　静	女	小李集中心小学教师	优秀校外教育辅导员	淮安市关心下一代工作委员会
袁志会	男	高沟镇中心小学主任	优秀校外教育辅导员	淮安市关心下一代工作委员会
王恩松	男	高沟镇中心小学主任	优秀校外教育辅导员	淮安市关心下一代工作委员会
柴秀文	男	佘圩学校校长	优秀校外教育辅导员	淮安市关心下一代工作委员会
韩少昌	男	涟水县教育体育局办事员	2021年度淮安市优秀网评员	中共淮安市委网信办
王文林	男	江苏省涟水中等专业学校党委书记、校长	淮安市优秀教育工作者	淮安市教育局
潘银春	男	江苏省郑梁梅高级中学党委委员、副校长	淮安市优秀教育工作者	淮安市教育局
水玉军	男	江苏省涟水中学副校长	淮安市优秀教育工作者	淮安市教育局
王成超	男	涟水县第一中学副校长	淮安市优秀教育工作者	淮安市教育局
周　红	女	江苏省淮阴中学教育集团涟水滨河高级中学副校长	淮安市优秀教育工作者	淮安市教育局
纪黎明	男	涟水县高沟中学办公室主任	淮安市优秀教师	淮安市教育局
顾晓军	男	涟水县郑梁梅中学级部主任	淮安市优秀教师	淮安市教育局
王　军	男	涟水县第一中学备课组长	淮安市优秀教师	淮安市教育局
朱婷婷	女	涟水县徐集中学办公室副主任	淮安市优秀教师	淮安市教育局
井润东	男	涟水县陈师镇中心小学主任	淮安市优秀教师	淮安市教育局

续表18

姓　名	性别	单位及职务	荣誉称号	表彰单位
孙志军	男	江苏省淮阴中学教育集团涟水滨河高级中学副校长	淮安市优秀教师	淮安市教育局
王　金	男	涟水县实验小学副校长	淮安市优秀教师	淮安市教育局
孙腾蛟	男	涟水县高沟镇中心小学副校长	淮安市优秀教师	淮安市教育局
祖婷婷	女	江苏省涟水中学教师	淮安市优秀教师	淮安市教育局
薛　帆	女	涟水县幸福里实验小学副校长	淮安市优秀教师	淮安市教育局
张红军	男	江苏省郑梁梅高级中学高三级部副主任	淮安市优秀教师	淮安市教育局
孙　月	女	涟水县淮文外国语学校初一级部副主任	淮安市优秀教师	淮安市教育局
傅海琴	女	江苏省涟水中等专业学校教师	淮安市优秀教师	淮安市教育局
刘　煜	女	江苏省涟水中学备课组长	淮安市模范教师	淮安市教育局
吴国静	女	涟水县外国语学校教师	淮安市模范教师	淮安市教育局
陈　峰	男	涟水县南集中学教师	淮安市优秀班主任	淮安市教育局
陈建忠	男	涟水县义兴中学教务主任	淮安市优秀班主任	淮安市教育局
陈　雷	男	江苏省涟水中学副主任	淮安市优秀班主任	淮安市教育局
陈玉芹	女	向阳小学校教务副主任	淮安市优秀班主任	淮安市教育局
陈志刚	男	涟水县徐集中学教师	淮安市优秀班主任	淮安市教育局
邓天才	男	涟水县南集中心小学教师	淮安市优秀班主任	淮安市教育局
丁黎黎	女	涟水县幸福里实验小学教师	淮安市优秀班主任	淮安市教育局
方　磊	男	涟水县五港中学德育副主任	淮安市优秀班主任	淮安市教育局
高成银	女	涟水县第一中学教师	淮安市优秀班主任	淮安市教育局
高少来	男	涟水县外国语高级中学副主任	淮安市优秀班主任	淮安市教育局
顾晓军	男	涟水县郑梁梅中学级部主任	淮安市优秀班主任	淮安市教育局
关海艳	女	涟水县大东学校教师	淮安市优秀班主任	淮安市教育局
郭　坤	男	涟水县第四中学教师	淮安市优秀班主任	淮安市教育局
胡德秀	女	涟水县高沟中学教师	淮安市优秀班主任	淮安市教育局
黄伶俐	女	涟水县特殊教育学校教师	淮安市优秀班主任	淮安市教育局
季佩景	男	涟水县安东学校教师	淮安市优秀班主任	淮安市教育局
李　静	男	涟水县灰墩中心小学教科室主任	淮安市优秀班主任	淮安市教育局
周登科	男	涟水县义兴中心小学教师	淮安市优秀班主任	淮安市教育局
刘红霞	女	时码中心小学教师	淮安市优秀班主任	淮安市教育局
刘建东	男	涟水县东胡集学校校办副主任	淮安市优秀班主任	淮安市教育局
刘晓艾	男	涟水县实验中学校办主任	淮安市优秀班主任	淮安市教育局
罗海艳	女	涟水县实验小学教师	淮安市优秀班主任	淮安市教育局
马尔超	男	岔庙镇中心小学教师	淮安市优秀班主任	淮安市教育局
沈丽达	男	江苏省涟水中等专业学校级部副主任	淮安市优秀班主任	淮安市教育局
沈珍惠	女	涟水县涟西(南)中学教师	淮安市优秀班主任	淮安市教育局
苏秀梦	女	江苏涟水经济开发区实验学校教务副主任	淮安市优秀班主任	淮安市教育局
孙　跃	男	江苏省淮阴中学教育集团涟水滨河高级中学教师	淮安市优秀班主任	淮安市教育局

续表18

姓　名	性别	单位及职务	荣誉称号	表彰单位
王红玉	女	涟水县朱码外国语学校教师	淮安市优秀班主任	淮安市教育局
吴素红	女	涟水县河网中心小学教师	淮安市优秀班主任	淮安市教育局
席　艳	女	涟水县蒋庵中心小学教师	淮安市优秀班主任	淮安市教育局
徐　利	女	涟水县淮文外国语学校备课组长	淮安市优秀班主任	淮安市教育局
徐　亚	男	江苏省郑梁梅高级中学教师	淮安市优秀班主任	淮安市教育局
杨佳利	女	涟水县高沟镇中心小学教师	淮安市优秀班主任	淮安市教育局
杨　利	女	涟水县南门小学教师	淮安市优秀班主任	淮安市教育局
尹　霞	女	涟水县杨口中心小学教师	淮安市优秀班主任	淮安市教育局
张彩霞	女	涟水县外国语学校教师	淮安市优秀班主任	淮安市教育局
张兰兰	女	涟水县郑梁梅小学德育副主任	淮安市优秀班主任	淮安市教育局
张业飞	男	涟水县红日中学教师	淮安市优秀班主任	淮安市教育局
赵佳丽	女	涟水县黄营中心小学教师	淮安市优秀班主任	淮安市教育局
赵　静	女	涟水县军民小学教师	淮安市优秀班主任	淮安市教育局
周小军	男	涟水县小李集中心小学教务副主任	淮安市优秀班主任	淮安市教育局
周晓巧	女	涟水县陈师镇中心小学教师	淮安市优秀班主任	淮安市教育局
朱玲丽	女	涟水县实验幼儿园教师	淮安市优秀班主任	淮安市教育局
朱士云	女	涟水县河网中学教师	淮安市优秀班主任	淮安市教育局
左　健	男	涟水县陈师中学教师	淮安市优秀班主任	淮安市教育局
朱延霞	女	涟水县麻垛中心小学教师	淮安市优秀班主任	淮安市教育局
左　冲	女	涟水县前进镇中心小学班主任	淮安市优秀班主任	淮安市教育局
朱爱红	女	南禄中心小学教师	淮安市优秀班主任	淮安市教育局
厉　芹	女	涟水县保滩中心小学班主任	淮安市优秀班主任	淮安市教育局
李　斌	男	涟水县陈师镇中心小学副校长	淮安市533英才拔尖人才	淮安市人才办
熊　丹	女	江苏省涟水中等专业学校副主任	淮安市533英才骨干人才	淮安市人才办
林海明	男	江苏省涟水中等专业学校副校长	淮安市533英才骨干人才	淮安市人才办
朱　飞	男	江苏省涟水中学党委委员副校长	淮安市533英才骨干人才	淮安市人才办
刘永年	男	江苏省涟水中学教师	淮安市533英才骨干人才	淮安市人才办
宋金男	男	江苏省涟水中学党政办副主任	淮安市533英才骨干人才	淮安市人才办
陶籽伊	男	江苏省涟水中学教师	淮安市533英才骨干人才	淮安市人才办
潘登俊	男	江苏省涟水中学高一级部副主任	淮安市533英才骨干人才	淮安市人才办
王慧艳	女	江苏省郑梁梅高级中学备课组长	淮安市533英才骨干人才	淮安市人才办
张家桃	女	江苏省郑梁梅高级中学教师	淮安市533英才骨干人才	淮安市人才办
刘　伟	男	涟水县外国语学校副主任	淮安市533英才骨干人才	淮安市人才办
贾建波	男	涟水县外国语学校主任	淮安市533英才骨干人才	淮安市人才办
周　舟	男	涟水县实验中学副校长	淮安市533英才骨干人才	淮安市人才办
王　莹	女	涟水县第一中学教师	淮安市533英才骨干人才	淮安市人才办
杨亚平	女	涟水县第一中学备课组长	淮安市533英才骨干人才	淮安市人才办
顾尔曼	女	涟水县第一中学教师	淮安市533英才骨干人才	淮安市人才办

续表18

姓　名	性别	单位及职务	荣誉称号	表彰单位
徐　青	女	涟水县第一中学教师	淮安市533英才骨干人才	淮安市人才办
谢政霞	女	涟水县第一中学教师	淮安市533英才骨干人才	淮安市人才办
魏霞云	女	涟水县第一中学教研组长	淮安市533英才骨干人才	淮安市人才办
井伊康	男	涟水县陈师中学校长	淮安市533英才骨干人才	淮安市人才办
王治天	男	涟水县高沟中学主任	淮安市533英才骨干人才	淮安市人才办
常学勇	男	涟水县高沟中学主任	淮安市533英才骨干人才	淮安市人才办
韩　峰	男	涟水县方渡中学副校长	淮安市533英才骨干人才	淮安市人才办
孙　胜	男	涟水县淮文外国语学校教师	淮安市533英才骨干人才	淮安市人才办
杨　明	男	涟水县淮文外国语学校校聘副校长	淮安市533英才骨干人才	淮安市人才办
苏秀梦	女	江苏涟水经济开发区实验学校副主任	淮安市533英才骨干人才	淮安市人才办
朱月光	男	涟水县唐集学校校长党支部书记	淮安市533英才骨干人才	淮安市人才办
沈月红	女	涟水县实验小学教务主任	淮安市533英才骨干人才	淮安市人才办
张　春	男	涟水县郑梁梅小学办公室主任	淮安市533英才骨干人才	淮安市人才办
谈　成	男	涟水县方渡中心小学副校长	淮安市533英才骨干人才	淮安市人才办
金晓莉	女	涟水县南门小学教师	淮安市533英才骨干人才	淮安市人才办
张　艳	女	涟水县保滩中心小学教师	淮安市533英才骨干人才	淮安市人才办
徐建国	男	炎黄职业技术学院　副院长	优秀教育工作者	淮安市教育局
徐向春	女	涟水县教体局关工委秘书长	市教育系统关心下一代工作先进个人	淮安市委教育工委
马浩洲	男	涟水县教师发展中心教师	先进个人	淮安市计算机学会
孙　静	女	涟水县红窑中学教师	淮安市"梦想与担当"青少年征文大赛优秀指导教师	淮安市精神文明建设指导委员会办公室
姜小香	女	涟水县军民小学教师	淮安市"梦想与担当"青少年征文大赛优秀指导教师	淮安市精神文明建设指导委员会办公室
陈　雷	男	江苏省涟水中学、党政办副主任	淮安2021—2022学年度普通高中教育工作先进个人	淮安市教育局
张　慧	女	江苏省涟水中学、德育处干事	淮安2021—2022学年度普通高中教育工作先进个人	淮安市教育局
于　焱	女	江苏省郑梁梅高级中学、德育处干事	淮安2021—2022学年度普通高中教育工作先进个人	淮安市教育局
刘蓉蓉	女	江苏省郑梁梅高级中学、教研组长	淮安2021—2022学年度普通高中教育工作先进个人	淮安市教育局
孙　跃	男	江苏省淮阴中学教育集团涟水滨河高级中学	淮安2021—2022学年度普通高中教育工作先进个人	淮安市教育局
罗利华	女	涟水县第一中学教师	淮安2021—2022学年度普通高中教育工作先进个人	淮安市教育局
尤　山	男	涟水县外国语高级中学、德育处主任、高三级部主任	淮安2021—2022学年度普通高中教育工作先进个人	淮安市教育局
陈亚明	男	江苏省涟水中学教师	淮安市2021—2022学年度普通高中教学工作先进个人	淮安市教育局
尤丽佳	女	江苏省涟水中学教师	淮安市2021—2022学年度普通高中教学工作先进个人	淮安市教育局

续表18

姓　名	性别	单位及职务	荣誉称号	表彰单位
姚玉敏	女	江苏省郑梁梅高级中学教师	淮安市2021—2022学年度普通高中教学工作先进个人	淮安市教育局
韩艳春	女	江苏省郑梁梅高级中学教师	淮安市2021—2022学年度普通高中教学工作先进个人	淮安市教育局
杨友宏	男	江苏省淮阴中学教育集团涟水滨河高级中学、党政办主任	淮安市2021—2022学年度普通高中教学工作先进个人	淮安市教育局
肖玉高	男	涟水县第一中学教师	淮安市2021—2022学年度普通高中教学工作先进个人	淮安市教育局
周　威	男	涟水金城高级中学、团委书记	淮安市2021—2022学年度普通高中教学工作先进个人	淮安市教育局
马海芹	女	涟水县外国语高级中学、团委副书记	淮安市2021—2022学年度普通高中教学工作先进个人	淮安市教育局
朱明星	女	涟水县成集学校教师	2022年淮安市中小学班主任基本功竞赛一等奖	淮安市教育局
徐珊珊	女	江苏涟水经济开发区实验学校教师	2022年淮安市中小学班主任基本功竞赛二等奖	淮安市教育局
姚　燕	女	涟水县北集中学教师	2022年淮安市中小学班主任基本功竞赛二等奖	淮安市教育局
王慧艳	女	江苏省郑梁梅高级中学教师	2022年淮安市中小学班主任基本功竞赛一等奖	淮安市教育局
高大伟	男	江苏省淮阴中学教育集团涟水滨河高级中学教师	2022年淮安市中小学班主任基本功竞赛一等奖	淮安市教育局
曹东升	男	江苏省郑梁梅高级中学教师	淮安市师德模范	淮安市教育局
何　悦	男	涟水县气象局原党组书记、局长	淮安市气象局2021年度考核优秀等次	淮安市气象局
吴春晓	男	涟水县气象局党组成员、纪检组组长	“读书·崇德·兴廉”廉洁文化有奖征文三等奖	淮安市气象局、淮安市气象学会
陈　磊	男	涟水县气象局支委委员、气象台台长	2021年度重大气象服务先进个人	淮安市气象局
陈　磊	男	涟水县气象局支委委员、气象台台长	“淮安市技术能手”	淮安市人力资源部和社会保障局
陈　磊	男	涟水县气象局支委委员、气象台台长	“淮安市五一创新能手”	淮安市总工会
陈　磊	男	涟水县气象局支委委员、气象台台长	淮安市气象综合业务标兵	淮安市气象局
陈　磊	男	涟水县气象局支委委员、气象台台长	淮安市气象行业职业技能大赛中个人全能第二名	淮安市气象局
陈　磊	男	涟水县气象局支委委员、气象台台长	淮安市气象行业职业技能大赛中“综合业务理论”第二名	淮安市气象局
陈　磊	男	涟水县气象局支委委员、气象台台长	淮安市气象行业职业技能大赛中“装备技术保障”第三名	淮安市气象局
陈　磊	男	涟水县气象局支委委员、气象台台长	“读书·崇德·兴廉”廉洁文化有奖征文一等奖	淮安市气象局、淮安市气象学会
陈　磊	男	涟水县气象局支委委员、气象台台长	2022年淮安气象科学技术进步成果三等奖	淮安市气象学会
陈　磊	男	涟水县气象局支委委员、气象台台长	2021年度学会工作优秀会员	淮安市气象学会
张成杰	男	涟水县气象局办公室主任	淮安市气象局2021年度考核优秀等次	淮安市气象局

续表18

姓　名	性别	单位及职务	荣誉称号	表彰单位
张成杰	男	涟水县气象局办公室主任	“读书·崇德·兴廉”廉洁文化有奖征文二等奖	淮安市气象局、淮安市气象学会
张成杰	男	涟水县气象局办公室主任	淮安市首届气象科普讲解大赛优秀奖	淮安市气象局、淮安市气象学会
朱晓晓	女	涟水县气象局团支部书记、气象台预报员	淮安市首届气象科普讲解大赛三等奖	淮安市气象局、淮安市气象学会
李国成	男	涟水县气象局支委委员、防雷管理中心主任	2021年度学会工作优秀会员	淮安市气象学会
李国成	男	涟水县气象局支委委员、防雷管理中心主任	防雷安全管理工作表现突出个人	淮安市气象局
李国成	男	涟水县气象局支委委员、防雷管理中心主任	淮安市“最美家庭”	淮安市妇女联合会
徐梦菲	女	中国人寿涟水支公司培训岗	2022年第九届国寿好声音一等奖	中国人寿淮安市分公司
李亮亮	男	中国人寿涟水支公司机构部副经理	先进个人	中国人寿淮安市分公司
胡家楼	男	中国人寿涟水支公司行政事务岗	“读经典，悟思想”读书观影活动一等奖	中国人寿淮安市分公司
蒋行佳	男	南京银行个人客户经理	2022年度南京银行淮安分行先进工作者	南京银行淮安分行
王东成	男	中国电信涟水分公司销售部主任	优秀党务工作者	中国电信淮安分公司
吴国静	女	国家税务总局涟水县税务局党建工作股副股长、机关党委副书记	2021年度淮安市三八红旗手标兵	淮安市妇女联合会
成锐家庭	男	国家税务总局涟水县税务局纳税服务股股长	淮安市“最美家庭”	淮安市妇女联合会
乔红云家庭	女	国家税务总局涟水县税务局纳税服务股副股长	淮安市“五好家庭”	淮安市妇女联合会
徐青山	男	国家税务总局涟水县税务局大东税务分局挂职大东镇副镇长	无偿献血奉献奖银奖	淮安市中心血站
殷　翔	男	江苏涟水太商村镇银行股份有限公司特殊资产管理部副总经理	淮安市银行业协会2022年度先进个人	淮安市银行业协会
张　羽	男	江苏涟水太商村镇银行股份有限公司业务发展部总经理	2022年淮安市银行业保险业服务实体经济“一保两提”工程先进个人	中国银保监会淮安监管分局
吴宏兰	女	涟水县财政局国库科科长	全市先进会计个人	淮安市财政局
纪明珠	男	涟水县审计局财政金融审计科副科长	2022年第二季度“信息宣传先进个人”	淮安市审计局
赵立波	男	刑警大队技术中队中队长	第五届“淮安最美警察”记个人三等功、颁发奖章、证书	淮安市公安局
卢方田	男	巡特警大队二中队中队长	第五届“淮安最美警察”提名奖，个人嘉奖、颁发证书	淮安市公安局
闫双磊	男	刑警大队副大队长	淮安市五一创新能手	淮安市公安局、淮安市人力资源和社会保障局、淮安市总工会
张　植	男	淮浦路派出所一级警员	记个人三等功、颁发奖章、证书	淮安市公安局
陈志越	男	刑警大队一中队一级警员	记个人三等功、颁发奖章、证书	淮安市公安局
许　磊	男	刑警大队一中队副中队长	记个人三等功、颁发奖章、证书	淮安市公安局
桑　勇	男	高沟所所长	2021年度全市社会治理工作先进个人	中共淮安市委办公室、淮安市人民政府

续表18

姓　名	性别	单位及职务	荣誉称号	表彰单位
沈　润	男	淮浦路副所长	2021年度全市社会治理工作先进个人	中共淮安市委办公室、淮安市人民政府
张　佳	男	看守所四级警长	全市监管部门疫情防控工作表现突出个人	淮安市公安局
张彦峰	男	看守所四级警长	全市监管部门疫情防控工作表现突出个人	淮安市公安局
嵇士兵	男	看守所一级警长	全市监管部门疫情防控工作表现突出个人	淮安市公安局
林建飞	男	法制大队综合中队中队长	全市公安机关“十大青年卫士”颁发证书、奖杯	淮安市公安局　、共青团淮安市委
陈志鹏	男	法制大队中队长	全市“七五”普法工作先进个人	中共淮安市委宣传部、淮安市法治宣传教育领导小组办公室、淮安市司法局
张　言	男	政治处组织教育科科长	2021年度全市公安机关思想政治工作优秀政工干部	淮安市公安局
周培雷	男	政治处新闻宣传中心主任	2021年度全市公安机关思想政治工作优秀政工干部	淮安市公安局
韩梅花	女	行政审批科科长	记个人三等功、颁发奖章、证书	淮安市公安局
张　言	男	政治处组织教育科科长	个人嘉奖、颁发证书	淮安市公安局
林建飞	男	法制大队综合中队队长	个人嘉奖、颁发证书	淮安市公安局
周凤芹	女	经济开发区派出所综合指挥室副主任	个人嘉奖、颁发证书	淮安市公安局
郑　科	男	涟水县公安局副局长	2021年度刑事犯罪打防质效工作成绩突出个人,记个人三等功、颁发奖章、证书	淮安市公安局
徐景新	男	同兴集派出所副所长	2021年度刑事犯罪打防质效工作成绩突出个人,通报表扬	淮安市公安局
徐　骞	男	唐集派出所所长	2021年度刑事犯罪打防质效工作成绩突出个人,通报表扬	淮安市公安局
程　啸	男	石湖派出所副所长	2021年度刑事犯罪打防质效工作成绩突出个人,通报表扬	淮安市公安局
桑　勇	男	高沟派出所所长	个人嘉奖、颁发证书	淮安市公安局
马仁慧	男	涟水县公安局局长	全市公安机关党的二十大安保维稳工作成绩突出个人,记个人三等功、颁发奖章、证书	淮安市公安局
张　言	男	政治处组织教育科科长	全市公安机关党的二十大安保维稳工作成绩突出个人,记个人三等功、颁发奖章、证书	淮安市公安局
翟树权	男	政保大队教导员	全市公安机关党的二十大安保维稳工作成绩突出个人,记个人三等功、颁发奖章、证书	淮安市公安局
唐海军	男	巡特警大队看护中队中队长	全市公安机关党的二十大安保维稳工作成绩突出个人,记个人三等功、颁发奖章、证书	淮安市公安局
李洪波	男	义兴派出所所长	全市公安机关党的二十大安保维稳工作成绩突出个人,记个人三等功、颁发奖章、证书	淮安市公安局

续表18

姓 名	性别	单位及职务	荣誉称号	表彰单位
王 正	男	红窑派出所所长	全市公安机关党的二十大安保维稳工作成绩突出个人，记个人三等功、颁发奖章、证书	淮安市公安局
许建军	男	交警大队副大队长	全市公安机关党的二十大安保维稳工作成绩突出个人，通报表扬	淮安市公安局
宋志豪	男	网安大队一级警员	全市公安机关党的二十大安保维稳工作成绩突出个人，通报表扬	淮安市公安局
王 宝	男	治安大队场所行业管理中队中队长	全市公安机关党的二十大安保维稳工作成绩突出个人，通报表扬	淮安市公安局
朱航宇	男	涟城派出所一级警员	全市公安机关党的二十大安保维稳工作成绩突出个人，通报表扬	淮安市公安局
石庆吉	男	经济开发区派出所一级警员	全市公安机关党的二十大安保维稳工作成绩突出个人，通报表扬	淮安市公安局
王洪笑	男	大东派出所所长	全市公安机关党的二十大安保维稳工作成绩突出个人，通报表扬	淮安市公安局
朱伟刚	男	梁岔派出所一级警员	全市公安机关党的二十大安保维稳工作成绩突出个人，通报表扬	淮安市公安局
朱德康	男	朱码派出所社区警务队副队长	全市公安机关党的二十大安保维稳工作成绩突出个人，通报表扬	淮安市公安局
禹 强	男	涟水县美达环卫有限公司副总经理	2022年度优秀环卫工人	淮安市城市管理局
王亚美	女	涟水县美达环卫有限公司清扫中心组长	2022年度优秀环卫工人	淮安市城市管理局
吴国恩	男	涟水县美达环卫有限公司清运中心驾驶员	2022年度优秀环卫工人	淮安市城市管理局
黄向前	男	保滩司法所所长	淮安市“七五”普法工作先进个人	中共淮安市委宣传部、淮安市法治宣传教育领导小组、淮安市司法局
李树栋	男	涟水县司法局一级科员	淮安市“七五”普法工作先进个人	中共淮安市委宣传部、淮安市法治宣传教育领导小组、淮安市司法局
潘 爽	男	淮安三新供电服务有限公司涟水分公司所长兼党支部书记	2021年淮安市青年岗位能手	共青团淮安市委、淮安市文明办
李 峰	男	国网江苏省电力有限公司涟水县供电分公司总经理兼党委副书记	优秀经营管理者	国网淮安供电公司
王 哲	女	淮安三新供电服务有限公司涟水分公司纪检监督干事	先进工作者	国网淮安供电公司
邱宝璐	女	国网江苏省电力有限公司涟水县供电分公司党支部书记兼副主任	先进工作者	国网淮安供电公司
曾明杰	男	国网江苏省电力有限公司涟水县供电分公司副班长	先进工作者	国网淮安供电公司
马相如	男	国网江苏省电力有限公司涟水县供电分公司综合配电工Ⅱ	先进工作者	国网淮安供电公司

续表18

姓　名	性别	单位及职务	荣誉称号	表彰单位
李士洲	男	国网江苏省电力有限公司涟水县供电分公司变电二次检修工	国网淮安供电公司优秀共青团员	共青团国网淮安供电公司委员会
王　成	男	国网江苏省电力有限公司涟水县供电分公司综合配电工II	国网淮安供电公司优秀共青团员	共青团国网淮安供电公司委员会
赵一夫	男	国网江苏省电力有限公司涟水县供电分公司副值调控员	国网淮安供电公司优秀共青团员	共青团国网淮安供电公司委员会
朱　越	女	淮安三新供电服务有限公司涟水分公司副主任	国网淮安供电公司优秀共青团干部	共青团国网淮安供电公司委员会
徐　璐	女	县纪委监委宣教室主任(负责办公室工作)	普法先进个人	淮安市委宣传部、市司法局
梁俊峰	男	县纪委监委第七派驻纪检监察组组长	助残先进个人	淮安市政府残疾人工作委员会
常雪莹	女	县纪委监委办公室副主任	纪检监察信息工作先进个人	淮安市纪委监委
徐　璐	女	县纪委监委宣教室主任(负责办公室工作)	普法先进个人	淮安市委宣传部、市司法局
周秀子	女	中共涟水县委宣传部理论科一级科员	2021—2022年度全市基层党员冬训工作先进个人	中共淮安市委宣传部、中共淮安市委组织部
孙爱明	男	涟水县人民法院审判管理办公室主任	第五届“淮安市十佳法官”	淮安市中级人民法院
张　健	男	涟水县人民法院陈师人民法庭庭长	第五届“淮安市十佳法官”提名	淮安市中级人民法院
薛巧玲	男	涟水县人民法院民事审判第二庭副庭长	2021年度调研信息工作先进个人	淮安市中级人民法院
杨加堂	男	涟水县文化广电和旅游局公共服务科负责人	“喜迎二十大　逐梦向未来”淮安市优秀主题演唱作品征集评选二等奖	中共淮安市委宣传部、淮安市文联、淮安市总工会、淮安市广播电视台
孙晓东	男	涟水县文化广电和旅游局办公室负责人	2022年度全市文广旅游系统信息宣传工作“先进个人”	淮安市文化广电和旅游局
力天阳	男	涟水县文化市场综合执法大队一级行政执法员	第三届淮安市文化市场综合执法岗位练兵技能竞赛先进个人三等奖	淮安市文化广电和旅游局、中共淮安市委宣传部、淮安市司法局、淮安市总工会、共青团淮安市委、淮安市妇女联合会
秦　正	男	涟水县文化市场综合执法大队一级行政执法员	第三届淮安市文化市场综合执法岗位练兵技能竞赛先进个人三等奖	淮安市文化广电和旅游局、中共淮安市委宣传部、淮安市司法局、淮安市总工会、共青团淮安市委、淮安市妇女联合会
王惠娟	女	涟水县文化市场综合执法大队一级行政执法员	第三届淮安市文化市场综合执法岗位练兵技能竞赛先进个人三等奖	淮安市文化广电和旅游局、中共淮安市委宣传部、淮安市司法局、淮安市总工会、共青团淮安市委、淮安市妇女联合会
张海山	男	涟水县文化市场综合执法大队副大队长、四级主办	淮安市2022年度文化市场综合执法“办案能手”	淮安市文化广电和旅游局
梁　云	女	涟水县信访局办信科科长	淮安市“最美信访干部”	淮安市信访工作联席会议
牟文凯	男	涟水县电子网络信访服务中心主任	全市信访工作“先进个人”	淮安市信访工作联席会议
范　鹰	男	涟水县信访局综合科办事员	重复访治理化解信访积案专项工作“先进个人”	淮安市信访工作联席会议
石芙蓉	女	涟水县信访局督查科科长	2022年度信访标准化工作“先进个人”	淮安市信访工作联席会议
张　驰	男	涟水县信访局办信科办事员	2022年度网上信访“工作标兵”	淮安市信访工作联席会议办公室
周鑫鑫	男	涟水县住房和城乡建设局信访副科长	淮安市信访工作联席办评选为办信工作标兵	淮安市信访工作联系会议办公室
张芳莉	女	涟水县建设工程质量检测中心副主任	淮安市住建系统2022年度“住建工匠”	淮安市住房和城乡建设局

续表18

姓　名	性别	单位及职务	荣誉称号	表彰单位
李昱勋	男	人武部政工科办事员干事	人武部建设优秀个人	淮安军分区
王　玮	女	五港镇蔡村工党总支书记、村委会主任兼涟水县妇联副主席	2022年淮安市"我们身边的好青年"	共青团淮安市委
庞艺蒙	女	五港镇人民政府纪委副书记兼镇妇联主席	全市网上信访工作标兵	淮安市信访工作联席会议办公室
刘井刚	男	红窑镇为民服务中心主任、普安村党总支书记	"百优"召集人	政协淮安市委员会
郑志超	男	红窑镇四级主任科员、团委书记、金城村党总支副书记	淮安市"小青淮"公益夏令营"优秀工作者"	共青团淮安市委
涂　月	女	红窑镇社会治理指挥中心网格员	2022年度淮安"最美网格员"	淮安市委政法委
侯美玲	女	红窑镇社会治理指挥中心网格员	2022年度淮安"最美网格员"	淮安市委政法委
高天扬	女	红窑镇社会治理指挥中心网格员	2022年度淮安"最美微网格联络员"	淮安市委政法委
张　姗	女	农村工作局工作人员	农产品质量安全监管员表扬名单	淮安市农业农村局
张　坤	男	农村工作局一级科员、皂角村党总支书记	淮安市首届乡村振兴青年标兵	共青团淮安市委员会、淮安市农业农村局
程育君	女	皂角村党总支部委员会皂角村支委	2022年度淮安市"最美微网格联络员"	中共淮安市委政法委员会
范加金	男	范荡村党总支书记	"百优"召集人	政协淮安市委员会
朱小虎	男	王圩村党总支书记	"百优"召集人	政协淮安市委员会
吴红装	女	涟水县成集镇妇联主席	淮安市三八红旗手	淮安市妇女联合会
朱飞平	女	涟水县岔庙镇网格员	"有事好商量——'码'上议"	政协淮安市委员会
张蓓蓓	女	涟水县岔庙镇桑庄村网格员	2022年度淮安市"最美网格员"	淮安市委政法委
朱绪恩	男	涟水县岔庙镇新河村2号网格第1微网格联络员	2022年度淮安市"最美微网格联络员"	淮安市委政法委
刘　露	女	涟水县岔庙镇网格员	淮安市第七次全国人口普查市级优秀个人	淮安市第七次全国人口普查领导小组办公室、淮安市统计局
孙　霞	女	涟水县岔庙镇关工委工作人员	优秀校外教育辅导员	淮安市关心下一代工作委员会
阮素梅	女	涟水县岔庙镇关工委工作人员	优秀校外教育辅导员	淮安市关心下一代工作委员会
李步中	男	陈师街道办事处经济建设和发展局工作人员	2021年度淮安市文明典范庭院荣誉称号	淮安市文明办、淮安市妇联、淮安市生态环境局、淮安市住房城乡建设局、淮安市自然资源和规划局、淮安市农业农村局、淮安市爱卫办、淮安市水利局
徐建刚	男	北荡村党总支书记	淮安市政协"百优"优秀召集人	淮安市政协
任南旭	男	何庄村党总支书记	淮安市政协"百优"优秀召集人	淮安市政协
杜金干	男	沙河(同心)村党总支书记	淮安市政协"百优"优秀召集人	淮安市政协
王中华	男	寿延村党总支书记	淮安市政协"百优"优秀召集人	淮安市政协
乔林中	男	陈师街道居民	淮安市政协"百优"优秀群众(乡贤)	淮安市政协
朱敏清	女	大东镇人民政府为民服务中心副主任、团委书记	2021年淮安市"梦想小屋"建设工作先进个人	共青团淮安市委;淮安市民政局
朱敏清	女	大东镇人民政府为民服务中心副主任、团委书记	2021年度全市共青团工作先进工作者	共青团淮安市委
韩　峰	男	涟水县人民医院副院长	全市卫生健康系统安全生产工作工作先进个人	淮安市卫生健康委员会办公室

续表18

姓 名	性别	单位及职务	荣誉称号	表彰单位
蒋春静	女	涟水县人民医院护士	淮安市第十四届二、三级医院急救技能竞赛个人三等奖	淮安市卫生健康委员会
程建猛	男	涟水县人民医院主任助理	淮安市第十四届二、三级医院急救技能竞赛个人二等奖	淮安市卫生健康委员会
朱 悦	女	涟水县人民医院护士长	外周静脉输液治疗护理创新案例竞赛三等奖	淮安市护理学会
李 慧	女	涟水县人民医院护士	淮安市第八届院前急救技能竞赛 三等奖	淮安市卫生健康委员会
周 颖	女	涟水县人民医院门诊部副主任	百佳护士	淮安市卫生健康委员会办公室
嵇 彬	女	涟水县人民医院	百佳护士	淮安市卫生健康委员会办公室
雷 丽	女	涟水县人民医院	百佳护士	淮安市卫生健康委员会办公室
苗伟亚	女	涟水县人民医院护士	百佳护士	淮安市卫生健康委员会办公室
支荣荣	女	涟水县人民医院护士长	百佳护士	淮安市卫生健康委员会办公室
朱文婷	女	涟水县人民医院护士长	优秀管理者	淮安市卫生健康委员会办公室
周海浪	男	涟水县人民医院医生	淮安市优秀青年医师	淮安市卫生健康委员会
黄 曙	女	涟水县人民医院科研成果转化办主任	淮安市医学科技精英	淮安市卫生健康委员会
童 欣	女	涟水县县人民医院护士长	市血糖管理案例三等奖	淮安市护理学会
吴 霞	女	涟水县县人民医院营商办主任	市血糖管理案例三等奖	淮安市护理学会
许芳芳	女	涟水县县人民医院骨干护士	市伤口造口失禁优胜奖	淮安市护理学会
黄 河	男	涟水县第三人民医院副院长	2022年度淮安市优秀全科医师	淮安市卫生健康委员会
王巧梅	女	涟水县中医院 护理部副总长	优秀护理管理者	淮安市卫生健康委员会
曹步美	女	涟水县中医院 针灸科副护士长	百佳护士	淮安市卫生健康委员会
徐 红	女	涟水县中医院 肺病科副主任	优秀青年医师	淮安市卫生健康委员会
林媛媛	女	涟水县妇幼保健院护理部主任	百佳护士	淮安市卫生健康委员会
赵玉红	女	涟水县妇幼保健院产长	百佳护士	淮安市卫生健康委员会
常韦成	男	监督一科科长	卫生健康执法先进个人	淮安市卫生健康委员会
陈 辉	男	监督二科副科长	职业健康工作先进个人	淮安市卫生健康委员会
徐 磊	男	涟水县疾控中心消媒科科长	2022年淮安市健康促进(爱国卫生)技能竞赛个人三等奖	淮安市卫生健康委员会、淮安市总工会
马 璇	女	涟水县疾控中心 健教科科员	淮安市2022年控烟宣传作品征集大赛三等奖	淮安市卫生健康委员会
成小成	男	朱码街道笪巷村党总支书记、村委会主任	2022年度“有事好商量——‘码’上议”百优召集人	政协淮安市委员会
李宜忠	男	朱码街道双路村村民	2022年度“有事好商量——‘码’上议”百优参与群众(乡贤)	政协淮安市委员会
孙亚群	男	朱码街道花桥村党支部书记、村委会主任	优秀城乡社区工作者	淮安市民政局
蒋嫚嫚	女	朱码街道双路村微网格联络员	淮安市最美微网格联络员	淮安市委政法委
高素芳	女	朱码街道退役军人服务站副站长	淮安市退役军人基层服务机构“岗位练兵”一等奖	淮安市退役军人事务局
吴冬芹	女	朱码街道社会治理指挥中心副主任	淮安市网上信访工作标兵	淮安市信访工作联席会议办公室

2022年度推进高质量发展突出贡献奖名单(个人)

丁　伟	于广龙	于　芹	万明金	卫　蔚	马仁柳	马健傧	马凌云	王一民	王小东
王中齐	王亚松	王　刚	王任飞	王兆友	王旭东	王　芹	王国栋	王春华	王　胜
王晓忠	王　章	王慧敏	支向军	支黎明	尤盼文	尹候铨	孔庆轩	左庄岩	左　凯
左建新	左　雷	卢　美	叶翠竹	史秋月	包道昂	冯海兵	成　祥	朱　伟	朱延亮
朱延洋	朱观军	朱国兵	朱晓斌	乔劲松	邬鸿广	庄　震	刘力睿	刘玉春	刘何斌
刘伯婷	刘泽文	刘星星	刘洪翔	刘　洋	刘桂荣	刘婧雯	刘　雷	齐燕忠	汤志艳
孙　权	孙国柱	孙建祥	孙战军	孙美佳	孙　洁	孙　莉	孙晓彪	孙　鹏(高沟镇)	
孙　鹏(朱码街道)		牟文凯	纪　海	严海军	杜金龙	杜　艳	李中芹	李　宁	李　华
李　冲	李芳芳	李　洋	李海蓉	李　悦	杨万中	杨加堂	杨　军	吴正超	邱建权
汪　洋	沈　凯	沈建亚	沈春霞	沈　悦	沈　超	宋华东	宋志洲	张云飞	张亚运
张　昊	张　俊	张祖鹏	张爱国	张益坤	张　银	张　鹏	张新宁	张骞之	张　睿
陈　冲	陈玖权	陈　辰	陈　青	陈　标	陈　柏	陈洪喜	陈　特	陈培培	陈　瑞
陈　雷	苗　壮	苗　柱	范学勇	范　鹰	罗　刚	季罗勇	季铭号	金厚勇	周天翔
周　轩	周政旭	周洪宝	周　峰	周　超	郑曙荣	单怀香	孟庆霞	赵九伟	赵春国
胡　飞	胡中卫	胡慧慧	茹志坚	查建军	查燕飞	姜　栋	姜　辉	洪文飞	姚光晖
姚　衍	姚家慧	顾建定	顾界勇	钱正军	徐士崇	徐天林	徐少游	徐从亮	徐汉军
徐同兴	徐迎春	徐　鹏	栾海涛	高书专	高　昂	高树森	席隆之	谈玉庆	黄义军
黄立新	黄　芹	黄建华	黄　海	符　琳	盖泉泓	梁玉乾	梁晓丹	彭　颖	董一男
董　超	蒋刚初	韩　峰	嵇江功	嵇玲玲	嵇海林	程泽堃	程海涛	訾芊芊	鲍海峰
翟大伟	樊正中	潘小岑	潘亚杰	潘　瑶	薛三青	薛玉春	薛永祥	穆佳佳	戴　强
濮亚丰	魏兆旺								

2022年度优秀村(社区)干部名单

王　玮　五港镇蔡工村党总支书记、村委会主任
丁青高　高沟镇盐店村党总支书记、村委会主任
孙亚群　朱码街道花桥村党总支书记、村委会主任
付荣林　陈师街道蒋老庄村党总支书记、村委会主任
周林会　保滩街道周集村党总支书记、村委会主任
张　坤　南集镇皂角村党总支书记、村委会主任
赵欣欣　唐集镇丰河村党总支书记、村委会主任
冯加祯　黄营镇祝贤村党总支书记、村委会主任
顾金凤　涟城街道东门社区党总支书记、居委会主任
金　凤　保滩街道张渡村“两委”委员、滨河新城党员先锋岗

附　录

APPENDICES

- 组织机构与负责人名录
- 重要文献

编辑:彭亚君

组织机构与负责人名录

县四套班子

中共涟水县委员会
书　记　洪　然
副书记　朱永兴　李义翠
　　王道峰（挂职）
常　委　李金平　滕金霞　郎跃明
　　朱红娣　孙以东　吴芳剑
　　吴　勇　张锦辉（挂职）

涟水县人大常委会
主　任　张　超
副主任　刘泽年　吴建峰　孙　辉
　　周宏昌

涟水县人民政府
县　长　朱永兴
常务副县长　李金平
副县长　马　荣　姜井旭　马仁慧
　　吉　海　张云哲
党组成员　吴　勇　张锦辉（挂职）
　　邱可昌（挂职）

政协涟水县委员会
主　席　姜　杰
副主席　姚　兵　朱金文　左　健
　　周建华

县纪委、监委、法院、检察院

中共涟水县纪律检查委员会
书　记　朱红娣
常务副书记　张保军
副书记　左同喜
常　委　庄恒星　王文斌　丁　杰
　　张光明
纪检监察干部管理监督室
　主任　严莹莹
党风政风监督室主任　朱　伟
第三审查调查室主任　丁正超
第四审查调查室主任　喻士荣
第五审查调查室主任　周　舟
第六监督检查室主任　赵九伟
第七监督检查室主任　钟　祥
第八监督检查室主任　王　强
第九监督检查室主任　刘光宇
第十监督检查室主任　张催雷
监督审查技术室主任　尹　春
案件审理室主任　秦　松
宣传教育室主任　徐　璐
信访室主任　张　昊
派驻第一纪检监察组组长　严　雪
派驻第二纪检监察组组长　谈　亦
派驻第三纪检监察组组长　纪　海
派驻第五纪检监察组组长　顾　威
派驻第六纪检监察组组长　王海东
派驻第七纪检监察组组长　梁俊峰
派驻第八纪检监察组组长　王达悦
派驻第九纪检监察组组长　朱静国
派驻第十纪检监察组组长　别同雷
派驻第十一纪检监察组组长　张晓波

县监察委员会
代主任　朱红娣
副主任　张保军　左同喜
委　员　庄恒星　王文斌　肖天义

县人民法院
党组书记、代院长　袁爱军
党组副书记、副院长　王士贵
副院长　王　君　周从华
党组成员、政治部主任　孙兆斌
党组成员、审委会专委　刘加翀
司法警察大队
　大队长　姜宇轩
　教导员　杨　军
执行局局长　朱行江

县人民检察院
党组书记、检察长　龚怀军
党组副书记、副检察长　钮立祥
副检察长　胡海玲　郁文林
党组成员　陶书祥　徐建明
政治处主任　徐建明
检察委员会
　专职委员　陶书祥　邓新宇

县委工作部门及直属单位

县委办公室（挂县委研究室、县委机要局、县国家保密局、县国家密码管理局、县档案局牌子）
主　任　丁卫华
副主任　席　虎　于进满

县委机要局
副局长　王士兵

县委研究室
副主任　李世伟

县国家保密局
副局长　费欣宇

县委改革办公室
副主任　陈　诚

县委巡察办公室
主　任　庄恒星
副主任　孙青林　潘亚杰

县委巡察组
组　长　孙　泓　王　劼　徐志国
　　马　群　李亚亮
副组长　沈卫东　时　阳　郑东经
　　周其树　蔡建祥　周俊平
　　罗　廷　贾华丽　宋应飞

县委组织部（挂县委非公有制企业和社会组织工委、县公务员局、县委党建工作办公室、县委机关工委牌子）
部　长　孙以东
常务副部长　刘光雨
副部长　纪　亮　徐　雷　季振华

县公务员局
局　长　刘光雨

县委党建工作领导小组办公室
主　任　徐　雷
副主任　杜长青

县委县级机关工作委员会
书　记　纪　亮
副书记　王中齐

县高层次人才发展中心
主　任　王中齐
副主任　尤盼文

县委非公有制企业和社会组织工委
书　记　季振华

县委考核工作委员会办公室
副主任　季振华

县委宣传部［挂县精神文明建设指导委员会办公室、县政府新闻办公室、县新闻出版局（县版权局）、县互联网信息办公室牌子］
部　长　郎跃明
常务副部长　王　娟
副部长　马会东　王晓忠　李亮亮

县精神文明建设指导委员会办公室
主　任　王　娟
副主任　成　刚

县政府新闻办公室
主　任　李亮亮

县新闻出版局（县版权局）
局　长　马会东

县委网络安全和信息化委员会办公室
主　任　王晓忠
副主任　鲁家申
县互联网舆情中心
主　任　张新宁

县委统一战线工作部[挂县民族宗教事务局、县委台湾工作办公室(县政府台湾事务办公室)、县政府侨务办公室牌子]
常务副部长　李海蓉
副部长　徐　坚　姜　凯

县民族宗教事务局
局　长　徐　坚
副局长　王剑文

县委台湾工作办公室(县政府台湾事务办公室)
主　任　李海蓉
副主任　李大可

县政府侨务办公室
主　任　李海蓉

县委政法委员会
书　记　吴芳剑
常务副书记　高正飞
副书记　朱　伟　魏加平
政治处主任　孙　近
县社会治理指挥中心
主　任　薛青鹏
副主任　王亚伟

县委机构编制委员会办公室(挂县事业单位登记管理局牌子)
主　任　纪　亮
副主任　姜　陶　徐畅海
县机构编制电子政务中心
主　任　魏　强

县融媒体中心
党委书记、主任　李亮亮
总编辑　李卫兵
副主任　朱明智　宋运成
副总编辑　王海飞　刘奋武

县档案馆
馆　长　徐晓进
副馆长　徐艳丽　张　松

县委老干部局(挂县委离退休干部工作委员会办公室牌子)
局　长　徐　雷
副局长　吴　鎏　高　飞　徐礼文

县委党校
校　长　孙以东
副校长　周大勇(主持日常工作)
于士春　李　祥

县委党史工作委员会
主　任　陆士江
副主任　支伯生　张　洋

县人大常委会工作机构

县人大常委会办公室
主　任　席隆之
副主任　黄　洁　王新建

财政经济工作委员会
主　任　卢建农
副主任　叶华兵

教科文卫工作委员会
主　任　徐　军
副主任　李　焱

人事代表联络工作委员会
主　任　王　兵
副主任　张朝霞

内务司法工作委员会
主　任　胡建明
副主任　袁　军

农业农村工作委员会
主　任　刘宝泽
副主任　肖　悦

环境资源城乡建设工作委员会
副主任　谷　悲

县政府工作部门及直属机构

县政府办公室(挂县政府外事办公室、县政府研究室、县大数据管理局牌子)
党组书记、主任　李凌峰
副主任　张　鹏　张祖鹏
刘光雪　嵇翱犇
于华军(兼)

县政府外事办公室
主　任　李凌峰

县政府研究室
主　任　李凌峰

县大数据管理局
局　长　李凌峰

县机关事务管理服务中心
主　任　王亚松

县信访局
党组书记、局长　于华军
副局长　穆厚亮　单从明　张庄晗
党组成员、信访督查专员　顾成山

县发展和改革委员会
党委书记、主任　黄吕军
副主任　李　华　苗增武　贾智为

县粮食和物资储备局
局　长　黄吕军

县工业和信息化局
局　长　朱金文
副局长　刘苏安　刘　峰　杭　娟

县安全生产委员会办公室
主　任　朱中明
副主任　秦东洲

县应急管理局
党委书记、局长　朱中明
副局长　周　进　任友文　杨　军
王　磊
党委委员　刘星星　秦东洲
总工程师　刘星星

县防震减灾中心
主　任　杨士军
副主任　张海文　黄立新
县应急管理综合行政执法大队
大队长　周兰军

县教育体育局
党委书记、局长　汤胜国
副局长　刘卫林　朱金峰　刘　勇
党委委员　徐　岩　徐颖超
县教师发展中心
主　任　徐颖超
副主任　颜爱华　殷作模
徐崇明

县委教育工作委员会
书　记　汤胜国
副书记　徐　岩
委　员　刘卫林　徐颖超　朱金峰
刘　勇

县政府教育督导室
主　任　汤胜国

县人社局
党委书记、局长　张　俊
副局长　谷桂林　姬庆明　李雷鸣
党委委员　陈　中
县社会保险基金管理中心
主　任　姬庆明
副主任　王　辉　嵇　娟
颜树林

县人才交流服务中心
主　任　陈　中

县交通运输局

党委书记、局长　禹成余
副局长　李海东　万洪涛
党委委员　卢明磊　别大海
总工程师　别大海
县港航事业发展中心
主　任　童金平
县交通运输综合行政执法大队
大队长　刘　伟
县公路事业发展中心
主　任　卢明磊
淮安新港建设有限公司
董事长、总经理　王秀夫
县交通集团有限公司
总经理　张静扬

县财政局(挂县国有资产监督管理办公室牌子)

党委书记、局长　王庆山
副局长　张　宏　殷沐青
党委委员　陆卫国　黄　芹
县国有资产管理服务中心
主　任　陆卫国
副主任　徐敏华　夏雪阳
县财政国库集中支付中心
主　任　黄　芹

县国有资产监督管理办公室

主　任　王庆山

县地方金融监管局(挂县政府金融工作办公室牌子)

局　长　郑志梅
党组书记　徐中成
副局长　王　锋　陈从友　陈　竞

县政府金融办公室

主　任　郑志梅

县审计局

党组书记、局长　徐承志
副局长　王新建　张永辉　王建华
党组成员、总审计师　周建生
党组成员　孙垂芳

县委审计委员会办公室

主　任　徐承志
副主任　孔垂芳

县统计局

党组书记、局长　顾云华
副局长　刘洪翔　季　军　刘桂玲
党组成员、总统计师　张云鹏
党组成员、调查中心主任　王建成

县商务局

党委书记、局长　王　飞
副局长　成　祥　马　克　李华强

县外资招商服务中心(外资招商局)

主任(局长)　马亚东
副主任(副局长)　薛　猛

县农业农村局(挂县政府扶贫工作办公室牌子)

党委书记、局长　陆士国
副局长　谈井春　殷　骏　薛大忠
党委委员　胡卫华　张建峰
总农艺师　胡卫华

县乡村振兴局

局　长　陆士国
副局长　吴亮亮

县委农村工作领导小组办公室

主　任　陆士国
副主任　潘　刚

县乡村振兴服务中心

主　任　张建峰
副主任　黄义军

县水利局

党委书记、局长　孙晓彪
副局长　孙　飞　潘峻岭　徐洪兵
党委委员　羊兆忠　罗会永
总工程师　罗会永
县水利科研站站长　羊兆忠

县住房和城乡建设局(挂县人民防空办公室牌子)

党委书记、局长　朱彦清
党委副书记　万明金
副局长　万明金　龚成建　王雪峰
冒旭建
总工程师　沈建亚
县房屋征收管理办公室
主　任　杨士勇

县人民防空办公室

主　任　朱彦清

县科学技术局

党组书记、局长　吉爱国
副局长　黄建国　池鹏飞　阳　源

县文旅局(挂县文物局牌子)

党委书记、局长　周军霞
副局长　梁春明　朱一晗　孙　林
党委委员　宋海亚
县文化市场综合执法大队
大队长　宋海亚
教导员　朱东红

县文物局

局　长　周军霞

县卫生健康委员会(挂县中医药管理局牌子)

党委书记、主任　沈建国
副主任　支向军　尹桂涛
党委委员　翟长青　宋志洲
县卫生监督所所长　张雨成
县疾病预防控制中心主任　宋志洲

县老龄事业发展中心

主　任　翟长青
副主任　郭　军

县医疗保障局

党组书记、局长　蒋惠琳
副局长　王吉生　刘海涛　付建文
县社会医疗保险基金管理中心
主　任　李　青

县民政局

局　长　张　静
副局长　贾奇志　骆海鸥　陈　梅

县退役军人事务局

党组书记、局长　葛　森
副局长　陈　军　王芝国　郑曙荣
县退役军人服务中心
主　任　袁　媛

县公安局

党委书记、局长　马仁慧
党委副书记、政委　张巍巍
副局长　高中华　秦书瑶　陈曙光
徐　辉　郑　科
党委委员　陈战天　王士兆
张亚军
政治处主任　张亚军
指挥中心
主　任　邱　明
教导员　李若振
政治安全保卫大队
大队长　周健峰
教导员　翟树权
治安警察大队
教导员　嵇道远
刑警大队
大队长　陈战天
教导员　贾仁中
法制大队
大队长　王海洋
教导员　朱银华

经济犯罪侦查大队
大队长　何正清
教导员　朱安全
巡特警大队
大队长　汪克军
教导员　王　正
网安大队
大队长　胡伟威
教导员　王祝迎
交警大队
大队长　刘亚然
教导员　周效雨
警务督察大队
大队长　吕增亚
教导员　张国强
看守所
所　长　姜龙翔
教导员　黄　勇
涟城派出所
所　长　颜留建
教导员　翟孝鹏
经济开发区派出所
所　长　王洪笑
教导员　韩士勇
淮浦路派出所
所　长　徐　杨
教导员　丁曙宇
时码派出所
所　长　李红波
教导员　朱　军
朱码派出所
所　长　孙凤来
教导员　吴明成
唐集派出所
所　长　徐　骞
岔庙派出所
所　长　王海峰
灰墩派出所
所　长　桑　勇
教导员　吕国良
方渡派出所
教导员　王晓飞
大东派出所
教导员　葛　军
高沟派出所
所　长　桑　勇
教导员　沈　润
红窑派出所
所　长　吴　进
成集派出所
所　长　沈伯纯
教导员　朱从银
梁岔派出所
所　长　于　伟
徐集派出所
所　长　王前舟
教导员　周靖书
南集派出所
所　长　刘笑然
东胡集派出所
所　长　郭　辉
义兴派出所
教导员　高亚洲
陈师派出所
所　长　钱卫峰
教导员　于　泳
小李集派出所
所　长　卜延红
教导员　徐红艳
蒋庵派出所
教导员　翟从成
浅集派出所
教导员　刘泽文
南禄派出所
教导员　吉　兴

县司法局
党组书记、局长　陈秀龙
副局长　葛晓冬　刘　权　王万里
党组成员　别怀远　阚真平
政治处主任　别怀远

县委依法治县办公室
副主任　阚真平

县行政审批局(挂县政务服务管理办公室牌子)
党组书记、局长　蔡志峰
副局长　张　辉　胡锦祥　张佩佩
县投资项目代办服务中心
主　任　孙建祥
县12345民生服务中心
主　任　胡锦祥
副主任　王　虎　杨海燕

县政务服务管理办公室
主　任　蔡志峰

县地方志办公室
主　任　张　鹏
副主任　陈全昌　汪洪祥

县城市管理局(挂县综合行政执法局牌子)
党委书记、局长　刘　庆
副局长　季成俊　刘庆卫　黄在良

县综合行政执法局
局　长　刘　庆

县市场监管局(挂县知识产权局牌子)
党委书记、局长　黄　勇
副局长　张爱国　冯　刚　徐同兴　徐　鹏
党委委员、食品药品总监　王　跃
城区分局分局长　郭　波
梁岔分局分局长　沈　志
南集分局分局长　朱延峰
岔庙分局分局长　张连云
朱码分局分局长　贾淑成
高沟分局分局长　张旭生
石湖分局分局长　张　飞
县市场监督稽查大队
大队长　杨　飞
县市场局综合检验检测中心
主　任　万海波

县知识产权局
局　长　黄　勇

县经济开发区
党工委书记　孙以东
党工委副书记、主任　张溧翔
党工委副书记　沈　超
纪工委书记　严亚洲
党工委委员、副主任　周　伟　别同文
党工委委员　马亚东
安监局(安委办)
局长(主任)　王礼辉
经济发展局局长　刘东升
投资促进局局长　余士杰

县经济开发区循环经济产业园发展服务中心
副主任　胡中卫　傅　洲　樊江玲

县供销合作总社
党委书记、理事会主任　张　旭
党委副书记　赵井洋
理事会副主任　马君海　张晓永
监事会主任　冯彬彬

县供销集团总公司
总经理　张　旭
副总经理　张晓永

江苏今世缘酒业股份有限公司
党委书记、董事长、总经理　顾祥悦

副董事长　吴建峰
党委副书记　鲁正波　倪从春
副总经理　吴建峰　羊　栋
　　王卫东　方志华
　　胡跃吾　李维群
　　陈久权　周永和
纪委书记　周亚东
监事会主席　倪从春
工会主席　鲁正波

今世缘集团有限公司

总经理　徐亚盛

安东控股集团有限公司

党委副书记、总经理　徐亚盛
副总经理　李伟伟
监事长　徐天林

涟投控股集团有限公司

党委书记、董事长　周　辉
党委副书记、总经理　王秀夫
监事长　时　晨
纪委书记　袁育云
副总经理　张静扬　左言清

县粮食集团有限公司

执行董事　左言清
总经理　黄克前

财富担保有限公司

董事长、总经理　张昌东

县人民医院

党委书记　左扬松
院　长　濮　娟
党委副书记　周爱军
副院长　刘洪亮　卜廷志
　　沈文沂　韩　峰
纪委书记　王大伟

县中医院

院　长　朱崇雁

涟水中学

校　长　孙　辉
党委副书记、副校长　胡恒进
副校长　茹跃华　水玉军　朱　飞
纪委书记　蔡卫国
教务处主任　李　祥
高一级部主任　胡大志
高二级部主任　贾正兵

郑梁梅高级中学

党委书记、校长　贾小飞
党委副书记　朱孝龙
副校长　王洪林　蒋　恒
　　潘银春　陈培根
纪委书记　王　静

滨河高中

校　长　李广军
党委副书记　徐爱中
副校长　张绍军　周　红
　　孙志军　郭　玲

涟水中等专业学校

党委书记　王文林

郑梁梅中学

副校长　皇甫正青　俞军义
　　宋夕球

县政协工作机构

县政协秘书处

秘书长　庞　峰
副秘书长　王　猛　王玉峰

农业农村委员会

主　任　嵇晓海
副主任　王茂中

经济科技委员会

主　任　郑小芹
副主任　严　丽

文化文史委员会

主　任　肖丽丽
副主任　徐兆军

提案工作委员会

主　任　江洪文
副主任　黄海浩

社会法制委员会

主　任　郭新来
副主任　高明琴

港澳台侨委员会

主　任　徐汉军
副主任　洪良涛

群众团体

县总工会

主　席　周建华
党组书记　王靖江
副主席　金　鑫　杨　新

共青团涟水县委员会

书　记　张　蕾
副书记　刘洪涛　姚　衍

县妇女联合会

党组书记、主席　徐秀琴
副主席　查爱霞　严玲红

县科学技术协会

主　席　薛成伟
副主席　汤晓波

县归国华侨联合会

主　席　徐大胜
副主席　杨兆克

县工商业联合会

党组书记　姜　凯
副主席　赵春国

县文化艺术界联合会

主　席　沈绍宏
副主席　李艾红

县残疾人联合会

党组书记、理事长　刘小聪
副理事长　彭　追　薛卫锋

县红十字会

会　长　马　荣
专职副会长　席海翔

县社会科学界联合会

主　席　陈　晟
副主席　周立异

市县共管单位

县自然资源和规划局(挂县林业局牌子)

党委书记、局长　陈永林
副局长　周红飞　徐建华
　　徐　锐　施晓玲
　　李　敏　邱建权
党委委员　施维宝

县林业局

局　长　陈永林

县生态环境局

党组书记、局长　童　智
党组副书记　刘从举
副局长　贾长年　朱文生
党组成员、执法局局长　赵　磊

县税务局

党委书记、局长　封　颖
副局长　刘中洋　史　宇
　　顾春霞　朱　珉
党委委员、纪检组长　曹越东

国家统计局涟水调查队

队　长　许士平
副队长　卫　蔚
纪检组长　王　跃

县住房公积金管理中心

主　任　蒋亚娟

副主任　李子轩

县邮政公司

总经理　丁　政

副总经理　王万成　徐亚运
　　吴广中

县电信公司

党委书记、总经理　王志坚

副总经理、纪委书记　刘　松

副总经理、工会主席　朱二民

县联通公司

总经理　万永冲

副经理　王　伟　李士飞

县供电公司

党委副书记、总经理　李　峰

副总经理、党委书记　查丽丽

纪委书记、工会主席　贾　跃

副总经理　卢　旻　戴易见
　　邵兴登

五级职员　孙春华

江苏有线涟水分公司

总经理　马兆万

副总经理　范帮兵　王寿驰

党委委员、纪委书记　张锐意

县移动公司

总经理　徐东风

副总经理、工会主席　张良和

副总经理、纪检委员　殷曰宁

县新华书店

总经理　刘　冲

副总经理　胡　健

中国人民银行涟水县支行

行　长　施　勇

副行长　侯业宏
　　严　亮

纪检组长　严　亮

中国工商银行涟水县支行

行　长　尤海千

副行长　尤　衍
　　姚志茹

纪检员　潘国光

中国建设银行涟水县支行

行　长　蒯重存

副行长　杨　洋
　　费　阳(挂职)

中国农业银行涟水县支行

行　长　姚振宇

副行长　朱培根
　　殷信理

纪委书记　朱同献

中国银行涟水县支行

行　长　司　雷

副行长　郑苏霞　徐　飞　何　全

行长助理　郭红金

中国农业发展银行涟水县支行

行　长　朱　彬

副行长　刘铁夫　顾　婧

县农村商业银行

董事长　董建中

行　长　徐　键

监事长　穆振乾

副行长　周　友　刘　亮　丁加亮
　　秦锐利　巩鹰健

南京银行涟水支行

行　长　周家逸

行长助理　朱晓雷

中国人民财产保险股份有限公司涟水县支公司

经　理　张浩然

副经理　罗　翔　潘龙犇
　　郭建祥　秦　川

中国人寿保险公司涟水县支公司

经　理　戴夕年

副经理　汪先忠

经理协理　陶建达

县气象局

党组副书记、副局长　顾维慧
　　(主持工作)

纪检组长　吴春晓

县烟草专卖局(分公司)

局长、经理　王京辉

副局长　石洪新

副经理　王亚军

县盐业公司

经　理　掌治国

经理助理　李　周

县消防大队

大队长　高　原

政治教导员　邱小兵

副大队长　卢　团

站　长　赵志云

县武警中队

中队长　惠学林

政治指导员　刘天阳

街道(镇)

涟城街道

党工委书记　谢正亚

党工委副书记、办事处主任　杨士勇

党工委副书记、人大工委主任　栾海涛

党工委副书记、政法委员　胡智万

纪工委书记　钱向科

组织委员　赵天娇

宣统委员　尚　进

党工委委员　朱海平

人大工委副主任　龚华国

办事处副主任　吴进祥　范学勇
　　薛奎华　曹　霞
　　朱兴宇

朱码街道

党工委书记　李　兵

党工委副书记、办事处主任　尚　伟

人大工委主任　孟庆霞

党工委副书记　林王琛　刘　雷

纪工委书记　杨　州

组织委员　陈　辰

宣统委员　陈洪喜

政法委员　宁桂龙

党工委委员　许　永

人大工委副主任　肖　彬

办事处副主任　施慎勇　解耀斌
　　杨成林　朱延亮
　　李建国

陈师街道

党工委书记　魏玉国

党工委副书记、办事处主任　华玉国

人大工委主任　李中芹

党工委副书记　尹希明

纪工委书记　翟孝猛

组织委员　严旭红

宣统委员　李　锐

政法委员　于　涛

党工委委员　王　飞

人大工委副主任　薛三青

办事处副主任　夏劲松　李　珞
　　李　永　徐　祥
　　贯海龙

保滩街道

党工委书记　许志武

党工委副书记、办事处主任　朱立成

人大工委主任　沈士领

党工委副书记　刘　磊
宣统委员　王立新
政法委员　陆　祥
党工委委员　石文勇
人大工委副主任　乔明建
办事处副主任　顾海静　陆　祥
谷　虎　刘良山

高沟镇

党委书记　吴　勇
党委副书记、镇长　丁元中
人大主席　陈　泽
党委副书记　陈　标
纪委书记　曾庆波
组织委员　胡蓉蓉
宣传委员　翟长颖
统战委员　陈立龙
政法委员　张云飞
党委委员　刘　明
人大副主席　陈　衍
副镇长　陈立龙　苗大鹏
王晓飞　孙中岩

唐集镇

党委书记　李义翠
党委副书记、镇长　洪　军
人大主席　朱延洋
党委副书记　汪海亮
纪委书记　王永振
组织委员　濮亚丰
宣传委员　颜建东
统战委员　陈　诚
政法委员　徐春来
党委委员　单兵兵
副镇长　颜建东　嵇应斌
庞树发　朱青枚

大东镇

党委书记　邱加文
党委副书记、镇长　宗　平
人大主席　徐　洋
党委副书记　徐少游
纪委书记　韩　文
组织委员　崔　立
宣传委员　卢志明
统战委员　王　永
政法委员　闵红波
党委委员　朱　雷
副镇长　徐志鹏　顾　晨
张文轩　薛进军

五港镇

党委书记　张红梅
党委副书记、镇长　杨　彦
人大主席　孙国贵
党委副书记　王云毅
纪委书记　徐敏锋
组织委员　许顺成
宣传委员　胡　峰
统战委员　沈小新
政法委员　孙中健
党委委员　李超亮
副镇长　左庄岩　李　伟
许顺成　孙中健

梁岔镇

党委书记　苍　凯
党委副书记、镇长　钟天凯
人大主席　孙　林
纪委书记　徐　军
组织委员　王　凯
宣传委员　郑媛媛
统战委员　谢观忠
政法委员　朱金成
党委委员　孙兆瑞
副镇长　左　建　姚　鹏
黄爱军　梁海浪

石湖镇

党委书记　吴正超
党委副书记、镇长　王　坤
人大主席　胡玲玲
党委副书记　林　松
纪委书记　严书华
组织委员　苗婷婷
宣传委员　高　扬
统战委员　卢建军
政法委员　谷通飞
党委委员　冯宝石
副镇长　张德军　张师勇
皇甫秀凯　陈秋丹

岔庙镇

党委书记　张建国
党委副书记、镇长　杨　东
人大主席　殷作梅
党委副书记　王付忠
纪委书记　佘彬彬
组织委员　杨　阳
宣传委员　杨　阳
统战委员　王　永
政法委员　汤登辉
党委委员　唐流成
副镇长　王　永　陈　诚
吴　未　成　伟

东胡集镇

党委书记　程　亮
党委副书记、镇长　朱飞雷
人大主席　笪　勇
党委副书记　杨中兴
纪委书记　嵇玲玲
组织委员　张小文
宣传委员　贾文健
统战委员　任正刚
政法委员　潘　健
党委委员　仲一飞
副镇长　张　瑞　卢永辉
徐梅生　唐　轩

南集镇

党委书记　汪树安
党委副书记、镇长　刘向前
人大主席　汪海祥
党委副书记　周　雷
纪委书记　刘　程
组织委员　吴　昊
宣传委员　高晓慧
统战委员　帅同海
政法委员　潘效彬
党委委员　蒋根宇
副镇长　郑祥年　范加银
陈中华　王晓洁

成集镇

党委书记　杨　帆
党委副书记、镇长　徐建军
人大主席　朱晓斌
党委副书记　朱礼峰
纪委书记　姬俊先
组织委员　姚光晖
宣传委员　王　辉
统战委员　王　飞
政法委员　颜世飞
党委委员　张红旗
副镇长　赵海杰　朱峰峰
周立刚　姜继红

红窑镇

党委书记　张　峰
党委副书记、镇长　黄　海
人大主席　丁天霄
党委副书记　高树森　王　波
纪委书记　许　乐

组织委员　王　波
统战委员　潘晓雷
宣传委员　秦朝霞
政法委员　姚永余
党委委员　郭亚军
人大副主席　徐帮奎
副镇长　姚永余　周双宁　成　文
　　　　曹武林　李芳芳

黄营镇

党委书记　季　智
党委副书记、镇长　管昌凯
人大主席　高　红
党委副书记　周健康
纪委书记　卜　杨
组织委员　刘凤丽
宣传委员　肖华杰
政法委员　苏海波
统战委员　邵　静
党委委员　马会超
副镇长　翟伟国　王　林　陈克平

重要文献

全面学习把握落实党的二十大精神 向着加快建成全国百强县目标勇毅前行

——在中共涟水县委十二届五次全会上的讲话

洪　然

（2022年12月29日）

这次会议的主要任务是，高举习近平新时代中国特色社会主义思想伟大旗帜，全面学习把握落实党的二十大精神，按照中央经济工作会议、省委十四届三次全会、省委经济工作会议和市第八次党代会第二次会议部署要求，回顾总结2022年工作，进一步明晰加快建成全国百强县总体目标思路，研究部署明年重点任务，动员全县上下砥砺奋进、勇毅前行，在新征程上全面推进中国式现代化涟水新实践。

下面，根据县委常委会会议讨论的精神，讲四个方面意见：

一、高效统筹疫情防控和经济社会发展，全国百强县建设取得新成效

今年以来，面对艰巨繁重的发展任务和新冠疫情的反复冲击，我们坚决落实党中央"疫情要防住、经济要稳住、发展要安全"重大要求，深入贯彻中央和省委、市委决策部署，攻坚克难、担当作为，交上一份可圈可点的发展答卷。特别是在奋力爬坡过坎、全力冲刺全国百强新征程中，有三项工作成效突出、成绩显著，得到市委、市政府和社会各界的高度肯定：一是重特大项目建设实现历史性突破。全球最大玻纤企业巨石集团投资116亿元的高性能玻纤智能制造基地项目成功签约，国内太阳能光伏电池龙头企业钧达股份投资130亿元的高效太阳能电池片项目实现当年洽谈当年签约当年开工，创造了我县重特大项目推进最快速度，涟水冲刺百强的动力更强。二是县域经济综合竞争力保持大幅度进位。全国排名从132位上升至108位、一年进位24名，农房改善等5项工作获得省政府真抓实干督查激励、连续两年全市第一，涟水圆梦百强的距离更近。三是高质量跨越发展空间得到全方位拓展。全面完成"三区三线"划定，新增城镇建设用地规模18.28平方公里；超前谋划重特大项目落地需求，储备500亩以上集中连片建设用地8块，涟水建设百强的空间更广。

回顾一年来的工作，大事要事交织，难事急事叠加，我们高效统筹疫情防控和经济社会发展，统筹发展和安全，用接续奋斗收获了累累硕果。一是全力稳住经济大盘，发展基础更为坚实。落细落实各级各类稳增长政策，及时出台助企纾困"涟20条"、稳定就业"涟16条"、促进房地产商品房销售扶持政策等一揽子措施，推动经济运行在合理区间。预计实现地区生产总值707亿元、增长5.5%，一般公共预算收入30亿元、增长13.2%，规模以上固定资产投资236亿元、增长15%，社会消费品零售总额230亿元、增长1.6%。工业经济提质增效，新培育规上工业企业60家、产值超10亿元企业4家，今世缘酒业荣获省长质量奖、江苏制造突出贡献奖，从一家居成功申请上市辅导备案，规上工业投资、规上工业增加值、规上工业应税开票销售、全部工业入库税金分别增长30%、12%、13%、10%。现代农业提速发展，新建高标准农田10万亩，全年粮食播种面积212.27万亩、总产96.99万吨，获评省级耕地保护激励县、全国农业科技现代化先行县综合考评优秀等次，创成国家芦笋设施栽培标准化示范区，中央电视台《新闻联播》专题报道我县芦笋产业。现代服务业提档升级，完成批零住餐业贸易额510亿元、增长10.8%，高分创成省级全域旅游示范区。二是加快推进项目建设，发展后劲全面增强。深入开展大湾区产业招商、食品产业招商攻坚月等系列活动，实体化运作投资项目代办服务中心，不断加快项目实质性开工，以项目建设的稳定性对冲疫情带来的不确定性，新签约、新开工、新竣工亿元以上产业项目114个、59个、31个，较去年分别增加39个、23个、12个，迎来涟水产业项目发展高峰期。完成城市建设投资13.75亿元，新改建道路27.3公里、排水管网16公里，科技文化中心竣工交付，滨河新城新增公共绿地9.6万平方米。实施交通基础设施项目20个，启动淮浦路北延工程，清水路大桥顺利合龙，红日港二期投入运营，涟水机场三期开工建设，京沪高速涟水段改造加快实施。启动以危房消险解危为重点的新一轮农房改善行动，深化农村人居环境整治提升，完成老旧农房改善3158户，创成省级特色田园乡村3个、省级绿美村庄8个。三是持续深化改革开放，发展动能加速释放。拓展"互联网+政务服务"改革成果，在全省率先成立施工图审分中心。开展"证照联、办"一件事改革，打造省级"一件事"政务品牌13个。实施经济开发区人事体制机制和薪酬制度改革，发展活力有效增强。推进财政奖补集成服务改革，发放奖补资金6.23亿元。在全市率先出台清理盘活闲置低效资产"1+6"工作方案，完成低效用地再开发1600亩、处置批而未供土地1300亩。圆满完成国企改革三年行动任务，交通控股集团重组为涟投控股集团，县粮食集团挂牌运营。积极承接省级以上改革试点，创成省级知识产权建设示范县，经济开发区获评省级知识产权建设示范区。扎实抓好外资外贸，新设外资项目7个，实际利用外资1.6亿美元、位居全市第1，实现外贸进出口总额30.8亿元、增长16.7%。强力推进"智改数转"，

获批国家高新技术企业35家、省级星级上云企业17家、省级企业技术中心2家。*四是倾心办好民生实事,发展温度不断攀升。*坚持以百姓心为心、为百姓事谋事,民生支出占一般公共预算支出比重达75.3%。扎实推进共同富裕,切实兜牢民生底线,发放困难群众保障资金2.4亿元,预计全体居民人均可支配收入3.03万元、增长6.4%。深入开展全国文明城市创建,积极推进问题楼盘化解处置,改造老旧小区9个,完成棚改1246套,整治背街小巷10条,全市城市长效综合管理工作经验交流会首次在涟召开。召开全县首届教育振兴大会,投入7亿元实施教育建设项目8个,"双随机"教育督导工作案例入选《国家教育督导蓝皮书》,在全市率先实现学校食堂食材统一配送,中高考保优率、提优率全市领先。积极打造区域医疗高地,县人民医院晋升三级乙等综合医院、全市县区唯一,高沟中心卫生院跻身"中国乡镇卫生院100强"、苏北唯一。关心关爱"一老一幼",新建区域性养老服务中心1个,创成省级普惠托育机构1个,引进淮安知名品牌新星幼儿园合作办学,4个全国示范性老年友好社区通过市级评审。繁荣发展文化事业,图书馆、文化馆入围全省最美公共文化空间打造名单,《村里来了花喜鹊》获省"五个一工程"奖,《芝麻官钻笆斗》获首届全国小戏小品优秀作品展演优秀剧目奖、省"五星工程奖",县淮剧团获评"全国文旅系统先进集体"。*五是坚决筑牢安全底线,发展环境和谐稳定。*科学精准抓好疫情防控,全力保障群众生命安全和身体健康,三年来疫情防控始终处于平稳可控状态,迎来由"防感染"到"保健康、防重症"的新阶段。积极打好污染防治攻坚战,全年空气优良天数比率、$PM_{2.5}$年均浓度实现"双达标",6个国省考断面超额完成优Ⅲ比例考核目标、古淮河幸福大桥断面连续两年达到Ⅱ类水标准,五岛湖创成省级幸福河湖。扎实开展安全生产百日攻坚,全力打好"三年大灶"收官战,基本建成"2+N"消防救援体系,全县安全生产形势平稳向好。深入推进特殊困难群体救助帮扶、侵害妇女儿童权益保障、严重精神障碍患者服务管理排查整治,常态化开展扫黑除恶专项斗争,圆满完成党的二十大维稳安保任务。加快推进法治涟水建设,县城管局荣获全市行政执法"三项制度"示范点称号,五港镇前营社区创成全国民主法治示范村。全力防范债务风险,政府债务规模、债务率实现"双下降"。*六是全面加强党的建设,发展合力充分凝聚。*坚持把迎接党的二十大、学习宣传贯彻党的二十大精神作为全年工作的主题主线,第一时间谋划部署、传达学习、开展研讨、组织宣讲,持续推动党的二十大精神深入人心。严格落实意识形态工作责任制,推进新时代文明实践中心建设,加强宗教、新媒体等重点阵地管理,"网络'涟'心"工程被中宣部《宣传工作》推介。深入开展换届后领导班子运行情况一线调研,实施基层党组织高质量发展"五大行动",在全市首家常态化开展县处级领导干部上讲台活动,精心打造"红日涟心锋行百强"基层党建工作"1+8+N"典型示范矩阵,相关做法被中组部部刊刊登。建立健全县委常委真抓实干作表率工作机制,全体县委常委带头到一线抓发展、攻项目、守安全,为全县干群放出了样子、作出了表率。严格执行中央八项规定精神,持续深入正风肃纪反腐,车驾管系统案例获评全省信息技术实战应用十佳精品案例,"整改好不好,群众说了算"巡察整改评价机制入选全国《市县巡察工作》教材,优化营商环境保障重点项目登上中央电视台《朝闻天下》。圆满完成人大、政府、政协换届,召开县委人大工作会议。全面加强党管武装、国防动员和后备力量建设,高质量推进统一战线、工青妇、工商联、老干部、党校、史志、双拥等工作,形成同频共振的整体效应。

"事非经过不知难"。回望这一年的艰苦奋斗,面对空前严峻的风险挑战,我们能够取得这样的成绩十分不易。这是市委、市政府正确领导的结果,是全县各级党组织和广大党员干部群众团结拼搏的结果。实践更加有力地证明,旗帜引领方向,以习近平同志为核心的党中央坚强领导是战胜一切风险挑战的根本保证,习近平新时代中国特色社会主义思想是做好一切工作的行动指南,我们任何时候都必须坚定捍卫"两个确立"、坚决做到"两个维护"。实践更加有力地证明,发展是永恒主题,我们必须把全部心思和精力都集中到高质量发展这一首要任务上,保持战略定力,系统精准施策,用发展的办法解决发展中的问题,持续打造涟水跨越赶超的竞争优势和后发态势。实践更加有力地证明,民生是最大的政治,我们必须更加坚定"江山就是人民、人民就是江山"的根本立场,把为民造福作为最大政绩,始终做到"做事与民同心",以党员干部的"辛苦指数"换取群众的"幸福指数"。实践更加有力地证明,真抓才能攻坚克难,实干才能成就梦想,涟水正处于爬坡过坎的关键阶段,我们必须敢于担当、敢于碰硬、敢于冲锋,用真抓实干谋事创业,凭实绩实效赢得认可。

同志们,艰难方显勇毅,磨砺始得玉成。所有的辛劳、奋斗和成绩,都将在涟水发展史上留下浓墨重彩的篇章。在此,我代表县委,向奋战在全县各条战线的广大党员干部群众,向给予我们真诚理解、鼎力支持的全体老领导、老同志,向一直以来关心支持涟水发展的各级领导、各界人士,致以最诚挚的问候和最衷心的感谢!

在肯定成绩的同时,我们更要清醒看到存在的问题:产业集聚度还不高,部分企业发展面临困难,财政保障压力较大,部分干部创新能力、开拓精神有待加强,等等。对此,我们要以更高的目标追求,采取有效措施加以解决。

二、全面学习把握落实党的二十大精神,在推进中国式现代化涟水新实践中跨越赶超

党的二十大是在全党全国各族人民迈上全面建设社会主义现代化国家新征程、向第二个百年奋斗目标进军的关键时刻召开的一次具有里程碑意义的重要会议,为新时代新征程党和国家事业发展、实现第二个百年奋斗目标指明了前进方向、确立了行动指南。学习宣传贯彻好党的二十大精神,事关党和国家事业继往开来,事关中国特色社会主义前途命运,事关中华民族伟大复兴,是当前和今后一个时期的首要政治任务。县委专门起草了《关于深入学习贯彻党的二十大精神在新征程上全面推进中国式现代化涟水新实践的决定(草案)》,提交本次会议审议。全县上下要坚决贯彻习近平总书记"五个牢牢把握"和"全面学习、全面把握、全面落实"的重要指示,深入学、反复学,读原

文、悟原理，真正做到知其言更知其义、知其然更知其所以然，确保党的二十大精神在涟水得到最坚决、最全面、最有力的贯彻落实。

学习党的二十大精神，最重要最根本的是要深刻领悟“两个确立”的决定性意义。我们要进一步增进政治认同、思想认同、理论认同、情感认同，把“两个确立”融入血脉、付诸行动。思想上要真正信仰。深入理解“两个确立”的历史逻辑、理论逻辑、实践逻辑，坚定不移忠诚核心、信赖核心、紧跟核心、维护核心，矢志不渝做习近平新时代中国特色社会主义思想的坚定信仰者、积极传播者、忠实践行者。政治上要旗帜鲜明。把“两个确立”作为必须牢牢把握的重大政治原则、重大实践要求，不断提高政治判断力、政治领悟力、政治执行力，始终在政治立场、政治方向、政治原则、政治道路上同以习近平同志为核心的党中央保持高度一致。行动上要坚决捍卫。时刻关注总书记在强调什么、党中央在关注什么，全方位向习近平总书记看齐、向党中央看齐、向党的理论和路线方针政策看齐，确保总书记号令和党中央决策部署在涟水不折不扣落地落实。

党的二十大指出，从现在起，党的中心任务就是团结带领全国各族人民全面建成社会主义现代化强国、实现第二个百年奋斗目标，以中国式现代化全面推进中华民族伟大复兴。省委十四届三次全会对全面推进中国式现代化江苏新实践，在新征程上更好地“扛起新使命、谱写新篇章”作出了部署。市第八次党代会第二次会议要求全市上下践行嘱托再出发、逐梦复兴向前进，全面推进中国式现代化淮安新实践，奋力在新时代新征程更好展示“象征意义”。总书记有号令、党中央有部署、省市委有行动，涟水必须走在前。我们要自觉把涟水发展融入全市、全省、全国发展全局来审视与考量，大力实施“2233”发展战略，全面推进中国式现代化涟水新实践。一要牢牢锚定“申创国家级经开区，加快建成全国百强县”两大奋斗目标，围绕“产业集聚新高地、综合枢纽物流港、城乡融合示范区、美丽宜居幸福城”发展定位，以更大力度扬优势、补短板、强保障、求突破，一步一个脚印把发展愿景变为生动现实。二要突出抓好“工业强县、教育强县”两项重点任务，充分发挥工业的引领和带动作用、教育的基础和保障作用，双轮驱动、双向发力，努力以工业经济的快速壮大和教育事业的高质发展，推动涟水现代化建设蹄疾步稳、行稳致远。三要始终保持“全市走前列、全省多出彩、全国争进位”三个争先追求，大力弘扬“见第一就争、见奖杯就夺、见红旗就扛、见红榜就上”的“四见”精神，推动各方面工作能快则快、能超则超、能优则优，在新时代新征程中实现跨越赶超。四要矢志笃行“领导带头作表率、工作落实在一线、勇挑大梁当先锋”三种实干导向，大力倡导“人人打头阵、个个当尖兵”，推动更多的党员干部站到前排，带头干带领干带动干，让“踏实肯干、埋头苦干、真抓实干”成为涟水党员干部的自觉行动和鲜明特质。“2233”发展战略是县委全面落实党的二十大精神，按照省委、市委最新要求，对县第十二次党代会、县委十二届四次全会思路目标作出的动态丰富和具化拓展，体现了以全局谋划一域、以一域服务全局的使命担当，体现了一以贯之、一抓到底的发展定力，体现了走在前、开新局的境界追求，我们要坚定不移向前推进，与时俱进丰富完善，致力走出一条具有涟水特色的高质量跨越发展之路。

在紧扣“2233”发展战略总抓手，朝着既定目标勇毅前行过程中，我们还要努力擦亮“四张名片”，全面提升涟水的标识度、美誉度。一是“教育之乡”名片。涟水历来就有崇文重教、尊师厚学的优良传统，办好人民满意教育是全县人民的共同期盼。我们要以最好的资源、最强的改革、最大的关爱支持教育、发展教育、振兴教育，全力打造一流的校园环境、一流的教师队伍、一流的教学质量、一流的教育生态，让大家提到涟水教育就交口称赞、心生向往。二是“美酒产区”名片。涟水酿酒历史悠久，酒文化底蕴深厚。我们要不遗余力做强“酒产业”、做足“酒融合”、做好“酒文章”，持之以恒举全县之力支持今世缘酒业做大做强做优，坚持不懈推进酒、文、旅深度融合，吸引更多的人品尝今世缘、游玩今世缘、消费今世缘，让世界美酒特色产区的称号更加熠熠生辉。三是“生态水城”名片。涟水“四河穿城、两湖镶嵌”，具有绿、水、文的良好底色和肌理。我们要立足这一自然资源优势，全力做好“生态+”文章，精心构建“城水互动、活水畅流、生态均衡、文水相融”的城市风貌，充分彰显涟水自然生态之美、水韵人文之美、城乡宜居之美，再现“绕郭荷花欲把吴兴比”的诗意美景。四是“枢纽高地”名片。涟水是全国极少同时具备“空铁水公”立体交通的县级城市。我们要把交通枢纽作为高质量跨越发展的重要突破口，更好融入长三角一体化发展，高效推动相关产业集聚发展，将区位交通优势加快转化为产业协作优势、区域竞争优势、经济发展优势，让涟水成为人流、物流、资金流、信息流的汇集之地、畅通之地、兴旺之地。

三、更大力度抓好明年各项工作，全力以赴向加快建成全国百强县冲锋冲刺

2023年是贯彻落实党的二十大精神的开局之年，也是加快建成全国百强县的冲锋冲刺之年。虽然当前宏观环境持续变化，不确定性因素仍然较多，但围绕贯彻落实党的二十大精神，中央和省级层面在推动“稳经济”一揽子政策效能持续释放的同时，正在陆续出台一系列新的重大政策、重大举措，将更好激发市场潜力、增加企业投资机会，促进经济基本面预期改善。特别是随着我县重大产业项目的突破成势，为涟水集聚了一批优质资源要素，给我们化危为机、加速赶超注入了强大信心和强劲动力。我们要乘势而上、因势利导，保持定力干、挑战极限拼，集中力量办好自己的事，全力打好主动仗，牢牢把握主动权。

明年工作的总体要求是：围绕贯彻党的二十大精神这条主线，聚焦高质量发展这一首要任务，坚持稳字当头、稳中求进总基调，树牢项目为王、环境是金工作导向，用好对标找差、补短强特科学方法，强化系统观念、底线思维实践逻辑，大力实施“2233”发展战略，高效统筹疫情防控和经济社会发展，更好统筹发展和安全，向加快建成全国百强县全面发起冲锋冲刺，确保推进中国式现代化涟水新实践开好局起好步。

主要预期目标是：地区生产总值增长8%左右，一般公共预算收入增长7%左右，社会消费品零售总额增长8%左右，规上固定资产投资增长16%左右，规上工业

增加值增长13%左右，全体居民人均可支配收入与经济增长基本同步，节能减排、空气质量等完成省市下达的刚性指标，粮食生产保持稳定。

围绕上述目标任务，重点抓好以下七方面工作：

（一）更加精准开展招商，坚定不移推进工业强县。把做强工业经济作为头版头条，持续在扩总量、提质量、优存量上下功夫，加快构建具有涟水特色的制造业产业体系。重抓项目支撑。进一步突出“工业主导、专业招商”工作导向，发挥“一号招商员”示范带动作用，组建重大产业、食品产业、外资（台资）3个县级招商专班、16个镇街招商分队，提升招商政策集成性、精准性，用好在外乡贤、招商顾问、中介机构等资源优势，实施项目招引“1211”工程，既招投资体量大、产业带动力强的项目，也引成长性好、行业竞争力强的“专精特新”项目，确保80%以上工业项目落户“一区三园”，形成“百亿领航、10亿带动、亿元支撑”的项目方阵。健全招商办拓源头活水、代办中心实体化运作、考核办过程性督查、营商办全流程跟踪的项目全生命周期配套服务机制，逐个排出审批监管、要素支撑、向上争取等部门责任清单，及时解决用地用电、环境容量、融资信贷等突出问题，力促晶孚汽车零部件等65个项目尽快开工、玻纤新材料等60个项目提速建设、捷泰新能源一期等50个项目竣工投产，跑出项目转化“涟水新速度”。重抓企业培育。出台《关于加快推进工业强县支持制造业高质量发展的18条意见》，实施百企升级行动，积极支持企业通过技术改造、股改上市等做大做强，全力推动今世缘酒业向营收超百亿进军，特创科技、中信华电子向销售超10亿冲刺，从一家居、永创医药、中顺环保尽快挂牌上市，力争新增规上工业企业70家以上。策应淮安国家创新型城市建设，强力推进“智改数转”，新培育国家高新技术企业27家以上，完成科技型中小企业入库150家以上，打造产业链重要节点“配套专家”，让“小块头”释放出大能量。发挥今世缘、捷泰新能源、玻纤新材料等百亿元项目带动效应，力争四大工业主导产业产值突破400亿元，新材料、新能源产业产值迈向百亿级。强化工业指标运行监测，加大税源培植力度，抓好第五次全国经济普查，确保经济发展成效得到充分展示。重抓园区建设。纵深推进经济开发区人事体制机制和薪酬制度改革，深化产业招商公司实体化运作，常态化抽调优秀干部充实开发区招商队伍，实现“人员能进能出、干部能上能下、收入能多能少”。深化“一区三园”融合发展，做好食品产业补链延链强链文章，全力招引一批优质项目落户食品产业园，加快食品产业港“入驻满员”；用好空港产业园集中连片土地优势，积极推进溧涟共建产业园建设，加速实施标准化厂房“梧桐树”计划，力争50亿元以上重特大项目实现新突破；完善新材料产业园产业规划和基础设施建设，聚焦玻纤产业上下游深挖资源、抢占赛道，使经济开发区成为活力十足、动力强劲、实力跃升的重特大项目攻坚主阵地、高质量跨越发展主战场。持续推进镇街工业集中区存量土地和厂房“腾笼换鸟”，改造提升安全环保等基础设施，为完善经济开发区产业承载体系提供有效补充。重抓营商环境。集成推进“放管服”改革，拓展应用“容缺并联审批”“拿地即开工”等改革成果，进一步清除隐性壁垒、优化审批流程，确保县权之内能减尽减、能合尽合、能放尽放。切实落实“两个毫不动摇”，更大力度支持民营经济发展，实打实帮助企业解决难题、稳定预期、提振信心。打造“涟快办”品牌，升级“营商环境10条”服务承诺，让更多市场主体感受到涟水纾困解难马上办、行政审批快速办、先行先试可以办的便捷和温馨。

（二）更加重视立德树人，坚定不移推进教育强县。坚定扛起涟水教育振兴的使命担当，努力办好人民满意教育，加快把涟水建成“出名生、出名师、出名校”的教育强县。加速县中振兴。全面落实普通高中高质量发展方案，有序推进高中课堂教学与育人方式改革，创新优生培养模式，加强学科竞赛辅导，探索强基计划、综合评价、农村专项等高校自主招生路径，力争清北名校录取人数尽快突破、“双一流”高校录取人数增长20%以上，推动县中教育教学质量站稳全市前列、向苏北一流迈进。实施强校扩优行动，支持涟水中学创建省高品质示范高中、郑梁梅高中和滨河高中开展精品化建设，深化高中结对帮扶，打造引领县中振兴的中坚力量。建立健全基础教育与高中教育衔接体系，源源不断为县中培养输送优质生源。探索设立涟水高中发展教育基金，对推动县中振兴作出突出贡献的功勋校长、杰出教师和优秀学生大张旗鼓进行嘉奖。打造办学特色。注重学校内涵发展，以“融学课堂”为抓手，以“教好、学好、管好”为方向，不断拓宽一体化育人路径，让每一个学生学全面、长才干、能出彩，力争培养更多像郝茜米一样的“全国新时代好少年”。积极抓好陈师中心小学科技、军民小学曲艺、幸福里实验小学陶艺与面塑、涟水自行车队等特色教育宣传推介，深化涟水中学国学与生态环境、郑梁梅高中生命教育、涟水一中体育等省级课程基地内涵建设，支持涟水中专申办江苏联院五年制高职办班点，形成“一校一特”“一校一品”的多样化办学格局。持续擦亮“涟校连家”“涟心有光”“涟享学”等教育品牌，不断提升人民群众对教育的获得感满意度。建强教师队伍。把师德师风建设摆在首位，重拳整治教育系统顽瘴痼疾，大力表彰有情怀、有实绩的优秀教师，让“德艺双馨”成为广大教师的广泛共识、价值追求和行动自觉。实施“涟尚名师”培育工程、“十百千”教育领航计划和新时代基础教育强师计划，发挥名师工作室、乡村骨干教师培育站等平台作用，完善教坛新秀、骨干教师、学科带头人、特级教师成长链条，组建各层级的“名师＋”研修共同体，努力培养更多像曾金沙一样的“四有好老师”。加大“名校优生”引进力度，优化招聘方式，简化招聘程序，为涟水教育振兴不断注入源头活水。健全完善教师工资长效联动机制和收入分配激励机制，持续提高一线教师待遇，将尊师重教真正落到实处。

（三）更加聚焦以人为本，坚定不移推进城乡融合。立足淮安中心城市“副城”定位，积极策应“淮涟”一体化发展，扎实推进以人为核心、以县城为重要载体的城镇化建设，不断增强广大市民“我在涟水”归属感、“我爱涟水”舒适感、“我是涟水人”自豪感。提升城市宜居品质。大力推动滨河新城水系连通、绿化提升，启动县医院滨河分院、滨河新城党群服务中心等项目建设，打造引领未来的“城市会客厅”。统筹抓好以老旧小区改造、背街小巷整治为重点的城市更新，继续推进问题楼盘化解攻坚，持续实施中山路周边、西门片区综合改造，积极开展城区主出入口等重要节点综合改造与环境整治，努力实现城市颜值、品质“双提升”。加快实施淮浦路北延、红日大道改建、老淮涟路提档升级等工程，切实做好涟水机场三期、长深高速涟水段改扩建服务保障，努力争取市级层面启动淮涟路快速化改造方案研究，全方位完善交通路网体系。深入实施防洪排涝等工程，不断加快基于数字化、网络化、智能化的新型城市基础设施建设，全力打造“不淹不涝”城市。强化长效综合管理。对标《全国文明城市测评体系》，对账销号、保持长效，大力推进小区“五乱”专项整治和镇村创建“三项提升”行动，持续打好全国文明城市创建攻坚战。紧盯主次干道、背街小巷、农贸市场等重点区域，聚焦经营秩序、交通秩序、垃圾分类等难点问题，不漏死角治“脏”，坚持不懈治“乱”，让城市更加清爽有序。建立户外广告、绿化管养等方面标准导则体系，打造一批主次干道、居住小区示范样板点位。推动综合执法、物业监管、志愿服务等常态化进小区，加强安置小区、无物管小区管理，打响党建引领“涟心万家”红色物业品牌。推进和美乡村建设。实施乡村基础设施补短板行动，加快公共服务网络向基层延伸。做好新一轮农房改善工作，推动危房动态清零、老旧农房改善、规划村庄更新。开展农村人居环境整治提升行动，突出抓好新型社区产业配套、长效管护、社会治理等工作，积极探索以农房改善集成推动乡村全面发展的“涟水路径”。全县域启动乡村公共空间治理，积极拓展生产空间、提升生活空间、优化生态空间，打造布局更加合理、面貌持续改善、资源高效利用的和美乡村新形态，让农民就地过上现代文明生活。提振城乡消费市场。开展消费促进提振、消费品牌培育、消费环境营造等专项行动，稳住汽车、家电等大宗消费，推动农村消费升级，更好带动城乡“烟火气”回归回升。加快滨河吾悦建设，发挥大润发、上海路等商圈消费引领力，布局更多主题鲜明的动感商圈，举办更多体现时尚潮的节会赛事，推出更多沉浸式的消费场景，促进消费扩容提质。系统推进生态、旅游、文化融合发展，健全完善全域旅游发展格局，让“美丽风景”托起“美丽经济”。坚持“房住不炒”定位，支持居民刚性和改善性住房需求，提振住房消费“景气指数”。

（四）更加注重富民强村，坚定不移推进乡村振兴。全面落实乡村振兴责任制，坚持乡村发展、乡村建设、乡村治理一体推进，加快农业农村现代化步伐。做强农业产业。严守粮食安全底线，落实最严格耕地保护制度，全力保障群众“米袋子”“菜篮子”。按照“先流转后建设，先平整后配套”原则，高质量推进高标准农田建设和改造提升，提高土地综合利用水平，推进农业规模化、机械化、高效化发展。围绕“强龙头、补链条、兴业态、树品牌”，深化农副食品加工项目招引建设，推动“两主两优”产业集群发展。实施稻米“品质提升、延链强链、主体引育、品牌打造”四大行动，推进芦笋扩面增效，积极培育农村电商、乡村旅游等新兴业态，不断提升涟水农业品牌知名度和市场竞争力。壮大集体经济。深入实施“田书记”工程，积极引导村（居）通过领办项目、空间治理、土地流转、村企结对等方式推动集体经济增收，确保50%涉农村（居）收入超50万元。接续开展富民强村帮促行动，发挥“五方挂钩”帮促机制优势和科技镇长团桥梁纽带作用，抢抓“三级先导”工程机遇，用好省支持东胡集革命老区发展政策，以“集中、集体、集群”为导向抓好涉农资金统筹整合，多措并举增强集体经济造血功能，确保75%重点帮促村收入超30万元。深化农村改革，培育壮大新型经营主体，有序引导大学毕业生到乡、能人回乡、农民工返乡、企业家入乡，加快完善农业社会化服务体系。优化乡村治理。深化村级党群服务中心“双提双聚”行动，全面推广“帮你忙”和“活动早知道”两张清单，拓展服务功能，消除服务盲点，让党群服务中心成为群众愿去爱去常去的红色阵地。深入实施“精网微格4.0”工程，多元推进网格化服务管理，全面激活基层社会治理“微细胞”。用好新时代文明实践中心、道德讲堂等各类阵地，讲好道德模范、涟水好人典型事迹，涵养文明乡风、良好家风、淳朴民风。

（五）更加凸显绿色低碳，坚定不移推进生态文明。牢固树立和践行绿水青山就是金山银山理念，协同推进降碳、减污、扩绿、增长，充分彰显美丽涟水生态底色。补齐环境设施短板。全面深化河长制，深入开展生态碧水三年行动，实施总投资21.86亿元的27个生态环境基础设施建设项目，重点突出污水收集处理、园区污水处理厂建设以及断面水质提升，更好发挥源头治污效能。健全落实生态环境监管长效机制，强化能耗、环保、安全和技术等标准约束，积极引导企业加大环保投入，有效提升环境保护水平。加大污染防治攻坚。严格遵循“生态环境质量只能变好、不能变坏”的硬要求，以中央、省生态环境保护督察交办问题整改为抓手，持续打好蓝天、碧水、净土保卫战，聚力完成生态环境约束性考核指标，切实抓好“无废城市”创建，确保$PM_{2.5}$浓度和优良天数比率持续“双改善”、国省考断面优III比例首达“百分百”、污染物总量控制实现“全达标”，早日创成省级生态文明建设示范县和“中国天然氧吧”，让涟水的天更蓝、水更清、空气常新。推动绿色循环发展。对照碳达峰、碳中和目标，建立环境容量资源库，强化总量资源集约利用，通过实施节能减排、淘汰落后产能等方式，把最好的资源留给最合适的项目。积极培育节能环保、资源循环利用、清洁能源等绿色低碳产业，推动环评审批服务提档加速，让更多优质项目、优质企业快落地、快发展，实现减污降碳协同增效。倡导绿色低碳生活方式，广泛开展节约型机关、绿色家庭、绿色学校、绿色社区、绿色出行等创建活动，让简约适度、绿色低碳成为社会共同习惯。

（六）更加关注急难愁盼，坚定不移推进民生改善。深入践行以人民为中心的发展思想，尽力而为、量力而行，继续办好民生实事，激励群众通过共同奋斗创造美好幸福生活。大力促进富民增收。持续推进中等收入群体壮大行动和农民收入十年倍增计划，不断拉长居民经营性收入、财产性收入短板。强化就业优先导向，落细落实稳就业各项政策，加强校企合作、劳务协作，抓好高校毕业生、退役军人、农民工等重点群体和特殊困难人群就业，让群众端稳就业饭碗、有稳定持续的收入。聚力优化公共服务。牢固树立过紧日子思想，把有限资金用在民生急需上，让党委政府“做的事”精准对接群众“盼的事”。大力实施名医、名科、名院工程，加强医共体、重点专科建设，支持县医院创建三级甲等综合医院、中医院创建三级中医院，推进镇街卫生院、村卫生室标准化建设，争创全国基层中医药工作示范县。常态化做好特殊困难群体摸底排查、帮扶救助和残疾人托养康复服务工作，加强民政救助、医疗救助、慈善救助等政策衔接，坚决防止发生伤害群众感情、冲击道德底线的民生问题。倾力守护“一老一幼”。创新区域性养老服务中心运营机制，积极开展居家适老化改造，加大对独居老人、失能失智老人的关爱力度，不断完善老年健康服务体系，深入推进医养、康养融合发展，更好满足老年人日益增长的健康服务需求。大力发展婴幼儿照护服务，积极推进普惠性托育机构和公办幼儿园建设，建立健全“政府引导、家庭为主、多方参与”的托育服务体系，切实做好农村留守儿童、困境儿童日常关爱和分类保障工作，努力实现幼有所育、不负所托。关爱未成年人身心健康，健全学校家庭社会协同育人机制，保护未成年人健康成长。

(七)更加强化底线思维，坚定不移推进安全发展。全面贯彻总体国家安全观，以“时时放心不下”的责任感，全力以赴防风险、保安全、护稳定，努力以高水平安全保障高质量发展。毫不放松抓好安全生产。深化危化品、城镇燃气等6个重点领域专项整治，抓好安全生产监督、应急救援能力建设和各类隐患排查整治，建强城市交通、市政、防灾减灾等基础设施，全面提升本质安全水平。扎实做好食品药品安全监管，进一步优化“校膳阳光监管平台”，坚决守护好人民群众“舌尖上的安全”。着力维护社会和谐稳定。坚持和发展新时代“枫桥经验”，加快县级综合矛调中心建设，实现矛盾纠纷调处化解规范化、一站式、全流程。常态化开展扫黑除恶专项斗争，严厉打击电信网络诈骗等突出违法犯罪。深入实施“八五”普法，一体推进法治涟水、法治政府、法治社会建设，争创省级法治政府示范县。加快综合人口管理系统建设，用数字赋能社会治理。有效防范化解各类风险。高度关注房地产、金融、社会民生等重点领域可能存在的重大风险隐患，坚决筑牢政治安全、社会安定、人民安宁的坚固防线。科学精准高效抓好疫情防控，强化老年人和患基础性疾病群体的防控，确保平稳转段和社会秩序稳定。巩固国企改革三年行动成果，推动安东控股、涟投控股、新港公司实体化运营，持续压降国有平台公司数量，确保政府性债务规模、债务率不断下降。

四、纵深推进全面从严治党，为加快建成全国百强县提供坚强政治保障

事业兴衰，关键在党。要对标对表党的二十大提出的“健全全面从严治党体系”要求，强化政治担当，深化“四责”协同，全面推动党的建设迈上新台阶。

(一)以提升党的向心力为引领，持续加强思想政治建设。坚持不懈用习近平新时代中国特色社会主义思想定向领航，始终胸怀“两个大局”、牢记“国之大者”，切实增强“四个意识”、坚定“四个自信”、捍卫“两个确立”、做到“两个维护”。严格落实意识形态工作责任制，完善重大事项舆论引导和舆情管控提前介入机制，不断提升突发事件舆情应急处置能力水平。发挥理论学习中心组示范作用，依托融媒体中心、新时代文明实践阵地和县委党校，全方位、多层次、立体式开展党的二十大精神学习培训、宣传宣讲和理论阐释，引导全县干群坚定自觉地将党的二十大确定的大政方针、作出的战略部署、提出的任务举措，贯彻落实到“强富美高”新涟水现代化建设全过程、各方面。

(二)以提升基层组织力为核心，构筑坚强有力战斗堡垒。坚持大抓基层的鲜明导向，不断强化基层党组织政治功能和组织功能，在农村构建“镇(街道)党(工)委—村党总支—联组党支部—村民党小组”组织架构，在城市社区形成“街道党工委—社区党总支—小区党支部—楼栋党小组”组织链条，在机关、国企常态化组织走基层送服务“涟心1+N”活动，在“两新”、新兴领域积极开展联建共建，把各领域基层党组织建成形神兼备的坚强战斗堡垒。扎实抓好带头人队伍建设，深化村书记“乡村振兴领跑者”培育计划，开展百名书记带“新秀”行动，探索机关党务工作者“双专”建设，实施发展党员“培源工程”和“头雁指数”评价考核，提优头雁方阵素质，提升党务队伍质量，提高党员管理质效。坚持典型引领、以点带面，丰富“红日涟心锋行百强”建设内涵，培育一批叫得响、立得住、推得开的特色党建品牌。

(三)以提升整体战斗力为目标，锻造堪当重任干部队伍。坚持党管干部原则和新时代好干部标准，做深做实干部政治素质考察，构建平时考核、专项考核、任前考察、年度考核“四位一体”考察考核体系，注重用好各年龄段干部，统筹抓好党外干部和女干部培养选拔工作，做到以事择人、人岗相适。加大优秀年轻干部使用力度，让他们在改革发展稳定前沿、急难险重一线、关键吃劲岗位磨砺成长，在实战中提升“八种本领”“七种能力”，打造一批高素质、专业化的冲刺百强尖兵。深化领导干部专业能力提升“1+3+N”计划，继续办好“干部大讲坛”，增强各级干部尤其是“一把手”研究工作、破解难题、创新落实的能力。坚持严管和厚爱结合、激励和约束并重，实施差别化、过程性考核，严格落实“三个区分开来，健全完善激励担当、容错纠错机制，引导干部用宽肩膀、铁肩膀挑起发展的重担子。

(四)以提升纪律约束力为抓手，巩固风清气正政治生态。强化政治监督，围绕党的二十大精神和省市县委决策部署贯彻落实情况，重点加强对“一把手”和领导班子监督，从“未落实的事”追查“不作为的人”。深化县委巡察，定期听取被巡察党组织整改质效汇报，协同推进营商环境审计、债务审计、土地例行督察、统计督察、耕地保护督察整改工作。锲而不舍落实中央八项规定精神，进一步精简文件、减少会议，让基层干部有更多的时间投入到干实事、出实绩上来。始终保持反腐败高压态势，聚焦农村“三资”管理、公共资源交易、工程建设审批等重点领域，精准整治群众身边腐败和不正之风。坚持跳出案件看案件，及时解决腐败案件背后的体制性障碍、机制性梗阻、制度性漏洞。放大“清涟水韵”廉洁文化品牌效应，分层分类开展警示教育，让涟水清风更浓、正气充盈。

(五)以提升干群凝聚力为重点，营造团结奋斗浓厚氛围。充分发挥县委总揽全局、协调各方的作用，切实加强对重大工作的领导，不断提升党委把方向、管大

局、作决策、保落实的能力水平。深化县委常委真抓实干作表率工作机制，更好聚合县级领导班子力量，形成四套班子一起干、四个轮子一起转的生动局面。深入推进全过程人民民主的涟水实践，深化“1+N”问政活动，优化“有事好商量”协商议事工作体系，统筹做好党外知识分子、新的社会阶层人士、民族宗教、港澳台侨统战工作，最广泛地动员和组织全体人民以主人翁地位投身社会主义现代化建设。认真开展双拥共建，加快推动基层武装建设与退役军人事务工作深度融合，积极做好新体制下国防动员工作，持续抓好工会、共青团、妇联等群团组织改革与建设，最大限度凝聚起共同奋斗的力量。

同志们，为者常成，行者常至。让我们更加紧密团结在以习近平同志为核心的党中央周围，在省、市委的坚强领导下，以敢为人先的闯劲、敢谋新篇的干劲、敢挑重担的拼劲，奋楫争先、真抓实干，奋力开创“强富美高”新涟水现代化建设新局面。

政府工作报告

——2023年1月3日在涟水县第十七届人民代表大会第二次会议上

涟水县人民政府代县长　朱永兴

2022年工作回顾

刚刚过去的2022年是涟水发展历程中极其特殊、极不平凡的一年。面对新冠疫情的严重冲击和复杂严峻的外部环境，我们坚持以习近平新时代中国特色社会主义思想为指导，深入学习贯彻党的二十大精神，坚定落实党中央“疫情要防住、经济要稳住、发展要安全”重大要求，在市委市政府和县委的坚强领导下，锚定“站稳第一方阵、争取第一位次”工作目标，众志成城、团结一心，勇挑大梁、笃定前行，在“申创国家级经开区，加快建成全国百强县”的道路上迈出了坚实步伐。

过去一年，我们迎难而上、矢志奋斗，综合实力不断攀升，“跨”的基础越来越稳固。实现地区生产总值700.37亿元、一般公共预算收入30.02亿元、规上固定资产投资246.89亿元，分别增长4.1%、18.2%、21.9%。11项主要经济指标中有10项增幅稳居全市第一方阵，其中规上工业增加值等4项增幅位列全市县域经济综合竞争力全国排名108位、进位24名。

过去一年，我们狠抓招商、紧盯投入，项目攻坚不断突破，“越”的成效越来越显著。科学划定“三区三线”，新增城镇建设用地规模18.28平方公里，发展空间得到全方位拓展。开展大湾区产业招商、食品产业招商攻坚月等系列活动，全年新签约、新开工、新竣工亿元以上项目114个、69个、45个。总投资116亿元的玻纤新材料成功签约，总投资130亿元的捷泰新能源从签约到开工仅用51天，跑出项目建设“涟水速度”，重特大项目建设实现历史性突破。

过去一年，我们呼应诉求、回应关切，民生福祉不断增进，“赶”的变化越来越明显。全体居民人均可支配收入3.01万元、增长5.9%。高质量完成10大类54项民生实事项目，民生支出占一般公共预算支出比重达75.3%。全市率先实现学校食堂食材统一配送，全市知名品牌新星幼儿园开园招生。县人民医院晋升全市县区唯一三级乙等综合医院，高沟中心卫生院跻身“中国乡镇卫生院100强”、苏北唯一。高分创成省级全域旅游示范区，五岛湖创成省级幸福河湖。

过去一年，我们事不避难、合力攻坚，争先氛围不断浓厚，“超”的势头越来越强劲。农房改善、政府督查等5项工作获得省政府真抓实干督查激励，连续两年位居全市第一。创成省级知识产权建设示范县，经济开发区获评省级知识产权建设示范区，今世缘酒业荣膺省长质量奖、江苏制造突出贡献奖。创成国家芦笋设施栽培标准化示范区，涟水芦笋登陆中央电视台《新闻联播》长达三分零五秒，涟水知名度与影响力持续扩大。

回顾一年来的工作，困难多于预想，结果好于预期，我们务实笃行、攻坚克难，较好完成了经济社会发展目标任务。

一、锚定工业强县、产业兴县，发展优势越来越强

*工业经济实现新突破。*实现规上工业应税开票销售327.8亿元、工业入库税金22.4亿元、工业投资167.48亿元，分别增长10.7%、3.4%、45.1%，增幅均位居全市第一方阵。实现四大主导产业规上总产值265.9亿元、增长21.9%，占全县规上工业总产值的57.3%。新增规上工业企业60户、产值超亿元企业14户、产值超十亿元企业1户、税收超千万元企业4户。今世缘酒业前三季度营收超2021年全年、再创新高，从一家居成功申请上市辅导备案。*要素保障实现新提升。*完成低效用地再开发1600亩、处置批而未供土地1300亩；全年储备可用气污染物总量300余吨、水污染物总量1900余吨；承办省“普惠金融县区行”涟水专场推介会，聚集全省金融资源，全方位满足重大项目落地需求。出台助企纾困“涟20条”“涟8条”等一揽子措施，兑付留抵退税资金4.46亿元，兑现实体经济奖励资金6669万元、惠及企业309户。*平台建设实现新跨越。*持续推动“一区三园”融合发展，精心编制“一区三园”整体发展规划。围绕发展百亿级新材料产业集聚区目标，加快推进公共管网等8项基础设施配套项目。建设食品产业港、临港智能制造产业园等标准化厂房28万平方米，为企业“拎包入住”提供保障。启动食品产业园污水处理厂、电子产业园污水处理厂二期建设，着力破解配套短板。工业经济的稳步提质，鼓舞着我们在高质量发展道路上昂首阔步、勇往直前。

二、聚力改革创新、开放包容，发展活力越来越足

*改革动能持续激发。*深化放管服改革，全省率先成立施工图审查分中心。承接省级以上改革试点任务10项，推出重点领域改革举措28项，打造5个省级精品“一件事”、8个省定标准“一件事”政务品牌，创新推出“营商环境10条”服务承诺等系列文件，企业开办全流程免费、平均用时0.5个工作日。全

面完成国企改革三年行动任务，交通控股集团重组为涟投控股集团，县粮食集团挂牌运营。*对外开放不断深化*。积极落实稳外资稳外贸政策，新设外资项目7个，实际利用外资1.6亿美元、增长4.3%，实际利用台资连续7年位居全市前列。与淮安海关签订《关于促进涟水县高水平开放高质量合作备忘录》，进一步提升外贸发展能级，进出口额超500万美元企业15户，实现外贸进出口总额30.8亿元、增长16.7%。*科技创新加速蝶变*。全面推进"智改数转"三年行动，实施智改数转企业132户，获批省级星级上云企业17户，建成5G基站560个，推动"5G+工业互联"技术应用。获批国家高新技术企业35户，科技型中小企业入库195户。总投资120亿元的今世缘南厂区技改项目部分投产，全县完成技改投入50亿元，增长15%。我们勇挑大梁、担当作为，把改革创新作为跨越赶超的关键一招，激发了经济社会发展的蓬勃活力、不竭动力。

三、加快城市更新、城乡融合，发展环境越来越美

城市功能日益完善。年度投资13.75亿元实施重点城建交通项目45个，启用科技文化中心，建成滨河大厦，启动淮浦路北延工程，清水路大桥成功合龙，涟水机场三期开工建设，京沪高速涟水段改造加快实施。新改建道路27.3公里、实施道路安全生命防护工程800公里。完成9个老旧小区改造、1246套棚户区改造，新改建排水管网16公里。坚持一楼一策，推动翰林苑等"问题楼盘"主要矛盾化解。滨河新城新增公共绿地9.6万平方米，环境面貌显著提升。*城市管理更加精细*。围绕城市长效综合管理，统筹推进全国文明城市创建，开展"夏日大会战"，组织店外经营、流动摊点等六个专项整治行动，整治背街小巷10条，规范"门前五包"责任制商户1800户，打造红日大道、安东路2条示范路以及吾悦广场等4个示范点。在管理服务的同时突出城市烟火气，吾悦金街、百悦国潮小吃街成为新晋网红打卡地。打造党建引领"涟心万家"红色物业品牌，城市更加宜居。*乡村振兴纵深推进*。持续推动高沟镇现代小城市建设、乡村振兴先导镇村建设，15个先导村集体经济村均收入达47.51万元，全县58.5%的重点帮促村集体经济收入超30万元。全国农业科技现代化先行县综合考评获优秀等次，获评省级耕地保护激励县，新增高标准农田10万亩，实施亿元以上农业项目19个，实现粮食播种面积212.27万亩，稳产保供态势良好。深化农村人居环境整治提升，完成老旧农房改善3158户，新增省级绿美村庄8个、省级特色田园乡村3个。我们的城市欣欣向荣、生机勃勃，品质提升已是城乡建设的主旋律，美丽宜居正在成为融合发展的靓丽底色。

四、牢记为民初心、普惠共享，发展内涵越来越广

公共服务提质增效。围绕"再创涟水教育辉煌"，召开全县首届教育振兴大会，打造"尚学涟水"教育品牌，投资7亿元建成使用红日小学等8个教育基建项目，新增市学科带头人35人，获评市优秀教师96人，中高考保优率、提优率全市领先，涟水中专获评省级优秀中职学校。持续打造区域医疗高地，国家级"心肺复苏中心"落户县医院，完成6个急救点建设，累计建成乡贤名医工作室20个、中医馆16个。文体事业繁荣兴盛，图书馆、文化馆入选全省最美公共文化空间打造名单，《村里来了花喜鹊》获省"五个一工程"奖，《芝麻官钻笆斗》获首届全国小戏小品优秀作品展演优秀剧目奖、省"五星工程奖"，县淮剧团荣获"全国文旅系统先进集体"。新建体育公园2个，新增体育面积85.1万平方米，县自行车队在省第二十届运动会上勇夺5金3银5铜。*社会保障坚强有力*。积极做好稳岗就业，出台稳就业"涟16条"，城镇新增就业5500人，城镇失业人员再就业3500人。兜牢民生保障底线，发放困难群众保障资金2.4亿元、抚恤补助8000万元，资助家庭经济困难学生3.96万人次、2742万元。深入开展三项排查专项整治，切实做好严重精神障碍患者服务管理，累计发放补助3643人次、596万元。高质量推进"15分钟医保服务圈建设"，医保服务站实现镇村全覆盖。*生态环境持续优化*。突出抓好中央和省生态环境保护督察交办问题整改，建设完成23项生态环境基础设施项目。扎实开展"中国天然氧吧"创建，全年空气优良天数302天、比率达82.7%，$PM_{2.5}$年均浓度32微克/立方米，实现"双达标"。6条国省考断面水质均值全部达标，优Ⅲ比例83.3%，古淮河幸福大桥断面连续两年达到Ⅱ类水标准。群众的烦心事、揪心事正在变为顺心事、暖心事，人民的幸福感和满意度不断提升。

五、围绕安全稳定、织密屏障，发展底线越来越牢

疫情防控精准高效。因时因势调整优化防控措施，指挥体系始终高效运转，新增核酸检测基地1个、核酸检测PCR实验室5个，全市率先建成450张床位的健康驿站，快速有效应对多轮疫情。加强老年人等重点群体和学校、医院等重点机构防护，提升应急处置和诊治服务能力，实现平稳有序过渡。*安全生产平稳可控*。全力打好"三年大灶"收官战，在全省应急系统首次推行"开门审案"模式。扎实开展百日攻坚行动，全面排查整改风险隐患1485处、整改率100%。印发《涟水县城镇燃气安全领域三年行动实施方案》，推动现有管道燃气、瓶装液化气企业优化整合。加大安全生产基础投入，总投资1.2亿元的县级消防救援中心主体完工，5个专职消防站全部投用，"2+N"消防救援体系有效构建。*风险防范稳妥有效*。积极防范债务风险，政府性债务规模、债务率实现"双下降"。扎实开展"信访突出问题攻坚化解年"行动，中央、省市信访联席办交办重点信访事项有效化解。打造"智慧矫正"平台，在全省率先实现社区矫正对象数据化全流程管控。以全国社会治安防控体系示范城市创建为抓手，开展"安东行动""全警大走访""清涟护蕾"等专项行动，圆满完成党的二十大安保维稳任务。我们全面统筹发展与安全两件大事，坚持人民至上、树牢底线思维，有效保障了人民群众安居乐业。

一年来，我们始终以政治建设为统领，不断提升政府履职能力。主动接受县人大法律监督和工作监督、县政协民主监督，广泛接受社会监督、舆论监督，

高质量办结人大代表建议242件、政协委员提案155件，办结率、满意率均为100%。完善政务公开机制，办好“12345”热线，解决群众诉求7.05万件。深入推进依法行政，健全“三重一大”事项决策机制，推动合法性审查、重大行政决策程序化运行。严格落实全面从严治党要求，持续抓好政府系统党风廉政建设和意识形态工作，加强重点领域审计监督，风清气正、真抓实干的氛围更加浓厚。

与此同时，人民武装、双拥、盐务、供销、气象、地方志、档案、融媒体、公积金等工作进一步加强，老龄、青少年、妇女儿童、残联、红十字、关心下一代等事业取得新进步。

各位代表，过去的一年是困难重重的一年，也是跨越赶超的一年，更是收获满满的一年！全县人民在加快建成全国百强县的大潮中乘风破浪、披荆斩棘，用一系列实绩充分证明，我们拥有直面任何挑战、战胜任何困难的勇气和智慧。这一年，在县委的坚强领导下，我们干得很充实，走得很坚定，每个人都感同身受，每个人都很了不起。在此，我代表县人民政府，向全县广大干部群众，向人大代表、政协委员和离退休老同志，向省市委帮促工作队，向各民主党派、工商联、无党派人士和人民团体，向驻涟武警官兵、消防救援人员，向所有来涟投资创业的企业家、关心家乡建设的各位乡贤、支持涟水发展的各界人士，致以崇高的敬意和衷心的感谢！

在肯定成绩的同时，我们也清醒认识到，在冲锋冲刺全国百强县的道路上还有不少困难和挑战。主要表现在：经济总量不强，重特大项目较少，产业集聚不够，转型升级步伐还需加快；生态环境、安全生产等领域的风险隐患不容忽视；公共服务、社会治理还存在短板弱项；少数干部担当作为、履职尽责的能力水平有待进一步提高。对此，我们一定高度重视，采取有力措施，认真加以解决。

2023年工作安排

2023年是全面贯彻落实党的二十大精神的开局之年，是实施“十四五”规划承上启下的关键一年，是涟水大有作为的窗口期、冲刺百强的攻坚期，做好今年工作意义重大。我们将坚持以习近平新时代中国特色社会主义思想为指导，深入贯彻党的二十大精神，全面落实中央经济工作会议精神和省市决策部署，紧紧围绕县委十二届五次全会部署要求，坚持稳中求进工作总基调，完整准确全面贯彻新发展理念，加快融入新发展格局，以牢牢锚定“申创国家级经开区，加快建成全国百强县”两大奋斗目标、突出抓好“工业强县、教育强县”两项重点任务、始终保持“全市走前列、全省多出彩、全国争进位”三个争先追求、矢志笃行“领导带头作表率、工作落实在一线、勇挑大梁当先锋”三种实干导向的“2233”发展战略为引领，高效统筹疫情防控和经济社会发展，更好统筹发展和安全，着力推动高质量跨越发展，努力擦亮“教育之乡”“美酒产区”“生态水城”“枢纽高地”四张名片，加快打造产业集聚新高地、综合枢纽物流港、城乡融合示范区、美丽宜居幸福城，奋力谱写中国式现代化涟水精彩篇章。主要预期目标是：地区生产总值增长8%左右、一般公共预算收入增长7%左右、社会消费品零售总额增长8%左右、规上固定资产投资增长16%左右、规上工业增加值增长13%左右，全体居民人均可支配收入与经济增长基本同步，节能减排、环境质量、粮食安全等完成省市下达目标。重点抓好七个方面工作。

一、全力筑牢工业强县压舱石，高水平壮大实体经济

坚持“工业强县”战略不动摇，优化存量、突破增量、提升质量，锻长板、补短板、强底板，培育更具竞争力的特色产业集群。

*加快产业升级。*全面落实《关于加快推动工业强县支持制造业高质量发展的18条意见》，聚焦“4+2”产业体系，突出制造业，做足延链、强链、补链文章，不断争创主导产业领先优势，厚积新兴产业蓬勃后劲，焕发传统产业生机活力。实现规上工业总产值500亿元，其中四大主导产业产值力争突破400亿元，尽快推动新材料、新能源产业突破百亿。强化骨干企业培育，实施“小微企业上规模、规模企业超亿元、亿元企业进头部”三大计划，新培育规上工业企业70户以上、开票销售超亿元企业10户以上、税收超千万元企业8户以上，培育更多经济增长点，拓宽税源培植渠道。举全县之力支持今世缘酒业进入“营收百亿俱乐部”，推进从一家居、永创医药、中顺环保尽快挂牌上市。认真组织开展第五次全国经济普查，充分展示经济发展成效。

*持续攻坚项目。*突出工业主导、专业招商，充分发挥“一号招商员”作用，打造专业化招商队伍，组建重大产业、食品产业、外资(台资)3个招商专班、16个镇街招商小分队。坚持市场化方向，大力实施委托招商，形成广泛搜集信息、专业跟进出击、月月有活动、季季有观摩生动格局。实施项目招引“1211”工程，全年新签约百亿元项目1个、50亿元项目2个、10亿元项目10个、亿元项目100个，确保80%以上工业项目落户“一区三园”。紧扣洽谈、签约、开工、竣工、列统“五环”，健全招商办、代办中心、考核办、营商办协同配合机制，加快推动中信华二期等65个项目尽快开工，玻纤新材料等60个项目提速建设，捷泰新能源等50个项目竣工投产，形成梯次鲜明、结构优化、接续有力的发展机制。强力推进35个省市重大产业项目，优化全周期考核机制，确保项目开工率、投资完成率全市领先。

*建强平台载体。*紧扣“申创国家级经开区”，按照《关于加快涟水经济开发区高质量跨越发展的实施意见》要求，重抓园区建设，协调推进“一区三园”融合发展，推动省级排名持续进位。食品产业园围绕落户龙头企业做文章，建成污水处理厂等配套设施，加快食品产业港“入驻满员”。新材料产业园聚焦玻纤上下游求突破，延伸产业链条，深挖资源、抢占赛道，形成以玻纤为核心的百亿新材料产业。空港产业园围绕捷泰新能源项目下功夫，精准谋划产业链项目，实施“梧桐树”计划、建成20万平方米标准化厂房，加快溧涟共建产业园建设，力争50亿元以上重特大项目实现新突破，打造长三角新一代新能源产业

集聚区。镇街工业集中区进一步优化存量、“腾笼换凤”,提高亩均效益。

二、全力奏响教育强县最强音,高定位落实立德树人

坚持为党育人、为国育才,办人民满意教育,以提高教学质量为核心,加快把涟水建成“出名生、出名师、出名校”的教育强县,再创涟水教育辉煌。

统筹教育均衡发展。围绕县“十四五”教育发展规划,进一步优化教育布局,实施“涟校连家”关爱工程,加强重点中心镇学校建设,逐步整合小规模学校和办学点,促进教育资源集聚发展。新创建1所省级优质园、3所市级幼儿园,确保公办园在园幼儿占比达到65%以上、普惠性幼儿园覆盖面稳定在95%以上。投入7300万元新改建涟水中专宿舍楼、牌坊小学教学楼等6个教育基建项目。加快推进陈师中心小学科技、军民小学曲艺、幸福里实验小学陶艺与面塑、涟水自行车队等特色教育建设,强化涟水中学国学与生态环境、郑梁梅高中生命教育、涟水一中体育等省级课程基地内涵建设,形成多样化、均衡化办学格局。

聚力教学质量提升。对照《关于推动新时代全县教育高质量发展的意见》,深化课程改革,加强教育管理,打造更多“质量+特色”的教育品牌。巩固拓展“双减”成果,做优课后服务,实现“减轻学生负担”和“提升教学质量”辩证统一。加快县中振兴步伐,全面落实《涟水县普通高中高质量发展方案》,设立涟水高中发展教育基金,推动涟水中学创建省级高品质示范高中,郑梁梅高中和滨河高中开展精品化建设。创新优生培养模式,力争清北名校录取人数尽快突破、“双一流”高校录取人数增长20%以上,推动县中教育教学质量站稳全市前列、向苏北一流迈进。加快职业教育发展,支持涟水中专申办江苏联院五年制高职办班点,推进产教融合、科教融合,培养更多实用型技能型人才。

狠抓师资队伍建设。深入实施新时代基础教育强师计划,加强师德师风建设,把师德师风作为评价教师队伍素质的第一标准。实施校长领导力提升和后备干部培养工程,推行学校中层以上干部挂职锻炼、交流任职机制,加快培养一支精通教育、勇于担当、善于治校的高素质专业化校长队伍。进一步提高教师待遇,健全完善教师工资长效联动机制、收入分配激励机制,增强教师的获得感、荣誉感。持续开展“涟尚名师”评选,实施“十百千”教育领航计划,发挥特级教师“名师工作室”、乡村骨干教师培育站等平台引领和辐射作用,发挥教师发展中心教、科、研、训功能,力争培养市模范教师8名、优秀班主任45名。

三、全力跑出改革创新加速度,高起点激发区域活力

坚持创新驱动、改革推动,全面激活发展潜能,进一步增强内生动力,加快激发高质量发展新动能。

深化重点改革。注重客户思维、用户体验,拓展应用“并联审、容缺办”“拿地即开工”改革成果,全流程审批时限再压降5个工作日以上;加快打造“涟快办”品牌,细化落实“营商环境10条”服务承诺,整合要素资源、优惠政策,更大力度助企纾困,以集成改革全面优化营商环境。围绕“互联网+政务服务”,再打造5项“一件事”品牌,“一网通办”率达96%。加快国企市场化实体化转型,县属国企集团实现利润总额增长25%、国有资产保值增值率增长5%、实际上缴税收增长10%,推动安东控股、今世缘集团获AA+主体评级。

扩大对外开放。充分发挥“空铁水公”综合优势,主动融入“一带一路”建设,合理布局仓储、航空、冷链等物流产业,提升枢纽经济发展水平。加快跨境电商新业态发展,助力企业拓展外贸业务、开拓国际市场,新增进出口额超500万美元企业2户,完成外贸进出口总额超33亿元。积极参与淮河华商大会、台商论坛等经贸活动,依托淮昆台资合作产业园,全力承接昆山电子信息、精密机械等优势产业,进一步扩大利用外资规模,新设1000万美元以上外资项目15个,其中台资项目9个,实际利用外资1.6亿美元以上。

推动科技创新。深化产学研协同创新,支持企业与科研院所深化合作,全面落实奖励政策,全社会研发支出14亿元,新培育国家高新技术企业27户以上,完成科技型中小企业入库150户以上。积极策应市“千企技改”行动计划,完成技改投资60亿元以上,新增专精特新企业15户以上。探索推广5G应用,推动规上企业“智改数转”覆盖率达75%以上,新增上云企业10户、建成省级智能车间3个、省级企业技术中心2家、省级工业互联网标杆工厂1家。进一步加大人才引进力度,力争入选省市重点人才工程10人以上。

四、全力提升城市发展吸引力,高颜值建设美丽涟水

坚持“颜值”“内涵”双提升,围绕全国文明城市创建,持续做好塑特色、强功能、优管理文章,让面子更靓、里子更实。

增强城市能级。坚持规划引领,完成县国土空间总体规划报批,稳妥有序推进各类规划编制,启动中心城区控制性详细规划、清水湖湿地公园详细设计。按照“轻重缓急、分步实施”的原则,启动主城区、新城区6个征收项目。投资15.16亿元完善交通路网体系,加快实施淮浦路北延、红日大道改建、老淮涟路提档升级等27项重点交通工程。统筹老旧小区有机改造、公共空间环境综合整治,改造老旧小区5个,继续按照一楼一策推进“问题楼盘”实质性化解。开展城市主要出入口综合改造与环境整治,展示涟水城市名片,加快实施中山路周边、西门片区综合改造,推进城市家具更新。实施总投资1500万元的滨河新城核心区环境整治工程,大力推动滨河新城水系连通、绿化提升。深入实施防洪排涝工程,打造“不淹不涝”城市。坚持“房住不炒”,稳步落实房票政策,推动全县房地产市场健康发展,让居住者乐享、远行者牵挂、创业者向往。

优化城市管理。按照《全国文明城市测评体系》要求,扎实开展小区“五乱”专项整治和镇村创建“三项提升”行动,持续推进全国文明城市创建。深化城市长效综合管理,围绕“干净、整洁、有序”,全力整治违法违规建设、占用公共空间等问题,改建6座垃圾中转站,打造20个省级垃圾分类达标小区,不断改善城市面貌。持续打响党建引领“涟心万家”红色物业品牌，全面开展党建引领红色物业小区打造、小区业主基层自治、社区管小区试点打造、综合执法进小区、小区环境和违法建设综合整治五大攻坚行动，实现红色物业小区占比达30%，综合执法进小区占比达40%。

激活消费潜力。认真落实《扩大内需战略规划纲要（2022—2035年）》，把恢复和扩大消费摆在优先位置，更大力度开展消费促进活动，激发城东吾悦广场、大润发商圈消费潜力，扎实开展城区农贸市场整治提升三年行动，加快滨河吾悦广场建设进度，集聚滨河新城人气商气，新增限上贸易批零住餐企业56户以上。支持直播电商、智慧零售等新业态发展，提升电子商务产业园产业层次，加快东西商圈融合发展、新老业态一体推进，满足多样化品质化消费需求。积极培育总部经济、楼宇经济、智慧经济，着力引进税源型、数字型、功能型、区域型总部，新增规上服务业项目30个以上。放大省级全域旅游示范区品牌效应，金鸡坨创成国家AAA级旅游景区，打造3个省市乡村旅游重点村。

五、全力开创乡村振兴新局面，高质量推动“三农”事业

坚持农业农村优先发展，全面落实乡村振兴责任制，加速城乡融合，努力走出一条具有涟水特色的乡村振兴之路。

发展现代农业。在全方位夯实粮食安全根基的基础上，聚焦优良食味稻米、规模畜禽、芦笋、高粱、食用菌及其上下游产业，进一步调大规模、调优结构，新增优良食味稻米5万亩、设施芦笋3000亩、高粱3万亩、食用菌5万平方米、豆丹养殖1000亩。建设高标准农田12万亩，新流转土地面积5万亩以上。全年引进培育1000万元以上农业项目超30个，其中亿元以上项目超15个。新增市级以上农业龙头企业1户，新培育市级以上示范合作社、家庭农场各20家，推动现代农业园区“四级联创”，力争新培育省、市级现代农业园区1—2个。

推进乡村建设。大力实施乡村振兴“三级先导”工程，完善镇村布局规划、乡村振兴专项规划，用好省支持东胡集革命老区发展政策，持续加快高沟镇、红窑镇现代小城市建设，促进产城融合，增强带动能力。深入推进公共空间治理、农村人居环境整治提升、农房改善专项行动，创成省级生态宜居美丽乡村7个以上、省级特色田园乡村2个以上，改善群众住房条件2000户以上。完善农村基础设施，实施农路安全生命防护工程57公里、农桥6座，加快建设淮涟灌区续建配套工程，新增农村生活污水治理行政村15个，农村生活污水治理率提高到37%，推动全县畜禽粪污资源化利用示范项目发挥效应。

突出富民强村。全面落实《涟水县农民收入十年倍增计划实施方案》，巩固拓展脱贫攻坚成果同乡村振兴有效衔接，积极推广“防贫保”“扶贫资产+保险”，提升帮促致富抗风险能力，坚决防止规模性返贫。扎实开展富民强村帮促行动，加快涟水大米等产业项目实施进度，多业态、多渠道提升村集体经济发展水平。鼓励村集体通过土地流转、领办项目、盘活“三资”、村企结对等方式壮大经济实力，推动全县50%涉农村（居）集体经济收入超50万元，75%重点帮促村集体经济收入超30万元。加大涉农资金整合力度，推动优质金融下乡，为乡村振兴注入强劲动能。

六、全力绘好共建共享同心圆，高品质增进民生福祉

坚持以人民为中心的发展思想，更大力度解决群众关心的热点难点问题，切实提升群众“幸福感”“获得感”。

强化公共服务供给。围绕打造区域医疗高地，实施县医院滨河分院等7个卫生基建项目、总投资6.5亿元，支持县医院争创三级甲等综合医院，新创省级临床重点专科1个、“乡贤名医工作室”5个，加快镇街卫生院、村卫生室标准化建设。大力推进县级医疗救治中心建设，完善院前急救体系，建设县二院、县妇幼保健院2个标准化院前急救站。支持中医院创建三级中医院，推动基层中医馆提质增效，新建中医阁30个，加快创建全国基层中医药工作示范县。强化资源统筹，做好新冠疫情医疗设备、诊疗能力和药物储备，切实保障人民生命安全和身体健康。组织实施文化惠民工程，推动图书馆创成国家一级馆，打造3个最美公共文化空间，建成4个智慧广电镇街。全年送戏下乡66场次，开展文化惠民活动541场。广泛推动全民健身，新建健身步道10公里，升级改造体育中心田径场。

健全社会保障体系。聚焦高校毕业生、退役军人、农民工等重点群体，进一步拓宽就业创业渠道，扶持自主创业1500人，城镇新增就业6000人。健全重大疫情医疗救治医保支付政策，打造15分钟医保服务圈“放心医保、幸福驿站”服务品牌，实现医保服务站在镇街为民服务中心和基层卫生院“双覆盖”。推进全民参保计划，基本社会保障参保率达96%，稳步提高城乡低保、特困供养、抚恤优待等补助标准。聚焦“一老一幼”，创新区域性养老服务中心运营机制，进一步完善老年健康服务体系。新建托育机构2个，新增托位60个，用心保障好困境儿童和留守儿童。

加强生态文明建设。牢固树立和践行“两山”理念，深入推进中央和省生态环境保护督察交办问题整改和“回头看”。系统实施总投资21.86亿元的27项生态环境治理项目，加快补齐基础短板，完善综合治理体系。大力开展PM2.5和臭氧协同管控，持续推进工业废气、餐饮油烟、建筑工地扬尘等领域专项治理，空气质量优良天数比率、PM2.5平均浓度年均值全市领先，创成省级生态文明建设示范县和“中国天然氧吧”。扎实开展生态碧水三年行动，纵深推进园区污水处理厂建设、城镇污水收集处理、农村生活污水治理，确保6个国省考断面水质稳定达标。大力实施建设用地土壤污染调查评估，完善危险废物全生命周期动态管理系统，切实抓好“无废城市”创建。

七、全力构建安全稳定防火墙，高标准守牢发展底线

坚持以“时时放心不下”的责任感，坚决防范化解各类风险隐患，努力实现高质量发展和高水平安全良性互动。

抓好安全生产。压实安全生产责任链条，持续巩固百日攻坚成效，严格按照危化品、城镇燃气、建筑施工、消防

等重点领域专项行动实施方案,深化隐患排查整治,实施清单管理、对账销号,坚决防范遏制较大以上生产安全事故。加快省级应急指挥处置标准化试点项目建设,新建城市安全教育体验场馆1个。加强安全应急管理能力建设,优化"2+N"消防救援体系,强化灾害监测预警能力,完善安全生产制度体系,提升突发事件防范、应对和处置水平。实行最严格的食品药品安全监管制度,切实让群众吃得安心、吃得放心。

维护社会稳定。建成投用县级社会治理指挥中心,完善网格化社会治理机制,对照"精网微格4.0"要求,打造20个以上精网微格多元阵地。充分发挥县级综合矛调中心作用,推动矛盾纠纷调处化解规范化、全流程、一站式。加强镇级信访平台建设,持续推进重复信访、越级信访治理,全力化解一批积案难案。深入实施"八五"普法,常态化推进扫黑除恶专项斗争,坚决打击违法犯罪活动,营造和谐稳定社会环境。

防范风险隐患。强化政府性债务管理,坚决遏制隐性债务增量,压降国有平台公司数量,严控国有平台公司经营性债务规模,加强政府投资项目管理,规范融资行为,推动政府性债务规模、政府债务率水平持续下降。健全金融风险监测预警机制,深入开展非法金融活动专项治理,强化金融监管,纵深推动打击养老诈骗和电信诈骗工作,围绕重点领域、机构和场所,严厉打击金融违法犯罪,守护好群众的"钱袋子",坚决守住不发生系统性金融风险底线。

各位代表,我们始终坚守为民情怀,在广泛征集意见的基础上,认真组织编排了今年民生实事方案,项目涵盖完善卫生健康体系、加大教育惠民力度、力解"一老一幼"难题、强化弱势群体帮扶、提升社会保障能力、大力促进就业创业、丰富文化服务产品、积极推动全民健身、提升城市安居水平、改善农村生活环境、加强公共安全保障、优化改善公共服务等诸多方面,提请本次大会审议并票决。对代表票决项目,县政府将精心组织实施,切实解决好群众最关注的问题,帮助最需要关注的人群。

全面加强政府自身建设

各位代表,扬帆新征程,关键在落实。我们将永葆"赶考"的清醒和坚定,用行动诠释忠诚、用发展体现担当、用实绩兑现承诺,努力打造人民满意政府。

提高站位抓落实。深学笃用习近平新时代中国特色社会主义思想,持续学习宣传贯彻党的二十大精神,深刻领悟"两个确立"的决定性意义,增强"四个意识"、坚定"四个自信"、做到"两个维护",始终对"国之大者"了然于胸、铭记在心。着力解决"想清楚、干明白"和"做得到、干得好"的问题,严格落实意识形态工作责任制,坚持勇挑大梁、真抓实干,奋力推动市委、市政府和县委决策部署不折不扣落地生根、开花结果。

转变作风抓落实。紧盯高质量跨越发展,确立更高参照系,树立更高新追求,围绕干部敢为、地方敢闯、企业敢干、群众敢首创,善做"执行者"、勇做"赶超者"、敢做"引领者",全力推动各项工作争先创优,力争更多工作获得督查激励。对既定的部署、承诺的事情、定下的工作,清单化管理、项目化推进、闭环式问效,一件一件抓落实、一项一项求突破,把全部心思用在实干上,在实干中破解难题、在实干中推动发展。

依法行政抓落实。深入贯彻习近平法治思想,落实重大行政决策法定程序,提升决策科学化、民主化、法治化水平。加强行政复议、应诉、执法监督和争议疏解等工作,不断提升依法行政能力,争创省级法治政府示范县。自觉接受县人大、县政协监督,认真办理人大代表建议和政协委员提案,高度重视社会舆论监督、群众监督,深入推进政务公开,加强诚信政府建设,让行政权力始终在法治轨道上阳光运行。

清正廉洁抓落实。认真履行县政府党组全面从严治党主体责任,发扬自我革命精神,始终把纪律和规矩挺在前面,以制度管权管人管事。严格落实中央八项规定及其实施细则精神,恪守"亲""清"政商关系,健全公共工程、公共资源交易、国资国企等监管制度,提升审计、财政监督实效。坚持政府过"紧日子",继续压降"三公两费",把更多财力用于保民生、补短板、促发展。

各位代表,山以险峻成其巍峨,海以奔涌成其壮阔。让我们更加紧密地团结在以习近平同志为核心的党中央周围,在县委的坚强领导下,踔厉奋发、真抓实干,早日建成全国百强县,为推动涟水迈向中国式现代化新征程作出更大贡献!

说　　明

一、本索引采取分析索引方法编制，按标引词第一字汉语拼音字母（同音字按声调）的音序排列，如第一字相同，按第二字的音序排列，依次类推。部分首字符为特殊字符或符号的，未按音序排列，而是单独置于前面。

二、索引名称一般采用主题词、中心词或简称。标引词后的阿拉伯数字表示内容所在页码。

三、索引包括条目索引、表格索引两部分，随文图片、彩页插页等未作索引。

A

B

C

D

E

F

G

H

J

K

L

M

N

P

Q

R

S

T

W

Z